Michael Schefczyk
Verantwortung für historisches Unrecht

Ideen & Argumente

Herausgegeben von

Wilfried Hinsch und Lutz Wingert

De Gruyter

Michael Schefczyk

Verantwortung für historisches Unrecht

Eine philosophische Untersuchung

De Gruyter

Gedruckt mit Hilfe der Geschwister Boehringer Ingelheim
Stiftung für Geisteswissenschaften in Ingelheim am Rhein.

Library of Congress Cataloging-in-Publication Data

Schefczyk, Michael.
Verantwortung für historisches Unrecht : eine philosophische Untersuchung / Michael Schefczyk.
p. cm. -- (Ideen & Argumente)
Includes bibliographical references and index.
ISBN 978-3-11-024577-6 (hardcover : alk. paper)
1. Criminal law--Philosophy. 2. Restorative justice. 3. Reparations for historical injustices. 4. Criminal liability--History. I. Title.
K5018.S34 2011
172--dc22
2010050360

ISBN 978-3-11-024577-6
e-ISBN 978-3-11-024589-9
ISSN 1862-1147

Bibliografische Information der Deutschen Nationalbibliothek

Die Deutsche Nationalbibliothek verzeichnet diese Publikation in der Deutschen Nationalbibliografie; detaillierte bibliografische Daten sind im Internet über dnb.d-nb.de abrufbar.

Umschlaggestaltung: Martin Zech, Bremen
Umschlagkonzept: +malsy, Willich
Satz: vitaledesign Berlin
Druck und Bindung: Hubert & Co. GmbH & Co. KG, Göttingen
∞ Gedruckt auf säurefreiem Papier

Printed in Germany

www.degruyter.com

Für Inge und die Kinder

Vorwort

Den Kern dieser Arbeit bildet ein Text, der im Frühjahr 2007 von der Philosophischen Fakultät der Universität Zürich einstimmig als schriftliche Habilitationsleistung angenommen worden ist. Mein Dank gilt daher an erster Stelle Georg Kohler, bei dem ich eine Assistenzzeit alten Stils verbringen durfte: selbstständig in Forschung und Lehre, doch frei von dem Druck der Drittmittelakquise, der in Deutschland auf den Juniorprofessuren lastet. Georg Kohler hat mir in vielen Gesprächen geholfen, die Grundfragen nicht aus den Augen zu verlieren. In der Zürcher Zollikerstrasse – dem Hauptquartier der Praktischen Philosophie – hatte ich das Glück, mit außergewöhnlich klugen Philosophinnen und Philosophen zu arbeiten; am intensivsten war mein Austausch über Themen, die diese Arbeit betreffen, mit Norbert Anwander, Holger Baumann, Barbara Bleisch, Susanne Boshammer, Andreas Cassee, Francis Cheneval und Peter Schaber. Reinhard Merkel und Lukas Meyer steuerten als externe Gutachter der Habilitationskommission äußerst instruktive und hilfreiche Expertisen bei, und dafür sei ihnen nachdrücklich gedankt.

Erste Überlegungen zu dieser Arbeit habe ich auf dem V. Kongress der Gesellschaft für Analytische Philosophie in Bielefeld (2003) präsentiert; insbesondere Stefan Gosepath und Stephan Schlothfeldt bin ich für kluge Kommentare dankbar. Hilfe habe ich auch auf dem VII. Kongress der Österreichischen Gesellschaft für Philosophie (2004) in Salzburg erhalten. Der Dank gilt hier insbesondere Peter Koller und Onora O'Neill.

Da die Abgabe der Habilitationsschrift mit dem Auslaufen meiner Stelle und der Vertreibung aus dem Zürcher Paradies zusammenfiel und ich in den folgenden drei Jahren an vier unterschiedlichen Universitäten (St. Gallen, Erlangen, München, Münster) angestellt war, war zunächst an die Veröffentlichung nicht zu denken. Sind aber erst einmal mehr als zwei Jahre ins Land gegangen, stellt sich der Wunsch nach Überarbeitung ein, der in diesem Fall zu einem über weite Strecken neuen Text geführt hat.

Bedanken möchte ich mich bei Marina Cattaruzza und Lukas Meyer für die Einladung zu der Tagung „Historical Justice and Historical Truth from the Perspective of the Victims“ an der Universität Bern im August 2008. Die Anmerkungen von Arthur Applbaum, Chaim Gans, David Heyd, Avishai Margalit, Lukas Meyer und Claus Offe waren für mich sehr wertvoll. Die Konferenz in Bern bildete auch den konkreten Anlass, die Überlegungen zu den Themen dieses Buches wieder aufzunehmen.

Nach meiner Berufung an die Leuphana Universität Lüneburg bot sich die Möglichkeit, endlich alles zu Papier zu bringen. Mein Dank geht an die Teilnehmerinnen und Teilnehmer eines dortigen Seminars, in dem wir ausgiebig über „Die Schuldfrage“ diskutierten, und an meine fabelhaften neuen Kolleginnen und Kollegen: Kerstin Andermann, Yvonne Förster-Beuthan, Steffi Hobuß und Christoph Jamme.

Danken möchte ich auch dem Verlag, namentlich Gertrud Grünkorn und Christoph Schirmer, für ihr freundliches Entgegenkommen, der Geschwister Boehringer Ingelheim Stiftung für Geisteswissenschaften für einen großzügigen Druckkostenzuschuss, sowie Robin Becker und Wolfgang Mehnke für ihren Titanenkampf gegen den Fehlerteufel.

Ein letzter Dank geht an meine Freunde Klaus-Peter Ehlert, Uri Kuchinsky und – post mortem – Jehuda Szlezynger für ungezählte Stunden Doppelkopf mit wilden philosophischen Gesprächen.

Gewidmet ist dieses Buch Inge und den Kindern.

Inhaltsverzeichnis

Einleitung

a.1 Die Abwesenheit der Frage in der deutschen Nachkriegsphilosophie

Nach dem Erscheinen von Karl Jaspers' „Die Schuldfrage" gab es fast sechzig Jahre lang keinen Versuch innerhalb der deutschsprachigen Philosophie, systematische Klarheit in das Problem der Verantwortung für historisches Unrecht zu bringen.[1] Erst vor wenigen Jahren wurde der in Deutschland über dem Thema liegende Bann durch eine gewichtige Arbeit gebrochen, Lukas Meyers „Historische Gerechtigkeit".

Natürlich hat die Erfahrung des Nationalsozialismus in der deutschen Philosophie tiefe Spuren hinterlassen. Alle politisch bewussten Nachkriegsphilosophen haben direkt oder – häufiger – indirekt versucht, in ihrem Denken Lehren aus den moralischen und intellektuellen Perversionen des Nationalsozialismus zu ziehen: Karl-Otto Apel, indem er die transzendentalpragmatische Letztbegründung der Prinzipien einer aufklärerisch-universalistischen Moral in Angriff nahm;[2] Odo Marquard, indem er Common-Sense und Üblichkeiten gegen den Anspruch revolutionärer Weltanschauungen stellte;[3] Hermann Lübbe durch eine Rückbesinnung auf das Erbe des klassischen Liberalismus, der sich im Deutschland des neunzehnten Jahrhunderts machtpolitisch nicht dauerhaft durchzusetzen vermochte;[4] Jürgen Habermas durch eine auf vielen Ebenen geführte Auseinandersetzung mit der deutschen Vergangenheit und seine philosophische Arbeit an den Grundlagen von Aufklärung und Demokratie;[5] Dieter Henrich, indem er die Ressourcen der klassischen deutschen Philosophie gegen das nationalsozialistische Weltanschauungskonglomerat (das er als „praktizierten Nihilismus" versteht) nutzen wollte.[6]

Jeder der Genannten hat während der Kindheit und Jugend unter einem Regime gelebt, dessen Denken und Handeln radikal verdorben war, und jeder hat in spezifischer Weise (auch) einen durch politische Erfahrung grundierten philosophischen Neuanfang versucht. Letzteres unterscheidet sie von Heidegger als einem herausragenden Protagonisten der älteren Generation deutscher Philosophen, bei dem es zwar Kehren, aber keinen eigentlichen, durch politische Erfahrung motivierten Werkbruch oder Neuanfang gegeben hat. In einem Bericht über „Die deutsche Philosophie nach zwei Weltkriegen" attestiert Henrich Heidegger den Anspruch, „die Lebensfragen der Zeit aufzunehmen" und philosophisch zu reflektieren – doch die dabei gewählte „universale Perspektive des Verstehens" hat die Wahrnehmung der Zeit und ihrer Lebensfragen in einer Weise verändert, die einem Thema wie dem der individuellen oder nationalen Verantwortung keinen Raum mehr ließ.[7] Heideggers Schweigen zum Nationalsozialismus nach dem Krieg ist sprichwörtlich.

Völlig anders liegen die Dinge im Falle Adornos, bei dem sich eine lebhafte Auseinandersetzung mit konkreten Aspekten der Verantwortungsproblematik findet.[8] Diese Themen bleiben aber weitgehend den populären Essays und den sozialwissenschaftlichen Arbeiten vorbehalten; in den ambitionierten philosophischen Werken nimmt Adornos Denken eine am ehesten als unorthodox-messianische Geschichtstheologie zu charakterisierende Haltung ein; die Verantwortungsfrage – in den Essays durchaus präsent – ist seinem in der „Negativen Dialektik" kulminierenden philosophischen Denken fremd.[9]

So ist die Erfahrung des Nationalsozialismus zwar in mancher Hinsicht prägend für das Philosophieren in Deutschland nach dem Krieg, aber es kommt zu keiner philosophisch-systematischen Traktierung der öffentlich immer wieder intensiv debattierten Frage von historischer Schuld und Verantwortung.

*

Zu Beginn der Achtzigerjahre entdeckt die deutschsprachige Philosophie das Thema Verantwortung. Der Impuls geht aber nicht von Verbrechen in der nationalen Vergangenheit, sondern von der möglichen ökologischen Katastrophe in der globalen Zukunft aus.[10] Dem beachtlichen publizistischen Erfolg von Hans Jonas' „Das Prinzip Verantwortung" folgte eine Reihe von Arbeiten,[11] die unterschiedliche Problemdimensionen der Verantwortung in der wissenschaftlich-technischen Zivilisation untersuchten. Vor dem Hintergrund der Diagnose, dass die globale Situation durch den intensiven Verbrauch endlicher Ressourcen, großtechnologische Unwägbarkeiten, ökologische Risiken, abnehmende nationalstaatliche Interventionsmacht und weitgehende Verantwortungsdiffusion gekennzeichnet ist, hat die philosophische Zunft auf je unterschiedliche Weise unternommen, das tradierte Verantwortungsvokabular zu modernisieren und den heutigen Gegebenheiten anzupassen. In komplexen Gesellschaften, so der Befund, werden Missstände und Gefahren produziert, von denen zunehmend unklar ist, wer sich für sie zu verantworten hat – wer in welcher Weise an ihrer Behebung beteiligt sein sollte; wer in welcher Weise dafür Sorge tragen muss, dass sie nicht eintreten; und wer in welcher Weise zu erdulden hat, dass sie bestehen. Dieter Birnbachers Einschätzung, „angesichts der um Dimensionen gewachsenen menschlichen Einwirkungsmöglichkeiten auf das zukünftige Leben der Menschheit und der bewusstseinsbegabten Wesen insgesamt“ sei Verantwortung für zukünftige Generationen „eine unabweisbare Verpflichtung“, ist durchaus repräsentativ für eine Reihe von einschlägigen Arbeiten.[12] Verantwortung für die Zukunft verlangt „neue Operationalisierungen, neue Praxisnormen, neue Werthaltungen, neue Tugenden und nicht zuletzt auch neue Institutionen.“[13]

Viele dieser Arbeiten behandeln Probleme, die auch im Kontext individueller Verantwortung für historisches Unrecht relevant sind, ohne jedoch auf dieses Thema ausdrücklich einzugehen.[14] Wenigstens zwei von ihnen seien genannt: Weyma Lübbes „Verantwortung in komplexen kulturellen Prozessen“ beschäftigt sich mit dem Phänomen der Verantwortungsdiffusion in modernen Gesellschaften. Der Problemhintergrund ist die becksche Risikogesellschaft, aber nicht wenige Fragestellungen des Buches sind unmittelbar einschlägig mit Blick auf den industrialisierten Massenmord und andere unter Massenbeteiligung begangene politische Verbrechen.

Unter Bedingungen hochgradig arbeitsteiliger moderner Gesellschaften gehen zahllose Übel und Risiken aus einer unüberschaubaren Vielzahl von (erlaubten) Entscheidungen hervor, die nicht aufeinander abgestimmt sind. Der Feinstaubgehalt in der Luft einer Stadt wird kollektiv verursacht – aber das Kollektiv der Verursacher kommt in üblicher rechtlicher und moralischer Betrachtungsweise nicht als Verantwortungssubjekt in Frage. Das Rechtssystem reagiert auf „Übel ohne Verantwortungssubjekt“ (Becks „organisierte Verantwortungslosigkeit“) zunehmend mit „Zurechnungsexpansion“ und der Infragestellung „tragender Teile der klassischen Zurechnungslehre“, wie der Individualhaftung und dem In-dubio-Prinzip.[15] Ein analoger Prozess der Expansion strafrechtlicher Verantwortung war fünfzig Jahre zuvor in den Nürnberger Prozessen eingeleitet worden, um ein analoges Problem der Verantwortungsdiffusion in hochgradig arbeitsteiligen Entscheidungs- und Durchführungsstrukturen zu bewältigen. Diese Dimension wird bei Lübbe jedoch nicht thematisiert.

Die zweite Arbeit, die ich erwähnen möchte, ist Ludger Heidbrinks „Kritik der Verantwortung“[16], die eine (vor allem durch die Theorie autopoietischer Systeme geprägte) steuerungsskeptische Position gegenüber der Verantwortungszumutung in modernen Gesellschaften einnimmt. Der an Kant angelehnte Buchtitel soll sowohl auf die Notwendigkeit einer Anpassung der Verantwortungszuschreibung an moderne Verhältnisse hinweisen, als auch auf die durch epistemische Unsicherheit gesetzten Grenzen der Verantwortbarkeit. Moderne Gesellschaften lassen sich steuern, aber eben nicht beliebig. Zu einem ähnlichen Schluss war bereits Lübbe gelangt: „Der zivilisatorische Prozess als ganzer ist insoweit, wenn nicht geradezu ein Naturschauspiel, so doch ein Prozess, zu dessen Steuerungssubjekt sich die Menschheit letztlich vergeblich zu erheben sucht.“[17] Diese steuerungsskeptischen Positionen in der philosophischen Verantwortungsdebatte haben in der funktionalistischen Sicht der Shoa ein Entsprechungsstück. Ihr zufolge war der industrialisierte Massenmord Resultat eines gleichsam subjektlosen Radikalisierungsprozesses. Ohne diesen Punkt zu sehr strapazieren zu wollen, scheint mir, dass viele philosophische und außerphilosophische Beiträge zur Verantwortungsfrage in Deutschland dazu neigen, Verantwortung als etwas darzustellen, was die Individuen immer schon hoffnungslos überfordert und in die Hände eines – ebenfalls nur begrenzt potenten – Gesetzgebers gelegt werden muss. Jaspers' „Die Schuldfrage“ ist nicht zuletzt deshalb bemerkenswert, weil der Text diese Einstellung verweigert und die Deutschen als politische Akteure anspricht, die massenhaft ihrer individuellen Verantwortung nicht gerecht geworden sind und damit den moralischen Horror ermöglicht haben. Genauer (als Jaspers) zu sagen, worin diese individuelle Verantwortung besteht, ist eine der Aufgaben, die sich diese Arbeit stellt.

a.2 Historische Verantwortung in der englischsprachigen Philosophie

Die Situation in der englischsprachigen Nachkriegsphilosophie stellt sich grundlegend anders dar als die in der deutschsprachigen. Bis Ende der Sechzigerjahre war die Politische Philosophie international – aus unterschiedlichen Gründen – ein vergleichsweise schwach entwickeltes Feld; ihre untergeordnete Bedeutung im englischsprachigen Raum ist unter anderem auf den Einfluss der frühen analytischen Philosophie mit ihrem restriktiven Sinnkriterium zurückzuführen.[1] 1956 schrieb Peter Laslett gar, „for the moment, anyway, political philosophy is dead."[2] Das Erscheinen von „A Theory of Justice" 1971 wird gerne als Datum der Wiedergeburt der Politikphilosophie angegeben. Doch auch vorher gab es Lebenszeichen. In unserem Zusammenhang besonders hervorzuheben sind die Arbeiten Hannah Arendts. Viele ihrer seit Kriegsende entstandenen Texte gelten dem nationalsozialistischen Verwaltungsmassenmord. Arendt untersucht die Ursprünge des Totalitarismus,[3] wohnt dem Prozess gegen Eichmann in Jerusalem persönlich bei,[4] verfolgt aufmerksam den Frankfurter Auschwitz-Prozess und konfrontiert sich und die Leser frontal mit der Frage, was individuelle Verantwortung in modern administrierten Staaten bedeute.[5] Insbesondere der Frankfurter Prozess machte ihr zufolge augenfällig, dass die Tatbestände und Prozessprinzipien des tradierten Rechtsdenkens angesichts der komplexen Verursachungszusammenhänge eines verbrecherischen Staates nicht mehr verfangen. Während Hannah Arendts Arbeit in den Sechzigerjahren jedoch philosophisch noch ähnlich vereinzelt bleibt wie Jaspers' in Deutschland, ändert sich das Bild markant gegen Ende der Dekade. Veranlasst durch Kriegsverbrechen in Vietnam und den wachsenden, mitunter durch die „Prinzipien von Nürnberg" gerechtfertigten öffentlichen Widerstand, beginnt sich die amerikanische Politikphilosophie dem Thema individueller Verantwortung für Staatsverbrechen zuzuwenden; hier sind insbesondere die Arbeiten von Richard Wasserstrom, Kurt Baier und Michael Walzer hervorzuheben.[6] Im Laufe der Siebzigerjahre tritt das Thema Unternehmensverantwortung hinzu,[7] das sich schnell ausweitet zu der Debatte über den moralischen Status von Körperschaften, Gemeinschaften und Zufallsgruppen.[8] Die amerikanische Politikphilosophie entdeckt zudem in der Nachfolge der Bürgerrechtsbewegung einen bis dahin von ihr wenig bearbeiteten Aspekt der Verantwortungsthematik: die reparative Gerechtigkeit. Was – wenn überhaupt etwas – schuldet die USA der afroamerikanischen und der indigenen Bevölkerung?[9] Haben heute lebende Steuerzahler die Pflicht, die Nachkommen von Opfern nationalen Unrechts zu entschädigen? Nach einer Latenzzeit in den Achtzigerjahren steht diese Diskussion seit Mitte der Neunziger wieder auf der politikphilosophischen Agenda, vor allem in den USA, in Australien und Neuseeland. Jene Latenzzeit lässt sich wohl einerseits mit einem Abklingen der öffentlichen Präsenz der Bürgerrechtsbewegung, andererseits mit dem Rückzug der Vereinigten Staaten aus Vietnam und der Dominanz der konservativ-liberalen politischen Agenda in den Achtzigern erklären. Mit dem Kalten Krieg und dem Zusammenbruch der sozialistischen Regime in Europa wurden sowohl national wie international Fragen korrektiver Gerechtigkeit virulent. Hier sind wechselseitige Reparationsforderungen von deutscher und polnischer Seite ebenso zu nennen wie die Regelung der Ansprüche derjenigen, die durch die sozialistischen Regime entschädigungslos enteignet wurden.

Belebend für die philosophische Reparationsdebatte hat zudem gewirkt, dass auf den Nationalsozialismus bezogene Ansprüche gegen deutsche und schweizerische Unternehmen erfolgreich durchgesetzt werden konnten und verschiedentlich – bei der Wiederaufnahme von *Black-Reparations*-Forderungen oder seitens der Herero – als „Präzedenzfälle“ gewertet wurden.[10]

Über diesen Weg hat die Debatte schließlich in den deutschsprachigen Raum gefunden. Die erste monographische Behandlung des Themas „Verantwortung für historisches Unrecht“ erscheint in Deutschland – fast sechzig Jahre nach Jaspers' Abhandlung – mit Lukas Meyers „Historische Gerechtigkeit“. Meyers Arbeit ist nicht vornehmlich an der Reflexion der historischen Verantwortung der Deutschen interessiert; in Stil und Fragestellung wurde sie durch den angelsächsischen Diskurs geprägt; auch die (beispielsweise von Lübbe und Heidbrink erörterte) Zurechnungs- und Steuerungsproblematik liegt außerhalb des Fokus' seiner Überlegungen. Das Thema der kriminellen Verantwortung beschäftigt ihn vor allem hinsichtlich der Frage, ob und unter welchen Umständen Wahrheitskommissionen und bedingte Amnestien den Interessen der Opfer unter Umständen besser dienen als die Strafverfolgung der politischen Verbrecher. Ansonsten konzentriert sich die Arbeit auf die Begründung von Pflichten, die Nachgeborene hinsichtlich historischen Unrechts haben. Es ist die Erfüllung solcher Pflichten, die für „historische Gerechtigkeit“ sorgt.

a.3 Weltpolitische Faktoren und die kantische Utopie

Obwohl für die Hochkonjunktur von Reparationsforderungen sicherlich auch rein materielle Motive eine Rolle gespielt haben, waren die Neunzigerjahre zweifellos auch eine Phase bemerkenswerter Sensibilisierung des politischen Bewusstseins für die dunklen Aspekte der nationalen oder institutionellen Geschichte – und dieser weltpolitische Klimawechsel nach 1989 hat belebend für die philosophische Reflexion historischer Verantwortung gewirkt.[1] Janna Thompson gibt eine ansehnliche Aufzählung:

„Former American President Clinton apologized for the US violation of Hawaiian sovereignty in 1893, British Prime Minister Blair for British policy during the Irish potato famine. The Canadian government apologized to indigenous communities for policies aimed at destroying their culture. Pope John Paul II asked forgiveness for all the sins committed by the Catholic Church in the last 2000 years. Queen Elizabeth apologized for the British exploitation of the Maoris, the Japanese Prime Minister for atrocities committed by Japanese in Korea and China during World War II. Some former government officials in South Africa have acknowledged and apologized for their activities during the period of apartheid.“[2]

Staatsoberhäupter und andere hohe Repräsentanten bekundeten ihr Bedauern über – teils Jahrhunderte zurückliegende – Handlungen ihres Landes oder ihrer Institutionen. „Die Entschuldigung für vergangene Untaten ist zu einer neuen Üblichkeit in der Pflege internationaler Beziehungen geworden“,[3] heißt es bei Hermann Lübbe. „An epidemic of apology has swept the globe“, schreibt Janna Thompson.[4] Es dürfte kein Zufall sein, dass die Hochphase der Sensibilität für historisches Unrecht in dasselbe Jahrzehnt fällt wie die Stärkung des Völkerstrafrechts, kulminierend in der Gründung des Internationalen Strafgerichtshofs.[5]

Die aufgezählten Phänomene scheinen nicht zuletzt darin bemerkenswert, dass sie sich als Ausdruck eines ‚kantischen‘ Geschichts- und Politikverständnisses verstehen lassen. Eine wichtige Voraussetzung für die Frage nach der Verantwortung für historisches Unrecht war die schrittweise Zurückdrängung der bis zum Ersten Weltkrieg vorherrschenden völkerrechtlichen Vorstellung, die gewaltsame Aneignung von Territorium sei ein legitimes Anliegen souveräner Staaten und der Krieg insgesamt ein erlaubtes Instrument der Durchsetzung nationaler Interessen. Erst der Briand-Kellogg-Pakt von 1928 ächtete den Krieg als Mittel zur Durchsetzung von Zielen nationaler Politik; die Stimson-Doktrin untersagte darüber hinaus die Annexion, die gewaltsame Einverleibung von Gebieten, die vormals als legitimer Akt souveräner Staatlichkeit galt.[6]

Weitere wichtige Marksteine in dieser Entwicklung waren die Nürnberger Prozesse, die Allgemeine Erklärung der Menschenrechte durch die Generalversammlung der Vereinten Nationen am 10. Dezember 1948, die Genozid-Konvention, die Fixierung der „Nürnberger Prinzipien“ durch die Vereinten Nationen und die Gründung des Internationalen Strafgerichtshofs.[7]

Der Kalte Krieg bildete jedoch ein retardierendes Element für die politische Wirksamkeit des menschenrechtlichen Universalismus. Erst in den Neunzigerjahren entfaltet er eine verstärkte politische Dynamik, die einen ersten sichtbaren Ausdruck in der Gipfelkonferenz über Menschenrechte in Wien 1993 und in der Errichtung eines UN Hochkommissariats für Menschenrechte in demselben Jahr findet.[8] Hierin kam ein gewandeltes Verständnis von nationaler und internationaler Politik zum Zuge, ein Verständnis, das man umschreiben könnte als die Vision von der Hegung der Gewalt durch das Recht. Unter dem Eindruck des Völkermords in Ruanda und der Massenmorde und Vertreibungen im ehemaligen Jugoslawien hat sich das Bewusstsein für die „Notwendigkeit einer globalen Herrschaft des Rechts" nochmals verstärkt.[9]

In diesem Kontext der politischen und der Rechtsgeschichte ist das geschärfte Bewusstsein für vergangenes Unrecht zu sehen. Etwas so Ungewöhnliches wie die Entschuldigung von Staatsoberhäuptern und Regierungschefs für Ereignisse, die mitunter ein Vierteljahrtausend zurückliegen, lässt sich eher verstehen, wenn man es als retrospektive Wendung des Gedankens auffasst, dass die Politik durch das Recht gebändigt werden muss.[10] Mir scheint, dass die (mittlerweile abgeebbte) Flut politischer Entschuldigungen – von denen manche tatsächlich irrational und grundlos sein mögen – eine Bekräftigung des in der *kantischen Utopie* enthaltenen Gedankens darstellt. Kants „Idee zu einer allgemeinen Geschichte in weltbürgerlicher Absicht" bezeichnet in einer anthropologisch-geschichtsphilosophischen Spekulation die „vollkommen gerechte bürgerliche Verfassung" als „die höchste Aufgabe der Natur für die Menschengattung", eine Aufgabe, die nach Kant die schwerste überhaupt mögliche ist und „von der Menschengattung am spätesten gelöst wird".[11] Diese Utopie verlangt, dass der Zustand der Rechtlosigkeit nicht nur im Inneren, sondern auch im Außenverhältnis beendet wird: Die Menschheit müsse zu einem Völkerbund zusammentreten, „wo jeder, auch der kleinste, Staat seine Sicherheit und Rechte" habe.[12]

In Anknüpfung an Kant, ging der späte Rawls so weit, den Wert menschlicher Existenz davon abhängig zu machen, dass eine solche Einholung der Geschichte ins Recht gelingt.

„Die Kriege dieses Jahrhunderts stellen uns angesichts ihrer extremen Gewaltsamkeit und zunehmenden Destruktivität, die in dem Wahnsinn des Bösen des Holocaust gipfelte, mit aller Schärfe vor die Frage, ob die politischen Beziehungen nur durch Macht und Gewalt geregelt werden können. Wäre eine einigermaßen gerechte Gesellschaft, deren Macht ihren Zielen unterworfen ist, unmöglich und wären die meisten Menschen amoralisch, wenn nicht unheilbar zynisch und egozentrisch, müsste man mit Kant fragen, welchen Wert es für menschliche Wesen hat, hier auf Erden zu leben."[13]

Die Utopie von der Einholung der menschlichen Geschichte ins Recht ist nach Kant und Rawls der Auftrag der praktischen Vernunft an die Gattung. Freilich: Weder die im Völkerbund kulminierende, weltbürgerliche Geschichtsbetrachtung Kants, noch die in der Gesellschaft wohlgeordneter Völker kulminierende realistische Utopie von Rawls sieht eine Korrektur historischen Unrechts vor. In welchem Umfang sie nötig ist, was sie bedeutet und wo ihre vernünftigen Grenzen liegen, stellt ein noch zu formulierendes und aufzulösendes Problem dar.

a.4 Aufbau der Arbeit – „Die Schuldfrage" als Modell

Bis vor wenigen Jahren stand Jaspers' „Die Schuldfrage" isoliert und einzigartig in der Landschaft der deutschsprachigen Philosophie. Sie ist nicht nur allein geblieben in ihrem Bemühen, die Frage der Verantwortung für historisches Unrecht zu entschlüsseln – sie hat auch keine allzu tiefen Spuren in der philosophischen Rezeption hinterlassen. Zu einer gewissen Geläufigkeit hat es ihre Differenzierung zwischen krimineller, politischer, moralischer und metaphysischer Schuld gebracht. Einige Kommentatoren wissen auch, dass Jaspers den Begriff der Kollektivschuld im Sinne der politischen Haftung für Staatsverbrechen verteidigt, in anderen Hinsichten aber ablehnt.[1]

Anders als die angelsächsische Verantwortungsdebatte, in der insbesondere Jaspers' Begriff der metaphysischen Schuld als wichtiger Beitrag gewürdigt wird, liest Jürgen Habermas die Schrift (in für die hiesige Philosophie wohl repräsentativer Weise) letztlich als eine zeitgeschichtlich gebundene und begrenzte Gelegenheitsarbeit (auf die Habermas seinerseits in einer zeitgeschichtlich gebundenen und begrenzten Gelegenheitsarbeit eingeht). Jaspers' Ziel sei „die Unterscheidung zwischen der persönlichen Schuld der Täter und der kollektiven Haftung derer, die es – aus wie immer verständlichen Gründen – unterlassen hatten, etwas zu tun. Diese Unterscheidung trifft nicht mehr das Problem von Nachgeborenen, denen das Unterlassungshandeln ihrer Eltern und Großeltern nicht zur Last gelegt werden kann."[2]

Mir scheint, dass diese Einschätzung dem Potential des Textes nicht gerecht wird und insbesondere den Brennpunkt der „Schuldfrage“ verkennt. Das Bedenken der deutschen Schuld versteht Jaspers als einen Vorgang, der für die Ausbildung jener politischen Tugenden notwendig ist, derer ein zivilisierter deutscher Staat der Zukunft bedürfte. Daher beunruhigte ihn die Art, in der die Deutschen seiner Tage – nach seiner Wahrnehmung – die Schuldfrage abwehrten. So nachvollziehbar und berechtigt nach Jaspers das Anliegen war, eine willkürliche und unterschiedslose Politik der Vergeltung zu verhindern, diente ihm zufolge insbesondere die Abwehr des Kollektivschuldgedankens vor allem dazu, die Frage nach Schuld und Verantwortung insgesamt zu unterdrücken. Es war diese Tendenz zur Verleugnung, der Jaspers' Schrift entgegentrat. Ihm ging es im Kern darum, einer Kultur der individuellen und kollektiven Unverantwortlichkeit entgegenzuarbeiten, auf deren Grundlage kein freier Staat zu etablieren ist. Die Unfähigkeit der Individuen, sich für das eigene Tun und die sie umgebende politische und soziale Welt als verantwortlich zu erkennen, war nach Jaspers Voraussetzung des von Deutschland ausgegangenen moralischen Horrors.[3] Jaspers ist überzeugt, dass die Verbrechen nicht zu verstehen sind, wenn man nicht die Summe – teils mikrologischer – individueller moralischer Fehler beachtet. So nimmt bei ihm – was häufig verkannt wird – die moralische Schuld die zentrale Stellung innerhalb des Schuldgefüges ein.[4]

Nachgeborene können – unabhängig von der Frage der Erinnerungspflichten gegenüber den Opfern – in der Auseinandersetzung mit nationaler Schuld die Bedeutung politischer Tugenden *ex negativo* erschließen. Sie lernen die Bedingungen, unter denen Verbrecherstaaten entstehen und betrieben werden können; diese Lektion handelt von Aspekten einer für sie selbst relevanten kulturellen Überlieferung und betrifft insofern ihr Selbstverständnis, ihre ‚Identität‘; sie erwerben ein Bewusstsein dafür, dass der Fortbestand einer hinreichend gerechten Gesellschaft von spezifischen Bedingungen der politischen Kultur abhängt und dass es daher auch an ihnen ist, politische Tugenden zu kultivieren, die Derartiges verhindern; und sie erfahren, was es für ein politisches Kollektiv bedeutet, wenn eine Generation ihrer staatsbürgerlichen und menschlichen Verantwortung nicht gerecht wird. Insofern sollte „Die Schuldfrage“ als eine an die deutsche Nation gehaltene Rede über die staatsbürgerliche Grundtugend individueller Verantwortungsbereitschaft verstanden werden.[5]

Über das, was der Gedanke staatsbürgerlicher Verantwortung mit Blick auf historisches Unrecht von uns verlangt, herrscht, meine ich, nach wie vor Unklarheit. Ein wesentliches Defizit der „Schuldfrage" liegt darin, dass Jaspers die normative Grundlage für die Beurteilung der jeweiligen Schuldform nicht explizit herauszuarbeiten versucht. Er begnügt sich oftmals damit, Einschätzungen abzugeben, deren philosophisch-normative Grundlage er lediglich andeutet – und dies nicht immer frei von Widersprüchen. Wann das Handeln einer Person als strafwürdiger Beitrag zu einem Staatsverbrechen gilt, in welcher Weise ein Volk für begangenes Unrecht zu haften hat – solche Fragen beantwortet er nicht oder in unzureichender Weise, weil er auf artikulierte Prinzipien philosophischer Beurteilung verzichtet. In dieser Hinsicht einen Fortschritt zu erzielen, ist das Anliegen der vorliegenden Arbeit. Wie Jaspers wende ich mich den Themenfeldern der Kollektivschuld (Teil C), der wiedergutmachenden Gerechtigkeit (Jaspers' politische Haftung) (Teil E), sowie der moralischen und strafwürdigen Verantwortung (Teil D) zu. Ausklammern werde ich dagegen weitgehend die bei ihm so wichtige metaphysische Schuld.

Die folgenden Überlegungen sind in fünf Teile gegliedert. In Teil A wende ich mich dem Problem zu, was unter ‚historischem Unrecht' zu verstehen ist. Hier ist zum einen die Frage des ‚Tatbestands' berührt, zum anderen die der subjektiven Voraussetzungen. Mit Blick auf den ersten Punkt spreche ich von historischem Unrecht, wenn natürliche Rechte in (nach Art und Ausmaß) gravierender Weise verletzt werden und wenn diese Verletzungen politischen Charakter haben. Beides, das Gravierende und die politische Natur, geben dem Unrecht historisches Gewicht.

Im Anschluss lege ich dar, warum es notwendig ist, zwischen historischem Unrecht und historischen Übeln zu unterscheiden. Der Grundgedanke lautet, dass die Angehörigen moralisch inkompetenter Kulturen kein Unrecht begehen, wenn sie naturrechtlich geschützte Güter verletzen; vielmehr verursachen sie – als „dangerous and noxious Creatures" (Locke) – gravierende Übel. Sie müssen unschädlich gemacht und erzogen werden, doch verdienen sie keine Strafe. Der Löwenanteil des Kapitels untersucht, wie Urteile über die moralische Kompetenz einer Kultur gewonnen und begründet werden können, doch erörtere ich auch den hegelschen Vorwurf, die Klage über historisches Unrecht sei Ausfluss einer sentimental-moralisierenden, unhistorischen Weltsicht.

Das folgende Kapitel vertieft die Überlegungen zur moralischen Kompetenz und gibt eine – wie immer vorläufige – Antwort auf die Frage, wie die Verantwortlichkeit historischer Akteure zu beurteilen ist. Damit ist einiges geschehen zur Klärung der Bedeutung ‚historischen Unrechts' – doch was ist mit dem anderen Titelbegriff ‚Verantwortung' gemeint? Diese Aufgabe nimmt Teil B in Angriff, der eine Reihe von Möglichkeiten vorführt, zwischen Typen von Verantwortung zu unterscheiden. Ich erläutere vier Arten der Verantwortung für historisches Unrecht, die für den weiteren Gang der Untersuchung maßgeblich sind: kausale und moralische Verantwortung, sowie Aufgaben- und Folgenverantwortung. Nach der allgemeinen Darstellung der Verantwortungstypen wende ich mich in der zweiten Hälfte von Teil B Jaspers' Einteilung von Schuldarten zu. Neben einer Erörterung der einschlägigen Distinktionen und ihrer Grundlagen geht es hier insbesondere um eine Vergegenwärtigung seiner Reflexion über den Sinn der Auseinandersetzung mit historischem Unrecht. Sie zielt bei ihm nicht auf Abrechnung oder Selbstlegitimation, sondern ist Voraussetzung und Ausdruck jener politischen Tugenden, die eine freie Gesellschaft erst ermöglichen. Die Beschäftigung mit Jaspers' vielschichtigen Anschauungen zur Frage der Kollektivschuld bereitet die ausführlichere Betrachtung von Kollektivschuldbegriffen in Teil C vor.

Teil C stellt zunächst die Frage nach der Verantwortung für historisches Unrecht auf eine individualistische Basis, wobei ich einen gemäßigten Verantwortungsindividualismus favorisiere. Dieser schließt nicht aus, dass Kollektive oder Körperschaften moralisch verantwortlich sein können; allerdings müssen solche Urteile auf Handlungsweisen der angesprochenen Mitglieder des Kollektivs oder der Körperschaft in geeigneter Weise bezogen sein.

Es folgt eine ausführliche Kritik an Margaret Gilbert. Gilbert verteidigt einen nicht-distributiven Begriff von Kollektivschuld – ein Kollektiv kann moralisch für etwas schuldig sein, ohne dass auch nur ein einziges Mitglied des Kollektivs individuell schuldig ist. Ich lege dar, dass der gilbertsche Begriff nicht-distributiver Kollektivschuld auf einer unhaltbaren Distinktion von moralischen und kollektiven sui generis Pflichten beruht. Ihre Argumente gegen das Aggregationsmodell von Kollektivschuld sind nicht überzeugend. Gilbert präsentiert als Alternative das Mitgliedschaftsmodell und das Modell pluraler Subjektivität. Ich werde zeigen, warum beide Modelle nicht tragfähig sind. Teil C untersucht zudem (angebliche) Kollektivschuldvorwürfe gegen die Deutschen in den Arbeiten von Daniel Goldhagen und Götz Aly und macht einen Vorschlag zum Verständnis der performativen Funktion des Kollektivschuldvorwurf-Vorwurfs. Das abschließende Unterkapitel ‚Eine Irrtumstheorie moralischer Kollektivschuld' ergänzt das Aggregationsmodell von Kollektivschuld: Wenn Personen Schuldgefühle für kollektives Handeln zu empfinden meinen, hinsichtlich dessen sie keine Pflichten verletzt haben, so empfinden sie – der Irrtumstheorie zufolge – eigentlich (i) Trauer oder Entsetzen über Ereignisse und Personen, (ii) verbunden mit dem Bewusstsein oder der Befürchtung, dass jenes kollektive Handeln die Art prägt, in der sie von anderen wahrgenommen und behandelt werden.

Teil D ist der persönlichen Verantwortung für historisches Unrecht gewidmet, die in strafwürdiger oder (bloß) moralischer Verantwortung bestehen kann. Ausgangspunkt der Überlegungen ist der Befund, dass an der Entstehung historischen Unrechts viele Personen und Organisationen in unterschiedlichster Weise mitwirken. Ich untersuche Bedingungen, unter denen das Handeln einer Person als strafwürdiger Beitrag zu natürlichen Verbrechen gewertet werden sollte. Hauptpunkt ist die Erläuterung und Begründung des *Grundsatzes strafwürdiger Verantwortung*. Da der Grundsatz sowohl auf eine kausale, als auch auf eine organisationale Verbindung des Handelns zum Unrecht abhebt, erläutere ich ausführlich, worin diese Verbindungen jeweils bestehen und illustriere die Überlegungen an historischen Beispielen. In diesem Zusammenhang werde ich darlegen, warum die ‚Logik der Repräsentation' nicht verhindert, dass die Inhaber des Gewaltmonopols und deren Organe Verbrechen begehen und für solche belangt werden können. Zudem beschäftigt mich die Frage, wann eine Person, die unter Befehl agiert, eine verbrecherische Handlung ‚als eigene will' und wie entsprechend ihr Status als Akteur zu bestimmen ist.

Mein übergeordnetes Ziel in Teil D besteht darin, plausibel zu machen, dass der Grundsatz einerseits hilft, das Problem der Verantwortungsdiffusion zu bewältigen, ohne dabei andererseits die Zurechnung zu überdehnen.

Zudem frage ich, wann es moralisch erlaubt oder sogar geboten ist, mit ‚dem Bösen zu kooperieren', um Schlimmeres zu verhindern. Ich werde eine Reihe restriktiver Bedingungen formulieren, unter denen die Beteiligung an natürlichen Verbrechen gerechtfertigt ist.

Neben der strafwürdigen behandelt Teil D die (bloß) moralische Verantwortung für historisches Unrecht. In diesem Zusammenhang führe ich den Begriff der politischen Kumulationsübel ein. Darunter verstehe ich Übel, die aus rechtlich erlaubten, für sich genommen unschädlichen, nicht abgestimmten Entscheidungen vieler Personen hervorgehen. Bestimmte Ereignisse, die zu natürlichen Verbrechen führen, sind Kumulationsübel, wie der Erfolg der NSDAP in der letzten freien Wahl im November 1932. Das Kapitel wird zeigen, warum Personen, die zu Kumulationsübeln beitragen, moralisch falsch handeln und Missbilligung verdienen. Dabei werde ich den Begriff des ‚informellen Repräsentanten' einer Kultur einführen und Bedingungen nennen, unter denen Angehörige einer Kultur für deren Handeln moralisch verantwortlich sind. Ergänzend greife ich Larry Mays Idee der Verantwortung für ‚shared agency' als Basis der Zuschreibung moralischer Verantwortung für natürliche Verbrechen auf.

Der letzte Teil der Arbeit, Teil E, steht unter dem Titel ‚Wiedergutmachende Gerechtigkeit'. In ihm geht es um die Folgenverantwortung für historisches Unrecht. Opfer haben Anspruch auf die Wiederherstellung der durch das Unrecht gestörten moralischen Ordnung. Dies bedeutet zum einen, dass der Aggressor verpflichtet ist, seinen moralischen Fehler anzuerkennen, zum anderen, dass er einen signifikanten Beitrag zur Bewältigung des materiellen Schadens zu leisten hat. Der *Grundintuition* wiedergutmachender Gerechtigkeit folgend, ist die Korrektur der Unrechtsfolgen eine Pflicht der persönlich Verantwortlichen und der politisch Haftenden. Formen und Voraussetzungen persönlicher Verantwortung waren Thema in Teil D. In Teil E ergänze ich Überlegungen zu den strukturellen Bedingungen und zeitlichen Grenzen politischer Haftung. Ich unterscheide zunächst vier Bedingungen, die hinreichend sind, um von der Haftung der Bevölkerung für das Handeln des Staates auszugehen: Kontroll-, Gleichgesinntheits-, Vorteils- und Autorisierungsbedingung. Anschließend betrachte ich zwei Grundlagen intergenerationeller Haftung (Gleichgesinntheit und Autorisierung) und entwickle ein Modell, das zeigt, warum die Autorisierung der Staatsorgane durch die politische Gemeinschaft die Bevölkerung nicht für alle Zeit bindet.

Im Anschluss beschäftige ich mich mit den aus historischem Unrecht resultierenden Rechten auf Wiedergutmachung. Ich unterscheide in diesem Zusammenhang echte von unechten Begründungen für Reparationen. In unechten Begründungen basiert die Reparationsforderung auf Prinzipien distributiver Gerechtigkeit; der Verweis auf historisches Unrecht hat lediglich erläuternde Funktion, trägt aber nicht die normative Begründungslast. Bei den echten Begründungen differenziere ich zwischen Normwert- und Anrechtsansätzen. Gegenstand des Transfers ist in Anrechtskonzepten die Wiederherstellung des durch das Unrecht gestörten Status quo ante, in Normwertkonzepten die Erfüllung gewisser sozialer und wirtschaftlicher Schwellenwerte.

Alle betrachteten echten Begründungen für Reparationen beruhen auf der *Grundintuition* wiedergutmachender Gerechtigkeit, der zufolge Wiedergutmachung eine Pro-tanto-Pflicht der persönlich Verantwortlichen und der politisch Haftenden ist; sie geben aber Ansprüchen korrektiver Gerechtigkeit unterschiedliches Gewicht und bestimmen deren Status in abweichender Art.

Die temporale Interpretation der Grundintuition bildet, darauf aufbauend, eine Zwei-Stufen-Konzeption materieller Wiedergutmachung. Ich werde argumentieren, dass das absolute Gewicht der Ansprüche von unmittelbaren Opfern historischen Unrechts im Zeitverlauf nicht abnimmt und einer gemäßigt konservativen Anrechtskonzeption entsprechend beurteilt werden sollte (temporale Interpretation I). Die Ansprüche von Nachfahren und anderen Betroffenen sind hingegen gemäß einer prioritären Normwertkonzeption zu beurteilen (temporale Interpretation II); in Bezug auf spezifische Gegenstände, die eine herausragende symbolische und emotionale Bedeutung für Nachkommen haben, kommt die gemäßigt konservative Anrechtskonzeption zum Zuge.

Nachdem ich die temporale Interpretation I gegen Überlegungen von Jeremy Waldron verteidigt habe, unterscheide ich unterschiedliche Möglichkeiten, den Status von Betroffenen zu bestimmen. Unter Betroffenen verstehe ich Personen, die das Unrecht nicht erlitten haben, aber durch es in Mitleidenschaft gezogen wurden. Dem *Schädigungsansatz* zufolge gilt als betroffen, wer durch das Unrecht indirekt geschädigt wurde. Die *kontrafaktische Variante* dieses Ansatzes lehnt Reparationsansprüche der Nachkommen von Unrechtsopfern ab, wenn sie ohne das Unrecht nicht existieren würden. Die *Vererbungsvariante* vermeidet diese, von vielen als kontraintuitiv angesehene Konsequenz, indem sie die Schädigung als Unterschlagung eines ererbten Anspruchs konstruiert. Ein solcher ererbter Anspruch kann auch bestehen, wenn das Unrecht notwendige Bedingung der Existenz des Unrechts ist. Der Vererbungsansatz stößt seinerseits einerseits auf Anwendungsprobleme, andererseits baut er auf ein zu starkes Konzept von Eigentumsrechten.

Als Alternative zum Schädigungsansatz bietet sich der *Beziehungsansatz* an, der den Betroffenenstatus nicht an einem erlittenen Schaden, sondern an einer moralischen Beziehung zwischen Opfer und betroffener Person festmacht. Im Anschluss an Überlegungen von Michael Ridge und anderen, werde ich ausführen, dass Betroffene abgeleitete

Ansprüche auf Reparationen haben. Die primären Reparationspflichten bestehen gegenüber Verstorbenen und orientieren sich in erster Linie an der (prioritären) Normwertkonzeption.

Teil A: Was ist historisches Unrecht?

Die einschlägige philosophische Literatur hat bislang bemerkenswert wenig Energie in die Klärung der Frage investiert, aufgrund welcher Eigenschaften historische Ereignisse oder Ereigniskomplexe als historisches Unrecht zählen sollen. Dies liegt möglicherweise daran, dass die meisten Beiträge durch politische Auseinandersetzungen über Ereignisse der nationalen oder bilateralen Geschichte inspiriert sind, deren Unrechtscharakter von keiner der streitenden Parteien offen in Zweifel gezogen wird. Es geht dabei hauptsächlich um Fälle, bei denen die unmittelbaren Täter und Opfer verstorben sind. Das Problem historischen Unrechts wird entsprechend als das Problem der Rechte und Pflichten von Nachgeborenen verhandelt, also als ein Teilaspekt des Problemkomplexes intergenerationeller Gerechtigkeit. So konzentriert sich die philosophische Diskussion auf Meinungsverschiedenheiten über das, was aus gegebenen Fällen historischen Unrechts an Ansprüchen und Pflichten für die Nachgeborenen folgt. Unbearbeitet blieb bislang indes die allgemeine Frage, worin historisches Unrecht besteht.

Ziel der Ausführungen dieses Teils ist keine erschöpfende Klärung der bei dieser Frage involvierten philosophischen Probleme. Es handelt sich vielmehr um Vorarbeiten in einem noch weitgehend unbestellten Feld.

Ich werde versuchen, plausibel zu machen, dass wir zwischen *historischem Unrecht* und *historischem Übel* unterscheiden sollten, um dem Umstand Rechnung zu tragen, dass wir zuweilen vergangene Praktiken und Verhältnisse zwar moralisch ablehnen, aber den Angehörigen der betreffenden Kulturen keine Vorwürfe machen. In Fällen, in denen wir die Angehörigen einer vergangenen Kultur als moralisch inkompetent betrachten, sollten wir nicht von historischem Unrecht, sondern von historischen Übeln sprechen.

In Kapitel 1 werde ich einen Definitionsvorschlag unterbreiten und den normativen Maßstab konkretisieren, den ich zu benutzen vorschlage. Kapitel 2 erläutert die Unterscheidung zwischen historischem Übel und historischem Unrecht. In Kapitel 3 wende ich mich dann der Frage zu, wie sich Aussagen über die moralische Kompetenz einer Kultur gewinnen lassen.

1 Ein Definitionsvorschlag

Wenn wir geschichtliche Vorgänge als historisches Unrecht bezeichnen, etwa die Eroberungszüge Alexanders von Makedonien, die Lynchjustiz in den Südstaaten der USA oder die Hexenverfolgungen in der europäischen Frühneuzeit, so unterziehen wir soziale Praktiken anderer Gesellschaften einer normativen Beurteilung. Dieser Beurteilung können normative Maßstäbe zugrunde liegen, die den historischen Akteuren völlig unbekannt waren oder die zumindest nicht ihr Handeln leiteten. Zuweilen gehen die gegenwärtig Urteilenden aber auch davon aus, dass die historisch Beurteilten in relevanten Hinsichten dieselben oder zumindest ähnliche moralische Überzeugungen hatten wie sie selbst. Die Aussage „Die verbreitete Lynchjustiz war ein großes Unrecht, und das wussten die Beteiligten auch!“ scheint nicht ungewöhnlich.

Von historischem Unrecht zu sprechen, heißt zunächst einmal nur, dass Vorgänge oder Verhältnisse, die in der mehr oder weniger entfernten Vergangenheit liegen, von einem gegenwärtig Urteilenden als Verletzung normativer Maßstäbe angesehen werden, die er oder sie selbst als gültig anerkennt. Meines Erachtens wäre es ein Missbrauch des Begriffs, wenn man etwas als historisches Unrecht bezeichnete, ohne der Meinung zu sein, dass es sich tatsächlich um Unrecht handelte.

Der Urteilende legt sich entsprechend auf eine moralische Einschätzung bezüglich früherer Vorkommnisse oder Verhältnisse fest. Ob er dabei unterstellt, dass die historischen Akteure ähnliche moralische Maßstäbe benutzten wie er selbst, ist zunächst noch offen. Der Begriff historischen Unrechts ist mit einer Vielzahl normativer und metaethischer Theorien vereinbar.

Es ist noch nicht einmal undenkbar, dass Kulturrelativisten Ereignisse als historisches Unrecht bezeichnen. Eine Variante dieser Theorie vergleicht moralische Regeln mit kulturspezifischen Koordinationsnormen, wie dem Links- oder Rechtsverkehr.[1] Rechts zu fahren, sei auf dem europäischen Kontinent richtig, auf den britischen Inseln falsch. Die Frage, welches die – absolut gesehen – richtige Regel wäre, sei unsinnig. Analoges ließe sich von moralischen Regeln sagen. Sie gelten immer nur in einem gegebenen kulturellen Kontext. Die Frage, welche Regeln absolut richtig wären, ergebe keinen Sinn.

Für eine derartige kulturrelativistische Position wären entsprechend viele, aber durchaus nicht alle moralischen Urteile über die Praktiken vergangener Gesellschaften verfehlt. Sie wären unsinnig, wenn die beurteilten historischen Akteure andere moralische Standards anerkannt hätten als die gegenwärtig Urteilenden. Stimmen die Standards von Urteilenden und Beurteilten jedoch überein, so ist es auch aus kulturrelativistischer Sicht möglich, Verhältnisse und Praktiken in vergangenen Gesellschaften als Unrecht zu beurteilen.

Obwohl es grundsätzlich denkbar ist, von historischem Unrecht innerhalb eines kulturrelativistischen Bezugsrahmens zu sprechen, wird der Begriff üblicherweise auch dann auf vergangene Ereignisse und Verhältnisse angewendet, wenn die historischen Akteure ihrem Handeln andere moralische Maßstäbe zugrunde gelegt haben als die gegenwärtig Urteilenden. Wer von dem Unrecht der Hexenverfolgung oder der Lynchjustiz spricht, unterstellt dabei, dass diese Praktiken einem verschiedene Kulturen übergreifenden moralischen Maßstab gemäß falsch waren. Ich gehe daher davon aus, dass jede plausible Konzeption historischen Unrechts auf nicht-relativistischen Voraussetzungen fußt.

1.1 Nach Art und Ausmaß gravierend

Wenn von historischem Unrecht die Rede ist, sind damit nicht beliebige, in der Vergangenheit liegende Unrechtsereignisse gemeint. Mit Grund wird nicht jedes vergangene Verbrechen als historisches Unrecht bezeichnet. Es geht vielmehr um Ereignisse von einer gewissen Bedeutsamkeit und Größenordnung. Das Wort ‚historisch' in der Wendung ‚historisches Unrecht' wird insofern ähnlich verwendet wie ‚historisch' in ‚historisches Ereignis'. Es meint soviel wie ‚im Gesamtzusammenhang der Geschichte wichtig und überlieferungswürdig'. Das Unrecht ist nicht geringfügig, sondern gravierend; im Extremfall löst es selbst im distanzierten Beobachter tiefes Entsetzen aus. Was Unrecht so gravierend macht, dass die Rede von historischem Unrecht angemessen ist, lässt sich nicht mit mathematischer Genauigkeit angeben. Doch scheint offensichtlich, dass es nach *Art und Ausmaß* schwerwiegend sein muss. Es handelt sich bei historischem Unrecht um die Verletzung elementarer moralischer Rechte, um die Störung oder Zerstörung der Bedingungen, unter denen ein menschliches Leben möglich ist. Diese elementaren Rechte können von politisch-rechtlichen Gewalten nicht außer Geltung gesetzt werden. Sie hängen nicht davon ab, was nationale oder internationale Rechtsnormen bestimmen. Vielmehr verfügen alle Menschen kraft ihres Menschseins über sie.

Dies legt nahe, historisches Unrecht als Form der Verletzung von Menschenrechten zu verstehen. Menschenrechte sind Rechte, die Menschen als Menschen haben. Nach üblicher Auffassung handelt es sich um besonders wichtige, elementare moralische Rechte, die kulturübergreifende Geltung beanspruchen. Damit schlösse eine Deutung historischen Unrechts als Menschenrechtsverletzung den Kulturrelativismus in gewünschter Weise aus.

Ein weiterer Vorteil einer Anknüpfung an die Menschenrechte könnte sein, dass man auf bestehende rechtliche Kataloge zurückgreifen könnte. Hier liegt allerdings auch ein Problem. Die *Allgemeine Erklärung* enthält ein Recht auf regelmäßigen, bezahlten Urlaub; wie James Griffin mit Grund anmerkt, ist jedoch ziemlich unklar, warum es sich dabei um ein Menschenrecht handeln sollte.[2] Nicht alles, was als Menschenrecht behauptet wird und in einschlägigen rechtlichen Dokumenten als solches niedergelegt ist, dient dem Schutz der elementaren Bedingungen menschlichen Lebens. Wenn man auf den Menschenrechtsbegriff mit Blick auf unser Thema aufbauen wollte, wäre er philosophisch zuzuschneiden. An entsprechenden Versuchen mangelt es nicht. Ein besonders interessanter Entwurf stammt von Joseph Raz. Raz möchte, anders als Autoren wie Alan Gewirth oder James Griffin, Menschenrechte nicht durch eine Theorie über die Grundbedingungen menschlichen Lebens begründen. Vielmehr schlägt er vor, sie mit Blick auf ihre völkerrechtliche Rolle einzugrenzen. Im modernen Völkerrecht wird die Achtung von Menschenrechten zunehmend als eine konstitutive Bedingung staatlicher Souveränität angesehen.[3] Damit ist unter anderem gemeint, dass ein Staat, der bestimmte Menschenrechte verletzt, sich nicht auf seine Souveränität berufen kann, um Einmischungen anderer Staaten rechtlich abzuwehren. Nun stellt nicht alles, was in einschlägigen Dokumenten als Menschenrecht apostrophiert wird, einen Einmischungsgrund – bis hin zur militärischen Intervention – für andere Staaten dar. An diesem Punkt setzt Raz an. Wir sollten nur das als Menschenrecht im eingegrenzten, philosophischen Sinne verstehen, was einen völkerrechtlichen Einmischungsgrund in die Verhältnisse eines anderen Staates bildet.[4] Dass ein fehlender gesetzlicher Anspruch auf bezahlten, regelmäßigen Urlaub keinen solchen Grund im internationalen Recht darstellt, liefert das gewünschte Ergebnis, dass er der razschen Konzeption zufolge nicht als Menschenrecht zählen kann.

Es lässt sich aber bezweifeln, dass ein razsches Verständnis von Menschenrechten sinnvollerweise dem Begriff historischen Unrechts zugrunde gelegt werden kann. Raz orientiert sich in seinen Überlegungen an der gegenwärtigen rechtlichen und politischen Praxis. Eine Übertragung auf andere historische und gesellschaftliche Kontexte ist nicht beabsichtigt. Wenn man wissen möchte, ob es historisches Unrecht war, dass Alexander von Makedonien aus Zorn über die langwierige und verlustreiche Belagerung von Tyros zweitausend Männer kreuzigen ließ,[5] hilft es nicht weiter, zu fragen, ob dies einen völkerrechtlichen Interventionsgrund darstellen würde. James Nickel, John Tasioulas und Charles Beitz betonen entsprechend, dass Menschenrechte positiv-rechtliche Konstrukte der modernen Welt sind. Sie kommen nicht allen Menschen zu allen Zeiten zu.[6] Daraus ist nicht der Schluss zu ziehen, Menschen hätten nicht zu allen Zeiten elementare moralische Rechte. Es folgt lediglich, dass das Menschenrechtskonzept keine geeignete normative Grundlage für den Begriff historischen Unrechts bildet.

Aus diesem Grund scheint es vorteilhafter, historisches Unrecht nicht als Menschenrechtsverletzung, sondern als Verletzung von natürlichen Rechten zu bestimmen. Ideengeschichtlich betrachtet, stellt der Menschenrechtsbegriff eine Säkularisierung des Naturrechtsbegriffs dar.[7] Dies könnte Anlass zu der Sorge geben, dass eine Wiederaufnahme der Rede von natürlichen Rechten einen intellektuellen Rückschritt darstellen müsste. Mir schwebt jedoch keine Anknüpfung an die theologischen Voraussetzungen des klassischen Naturrechtsdenkens vor. Es geht vielmehr um den Gedanken, dass es zum einen Rechte gibt, die allen Menschen zu allen Zeiten aufgrund ihres Menschseins zukommen; zum anderen, dass diese Rechte einen basalen Charakter haben. Beide Aspekte werden durch das ‚natürlich' in ‚natürliche Rechte' gut zum Ausdruck gebracht. Zu unterstreichen ist hier, dass Menschen natürliche Rechte *aufgrund* ihres Menschseins zukommen, aber nicht nur das spezifisch Menschliche schützen. Möglicherweise ist es etwas spezifisch Menschliches, das Handeln an moralischen Gründen orientieren zu können. Doch Menschenrechte dienen nicht nur und vielleicht noch nicht einmal in erster Linie dem Schutz dieser spezifisch menschlichen Fähigkeit. Sie schützen alle Mitglieder der Gattung in ihren elementaren Interessen, und zwar auch dann, wenn sie nicht über gattungstypische Kompetenzen verfügen sollten. Man könnte insofern sagen, dass natürliche Rechte natürlich sind, insofern sie ‚angeborene' Rechte aller Gattungsmitglieder darstellen.

Sie schützen Grundbedingungen des menschlichen Lebens gegen die bloße Gewalt anderer Menschen. Paradigmatische Fälle von bloßer Gewalt gegen Grundbedingungen menschlichen Lebens sind Mord, Folter, Verstümmelung, Versklavung, Vertreibung und Raub. Soviel für den Moment zu dem, was Unrecht der *Art* nach so gravierend macht, dass die Rede von historischem Unrecht angebracht ist. Was das *Ausmaß* angeht, so richtet sich historisches Unrecht gegen eine kritische Menge von Individuen als Angehörigen spezifischer Gruppen. Bestimmte natürliche Verbrechen werden eben deshalb als historisches Unrecht geschichtlich wichtig und überlieferungswürdig, weil sie die Mitglieder von Gruppen betreffen, die über viele Generationen bestehen.

1.2 Politischer Charakter

Es ist ein weiteres Kennzeichen historischen Unrechts, dass die begangenen *natürlichen Verbrechen politischen Charakter* haben. Dies unterscheidet das Massaker von Srebrenica, bei dem mehr als 7000 bosnische Männer und Jugendliche von einer Allianz serbischer bewaffneter Kräfte ermordet wurden, von den Massakern der Drogenmafia in der mexikanischen Stadt Ciudad Juárez, die 2009 weit mehr als 1000 Opfer gefordert haben sollen. Politischen Charakter haben natürliche Verbrechen entweder, weil sie im Rahmen eines militärischen Ringens um politische Macht und Kontrolle begangen werden – dies ist der Fall in Kriegs- und Bürgerkriegssituationen; oder sie haben politischen Charakter, weil sie von den Instanzen der herrschenden politisch-rechtlichen Gewalt initiiert oder zumindest geduldet werden. Paradigmatische Fälle von historischem Unrecht sind dadurch gekennzeichnet, dass die in Frage stehenden Handlungen und Verhältnisse von dem herrschenden Rechtssystem nicht als Unrecht bestimmt wurden. Weder die ‚chattel slavery' in den Vereinigten Staaten, bei der die Sklaven uneingeschränktes Eigentum des Sklavenhalters waren, noch der nationalsozialistische Völkermord wurden zu ihrer Zeit von den politisch-rechtlichen Gewalten als Verbrechen behandelt und verfolgt. Im Gegenteil, sie waren wichtiger Bestandteil der damaligen politisch-rechtlichen Ordnung. Zwar bestanden eine Rechtsordnung und eine handlungsfähige politische Gewalt, aber sie war entweder nicht willens, die betreffenden Verbrechen zu verhindern, oder sie beging diese selbst.

Vor dem Hintergrund des Gesagten möchte ich *historisches Unrecht* definieren als (a) natürliche Verbrechen, die (b) politischen Charakter haben (c) und nach Art und Ausmaß gravierend sind.

Mir scheint, man wird diesem Begriff historischen Unrechts am besten gerecht, wenn man ihn im Sinne eines *nicht-relativistischen (‚objektivistischen') moralischen Realismus* interpretiert.[8] Spricht man Verhältnisse oder Ereignisse als historisches Unrecht an, bringt man nach meiner Auffassung zum Ausdruck, dass unverlierbare moralische (‚natürliche') Rechte *in vorwerfbarer Weise* verletzt wurden. Ob der normative Gehalt eines solchen Urteils wahr ist, hängt nicht von subjektiven oder intersubjektiven moralischen Standards ab. Es beansprucht Wahrheit und Objektivität. Ich möchte meine These nicht mit der allgemeinen Behauptung verbinden, dass die alltägliche moralische Urteilspraxis objektivistische Unterstellungen mache. Gegen diese verbreitete Behauptung gibt es Bedenken seitens der experimentellen Philosophie.[9] Teile unseres moralischen Vokabulars scheinen mir jedoch objektivistische Festlegungen zu enthalten, und der Begriff historischen Unrechts ist solch ein Fall.

Ich gehe davon aus, dass es elementare moralische Rechte gibt, die in dem Sinne natürlich sind, dass sie durch Gesellschaften nicht außer Kraft gesetzt werden können. Ihre *Geltung* ist unabhängig von gesellschaftlichen Setzungen, Konventionen oder Verabredungen. Baut man auf ein solches Konzept natürlicher Rechte auf, so ist eine kulturrelativistische Auslegung des Begriffs historischen Unrechts ausgeschlossen.

1.3 Einwände

Historisches Unrecht als gravierende natürliche Verbrechen mit politischem Charakter zu definieren, ist nicht ‚zwingend'. Alternativen wären denkbar. So könnte man beispielsweise auf das Merkmal des politischen Charakters verzichten wollen und jede historisch bedeutsame Verletzung natürlicher Rechte als historisches Unrecht bezeichnen. Häufig werden äußerste Grausamkeiten in staats- und rechtsfreien Räumen begangen. Die Täter streben zwar Kontrolle über bestimmte Ressourcen an, aber keine politische Form von Herrschaft. Zu denken wäre an bewaffnete Gruppierungen, die in schwachen oder gescheiterten Staaten operieren und nach Art und Ausmaß gravierende natürliche Verbrechen begehen. Die Frage ist berechtigt, warum diese nicht als Akte historischen Unrechts zählen sollten. Meine Antwort lautet *nicht*, dass unter Bedingungen der allgemeinen Rechtlosigkeit alle der Selbsterhaltung dienenden Handlungen erlaubt wären und von natürlichen Verbrechen keine Rede sein könnte. Hobbes war der Meinung, dass erst nach Überwindung des allgemeinen Kriegszustands Bedingungen vorliegen, unter denen die Achtung nachgeordneter moralischer Normen gegenüber dem natürlichen Gebot der Selbsterhaltung *in foro externo* bindend ist.[10] Demgegenüber möchte ich annehmen, dass Individuen auch in einem Zustand des Krieges aller gegen alle über natürliche Rechte verfügen.

Gegen den Vorschlag, jegliches (nach Art und Ausmaß hinreichend gravierendes) natürliches Verbrechen als historisches Unrecht zu bezeichnen, spricht meines Erachtens, dass der Begriff in paradigmatischen Verwendungsweisen eine *besondere Art von Gewaltverhältnis* bezeichnet. Ein Aspekt dieser Besonderheit besteht darin, dass er eingesetzt wird, um Situationen zu kennzeichnen, in denen hinreichende moralische Klarheit über Aggressoren und Opfer besteht. Diese Klarheit ist in einem Zustand der Rechtlosigkeit und des allgemeinen Krieges oftmals nicht gegeben. Manche glauben, dass es in der Menschheitsgeschichte niemals eine klare moralische Rollenverteilung gebe. Entsprechend kritisch stehen sie dem Begriff historischen Unrechts gegenüber. Wo sich nicht entscheiden lässt, wer Täter und wer Opfer ist, verliert die moralische Geschichtsbetrachtung bald ihren Halt. Ein Unrecht jagt das nächste, jedes ruft ein anderes hervor. Wo beginnen, wo aufhören? Die Rede von historischem Unrecht erscheint so als naive, moralistische Verkennung der Komplexität und Ambivalenz der Menschheitsgeschichte, die eine unentwirrbare Verkettung von Unrecht und Fortschritt darstellt, an der das moralische Bewusstsein verzweifeln muss.[11]

Der Begriff historischen Unrechts hat dagegen seinen Ort in einer Geschichtsbetrachtung, die darauf insistiert, dass es Fälle gibt, in denen sich zwischen Aggressoren und Opfern hinreichend klar unterscheiden lässt - in denen kein Zweifel besteht, wer Unrecht getan und wer es erlitten hat. Doch auch dies würde nicht grundsätzlich ausschließen, auf den politischen Charakter als Definitionsmerkmal historischen Unrechts zu verzichten.

Der ausschlaggebende Punkt scheint mir in einer zweiten Besonderheit zu liegen, die zugleich hilft, die erste Besonderheit zu verstehen. Natürliche Verbrechen haben politischen Charakter, sofern sie im Namen einer politisch-rechtlichen Ordnung oder mit Blick auf deren Etablierung begangen werden. Solche Ordnungen beanspruchen Rechtssetzungsmacht und das Monopol legitimer Gewaltmittel. Sie fordern Gehorsam und sind in der Lage, ihn zu erzwingen. Zentrale Aufgabe jeder legitimen politisch-rechtlichen Ordnung ist der Schutz der elementaren Bedingungen menschlichen Lebens. Wenn nun natürliche Verbrechen von den Organen dieser Ordnung begangen werden, so handelt es sich um mehr als eine Form bloßer naturrechtswidriger Gewalt. Die Gewalt verbindet sich vielmehr mit dem Anspruch auf Rechtlichkeit und Richtigkeit. Und mir scheint, dass es dieser zur faktisch geltenden Ordnung erhobene normative Anspruch ist, der bestimmten natürlichen Verbrechen ihre historische Bedeutsamkeit verleiht und ihren spezifischen Schrecken ausmacht.

Mein Vorschlag lautet entsprechend, den Begriff historischen Unrechts für die Kennzeichnung dieser besonderen Gewaltverhältnisse zu reservieren, in denen natürliche Verbrechen explizit oder implizit durch Instanzen der politischen und rechtlichen Gewalt zu etwas Rechtlichem und Richtigem erklärt werden.

Oben habe ich vorgeschlagen, historisches Unrecht als gravierende natürliche Verbrechen mit politischem Charakter zu verstehen. In paradigmatischen Fällen historischen Unrechts, wie der Sklaverei in den Vereinigten Staaten oder dem nationalsozialistischen Völkermord an den europäischen Juden, waren natürliche Verbrechen legalisiert. Mit Legalisierung kann zum einen gemeint sein, dass eine politische Körperschaft rechtliche Regeln erlässt, die natürliche Verbrechen erlauben oder gebieten. Von Legalisierung möchte ich aber auch sprechen, wenn politische Machthaber – entgegen dem geschriebenen Gesetz – Verbrechen befehlen, ohne dass die Justiz oder eine andere staatliche oder gesellschaftliche Kraft dagegen vorgehen würde.[12] Die dritte und schwächste Form der Legalisierung besteht in der Duldung von natürlichen Verbrechen. Duldung liegt vor, wenn der Staat fähig, aber nicht willens ist, Teile der eigenen Bevölkerung zu schützen und damit das Handeln der Aggressoren faktisch erlaubt. Als Beispiel wäre an die Lynchjustiz im Süden der Vereinigten Staaten zu denken.

1.4 Natürliches Recht und Strafpflicht

Worin bestehen natürliche Verbrechen? Die abstrakte Antwort lautet, ein natürliches Verbrechen sei die gravierende Verletzung einer Pflicht, die aus einem natürlichen Recht folgt.

Natürliche Rechte schützen elementare Bedingungen des Menschseins, indem sie Pflichten auferlegen und Befugnisse verleihen.[13] Sie enthalten Gebote und Verbote für andere Personen und verleihen der Inhaberin des natürlichen Rechts die Befugnis, die geschützten Grundgüter zu verteidigen. Diese Befugnis zur Verteidigung der Grundbedingungen des eigenen Lebens besteht unabhängig davon, ob Individuen erkennen, dass sie über sie verfügen. Dass Menschen natürliche Rechte zu allen Zeiten und an allen Orten zukommen, bedeutet nach meiner Auslegung, dass sie – unabhängig von ihren eigenen Überzeugungen – zu allen Zeiten und an allen Orten berechtigt sind und waren, Grundbedingungen ihres Lebens gegen Angriffe zu verteidigen. Im Kern ist ein natürliches Recht eine Berechtigung zur Gegenaggression.[14]

Die aus natürlichen Rechten folgenden Pflichten sind sowohl negativ,[15] als auch positiv.[16] Natürliche Pflichten fordern zum einen, andere nicht zu schädigen, also die Grundbedingungen menschlichen Lebens nicht zu verletzen; zum anderen gebieten sie aber auch, für das Vorhandensein gewisser Bedingungen zu sorgen. John Locke geht in der „Second Treatise of Government" davon aus, dass Individuen unter der natürlichen *negativen Pflicht* stehen, das Leben, die Gesundheit, die Freiheit oder das natürliche Eigentum anderer Personen nicht zu beeinträchtigen. Sie haben aber auch die natürliche *positive Pflicht*, für die eigene Erhaltung und die der Menschheit insgesamt zu sorgen.[17] Aus letzterer scheint bei Locke die *natürliche Pflicht* zu folgen, Übertretungen des natürlichen Rechts zu bestrafen.[18] Das Innehaben eines natürlichen Rechts impliziert nach Locke die Pflicht, (a) die rechtlich geschützten Güter einerseits und (b) das Recht selbst andererseits gegen Verletzungen zu verteidigen und Aggressoren zu bestrafen. Dies bedeutet, dass eine Person im Naturzustand nicht nur *das Recht* hat, sich gegen Angriffe zu wehren und den Aggressor im Extremfall zu töten; sie ist vielmehr *verpflichtet*, ihr Recht als solches wiederherzustellen, indem sie den Naturrechtsbrecher zur Rechenschaft zieht und Wiedergutmachung erzwingt.

Dagegen gehe ich in dieser Arbeit davon aus, dass die *natürliche Strafpflicht* keinen integralen Bestandteil des Habens eines solchen Rechtes darstellt, nichts, was vorausgesetzt wäre, damit ein Recht überhaupt vorliegen kann. Natürliche Rechte verleihen vielmehr eine *natürliche Strafbefugnis*,[19] die unabhängig davon besteht, ob ein historischer Akteur in der Lage ist, sich als befugt zu erkennen oder nicht. In Kapitel 2 wird deutlich werden, warum ich diese Differenzierung für erforderlich halte.

Wenn historische Akteure aber in der Lage sind, zu erkennen, dass Menschen natürliche Rechte haben, so möchte ich Locke in der Annahme folgen, dass sie nicht nur befugt, sondern zum Schutz der Menschheit *pro tanto* verpflichtet sind, Verletzungen natürlicher Rechte ihrer selbst oder anderer einzudämmen und zu bestrafen. Insofern kann man sagen, die Strafpflicht sei integraler Bestandteil des *erkannten* und *anerkannten* natürlichen Rechts. Die Übertragung des Strafrechts an die politische Gemeinschaft ist aus individueller Sicht überhaupt nur dann vernünftig, wenn die Gemeinschaft die Pflicht hat, Verletzungen natürlicher Rechte zu bestrafen. Mit anderen Worten: Es ist den Mitgliedern der politischen Gemeinschaft nicht allein verboten, Leben, Gesundheit und natürliches Eigentum anderer Personen anzutasten; sie sind vielmehr auch verpflichtet, Verletzungen dieser Güter abzuwehren und zu bestrafen.

Was den Gedanken einer Strafverpflichtung als integralen Bestandteil des *erkannten* und *anerkannten* natürlichen Rechts betrifft, sehe ich eine gewisse Analogie zu Hans Kelsens Rechtsanalyse. Nach Kelsen zeichnet sich positives Recht dadurch aus, dass es vorschreibt, was zu geschehen hat, wenn Unrecht geschieht. Unrecht hat, wie Kelsen schreibt, eine konstitutive Rolle für das Recht, weil dieses im Kern ein System von Normen über die Konsequenzen von Normverletzungen darstellt.[20]

Wer sagt, „X hat ein natürliches Recht", legt sich damit auf das Urteil fest, dass Verletzungen von *X* rechtliche Konsequenzen haben müssen. Dies folgt aus dem, was Recht ist.

Dieser Analyse zufolge bedeutet, zu erkennen, dass eine Person ein natürliches Recht hat, nicht allein, emphatisch zum Ausdruck zu bringen, dass niemand ihr bestimmte Dinge antun sollte. Mit dem Erkennen oder Anerkennen eines natürlichen Rechts *R* ist das Erkennen oder Anerkennen zweier Arten von Pflichten verbunden: Der für alle Individuen aus $(I_1 \ldots I_n)$ bestehenden Pflicht, das Recht *R* nicht zu verletzen, sowie der für mindestens eine Person aus $(I_1 \ldots I_n)$ bestehenden Pflicht, auf Verletzungen des Rechts rechtliche Konsequenzen folgen zu lassen.

Aus dem Gesagten folgt, dass Entscheidungsträger des politisch-rechtlichen Systems immer eine Mitverantwortung für historisches Unrecht tragen. Denn es ist die zentrale Aufgabe des politisch-rechtlichen Systems, für den Schutz von natürlichen Rechten und die Vermeidung von natürlichen Verbrechen zu sorgen. Die Legalisierung natürlicher Verbrechen stellt entsprechend eine äußerst gravierende Pflichtverletzung seitens der politisch-rechtlichen Entscheidungsträger dar.[21]

2 Die Unterscheidung zwischen historischem Übel und historischem Unrecht

Historisches Unrecht wirft die Frage der Natur und des Erwerbs moralischen Wissens auf. Oben hatte ich postuliert, dass der Begriff historischen Unrechts im Sinne eines *nicht-relativistischen (‚objektivistischen') moralischen Realismus* gedeutet werden sollte. Ich gehe davon aus, dass Urteile über Schädigungen naturrechtlich geschützter Grundgüter wahrheitswertfähig und Kulturen übergreifend möglich sind.

Es fragt sich aber, ob jede solche Schädigung vorwerfbar ist und Unrecht darstellt. Die Geschichte bietet zahllose Beispiele für die gravierende Missachtung dessen, was wir heute als elementare moralische Rechte ansehen: Bernard Williams gibt das Beispiel einer Kultur, die rituelle Menschenopfer kennt.[1] Päderastie im antiken Griechenland, millionenfacher Mord an Frauen im Zuge der Hexenverfolgung,[2] Gladiatorenkämpfe auf Leben und Tod zur Belustigung einer Volksmenge, Ausrottung von fremden Völkern wären weitere Beispiele.[3] Viele Menschen neigen dazu, die Verletzung naturrechtlich geschützter Güter in radikal andersartigen Kulturen moralisch anders zu bewerten als in Kulturen, die der eigenen ähnlich sind. Alexander von Makedonien war nach heutigen Standards ein äußerst gefährlicher und grausamer Kriegsverbrecher. Doch Frauen und Kinder unterlegener Feinde in die Sklaverei zu verkaufen war in der Antike üblich. Wer würde ihn heute in einem Atemzug mit Slobodan Milošević nennen? Er ist immer noch Alexander der Große.[4]

Dieser Befund lässt sich unterschiedlich interpretieren. Man könnte ihn zum einen als Ausdruck einer kulturrelativistischen Sichtweise auffassen. Unsere Vorstellungen von ‚natürlichen Rechten' wären aus dieser Warte nur auf Kulturen anwendbar, die der unseren vergleichbar wären. Die europäischen Gesellschaften der Antike waren möglicherweise so radikal andersartig, dass unser moralisches Denken auf sie nicht anwendbar ist. Was *uns* als gravierende Verletzung natürlicher Rechte erscheint, ist Bestandteil gesellschaftlicher Praktiken, die im Horizont der betreffenden Kultur moralisch gerechtfertigt waren.

Angemessener erscheint jedoch, zu sagen, dass Praktiken, die in jenen Kulturen als moralisch gerechtfertigt galten, *zugleich* gravierende Verletzungen natürlicher Rechte darstellten. Die unterschiedliche moralische Bewertung beruht nicht darauf, dass man den Menschen der Antike natürliche Rechte abspricht oder rituelle Menschenopfer nicht für moralisch falsch halten würde; die unterschiedliche Bewertung erklärt sich vielmehr dadurch, dass man den Angehörigen einer radikal andersartigen Kultur unter bestimmten Bedingungen keinen moralischen Vorwurf macht. Wie Bernard Williams mit Recht anmerkt: Die Frage der moralischen Falschheit und die der moralischen Schuld und Vorwerfbarkeit stehen auf einem anderen Blatt.[5]

Es gibt viele Gründe, aufgrund derer man der Meinung sein kann, es sei unangemessen, den Angehörigen einer anderen Kultur für die Verletzung natürlicher Rechte Vorwürfe zu machen. Einer dieser Gründe liegt in deren mangelhaften moralischen Wissen. Die Angehörigen bestimmter Kulturen glauben womöglich *fälschlicherweise*, ihr Handeln sei gerechtfertigt; oder sie sind unfähig, das moralisch Falsche einer Verletzung naturrechtlich geschützter Güter zu erkennen. Sie befinden sich im Irrtum über wesentliche moralische Tatsachen, wie zum Beispiel die, dass Menschen natürliche Rechte haben. Moderne Zeitgenossen kennen diese Tatsachen, doch sie glauben auch, dass dies für die Angehörigen gewisser Zeiten und Kulturen nicht gilt. Je andersartiger eine Kultur ist und je größer der zeitliche Abstand, desto weniger neigen historische Beobachter dazu, den Angehörigen vergangener Kulturen unzureichende Kenntnisse wesentlicher moralischer Tatsachen vorzuwerfen. Diese Sichtweise ist – nebenbei gesagt – durchaus vereinbar mit der Auffassung, dass wir von andersartigen Kulturen moralische Tatsachen lernen können, die uns weniger offensichtlich sind, so wie man zweifellos aus der Aristoteles-Lektüre moralische Einsichten ziehen kann, obwohl er argumentierte, es sei für bestimmte Menschen natürlich und vorteilhaft, versklavt zu werden.[6]

Unter der Annahme, dass historischen Akteuren die Verkennung natürlicher Rechte nicht in allen Fällen vorzuwerfen ist, fragt sich, ob man überhaupt davon sprechen möchte, dass sie Unrecht begangen haben. Begingen historische Akteure natürliche Verbrechen, wenn sie das Verbrecherische nicht erkennen konnten und in dieser Hinsicht moralisch inkompetent waren? In der Rechtstheorie und -praxis unterscheidet man zwischen dem Unrecht einer Handlung und der Schuld des Handelnden. In Anwendung auf unseren Zusammenhang würde sich daraus ergeben, dass historische Akteure natürliche Verbrechen begehen, wenn sie natürliche Rechte verletzen, aber dass ihnen diese Verbrechen unter Umständen nicht vorgeworfen werden können.

Für die Übernahme der Differenzierung zwischen Schuld und Unrecht spricht zunächst, dass sich natürliche Rechte dadurch auszeichnen, dass sie nichts Konstruiertes oder Gesetzes sind. Ihre Geltung beruht nicht auf Vereinbarung, Vertrag oder wechselseitiger Anerkennung. Wird ein natürliches Recht objektiv verletzt, so scheint man entsprechend begrifflich darauf festgelegt, eine solche Verletzung Unrecht zu nennen, ganz gleichgültig, ob die verletzende Person den Unrechtscharakter erkannt hat oder nicht. Letzteres, so die Überlegung, betrifft die ganz anders gelagerte Frage der Schuld.

Mir scheint aber, dass die Differenzierung zwischen Schuld und Unrecht mit Blick auf moralisch inkompetente historische Akteure nicht alternativlos ist. Zunächst möchte ich annehmen, dass nicht jede Schädigung eines durch Rechte geschützten Gutes ein Unrecht darstellt. Das Gut des Lebens wird zwar durch das Recht auf Leben geschützt, aber natürlich nicht gegen jedes Schädigungsereignis. Eine Person, die von einer Zecke gebissen wird und infolge einer dabei übertragenen Meningitis stirbt, erleidet weder von der Zecke, noch von dem Erreger Unrecht. Wird man von einem wilden Tiger angegriffen und verwundet, stellt dies keine Körperverletzung dar. Und die Tauben, die den Balkon besudeln, begehen nicht das Unrecht der Sachbeschädigung.

Wenn die besagten Tiere ein rechtlich geschütztes Gut schädigen, so wirft man ihnen nicht vor, Unrecht begangen zu haben; und der Verzicht auf einen solchen Vorwurf impliziert nicht, dass man ihnen ein Schädigungsrecht zuspricht. Rechte schützen Güter, indem sie entsprechende Pflichten auferlegen; Zecken, Meningitis-Erreger, wilde Tiger oder Tauben betrachten wir aber nicht als mögliche Subjekte von Pflichten. Sie stehen in diesem Sinne außerhalb des Rechts. Der Gedanke natürlicher Rechte impliziert entsprechend nicht, dass jegliche Schädigung eines naturrechtlich geschützten Gutes Unrecht darstellt.

Meines Erachtens eröffnet dieser Befund die Möglichkeit, zwischen Unrecht und Übel statt zwischen Unrecht und Schuld zu unterscheiden. Damit ist das Folgende gemeint: Die Schädigung eines naturrechtlich geschützten Gutes ist immer ein Übel, aber nicht immer ein Unrecht. Unrecht ist eine solche Schädigung nur, wenn die schädigende Instanz unter der Pflicht stand, die Schädigung zu unterlassen. Für unseren Zusammenhang ist nun die entscheidende Frage, ob historische Akteure, die mit Blick auf natürliche Rechte moralisch inkompetent waren, zu der Achtung dieser Rechte verpflichtet waren oder nicht. Hält man sich an die Formel, dass Sollen Können impliziert, so ist die Frage aus begrifflichen Gründen zu verneinen. Ein moralisch inkompetenter Akteur ist definiert als einer, der (bestimmte) Pflichten als Pflichten nicht erkennen kann; also ist er, der Formel zufolge, auch nicht verpflichtet, sie zu erkennen. Wenn er die Pflicht nicht erkennen kann und – aufgrund des Nichtkönnens – zu diesem Erkennen auch nicht verpflichtet ist, so ist er auch nicht verpflichtet, ihr Folge zu leisten.

Folgt man dieser Argumentation, so gelangt man zu dem Ergebnis, dass moralisch inkompetente historische Akteure möglicherweise in analoger Weise außerhalb des Rechts stehen wie die oben als Beispiel angeführten wilden Tiere. Sie sind keine Subjekte derjenigen Pflichten, die den natürlichen Rechten korrespondieren (wiewohl sie selbst Träger von natürlichen Rechten sind). Historische Akteure, denen aus kulturellen Gründen die moralische Kompetenz fehlt, um zu erkennen, dass sie naturrechtlich geschützte Güter schädigen, würden demzufolge kein Unrecht begehen, sondern Übel hervorrufen. Entsprechend ließe sich unterscheiden zwischen der Verursachung historischer Übel und der Verursachung historischen Unrechts.

Ich schlage daher vor, Handlungen nur dann natürliche Verbrechen zu nennen, wenn (i) sie naturrechtlich zu schützende Güter schädigen (und insofern moralisch von Übel sind) und wenn (ii) es einen Kreis von Personen gibt, die hinsichtlich dieses Übels moralische Pflichten verletzen (und insofern für es (mit)verantwortlich sind). Sind Art und Ausmaß der natürlichen Verbrechen gravierend und haben sie zudem politischen Charakter, so stellen sie historisches Unrecht dar.

Man könnte hier einwenden wollen, dieser Vorschlag höhle die Bedeutung der Rede von elementaren moralischen (natürlichen) Rechten aus. Oben hatte ich die These vertreten, dass Rechte wichtige Güter schützen, indem sie Akteuren zwei Arten von Pflichten auferlegen. Nun heißt es aber, dass moralisch inkompetente historische Akteure kein Unrecht verüben, wenn sie die betreffenden Güter schädigen. Welche Bedeutung hat die Rede von natürlichen Rechten dann überhaupt? Will man mit ihr nicht gerade darauf hinaus, jegliche Schädigung der betreffenden Güter als Unrecht beklagen zu können? Ist es nicht doch am Ende schlüssiger und klarer, zwischen Unrecht und Schuld zu unterscheiden? Ich glaube nicht. Rechte sind einerseits auf Subjekte der korrespondierenden Pflichten bezogen. Insofern moralisch inkompetente historische Akteure definitionsgemäß keine geeigneten Pflichtsubjekte sind, begehen sie kein Unrecht, indem sie naturrechtlich geschützte Güter schädigen. Die Angegriffenen haben allerdings das Recht, die betroffenen Güter gegen die Aggression durch Gegenmaßnahmen zu schützen. Mit anderen Worten: Diejenigen, die von historischen Übeln betroffen waren, hatten das natürliche Recht, sich gegen die Aggression moralisch inkompetenter Akteure zu verteidigen und Kompensation von ihnen zu erzwingen.

Meinem Vorschlag folgend, legt man sich mit der Beurteilung eines Ereigniskomplexes als *historisches Unrecht* darauf fest, zu sagen, dass es einen Kreis von strafwürdigen Verantwortlichen gibt. Die Strafwürdigkeit bezieht sich auf die (Mit-)Verantwortung für gravierende natürliche Verbrechen. Spricht man dagegen von historischen Übeln, so bringt man zum Ausdruck, dass naturrechtlich zu schützende Güter geschädigt wurden, ohne dass die Schädiger dafür eine Strafe *verdient* hätten. Personen, die naturrechtlich geschützte Güter angreifen, sind nicht unbedingt natürliche Verbrecher. Fehlt Aggressoren der Status von Subjekten natürlicher Pflichten, so sind sie – um John Lockes Wendung aufzugreifen – wie „dangerous and noxious Creatures" (§ 16), gegen die man sich verteidigen darf und – wenn man die eigenen natürlichen Rechte erkannt hat – auch muss.

Was ist mit der Unterscheidung zwischen historischem Übel und Unrecht gewonnen? Sie ermöglicht eine differenziertere moralische Bewertung historischer Vorgänge. Etwas kann ein Übel darstellen, ohne dass ein Kreis von Personen für dieses Übel verantwortlich zeichnet. So lässt sich sagen, dass eine gesellschaftliche Ordnung zutiefst schlecht, kritikwürdig, falsch ist, ohne dass man Verantwortung für deren Bestehen zuschreiben müsste. Auch wenn die rhetorische Kraft des Wortes ‚Übel' schwächer sein mag als die des Wortes ‚Unrecht', bleibt ein solches Urteil nicht unverbindlich. Anders als ein Unrechtsurteil impliziert ein Übelurteil zwar nicht, dass die betreffenden Praktiken als pro tanto strafwürdig bezeichnet werden. Doch legt es darauf fest, die Abschaffung eines Übels gutzuheißen und nicht etwa zu relativieren.

2.1 Kulturell bedingte moralische Inkompetenz

Der Nazi-Marinerichter und spätere Ministerpräsident Baden-Württembergs, Hans Filbinger, hat den notorischen Ausspruch getan, was im Nationalsozialismus Recht war, könne heute nicht Unrecht sein. Mit ähnlicher Stoßrichtung wies der deutsche Völkerrechtler Heintze eine offizielle Entschuldigung seitens der Bundesrepublik Deutschland für den von deutschen Kolonialtruppen an den Herero begangenen Völkermord mit der Begründung zurück, „es würde unserem Rechtsverständnis widersprechen, wenn wir uns für etwas entschuldigen, was damals legitim war. (…) (A)ls Namibia deutsche Kolonie war, (…) war der Kolonialismus (…) nicht völkerrechtlich verboten."[7]

Und die britische Regierung antwortete auf ein Begehren Jamaikas, Reparationen für das Unrecht von Sklaverei und Sklavenhandel zu erhalten, beides sei zum betreffenden Zeitpunkt weder illegal gewesen noch als Unrecht betrachtet worden.[8]

Die angeführten Positionen lassen sich in zweierlei Hinsicht verstehen. Sie könnten zum einen auf der relativistischen Überzeugung fußen, dass moralische Geltungsansprüche nicht absolut, sondern auf die je unterschiedlichen Standards einer Kultur zu beziehen seien. Vermutlich wollen die Äußerungen jedoch auf eine vorsichtigere These hinaus: dass es zwar ‚objektiv betrachtet' moralisch falsch war, den Sklavenhandel zu unterstützen oder eine völkermörderische Politik zu betreiben, dass die historischen Akteure dies aber nicht erkannten.

Unter welchen Bedingungen können wir nun von den Angehörigen einer Kultur sagen, dass sie Unrecht begehen? Abstrakt gesprochen, lautet meine Antwort, dass die Verletzung natürlicher Rechte Unrecht darstellt, wenn die Aggressoren *moralisch kompetent* waren. Unter moralischer Kompetenz verstehe ich die Fähigkeit, die moralischen Tatsachen angemessen zu würdigen. Personen können aus zwei Gründen moralisch inkompetent sein: Entweder, weil sie aufgrund ihrer persönlichen Merkmale nicht zu moralischem Nachdenken in der Lage sind, etwa weil sie unter einem Hirnschaden leiden. Personen können aber auch moralisch inkompetent sein, weil sie einer moralisch inkompetenten Kultur angehören. *Moralisch kompetent* nenne ich eine Kultur, die wesentliche moralische Tatsachen, wie natürliche Rechte, kennt oder kennen muss. Ermöglicht oder ermutigt eine moralisch kompetente Kultur die Verletzung natürlicher Rechte, so nenne ich sie *moralisch verdorben.*

Die Schwierigkeit besteht nun darin, genauer zu bestimmen, wann eine Kultur moralisch kompetent zu nennen ist.

John Cook berichtet von dem Fall einer jungen Sizilianerin, Franca Viola, die eine alte soziale Konvention gebrochen hat. Sie weigerte sich, den Sohn eines reichen Sizilianers zu heiraten, der sie entführt und vergewaltigt hatte. Entzieht sich die Frau, so hat sie wenig Aussicht, einen anderen heiratswilligen Mann zu finden. Die Erfolgschancen sind insofern für den Aggressor günstig. Franca Viola ließ es bei der für den Täter unerwarteten Zurückweisung der Heiratszumutung nicht bewenden. Sie zeigte ihn überdies wegen Entführung und Vergewaltigung bei den Behörden an, was Morddrohungen gegen sie und ihre Familie nach sich zog, weil sie gegen die alten sizilianischen Sitten verstieße.[9]

Es dürfte unstrittig sein, dass der Aggressor die natürlichen Rechte Franca Violas verletzt hat. Unterstellen wir, dass es sich um einen Mann handelte, der die üblichen Bedingungen moralischer Verantwortung erfüllte. Er war fähig, Gründe abzuwägen und sein Handeln entsprechend zu steuern. Zwar war ihm bewusst, dass die Gesetze Italiens sein Handeln unter Strafe stellen, doch maß er diesem Umstand moralisch keine Bedeutung bei. Er sah sich aufgrund uralter Traditionen als berechtigt an, die begehrte Frau zu entführen und zu entehren, um sie anschließend als Gattin vereinnahmen zu können. Nehmen wir an, der Aggressor erkennt nicht, dass er natürliche Rechte verletzt, weil sein moralisches Nachdenken den normativen Vorgaben seiner unmittelbaren sozialen Umwelt entspricht. Dennoch würde wohl kaum jemand in Abrede stellen, dass ihm das falsche Ergebnis seiner moralischen Überlegungen vorzuwerfen ist und er gravierendes Unrecht begangen hat. Dass Personen aufgrund ihrer Zugehörigkeit zu einer bestimmten Kultur falsche moralische Überzeugungen haben und systematisch zu irrigen moralischen Schlüssen gelangen, heißt entsprechend nicht unbedingt, dass sie deshalb als moralisch inkompetent zu betrachten sind.

Welche Faktoren könnten dafür sprechen, den Entführer von Franca Viola als Angehörigen einer moralisch verdorbenen Kultur zu betrachten? Zunächst einmal ist festzuhalten, dass es hier weniger um eine empirische Frage geht als um eine normative Festlegung. Das Problem ist nicht, ob sizilianische Männer faktisch fähig sind, die moralischen Gründe richtig zu würdigen, sondern ob dies billigerweise von ihnen verlangt werden darf. Ob etwas billigerweise von einer Person erwartet werden darf, hängt nicht davon ab, was sie zu einem gegebenen Zeitpunkt faktisch vermag, sondern wozu sie bei gutem Willen und einiger Übung in der Lage wäre. In der Alltagspraxis machen wir Personen nicht nur Schäden zum Vorwurf, die sie willentlich herbeiführen, sondern auch solche, die aus ihren unterdurchschnittlichen Fähigkeiten resultieren.[10] Die Zuschreibung von Verantwortung ist daher auch dann möglich, wenn eine Person unter den gegebenen Bedingungen nicht anders handeln konnte. Wenn eine Person aufgrund ihrer Unfähigkeit andere schädigt, so wirft man ihr in vielen Fällen diese Schädigung vor, auch wenn es ihr in der gegebenen Situation nicht möglich war, die

Schädigung zu verhindern. Ruft ein besonders schlechter Autofahrer einen Unfall hervor, so wird er sich nicht damit rechtfertigen können, dass er – angesichts seiner ungenügenden Fähigkeiten – den Verlauf nicht verhindern konnte. Er hat möglicherweise so gut er konnte gehandelt – aber dies war nicht gut genug. Analoges gilt von der Normierung der moralischen Erkenntnisfähigkeit historischer Akteure. Die entscheidende Frage lautet, unter welchen Bedingungen wir von einer Person sagen wollen, dass aufgrund der vorliegenden kulturellen Bedingungen nicht von ihr erwartet werden konnte, die moralischen Tatsachen angemessen zu erkennen. Ich möchte im Folgenden fünf mögliche Arten von Normierung betrachten.

2.2 Konzessionismus und Intransigentismus

Miranda Fricker unterscheidet in ihrem Aufsatz „The Relativism of Blame and Williams' Relativism of Distance" zwischen vorwerfbaren und nicht-vorwerfbaren Formen des moralischen Unwissens. Moralisches Unwissen sei nicht vorwerfbar, wenn es „strukturell verursacht" sei. Unter struktureller Verursachung versteht sie kulturell vermittelte Denkmuster, die das moralische Nachdenken durchformen. Wenn eine Person moralisch falsch handle, sollten wir ihr dies nicht vorwerfen, wenn die Handlung auf die „strukturell verursachte Unfähigkeit" des Akteurs zurückgehe, den richtigen moralischen Gedanken zu fassen.[11] Fricker erörtert das Beispiel der körperlichen Züchtigung, die offenbar in britischen Schulen bis vor wenigen Jahrzehnten verbreitet war. Obwohl sie keinen Zweifel daran lässt, dass diese Praxis moralisch zu verurteilen ist, sollten wir ihr zufolge den Schlägern keinen moralischen Vorwurf machen, weil ihre Handlungen im Einklang mit dem gestanden hätten, was man damals als gute Erziehung betrachtete. Anders sieht es aus, wenn das moralische Nachdenken durch eine persönliche Unfähigkeit behindert werde, etwa eine Art von ‚moralischer Dummheit' („moral stupidity") oder eine das moralische Empfinden und Denken depravierende Sozialisation („such would be a schoolmaster who had been beaten when he was a child and conditioned to regard it as normal"[12]). Handlungen, die aus persönlicher Unfähigkeit resultieren, sind Fricker zufolge der betreffenden Person als Schuld zuzurechnen. Man kann hier fragen, ob es angemessen sei, einer Person, die als Resultat von Misshandlungen in der Kindheit in ihrem moralischen Denken behindert ist, Vorwürfe zu machen, dem normalen Vertreter einer zeitbedingt-gewaltgeneigten Erziehungsideologie aber nicht. Ich möchte mich im Folgenden nicht der Plausibilität einer solchen Sicht des Verhältnisses von persönlich, beziehungsweise strukturell bedingter moralischer Unfähigkeit beschäftigen; vielmehr konzentriere ich mich auf das Problem, wie Normierungen struktureller Behinderungen des moralischen Denkens begründet werden könnten. Frickers Beitrag bleibt in dieser Hinsicht äußerst grobkörnig.

Eine erste Option möchte ich die *Üblichkeits-Normierung* nennen. Sie besagt, dass ein Akteur die moralische Falschheit seines Handelns nicht erkennen muss (und ihm entsprechend sein Handeln nicht vorgeworfen werden sollte), wenn es den üblichen moralischen Überzeugungen und Gepflogenheiten seiner Gesellschaft entspricht.

Ein Vorzug der Üblichkeits-Normierung liegt darin, dass sie unhistorische moralistische Projektionen vermeidet. In der Geschichtswissenschaft wird immer wieder davor gewarnt, moderne Sichtweisen ungeprüft auf frühere Zeiten zu übertragen.

„Every age has its own social context, its own climate, and takes it for granted (…)", schreibt Hugh Trevor-Roper und fährt mit einer guten Portion Kulturrelativismus fort: „to neglect it – to use terms like ‚rational', ‚superstitious', ‚progressive', ‚reactionary', as if only that was rational which obeyed our rules of reason, only that progressive which pointed to us – is worse than wrong: it is vulgar."[13]

Ob tatsächlich ‚vulgär' schlimmer ist als ‚falsch', mag dahingestellt bleiben. Richtig ist jedoch, dass die Beurteilung anderer Zeiten und Kulturen vielfach Verständnis für deren Andersartigkeit voraussetzt. Es hätte möglicherweise etwas Verständnisloses (und insofern vielleicht auch Vulgäres), wenn man einem repräsentativen *schoolmaster* vergangener Tage die Unkenntnis moralischer Tatsachen vorwerfen würde, die zu seiner Zeit kein Gemeingut waren. Wir würden auch keinem Zeitgenossen Karl Martells die Unkenntnis des Newtonschen Gravitationsgesetzes vorhalten.

Diesem Vorzug der Üblichkeits-Normierung, bei Schuldzuweisungen auf den epistemischen Horizont der historischen Akteure Rücksicht zu nehmen, steht aber komplementär ein Nachteil gegenüber. Kommen wir nochmals auf den Fall von Franca Viola zurück. Wendet man die Üblichkeits-Normierung auf diesen Fall an, so müsste man wohl zu dem Ergebnis gelangen, dass dem Aggressor moralisch kein Vorwurf zu machen wäre, insofern sein Handeln sich in den Bahnen uralter Traditionen bewegt hätte. Dieses Ergebnis scheint aber wenig attraktiv. Selbst wenn kein einziger Sizilianer aufgrund der Üblichkeiten seines moralischen Denkens vermocht hätte, die Entführung und Vergewaltigung als Unrecht zu begreifen, würde man wohl daran festhalten wollen, dass es sich um natürliche Verbrechen handelte. Sie hätten erkennen können und müssen, dass es so ist.

Was den Sizilianer-Fall kennzeichnet (und ihn möglicherweise von dem Schoolmaster-Fall unterscheidet), das ist die Gegenwart besserer moralischer Praktiken. Diese Praktiken wurden nicht nur von marginalen Teilen der Gesellschaft geübt, sondern waren sogar gesetzlich niedergelegt. Es war insofern weder undenkbar noch ungedacht, dass die gewaltsame Erzwingung einer Heirat ein gravierendes Unrecht darstellt. Vielmehr war bekannt, dass dies nicht nur von der Mehrheit der italienischen Bevölkerung, sondern auch von der Staatsmacht so gesehen wurde. Unter solchen Bedingungen scheint eine zu Exkulpationszwecken geschehende Berufung auf die Üblichkeiten einer gesellschaftlichen Teilkultur unzulässig.

Diese Betrachtung gibt Anlass zu einer strengeren Sichtweise, die ich *Dominanz-Normierung* nennen möchte. Sie besagt, dass ein Akteur die moralische Falschheit seines Handelns nicht erkennen muss (und entsprechend ihm sein Handeln nicht vorgeworfen werden sollte), wenn die Handlungsweise der dominanten moralischen Kultur zufolge nicht als falsch gilt.

Im Sizilianer-Fall liefert die Dominanz-Normierung das gewünschte Ergebnis. Dem Aggressor kann sein moralisch falsches Handeln als gravierendes Unrecht vorgeworfen werden, weil die dominante moralische Kultur das Unrecht als solches erkannt hatte. Doch stellt die Normierung nicht zu geringe Anforderungen, indem sie das zu erwartende Maß an moralischer Einsicht von der *vorherrschenden* Moral abhängig macht?

Diese Frage ist berechtigt, insbesondere wenn man sich in Erinnerung ruft, dass in paradigmatischen Fällen historischen Unrechts, wie der Sklaverei in den Vereinigten Staaten oder Brasilien, die fraglichen Praktiken nicht illegal waren, und man bezweifeln muss, dass sie von der dominanten moralischen Kultur als falsch angesehen wurden. Sollte es nicht ausreichen, wenn gesellschaftliche Kräfte von ernst zu nehmender Stärke moralische Einsichten zur Geltung bringen und auf deren Beachtung dringen? Betrachten wir diesen Vorschlag genauer. Ein Indiz dafür, dass die Kritik an sozialen Praktiken einer Kultur an Stärke gewinnt, besteht in einer sich intensivierenden intellektuellen Auseinandersetzung und einer wachsenden *Rechtfertigungsnot* der etablierten

Kräfte. Die Ökonomen Robert Fogel und Stanley Engerman haben die Meinung vertreten, dass von der Zeit Moses‘ bis zum Ende des siebzehnten Jahrhunderts Politiker, Philosophen, Theologen und Schriftsteller die Existenz und Legitimität der Sklaverei fraglos akzeptierten.

„The word ‚accepted‘ is chosen deliberately, for these men of affairs and molders of thought neither excused, condoned, pardoned, nor forgave the institution. They did not have to; they were not burdened by the view that slavery was wrong. Slavery was considered to be part of the natural scheme of things. ‚From the hour of their birth‘, said Aristotle, ‚some are marked out for subjection, others for rule.‘“[14]

Der Verweis der Autoren auf Aristoteles ist etwas unglücklich gewählt, weil dessen Behauptung, manche Menschen seien von der Natur zur Sklaverei vorgesehen, auch eine Antwort auf kritische Stimmen war.[15] Er lässt sich daher nicht zur Bekräftigung der These anführen, die Frage der Begründbarkeit des Sklavenverhältnisses habe sich bis zum ausgehenden siebzehnten Jahrhundert niemals gestellt. Gleichwohl dürfte richtig sein, dass die Kritik an der Institution über Jahrtausende vereinzelt war und keine ins Gewicht fallende gesellschaftliche Kraft entfalten konnte. Von Rechtfertigungsnot lässt sich erst dann sprechen, wenn die Kritik an den bestehenden Verhältnissen ein Machtfaktor geworden ist und die Verteidiger der bestehenden Verhältnisse intellektuell und politisch zunehmend in die Defensive geraten. Eine solche Situation kann entstehen und andauern, lange bevor die besseren moralischen Einsichten Dominanz im Moralbewusstsein der Bevölkerungsmehrheit erlangt haben. Hier knüpft die *Rechtfertigungsnot-Normierung* an. Sie besagt, dass ein Akteur die moralische Falschheit seines Handelns erkennen muss (und ihm entsprechend sein Handeln vorgeworfen werden sollte), wenn die gesellschaftlich vorherrschenden sozialen (und moralisch falschen) Praktiken in Rechtfertigungsnot sind.

Die Rechtfertigungsnot-Normierung geht offensichtlich weiter als die Üblichkeits- und die Dominanz-Normierung. Doch geht sie weit genug? Sollte man nicht noch strengere Maßstäbe anlegen und von einer Person verlangen, dass sie sich an den besten moralischen Einsichten orientiert? Um das obige Beispiel aufzugreifen: Wir würden niemals einem Zeitgenossen Karl Martells die Unkenntnis des Gravitationsgesetzes vorwerfen, aber einem Zeitgenossen Newtons möglicherweise schon. Man kann von gewöhnlichen Menschen nicht die entschieden außergewöhnlichen physikalischen Fähigkeiten erwarten, die vorausgesetzt sind, um das Gravitationsgesetz oder das Archimedische Prinzip zu *finden*. Doch man kann von gewöhnlichen Menschen erwarten, dass sie es nachvollziehen oder – falls sie damit überfordert sind –zumindest zur Kenntnis nehmen und gegebenenfalls seine Konsequenzen beachten. Analog könnte man sagen: Die Gerechtigkeit der Sklaverei war bereits vor mehr als zweitausend Jahren in Frage gestellt worden.[16] Durch Aristoteles' Widerlegungsversuch war diese Einsicht *ex negativo* hinreichend überliefert und verbreitet. Keine überdurchschnittlichen intellektuellen Fähigkeiten waren erforderlich, um die Fadenscheinigkeit und Inkonsistenz der aristotelischen Konzeption natürlicher Sklaverei zu durchschauen.[17] Eine solche Argumentation führt zu dem, was ich die *Bekanntheits-Normierung* nennen möchte. Sie besagt, dass ein Akteur die moralische Falschheit seines Handelns nicht erkennen muss (und ihm entsprechend sein Handeln nicht vorgeworfen werden sollte), wenn die entsprechenden moralischen Gründe zum Zeitpunkt des Handelns noch nicht bekannt waren. Bekanntheit bedeutet zum einen, (i) dass die einschlägigen moralischen Wahrheiten bereits entdeckt waren (ii) und dass eine hinreichende Menge von Menschen von diesen Wahrheiten auch Kenntnis haben konnte.

Abermals lässt sich die Frage aufwerfen, ob die Normierung weit genug geht. Im Gegensatz zu dem Archimedischen Prinzip oder dem Gravitationsgesetz, so könnte man meinen, sind moralische Tatsachen und Regeln einfach und augenscheinlich. Es ist kein großes Nachdenken nötig, um zu begreifen, dass Menschen natürliche Rechte haben und dass die Sklaverei diese Rechte verletzt. Jeder Mensch verfügt über eine ausreichende Einsichtsfähigkeit, um die fundamentalsten moralischen Zusammenhänge einzusehen. Dafür bedarf es keines Newtons oder Archimedes'. Entsprechend ist auch nicht erforderlich, zu erforschen, ob bestimmte Wahrheiten zu einem historischen Zeitpunkt bereits ausgesprochen und verbreitet waren. Vielmehr kann von Menschen zu jeder Zeit und an jedem Ort erwartet werden, dass sie natürliche Rechte respektieren. Dies möchte ich die *Natürlichkeits-Normierung* (oder *Intransigentismus*) nennen. Sie besagt, dass ein Akteur die moralische Falschheit seines Handelns nur dann nicht erkennen muss (und ihm entsprechend sein Handeln nicht vorgeworfen werden sollte), wenn er aufgrund natürlicher Gegebenheiten, wie einem Hirnschaden, dazu nicht in der Lage ist.

Der Intransigentismus ist offensichtlich die strengste Auffassung. Er wird dem unmittelbaren moralischen Empfinden insofern gerecht, als wir oftmals auf Berichte über die Grausamkeiten vergangener Kulturen mit Abscheu oder Empörung reagieren. Wir neigen dazu, auch dem Vergangenen gegenüber eine (an)teilnehmende Perspektive einzunehmen und historische Akteure als Zeitgenossen zu betrachten, denen wir ihr Handeln vorwerfen. Dadurch machen wir sie zu Mitgliedern unserer moralischen Welt und unterstellen sie den für uns geltenden Maßstäben.

Doch unsere moralischen Reaktionen können natürlich auf Fehleinschätzungen beruhen und unterliegen der Kritik. Trevor-Roper hat, wie gesehen, von der Vulgarität der Unterstellung gesprochen, die Normen und Werte aller Zeiten entsprächen den unsrigen. Es sollte daher geprüft werden, ob der Intransigentismus auf eine vulgäre Gleichmacherei aller Zeiten und Kulturen hinausläuft. Geprüft werden müssen aber auch die vier Normierungen des *Konzessionismus* (Üblichkeits-, Dominanz-, Rechtfertigungsnot- und Bekanntheits-Normierung), die ich unterschieden habe.

Wäre der Intransigentismus plausibel, so würde dies unser Reden über historisches Unrecht in vielerlei Hinsicht vereinfachen. Ihm zufolge könnte man von *keinem* historischen Akteur glaubwürdig behaupten, ihm sei die Verletzung natürlicher Rechte nicht vorzuwerfen, weil er einer moralisch inkompetenten Kultur angehört habe. Damit erübrigt sich das schwierige Geschäft der Beurteilung sozio-kultureller Gegebenheiten, die der Konzessionismus mit sich bringt: War eine Praxis üblich? Oder dominant? Befand sich die Praxis in Rechtfertigungsnot? Können gewisse moralische Wahrheiten im betrachteten historischen Zeitraum als bekannt angesehen werden? Den Intransigentismus brauchen diese Fragen nicht kümmern, weil ihm zufolge von den Angehörigen aller Kulturen erwartet werden muss, dass sie das moralisch Offensichtliche auch sehen.[18] Ihm zufolge kann und muss jeder ‚epistemisch verantwortliche' Akteur zu der Einsicht gelangen, dass natürliche Rechte und Pflichten zu achten sind. In diesem Sinne unterstellt er die Existenz eines ‚natürlichen moralischen Wissens'.

Der Intransigentismus bestreitet nicht, dass das natürliche moralische Wissen überlagert werden kann durch die Denkweisen und Gebräuche der Kultur, in der ein Mensch sein Leben verbringt. Doch die Überlagerung des natürlichen moralischen Wissens durch die Grundsätze und Anschauungen einer moralisch irregeleiteten Gesellschaft ist ihm zufolge ein Prozess, an dem die Menschen nicht schuldlos sind. Sie können und müssen, zu allen Zeiten und an allen Orten, sich kritisch prüfend zu ihrer Kultur und deren Glaubenssätzen verhalten. Die Unmündigkeit im Urteil, die Verwirrung des natürlichen moralischen Wissens, ist der vorwerfbaren „Faulheit und Feigheit" geschuldet. Um

Kants Wendung aufzugreifen: Es ist bequem, sich moralisch bevormunden zu lassen.[19]

Die Kernthese des Intransigentismus lautet, es sei für jeden Menschen offensichtlich, dass Menschen natürliche Rechte und Pflichten haben. Doch für diese Behauptung spricht wenig. Mir scheint, dass sich die entscheidenden Gegenargumente bereits in Lockes „Essay Concerning Human Understanding" finden. Dort heißt es, kein moralisches Prinzip genieße so viel Zustimmung wie „Was ist, ist" oder sei so unbezweifelbar richtig wie „ein Ding kann unmöglich zugleich existieren und nicht existieren". Für jemanden, der dieses Prinzip niemals zuvor gehört hat, ist es keineswegs abwegig zu fragen: Aus welchem Grund soll man so handeln, wie man selbst behandelt werden will? Dagegen hat die Frage, aus welchem Grund kein Ding zugleich existieren und nicht existieren könne, einen entschieden absurden Klang.[20] Die zahllosen Bestialitäten, die Menschen einander ohne Skrupel oder schlechtes Gewissen antun,[21] wären unerklärlich, wenn die moralischen Prinzipien dem menschlichen Geist von Geburt an eingeprägt wären. Unerklärlich wäre auch die Unvereinbarkeit der moralischen Standards in unterschiedlichen Kulturen.[22] Es ist nach Locke unvorstellbar, dass eine Gesellschaft öffentlich widerruft und in Abrede stellt, was jedes einzelne Individuum sicher und unfehlbar als moralisches Gesetz erkennt.[23]

Im Kern präsentiert Locke also zwei Argumente: Zum einen weist er darauf hin, dass unser moralisches Wissen nicht selbstevident ist; zum anderen argumentiert er, dass die empirisch festzustellende Unterschiedlichkeit moralischer Regelsysteme unvereinbar ist mit der These natürlichen moralischen Wissens. Die Geltung von moralischen Prinzipien ist nicht augenscheinlich, sondern erfordert „some exercise of the mind, to discover the certainty of their truth."[24]

Nach Locke folgen die natürlichen Rechte der Menschen aus dem göttlichen Gesetz, das mit Strafen und Belohnungen im jenseitigen Leben versehen ist.[25] Die Menschen haben aber keine natürliche Idee von Gott.[26] Sie müssen diese entweder durch „thought and meditation" oder „common tradition" und „vulgar conceptions" gewinnen.[27] Da die Einhaltung des göttlichen Gesetzes der Menschheit insgesamt dient, und dies der Vernunft und den Sinnen offenbar ist, wird verständlich, warum die Menschheit nicht grundsätzlich und auf Dauer das Richtige und Falsche verkennen konnte.[28]

Locke gelangt so zu der Auffassung, dass die Menschheit zwar kein spontanes, selbstevidentes Wissen von den natürlichen Rechten und Pflichten hat. Sobald diese Gebote Gottes aber bekannt sind, werden den Menschen auf Dauer die Vorteile ihrer Verfolgung nicht verborgen bleiben.

Das Beispiel Lockes verdeutlicht, dass die naturrechtliche Tradition keineswegs geschlossen davon ausgeht, Menschen verfügten über natürliches moralisches Wissen.[29] Vielmehr müssen Wahrheiten der Moralwissenschaft – analog zu den Wahrheiten der Naturwissenschaft – im Laufe der Geschichte entdeckt werden. Und so wie es unter Umständen lange Zeit braucht, bis Anwendungsmöglichkeiten physikalischer Einsichten entwickelt werden, kann es lange Zeit brauchen, bis es zur Anwendung moralischer Einsichten auf Institutionen kommt. Für Locke wird dieser Prozess getragen von der Einsicht in die Vorteilhaftigkeit der Beachtung natürlicher Rechte für das menschliche Zusammenleben.

2.3 Moralisch verdorbene Kulturen

Oben habe ich den Begriff einer moralisch verdorbenen Kultur eingeführt, der auf Bedenken stoßen könnte. Stellt er womöglich eine unhistorische Moralisierung der Geschichte dar? In diesem Kapitel möchte ich zwei einflussreiche Varianten eines derartigen Einwands betrachten: Die eine Version knüpft an Kant an, die andere an Hegel.

Beide Varianten argumentieren in je unterschiedlicher Weise, dass eine moralische Beurteilung der Vergangenheit verfehlt wäre, weil deren Leid und Grausamkeit notwendige Bedingung des historischen Fortschritts war. Die moralisierende Betrachtungsweise der Geschichte ist insofern über sich selbst unaufgeklärt. Sie verkennt, dass eben jener historische Prozess, den sie retrospektiv moralisierend verurteilt, ihre eigene Möglichkeitsbedingung bildet.

2.3.1 Moralischer Fortschritt als Austrag der menschlichen Konfliktnatur

Bei Kant finden sich Anknüpfungspunkte für eine Geschichtssicht, die moralischen Fortschritt als bloßes Nebenprodukt sieht. Moralische Einsichten und Motive sind dieser Sichtweise folgend zu schwache Kräfte, um eigenständig geschichtlichen Wandel zu erzeugen. Sie können, wenn überhaupt, nur im Verbund mit anderen Tendenzen wirken. In Kants Version einer solchen Theorie ist die Schwäche der Moral in erster Linie eine der moralischen Motivation und in zweiter Linie eine der moralischen Einsicht. Kant nimmt an, dass alle Menschen über eine *Anlage* zu natürlichem moralischem Wissen verfügen; in der Vorrede zur „Metaphysik der Sitten" spricht er beispielsweise davon, dass moralische Prinzipien auf einer „dunkel gedachten Metaphysik" gründen, „die jedem Menschen in seiner Vernunftanlage beiwohnt". Aus diesem Grunde sei es möglich, sie gleichsam sokratisch zu lehren, indem man sie aus den Schülern herausfrage.[30] Doch unterstellt Kant nicht, alle Menschen seien zu jeder Zeit und an allen Orten fähig gewesen, die dunkel gedachte Metaphysik in hinreichender Klarheit sich bewusst zu machen.

Die eigentliche Ursache für die Schwäche der Moral liegt aber nicht in der mangelnden moralischen Einsicht, sondern in der menschlichen Motivation. Selbst nachdem das Sittengesetz gefunden ist und damit ein moralisches Entscheidungsprinzip für alle „vorkommenden Fälle"[31] zur Verfügung steht, bleibt die Existenz moralischer Motive ungewiss. Was Kant unter der Bezeichnung ‚Selbstliebe' zusammenfasst, dominiert das menschliche Handeln so sehr, dass er in der „Grundlegung zur Metaphysik der Sitten" sogar einräumt, es sei nicht mit Gewissheit auszuschließen, dass noch niemals moralisch gehandelt worden wäre.[32]

Wenn aber moralische Motivation ungewiss und für alle möglichen Formen von Rationalisierung und Selbsttäuschung anfällig ist; wenn die Motive der ‚Selbstliebe' das menschliche Handeln dominieren; wie ist moralischer Fortschritt dann überhaupt denkbar? Die Ungewissheit der moralischen Motivation erklärt zum einen, warum Kant moralischen Fortschritt als Zunahme der legalen oder pflichtgemäßen Handlungen denkt; sie erklärt zum anderen, warum er annimmt, dass die Triebkraft dieses Fortschritts nicht im moralischen Bewusstsein liegt.

Die Details der Erklärung Kants sind wohl nur noch von exegetischem Interesse: Moralischer Fortschritt ergibt sich ihm zufolge aus der Wechselwirkung antagonistischer Tendenzen der menschlichen Natur, die sich als „Antagonism derselben in der Gesellschaft", als „ungesellige Geselligkeit" fortsetzen. Der Mensch will sich sowohl vergesellschaften als auch vereinzeln. Sein Eigensinn und sein Hang zur Vereinzelung schlägt sich in der Gesellschaft als Versuch nieder, „sich einen Rang unter seinen Mitgenossen zu verschaffen, die er nicht wohl leiden, von denen er aber auch nicht lassen kann."[33] Ehrsucht, Herrschsucht und Habsucht sind die Motoren des Fortschritts, weil sie die Menschen dazu anspornen, ihre Anlage zu entwickeln, um sich einen bevorzugten

Platz innerhalb der Gesellschaft zu sichern. Im Laufe dieses Entwicklungsprozesses wird die „grobe Naturanlage zur sittlichen Unterscheidung" überführt in ein sicheres moralisches Wissen, so dass sich die zunächst nur „pathologisch-abgedrungene Zusammenstimmung zu einer Gesellschaft" endlich in die Teilhabe an einem moralischen Ganzen verwandeln kann.

An dieser Skizze zu einer Theorie der Entwicklung moralischen Wissens ist unter systematischem Gesichtspunkt bemerkenswert, dass die vielfältigen Leiden und Verbrechen der Menschheitsgeschichte als notwendige Momente innerhalb eines gattungsgeschichtlichen Lernprozesses gesehen werden. Die Konfliktträchtigkeit der menschlichen Natur und die daraus im Laufe der menschlichen Geschichte resultierenden Verheerungen sind als unvermeidliche Mittel eines vernünftig zu unterstellenden Naturzwecks begreifbar, der in der Entwicklung der moralischen Anlagen der Menschen besteht: „(...) das glänzende Elend ist doch mit der Entwicklung der Naturanlagen in der Menschengattung verbunden, und der Zweck der Natur selbst, wenn es gleich nicht unser Zweck ist, wird doch hiebei erreicht."[34]

In diese Perspektive werden auch der Staatenantagonismus und der Krieg gerückt: Weil das Überleben und Gedeihen einer politischen Ordnung davon abhängt, dass sie sich der Angriffe anderer erwehren kann, kommt sie nicht umhin, bürgerliche Freiheiten zu gewähren. „Hemmet man die Lebhaftigkeit des durchgängigen Betriebs" (gemeint sind die bürgerlichen Grundfreiheiten), so macht sich dies unmittelbar in der „Abnahme der Kräfte des Staates im äußeren Verhältnisse" bemerkbar.[35] Die Zurüstungen zum äußeren Konflikt erzwingen somit die Einräumung bürgerlicher Freiheiten, die ihrerseits den moralischen Fortschritt teils darstellen, teils fördern. Sie stellen ihn dar, weil sich in den bürgerlichen Freiheiten Forderungen des moralischen Denkens verwirklichen;[36] sie fördern ihn, weil der vernünftige öffentliche Gebrauch dieser Rechte zu einer Stärkung moralischen Handelns führen wird: Zwar lässt sich die menschliche Natur und die moralische Anlage des Menschen in historischen Zeiten nicht von Grund auf verbessern; aber die durch die Aufklärung geschaffenen äußeren Bedingungen begünstigen (im kantischen Sinne) legales Handeln.[37]

Die Entwicklung der Vernunftanlage durch die Gattung garantiert aber noch nicht, dass das theoretisch zur Klarheit und Ausdrücklichkeit gebrachte moralische Wissen auch an allen Orten vorherrscht und von allen Menschen beherzigt wird. Wirksam wird das moralische Wissen im Verhalten der Menschen erst, wenn es in die Grundsätze der Erziehung Eingang findet. Dieser Prozess hat eben erst – mit dem Zeitalter der Aufklärung – begonnen und braucht nach Kant Zeit, weil eine Generation die andere heranbildet und daher nur ein langsamer Fortschritt zu erwarten ist.[38] Nähme sich einmal ein Wesen höherer Art der Erziehung des Menschen an, „so würde man doch sehen, was aus dem Menschen werden könne."[39]

Kants geschichtsphilosophische Schriften exkulpieren nicht nur manche historische Verletzung von naturrechtlich zu schützenden Gütern als Resultat moralischen Unwissens – vielmehr ist die moralische Beurteilung der Geschichte und des vielfältigen Unrechts in ihr ihnen zufolge verfehlt, *insofern* eben diese Geschichte die unabdingbare Voraussetzung jener moralischen Ordnung darstellt, in der sich der Zweck der Natur verwirklicht. Doch selbst wenn man eine derartige Position in Grundzügen teilt und davon ausgeht, dass geschichtlicher Wandel nicht durch moralische, sondern eigennützige Motive verursacht wird, und mit unzähligen Grausamkeiten und Rechtsverletzungen verbunden war, folgt aus ihr nicht die Ablehnung jeglicher moralischen Beurteilung geschichtlicher Dinge. Zwar kann man in folgender Weise argumentieren: *Wenn* das Sklavensystem notwendige Voraussetzung der athenischen Demokratie gewesen ist; und wenn ohne die athenische Demokratie das Prinzip der Volkssouveränität nicht entwickelt worden wäre; *so* könnte man konsistenterweise nicht das Prinzip der Volkssouveränität gutheißen, ohne zugleich das athenische Sklavensystem als seine historische notwendige Voraussetzung zu akzeptieren. Aber eine solche Argumentation lässt ausreichend Spielraum für eine moralische Betrachtungsweise. Zum einen sind die gemachten Annahmen mit Unsicherheit behaftet. War das Sklavensystem wirklich notwendige Voraussetzung der Entwicklung der Volkssouveränität? Wäre das Prinzip tatsächlich ohne diesen historischen Ursprung nicht entwickelt worden? Zum anderen wäre nicht *jegliche* moralische Betrachtungsweise der Geschichte entwertet, selbst wenn von bestimmten Ereignissen mit großer Gewissheit gälte, dass sie notwendige Übel in einem insgesamt zu affirmierenden historischen Ablauf darstellten: aus dem einfachen Grund, dass gewiss nicht jedes historische Übel Glied in einer Kette von Ereignissen war, die zu einem guten historischen Zweck führte.

2.3.2 Hegel und die Versöhnung mit den historischen Übeln

Die Idee, dass aus Schlechtem oder gar Bösem Gutes hervorgehen kann und dass aufgeklärte Geister daher das Gute im Schlechten erkennen müssen, war ein Leitmotiv der großen Theorien des achtzehnten Jahrhunderts. Sie findet über Mandeville und Smith Eingang in die geschichtsphilosophischen Konstruktionen der klassischen deutschen Philosophie. Für Hegel ermöglichte die Einsicht, dass historische Übel notwendige Vorbedingungen eines zu affirmierenden Geschichtszwecks sind, die *Versöhnung* mit der geschichtlichen Wirklichkeit. Jedoch nimmt das Interesse an Versöhnung bei ihm nicht nur ideologische Form an, weil er die Übel der Geschichte insgesamt als notwendig konstruiert und damit moralisch gutspricht; er vertritt zudem eine gegenüber Kant in ihren moralischen Ansprüchen massiv geminderte Geschichtssicht. Aus dem aufklärerischen Fortschrittsnarrativ Hegels ergibt sich insofern zugleich eine verschärfte Ablehnung der Rede von historischem Unrecht. Die Rede von moralisch verdorbenen Kulturen hat in ihrem Bezugsrahmen keinen Platz.

In der zwischenstaatlichen Sphäre, meinte Hegel im Anschluss an Hobbes, herrsche der Naturzustand: In den „Grundlinien" weist er die Idee suprastaatlicher Rechtsgewalt als begriffliches Unding zurück (Grundlinien §§ 330, 331),[40] hält fest, dass die Einhaltung der Verträge nur vom Willen und der Stärke der Parteien abhinge und die Staaten sich daher zueinander im Naturzustand befänden (Grundlinien § 333, siehe auch Enzyklopädie § 545–547), kritisiert entsprechend die kantische Völkerbundvorstellung als Missgriff (Grundlinien § 333), benennt den Krieg als einzig mögliches Entscheidungsmittel für internationale Konflikte (Grundlinien § 334) und erklärt die „konkrete Existenz" der im souveränen Staat verfassten Sittlichkeit eines Volkes zum einzigen Prinzip ihres Handelns und Benehmens (Grundlinien § 337) – abstrakte Maßstäbe moralischer Politik und die daraus resultierende „Ansicht von dem vermeintlichen Unrechte, das die Politik immer in diesem vermeintlichen Gegensatz [von Moral und Politik, MS] haben soll", beruhe auf seichten und fehlgehenden Vorstellungen über „die Natur des Staates und dessen Verhältnisse zum moralischen Gesichtspunkte" (Grundlinien § 337). Zwar gesteht er zu, die Weltgeschichte sei nicht bloß „die abstrakte und vernunftlose Notwendigkeit eines blinden Schicksals" (Grundlinien § 342), aber die objektive Vernunft wird nicht in Kategorien des Rechts begrifflich fixiert, sondern in den Kategorien einer eigenwilligen Ontologie, der zufolge die Menschheitsgeschichte Element der Geschichte des absoluten Geistes ist, der in sich ruht, sich entäußert, um sich schließlich seiner selbst bewusst zu werden. Die partikularen Volksgeister haben ihre Wahrheit im Weltgeist, der seinerseits seine Wahrheit im absoluten Geist hat.[41]

Der Weltgeist als Geschichtssubjekt lässt keinen Raum für eine frei disponierende menschliche Verantwortung – dieser Punkt ist vor allen in der ‚linken Hegelkritik' herausgearbeitet worden. Die Staaten, Völker und Individuen besorgen die Geschäfte des Weltgeistes als „bewusstlose Werkzeuge und Glieder jenes inneren Geschäfts (…), worin diese Gestalten vergehen, der Geist an und für sich aber sich den Übergang zur nächst höheren Stufe vorbereitet und erarbeitet."[42] Zudem besteht die Vernunft der Geschichte nicht darin, dass die Verhältnisse besser oder gerechter würden, sondern dass der absolute Geist seiner selbst bewusst werde: „Die Weltgeschichte fällt außer diesen Gesichtspunkten [von „Gerechtigkeit und Tugend, Unrecht, Gewalt und Laster, (…) Schuld und Unschuld, Herrlichkeit des individuellen und des Volkslebens, Selbständigkeit, Glück und Unglück der Staaten und der Einzelnen", MS]; in ihr erhält dasjenige notwendige Moment der Idee des Weltgeistes, welches gegenwärtig *seine* Stufe ist, sein *absolutes Recht*, und das darin lebende Volk und dessen Taten erhalten für ihre Vollführung Glück und Ruhm."[43] Dieser Gedanke eines aus der historischen Mission entspringenden absoluten Rechts enthält eine gefährliche Enthemmung, weil sie Gewalt nicht nur zur Lösung von zwischenstaatlichen Meinungsverschiedenheiten, sondern zur Erreichung eines ominösen Geschichtszwecks ermächtigt. Es hilft hier wenig, wie Michael Theunissen, zu unterstreichen, dass Hegel den Weltgeist nicht verabsolutiere und dessen „falschen Herrschaftsanspruch" verhindere, da der Weltgeist – wie gesagt – seine Wahrheit im absoluten Geist habe;[44] es hilft wenig, weil aus dieser Relationierung offensichtlich keine konkrete Einschränkung dessen folgt, was Völker in weltgeschichtlicher Mission zu tun berechtigt sind. Hegel führt in den „Grundlinien" (§ 347) den Begriff des herrschenden oder welthistorischen Volkes ein und bemerkt, gegen „dies sein absolutes Recht, Träger der gegenwärtigen Entwicklungsstufe des Weltgeistes zu sein, sind die Geister der anderen Völker rechtlos, und sie, wie die, deren Epoche vorbei ist, zählen nicht mehr in der Weltgeschichte."[45]

Die Rede vom absoluten Recht des herrschenden Volkes und der Rechtlosigkeit der anderen wird in Hegels Geschichtsteleologie jedoch insofern der Willkür entzogen als im letzten der vier welthistorischen Reiche, dem germanischen, „die wahrhafte Versöhnung objektiv geworden“ (Grundlinien § 360) ist und individuelle Freiheit zu dessen Strukturprinzipien gehört.[46] Die bei Hegel gedachte ständische Ordnung der Freiheit setzt innerstaatlicher Gewalt und Willkür eine Grenze: Hegel weist aber – mit empirischer Begründung – Kants im Ersten Definitivartikel zum ewigen Frieden ventilierte Überzeugung zurück, (nur) eine angemessene *innere Ordnung* von Staaten eröffne die Möglichkeit zwischenstaatlichen Friedens.[47] Im Außenverhältnis fehlen den Staaten rechtliche Strukturprinzipien, die – von Vertragsbrüchen abgesehen – eine Kritik ihrer Praktiken erlauben würden. Jenseits partikularer Staaten als Inhabern des absoluten Rechts wirken allein der Weltgeist und der keiner rechtlichen Kontrolle unterworfene Zufall.

Der Gedanke historischen Unrechts ist Hegel auch deshalb fremd, weil er Unrecht und Unheil der Geschichte als bloße Nebensächlichkeiten des wesentlichen geschichtsontologischen Geschehens ansieht. In die Kategorie geschichtlicher Nebensächlichkeiten fallen beispielsweise Völker ohne Staaten; sie gehören der Weltgeschichte gemäß „Enzyklopädie“ § 549 gar nicht erst zu, haben insofern in keiner Weise an der geschichtlichen Vernunft teil und fallen unter den Begriff der „faulen Existenz“.

In seinen „Vorlesungen zur Philosophie der Geschichte“ findet sich die erschreckende Bemerkung, die Menschheitsgeschichte sei eine Schlachtbank, auf der das Glück der Völker, die Weisheit der Staaten und die Tugend der Individuen der Erfüllung des Geschichtszwecks zum Opfer gebracht werde.[48] Die Erfahrung der Negativität wird in seiner Geschichtstheodizee zum Moment eines unwiderstehlichen Fortschritts im Bewusstsein der Freiheit, das die Negativität aufhebt – entweder, indem ihre Marginalität oder indem ihre Funktionalität erwiesen wird. Die Selbstentfaltung des Weltgeistes ist aber nach Hegels Theorie abgeschlossen – und dies bedeutet für ihn, dass es dem Geschehenen nichts Wesentliches mehr hinzuzufügen gibt. Die Versöhnung hat sich bereits vollzogen, und die Aufgabe philosophischer Vernunft liegt darin, dieses Faktum dem subjektiven Bewusstsein darzulegen.

Hegel kann keinen Begriff historischer Gerechtigkeit als Bestandteil eines realen Versöhnungsgeschehens bilden, weil der Geschichtsverlauf – sofern er überhaupt der Rede wert ist und nicht aus Zufälligkeit und „fauler Existenz“ resultiert – im Schema der Dialektik analysiert wird, das fordert, Negativität als etwas zu begreifen, das ein notwendiges Moment bildet, und nicht etwas, was – wie Unrecht – zurückgenommen und getilgt werden muss: Im Gegenteil, das dialektische Begreifen der Negativität bildet selbst ein notwendiges Moment in dem Vorgang der geschichtlichen Versöhnung.[49] Die von Hegel keineswegs verklärte Trostlosigkeit von Mord und Verwüstung ändert in seinen Augen nichts daran, dass die Menschheitsgeschichte am Ende ein sinnvolles und zu affirmierendes Ganzes bildet.

Zusammenfassend lässt sich festhalten, dass sich aus den philosophischen Geschichtsnarrativen Kants und Hegels bedenkenswerte Schlussfolgerungen für eine Theorie historischen Unrechts ergeben. Beide Philosophen betonen, dass der Geschichtsverlauf als ein Fortschrittsprozess gesehen werden kann. Aus Sicht der späteren Entwicklungsstufen erscheinen die früheren in mancherlei Hinsicht als moralisch nicht wünschenswert. Doch insofern letztere Vorbedingungen – möglicherweise sogar *notwendige* Vorbedingungen –*moralischen Fortschritts* waren, ist es ein über sich selbst unaufgeklärtes Moralisieren, sie als historisches Unrecht zu kritisieren. Insbesondere Hegel hat diesen Gedanken jedoch in wenig plausibler Weise verallgemeinert und radikalisiert und jegliche moralische Beurteilung geschichtlicher Ereignisse abgelehnt. Die Zurückweisung seiner Position sollte im Gegenzug nicht dazu führen, einen wichtigen Aspekt zu ignorieren, der sich aus seinen (und Kants) Überlegungen entnehmen lässt. Sowohl Kant als auch Hegel gehen davon aus, dass sich moralischer Fortschritt nicht autonom vollzieht, sondern an einen bestimmten gesellschaftlichen Kontext gebunden ist. Im Kontext dieser Arbeit verstehe ich unter moralischem Fortschritt eine zunehmende Erkenntnis und Beachtung der natürlichen Rechte und Pflichten, die sich insbesondere in der Garantie von natürlichen Rechten auf nationaler und internationaler Ebene niederschlägt. Starke Gründe sprechen dafür, dass Menschen über kein angeborenes Wissen über diese natürlichen Pflichten und Rechte verfügen. Ihre Anerkennung scheint das Resultat von Lernprozessen zu sein, die sich in langen historischen Zeiträumen vollziehen. Die Rede von *moralisch verdorbenen Kulturen* und *historischen Übeln* sollte im Lichte dieser Überlegungen nicht die moralisierende Behauptung einschließen, dass zum gegebenen geschichtlichen Zeitpunkt Alternativen möglich gewesen wären. Vielmehr konstatieren diese Bezeichnungen nur, dass die betreffende Kultur natürliche Rechte und Pflichten nicht achtete. Lässt sich zudem plausibel machen, dass die Verletzung bestimmter natürlicher Rechte notwendige Bedingung für moralischen Fortschritt war, so ist die von Kant und Hegel aufgeworfene Frage berechtigt, ob überhaupt von einer moralisch verdorbenen Kultur die Rede sein kann. Jedoch wäre dies nicht pauschal als Wahrheit über die Weltgeschichte zu behaupten, sondern im Einzelnen zu zeigen.

3 Konkretisierungen des Konzessionismus

Von historischem Unrecht sollte nur die Rede sein, wenn sich moralisch Verantwortliche ausmachen lassen, die nicht nur willentlich moralisch Falsches bewirken (moralische Verantwortung für Übel), sondern *auch wissen müssen*, dass sie moralisch Falsches bewirken (moralische Verantwortung für Unrecht). Dies bedeutet, anders gewendet, dass wir von historischem Unrecht nur sprechen sollten, wenn soziale Praktiken bestimmten Akteuren in spezifischer Weise vorwerfbar sind.

Mit dem ‚hätte wissen müssen' wird eine Normierung eingeführt, die – so die konzessionistische These – nicht unabhängig von der sozialen Welt einer Zeit fixiert werden kann. Nimmt man an, dass Aristoteles und seine Zeitgenossen noch nicht wussten und auch noch nicht wissen mussten, dass die Sklaverei Unrecht darstellt, so impliziert dies, dass Aristoteles und seine Zeitgenossen mit der Verletzung der entsprechenden naturrechtlich geschützten Güter kein Unrecht begangen haben. Die antike Sklaverei stellte dann – möglicherweise im Gegensatz zur Sklaverei im Brasilien des neunzehnten Jahrhunderts – kein historisches Unrecht dar.

Allgemein gefasst, hat eine konzessionistische Argumentation folgende Form: Eine soziale Praxis *Q* kann nur dann Unrecht sein, wenn es Personen gibt, die für *Q* moralisch verantwortlich sind. Ist *Q* zum Zeitpunkt $t-1$ kein Unrecht, so kann sie zum späteren Zeitpunkt *t* auch dann nicht als Unrecht gelten, wenn der Vollzug von *Q* zu *t* Unrecht darstellt. Denn in *t* kann niemand dafür verantwortlich sein, dass *Q* zu $t-1$ vollzogen wird. Also kann *Q* zu $t-1$ nicht dadurch zu Unrecht werden, dass, wer *Q* zu *t* vollzieht, Unrecht begeht. Also muss *Q* schon in $t-1$ Unrecht gewesen sein, um in *t* historisches Unrecht zu sein. Eine Menge von Personen ist nur dann für *Q* moralisch verantwortlich, wenn sie weiß oder hätte wissen müssen, dass *Q* Unrecht ist. Also war, wenn niemand in $t-1$ wusste und wissen musste, dass *Q* Unrecht darstellt, *Q* zu $t-1$ kein Unrecht. Also ist *Q* zu $t-1$ in *t* kein Unrecht, wenn *Q* in t – 1 kein Unrecht war.

Die vier Normierungen, die ich eingeführt habe (Üblichkeits-, Dominanz-, Rechtfertigungsnot- und Bekanntheitsnormierung), formulieren unterschiedlich hohe Erwartungen an das moralische Urteilsvermögen und die moralische Motivation historischer Akteure. Die geringsten Anforderungen stellt die Üblichkeitsnormierung, der zufolge Individuen die Verletzung natürlicher Rechte nicht vorzuwerfen ist, wenn sie in ihrem Handeln den normativen Erwartungen ihrer sozialen Umwelt entsprechen. Wie großzügig die Üblichkeitsnormierung die Handelnden von moralischer Verantwortung für moralische Übel entlastet, hängt natürlich davon ab, wie die relevante soziale Umwelt bestimmt wird. Viele Gesellschaften sind nicht in einer Weise homogen, die stets eine einfache Antwort auf die Frage nach der sozialen Umwelt eines Individuums erlauben würde. Geht man im erwähnten Fall der Franca Viola davon aus, dass die relevante soziale Welt in jenen sizilianischen Gemeinschaften besteht, deren uralten Gepflogenheiten die Verletzung natürlicher Rechte erlauben, so gelangt man bei der Anwendung der Üblichkeits-Normierung zu dem Ergebnis, dass der Täter nicht wissen musste, dass er moralisch falsch handelt. Wählt man dagegen Italien als den maßgeblichen Bezugsrahmen, so wird man wahrscheinlich sagen wollen, dass die Tat in keiner Weise den Sitten des Landes entspricht. Das Problem, wie die relevante soziale Welt historischer Akteure abgesteckt werden soll, stellt sich nicht nur für die Üblichkeits-Normierung, sondern für den Konzessionismus insgesamt. Ich möchte von der *sozialen Welt historischer Akteure* sprechen, um den Anwendungsbereich einer Normierung zu bestimmen. Um ein Beispiel zu geben: Der Rechtfertigungsnot-Normierung zufolge kann Akteuren die Befolgung naturrechtswidriger Praktiken vorgeworfen werden, wenn diese zum Gegenstand einer öffentlichen kritischen Debatte geworden sind, in der ihr moralisch unhaltbarer Charakter deutlich gemacht wurde. Eine solche Situation herrschte beispielsweise in England Ende des achtzehnten Jahrhunderts mit Blick auf den Sklavenhandel. Ein Markstein war die Veröffentlichung von Thomas Clarksons „Essay on the Slavery and Commerce of the Human Species, particularly The African", der in demselben Jahr wie Kants „Grundlegung zur Metaphysik der Sitten" erschien. Um 1800 waren die Befürworter des Sklavenhandels in England unter beträchtlichen moralischen und politischen Druck geraten, aber Analoges galt nicht für Portugal.[1] Lässt sich plausiblerweise behaupten, dass auch die portugiesischen Händler in Rechtfertigungsnot waren? Man könnte die Antwort davon abhängig machen, ob Briten und Portugiesen zu jener Zeit eine soziale Welt in dem Sinne teilten, dass der in England herrschende Rechtfertigungsdruck auch in Portugal wirksam wurde. Kant schrieb im Dritten Definitivartikel zum „Ewigen Frieden" (1795), die Gemeinschaft der Völker sei so weit gediehen, dass „die Rechtsverletzung an einem Platz der Erde an allen gefühlt wird",[2] und man könnte dies als Anhaltspunkt dafür nehmen, dass Portugal und England im relevanten Sinne eine soziale Welt bildeten. Es brauchte keinen portugiesischen Clarkson, um sagen zu können, dass auch die am Sklavenhandel beteiligten Portugiesen spätestens Ende des achtzehnten Jahrhunderts wissen mussten, dass sie natürliche Verbrechen begehen. Ob dies zu bejahen ist, kann hier offen bleiben.

Auf allgemeiner Ebene schlage ich vor, hinsichtlich der sozialen Welt eines historischen Akteurs für unsere Zwecke zwischen zwei Komponenten zu differenzieren, die in den jeweiligen Normierungen unterschiedlich akzentuiert werden: Der hinter allen vier Normierungen stehende Grundgedanke lautet, dass wir Akteure nicht an Maßstäben messen sollten, die für sie selbst ungedacht und undenkbar sind. Doch was genau ist unter „Undenkbarkeit und Ungedachtheit" zu verstehen? Den Angehörigen bestimmter Schichten war es womöglich im neunzehnten Jahrhundert völlig undenkbar, die Beleidigung durch eine satisfaktionsfähige Person nicht mit einer Aufforderung zum Duell zu replizieren. Doch reicht dies aus, um von ihr sagen zu können, dass von ihr nicht erwartet werden konnte, das moralisch Falsche dieser Praxis zu sehen? Es scheint zwingend, nach den Gründen für die Undenkbarkeit und Ungedachtheit eines Gedankens zu fragen. Hier kommen die beiden oben angesprochenen Komponenten ins Spiel: Ein Gedanke kann innerhalb einer sozialen Welt in einem ganz wörtlichen Sinne ungedacht sein, dass er sich schlechterdings nirgendwo formuliert findet. Dies nenne ich die *Bekanntheits-Komponente*. Wäre vor Clarkson noch kein Mensch auf die Idee gekommen, dass Sklavenhandel Unrecht ist, so wäre sie in dem strengsten Sinne unbekannt gewesen. Für die Bekanntheit ist aber nicht nur erheblich, ob ein Gedanke jemals gedacht, sondern auch, ob und in welcher Weise er öffentlich zugänglich gemacht wurde. Um von der Bekanntheit eines Gedankens zu sprechen, muss er Verbreitung gefunden haben. ‚Verbreitung' bedeutet hier nicht ‚Anerkennung', sondern ‚Wissen um ihn'. So wäre beispielsweise die Bekanntheits-Komponente erfüllt gewesen, wenn relevante Akteure in Portugal zumindest eine vage Vorstellung von den Auffassungen gehabt hätten, die den Sklavenhandel in England unter Rechtfertigungsdruck brachten. Die Bekanntheits-Normierung postuliert, dass die Erfüllung der Bekanntheits-Komponente ausreicht, um die Behauptung zu blockieren, historische Akteure seien aufgrund ihres moralischen Unwissens für die Verletzung natürlicher Rechte nicht moralisch verantwortlich. Um beim Beispiel zu bleiben: In dem Moment, in dem den relevanten Akteuren die richtige moralische Beurteilung des Sklavenhandels bekannt wurde, hätten sie sich diese zu Eigen machen müssen.

Von der *Bekanntheits-* schlage ich vor, die *Annehmbarkeits-Komponente* zu unterscheiden. Nicht jede Überzeugung, um deren Existenz man weiß, ist für eine Person annehmbar. Der erste und wichtigste Grund für die Unannehmbarkeit einer bekannten Überzeugung ist natürlich, dass man sie selbst für falsch hält. Ein anderer Grund liegt darin, dass man der Überzeugung nicht folgen kann, weil man sie selbst oder ihre Begründung nicht versteht. Beide Gründe können ineinandergreifen.

Es ist nichts Ungewöhnliches, dass bestimmte Auffassungen für die Mitglieder einer anderen Kultur nicht nachvollziehbar sind. Möglicherweise konnten viele Sizilianer nicht verstehen, aus welchem moralischen Grund der italienische Gesetzgeber die Entführung und Vergewaltigung von Frauen selbst dann verbietet, wenn man sie anschließend heiratet. Vielleicht sahen sie auch nicht ein, woher der Staat überhaupt seinen Gehorsamsanspruch nimmt. Junge Männer, die ihre Schwestern töten, um die Familienehre zu bewahren, verstehen eventuell nicht, wie eine Gesellschaft so verkommen sein kann, ihnen dies zu verbieten.

Üblichkeits-, Dominanz- und Rechtfertigungsnot-Normierung formulieren unterschiedlich starke Anforderungen für die Annehmbarkeits-Komponente. Der Üblichkeits-Normierung zufolge muss von einem Akteur nicht erwartet werden, dass er sich eine moralische Einsicht zu Eigen macht, wenn sie den normativen Überzeugungen seiner sozialen Welt widerspricht. In der weitesten – und sicherlich nicht einleuchtenden – Fassung kann diese soziale Welt eine Subkultur sein, etwa die der deutschen Neonazi-Netzwerke.

Es scheint mir jedoch offensichtlich, dass eine plausible Normierung von Bedingungen, unter denen Akteure als verantwortlich gelten können, nicht darauf hinauslaufen darf, weltanschaulich, religiös oder traditionell geschlossene Subkulturen *grundsätzlich* zu exkulpieren. Vielmehr ist genauer zu prüfen, in welcher Lage sich die Mitglieder der Subkultur befinden und was die Ursache dafür ist, dass die richtigen moralischen Gründe für sie unannehmbar sind.

Hier ist festzuhalten, dass die *Annehmbarkeit* eines Gedankens einerseits von rein *epistemischen Aspekten* abhängt, wie seiner Anschlussfähigkeit an das Überzeugungssystem. In dem Überzeugungssystem der von Edward Evans-Prichard beschriebenen Azande mag für den Gedanken natürlicher Rechte schlechterdings kein begrifflicher Platz gewesen sein.[3] Er lässt sich möglicherweise nicht vernünftig in die Gesamtheit der kulturellen Weltdeutung und -erklärung einordnen und bleibt deshalb unverständlich.

Andererseits hängt die Annehmbarkeit aber auch von einem *motivationalen Aspekt* ab, der die *praktischen* Konsequenzen betrifft, die sich für ein Individuum ergeben würden, wenn es eine Einsicht akzeptierte. Vielleicht mehr als alle anderen großen Moralphilosophen, hat Kant die menschliche Neigung zur Produktion von Scheingründen, zum „*Vernünfteln*", ernst genommen. Je gewichtiger die negativen Konsequenzen für das persönliche Wohlergehen sind, die aus dem Annehmen eines moralischen Gedankens folgen, desto stärker wird im Allgemeinen die Neigung zur *vernünftelnden Abwehr* des Gedankens sein. Aus diesem Grund würden wir von einem Plantagenherrn in der Regel nicht erwarten, dass er eine Abschaffung der Sklaverei befürwortet. Denn eine solche Einstellung würde kognitive Dissonanzen nach sich ziehen, die am einfachsten dadurch aufzulösen sind, dass man den Gedanken ablehnt.

Wenn die Konsequenzen einer moralischen Einsicht für die eigene Lebensgestaltung als äußerst unattraktiv erscheinen, kann ein Gedanke in den Bereich des schlechterdings Undenkbaren rücken. Derartiges war möglicherweise in der Antike der Fall. Aristoteles war sehr wohl in der Lage, Versklavung als Unrecht zu sehen – dann nämlich, wenn ein von der Natur zur Freiheit Bestimmter davon betroffen war. Es ist unwahrscheinlich, dass er schlechterdings unfähig war, den Gedanken zu fassen, dass auch Barbaren nicht versklavt werden sollten. Wahrscheinlicher ist, dass ihm die praktischen Schlussfolgerungen, die aus diesem Gedanken für seine eigene Gesellschaft zu ziehen wären, als derart unattraktiv (und insofern ‚undenkbar') erschienen, dass es nur um seine Abwehr gehen konnte.

Die Frage ist nun, inwiefern Denkblockaden, die durch die Interessen der Angehörigen einer Gesellschaft bewirkt werden, bei der Normierung ihrer kulturellen Verantwortungsfähigkeit Berücksichtigung finden sollen.

Aus der Dominanz-Normierung folgt, dass Denklockaden gesellschaftlicher Subkulturen nicht zur Konsequenz haben, dass deren Mitglieder die Falschheit ihres Handelns nicht erkennen brauchen. Diese

Normierung lässt sich mit der Überlegung begründen, dass die Angehörigen einer moralischen Subkultur lediglich die Kosten der Assimilation an die dominante moralische Kultur zu tragen hätten. Hier könnte man einwenden, dass der Ausstieg aus Subkulturen oder ein Hinwirken auf deren Assimilation an die dominante Kultur von dieser häufig unmöglich gemacht wird. In dem hier interessierenden Kontext scheinen Diskriminierung und sozialer Ausschluss jedoch ein weniger großes Problem darzustellen, da die *moralisch dominante Kultur* ein Interesse daran haben sollte, dass eine moralische Subkultur an ihre Verhaltensstandards sich assimiliert. Jedoch kann die Diskriminierung der Angehörigen von Minderheiten sowohl die Assimilierung von moralischen Subkulturen als auch den Ausstieg aus ihnen wesentlich erschweren.

3.1 Vorstellbarkeitsbedingung

Mir scheint nun, dass eine plausible Form des Konzessionismus folgende Bedingung hinsichtlich der Annehmbarkeits-Komponente akzeptiert: Historische Akteure müssen erkennen, dass eine soziale Praxis natürliche Rechte verletzt, wenn ein Verzicht auf diese Praktiken für sie *denkbar* ist. Denkbar ist ein solcher Verzicht, wenn den Akteuren möglich ist, eine hinreichend klare Vorstellung der moralisch besseren Lebensform zu bilden, und wenn die Kosten ihrer Verwirklichung nicht unvorstellbar hoch sind. Ich nenne dies die *Vorstellbarkeitsbedingung*. Da die Bekanntheits-Normierung der Vorstellbarkeitsbedingung nicht gerecht wird, werde ich sie im Weiteren nicht mehr berücksichtigen.

Den Grundgedanken der Vorstellbarkeitsbedingung möchte ich anhand dreier Beispiele illustrieren:

(a) In „Die sozialen Gründe des Untergangs der antiken Kultur" zeichnet Max Weber folgendes Bild: Soziale Differenzierung und Arbeitsteilung der römischen Hochkultur beruhten auf der Nutzung unfreier und unentgoltener Sklavenarbeit. Die Wohlfeilheit der Arbeitskraft verhinderte die Konkurrenz freier Unternehmer und unterdrückte Anreize zu technologischer Innovation. Mehrung des Wohlstands ließ sich nur über vermehrten Einsatz von Sklavenarbeit erzielen. Die antike Kultur sei Sklavenkultur:[4] „Der Sklavenhalter ist so der ökonomische Träger der antiken Kultur geworden, die Organisation der Sklavenarbeit bildet den unentbehrlichen Unterbau der römischen Gesellschaft (...)."[5] Nicht nur das System der ökonomischen Arbeitsteilung ist von der Sklaverei abhängig; die gesamte Imperialpolitik ist weniger auf die Eroberung von Land als auf die von Sklaven ausgerichtet. Krieg sei im Altertum immer zugleich auch Sklavenjagd; er bringe fortgesetzt

Material auf den Sklavenmarkt und begünstige so in unerhörter Weise die unfreie Arbeit und die Menschenanhäufung.[6] Der Unterhalt stehender Heere – Grundbedingung für den Bestand des Imperiums – setzte Geldwirtschaft und diese unfreie Arbeit voraus. Der Zerfall des Römischen Reiches war nach Weber die notwendige politische Folge des allmählichen Schwundes des Verkehrs und der Zunahme der Naturalwirtschaft[7], die ihrerseits aus dem Versiegen des Nachschubs auf den imperialen Sklavenmärkten resultierte.

Mir geht es nun um folgenden Punkt: Webers Darstellung – ob zutreffend, sei dahingestellt – zeichnet das Bild einer sozialen Welt, in der Sklaverei eine konstitutive Rolle einnimmt (Sklaverei als unentbehrlicher Unterbau der römischen Gesellschaft). Im Sinne der Vorstellbarkeitsbedingung ist zu fragen, ob es den Trägern der römischen Gesellschaft möglich war, ein hinreichend klares Bild einer Gesellschaft ohne Sklaverei zu bilden und ob für sie die Kosten ihrer Verwirklichung diesseits des Vorstellbaren lagen. Beides wird unwahrscheinlich, wenn – wie von Weber beschrieben – die gesamte sozio-ökonomische Ordnung auf der Sklavenwirtschaft beruht. Hinzu kommt, dass die Römer wenig Anlass hatten, eine Gesellschaft ohne Sklaverei für möglich zu halten, da sie in allen bekannten Kulturen praktiziert wurde. In den Worten von Thomas Clarkson:

> "When civilized, as well as barbarous nations, have been found, through a long succession of ages, to concur in the same customs, there seems to arise a presumption, that such customs are not only eminently useful, but are founded also on the principles of justice. Such is the case with respect to *Slavery*: it has had the concurrence of all the nations, which history has recorded, and the repeated practice of ages from the remotest antiquity, in its favour. Here then is an argument deduced from the general consent and agreement of mankind, in favour of the proposed subject."[8]

(b) Die Wirtschaftsordnung des nationalsozialistischen Deutschlands unterschied sich in vielen Hinsichten kaum von dem Korporatismus der Weimarer Republik.[9] Seit 1936 wurden die Kartelle der Industrie und die Spitzenverbände der Wirtschaft jedoch in die Vorbereitung eines Krieges mit verbrecherischen Zielen eingebunden. Der von dem Nazi-Reich geführte Krieg war auf Landraub, Massenmord und -versklavung angelegt. Die Verbrechen des nationalsozialistischen Deutschlands waren kein notwendiger Bestandteil einer korporatistischen Ordnung (und später zentral verwalteten Kriegswirtschaft), zu denen keine Alternative vorstellbar war. Sie waren vielmehr frei gesetzte verbrecherische Absichten, die mit Hilfe dieser ökonomischen Struktur verfolgt wurden. Weder der Krieg, noch die verbrecherische Judenpolitik bis zu dessen Beginn, noch die Morde und Folterungen von Oppositionellen ergaben sich aus dem, was zu jener Zeit aufgrund der sozio-ökonomischen Struktur als normal oder unvermeidlich betrachtet worden wäre. Unter Anwendung der Vorstellbarkeitsbedingung kommt man so zu dem Ergebnis, dass ein durchschnittlicher Zeitgenosse den verbrecherischen Charakter des Regimes erkennen konnte und musste. Ein externer Beobachter kann sich nicht auf den Standpunkt stellen, die Deutschen hätten das nationalsozialistische Unrecht nicht als Unrecht erkennen müssen, weil es notwendige Bedingung der Produktions- und Reproduktionsverhältnisse ihrer sozialen Welt war; vielmehr hat eine bedeutende Zahl von Personen gezielt den Korporatismus der Weimarer Republik zu einem Instrument einer modernen Sklaven- und Massenmordwirtschaft umgemodelt; ferner wussten sie und haben dies auch entsprechend propagiert, dass sie in Widerspruch treten zu den moralischen und rechtlichen Standards der übrigen, zivilisierten Welt. Sie mussten wissen, dass nichts von dem, was sie befürworteten, nötig war, um ein Zusammenleben unter den ihnen bekannten Produktions- und Reproduktionsbedingungen zu ermöglichen; und sie mussten wissen, dass das, was sie wollten, in der sozialen Welt, aus der sie ursprünglich kamen, als verbrecherisch galt.

(c) Als die US-Verfassung entworfen und verabschiedet wurde, war die Sklaverei in England bereits abgeschafft. 1777 untersagt die Verfassung des späteren US-Bundesstaates Vermont die Sklaverei. 1780 erklärt die Verfassung von Massachusetts alle Menschen für von Geburt an frei und gleich, und eine Gerichtsentscheidung von 1783 legt fest, dass mit diesem Artikel die Sklaverei abgeschafft sei.[10]

Doch die Verfassung der Vereinigten Staaten gestattete zunächst nicht nur die Sklaverei. Durch Art I, Absatz 2 fiel überdies die Anzahl der in einem Staat ansässigen Sklaven für die Anzahl der Vertreter im Repräsentantenhaus ins Gewicht. Dadurch entstand der Anreiz, zusätzliche Sklaven im Bundesstaat anzusiedeln, um den Einfluss auf föderaler Ebene zu vermehren.[11] Ein Gegengewicht zu dieser Tendenz bildete die Furcht vor Sklavenaufständen. Möglicherweise hat die Rebellion in Santo Domingo von 1804, die zu der Unabhängigkeit Haitis führte, zu dem Verbot des transatlantischen Sklavenhandels beigetragen. Man wusste um die Gefährlichkeit einer Situation, in der die Sklaven die Bevölkerungsmehrheit bildeten.

Die Gründe für die Naturrechtswidrigkeit der Sklaverei waren bekannt. Aber waren sie annehmbar? Massachusetts, Vermont und England gaben Beispiele für die Möglichkeit, die Sklaverei abzuschaffen. John Adams, der zweite US-Präsident, war Gegner der Sklaverei. Er besaß keine Sklaven und beanspruchte auch keine Sklavenarbeit. Doch sowohl Thomas Jefferson als auch George Washington waren Sklavenhalter. Einiges spricht dafür, dass es den historischen Akteuren möglich war, ein hinreichend klares Bild einer Gesellschaft ohne Sklaverei zu bilden, und dass die Kosten ihrer Verwirklichung nicht unvorstellbar hoch waren. 1829 wurde die Sklaverei in Mexiko abgeschafft, 1838 folgte deren Abschaffung in allen britischen Kolonien.

„Southern slaveholders were determined to prevent the abolitionist tide from sweeping across the South. They formulated and effectively executed programs to protect their region from abolitionism and to resist the antislavery forces in every political arena of the nation. In their resolve, their vigor, and their effectiveness in repelling encroachments on their system, southern slaveholders were more successful than any other slaveholding class in the Western Hemisphere."[12]

3.2 Legalitätsbedingung

Die Legalitätsbedingung stellt – neben der Vorstellbarkeitsbedingung – einen weiteren Vorschlag dar, um die Annehmbarkeitskomponente zu konkretisieren. Sie besagt einerseits, dass historische Akteure *nicht* erkennen mussten, dass sie Unrecht begehen, wenn ihr naturrechtswidriges Handeln zum gegebenen Zeitpunkt rechtlich erlaubt oder sogar gefordert war; sie besagt andererseits, dass sie erkennen mussten, dass sie Unrecht begehen, wenn ihr naturrechtswidriges Handeln zum gegebenen Zeitpunkt rechtlich verboten war. Der Grundgedanke der Legalitätsbedingung lautet, dass das geltende Recht den Adressaten zum einen in geforderter Weise verständlich sein muss und dass es sie zum anderen mit Motiven zu seiner Befolgung versorgt. Das Recht erfüllt insofern Grundvoraussetzungen der Annehmbarkeits-Komponente und bietet sich daher für die Normierung dessen, was historische Akteure wissen müssen, an.

Dennoch wirkt dieser Ansatz zunächst irritierend, weil sich historisches Unrecht nach dem Verständnis dieser Arbeit häufig gerade dadurch auszeichnet, dass natürliche Verbrechen legalisiert wurden. Aus der Legalitätsbedingung scheint nun zu folgen, dass sich die Rede von historischem Unrecht verbietet, sofern die sozialen Praktiken, die natürliche Rechte verletzten, als legal betrachtet wurden. Waren die historischen Akteure aufgrund der Legalität ihres Handelns außerstande, die Verletzung natürlicher Rechte als Unrecht zu erkennen, so handelten sie wie „dangerous and noxious Creatures" (Locke), die zwar naturrechtlich geschützte Güter schädigen, aber kein Unrecht begehen.

Wie ich im Folgenden verdeutliche, vermag man dieses Resultat durch eine differenzierte Betrachtung dessen zu vermeiden, was zu einem gegebenen Zeitpunkt als geltendes Recht angesehen werden kann.

3.2.1 Positivistische Deutung der Legalitätsbedingung

Die Legalitätsbedingung bezieht die Beurteilung eines historischen Vorgangs als Unrecht auf das zum damaligen Zeitpunkt geltende Recht. Ich möchte im Folgenden untersuchen, welcher Rechtsbegriff dabei sinnvollerweise eingesetzt wird, und mit einigen Anmerkungen zur positivistischen Interpretation des Rechtsbegriffs beginnen: Der Rechtspositivismus lehnt die Vorstellung ab, dass „jedes Recht, als Recht, in irgendeinem Sinne und in irgendeinem Grade moralisch sei."[13] Der hier von Kelsen zum Ausdruck gebrachte Gedanke wird auch als Trennungsthese bezeichnet. Der positivistischen Trennungsthese zufolge besteht zwischen Recht und Moral kein begrifflich notwendiger Zusammenhang.[14]

Dieses, wie Kelsen meint, einzig reine und wissenschaftliche Verständnis von Recht entspricht der Art, in der eine Person vorgeht, wenn sie in Erfahrung bringen möchte, ob die Beziehungen zwischen den Menschen innerhalb eines Gebietes rechtlich geregelt sind und worin diese rechtlichen Regeln gegebenenfalls bestehen. Alexy umschreibt diese Einstellung als Beobachterperspektive und grenzt sie von der Teilnehmerperspektive ab.

Aus Sicht eines Beobachters, so Alexy, ist die rechtspositivistische Trennungsthese unabweisbar. Es hätte keinen Sinn, mit Blick auf einzelne Normen, beispielsweise das Staatsbürgerschaftsrecht, zu sagen:

> „*A* ist nach dem deutschen Recht nicht ausgebürgert, obwohl alle deutschen Gerichte und Behörden *A* als ausgebürgert behandeln und sich dabei auf den Wortlaut einer Norm stützen, die nach den Geltungskriterien des in Deutschland wirksamen Rechtssystems ordnungsgemäß gesetzt ist."[15]

Generell gilt: Wenn eine Person wissen möchte, ob eine Gesellschaft über ein Rechtssystem verfügt und wie es gegebenenfalls aufgebaut ist, dann achtet sie auf eine Menge sozialer Praktiken mit bestimmten Merkmalen, ohne deren moralische Richtigkeit beurteilen zu müssen.[16] Zu diesen Merkmalen gehört, dass die Rechtsunterworfenen in dem Regelsystem einen Rechtfertigungsanspruch erkennen. Auf der Beobachtungsebene ist insofern zu prüfen, ob mit einem System von Regeln ein (schwacher) normativer Anspruch auf Rechtfertigung verbunden ist. Was ist unter diesem „schwachen normativen Anspruch" zu verstehen? Angenommen, ein Warlord führte einen Pseudo-Wahlkampf mit folgendem Pseudo-Wahlplakat durch: „He killed your father. He killed your mother. So better vote for him."

Eine solche Pseudo-Wahlkampagne ist nur innerhalb eines Pseudo-Rechtssystems denkbar, das jeglichen Anspruch auf normative Richtigkeit preisgegeben hat. Auch wenn die Instanzen von Staatlichkeit davon ausgingen, dass der gewählte Warlord Präsident wäre; und auch wenn er dieses „Amt" auf einem Wege erworben hätte, der äußerlich den Gesetzen des Landes entspräche, könnte man hier wohl auch als Beobachter nicht mehr davon sprechen, dass der Warlord Präsident wäre. Er ist ein mächtiger Verbrecher, der politische Vorgänge und Symbole zitiert.

Auch der positivistische Rechtsbegriff fordert auf der Beobachtungsebene vom Recht einen von der Androhung und Ausübung bloßer Gewalt unterscheidbaren Anspruch auf normative Richtigkeit. Dieser Anspruch wird aber inhaltlich nicht vom Beobachter bestimmt. Er stellt lediglich fest, dass ein solcher erhoben wird oder nicht. Die Akteure müssen erkennbar davon ausgehen, dass die Anweisungen der staatlichen Organe insgesamt (aus ihrer Sicht) mit einem (wie auch immer begründeten) Anspruch auf normative Richtigkeit verbunden sind.

Man sollte sich stets vor Augen halten, dass die Legalitätsbedingung eine These hinsichtlich der *Normierung der moralischen Kompetenz* von historischen Akteuren ist. Es geht um die Frage, unter welchen Umständen historische Akteure für Unrecht verantwortlich zu machen sind.

Positivistisch ist ihre Auslegung, wenn das, was zu einer Zeit legal war, ausschließlich an sozialen Merkmalen festgemacht wird. Zu diesen sozialen Merkmalen gehört, wie oben ausgeführt, ein von den Teilnehmern des Rechtssystems anerkannter Anspruch auf Richtigkeit. Die Tatsache, dass ein historischer Betrachter dieses System als ungerecht ansieht, ist aus positivistischer Sicht kein Grund, ihm den Rechtscharakter abzusprechen. Er ist daher – der positivistisch interpretierten Legalitätsbedingung zufolge – nicht berechtigt, etwas, was zu seiner Zeit legal war, als Unrecht zu bezeichnen, einfach weil es seinen (möglicherweise gerechtfertigten) Gerechtigkeitsvorstellungen nicht entspricht.

Denn der Maßstab zur Beurteilung historischen Unrechts ist das zum Tatzeitpunkt geltende Recht, mit dem aus Teilnehmerperspektive ein normativer Anspruch verbunden sein muss.

Das offensichtliche Problem für diese Position stellt sich mit der Frage, warum ein positivistisch verstandenes Recht Grundlage für die Normierung moralischen Deliberierens sein soll. Eine Antwort könnte folgendermaßen aussehen: Ein System von Regeln ist nur dann ein Rechtssystem, wenn es aus Perspektive der Subjekte mit einem Anspruch auf Richtigkeit verbunden ist. Der Richtigkeitsanspruch des Rechts verleiht den Staatsorganen politische Autorität. Eine Instanz als politische Autorität anerkennen, bedeutet, anerkennen, dass deren Befehle hochrangige Handlungsgründe darstellen, und zwar selbst dann, wenn deren Inhalt den eigenen Überzeugungen widerspricht.[17] Wenn die Rechtsunterworfenen den Anspruch des Rechts auf Richtigkeit anerkennen, treten sie damit ihren Anspruch, sich im Handeln an ihrem eigenen Urteil zu orientieren – soweit das Recht reicht – ab. Daher sind ihnen rechtlich vorgeschriebene oder erlaubte Handlungen moralisch nicht vorzuwerfen.

Die Pointe dieser Argumentation besteht darin, den *schwachen normativen Gehalt* des mit dem Recht notwendig verknüpften Richtigkeitsanspruchs zu koppeln mit dem im Konzept der politischen Autorität enthaltenen Gedanken des Autonomieverzichts. Die Argumentation suggeriert, wer den anarchistischen Standpunkt verlasse und sich selbst als Rechtsunterworfenen begreife, der habe damit auch schon anerkannt, dass rechtliche Normen hochrangige Handlungsgründe darstellen.

Diese Überlegung beruht allerdings auf der strittigen Voraussetzung, dass Staaten über politische Autorität in dem oben beanspruchten Sinne verfügen. Eine wachsende Zahl von Politikphilosophen ist heute überzeugt, dass die Rechtsunterworfenen nicht deshalb moralisch verpflichtet sind, den Regeln ihres Staates zu folgen, *weil* es staatliche Regeln sind.[18]

Was ist damit gesagt? Wenn die rechtlichen Normen moralisch gerechtfertigt sind, so liegt der moralische Grund, sie zu befolgen, in ihrem moralischen Gehalt; die Tatsache, dass es sich um rechtliche Normen handelt, stellt keinen eigenständigen moralischen Gehorsamsgrund dar. Den moralischen Grund dafür, nicht zu stehlen, gibt das Urteil, dass Stehlen moralisch falsch ist, und nicht jenes, dass Stehlen rechtlich verboten ist. Eine entsprechende Überlegung gilt selbst, wenn rechtliche Normen der Lösung von Koordinations- oder Übernutzungsproblemen dienen.[19] Der angemessene Grund, rechts zu fahren, liegt zwar oberflächlich betrachtet in einer Vorschrift, rechts zu fahren – doch dies gilt ja nur, wenn die berechtigte Erwartung besteht, dass die Vorschrift wirksam ist und vermöge ihrer Wirksamkeit einen moralischen Zweck (die Vermeidung von Unfällen) fördert. Würde das Rechtsfahren keinen moralischen Zweck fördern, wäre schwer zu sehen, warum es einfach dadurch moralisch verpflichtend würde, dass die Straßenverkehrsordnung es forderte; man ist moralisch verpflichtet, sich so zu verhalten, dass niemand zu Schaden kommt. Die Straßenverkehrsordnung hat hierbei lediglich eine unterstützende Funktion ohne eigene moralische Autorität.

Weil Legalität oder Illegalität keine eigenständigen Handlungsgründe sind, so die These, kann niemand in eine Situation kommen, in der er nur deshalb moralisch verpflichtet wäre, ein unmoralisches Gesetz zu befolgen, weil es sich um ein Gesetz handelte. Dies heiße aber nicht, dass man moralischen Grund hätte, die meisten oder sogar alle rechtlichen Normen zu missachten; denn in echten Demokratien sind die meisten rechtlichen Normen moralisch gerechtfertigt.

Aus diesem Befund werden unterschiedliche Schlüsse gezogen: Philosophische Anarchisten, wie Robert Wolff und John Simmons, argumentieren,[20] es gebe keine legitimen Staaten, weil dies voraussetzen würde, dass eine moralische Gehorsamspflicht bestünde. Da eine solche aber für die tatsächlich existierenden (Simmons) oder alle denkbaren Staaten (Wolff) nicht gelte, seien die tatsächlichen oder sogar alle möglichen Staaten illegitim.

Andere, wie Rolf Sartorius, Kent Greenawalt und Robert Ladenson, kommen dagegen zu dem Ergebnis, dass staatliche Legitimität nicht die moralische Gehorsamspflicht der Rechtsunterworfenen impliziere.[21] Ladenson argumentiert, ein legitimer Staat verfüge über das Recht, zu regieren, und dieses Recht bestehe darin, Zwang gegen die Rechtsunterworfenen ausüben zu dürfen; als „justification-right" impliziere es aber keinen moralischen Gehorsamsanspruch, wie dies ein „claim-right" täte.[22] Mit anderen Worten: Der Staat darf seine Vorschriften notfalls mit Gewalt durchsetzen, aber die Rechtsunterworfenen sind nicht moralisch verpflichtet, sich an die Vorschriften zu halten, einfach weil es Vorschriften sind.

Beide der angesprochenen Positionen stehen der oben gegebenen Begründung für die positivistische Interpretation der Legalitätsbedingung entgegen. Sie bestreiten, dass die Tatsache, dass etwas von uns rechtlich gefordert wird, einen eigenständigen moralischen Grund darstellt, dieser Forderung zu entsprechen. Wenn sie mit dieser These Recht haben, dann scheitert der vorige Versuch, die Normierung moralischer Kompetenz durch das geltende Recht zu begründen. Denn dann reicht die moralische Autorität der rechtlichen Normen gerade so weit wie die ihm zugrunde liegenden moralischen Gründe. Die Tatsache, dass etwas rechtlich gefordert ist, reicht unter diesen Umständen nicht aus, zu beurteilen, ob es auch moralisch gefordert ist. Die zu einem Zeitpunkt bestehende Rechtslage kann also keine geeignete Normierung der moralischen Kompetenz abgeben.

3.2.2 Ein weiterer Begründungsversuch

Ich möchte nun prüfen, ob sich dieses Problem für die positivistisch interpretierte Legalitätsbedingung möglicherweise bewältigen ließe, indem ein formales Moralprinzip, das der Fairness, in die Argumentation eingebaut würde. Die Überlegung wäre folgende: 1. Wenn eine Person *Q* von Gütern profitiert, die von anderen bereitgestellt werden; und wenn die Bereitstellung in der Erwartung geschah, dass *Q* ihren Beitrag *B* ebenfalls leisten werde; dann ist *Q* moralisch verpflichtet, *B* zu leisten (Prinzip der Wechselseitigkeit).[23] 2. Eine Rechtsordnung fordert – ihrem Richtigkeitsanspruch entsprechend – Beiträge von den Rechtsunterworfenen und stellt – ihrem Richtigkeitsanspruch entsprechend – Güter bereit. 3. Wenn die anderen Rechtsunterworfenen – den Rechtsnormen entsprechend – ihren Beitrag geleistet haben und ein Subjekt *Q* davon profitiert hat, dann ist *Q* moralisch verpflichtet, ihren – den Rechtsnormen entsprechenden – Beitrag zu leisten. 4. Eine Rechtsordnung gilt, wenn ihre Rechtsnormen wirksam durchgesetzt werden. 5. Rechtsnormen werden wirksam durchgesetzt, wenn sie in der weit überwiegenden Zahl der Fälle befolgt werden. 6. Eine Person *Q* ist moralisch verpflichtet, den Rechtsnormen einer geltenden Rechtsordnung zu folgen.

Die Pointe dieser Argumentation liegt in der Kombination des im Richtigkeitsanspruch des Rechts gegebenen schwachen normativen Gehalts mit dem Prinzip der Wechselseitigkeit. Eine Person ist moralisch verpflichtet, auf ihre Autonomie – soweit das Recht geht – zu verzichten, wenn andere Rechtsunterworfene dies ebenfalls tun und sie von den damit verbundenen Opfern profitiert.

Mir scheint, dass der in der skizzierten Argumentation beanspruchte Grundsatz der Wechselseitigkeit im moralischen Bewusstsein tiefer verankert ist, als dies aus Sicht einer voluntaristischen Moral gerechtfertigt erscheint. Viele Leute sind – pace Nozick – überzeugt, dass sie eine Gefälligkeit oder eine Einladung erwidern müssen, auch wenn sie um diese Gefälligkeit oder Einladung nicht gebeten haben.[24] Für die These, dass das normative System fast aller Gesellschaften davon ausgeht oder ausging, Personen könnten ohne eigenes Zutun zu Gegenleistungen verpflichtet werden, sprechen die kulturanthropologischen Untersuchungen von Marcel Mauss. Sie haben gezeigt, dass in archaischen Ordnungen die gesellschaftliche Integration zentral durch Gaben organisiert wird, die „theoretisch freiwillig sind, in Wirklichkeit jedoch immer gegeben und erwidert werden müssen."[25]

In Kriegszeiten scheinen sich Menschen moralisch verpflichtet zu fühlen, das Leben zu riskieren und andere zu töten, nicht weil sie unbedingt überzeugt wären, dass ihr Land eine gerechte Sache verträte, sondern weil sie durch eine ‚Gabe' dazu verpflichtet wurden. Sie müssen die Bereitschaft der anderen, für ihr Land ihr Leben zu riskieren oder zu sterben, erwidern. Dieser formale Standpunkt der Wechselseitigkeit – so könnte man spekulieren – überwiegt im Kriegsfall bei den meisten Menschen alle Überlegungen hinsichtlich der Frage, ob das eigene Land einen moralisch vertretbaren Krieg führt.

Ungefähr in diesem Sinne hat 1986 der Kölner Historiker Andreas Hillgruber argumentiert, als er das „verantwortungsethische Verhalten" derjenigen Deutschen pries, die im Sommer 1944 in Ostpreußen „wenigstens einen Schleier" militärischer Sicherungen gegen die Rote Armee aufgebaut hatten, um die Flucht der Bevölkerung zu ermöglichen. Diese Männer, so Hillgruber, schützten die deutsche Bevölkerung vor der drohenden „Orgie der Rache" für alles, „was in den Jahren 1941 bis 1944 in den von deutschen Truppen besetzten Teilen der Sowjetunion – von welchen deutschen Dienststellen auch immer – an Verbrechen begangen worden war."[26] Hillgruber stellt dieses Verhalten der Gesinnungsethik der Attentäter vom 20. Juli 1944 gegenüber. Für unseren Zusammenhang wesentlich ist, dass Hillgruber seine Ausführungen in den Kontext einer Äußerung des CDU-Politikers Norbert Blüm rückt, der implizit gesagt hatte, es wäre besser gewesen, wenn die deutsche Ostfront früher zusammengebrochen wäre, weil damit das Morden in den Vernichtungslagern geendet hätte und vielen Hunderttausenden das Leben gerettet worden wäre. Hillgrubers Replik besteht in dem Hinweis auf die zu rettenden Leben der Ostpreußen. Da Hillgruber wohl nicht sagen wollte, deren Leben seien mehr wert gewesen, darf man ihn vielleicht so verstehen, die Deutschen seien einander aufgrund des Prinzips der Wechselseitigkeit in einer Weise verpflichtet gewesen, wie sie es gegenüber den zu rettenden Opfern der Vernichtung nicht gewesen wären. Obwohl auch dies natürlich moralisch unhaltbar ist.

Warum ist dies hier erwähnenswert? Offensichtlich ist die Überzeugung verbreitet, moralisch den anderen Staatsbürgern Gehorsam gegenüber den staatlichen Organen zu schulden, selbst wenn diese Organe Unrecht tun oder getan haben. Für die Begründung der Legalitätsbedingung wäre dies erheblich, weil moralisch tief verwurzelte Überzeugungen grundsätzlich für die Normierung moralischer Kompetenz in Frage kommen.

Was ist dazu zu sagen? Der entscheidende Fehler der Argumentation liegt in einer inakzeptablen Auslegung des Wechselseitigkeitsprinzips. Niemand sollte akzeptieren, dass eine aus moralisch verbotenen Aktivitäten resultierende Gabe zu einer Gegengabe verpflichtet. Wo in der politischen Philosophie von dem Gedanken der Wechselseitigkeit Gebrauch gemacht wird, wie bei Hart und Rawls, wird er entsprechend an eine Gerechtigkeitsvoraussetzung geknüpft. Rawls' Fairnessprinzip fordert nicht nur, dass eine Person Vorteile aus den Opfern anderer freiwillig genossen hat, sondern auch, dass dies innerhalb einer gerecht strukturierten Gesellschaft geschah.[27]

Die von unabhängigen normativen Standards abgekoppelte Anwendung des Wechselseitigkeitsprinzips trägt zwar meines Erachtens zum Verstehen einer pathologischen politischen Moral nach dem Muster „Right or wrong – my country!" bei. Doch taugt sie sicherlich nicht zu einer plausiblen Normierung moralischer Kompetenz.

3.2.3 Nicht-positivistische Legalitätsbedingung

Wenn eine Rechtsordnung natürliche Rechte achtet, so muss und darf – der Legalitätsbedingung folgend – von den historischen Akteuren erwartet werden, dass sie hinter diesen moralischen Standard nicht zurückfallen. Rechtlich kodifizierte moralische Forderungen sind im relevanten Sinne bekannt und annehmbar. Die Legalitätsbedingung dürfte somit nicht dem Vorwurf unhistorischen und unaufgeklärten Moralisierens ausgesetzt sein. Schwieriger ist die Situation, wenn die Rechtsordnung natürliche Rechte *nicht* achtet. In solchen Fällen scheint die Legalitätsbedingung an ihre Plausibilitätsgrenzen zu stoßen. Doch dieser Schluss wäre voreilig.

Nach verbreiteter Auffassung hat das geltende Recht selbst dann noch Anspruch auf Gehorsam, wenn es – nach Radbruchs berühmter

Formel – „inhaltlich ungerecht und unzweckmäßig ist". Doch gibt es auch für diese spezifische Autorität des Rechts Grenzen. Erreicht der Widerspruch des positiven Gesetzes zur Gerechtigkeit ein unerträgliches Maß, so hat „das Gesetz als ‚unrichtiges Recht' der Gerechtigkeit zu weichen".[28] Teile des gesetzten und geübten Rechts können ungültig sein. Sie stellen dann kein echtes Recht dar. Auf dieser Grundlage ließe sich eine Verteidigung der Legalitätsbedingung versuchen.

Aus konzessionistischer Sicht stellt sich die Frage, unter welchen Bedingungen man von historischen Akteuren erwarten darf und muss, dass sie die Unerträglichkeit des Widerspruchs zum ‚richtigen Recht' erkennen. Die positivistische Legalitätsbedingung hatte eine zupackende Antwort, mit der sie die Dominanz-Normierung konkretisierte: Historische Akteure müssen nicht erkennen, dass ihr Handeln unmoralisch ist, wenn es den geübten rechtlichen Praktiken nicht widerspricht.

Die nicht-positivistische Legalitätsbedingung will den inakzeptablen Folgerungen aus dieser Position entgehen und dennoch die Rechtslage benutzen, um zu konkretisieren, was von historischen Akteuren erwartet werden darf.

Einen ersten Ansatz, der an die Rechtfertigungsnot-Normierung anknüpft, könnte man das *Widerspruchs-Kriterium* nennen. Es besagt, dass historische Akteure erkennen müssen, dass Teile des faktisch geltenden Rechts natürliche Rechte und Pflichten verletzen, wenn diese Rechte und Pflichten in grundlegenden Rechtsdokumenten anerkannt sind. Als Beispiel wäre an die Grundprinzipien der US-Verfassung und der Unabhängigkeitserklärung zu denken, die im Widerspruch stehen zu dem Sklavenhaltersystem bis zu dessen Abschaffung.

Die Statthaftigkeit der Sklaverei stellte eine – in unerträglichem Maße – ungerechte Ausnahme der allgemeinen Garantie natürlicher Rechte dar. Sie war daher nicht rechtens. Wer sich am Sklavereisystem beteiligt hat, verstieß gegen die natürlichen Rechte aller Individuen, wie sie in der Rechtsordnung der USA zu jenem Zeitpunkt festgeschrieben waren, und hat daher diesem gemäß Unrecht begangen.

3.2.4 Verworfene Rechtssysteme

Das Widerspruchskriterium stößt jedoch im Falle von verworfenen Rechtssystemen an seine Grenzen. Verworfen nenne ich Rechtssysteme, die insgesamt von Übel sind. Dies ist der Fall, wenn das Rechtssystem insgesamt auf moralisch verwerfliche Ziele ausgerichtet ist, beispielsweise im Sinne von Hitlers „heiligstem Menschenrecht".[29]

Im Fall von verworfenen Rechtssystemen fehlen rechtsinterne Bezugspunkte, um das Unrecht als solches zu beurteilen. Wenn die moralisch verwerflichen Zwecke nicht nur insular, sondern total das Rechtssystem bestimmen, stößt die Legalitätsbedingung – so die Befürchtung – an ihre Grenze.

Diese Befürchtung möchte ich nun überprüfen, indem ich den Fall eines verworfenen Rechtssystems betrachte, in welchem die höchste Rechtsgewalt, der Souverän, moralisch verwerfliche Zwecke verfolgt. Als Beispiel dient mir Nazi-Deutschland.

Zunächst möchte ich, gestützt auf Kelsens Begriff der Grundnorm, versuchen, die Vorstellung eines verworfenen Rechtssystems besser zu fixieren.

Eine Menge von rechtlichen Regeln bildet ein System, wenn sie einen einheitlichen Geltungsverbund darstellt. Die Einheit eines Rechtssystems wird dadurch gestiftet, dass die Geltung aller Normen auf die Geltung einer einzigen Norm, der Grundnorm, zurückgeführt werden kann.

Kelsen selbst meint, die Geltung einer Rechtsnorm könne nicht dadurch in Frage gestellt werden,

> „dass ihr Inhalt einem irgendwie vorausgesetzten materiellen Wert, etwa der Moral, nicht entspricht. Als Rechtsnorm gilt eine Norm stets nur darum, weil sie auf eine ganz bestimmte Weise zustande gekommen, nach einer ganz bestimmten Regel erzeugt, nach einer spezifischen Methode gesetzt wurde. (...) In dieser Notwendigkeit des Gesetzt-Seins und der darin gelegenen Unabhängigkeit seiner Geltung von der Moral (...) besteht die Positivität des Rechts (...).“[30]

Auch wenn Kelsen eine solche Nutzung wegen der angestrebten Reinheit der Rechtslehre nicht vorgesehen hat, möchte ich den Begriff der Grundnorm für die Bestimmung eines verworfenen Rechtssystems nutzen.

Ein verworfenes Rechtssystem zeichnet sich dadurch aus, dass seine Grundnorm, seine höchste Geltungsvoraussetzung, moralisch verworfen ist.

Die Grundnorm ist eine rechtsinterne hypothetische Norm. Dass die Grundnorm rechtsintern-hypothetisch ist, meint: Sie ist diejenige Norm, welche die Geltung der tatsächlich befolgten Rechtsnormen in letzter Hinsicht sicherstellt und systematisch abschließt. Die Grundnorm kann daher nicht beliebig angenommen werden, sondern ergibt sich eindeutig aus dem geübten Recht. Im nationalsozialistischen Rechtssystem lautete die Grundnorm: „Was der Führer will, dass Recht sei, ist Recht." Der Wille Hitlers fungierte als höchste Rechtsquelle im nationalsozialistischen Rechtssystem.[31]

Legt man ein traditionelles Souveränitätsverständnis zugrunde, so ist es undenkbar, dass der Souverän Verbrechen begeht. Als höchste Quelle des Rechts ist er an kein anderes Recht gebunden – noch nicht einmal an das Recht, das er selbst gegeben hat. Er ist eine sowohl rechtstranszendente als auch rechtsimmanente Figur; rechtsimmanent, insofern er als höchste Rechtsquelle zum System des Rechts gehört, rechtstranszendent, insofern ihn dieses Recht selbst nicht bindet.

Somit kann – im traditionellen Verständnis – politisches Unrecht nicht in Handlungen des Souveräns selbst, sondern nur in unautorisierten Handlungen seiner Organe bestehen.[32]

Das Problem für die nicht-positivistische Legalitätsbedingung ist nun folgendes: Wenn die Grundnorm des nationalsozialistischen Rechtssystems lautete, dass der ‚Führerwille' Recht sei; und wenn von dieser hypothetischen Voraussetzung die systematische Geschlossenheit und Geltung des ganzen Rechtssystems abhing; dann entfällt die Grundlage für eine *rechtsinterne Unterscheidung* zwischen dem richtigen und dem unrichtigen Recht. Es ist ungereimt, auf der einen Seite zuzugestehen, dass im nationalsozialistischen Recht der unqualifizierte ‚Führerwille' als höchste Rechtsquelle gegolten habe, andererseits aber Hitler als gewöhnlichen Kriminellen zu betrachten. Wenn das Rechtssystem in dieser Weise verworfen ist, wird es unbrauchbar für die Normierung der Fähigkeit, natürliche Rechte und Pflichten zu erkennen.

3.2.5 Verworfene Rechtssysteme im internationalen Kontext

Die nicht-positivistische Legalitätsbedingung vermag zwar mit dem Maßstab „unerträglicher Ungerechtigkeit" und dem Begriff „richtigen Rechts" einen vergleichsweise besseren Normierungsrahmen moralischer Kompetenz anzubieten als die positivistische Interpretation der Legalitätsbedingung, die keine Antwort auf das Problem legalisierten Unrechts bereithält. Allerdings stößt sie an ihre Grenzen, wenn das Rechtssystem insgesamt verworfen ist.

Bislang habe ich die Tatsache außer Acht gelassen, dass nationale Rechtsordnungen völkerrechtlich eingebunden sind. Ich möchte nun untersuchen, wie sich diese Tatsache auf die Bewertung der Legalitätsbedingung auswirkt. Dabei werde ich weiterhin bei meinem paradigmatischen Beispiel bleiben.

Oben habe ich behauptet, die Legalitätsbedingung stoße bei verworfenen Rechtssystemen an ihre Grenzen; doch möglicherweise war dies voreilig. Denn ob etwas zu einem bestimmten Zeitpunkt rechtswidrig ist, hängt nicht nur davon ab, was ein nationales Rechtssystem bestimmt. Auch das internationale Recht ist in Betracht zu ziehen. Geht man von der Höherrangigkeit des internationalen Rechts aus, so sind soziale Praktiken, die gegen internationales Recht verstoßen, illegal, auch wenn sie nach nationalem Recht legal sind.

Damit erweitert sich der Rechtsrahmen, auf den die Legalitätsbedingung zurückgreifen kann. Verworfene Rechtssysteme sind in diesem Rahmen möglicherweise kein unüberwindliches Problem. Operiert man mit diesem Bezugsrahmen, so möchte ich von einem *weiten Widerspruchs-Kriterium* sprechen.

Aus Sicht des klassischen Positivismus John Austins handelt es sich beim Völkerrecht nicht um Recht im strengen Sinne des Wortes. Rechtsnormen sind ihm zufolge definiert als allgemeine Befehle des Souveräns an eine unabhängige politische Gemeinschaft. Souverän ist diejenige Gewalt im Staat, (a) der die Masse der Menschen gewohnheitsmäßig als einer einzigen und eindeutig bestimmten Instanz gehorcht und (b) die selbst keiner übergeordneten Instanz gewohnheitsmäßig gehorcht.[33] Da das Völkerrecht dieses Verhältnis von Über- und Unterordnung, von Befehl und gewohnheitsmäßigem Gehorsam, nicht kennt, lässt der klassische Positivismus es nicht als echtes Recht gelten.[34] Da der Positivismus Recht als sanktionsbewehrten Befehl des Souveräns begreift, kann dessen Macht nicht rechtlich begrenzt sein; denn dies würde bedeuten, dass er sich selbst einen Befehl gäbe, was absurd wäre. Insofern das Völkerrecht auf zwischenstaatlichen Verträgen beruht, ist es bloß Ausdruck des wechselseitigen Willens von Staaten, hat aber streng genommen keine Verbindlichkeit.

Der klassische Positivismus hat somit das bis ins späte neunzehnte Jahrhundert inhaltlich ohnehin dünn gewobene Netz des Völkerrechts auch in seinem Geltungsanspruch geschwächt. Abgesehen von der Piraterie, wurden nur Kriegsverbrechen als völkerrechtliche Delikte angesehen.[35]

Für die Legalitätsbedingung ist indes erheblich, dass sich im zwanzigsten Jahrhundert das Verständnis von Inhalt und Status des Völkerrechts dramatisch wandelt.

Dem klassischen Positivismus gegenüber stehen im zwanzigsten Jahrhundert verstärkt neo-grotianische Positionen, die das internationale Recht nicht nur als eine Menge rechtlich unverbindlicher Willenserklärungen auslegen, sondern als eine Umsetzung von Gerechtigkeitsvorstellungen der Weltgemeinschaft.[36] So weit braucht das weite Widerspruchs-Kriterium jedoch nicht zu gehen. Es reicht aus, dass mit dem Völkerrecht ein *rechtsinterner Ansatzpunkt* für die Kritik an verworfenen Rechtssystemen gegeben ist.

3.3 Eine vernünftige Form des Konzessionismus

Die Wendung „droit de l'homme" („human rights", „Menschenrechte") taucht laut Lynn Hunt erstmals 1763 in einer Schrift Voltaires auf, die sich mit dem Todesurteil gegen den Hugenotten Jean Calas aus Toulouse beschäftigt.[37] Die Behörden hatten Calas vorgeworfen, seinen Sohn ermordet zu haben, um dessen Konversion zum Katholizismus zu verhindern. Im Rahmen der üblichen polizeilichen Ermittlung hatte man Calas, der bis zum Tode seine Unschuld beteuerte, zunächst auf einer Streckbank gepeinigt und anschließend einer so genannten Wasser-Folter unterzogen. Offenbar ohne Geständnis oder irgendeinen vernünftigen Beweis wurde Calas zum Tode durch Rädern verurteilt, eine Hinrichtungsart von unsäglicher Grausamkeit.[38] Als Ausdruck besonderer Gnade hatte das Gericht immerhin zugestanden, dass der Henker Calas nach lediglich zweistündiger Qual diskret erdrosselt. Voltaires „Traité sur la Tolérance. À l'occasion de la mort de Jean Calas" hatte den religiösen Fanatismus zum Hauptgegenstand; doch in den folgenden Jahren gewann das Thema Folter, das Voltaire 1763 noch euphemistisch umschrieb,[39] eigenständiges Gewicht. In seinem 1769 dem „Philosophischen Wörterbuch" hinzugefügten Eintrag über die Folter beklagt er die barbarische Rückständigkeit Frankreichs: Russland hatte die Folter bereits abgeschafft![40]

Um die Mitte des achtzehnten Jahrhunderts vollzieht sich mit Blick auf die Folter ein ähnlicher Umschwung der moralischen Beurteilung wie einige Jahre später hinsichtlich der Sklaverei. Eine selbstverständliche, uralte soziale Praxis wird von einer moralischen Avantgarde in ein neues Licht gerückt und verliert mit bemerkenswerter Geschwindigkeit ihren Halt. Hunt erklärt sich diesen Umschwung mit einer Zunahme an Empathie;[41] diese These mag schwer zu belegen sein, aber unbestreitbar ist das Mitfühlen ein Schlüsselthema der Philosophie im achtzehnten Jahrhundert.[42] Auch Voltaires Eintrag passt zu Hunts These. An einer Stelle beschreibt er die Leiden des Chevalier de Barre, offenbar in dem Vertrauen, dass deren *bloße Schilderung* bewirkt, was sie Jahrhunderte lang nicht bewirkt hat: moralische Abscheu. Man könnte dies damit erklären, dass im achtzehnten Jahrhundert die Opfer der Folter *anders* (empathischer) wahrgenommen wurden als zuvor. Jedoch ist eine Zunahme an Empathie sicherlich nicht die ganze Erklärung. Cesare Beccarias einflussreiche Kritik der Folter in „Dei Delitti e delle Pene" von 1764 betont unempathisch die Wichtigkeit der Unschuldsvermutung und die Nutzlosigkeit erfolterter Geständnisse. Auch seine Argumente gegen Folter als Strafe beruhen nicht auf der Schilderung der unbeschreiblichen Grausamkeiten.[43]

So sind Praktiken, die über Jahrhunderte als unerlässlich und unanstößig galten in einem historisch relativ kurzen Zeitraum aus unterschiedlichen Gründen als moralisch abstoßend und sinnlos in die Kritik geraten und abgeschafft worden.

Überspitzt gesagt, sah 1700 niemand die Folter als barbarisch an, 1800 jeder.

Der Grundgedanke des Konzessionismus lautet, dass man bei der Beurteilung historischer Vorgänge den „Stand des moralischen Bewusstseins" berücksichtigen muss. Es wäre unaufgeklärter Moralismus, von Leuten um 1700 eine Gesinnung zu erwarten, die erst viel später Verbreitung gewinnt. Von historischem Unrecht sollte nur in Bezug auf die Verletzung von natürlichen Rechten und Pflichten gesprochen werden, für die Personen moralisch verantwortlich sind. Dies wiederum setzt voraus, dass die Aggressoren zu erkennen vermochten, dass die entsprechenden Rechte und Pflichten existierten.

Das Ziel dieses Kapitels bestand darin, erste Ansätze zu einer Konkretisierung und Ausdifferenzierung des konzessionistischen Grundgedankens zu entwickeln.

Ob man von historischen Akteuren sagen möchte, dass sie für die Verletzung von natürlichen Rechten moralisch verantwortlich sind, oder ob man sie als „dangerous and noxious Creatures" (Locke) betrachtet, hängt dabei von einer Vielzahl an Gründen ab, die nicht schematisch zu gewichten und abzuhandeln sind. Es wäre daher ganz falsch, die vorangegangenen Ausführungen als Vorschläge für die Erstellung von starren Prüfschemata zu verstehen. Sie bieten vielmehr Gesichtspunkte für das moralische Nachdenken über konkrete Fälle. Dabei darf man jedoch nicht aus den Augen verlieren, dass die Deliberation nicht auf Einzelfallbeurteilungen zielt, sondern auf die Normierung der moralischen Kompetenz einer Kultur. Es geht um die Frage, ob ein Ereigniszusammenhang als historisches Übel oder Unrecht einzustufen ist. Man möchte wissen, ob die Maori, die 1835 die Moriori ausrotteten, in moralischer Hinsicht wussten, was sie taten; ob sie ein historisches Übel oder ein historisches Unrecht zu verantworten haben. Bei der Beantwortung solcher Fragen sollte man mit Blick auf den gegebenen Kontext vorgehen.

Die nicht-positivistische Legalitätsbedingung lässt sich beispielsweise zur Konkretisierung der Rechtfertigungsnot- und der Dominanz-Normierung heranziehen. Von historischen Akteuren darf und muss erwartet werden, dass sie die Existenz natürlicher Rechte und Pflichten erkennen, wenn diese durch das geltende Recht geschützt werden. Doch wird es Fälle geben, in denen man die Erwartung an das moralische Wissen nicht unter Rückgriff auf das bestehende Recht normieren wird. Die Anwendung des Widerspruchs-Kriteriums mag in diesen Fällen nicht greifen, entweder weil rechtsinterne Anknüpfungspunkte fehlen oder keine Relevanz für die Erklärung der historischen Zusammenhänge haben. Die Gründe können vielfältig sein. Nehmen wir nochmals Nazi-Deutschland als (eines der wenigen) Beispiel(e) eines verworfenen Rechtssystems. *Rechtsintern* kann die moralische Kritik an einem solchen System auf das Völkerrecht gestützt sein. Doch dies wird wenig Bedeutsamkeit haben für die Normierung der Erwartungen an das moralische Wissen ‚ganz gewöhnlicher Deutscher'. Nur Fachleute werden gewusst haben, dass der Angriffskrieg aufgrund des Briand-Kellogg-Pakt verboten ist und dass damit ein wesentlicher Schritt zur Weiterentwicklung des Völkerrechts getan war; doch Fachleute und Spitzenpolitiker *mussten* es auch wissen. Die juristische Konstruktion des Nürnberger Prozesses war aus dieser Sicht kein Ausdruck bloßer Macht, sondern rechtliche Reaktion auf ein moralisch zu verantwortendes Unrecht. Für ‚ganz gewöhnliche Deutsche' dürfte es passender sein, nach Bekanntheit und Annehmbarkeit der richtigen moralischen Gründe unter Rückgriff auf die Vorstellbarkeitsbedingung zu fragen.

Die schwierigste und komplexeste Frage für einen vernünftigen Konzessionismus betrifft den motivationalen Aspekt der Annehmbarkeits-Komponente. Mir scheint, dass die Rechtfertigungsnot-Normierung hier einen plausiblen Ansatz enthält. Wie eine Vielzahl von Konformitätsexperimenten zeigt, neigen Menschen dazu, die Übernahme moralischer und epistemischer Verantwortung zu verweigern, wenn sie fürchten, damit gegen soziale Erwartungen zu verstoßen und sich ‚unmöglich zu machen'.[44] Die Furcht vor sozialem Ausschluss ist eine mächtige Denkblockade und kann den Fortschritt moralischen Wissens wirksam behindern. Eine vernünftige Normierung der Erwartung an das moralische Wissen von Akteuren sollte dem Rechnung tragen.

Sind soziale Praktiken in moralischer Rechtfertigungsnot (wie ab einem bestimmten historischen Zeitpunkt Folter, Sklaverei oder die Unterjochung der Frauen), so ist das Annehmen der richtigen moralischen Gründe für viele Menschen immer noch mit höchst unangenehmen persönlichen Konsequenzen verbunden (dies mag für Thomas Jefferson der Fall gewesen sein, der wohl den Wunsch hegte, sich und seiner Familie weiterhin ein durch Sklaven ermöglichtes standesgemäßes Leben zu bieten); doch dies entbindet nicht von der Verantwortung.

Teil B: Verantwortungstypen und „Die Schuldfrage"

Mit ‚Verantwortung' und ‚Verantwortlichkeit' kann sehr Unterschiedliches gemeint sein, und entsprechend groß ist die Vielfalt der Verantwortungstypologien. Man redet von ‚moralischer Verantwortlichkeit' und grenzt diese gegen ‚rechtliche oder politische Verantwortlichkeit' ab. In der Rechtssphäre müssen wiederum vielfältige Verantwortungskonzeptionen unterschieden werden. Manche Autoren differenzieren zwischen ‚outcome-, moral- and causal responsibility' (Honoré 1988/1999), andere zwischen ‚remedial-, moral- and causal-responsibility' (Miller 2001) oder zwischen ‚blame – and task responsibility' (Goodin 1986); wieder andere zwischen ‚Handlungs(ergebnis)verantwortung', ‚Aufgaben- und Rollenverantwortung', ‚(Universal)moralischer Verantwortung' (Lenk & Maring 2001) oder lediglich zwischen ‚Aufgaben-, Rechenschaftsverantwortung und Haftung' (Höffe 1993). Es ist die Rede von ‚Handlungs- und Folgenverantwortung', wobei die erstere eine ‚Primär'-, und die andere eine ‚Sekundärverantwortung' (Nida-Rümelin 2005, 2011) sein soll.

Wenn jemand sagt, „*P* ist für *X* verantwortlich", so kann dies eine Aussage darüber sein, was jemand bewirkt hat, eine moralische Schuldzuweisung, ein juristisches Urteil über die rechtlich bestehenden Verpflichtungen, ein rechtlicher Schuldspruch oder auch die Bestimmung eines Aufgaben- und Rechenschaftsbereichs. Darüber hinaus können Personen in gewissen Kontexten Verantwortung für das Handeln anderer übernehmen, indem sie eine Aufgabe erledigen oder für die Bereinigung einer Situation sorgen, obwohl sie dazu nicht verpflichtet sind.[1] Dieser Proteus-Charakter des Verantwortungsbegriffs führt nicht nur im öffentlichen Diskurs, sondern gelegentlich auch in der philosophischen Literatur zu Verwirrung. Auseinandersetzungen um die Frage, ob „*P* ist für *X* verantwortlich" zutrifft, lassen sich nur sinnvoll führen, wenn verschiedene Verwendungsweisen des Begriffs klar unterschieden werden. Dies gilt auch und insbesondere, wenn es um die Verantwortung für historisches Unrecht geht. Es ist eines der Verdienste von Jaspers' Untersuchung der deutschen Schuld, unterschiedliche Verantwortungsdimensionen unterschieden und damit die Grundlage einer sachlicheren Erörterung gelegt zu haben. Doch das Unterscheiden allein, Jaspers wusste dies, führt nicht weiter, wenn es nicht getragen ist von einem Verständnis des inneren Zusammenhangs des Unterschiedenen. Dass persönliche Verantwortung und Haftung für historisches Unrecht nicht dasselbe sind, ist schnell erklärt. Doch ob und – gegebenenfalls – wie beide zusammenhängen, ist eine philosophisch zu klärende Aufgabe, für die Jaspers' Arbeit – wenn überhaupt – lediglich erste Ansätze bietet.

Eine Illustration: Martin Löw-Beer wirft Anton Leist in einer Replik vor, fälschlicherweise zu unterstellen, dass nur die persönlich Verantwortlichen verpflichtet seien, Reparationen für das nationalsozialistische Unrecht zu leisten. Nicht persönlich Verantwortliche könnten als Verantwortungsnehmer an deren Stelle treten, wenn sie dies (aufgrund einer Identifikation mit den Tätern) wollten. „Wenn man aber weder an Verbrechen beteiligt gewesen sei, noch sich (wie der nachgeborene Leist) mit den (Nazi)-Tätern identifiziere, dann sei man zu keinerlei Wiedergutmachung für die Opfer verpflichtet."[2]

Diese Engführung von staatsbürgerlicher Haftung und persönlicher Verantwortung erachtet Löw-Beer – mit gutem Grund – als verfehlt.

Die von ihm selbst favorisierte Begründung hat aber ihrerseits irritierende Implikationen. Für Reparationen sei es irrelevant, „ob man ein Verbrecher, ein Heiliger oder ein gewöhnlicher Zeitgenosse ist. Wichtig ist nur, dass man ein Teil jener Lebensverhältnisse ist [in denen sich das Unrecht ereignete, MS] und ein Interesse an ihrer gerechten Ordnung hat."[3] Zum einen ist es zumindest erläuterungsbedürftig, warum es unerheblich sein soll, ob eine Person an dem Unrecht unbeteiligt war oder nicht. Zum anderen fragt sich, ob Löw-Beer nicht voraussetzt, was zu zeigen wäre: dass die Leistung von Reparationen für historisches Unrecht notwendige Voraussetzung dafür ist, dass die heute bestehenden Lebensverhältnisse zu einer gerechten Ordnung werden.

Ich werde die philosophischen Grundlagen staatsbürgerlicher Haftung unter dem weiter gefassten Titel „wiedergutmachende Gerechtigkeit" im letzten Teil der Arbeit ausführlich abhandeln. An dieser Stelle ging es mir nur darum, an einem Beispiel zu illustrieren, dass die einzelnen Verantwortungsformen und ihr Zusammenhang einer eingehenden philosophischen Analyse bedürfen. Es scheint auf der Hand zu liegen, dass staatsbürgerliche Haftung nicht (ausschließlich) auf moralischer

Verantwortung beruht – aber was ihre moralische Grundlage ist, dies muss erst noch genauer bestimmt werden.

Teil B der Arbeit verfolgt in diesem Zusammenhang zweierlei Zielsetzungen: Zum einen sollen die verschiedenen Typen von Verantwortung skizziert werden, um zu verhindern, dass es zu Verwechslungen und Vermischungen kommt. Zum anderen möchte ich in Auseinandersetzung mit Jaspers' Schrift über die Frage der deutschen Schuld das Thema der Arbeit in einen konkreten Anwendungskontext stellen.

1 Allgemeine Anmerkungen zum Begriff der Verantwortung

Die einschlägige Forschung lokalisiert die Wurzeln des Wortes ‚Verantwortung' im römischen Recht. Sein ursprünglicher Verwendungskontext sei die gerichtliche Situation gewesen, in der jemand für sein Tun Rede und Antwort stehen, sich verantworten musste.[1] Das deutsche Wort ‚Verantwortung' enthält ebenso wie das englische ‚responsibility' und das französische ‚responsabilité' einen Bezug auf das Antworten.

Nach Giorgio Agamben leitet sich indes das italienische Wort ‚responsibilità' von dem lateinischen Verb ‚spondere' ab, das ‚für etwas einstehen, für etwas haften' bedeutet. Das Einstehen für eine Verpflichtung durch den ‚sponsor' geschieht durch die ‚obligatio', durch das Sich-Verpfänden, „um die Erfüllung einer Schuld sicherzustellen".[2] Der Sponsor ist nicht der Verursacher, sondern tritt an dessen Stelle.[3] Verantwortlich ist demzufolge diejenige Person, die für etwas einzustehen hat. Hier ist angelegt, was in der modernen Terminologie ‚vicarious liability' (stellvertretende Haftung) genannt wird. Bei Formen der einstehenden Verantwortung geht es nicht oder nicht in erster Linie um Rechenschaftslegung oder Rechtfertigung, sondern um das Schadloshalten einer Partei.

In den üblichen Darstellungen der Wortgeschichte finden sich so Hinweise für zweierlei: dass ‚Verantwortung' ursprünglich im Kontext der Klärung von Schuld, Strafe, aber auch von schuldunabhängiger Schadensbereinigung gebraucht wurde – die Dimension der Aufgabenverantwortung, die beispielsweise Otfried Höffe als logisch vorrangig ansieht, scheint erst später in die Wortgeschichte eingetreten zu sein.[4] Verantwortungstheorien, die eher den Aspekt von Schuld und Rechtfertigung betonen, und solche, die auf das Schadloshalten abheben, haben demnach beide Bezugspunkte in der Wortgeschichte. Zu den beiden wortgeschichtlich alten Aspekten der (i) Rechtfertigung (gegenüber einer Anklage) und des (ii) Einstehens (für eine Schuld) hier noch einige Anmerkungen:

(i) Vor Gericht bezieht sich die Rechtfertigungspflicht auf die Abwehr einer Anklage.[5] In einem weiteren Sinn kann sie aber auch in außergerichtlichen Situationen bestehen, etwa in Hierarchien. Dieser Aspekt findet sich heute in der Formulierung, dass ‚jemand einem anderen gegenüber verantwortlich' ist. Hier ist Verantwortung Moment einer Beziehung, in der Personen voneinander Rechenschaft verlangen dürfen, ein Recht, über das Außenstehende nicht oder nicht in gleicher Weise verfügen. Nicht jede beliebige Person kann Rechenschaft über den Fortgang des Projekts vom Verantwortlichen verlangen; nur der Vorgesetzte kann das. Die Funktion dieser Rechenschaftspflicht ist in der Regel nicht – wie vor Gericht – zu überprüfen, ob eine Rechtsnorm, sondern ob eine Leistungsnorm verletzt wurde.

Die Rede davon, (allein) Gott oder dem eigenen Gewissen verantwortlich zu sein, dient dagegen der Abwehr einer Rechenschaftspflicht gegenüber irdischen Mächten bei gleichzeitiger Betonung einer ‚rechtschaffenen' Gesinnung. Die Themen Verantwortung und Autorität sind offenbar eng verknüpft – es geht um die Frage, welcher Instanz Individuen in welcher Hinsicht Begründungen schulden, wem gegenüber man sich wann in welcher Weise zu rechtfertigen hat. Der Verantwortungsbegriff gehört insofern in den Kontext eines durch Herrschaft und Macht strukturierten Rechtfertigungsdiskurses, in dem Rechte auf und Pflichten zur Rechenschaftsgabe zwischen den Akteuren ungleich verteilt sind.

(ii) Agambens wortgeschichtlicher Hinweis betrifft die Rolle des Garanten oder Bürgen – verantwortlich kann in diesem Sinne auch sein, wer den Schaden oder das Unrecht nicht verursacht hat, aber verpflichtet ist, für die Bereinigung der Situation zu sorgen. In die Sponsorenrolle können Personen durch freiwillige Handlungen, wie Versprechen oder Verträge, eintreten; sie können aber auch durch rechtliche Regeln oder soziale Konventionen in sie geraten. Dies macht deutlich, dass die Verantwortungsfrage zukunftsbezogen gestellt werden kann. Das Problem ist nicht nur: Wer gilt (aufgrund der bestehenden Regeln) für ein eingetretenes Unrecht oder einen Schaden als verantwortlich? Die Frage ist auch: Wer sollte für einen Schaden aufkommen, wenn er eintreten würde? Letzteres ist relevant für die Entscheidung, ob eine Gesellschaft bestimmte Handlungen erlauben möchte oder ob sich Personen an bestimmten Unterfangen beteiligen wollen. Bei der vergangenheitsbezogenen Verantwortungsfrage geht es typischerweise um gerechte Lastenverteilung und Bestrafung, bei der zukunftsbezogenen Verantwortungsfrage geht es darüber hinaus um die Förderung gesellschaftlich gewünschter Zustände und Güter. Wie sollten Regeln, aufgrund derer Personen für Unrecht oder Schäden einstehen müssen, beschaffen sein, damit sich möglichst wenig Schäden oder Ungerechtigkeiten ereignen?

Noch ein Wort zum Sponsor. Sponsoren können nur für bestimmte Aspekte des Unrechts einstehen. Ein Sponsor kann nicht die Schuld an sich ziehen, sondern lediglich die Erfüllung bestimmter Verpflichtungen übernehmen, die mit der Schuld einhergehen, beispielsweise den durch das Unrecht verursachten Schaden. Der Sponsor ist ein im vornhinein feststehender, unschuldiger Verantwortungsträger, eine Person, die für den durch andere verursachten Schaden aufzukommen hat. Davon zu unterscheiden ist der *Verantwortungsnehmer*, jemand, der sich im Nachhinein bereit erklärt, für die Bereinigung eines Unrechts oder eines Schadens zu sorgen, obwohl er dazu nicht verpflichtet ist. Verantwortungsnahme ist supererogatorisch .

Wenn im Folgenden das Problem der Verantwortungszuschreibung für historisches Unrecht bearbeitet wird, so ist damit nicht allein die Frage aufgeworfen, welche Instanzen Verantwortung im Sinne der Schuld tragen, sondern auch, welche Instanzen gegebenenfalls für die Schuld oder die Versäumnisse anderer aufzukommen haben. Teilnehmer des öffentlichen und akademischen Diskurses verwahren sich immer wieder gegen Kompensationsforderungen mit dem Argument, an dem fraglichen Unrecht nicht schuld zu sein. Manche täuschen sich dabei, wie ich in dieser Arbeit zeigen möchte, über die Reichweite ihrer moralischen und rechtlichen Verantwortung. Andere übersehen, dass nicht alle Verantwortungsverhältnisse Schuld voraussetzen.

Doch insinuieren Kompensationsansprüche zuweilen moralische Vorwürfe, wo Personen angemessenerweise als Sponsoren angesprochen werden müssten. Die philosophische Diskussion hat in den letzten Jahren zu untersuchen begonnen, unter welchen Bedingungen nachgeborene Generationen für historisches Unrecht einstehen müssen. Es geht dabei um die Problematik der Sponsorenrolle, die ihrerseits aber – wie sich erweisen wird – mit der Problematik persönlicher Verantwortlichkeit für staatliches Unrecht zusammen hängt.

Kommen wir nach diesen knappen Anmerkungen zu geläufigen Herleitungen der wortgeschichtlichen Ursprünge von ‚Verantwortung' zu den heute gebräuchlichen Unterscheidungen von Verantwortungstypen.

2 Vier Verantwortungstypen

Im modernen philosophischen Sprachgebrauch werden insbesondere vier Verwendungsweisen des Begriffs Verantwortung voneinander abgegrenzt: kausale Verantwortung, moralische Verantwortung, Aufgabenverantwortung, sowie Folgenverantwortung oder Haftung.

Betrachten wir einen Satz der Form ‚*P* ist dafür verantwortlich, dass *X*'.

(i) Mit ihm kann zum einen gesagt sein, *P* stelle einen Faktor dar, der erkläre, warum etwas der Fall sei (kausale Verantwortung). Dieser Faktor muss nicht in dem Handeln eines Individuums oder einer Gruppe bestehen. Wenn die anhaltende Trockenheit zu einer schlechten Ernte geführt hat, kann man davon sprechen, dass die Trockenheit für die schlechte Ernte verantwortlich sei.

Beziehen sich Feststellungen über kausale Verantwortung auf Personen, so werden sie leicht mit Vorwürfen verwechselt, aber, wie Joel Feinberg anmerkt, wenn „wir behaupten, dass Schmidt für *X* verantwortlich ist, dann kann es sein, dass wir damit nicht mehr meinen, als dass *X* das Resultat dessen ist, was Schmidt getan hat (…)."[1]

(ii) Mit ‚*P* ist dafür verantwortlich, dass *X*' kann ferner gemeint sein, dass *P* für *X* Sorge tragen muss (Aufgabenverantwortung, Verantwortlichkeit). Die Sorge für das Bestehen von *X* gehört in den Verantwortungs- oder Aufgabenbereich von *P*. Aufgabenverantwortung oder Verantwortlichkeit ist auf die Zukunft gerichtet. Ein wichtiges Prinzip der Aufgabenverantwortung besteht im Grundsatz der *Eigenverantwortung*, der auf natürliche Personen, aber auch auf Körperschaften – wie Staaten – oder Nationen angewendet werden kann.[2] Der Grundsatz besagt, dass der Verantwortungsträger für das eigene Wohlergehen zu sorgen hat und dass andere Länder oder Personen nur unter speziellen Voraussetzungen verpflichtet sind, die Konsequenzen von Fehlentscheidungen zu kompensieren. Voraussetzung und Reichweite der Eigenverantwortung gehören zu den heikleren Themen der Politischen Philosophie. John Rawls ist in der egalitaristischen Literatur vielfach dafür kritisiert worden, dass er in „Das Recht der Völker" den Gedanken nationaler Eigenverantwortung verteidigt,[3] während man ihm im Fall von „Eine Theorie der Gerechtigkeit" vorgehalten hat, der individuellen Eigenverantwortung zu wenig Raum zu geben.[4]

Vielleicht etwas überraschend, kann man auch die Verleihung des *Eigentümerstatus*' als eine Form der Allokation von Verantwortlichkeit ansprechen. Der Eigentümer einer Sache hat für deren Bestand selbst Sorge zu tragen, und typischerweise besteht auch ein Interesse daran. Die Vergabe eines Eigentumsrechts kann unter bestimmten Umständen erübrigen, dass Verantwortungsträgern Vorschriften gemacht werden, deren Einhaltung in mehr oder weniger kostspieliger Weise überprüft werden muss. In der Betriebswirtschaftslehre wird beispielsweise empfohlen, Angestellte am Eigentum des Unternehmens zu beteiligen, wenn deren Leistung nicht oder nur unter hohen Kosten zu messen ist und wenn die Eigentumsrisiken nicht zu groß sind.[5]

Ferner geht Verantwortlichkeit mit *speziellen sozialen Beziehungen* einher, wie familiären Bindungen oder geteilter Mitgliedschaft in einer politischen Gemeinschaft. Das Bestehen von Aufgabenverantwortung, von besonderen Pflichten, zeichnet Freundschaften, Familien und – nach Auffassung mancher – auch Nationen aus.[6] Universalistische Ansätze leiten spezielle Pflichten aus pragmatischen Überlegungen ab, während ‚Partikularisten' darauf bestehen, dass unser moralisches Denken auf Beziehungen basiert, und diese daher ins Zentrum stellen. Die meisten partikularistischen Positionen versuchen, Konflikte zwischen allgemeinen Pflichten und speziellen Pflichten zu vermeiden. Avishai Margalit erlaubt ihre Präponderanz über allgemeine moralische Verpflichtungen nur in Fällen, in denen – *ceteris paribus* – zwei Handlungsoptionen gleich gefordert sind. Das Bestehen der Aufgabenverantwortung aufgrund einer speziellen Beziehung erlaubt hier, gezielt auszuwählen. Kann jemand von zwei Ertrinkenden nur einen retten, wird es vom Zufall abhängen, wer dies sein wird. Ist einer der Ertrinkenden sein Sohn, so ist er – aufgrund seiner Aufgabenverantwortung für dessen Wohl – verpflichtet, diesen aus dem Wasser zu ziehen.[7] Mitunter werden aber auch stärkere Konzepte vertreten, die Aufgabenverantwortung aufgrund spezieller sozialer Beziehungen nicht nur als ‚tiebreaker' ansehen, sondern als die einzigen verfügbaren Konstruktionspunkte von Verpflichtungen.

Aufgabenverantwortung ergibt sich zudem aus *sozialen Rollen*, bestimmten *gesetzlichen Vorschriften*, *vertraglichen Vereinbarungen* oder *vorgefundenen Umständen*. Bemerkt jemand, dass er die einzige Person ist, die einem Fremden in Not helfen kann, so ergibt sich für ihn die Aufgabe, zu helfen; er verhält sich unverantwortlich, wenn er dies unterlässt.

Ein weiterer wichtiger Gesichtspunkt der Zuweisung von Aufgabenverantwortung besteht, wenig überraschend, in dem Vermögen, eine Aufgabe zu bewältigen (*Fähigkeitsprinzip*).[8]

(a) Das Fähigkeitsprinzip tritt zum einen als der Grundsatz auf, dass Aufgaben der Ausprägung von Fähigkeiten entsprechend zugewiesen werden (*Erfüllungsprinzip*). Max Weber berichtet in „Wirtschaft und Gesellschaft“, dass im alten China Posten in der Administration auf Grundlage von Lyrikprüfungen vergeben wurden.[9] Hier wurde offensichtlich das Erfüllungsprinzip missachtet. Dieses Prinzip kann nicht nur bei der Zuweisung von definierten Aufgaben an Personen angewendet werden. Es hilft auch bei der Abgrenzung von Aufgabenbereichen zwischen Personen oder Institutionen. So wird das Prinzip der Subsidiarität im föderalen System unter anderem damit gerechtfertigt, dass – über kommunale Repräsentation – die kleinen Gebietskörperschaften über bessere Kenntnisse lokaler Gegebenheiten verfügen und daher besser in der Lage sind, Angelegenheiten mit Ortsbezug zu regeln.[10] Das Erfüllungsprinzip kommt auch zur Anwendung, wenn Staaten Verantwortung für die Rettung des Finanzsystems zugeschrieben wird, weil nur sie über die dafür notwendigen Mittel verfügen.

(b) Das Fähigkeitsprinzip wird aber auch in folgender Variante angewendet: Eine Aufgabe sollte von derjenigen Instanz erledigt werden, die dazu mit den geringsten relativen Kosten fähig ist (*Kostenprinzip*). Wenn ein Fenster zu schließen ist, sollte dies typischerweise von der am nächsten befindlichen Person erledigt werden. Bei der Finanzierung staatlicher Leistungen ergibt sich die Aufgabenverantwortung zunächst aus bestimmten rechtlichen Rollen (Staatsbürgerschaft, Inanspruchnahme einer staatlichen Funktion, Teilnahme an einer wirtschaftlichen Transaktion); sekundär kann das Kostenprinzip aber für die Bemessung der Aufgabenverantwortung relevant sein. So sollen wirtschaftlich besser gestellte Bürgerinnen und Bürger eine größere Steuerlast tragen, weil dies für sie mit geringeren relativen Kosten verbunden ist.

(iii) Dass ‚*P* dafür verantwortlich ist, dass *X*‘ kann des Weiteren bedeuten, dass in Bezug auf *P's* Handeln spezifische reaktive Einstellungen, wie Dankbarkeit oder Empörung, gefordert sind (*moralische Verantwortung*). Wird einem Akteur moralische Verantwortung für ein Übel zugeschrieben, geht es um einen spezifischen Vorwurf, den man ihm als Ursache eines Geschehens macht. Dieser Vorwurf trifft das ‚Zentrum der Person‘, etwas, das sie im Kern ausmacht.

Nach üblicher Auffassung sind Dankbarkeit, Empörung und andere reaktive Einstellungen nur dann angemessen, wenn die handelnde Person bestimmte Voraussetzungen erfüllt. Sie muss eine Art von Kontrolle über ihr Handeln ausüben, die rechtfertigt, sie als Urheberin anzusprechen. John Martin Fischer und Mark Ravizza unterscheiden zwei Typen von Kontrollanforderungen.[11] *Regulative Kontrolle* verlangt, dass die Person auch anders handeln könnte oder anders hätte handeln können. *Lenkungs-Kontrolle* (*guidance control*) fordert dagegen für moralische Verantwortung lediglich, dass das Handeln aus einem „inneren Prozess" resultiert und dass dieser Prozess für Gründe empfänglich ist. Letzteres wird in der englischsprachigen Literatur als ‚reasons-responsiveness' bezeichnet.[12] Die Responsivitäts-Anforderung lässt sich wiederum in unterschiedlicher Weise verstehen. Fischer nennt die *Responsivitäts-Anforderung* stark, wenn für moralische Verantwortung verlangt wird, dass das Handeln durch hinreichende Gründe zuverlässig ausgelöst würde: Die Person würde die relevanten Gründe sehen (Rezeptivität), die Gründe als bindend erkennen (Reaktivität) und sie in Handeln umsetzen.[13]

Die moralische Praxis schreibt moralische Verantwortung jedoch auch dann zu, wenn die handelnde Person nicht zuverlässig durch hinreichende Gründe geleitet wird. Dem trägt die *schwache Responsivitäts-Anforderung* Rechnung. Ihr zufolge reicht es für moralische Verantwortlichkeit aus, wenn sich überhaupt Gründe angeben lassen, die den Deliberations-, Entscheidungs- und Handlungspfad in eine andere Richtung lenken würden. Man kann hier an Kants Galgenbeispiel aus der „Kritik der praktischen Vernunft" denken: Zwar mag, unter den gegebenen Umständen, der Gang ins Freudenhaus für einen Lüstling unwiderstehlich sein, obwohl in der gegebenen Situation hinreichende Gründe bestehen, nicht ins Freudenhaus zu gehen. Doch dies entbindet ihn nicht von der moralischen Verantwortung für sein Handeln. Würde er der Versuchung nicht erliegen, „wenn ein Galgen vor dem Hause (…) aufgerichtet wäre, um ihn sogleich nach genossener Wollust daran zu knüpfen",[14] so gälte er – der schwachen Responsivitäts-Anforderung gemäß – als moralisch verantwortlich.

(iv) Ein vierter Sinn der Rede von Verantwortung meint die Pflicht, für Schäden aufzukommen (Folgenverantwortung). Folgenverantwortung kann aus der kausalen oder moralischen Verantwortung eines Akteurs für einen Schaden resultieren, aus dessen Aufgabenverantwortung, aber auch aus speziellen sozialen Beziehungen oder Rollen, Versprechen, vertraglichen Vereinbarungen oder gesetzlichen Vorschriften. Träger verschuldensunabhängiger Folgenverantwortung nenne ich *Sponsoren.*

3 Deontologische und konsequentialistische Verantwortungskonzeption

Konsequentialistische Verantwortungskonzeptionen schreiben Ergebnisse vor.[1] Sie verfügen in der Regel über keinen emphatischen Begriff schuldhaften Handelns und heben stattdessen auf die instrumentelle Rolle der Verantwortungszuschreibung für die Förderung des nichtmoralisch Guten ab. Im Rahmen eines utilitaristischen Konzepts, wie es Robert Goodin vorschlägt, dient der Begriff der Verantwortung in erster Linie der Kennzeichnung derjenigen Personen, die dafür Sorge zu tragen haben, dass ein zukünftiger Weltzustand herbeigeführt wird oder ausbleibt. Primär ist somit die Aufgabenverantwortung (task-responsibility).[2] Während bei konsequentialistischen Ansätzen die Aufgabenverantwortung im Zentrum steht, orientieren sich deontologische Positionen primär an der moralischen Verantwortung. Die Verantwortung eines Individuums besteht darin, eine vorgeschriebene Handlung auszuführen oder zu unterlassen. Wird es dieser Verantwortung nicht gerecht, so setzt es sich moralischen Vorwürfen aus, die das ‚Zentrum der Person' betreffen. Goodin bezeichnet das deontologische Verantwortungsverständnis entsprechend als ‚blame-responsibility'.

Es ist charakteristisch für konsequentialistische Theorien der Verantwortung, dass sie der vergangenheitsbezogenen Frage, wer ein Übel verursacht hat, keine primäre Bedeutung beimessen. Anders als in deontologischen Theorien, gilt entsprechend die Tatsache, dass einer Person oder einer Gruppe Unrecht widerfahren ist, nicht als Pro-tanto-Begründung einer Wiedergutmachungsforderung oder einer Sanktionierungspflicht gegen den Aggressor.[3] Vielmehr müsste aus konsequentialistischer Sicht gezeigt werden, dass die Erfüllung einer Kompensationsforderung oder einer Sanktionierungspflicht wünschenswerte Folgen zeitigt. Konsequentialistische und deontologische Theorien haben insofern konkurrierende Vorstellungen über die Begründung und den Zweck von Verantwortungszuschreibungen.

Task-responsibility verlangt die Sicherstellung von Zuständen, *blame-responsibility* verlangt die Richtigstellung moralisch falscher Handlungen. Sanktionen haben im Rahmen eines konsequentialistischen Konzepts die abgeleitete Aufgabe, Personen mit Anreizen zur Erfüllung ihrer Aufgabenverantwortung zu versehen. Sanktionen sind dabei eine Frage der Zweckmäßigkeit, während sie innerhalb einer deontologischen Theorie eine Angelegenheit der Gerechtigkeit darstellen. Zur Illustration dieses Unterschieds lässt sich auf die aktuellen Auseinandersetzungen über die Pflichten wohlhabender Staaten verweisen. Würde es die Menge des (nicht-moralisch) Guten maximieren, wenn die wohlhabenden Staaten einen substantiellen Anteil ihres Wohlstands zur Linderung des Welthungers einsetzen würden, so wären sie konsequentialistischen Ansätzen zufolge verpflichtet, dies zu tun.[4] Die Frage, ob der Welthunger eine Spätfolge des europäischen Imperialismus ist oder nicht, hätte nur insofern Bedeutung, als möglicherweise die Bevölkerungen der *blame-responsibility* tragenden Staaten besser motiviert wären, den konsequentialistisch geforderten Anteil zu leisten; oder dass sie aufgrund ihrer Erfahrungen aus der Kolonialzeit über Kenntnisse der lokalen Gegebenheiten verfügen, die sie nun zu geeigneten Helfern machen. Es könnte insofern im Sinne der Aufgabenverantwortung zweckmäßig sein, dass sich die Hilfsleistungen eines bestimmten wohlhabenden Staates auf Länder konzentrierten, die Opfer kolonialen Unrechts geworden wären. Dies ist aber keine Angelegenheit wiedergutmachender Gerechtigkeit. Die Tatsache, dass die Bevölkerung eines Landes infolge kolonialen Unrechts leidet, ist aus konsequentialistischer Sicht für die Begründung der Pflicht, Ressourcen zu transferieren, irrelevant. Insofern bestünde auch kein besonderer Grund, Reparationen an die Nachkommen der Opfer eines Genozids, beispielsweise an die Herero, zu leisten, wenn mit einem entsprechenden Betrag mindestens ebenso viel nicht-moralisch Gutes für andere Notleidende getan werden könnte und die Bevölkerung in Deutschland keine besondere Präferenz für die Leistung an die Herero offenbart hätte.[5]

4 Moralische Verantwortung: Die Aristotelischen Bedingungen

Moralische Verantwortung bezeichnet ein spezifisches Verhältnis zwischen Person und Handlung. Die handelnde Person muss ihr Tun kontrollieren, es muss aus einem ‚inneren Prozess' resultieren, der auf Gründe reagiert. Laut der schwachen Responsivitäts-Anforderung reicht es dabei aus, dass Situationsvariationen denkbar sind, unter denen der Deliberations- und Entscheidungsprozess zu einem anderen Handlungsergebnis geführt *hätte*. Die Responsivitäts-Anfordung stellt aber lediglich eine notwendige Bedingung der Handlungsverantwortung dar. Sie betrifft die *Verantwortungsfähigkeit* eines Akteurs. Reaktive Einstellungen, wie Dankbarkeit oder Empörung, sind aber gegenüber verantwortungsfähigen Akteuren nur dann angemessen, wenn sie nicht nur verantwortungsfähig, sondern tatsächlich verantwortlich sind.

Als die erste zusammenhängende philosophische Untersuchung des Themas, unter welchen Bedingungen verantwortungsfähige Akteure Verantwortung tragen, gilt gemeinhin das Dritte Buch der „Nikomachischen Ethik"; in diesen Abschnitten hält Aristoteles gleich zu Beginn fest, dass Lob und Tadel „das Freiwillige treffen, das Unfreiwillige aber Verzeihung erlangt, gelegentlich sogar Mitleid" und dass eine philosophische Analyse der entsprechenden Bedingungen für die Gesetzgeber nützlich sei „im Hinblick auf Ehrungen und Züchtigungen".[1] Aristoteles' Analyse persönlicher Verantwortung hat somit einen direkten Bezug zu der Verhaltenssteuerung durch die hoheitliche Gewalt. Ein philosophisch vertieftes Verständnis moralischer Subjektivität lehrt, das Straf- und Lobwürdige richtig zu erkennen und entsprechend zu sanktionieren. Es trägt dazu bei, Strafe und Ehrung zu rechtfertigen und sinnvoll zuzumessen. Die Theorie moralischer Subjektivität und die Theorie der richtigen Sanktionierung von Handlungen sind so von Beginn an verbunden.[2]

Aristoteles' bleibender Beitrag zur Verantwortungsdebatte besteht unter anderem in der Einführung zweier Bedingungen, unter denen verantwortungsfähige Akteure nicht für ihr Handeln sanktioniert werden sollten. Diese negativen Bedingungen werden in der philosophischen Literatur auch als „Aristotelian conditions" bezeichnet.[3] Eine Handlung ist nach Aristoteles unfreiwillig, (a) wenn die handelnde Person unwissend ist, oder (b) wenn sie zu ihrem Handeln gezwungen wurde und in diesem Sinne keine andere Wahl hatte.

(a) Die Unwissenheits-Bedingung bezieht sich nicht auf die Fähigkeit des Akteurs, zu angemessenen moralischen Urteilen zu gelangen. Jeder Schlechte sei unwissend darüber, was man tun und lassen müsse, schreibt Aristoteles, doch der Begriff der Unfreiwilligkeit wolle nicht meinen, dass einer das Zuträgliche nicht kenne.[4] Unfreiwillig handelt dagegen, wer nicht weiß, mit wem er es zu tun hat, „im Bezug auf was und worin er handelt, zuweilen auch mit was, das heißt, mit welchem Werkzeug, und wozu (...)".[5] Als eines von vielen Beispielen erwähnt Aristoteles einen unfreiwilligen Geheimnisverrat, weil dem Redenden nicht bewusst war, dass es sich um Geheimnisse handelt.[6] Aristoteles macht mit Blick auf Unwissenheit einen feinen Unterschied zwischen dem „nicht durchweg freiwillig" und dem unfreiwillig Geschehenden.[7] Unfreiwillig handelt, wen das unwissend Bewirkte schmerzt; nicht-freiwillig derjenige, den das unwissend Bewirkte nicht schmerzt. Es ist nicht eindeutig, welchen Gebrauch Aristoteles von dieser Unterscheidung machen möchte. Möglicherweise wollte er mit ihr Raum schaffen für die These, mit Blick auf nicht-freiwilliges Handeln seien Lob und Tadel gerechtfertigt.[8] Doch scheint mir, dass sich im Falle von nicht-freiwilligem Handeln die reaktive Einstellung auf den schlechten Charakter der Person beziehen müsste, die am Ausbleiben von Bedauern offenbar wird, und nicht auf die Handlung selbst.

Mit dem Gedanken der Freiwilligkeit geht Aristoteles auf Distanz zu der bei Homer und in den klassischen Tragödien zu findenden Vorstellung von moralischer Subjektivität. Die Helden der Illias, des Aischylos und des Sophokles laden durch ihr Handeln Schuld auf sich, auch wenn sie unwissend oder von Sinnen sind und insofern die durch sie verursachten Übel nicht beabsichtigten oder verhindern konnten. Durch seinen Vatermord und Inzest stört Ödipus die natürliche und soziale Ordnung. Schuld macht sich in dieser Vorstellungswelt an dem durch eine Person Bewirkten fest, nicht an ihren Absichten, ihren Tugenden oder Untugenden; sie wirkt als Befleckung und muss getilgt werden, soll die soziale und natürliche Ordnung aufrechterhalten werden. Noch weiter von der modernen Denkweise entfernt ist die Sanktionierung von Naturkräften für angerichtete Schäden. Herodot berichtet (zweifellos mit einem guten Schuss antipersischer Propaganda), Xerxes habe seine Soldaten das Meer für einen verlustträchtigen Sturm mit dreihundert Geißelhieben züchtigen lassen.[9]

(b) Aristoteles' erstes Beispiel für die Gewalt-Bedingung ist ein Sturm, der „einen irgendwohin führt".[10] Wenn eine Handlung aufgrund höherer Gewalt Übel zur Folge hat, machen wir dem Handelnden keine Vorwürfe. Strittiger sind Fälle, bei denen der Akteur den Handlungsverlauf bestimmen kann, aber die zur Wahl stehenden Optionen äußerst schlecht sind. Aristoteles gibt das Beispiel einer Besatzung, die Gegenstände über Bord wirft, um das Sinken des Schiffs abzuwenden. Zwar geschah dies freiwillig, doch nur weil die Zwangslage keine andere Wahl ließ. Solche Handlungen nennt er gemischt. Sie glichen aber eher den freiwilligen.[11]

Aristoteles' Position ist hier unentschieden. Einerseits lehrt er, man handle freiwillig, wenn man eine Handlungsoption bewusst ergreife.[12]

In diesem Sinne wäre eine Handlung auch dann freiwillig, wenn eine Person mit dem Tode bedroht würde, falls sie eine Forderung nicht erfüllte. Denn die Ursache des Geschehens liegt in ihr; die Person hatte in dem betreffenden Augenblick die Wahl, auch wenn diese Wahl eine war, die niemand haben möchte. Andererseits schränkt Aristoteles aber ein, dass moralische Akteure, die übermenschlicher Kräfte bedurft hätten, um zu unterlassen, was man nicht tun sollte, nicht getadelt werden. Diese Einschränkung schränkt Aristoteles ihrerseits mit der Bemerkung ein, zu „einigen Dingen soll man sich vielleicht überhaupt nicht zwingen lassen, sondern eher sterben und das Schlimmste erdulden.“[13] Aristoteles bewegt sich somit auf der einen Seite in Richtung einer *Wahltheorie* der Freiwilligkeit, der zufolge eine Handlung frei ist, solange sie aus der bewussten Entscheidung über Optionen resultiert; auf der anderen Seite will er aber eine *Optionstheorie* nicht völlig ausschließen, die eine erträgliche Auswahl verlangt, um von einer freien Wahl sprechen zu können.

4.1 Entschuldigungsgründe

Aristoteles' Konzept von Freiwilligkeit ist weit, insofern er lediglich verlangt, dass die Ursache im Akteur liegt – die Handlung braucht kein Deliberationsergebnis, keine Entscheidung zu sein. Daher gilt ihm auch das Handeln aus Zorn und Begierde oder Impulshandeln als freiwillig, obwohl der Akteur sich nicht unbedingt als Herr des Geschehens empfindet. Ausschlaggebend ist hier, dass der Akteur das Ereignis wissentlich bewirkt.[14] Wie gesagt, erklärt Aristoteles an manchen Stellen nicht alle freiwilligen Pflichtverletzungen für tadelnswert. Könnte jemand nur unter Aufbietung übermenschlicher Kraft seine Pflicht erfüllen, würde ihm niemand einen Vorwurf machen wollen, wenn er fehlte. Als Entschuldigungsgrund anerkennt Aristoteles auch die Unwissenheit, jedoch nur, wenn sie nicht selbst mutwillig oder durch Nachlässigkeit herbeigeführt wurde. Auch wenn man „von solcher Art ist, dass man nicht aufpassen kann“, entgeht man nicht der moralischen Verantwortung, den positiven oder negativen Sanktionen der Gemeinschaft, denn man ist nach Aristoteles selbst schuld, „dass man so geworden ist“.[15]

Dabei unterstellt er, dass Personen wissentlich Tätigkeiten betrieben haben, von denen sie wussten oder wissen mussten, dass diese den Charakter verderben.[16]

Abermals ist Aristoteles' Position unentschieden. Einerseits scheint er zu meinen, eine Handlung sei die eigene und daher voll zu verantworten, wenn die Ursache im Akteur liege. Insofern betrachtet er auch

Impulshandlungen als freiwillig; andererseits legt er Wert darauf, dass charakterliche Defekte selbst verschuldet sind, weil (oder insofern?) sich die Akteure für Tätigkeiten entschieden haben, von denen sie wissen mussten, dass sie zu schlechten Gewohnheiten führen. Hier fordert Aristoteles mehr als nur das Innewohnen der Ursache im Akteur – er fordert, dass der Akteur das Geschehen an einem bestimmten Punkt kontrollieren, dass er durch eigene Entscheidungen die Richtung vorgeben konnte: „So hatten es auch der Ungerechte und der Zügellose am Anfang in der Hand, nicht derart zu werden; insofern sind sie es freiwillig. Wenn sie es aber einmal geworden sind, haben sie es nicht mehr in der Hand.“[17]

Für eine Verdienst-Konzeption wird eine solche Kontrollbedingung in aller Regel als unabdingbar erachtet, während ein konsequentialistisches Verantwortungsverständnis auch auf sie verzichten kann. Werden Sanktionen der Gemeinschaft durch ihre nützlichen Effekte auf das zukünftige Verhalten der betreffenden Person oder anderer gerechtfertigt, so muss lediglich die Formbarkeit des Charakters vorausgesetzt werden – die Frage, ob eine Person an der bestehenden Form ihres Charakters selbst schuld ist, ist dagegen zweitrangig.

Wenn sich auch die Auslegung der beiden aristotelischen Entschuldigungsgründe, Gewalt (Zwang) und Unwissenheit, über die Zeit gewandelt haben, hat man doch bis heute im Kern an ihnen festgehalten.[18] Eine Person wird für ein Gut oder Übel *X* moralisch verantwortlich gemacht, wenn sie *X* wissentlich und willentlich herbeiführt oder wenn sie pflichtwidrig unterlässt, *X* zu verhindern. Das Bestehen von *X* wird ihr dann als Schuld oder Verdienst zugeschrieben und berührt ihren moralischen Status. Interessanterweise hat Aristoteles das Thema moralischer Verantwortung ausgehend von den Reaktionen der Gemeinschaft auf Pflichtverletzungen konstruiert und dabei metaphysische Probleme gemieden. So beruft er sich „als Zeugnis“ für seine Aussage, ein Mensch handle freiwillig, sofern die Ursprünge der Handlung ganz in ihm lägen, auf jeden Einzelnen und die Gesetzgeber: „Denn diese züchtigen und strafen diejenigen, die Schlechtes getan haben, soweit es nicht unter Gewalt geschah oder aus einer Unwissenheit, an der sie nicht selbst schuld waren (…)“.[19]

Diese Begründung wirkt für sich genommen nicht besonders schlagkräftig, weil die Gesetzgeber sich schließlich irren könnten.[20] Die philosophische Tradition hat daher immer wieder Versuche unternommen, die Praxis der Verantwortungszuschreibung metaphysisch zu rechtfertigen (oder seltener: zu kritisieren). Stellvertretend sei hier an

Kant erinnert, der das „Gesetz der Vernunft“ als Grundlage des moralischen Tadels deklariert und von diesem behauptet, es könne Menschen „unabhängig von allen anderen Triebfedern“ zum Handeln bestimmen. Das moralische Gesetz sorgt so bei Kant für die Zurechenbarkeit aller bewussten Handlungen – vorausgesetzt wird dabei aber eine Reihe starker metaphysischer Thesen wie der, zurechenbares menschliches Handeln gehe zuletzt von dem intelligiblen Charakter aus.

4.2 Teilnehmerperspektive, Freiheit

Abstützung erfuhr die Anknüpfung an etablierte soziale Praktiken durch Strawsons enorm einflussreichen Aufsatz „Freedom and Resentment“. Strawson widerspricht hier der Auffassung, unsere Praxis der Verantwortungszuschreibung könne sich als unberechtigt erweisen, sofern bestimmte metaphysische Voraussetzungen widerlegt würden. Ein Philosoph, wie Kant, ist der Meinung gewesen, mit dem Scheitern einer Metaphysik der Freiheit stehe auch die Praxis moralischen Lobens und Tadelns zur Disposition. Strawson zufolge sind jedoch ‚reactive attitudes‘ aus der Perspektive der Teilnehmer in sozialen Praktiken unvermeidlich. Diese Reaktionen unterscheiden die Teilnehmerperspektive gerade von einer objektiven Einstellung, die wir in normalen menschlichen Beziehungen nur ausnahmsweise einnehmen könnten. In einer solchen objektiven Einstellung betrachten wir das Tun von Menschen analytisch als Ergebnis bestimmter kausaler Faktoren und sehen entsprechend die betreffende Person nicht als Initiatorin des Geschehens, sondern als eine Art von kausalen Knoten. Wir schneiden sie gewissermaßen aus dem Netz menschlicher Interaktion heraus. Dies kann unter Umständen moralisch fragwürdig sein – Strawsons entscheidender Punkt scheint mir aber zu sein, dass die objektive Einstellung nur eine punktuelle sein kann, weil Menschen – offensichtlich genug – nur in einem sozialen Netz miteinander leben können: „Being human, we cannot, in the normal case, do this [d.h. eine objektive Einstellung einnehmen, MS] for long, or altogether.“ [21]

Dass wir eine objektive Einstellung nur ausnahmsweise und für kurze Zeit einnehmen können, hat seinen Grund in der Natur sozialer Beziehungen. Es ist bemerkenswert, dass Strawsons Analyse hilft, die Differenz von konsequentialistischem- und Verdienst-Konzept besser zu verstehen. Strawson betont nämlich, dass Verantwortungszuschreibung in der Teilnehmerperspektive keinen strategischen Zweck verfolgen kann, sondern Ausdruck dessen ist, was die sozialen Beziehungen ausmacht:

„What is wrong is to forget that these practices, and their reception, the reactions to them, really are expressions of our moral attitudes and not merely devices we calculatingly employ for regulative purposes. Our practices do not merely exploit our natures, they express them."[22]

Dies lässt sich verstehen als Argument gegen ein rein instrumentalistisches Verständnis reaktiver Einstellungen, wie es manchen konsequentialistischen Konzepten entspricht. In der Teilnehmerperspektive reagieren Akteure gleichsam unmittelbar mit moralischen Gefühlen auf Pflichtverletzungen. Es ist völlig unplausibel, anzunehmen, sie würden zunächst Konsequenzen bewerten und daraufhin – um eine kantische Formulierung aufzugreifen – mit einem vernunftgewirkten Gefühl antworten. Das Verdienst-Konzept scheint insofern besser geeignet, die Verantwortungszuschreibungen der Teilnehmerperspektive zu rekonstruieren – das konsequentialistische Konzept wird daher eher aus der objektiven Perspektive, der Perspektive der Kritik oder Rechtfertigung einer bestehenden Praxis, Bedeutung erlangen. Damit ist nicht gesagt, das Verdienst-Konzept sei in der objektiven Perspektive bedeutungslos. Es gibt möglicherweise Randbedingungen für konsequentialistische Überlegungen vor.

Zusammenfassend lässt sich sagen: Wenn einer Person moralische Verantwortung für ein Übel zugeschrieben wird, geht es um einen spezifischen Vorwurf, der ihr als Ursache eines Geschehens gemacht wird. Man wirft ihr vor, etwas (i) bei Sinnen (ii) willentlich und (iii) wissentlich herbeigeführt zu haben. Ein solcher Vorwurf trifft das ‚Zentrum der Person', etwas, das sie im Kern ausmacht. Soviel lässt sich sagen, ohne metaphysische Fragen moralischer Verantwortung zu berühren.

Unbestreitbar ist indes, dass in unseren sozialen Praktiken eine starke Freiheitsvoraussetzung normiert wird, dass die Akteure um diese Normierung wissen und durch sie beeinflusst werden – dies zeigt sich beispielsweise im Schuldbegriff des Strafrechts; ferner scheint mir Strawsons Einsicht wesentlich, dass diese Normierungen eine konstitutive Rolle spielen für die Teilnahme in sozialen Interaktionen und für das Zustandekommen angemessener reaktiver Einstellungen.

5 Folgenverantwortung, Haftung

Ein vierter Sinn der Rede von Verantwortung meint die Pflicht, für Schäden aufzukommen. Diese Verwendung wird zuweilen auch als Haftung bezeichnet; wird ein nicht rechtlich besetzter Begriff angestrebt, kann man auch von Folgenverantwortung sprechen. Folgenverantwortung kann aus der kausalen oder moralischen Verantwortung einer Person für einen Schaden resultieren, aus ihrer Aufgabenverantwortung, aber auch aus Versprechen, vertraglichen Vereinbarungen oder gesetzlichen Vorschriften.

5.1 Moralische Verantwortung als Basis

Im paradigmatischen Fall von Haftung hat eine Person (a) einen Schaden verursacht oder durch ihr Tun zur Verursachung beigetragen, und zwar (b) auf vorwerfbare Weise. In der angelsächsischen Literatur ist von *contributory fault* die Rede.

Aus moralischer Verantwortung folgende Folgenverantwortung (MVK): Eine Person ist für die Kosten der Verletzung eines rechtlichen oder moralischen Anspruchs verantwortlich, wenn sie die Verletzung des Anspruchs durch vorwerfbares Verhalten verursacht oder zur Verursachung beigetragen hat.

Anspruch: MVK verlangt, dass die haftende Person eine kausale Rolle für die Entstehung eines Schadens gespielt hat, knüpft aber die Folgenverantwortung des Verursachers an spezifische Bedingungen.[1] Zum einen muss der Verursacher eine Situation herbeigeführt haben, die in jemandes moralische oder rechtliche Ansprüche eingreift. Kollidiert ein Fahrer durch Unachtsamkeit mit einem anderen Auto und führt dadurch einen Stau herbei, so ist die Summe des Schadens für die Aufgehaltenen sicherlich nennenswert. Die Betroffenen können jedoch gegen den Verursacher nicht vorgehen, weil sie keinen moralischen oder rechtlichen Anspruch haben, durch Unfälle nicht indirekt in Mitleidenschaft gezogen zu werden. Dies gilt – wie gesagt – selbst dann, wenn sich der Verursacher in vorwerfbarer Weise verhalten hat, etwa während des Fahrens im Handschuhfach wühlte. Das Bestehen eines Anspruchs darauf, nicht geschädigt zu werden, ist also wesentlich für Folgenverantwortung.

Vorwerfbarkeit: Vorwerfbar ist die Verletzung eines Anspruchs nur, wenn der Akteur eine Pflicht missachtet. Angenommen, zwei Personen tragen eine Glasscheibe. Um ein in Not befindliches Kind zu retten, haben sie keine andere Wahl, als die Scheibe fallen zu lassen. Der Eigentümer hat einen Anspruch darauf, dass die Träger die Scheibe unbeschadet an ihren Bestimmungsort transportieren; in diesem Fall haben sie indes keine Pflicht verletzt und sollten daher – laut MVK – nicht zur Folgenverantwortung gezogen werden.

5.2 Kausale Verantwortung als Basis

Formen der Folgenverantwortung – wie Wiedergutmachung, Restitution oder Kompensation – sind in vielen Fällen eine Angelegenheit korrektiver Gerechtigkeit. Deren Ziel ist es, die Konsequenzen einer moralisch falschen Handlung soweit wie möglich zu korrigieren. Folgenverantwortung kann jedoch einen Verursacher auch treffen, wenn er sich nichts hat zuschulden kommen lassen. Dies ist zum Beispiel der Fall, wenn Personen in moralisch erlaubter oder sogar geforderter Weise handeln, dabei aber jemandes Rechte verletzen oder in jemandes Rechte eingreifen. Die Unterscheidung zwischen der Verletzung von Rechten (*violation*) und dem Eingriff in Rechte (*infringement*) übernehme ich von Judith Jarvis Thomson. Eine Person greift in ein Recht ein, wenn sie jemandes Anspruch, dass etwas nicht der Fall sein solle, stört. Dagegen verletzt eine Person ein Recht, wenn sie (a) jemandes Anspruch, dass etwas nicht der Fall sein solle, stört, und (b) keine Entschuldigung oder Rechtfertigung besitzt, dies zu tun.[2] Eine Rechtfertigung besteht darin, dass eine Person darlegen kann, dass ihr Handeln moralisch erlaubt oder gefordert war; eine Entschuldigung liegt vor, wenn eine Person etwas nicht absichtlich getan hat. Tritt Person A Person B versehentlich auf den Fuß, so greift sie in das Recht der Person B auf körperliche Integrität ein; tritt sie absichtlich und aus Spaß, so verletzt sie das Recht von Person B auf körperliche Integrität.

Verursacherprinzip: Wenn (1) auf Seiten der Partei *A* ein Schaden *S* besteht; (2) und Partei *B* für den Schaden von *A* kausal verantwortlich ist; (3) und Partei *B* durch die Verursachung des Schadens Rechte von *A* hinsichtlich des Nichteintretens von *S* verletzt (oder in Rechte von *A* hinsichtlich des Nichteintretens von *S* eingegriffen) hat, dann ist *B* moralisch kostenverantwortlich für *S*.

5.3 Vorwerfbares Verhalten als Basis

Die bisher betrachteten Formen, Folgenverantwortung zu begründen, setzen voraus, dass die haftende Partei nachweislich eine kausale Rolle bei der Entstehung des betreffenden Schadens gespielt hat. Ein solcher Nachweis ist jedoch nicht immer durchführbar, und dies kann unter Umständen zu intuitiv unbefriedigenden Beurteilungen führen, wenn nicht alternative moralische Haftungsprinzipien verfügbar wären. Ein solches ist das *Prinzip der Kollektivhaftung aufgrund vorwerfbaren Verhaltens bei unbestimmbarer Kausalität* (PKK):

Prinzip der Kollektivhaftung aufgrund vorwerfbaren Verhaltens bei unbestimmbarer Kausalität (PKK): Wenn (1) auf Seiten der Partei *A* ein Schaden *S* besteht; (2) und nicht bestimmt werden kann, welche Parteien aus $B_1, \ldots, B_N$ kausal für den Schaden S verantwortlich sind (3) und alle Parteien $B_1, \ldots, B_N$ Pflichten hinsichtlich des Nichteintretens von S verletzt haben, dann fällt die Folgenverantwortung für S den Parteien $B_1, \ldots, B_N$ zu.

Dieses Prinzip kommt in Fällen zur Anwendung, bei denen mehrere Parteien schädliche Handlungen vollziehen und für einen Gesamtschaden verantwortlich sind. Die Folgenverantwortung kann unter Zugrundelegung statistischer Überlegungen alloziert werden. Die Rechtsprechung der Vereinigten Staaten kennt beispielsweise die ‚market share liability‘, der zufolge Unternehmen, die ein schädliches Produkt herstellen, gemäß ihres Marktanteils zur Folgenverantwortung gezogen werden können, wenn nicht festzustellen ist, welches individuelle Unternehmen in einem konkreten Fall kausal verantwortlich ist. Das Prinzip der Kollektivhaftung liegt der Einrichtung von Fonds zugrunde, die den Gesamtschaden, beispielsweise des Rauchens, abdecken sollen; die Schadensopfer werden aus dem Fonds bedient, ohne dass eine kausale Kette von einem konkreten Opfer zu einem bestimmten Hersteller führen muss.

5.4 Effizienz als Basis

Das Rechtssystem enthält zahlreiche Normen, die bestimmen, dass Geschädigte sich an Verursacher halten können, auch wenn diese alle erdenklichen Sorgfaltspflichten beachtet haben. Dies kann etwa bei der Produkthaftung der Fall sein. Joel Feinberg bringt als Beispiel, dass in den Vereinigten Staaten Milchproduzenten kollektiv mit Strafgeldern belegt werden, falls es zu Verunreinigungen kommt – unabhängig von der Feststellung, ob sie Pflichten verletzt haben oder nicht.[3] Da die Produzenten kollektiv dafür haften, dass einwandfreie Ware auf den Markt gelangt, haben sie Anlass, in wirksame Qualitätskontrollen zu investieren. Ziel solcher Regelungen ist es, den Verursachern bestimmter Gefährdungen Anreize zu geben, die Risiken zu minimieren und dafür zu sorgen, dass die Schadenskosten nicht durch die direkt Geschädigten getragen werden müssen. Bei solchen Haftungsarrangements (strict liability) kann die Risikolast in bestimmten Fällen über den Preis vom Haftpflichtigen auf die Risikogemeinschaft, beispielsweise die Konsumenten, abgewälzt werden, die auf diese Weise eine Art von Versicherungsgemeinschaft bilden. Der Versicherungseffekt strikter Haftung lässt sich allerdings nur erreichen, wenn die Haftpflicht bei der Schaffung des Risikos geregelt ist, so dass über den Preis eine Prämie abgeschöpft und die Risikonachfrage gesteuert werden kann.

Personen oder Organisationen können übereinkommen, dass nicht die Verursacherin, sondern eine andere Instanz, zum Beispiel eine Versicherung, die Folgenverantwortung übernimmt. Durch die Zusammenfassung von statistisch unabhängigen Risiken können die individuellen Risikokosten verringert werden. Dadurch werden Ressourcen freigesetzt, die anderweitig zu nutzen sind.[4]

Die Möglichkeit, den Ausschluss von Folgenverantwortung zu vereinbaren, erleichtert zudem die Besetzung sozialer Positionen, deren Inhaber großen Schaden anrichten können. Da die meisten Personen risikoavers sind, lohnt es sich in vielen, vielleicht den meisten Fällen, wenn das Unternehmen oder der Staat den unmittelbaren Verursachern das Risiko abnimmt. Getragen wird das Schadensrisiko zuletzt von dem Kreis der Eigentümer oder den Steuerzahlern.

5.5 Aufgabenverantwortung als Basis

Ein weiterer wichtiger Allokationsmodus für Folgenverantwortung besteht in der Verantwortlichkeit. Die Haftung des Aufgaben-Verantwortlichen fungiert in vielen Fällen als Sanktion, die sicherstellen soll, dass die Aufgabe auch erfüllt wird. So haben Hausbesitzer die Aufgabe, Schnee zu räumen. Unterlassen sie dies und kommt es zu einem Unfall, so haben sie die Kosten zu tragen. Die Haftungsregel wirkt hier als *Durchsetzungsmechanismus* der Aufgabenverantwortung und kann durch allgemeine Nutzenerwägungen gerechtfertigt werden. Wenn sich herausstellte, dass sich Unfälle besser vermeiden ließen, wenn die säumigen Hausbesitzer eine Geldstrafe an die Gemeinde zu entrichten und die Verunfallten die Kosten selber zu tragen hätten, so könnte dies ein gewichtiges Argument für die Neugestaltung der respektiven Durchsetzungsmechanismen und der Verantwortlichkeiten sein. Für die Fußgänger gälte dann das Prinzip Eigenverantwortung – ihnen wird ein Anreiz gegeben, mehr in ihre Sicherheit bei gefährlichen Bedingungen zu investieren. Die Aufgabenverantwortung der Hausbesitzer würde dagegen durch Buße und nicht durch Haftung abgesichert. Insbesondere wenn das Schadenspotential die Mittel einzelner Aufgabenträger innerhalb von Organisationen dramatisch übersteigt, sieht das Recht die Haftung der Organisation vor. Für staatliche Angestellte gilt in Deutschland generell, dass sie nicht persönlich haften, sondern für die Verletzung ihrer Aufgabenverantwortung mit Sanktionen belegt werden.[5]

6 Möglichkeiten, historisches Unrecht zu kompensieren

Wenn es um die Kompensation historischen Unrechts geht, scheint vielen die natürliche und einzig mögliche Antwort zu sein, dass sich darum der Aggressor zu kümmern habe. Die politisch-moralische Rechtfertigung der Reparationslast, die dem Deutschen Reich durch den Versailler Vertrag auferlegt wurde, bestand beispielsweise in der Feststellung, Deutschland habe den Krieg in moralisch vorwerfbarer Weise verschuldet. Die Darstellung des letzten Kapitels zeigt jedoch, dass durchaus andere Möglichkeiten der Allokation von Unrechtskosten denkbar sind. Kosten, auch solche die aus Unrecht resultieren, können unter Zugrundelegung unterschiedlicher Prinzipien alloziert werden. Im letzten Teil dieser Arbeit werde ich ausführen, dass die Wahl dieser Prinzipien dadurch eingeschränkt wird, dass Unrecht wiedergutgemacht werden muss und dass materielle Leistungen seitens des Aggressors Bestandteil solcher Wiedergutmachung sind. Für den Moment möchte ich jedoch von dieser Sicht abgehen und die Frage der Kompensation als ein isoliertes, rein materielles Problem betrachten. Gegenstand dieses Kapitels ist es, in aller Kürze einige der betrachteten Prinzipien auf das Problem der Allokation von Folgekosten historischen Unrechts anzuwenden.

Dass Unrechtskosten aufgrund unterschiedlicher Prinzipien zugewiesen werden können, scheint mir zu unterstreichen wichtig, um von Beginn an die Auffassung zu entkräften, es sei ohne Zweifel illegitim, Reparationen von moralisch unschuldigen Personen, wie Nachkommen, zu verlangen. Ob dies illegitim ist, ist vielmehr eine offene Frage, deren Beantwortung insbesondere davon abhängt, welches Basisprinzip der Folgenverantwortung zur Anwendung kommt. Bleiben wir beim Beispiel des Ersten Weltkriegs: Wählt man moralische Verantwortung und korrektive Gerechtigkeit als Basis, so sind die Kosten des Krieges in Gestalt von Reparationen durch denjenigen Staat zu begleichen, von dem der Krieg in moralisch vorwerfbarer Weise ausgegangen ist. Die Anwendung von MVK setzt offensichtlich voraus, dass der betreffende Staat noch existiert oder es einen geeigneten Nachfolgestaat gibt und dass er die entsprechenden Lasten zu tragen in der Lage ist. Sie setzt ferner voraus, dass Staaten moralische Akteure sind und dass die Bevölkerung für dessen Obliegenheiten aufzukommen hat. Diese Voraussetzung wird mich im letzten Teil der Arbeit länger beschäftigen. Hier möchte ich nur anmerken, dass die rechtlich geübte Praxis unterstellt, persönlich nicht verantwortliche Personen (einfache Bürger) seien gleichwohl (als Bürger) moralisch verpflichtet, ihren Teil zur Erfüllung der Reparationspflichten des eigenen Staates beizutragen.

Bei Anwendung von MVK wird die Frage der Kostenallokation zu einer Schuldfrage – und zwar zu einer *reinen* Schuldfrage, wenn nicht in Erwägung gezogen wird, welche Konsequenzen mit einer derartigen Regelung verbunden sind oder sein könnten. Das Insistieren auf einer (dem verschuldeten Schaden angemessenen) Kompensation durch den Aggressor kann dabei durchaus (selbst)zerstörerische Wirkung haben. Dies war – wir bleiben beim Ersten Weltkrieg – die Befürchtung, die John Maynard Keynes' berühmte Analyse der ökonomischen Konsequenzen des Versailler Vertrags zum Ausdruck brachte. Sie sah in den Reparationsforderungen gegen Deutschland und der damit verbundenen Destabilisierung des Landes das nächste europäische Verhängnis angelegt.[1]

Eine – offenbar unbefriedigende – Alternative zu MVK besteht in der Anwendung des Prinzips der Eigenverantwortung. Ihm zufolge sind Kriegsfolgekosten als Schäden zu betrachten, die im hobbesschen Naturzustand der zwischenstaatlichen Welt unvermeidlich vorkommen und die von dem Staat getragen werden sollten, bei dem sie anfallen. Das so angewendete Prinzip nationaler Eigenverantwortung entspricht einer ‚realistischen Sicht' der politischen Welt, die durch das machtvoll vertretene Selbstinteresse und nicht durch normative Grundsätze beherrscht werde.

Die letzte Option, die ich erwähnen möchte, bietet das Fähigkeitsprinzip (siehe Kapitel 2). Folgt man ihm, so sind die Unrechtskosten nicht durch den Aggressor, sondern durch diejenige Partei zu tragen, die dazu am besten in der Lage ist – wobei dies durchaus ein Opfer oder eine unbeteiligte dritte Partei sein kann. Für die Anwendung des Fähigkeitsprinzips können sowohl Argumente distributiver Gerechtigkeit als auch Nutzenüberlegungen maßgeblich sein. Wird der Gesichtspunkt distributiver Gerechtigkeit betont, so unterstreicht man die begrenzte Anwendbarkeit moralischer Intuitionen auf komplexe historische Prozesse: Wenn Staaten ‚Unrecht' begingen, so sei dies Ergebnis weitgehend anonymer gesellschaftlicher Prozesse.[2] Da die Bevölkerung eines Landes nicht oder in den seltensten Fällen im strengen Sinne am ‚Unrecht' schuld sei, gehe es nicht um korrektive Gerechtigkeit. Vielmehr müsse auf die Zukunft bezogen untersucht werden, wie die missliebigen Verteilungswirkungen des ‚Unrechts' zu korrigieren und dessen Wiederholung zu verhindern sei und wer die dazu erforderlichen Maßnahmen am besten (Erfüllungsprinzip) und zu den geringsten relativen Kosten (Kostenprinzip) erbringen könne. Auf eine solche Herangehensweise zielten die Ausführungen von Keynes nach dem Ersten Weltkrieg, und man kann wohl die alliierte Politik nach dem Zweiten Weltkrieg als eine Umstellung von der deontologischen Schuldfrage auf das konsequentialistische Fähigkeitsprinzip verstehen.[3]

7 Jaspers' Verantwortungstypologie

In den verbleibenden Kapiteln dieses Teils wende ich mich der Verantwortungstypologie zu, die Jaspers in „Die Schuldfrage“ entwickelt hat. Wurde die Rezeption der Schrift zunächst dadurch behindert, dass in Deutschland während der ersten Nachkriegsjahrzehnte wenig Bereitschaft bestand, sich der Schuldfrage zu stellen, so litt sie später darunter, dass Jaspers eines der Hauptangriffsziele in Adornos Abrechnung mit dem existenzphilosophischen „Jargon der Eigentlichkeit“ (1964) war. Zwar bezieht sich Adorno dabei nicht auf jene Arbeit, er nimmt sie aber auch nicht ausdrücklich von dem gegen den ‚Jargon‘ gerichteten Vorwurf aus, die Negativität der gesellschaftlichen Verhältnisse zu verschleiern. Wie auch immer man die Berechtigung von Adornos Kritik einschätzen mag, mit Blick auf „Die Schuldfrage“ ist sie sicher verfehlt. Ihre Funktion ist nicht, den klaren Blick auf die deutschen Realitäten metaphysisch zu vernebeln. Mehr noch: Manche Stelle im letzten Teil der „Negativen Dialektik“ weist unverkennbare Parallelen zu Jaspers‘ Ausführungen zur metaphysischen Schuld auf, etwa wenn Adorno schreibt, das „Weiterleben bedarf schon der Kälte, des Grundprinzips der bürgerlichen Subjektivität, ohne das Auschwitz nicht möglich gewesen wäre: drastische Schuld des Verschonten.“[1]

In welcher Weise sich die kleine Schrift in den Gesamtzusammenhang der Arbeiten von Jaspers einfügt, ist eine exegetische Frage, die ich hier nicht im Einzelnen verfolgen möchte. Es liegt nahe, Verbindungen zu seinem Monumentalwerk „Von der Wahrheit“ herzustellen, das nur ein Jahr später erschien und das Thema Schuld an zahlreichen Stellen berührt.[2] Jedoch tragen diese Passagen kaum dazu bei, die in unserem Zusammenhang interessierenden systematischen Fragen des Textes genauer zu fassen. Eine Ausnahme bildet die Gedankenfigur vom „liebenden Kampf“, die in „Die Schuldfrage“ eine eher private Auseinandersetzung zu meinen scheint, in anderen Werken aber die Bedeutung des öffentlichen Ringens um Wahrheit annimmt.[3]

Ein näherer Blick auf Jaspers' Schrift ist vor allem lohnend, weil sie die unterschiedlichen Verantwortungsdimensionen im Zusammenhang betrachtet und diese synoptische Sicht eine interessante Antwort auf ein konsequentialistisches Verantwortungsverständnis enthält. Einem konsequentialistisch argumentierenden Beobachter, wie Keynes, gilt das Stellen von Schuldfragen als kontraproduktiv für die Erreichung wichtiger sozialer Ziele, wie Frieden und Verteilungsgerechtigkeit. Jaspers' Grundthese lautet dagegen, dass Deutschland nur dann ein zuverlässiger Partner innerhalb eines befriedeten Europas sein kann, wenn sich seine Bevölkerung der Schuldfrage ernsthaft stellt. Diese These wird nur verständlich, wenn man berücksichtigt, wie nach Jaspers die Verantwortungsdimensionen ineinander greifen.

Politische Haftung stellt sich für ihn zum Beispiel nicht als reines Problem der Kostenallokation dar. Vielmehr kommen in der staatsbürgerlichen Bereitschaft, zur Haftung beizutragen, dringend benötigte politische Tugenden zum Tragen, wie der Wille, das staatliche Handeln als etwas zu betrachten, für das die Staatsbürgerinnen und -bürger Aufgabenverantwortung haben. Es liegt (auch) an ihnen, wie der Staat sich gebärdet. Dass die deutsche Bevölkerung ihre politische Aufgabenverantwortung verkannt hat, sieht Jaspers wiederum als ein moralisches Versagen an, als eine Unmündigkeit, die als selbstverschuldete moralisch zurechenbar ist.

Jaspers unterscheidet seine bekannten vier Schuldtypen (kriminelle, moralische, politische und metaphysische Schuld) hinsichtlich der *Folgen*, die sie nach sich ziehen, und der *Instanzen*, vor denen sie verhandelt werden. Als die Instanz der kriminellen Schuld nennt er das Gericht, als die der moralischen Schuld das Gewissen und den „liebende[n] Kampf zwischen Menschen", die an der Seele des Anderen interessiert sind; metaphysische Schuld wird ihm zufolge in der Beziehung des Einzelnen zu Gott bedacht, während die Instanz der politischen Schuld der Sieger ist.

Ein wesentliches Defizit der „Schuldfrage" liegt darin, dass Jaspers die normative Grundlage der Beurteilung der jeweiligen Schuldform nicht klar genug herausarbeitet. Ich werde im Folgenden die These vertreten, dass Jaspers nicht davon ausgeht, die einzelnen Schuldformen schlössen sich wechselseitig aus, so dass eine falsche Handlung immer entweder kriminelle oder moralische oder politische oder metaphysische Schuld begründete. Die Schuldformen überlappen sich vielmehr. Politische und kriminelle Schuld sind nach Jaspers immer zugleich moralische Schuld; moralische Schuld braucht aber weder politische noch kriminelle Schuld zu sein. Obwohl Jaspers in dieser Beziehung deutlicher hätte sein dürfen, kann man wohl davon ausgehen, dass er politische und kriminelle Schuld als Untertypen der moralischen Schuld betrachtet. Die Stellung der metaphysischen Schuld bedarf einer besonderen Betrachtung, weil Jaspers hier davon ausgeht, dass sie auch ohne moralischen Fehler auf einem Menschen lasten könne.[4] Die metaphysische ist eine jenseits des moralisch Geforderten angesiedelte Schuld. Sie gründet in dem „Mangel an der absoluten Solidarität mit dem Menschen als Menschen."[5] Als Beispiel nennt Jaspers die Situation, in der sich jemand für das Weiterleben entscheidet und sich weigert, mit anderen in den sicheren Tod zu gehen. Die Moral könne zwar – so Jaspers – unter bestimmten Umständen von uns verlangen, dass wir unser Leben wagen. Sie fordere von uns aber nicht, dass wir uns für den Tod entschieden, um unsere absolute Solidarität mit den Opfern zu bezeugen. Und doch kann eine Entscheidung gegen die absolute Solidarität mit den Opfern als Schuld empfunden werden.[6]

Die unterschiedlichen Formen der Schuld ziehen nach Jaspers unterschiedliche Folgen nach sich: die kriminelle Schuld die Strafe, die politische Schuld Haftung, die moralische Schuld Reue und Missbilligung und die metaphysische Schuld die „Verwandlung des Seins- und Selbstbewusstseins".

7.1 Politische Schuld, Haftung

Jaspers sieht die Deutschen durch den Nürnberger Hauptkriegsverbrecher-Prozess von dem Vorwurf kollektiver krimineller Schuld entlastet.[7] Anders steht es mit der politischen Schuld. Folge der politischen Schuld ist die Haftung, die Übernahme der politischen und materiellen Konsequenzen des staatlichen Handelns durch das Staatsvolk: „Ein Volk haftet für seine Staatlichkeit. Angesichts der Verbrechen, die im Namen des deutschen Reiches verübt worden sind, wird jeder Deutsche mitverantwortlich gemacht. Wir haften kollektiv."[8]

Die Idee der kollektiven Haftung der Staatsbürger für die Konsequenzen staatlichen Handelns ist geläufig, aber philosophisch nicht so simpel zu behandeln, wie es nach den zitierten Sätzen den Anschein haben mag.

Jaspers gibt – wie immer indirekt – zwei Rechtfertigungen für die Haftung der Bevölkerung. Eine der beiden könnte man konventionalistisch nennen.

Gemäß *konventionalistischer Rechtfertigung* ergibt sich die strikte politische Haftung der Bevölkerung für das Handeln des Staates unmittelbar aus dem Gedanken staatlicher Souveränität. Das Recht eines Staatsvolkes, über sich selber zu bestimmen, meint nicht nur, dass es sich selbst eine rechtliche Verfassung und eine Regierung gibt, sondern dass es die Früchte der eigenen Entscheidungen erntet. Staatliche Selbstbestimmung *bedeutet*, dass ein politisches Kollektiv für staatliche Handlungen und Versäumnisse und die daraus resultierenden Folgen verantwortlich ist.

Gegen die konventionalistische Rechtfertigung ist einzuwenden, dass nicht ohne weiteres gerechtfertigt erscheint, die Bevölkerung eines Landes für das Handeln von Diktatoren haften zu lassen. Es muss ein moralisch relevanter Zusammenhang zwischen Verhaltensweisen und Haltungen der Bevölkerung und dem Staatshandeln existieren, um von dieser mit Recht Reparationen fordern zu können. Ein solcher Zusammenhang wird laut Locke und anderen voluntaristischen Staatsphilosophen durch die implizite oder explizite Zustimmung der Mehrheit der Bevölkerung hergestellt.[9]

Ich gehe davon aus, dass Jaspers bei seinen Überlegungen zur Haftung der Deutschen eine Variante der *voluntaristischen Rechtfertigung* politischer Haftung vorschwebt. Zum einen scheint ihm wenig Zweifel daran möglich, dass die Nationalsozialisten auf einer stabilen Massenbasis agieren konnten. Er ergänzt diese Einschätzung zudem durch eine Überlegung folgender Art: Unter geeigneten Bedingungen – wie einer entwickelten Öffentlichkeit, demokratischen Institutionen, relativem gesellschaftlichen Wohlstand, einer aufklärerischen kulturellen Überlieferung – hat eine Bevölkerung das Recht und die Aufgabe, über ihre Regierung zu entscheiden.[10] Die Aufgabenverantwortung einer Bevölkerung, für eine geeignete Regierung zu sorgen, schließt ihre Haftung für deren Handeln ein. Selbst wenn der Anteil der überzeugten Nazis vergleichsweise gering gewesen wäre und in der Bevölkerung widerwillige Anpassung überwogen hätte, würden die Deutschen für die Verbrechen der Machthaber haften müssen, da sie aufgrund ihrer Aufgabenverantwortung Widerstand hätten leisten müssen. Mit anderen Worten: Selbst wenn der Übergang zum totalitären Verbrecherstaat nicht von der Mehrheit der Bevölkerung aktiv gewollt gewesen wäre, hätte sie doch die Aufgabe gehabt, diesen Übergang zu verhindern. Das Ausbleiben des Widerstands kann insofern als Form der Einwilligung gewertet werden.

Die Bevölkerung eines Landes, wie Deutschland, hat für die negativen Konsequenzen des Staatshandelns einzustehen, selbst wenn sie zum Zeitpunkt der Verbrechen die Legitimität der Regierung nicht mehr anerkannt und deren Handeln nicht gutgeheißen haben mag.

Eine Argumentation dieser Art könnte Jaspers' Urteil stützen, die „Zerstörung jeder anständigen, wahrhaftigen deutschen Staatlichkeit muss ihren Grund auch in Verhaltungsweisen der Mehrheit der deutschen Bevölkerung haben. Ein Volk haftet für seine Staatlichkeit.“[11] Die politische Schuld der Deutschen, ihre Folgenverantwortung, gründet bei Jaspers in ihrer moralischen Schuld, die entweder darin bestand, dass sie ihrer staatsbürgerlichen Aufgabenverantwortung nicht gerecht wurden oder sich direkt oder indirekt an natürlichen Verbrechen beteiligten.[12]

Doch worin besteht nach Jaspers diese Haftung? Seine Ausführungen zu dieser Frage sind unstimmig und nicht einleuchtend.

Bei der politischen Haftung einer Bevölkerung hat Jaspers nicht nur Reparationen an die Kriegsparteien und die Opfer im Auge; er fasst darunter auch die Möglichkeit, dass die Siegermächte Deutschland dauerhaft besetzt halten. Wie die Siegermächte verfahren, unterliegt nur ihrer Willkür. Der Sieger, so Jaspers, habe „in bezug auf das Urteil über die politische Haftung das absolute Vorrecht: er hat sein Leben eingesetzt und die Entscheidung ist für ihn gefallen.“[13] Da Jaspers kaum wirklich gemeint haben wird, dass aus dem Einsatz des Lebens im Krieg ein absolutes Recht gegenüber dem Unterlegenen folgt, wird man präzisieren wollen: Der Sieger eines gerechten Kriegs hat ein absolutes Vorrecht gegen den ungerechten Kriegsverlierer; der Sieger eines ungerechten Krieges erwirbt hingegen überhaupt kein Recht über den Besiegten.[14] Allerdings deckt sich diese Lesart nicht mit dem Text, in dem es ausdrücklich heißt:

> „Wo Naturrecht und Menschenrecht anerkannt werden, da nur durch den freien Willensakt der Mächtigen, der Sieger. Er ist ein Akt aus deren Einsicht und Ideal heraus – eine Gnade gegen den Besiegten in der Form der Gewährung von Recht.“[15]

Diese Passage kann auf zweierlei Weise gelesen werden. Entweder meint Jaspers, die *Geltung* des Naturrechts hinge von dem freien Willensakt der Mächtigen ab – dies wäre mit dem, was unter Naturrecht üblicherweise verstanden wird, unvereinbar; oder er meint, dass das Naturrecht nur dann umgesetzt werde, wenn die Sieger dies auch wollten – dies wäre richtig, aber würde den entscheidenden Punkt nicht ausreichend betonen: Wenn es Naturrecht gibt, dann sind Sieger und Besiegte daran gebunden.

Gegen diesen Punkt ließe sich einwenden, dass Umstände denkbar wären, unter denen der Besiegte seinen Anspruch, gemäß den Regeln des Naturrechts behandelt zu werden, verwirkt hätte. Locke vertritt eine solche Anschauung, allerdings mit Blick auf natürliche Personen, an mehreren Stellen der „Zweiten Abhandlung".[16] Tatsächlich hat sich Jaspers gedanklich in diese Richtung bewegt: In Anbetracht ihrer Verbrechen haben die Deutschen keinen *Anspruch* darauf, im Rahmen des Rechts behandelt zu werden.

> „Ein Staat, der grundsätzlich Naturrecht und Menschenrechte verletzt hat, von Anfang an im eigenen Lande, und der dann im Krieg nach außen die Menschenrechte und das Völkerrecht zerstörte, hat nicht zu seinen Gunsten den Anspruch auf Anerkennung dessen, was er selbst nicht anerkannt hat."[17]

Dies hat bei Jaspers Beträchtliches zur Folge:

> „Steht die Schuld im Zusammenhang von Ereignissen, die durch Krieg ihre Entscheidung finden, so kann für die Besiegten die Folge sein: Vernichtung, Deportation, Ausrottung. Oder es kann der Sieger die Folgen in eine Form des Rechtes und damit des Maßes überführen, wenn er will."[18]

Diese Ansicht ist inakzeptabel. Eine naturrechtliche Position, auf die sich Jaspers im Prinzip berufen möchte, überlässt die Bevölkerung eines besiegten Staates nicht völlig der Willkür des Siegers – und zwar auch dann nicht, wenn von diesem Staat ein ungerechter Krieg geführt wurde. Dies folgt allein schon daraus, dass zu den Besiegten auch Unschuldige gehören, die ihre Rechte nicht verwirkt haben. Würden die Sieger willkürlich walten, so verletzten sie die natürlichen Rechte jener Unschuldigen.

Ein näherer Blick auf die einschlägigen Ausführungen Lockes erweist sich hier als instruktiv. Wenn Locke davon spricht, dass der Aggressor im vorstaatlichen Zustand sein natürliches Recht, nicht getötet zu werden, verwirke, so bezieht er sich dabei auf den ‚State of War'. Im Naturzustand endet das Recht der unschuldigen Partei, den Angreifer zu vernichten „whenever he can", sobald dieser *Frieden und Versöhnung* sucht und entsprechend bereit ist, materielle Wiedergutmachung zu leisten und den zukünftigen Erhalt des Friedens zu garantieren.[19]

Wie sieht die Situation bei einem Krieg zwischen politischen Körpern aus? Hier gilt, dass der gerechte Sieger eine rein despotische Macht über den Unterworfenen hat: „He has an Absolute Power over the Lives of those, who by an Unjust War have forfeited them“.[20] Wer sich an einem ungerechten Krieg beteiligt, verwirkt sein Recht auf Leben. Der Begriff der Beteiligung wird aber von Locke relativ eng ausgelegt. Er betrifft nicht alle Mitglieder des politischen Körpers, sondern nur diejenigen, „who have actually assisted, concurr'd, or consented to that unjust force“.[21] Wenig später präzisiert er:

„For the Conquerours Power over the Lives of the Conquered, being only because they have used force to do, or maintain an Injustice, he can have that power only over those, who have concurred in that force, all the rest are innocent; and he has no more Title over the People of that Country, who have done him no Injury, and so have made no forteiture of their Lives, than he has over any other, who, without any injuries or provocations, have lived upon fair terms with him.“[22]

Das Volk eines Verbrecherstaates, sofern es nicht an der Gewalt mitgewirkt hat, ist als unschuldig zu betrachten und hat sein Leben nicht verwirkt. Es hat sich nicht mehr zuschulden kommen lassen als ein Volk, mit dessen Land man in gerechter Eintracht gelebt hat.

Gegen diese Position könnte man geltend machen, dass nach Lockes Theorie die Regierung durch die Zustimmung des Volkes legitimiert ist und dass das Volk daher für die Regierung haften muss. Hobbes hätte in dieser Weise argumentieren können, nicht jedoch Locke. Der politische Körper als solcher kann nach Locke keinen ungerechten Krieg autorisieren: „for they [the People, MS] never had such a Power in themselves“.[23] Die Haftung des gesamten politischen Körpers für einen verbrecherischen Angriffskrieg ist nach Locke ausgeschlossen, weil das Volk die Regierung mit einem solchen Unterfangen nicht beauftragen kann: Anders als bei Hobbes, verfügt weder das Volk, noch die Regierung über ein „Recht auf alle und alles“. Daher usurpiert eine Regierung, die einen ungerechten Krieg beginnt, bloß die staatliche Macht – sie ist, mitsamt ihren Unterstützern, als eine Verbrecherbande zu betrachten.

Nun könnte man argumentieren, es sei möglich, dass das gesamte Volk sich zu einer solchen Verbrecherbande zusammengeschlossen und so seine natürlichen Rechte verwirkt hätte.[24] Dem steht aber entgegen, dass zu dem Volk auch Abhängige, insbesondere Kinder und Ehefrauen, gehören, die ihre natürlichen Rechte nicht durch Aggression verwirkt haben können. Als Erben haben sie Anspruch auf das Eigentum ihrer Väter oder Ehegatten, die zwar ihr Recht auf Leben, aber nicht ihr Besitzrecht verwirkt haben.[25] Die Kinder und Ehefrauen dürfen nicht für die Sünden ihrer Väter oder Gatten bestraft werden. Daraus folgt auch, dass die gerechte Siegermacht nicht über die Besitztümer eines

Landes verfügen kann – denn diese stehen rechtmäßig den unschuldigen Erben der ungerechten Kriegsherren zu.

Locke spricht dem gerechten Sieger ein Recht auf Wiedergutmachung des durch den Krieg erlittenen Schadens zu. Dieser Anspruch unterliegt jedoch Einschränkungen, die aus den Rechten der Abhängigen – der Frauen und Kinder – sich ergeben.

„My Life, 'tis true, as forfeit, is at mercy, but not my Wives and Childrens. They made not the War, nor assisted in it. I could not forfeit their Lives, they were not mine to forfeit. My wife had a share in my Estate, that neither could I forfeit. And my Children also, being born of me, had a right to be maintained out of my labour or Substance."[26]

Die gerechten Ansprüche der Sieger auf Reparationen und die Ansprüche der Abhängigen auf ihr Eigentum müssen gegeneinander abgewogen werden. Für diese Abwägung maßgeblich ist nicht – wie Jaspers unplausiblerweise postuliert – der Wille und das Ermessen des Siegers, sondern das „Fundamental Law of Nature", das die Erhaltung der Menschheit gebietet. Diejenige Seite muss mithin Abstriche von der vollen Erfüllung ihres Anspruchs hinnehmen, die dazu mit Blick auf das „Fundamental Law" (am besten) in der Lage ist.[27]

Wenn Jaspers schreibt, Folge der politischen Schuld sei „Wiedergutmachung und weiter Verlust oder Einschränkung politischer Macht und politischer Rechte"[28], so kann er sich dabei nur begrenzt auf das lockesche Naturrecht berufen. Dem Volk gehören auch für die Aggression nicht verantwortliche Abhängige zu – daher kann es nicht als Ganzes schuldig sein. Massenhinrichtungen von Parteigängern des Aggressors sind aus lockescher Perspektive statthaft, wenn auch der Verzicht auf Gerichtsverfahren die Gefahr der Verletzung natürlicher Rechte Unschuldiger birgt. Der Eroberer verfügt über kein Herrschaftsrecht über ein erobertes Land und hat kein Recht, nach Belieben über es zu verfügen. Man könnte demgegenüber einwenden wollen, dass die Regierung des Landes, das in einem ungerechten Krieg unterlegen ist, ihr Herrschaftsrecht zugunsten des Siegers verwirkt habe. Doch dies widerspricht den elementaren Prinzipien der lockeschen Theorie, der zufolge ein Herrscher nur durch das Volk eingesetzt werden kann. Mit dem Untergang der ungerechten Regierung fällt die souveräne Gewalt an das Volk zurück.

Zusammenfassend: Jaspers vertritt eine Variante der voluntaristischen Rechtfertigung politischer Verantwortung. Seine Aussagen zu der Art der Haftung sind in sich unplausibel und nicht vereinbar mit Grundsätzen des lockeschen Naturrechts. Freilich muss man bei der

Beurteilung den zeitgeschichtlichen Kontext berücksichtigen. Jaspers sah sich nicht in der Position, philosophische Ansprüche gegenüber den Siegermächten zu formulieren, gab jedoch der Hoffnung Ausdruck, es würden sich nicht die schlimmsten Befürchtungen bewahrheiten.

7.2 Anmerkung zur metaphysischen Schuld

Die von Jaspers zuletzt angesprochene metaphysische Schuld resultiert aus der

> „Solidarität zwischen Menschen als Menschen, welche jeden Menschen mitverantwortlich macht für alles Unrecht und alle Ungerechtigkeit in der Welt, insbesondere für Verbrechen, die in seiner Gegenwart oder mit seinem Wissen geschehen. Wenn ich nicht tue, was ich kann, um sie zu verhindern, so bin ich mitschuldig. Wenn ich mein Leben nicht eingesetzt habe zur Verhinderung der Ermordung anderer, sondern dabeigestanden bin, so fühle ich mich auf eine Weise schuldig, die juristisch, politisch und moralisch nicht angemessen begreiflich ist. Dass ich noch lebe, wenn solches geschehen ist, legt sich als untilgbare Schuld auf mich."[29]

Jaspers spricht hier ein Gefühl von Schuld an, das Menschen gegenüber Toten haben können, weil sie sich entschieden haben, nicht mit ihnen zu sterben. Dieses Gefühl von Schuld nennt er ‚juristisch, politisch und moralisch nicht angemessen begreiflich', da es nicht von moralischen Pflichtverletzungen abhängt.

Ungewöhnlich an Jaspers' Gedanken metaphysischer Schuld ist nicht nur, dass er an die Möglichkeit ‚schuldloser Schuld' glaubt, sondern auch seine Überzeugung, sie folge aus der Solidarität zwischen Menschen als Menschen. Selbst wenn man Jaspers zugesteht, dass es Menschen geben mag, die sich schuldig fühlen, weil sie nicht bereit sind, mit beliebigen anderen Unrechtsopfern zu sterben, bleibt seine Darstellung irritierend. Sie scheint nämlich darauf hinauszulaufen, dass beliebige Bewohner des Planeten genauso viel Grund hätten, metaphysische Schuld für die nationalsozialistischen Verbrechen zu empfinden wie die Deutschen – Jaspers schreibt ja in dem oben angeführten Zitat, jeder Mensch sei in einem metaphysischen Sinne mitverantwortlich für alles Unrecht und alle Ungerechtigkeit in der Welt.[30] Für diejenigen, in deren Gegenwart oder mit deren Wissen die Verbrechen geschehen, gilt dies nur in höherem Maße. Später präzisiert er, die metaphysische Schuld erwachse aus dem untätigen Zuschauen; die Solidarität wird verletzt, „wenn ich dabei bin, wo Unrecht und Verbrechen geschehen."[31]

Avishai Margalit hat das Vorhaben kritisiert, das Gebot „Du sollst nicht töten!" an dem Berliner Holocaust-Mahnmal anzubringen, weil suggeriert werde, „the monument in Berlin is being erected by humanity, for humanity."[32] Zum einen erlaube die deutsche Täterschaft nicht, dass die Deutschen im Namen der Menschheit sprächen; zum anderen sollten die Deutschen mit dem Mahnmal eine Anstrengung unternehmen, sich als ethische Gemeinschaft wiederherzustellen, und zwar indem sie sich dem spezifischen Charakter ihrer Verbrechen, ihrer Grausamkeit, zuwendeten und diese mit Bedauern bedächten.

Ein ähnliches Bedenken betrifft eine bestimmte Auslegung von Jaspers' Anwendung des Begriffs metaphysischer Schuld auf die Naziverbrechen. Wenn metaphysische Schuld etwas ist, was man „für alles Unrecht und alle Ungerechtigkeit in der Welt" empfinden sollte, so hätten die Deutschen in Bezug auf die Shoa keinen *besonderen* Grund, metaphysische Schuld zu empfinden und öffentlich auszudrücken.

Jaspers hätte aber gewiss nicht in Abrede stellen wollen, dass die Deutschen besonderen Grund haben, metaphysische Schuld wegen der nationalsozialistischen Verbrechen zu empfinden. Dieser besondere Grund liegt in der besonderen Beziehung zwischen einem Kollektiv, dem die Täter angehören, und einem Kollektiv, dem die Opfer angehören. Der Gedanke, um den es Jaspers ging, scheint mir insofern dieser: Ein Deutscher, der nichts für die Opfer tun konnte, aber sich geweigert hat, mit ihnen zu sterben, hat zwar keine moralischen Pflichten verletzt; aber er hat sich für die Gemeinschaft der Täter und Beihelfer und gegen die Gemeinschaft der Opfer entschieden. Das ‚Metaphysische' dieser Schuld – wenn ‚metaphysisch' hier überhaupt ein glücklich gewähltes Wort ist – besteht darin, dass jemand Mitglied einer Unrechtsgemeinschaft sein kann, ohne eine moralische Pflicht zu verletzen. Metaphysische Schuld trägt eine Person, die sich nicht losgesagt hat von der Unrechtsgemeinschaft.

So verstanden, leuchtet einerseits Jaspers' Rede von Solidarität eher ein, weil Solidarität gewöhnlich im Rahmen spezifischer Bindungen angesiedelt wird; andererseits wird aber auch plausibler, wie ein Schuldaffekt bei jemanden zustande kommt, ohne dass er moralisch unverantwortlich gehandelt hätte. Eine Person kann sich schuldig fühlen oder tiefe Scham empfinden, weil sie sich entschieden hat, als Mitglied der Unrechtsgemeinschaft weiter zu leben, und den Opfern des Unrechts die absolute Solidarität verweigerte.

Insofern verwischt Jaspers' christlich-universalistische Wendung hin zur Solidarität zwischen Menschen als Menschen, worum es ihm eigentlich geht: seine spezifisch an die Deutschen adressierte Mahnung einer inneren Umkehr, bei der das Bewusstsein metaphysischer Schuld als Movens wirken sollte. Wer dazu kommt, Schuldgefühle darüber zu empfinden, dass er sich gegen den Tod und für das Leben inmitten der Unrechtsgemeinschaft entschieden hat, hat gemäß Jaspers mehr getan, als seine Strafe abzubüßen oder seinen Teil der politischen Haftung zu erfüllen – er hat das Unrecht als solches in seiner Tiefe begriffen. Und dies sah er als Bedingung einer authentischen Neuorientierung der Deutschen als einer politischen Gemeinschaft an. „Ohne den Weg der Reinigung aus der Tiefe des Schuldbewusstseins ist keine Wahrheit für die Deutschen zu verwirklichen.“[33]

7.3 Zwei Arten natürlicher Pflichten

Jaspers macht keinen Versuch, seinen Begriff der moralischen Schuld zu systematisieren. Eindeutig scheint jedoch, dass er die Existenz natürlicher Rechte und Pflichten anerkennt, auch wenn seine Bemerkungen hier – wie sonst – recht knapp ausfallen. Der Einzelne hat nach Jaspers die Pflicht, sich einem ungerechten Staat und seinen Anweisungen zu verweigern. Diese Auffassung zeigt sich klar in mindestens zwei Passagen:

(i) In der einen berührt Jaspers die Frage, ob der Prozess vor dem Internationalen Militärgerichtshof in Nürnberg das Rückwirkungsverbot verletze. Er verneint dies unter anderem mit einem Verweis auf das Naturrecht.[34] Dies ist nicht zuletzt deshalb bemerkenswert, weil der Prozess in den Bereich der von Jaspers so genannten kriminellen Verantwortung gehört und er das Gesetz die Grundlage ihrer Beurteilung nennt. Offenbar ging er davon aus, dass das Naturrecht den Status einer unmittelbaren moralisch-rechtlichen Grundlage für eine Bestrafung von Kriegsverbrechern innehat.[35] Um zu verneinen, dass das Rückwirkungsverbot verletzt werde, sind aber weitere Annahmen erforderlich. So muss postuliert werden, dass den jeweils Handelnden bewusst gewesen sein muss, a) dass sie unmittelbar geltendes natürliches Recht verletzen, indem sie sich an nationalsozialistisches Recht halten, und b) dass sie dafür bestraft werden dürfen.

Da die Angeklagten teils kein Bewusstsein dafür hatten, dass sie gegebenenfalls für ihre Handlungen gerichtlich zur Verantwortung gezogen werden würden, muss Jaspers' implizite Sicht im Sinne einer Normierung gemeint gewesen sein: Die Angeklagten haben pflichtwidrig verkannt, dass sie natürliche Pflichten verletzen.

(ii) Nach Jaspers trägt man Verantwortung „auch für militärische und politische Handlungen“, die man vollzieht. „Niemals gilt schlechthin ‚Befehl ist Befehl‘.“[36] Rollenbedingte Pflichten – auch militärische

– sind letztlich nur verbindlich, wenn ihnen keine natürlichen Pflichten entgegenstehen. Jaspers wendet seinen weiten Begriff individueller Verantwortung für die Erfüllung natürlicher Pflichten somit auch auf einfache Befehlsempfänger an.

Wie erwähnt, erläutert Jaspers seine Vorstellung natürlicher Rechte und Pflichten nicht näher. Ich möchte diese Lücke schließen, indem ich unterstelle, dass Jaspers' Bild natürlicher Pflichten sich mit dem von John Rawls vergleichen lässt.

Rawls unterscheidet zwei Typen von natürlichen Pflichten: a) Natürliche Pflichten gegenüber Individuen und b) die natürliche Pflicht hinsichtlich der Gesellschaft. Letztere nennt Rawls „die wichtigste natürliche Pflicht". Wir müssen uns an der Aufrechterhaltung der Institutionen einer hinreichend gerechten Gesellschaft beteiligen; und wir sind verpflichtet, unseren Beitrag zur Schaffung einer hinreichend gerechten Gesellschaft zu leisten, „mindestens wenn dies mit geringem Aufwand für uns möglich ist."[37]

Es ist klar, dass die Deutschen – in je unterschiedlichem Ausmaß – ihre natürliche Pflicht hinsichtlich der Gesellschaft verletzt haben, indem sie die politische Ordnung der Weimarer Republik nicht in ausreichendem Maße unterstützten und so die nationalsozialistische Machtergreifung ermöglichten. Ob sie nach der sicheren Etablierung der Naziherrschaft spätestens 1935 die natürliche Pflicht hatten, auf einen Regimewechsel hinzuwirken, ist weniger klar, da ein solches Unterfangen mit mehr als einem „geringen Aufwand" verbunden gewesen wäre. Dafür, dass Jaspers an so etwas wie eine natürliche Pflicht hinsichtlich der Gesellschaft denkt, spricht seine Auffassung von der „politischen Grundschuld, die zugleich eine moralische Schuld ist."[38]

Kommen wir nun zurück zu a): Natürliche Pflichten gegenüber Individuen gelten nach Rawls „unabhängig von institutionellen Beziehungen" oder „irgendwelchen freiwilligen Akten" „zwischen allen [Menschen, MS] als gleichen moralischen Subjekten". Zu den natürlichen zählt Rawls sowohl positive wie auch negative Pflichten. Als Beispiele nennt er Beistandspflichten gegenüber Personen in Not, sofern dies ohne „eigene Gefährdung und Schädigung möglich" ist, das Schädigungsverbot und die Pflicht, kein unnötiges Leiden hervorzurufen.[39]

Verhaltensweisen, wie das Denunzieren von Mitbürgern bei der Gestapo oder die Beteiligung am Massenmord sind eindeutige Verstöße gegen die natürlichen Pflichten und begründen moralische (und kriminelle) Schuld.[40]

Das Versäumnis, Verfolgten zu helfen oder den Verbrecherstaat zu behindern, gälte (nach rawlsschen Maßstab) nur dann als Verstoß gegen natürliche Pflichten, wenn sie „ohne eigene Gefährdung und Schädigung möglich“ war. Bestimmte Widerstandsformen, wie das Verstecken Verfolgter, waren äußerst gefährlich;[41] doch Ähnliches gilt nicht für alle Arten der Dissidenz. Laxheit oder Großzügigkeit bei der Auslegung von Regelungen oder der Ausführung von Aufgaben hätten unzählige Opfer retten können. Entsprechende Gelegenheiten bieten sich – um nur einige zu nennen – bei dem Zusammenstellen und Führen von Personenlisten und Akten generell, dem Sprechen von Gerichtsurteilen, bei Entscheidungen über die Aufnahme von Ermittlungen, dem Verfassen von Ausführungsvorschriften und – nach Raul Hilberg der erste Schritt der Vernichtung – der rechtlichen Definition von Opfergruppen.[42]

Das nationalsozialistische Regime konnte sich jedoch auf die engagierte Mitarbeit der deutschen Bevölkerung stützen. Der Eifer der Deutschen bei der Erledigung ihrer jeweiligen Teilaufgabe im Vernichtungsgeschehen, ihr „sachbezogener“ Erfindungsreichtum, ist vielfach als bemerkenswert und erschreckend bezeichnet worden.[43]

7.4 Kriminelle Verantwortung

Als Jaspers in der „Schuldfrage“ über die kriminelle Verantwortung der Deutschen schrieb, hatte er vor allem den Nürnberger Hauptkriegsverbrecher-Prozess und wohl auch Verfahren gegen das Personal der Vernichtungslager vor Augen.[44] Die Aburteilung der Kriminellen verstand er als eine Entlastung der Deutschen von dem Verdacht der Kollektivschuld. Es ging, soweit er damals sehen konnte, um die Beurteilung der Taten höchstens einiger Tausender Entscheidungsträger. Wenn er die Strafe als Folge der natürlichen Verbrechen bezeichnet, so denkt er an Todes- und Freiheitsstrafen. Was als Entnazifizierung in die Geschichte eingegangen ist, stand erst noch bevor.

Man sollte Jaspers so auslegen, dass die Betroffenen ihm zufolge hätten erkennen müssen, dass sie natürliche Pflichten in einer Weise verletzen, die ihre Bestrafung rechtfertigt. Daher könnten sich die Beschuldigten nicht erfolgreich darauf berufen, dass ihr Tun nach nationalem Recht nicht illegal gewesen sei.

Die Radbruchsche Formel postuliert eine Pflicht zur individuellen Dissidenz, die von der klassischen Politischen Philosophie in dieser Form nicht vorgesehen war. Sie handelt nicht von der Frage, unter welchen Bedingungen es den Rechtsunterworfenen *erlaubt* ist, den Gehorsam zu verweigern und den Umsturz zu versuchen. Sie besagt vielmehr, dass eine *Pflicht* besteht, dem unrichtigen Recht individuell die Gefolgschaft zu verweigern.

Wird diese Pflicht missachtet, haben die Betreffenden nach einem Regimewechsel mit strafrechtlicher Verfolgung zu rechnen. Und insofern kann man sagen, dass die Pflicht zur individuellen Dissidenz gegenüber unrichtigem Recht zum harten, rechtlich umschriebenen Kern persönlicher Verantwortlichkeit gerechnet werden kann.

Dass die Beschuldigten sich nicht auf die Legalität ihres Handelns berufen können, beantwortet aber nicht die entscheidende Frage, wie das Handeln einer Person bei hochgradig arbeitsteiligen Verbrechen rechtlich bewertet und sanktioniert werden soll. Diese Frage hat sich bei allen Nachkriegsprozessen wegen nationalsozialistischer Verbrechen als die zentrale Schwierigkeit erwiesen.[45] Jaspers hat die schwierige Problematik der Zuschreibung strafwürdiger Verantwortung in „Die Schuldfrage" nicht behandelt. Sie wird mich in Teil D dieser Untersuchung beschäftigen.

Zumindest beiläufig kommt Jaspers indes auf die beiden Fragen zu sprechen, warum nationalsozialistische Verbrechen überhaupt bestraft werden sollen und wer das Recht oder die Pflicht hat, diese Strafen auszusprechen und zu exekutieren.

7.4.1 Warum Bestrafung?

Jaspers verweist bei seinen Anmerkungen zur Legitimität des Nürnberger Gerichtshofs auf die Naturrechtswidrigkeit der nationalsozialistischen Taten.[46]

Man sollte daher davon auszugehen, dass im Hintergrund seines Textes eine naturrechtliche Theorie des Strafens steht. Ich möchte eine solche Theorie abermals im Anschluss an Locke skizzieren.

In der „Zweiten Abhandlung" postuliert Locke für den Naturzustand (also denjenigen Zustand, der vor der Etablierung staatlicher Macht besteht, nach deren Zusammenbruch oder in einem despotischen Regime) die „very strange Doctrine to some Men" (§ 9), dass es ein natürliches Recht aller gebe, Rechtsbrüche zu bestrafen.[47] Aus diesem Recht leitet sich das Herrschaftsrecht des Staates ab, das Locke zentral als ein Strafrecht, und zwar als ein Todesstrafrecht, versteht;[48]

aus ihm leitet sich aber auch die Befugnis ab, gegen die Handlanger eines despotischen Regimes Strafgewalt auszuüben – über dieses Recht verfügen nach Locke sogar „Ausländer".[49]

Lockes Position ist zwischen einer retributivistischen und einer utilitaristischen Rechtfertigung der Strafe anzusiedeln. Eine retributivistische Rechtfertigung geht davon aus, dass die Rechtsverletzung einer Person sowohl notwendige als auch hinreichende Bedingung für deren Bestrafung ist und dass die Strafe in einem proportionalen Verhältnis zu der Schuld des Täters stehen muss.[50] Die utilitaristische Rechtfertigung bestreitet dagegen, dass die Rechtsverletzung hinreichend für die Rechtfertigung der Strafe ist – hinzukommen muss der Nachweis, dass die Strafe oder Strafgesetze den Gesamtnutzen maximieren.

Locke nennt nun zwei Gründe, „why one Man may lawfully do harm to another, which is that we call punishment."[51] Einer besteht in „reparation" und der andere in „restraint". Jedermann ist berechtigt, einem Aggressor seine Tat zu vergelten, allerdings nur „so far as calm reason and conscience dictates, what is proportionate to his Transgression, which is so much as may serve for Reparation and Restraint".[52]

Es fragt sich nun, wie die beiden von Locke genannten Gründe aufeinander bezogen sind. Eine Möglichkeit besteht darin, dass „reparation" und „restraint" jemandes Bestrafung jeweils unabhängig voneinander rechtfertigen. Dies würde bedeuten, dass jemand bestraft werden dürfte, auch wenn davon keine abschreckende Wirkung zu erwarten wäre oder wenn er die Strafe nicht verdient hätte. Letzteres scheint Locke abzulehnen, ersteres nicht. Obwohl sich Locke über die Funktion des Strafens für die Aufrechterhaltung sozialer Ordnung bewusst ist und diese vielfach betont und zur Rechtfertigung der Praxis des Strafens anführt, setzt er doch den Akzent auf die Retribution.

Dass die Rechtsverletzung notwendig und hinreichend für die Bestrafung ist, hängt mit dem zusammen, was ein Recht ist. In § 219 merkt Locke an: „(w)here the Laws cannot be executed, it is all one as if there were no Laws".[53]

Aus einer lockschen Perspektive war die Bestrafung nationalsozialistischer Verbrechen nicht etwa (nur) gefordert, um „noxious Creatures" unschädlich zu machen oder generell abzuschrecken, sondern um die Geltung der verletzten Rechte der Opfer wiederherzustellen.

Natürlich mussten die konkreten Täter aus dem Verkehr gezogen werden; hätte die politische - und die Funktionselite des Nazi-Reichs nach dem Krieg ungeahndet und unbehelligt weiter leben können, wären die Alliierten ein untragbares Risiko eingegangen; an den Deutschen war ein klares Exempel zu statuieren, dass die Siegermächte, insbesondere die Vereinigten Staaten, Verbrechen dieser Art zu sanktionieren bereit sind; man versprach sich von der Bestrafung der Verbrecher eine abschreckende Wirkung. Dabei war es weder nötig noch möglich, lückenlose Verfolgung zu üben. Es erwies sich als ausreichend, ein fallweises Vorgehen mit einer latenten Interventionsdrohung zu verbinden.[54]

Die andere Art von Antwort ist vergangenheitsbezogen: Den Tätern durfte der Triumph über die Opfer nicht erlaubt werden, sie hatten eine Strafe – unabhängig von Zukunftserwägungen – für das, was sie getan hatten, verdient.[55] Erst relativ spät gewannen die Pläne für das, was als die „Nürnberger Prozesse" in die Geschichte einging, eine konkrete rechtliche Form. Der spontane Wunsch nach Vergeltung wurde geläutert zur Entschlossenheit, in einem förmlichen Gerichtsverfahren die Geschehnisse zu dokumentieren und die Täter einer gerechten Strafe zuzuführen.[56] Durch die ungeheuren Dimensionen der begangenen Verbrechen, die eine weit verästelte Logistik in der gesamten Gesellschaft voraussetzte, betraf die Frage krimineller Schuld und Verantwortung – in abgestufter Weise – große Teile der erwachsenen Bevölkerung. Es bestand international Einvernehmen darüber, dass die präzedenzlose Bestialität der nationalsozialistischen Verbrechen und die offenbar massenhafte Unterstützung, die diese erfahren hatten, mehr erforderten als die Bestrafung der Führungsebene des Regimes.[57]

7.4.2 Rückwirkungsverbot und Bestrafungsrecht

Jaspers befasst sich in der „Schuldfrage" relativ ausgiebig mit Einwänden, die in den Jahren 1945/46 von deutscher Seite gegen das Nürnberger Militärtribunal erhoben wurden. Der vielleicht gewichtigste war folgender:

> „Verbrechen kann es nur geben am Maßstab von Gesetzen. Die Verletzung dieser Gesetze ist das Verbrechen. Das Verbrechen muss bestimmt definiert und als Tatbestand eindeutig feststellbar sein. Insbesondere: nulla poena sine lege, - d.h. es kann ein Urteil nur gefällt werden nach einem Gesetz, das vor Begehen der Tat bestand. In Nürnberg aber wird mit rückwirkender Kraft nach Gesetzen geurteilt, die die Sieger jetzt aufgestellt haben."[58]

Die rechtliche Grundlage des Nürnberger Tribunals, so der Gedanke, ist nach Begehung der Taten geschaffen worden; es verstößt aber gegen einen elementaren Grundsatz der Gerechtigkeit, wenn Personen für Handlungen vor Gericht gestellt werden, die nicht strafbar waren, als sie vollzogen wurden.

Im Namen der Verteidiger aller anwesenden Angeklagten argumentierte der Verteidiger Hermann Görings, Dr. Otto Stahmer, in einer Eingabe vom 19. November 1945, weder die Satzung des Völkerbundes, noch der Briand-Kellogg-Pakt, noch irgendein anderer Vertrag hätten

> „auch nur daran gedacht, Staatsmänner, Generäle und Wirtschaftsführer des gewaltübenden Staates zu beschuldigen, geschweige denn vor ein internationales Strafgericht zu stellen. (…) Der jetzige Prozess kann sich deshalb, soweit er Verbrechen wider den Frieden ahnden soll, nicht auf geltendes Völkerrecht stützen, sondern ist ein Verfahren auf Grund eines neuen Strafgesetzes, das erst nach der Tat geschaffen wurde. Dies widerstrebt einem in der Welt geheiligten Grundsatz der Rechtspflege (…).“[59]

Das Gericht hat auf dieses Argument auf zwei Ebenen geantwortet.

(i) Zum einen hat es die Auffassung bekräftigt, dass es sich auf einem sicheren legalen Fundament bewegt. Es verwies darauf, dass nach dem Briand-Kellogg-Pakt der Angriffskrieg nicht allein als völkerrechtswidrig, sondern als verbrecherisch gelte. Ferner führte es Art. 227 des Versailler Vertrages an, dem zufolge der Deutsche Kaiser „wegen schwerster Verletzung des internationalen Sittengesetzes und der Heiligkeit der Verträge“ vor Gericht sitzen sollte. Die Eingabe der Gesamtverteidigung, Handlungen souveräner Staaten seien Staatsakte, und daher sei ausgeschlossen, dass die ausführenden Personen eigene Verantwortung tragen könnten, wies der Gerichtshof zurück.[60]

Die Entwicklung des Völkerrechts seit dem Ersten Weltkrieg hatte die Act of State Doctrine obsolet gemacht. Es hätte wenig Sinn gehabt, den Angriffskrieg zu kriminalisieren, aber zugleich die für ihn verantwortlichen Einzelpersonen durch Immunität zu schützen.[61]

Jaspers vollzog diese Wendung mit: „Staatsakte sind zugleich Personalakte. Menschen als einzelne verantworten sie und haften für sie.“[62]

(ii) Das zweite Argument des Gerichts war unabhängig von der positiven Rechtslage und griff den Rückwirkungseinwand der Verteidigung frontal (und überzeugend) an: Das Prinzip ‚Nullum crimen sine lege, nulla poena sine lege‘ sei eines der Gerechtigkeit.[63]

Es müsse daher geprüft werden – so der Gedanke –, ob die Bestrafung verantwortlicher Einzelpersonen ungerecht sei, wenn diese wissentlich „unter Verletzung von Verträgen und Versicherungen Nachbarstaaten ohne Warnung angegriffen haben“. Diese Frage könne nicht nur verneint werden; man dürfe sogar einen Schritt weiter gehen und postulieren, es „wäre vielmehr ungerecht, wenn man seine Freveltat straffrei ließe.“[64]

In dieser Feststellung findet sich eine klar erkennbare naturrechtliche Spur. Unabhängig von völkerrechtlichen Vereinbarungen und Verträgen verfügen wir über einen normativen Maßstab, der uns erlaubt, die Nichtbestrafung bestimmter Handlungen als ungerecht zu erkennen.

Die Feststellung des Gerichts beantwortet aber nicht die Frage, wer das Recht hat, die strafwürdige Tat tatsächlich zu sanktionieren. Hier könnte Jaspers abermals mit Locke argumentieren. Ihm zufolge wird das natürliche Strafrecht beim Übergang in den zivilen Zustand von allen an den politischen Körper abgetreten.[65] Innerhalb des Staates verfügt daher niemand mehr über sein natürliches Recht, Angreifer zu sanktionieren. Mit der Niederlage des nationalsozialistischen Regimes ist – aus lockescher Sicht – das Herrschaftsrecht nicht an die Siegermächte übergegangen, sondern an den politischen Körper zurückgefallen. Also vermögen die Siegermächte auch nicht kraft souveräner Gewalt Jurisdiktion zu üben. Ihre Rechtsprechungsgewalt leitet sich vielmehr aus dem natürlichen Strafrecht ab. Die „warmaker" können nicht im Auftrag eines Volkes gehandelt haben; sie sind als einfache Verbrecher zu betrachten, die sich gegen das gesamte Menschengeschlecht gestellt haben. Daher verfügt der gerechte Sieger nach Locke über das Recht, den ungerechten Kriegsherrn und seine Helfer zu bestrafen. Normative Grundlage des Nürnberger Gerichtshofs wäre somit letztlich kein souveräner Akt, sondern das natürliche Recht, „warmaker" zu sanktionieren.[66]

7.5 Moralische Kollektivschuld?

Jaspers' „Schuldfrage" ist nicht frei von Widersprüchen. Die vielleicht offenkundigste Inkonsistenz betrifft seine Aussagen zur Kollektivschuld. Er wird häufig so gelesen, als bejahe er die Kollektivschuld im Sinne der politischen Haftung und lehne sie in allen anderen Hinsichten ab. So schreibt er an einer Stelle:

> „Kollektivschuld eines Volkes oder einer Gruppe innerhalb der Völker also kann es – außer der politischen Haftung – nicht geben, weder als verbrecherische, noch als moralische, noch als metaphysische Schuld. Ein Kollektiv für schuldig zu erklären, das ist ein Irrtum, der der Bequemlichkeit und dem Hochmut durchschnittlichen, unkritischen Denkens nahe liegt."[67]

Den Fehler der Kollektivschulderklärung des „durchschnittlichen, unkritischen Denkens" erläutert Jaspers hinsichtlich der kriminellen Schuld damit, dass „immer nur der einzelne" Verbrecher sein kann. Es gebe zwar gemeinschaftlich begangene Verbrechen und Räuberbanden, „die als Ganzes als verbrecherisch gekennzeichnet werden. Dann macht die bloße Zugehörigkeit straffällig. Es ist aber sinnwidrig, ein Volk als Ganzes eines Verbrechens zu beschuldigen."[68]

Jaspers geht hier offensichtlich davon aus, dass ein ganzes Volk nicht wie eine Räuberbande handeln könne. Da er diese Vorstellung sinnwidrig nennt, könnte er – ähnlich wie Locke – angenommen haben, dass dies aus dem Volksbegriff folge. Dieser Einwand muss indes mit der möglichen Entgegnung rechnen, dass der Begriff des Volkes in Bezug auf die Deutschen nicht anwendbar sei. Mit „die Deutschen" bezeichne man vielmehr eine besonders mitgliederstarke Räuberbande.

Es scheint jedoch offensichtlich, dass Jaspers auch dieses Urteil ablehnt. Mit der „Sinnwidrigkeit" des Vorwurfs krimineller Schuld gegen die Deutschen meint er daher wohl seine „Falschheit": Die Deutschen waren oder sind keine Räuberbande.

Ebenfalls sinnwidrig nennt er es, „ein Volk als Ganzes moralisch anzuklagen." Die Begründung lautet hier, dass sich moralische Urteile auf das Handeln und den Charakter beziehen, das Volk aber keinen Charakter habe „derart, dass jeder einzelne der Volkszugehörigen diesen Charakter hätte. (...) Moralisch kann immer nur der einzelne, nie ein Kollektiv beurteilt werden." [69]

Jaspers stellt nicht in Abrede, dass in der Population der Deutschen bestimmte Eigenschaften häufiger aufträten und andere weniger und dass dies ein charakteristisches Profil von Eigenschaften in der Population insgesamt ergebe. Volkscharakter in diesem Sinne sei aber ein „Typenbegriff, denen sie [die Deutschen, MS] mehr oder weniger entsprechen" und kein Gattungsbegriff, „unter denen die einzelnen Menschen subsumiert werden können."[70] Letzteres, also die Subsumtion des Einzelnen unter einen Gattungsbegriff, sei kennzeichnend für den Kollektivismus, eine Denkform, die „die Nationalsozialisten in der bösesten Weise angewendet und durch ihre Propaganda den Köpfen eingehämmert" haben.[71] Geht man hingegen vom Volkscharakter als einem Typenbegriff aus, so kann man die moralische Beurteilung eines Individuums nicht allein auf die Information stützen, dass eine Person dem Kollektiv der Deutschen angehört.

Daraus folgt aber (auch nach Jaspers) nicht die Sinnwidrigkeit moralischer Kollektivurteile im Sinne des Typenbegriffs. Solche Urteile sagen nichts über die moralischen Qualitäten eines bestimmten Mitglieds des Kollektivs aus, sondern über repräsentative Individuen, also fiktive Personen, welche die für ein Kollektiv charakteristische Verteilung von Eigenschaften verkörpern und denen viele reale Mitglieder des Kollektivs in unterschiedlichem Grade ähneln.

Ein solches moralisches Kollektivurteil, so könnte man Jaspers ergänzen, ist ein *Werturteil* über eine repräsentative Person oder über ein Kollektiv als Ganzes, aber keines über ein beliebig ausgewähltes Individuum aus der Population. Es sagt etwas über die moralische Wünschbarkeit bestimmter Eigenschaften aus, aber nichts darüber, ob eine konkrete Person diese Eigenschaften verkörpert oder ob sie aufgrund dieser Eigenschaften Verbrechen begangen hat.

Obwohl Jaspers den Begriff der moralischen Kollektivschuld wiederholt und nachdrücklich zurückweist, greift er ihn andernorts im Text in zweierlei Weise wieder auf: (i) Einmal in Gestalt des ‚Analogons von Mitschuld', (ii) das andere Mal in Form von etwas, das ich *Jedermannsschuld* nennen möchte.

(i) Trotz seiner energischen Ablehnung des Kollektivismus meint Jaspers, man müsse den „möglichen Wahrheitsgehalt des Kollektivdenkens" nachprüfen. Der moralische Horror des Nationalsozialismus ist aus einer historischen Konstellation hervorgegangen, in welcher „die Lebensart einer Bevölkerung", der deutschen, ein wesentlicher Faktor war. Soviel sei unbestreitbar. Insofern nun der Einzelne an dieser Lebensart teilhabe, durch sie geprägt sei und er sich ihr in vielerlei „nahe fühlt", könne er Mitschuld für die Handlungen dieses Kollektivs oder seiner Mitglieder empfinden, auch wenn er selbst sich nichts vorzuwerfen habe.

> „So fühlt der Deutsche – d.h. der deutsch sprechende Mensch [sic.] – sich mitbetroffen von allem, was aus dem Deutschen erwächst. Nicht die Haftung des Staatsangehörigen, sondern die Mitbetroffenheit als zum deutschen geistigen und seelischen Leben gehörender Mensch, der ich mit den anderen gleicher Sprache, gleicher Herkunft, gleichen Schicksals bin, wird hier Grund nicht einer greifbaren Schuld aber eines Analogons von Mitschuld. (…) Wir wissen uns nicht nur als einzelne, sondern als Deutsche. Jeder ist, wenn er eigentlich ist, das deutsche Volk."[72]

Die ‚Identifikation' des Einzelnen mit einer Gruppe, hier einem ‚Volk', ermöglicht, was man gemeinhin ein Empfinden von Kollektivschuld nennt. Dass es ein derartiges Empfinden tatsächlich gibt, steht außer Frage. Es handelt sich um ein sozialpsychologisch gut erforschtes Phänomen. Dem Standardverständnis von Schuldgefühlen als einer emotionalen Reaktion auf eigene Pflichtverletzungen entspricht es freilich nicht. Was sozialpsychologisch als Kollektivschuld bezeichnet wird (Jaspers' „Analogon von Mitschuld") ist eine emotional grundierte Form der stellvertretenden Verantwortung für das Handeln anderer Gruppenmitglieder.[73] Ich werde gegen Ende von Teil C darlegen, warum ich glaube, dass die betreffende Empfindung irrtümlich als Schuldgefühl bezeichnet wird. Hier möchte ich es zunächst dabei belassen und auf die Jedermannsschuld eingehen.

(ii) Dass jeder erwachsene Deutsche „in irgendeiner Weise schuldig ist, daran kann (...) kein Zweifel sein."[74] Ich meine, dass dies der entscheidende Satz, der Dreh- und Angelpunkt von „Die Schuldfrage" ist. Er sollte als heuristische Regel und nicht als empirische Aussage gelesen werden: Jeder betrachte sein eigenes Verhalten unter dem Aspekt eigener moralischer Fehler, die – wie immer indirekt – zum Erhalt und Erfolg des Regimes beigetragen haben. Mit anderen Worten: Jaspers empfiehlt, dass jeder Deutsche, der sich und anderen über sein Handeln im Regime Rechenschaft ablegt, von der eigenen *Jedermannsschuld* ausgehen sollte.

Für die Wahl dieser heuristischen Regel können sowohl empirische als auch ethische Gründe angegeben werden.

Die empirischen Gründe bestehen in wohlbekannten Umständen wie diesen: Die Verbrechen der Vernichtungslager und der verbrecherische Vernichtungskrieg gegen andere europäische Völker sind im Namen Deutschlands und im Auftrage seiner durch massenhafte Zustimmung gestützten Regierung begangen worden; sie folgten aus der Ideologie und den erklärten Absichten einer Partei, der Millionen von Deutschen aus freien Stücken angehörten; Hunderttausende Deutsche hatten mit ihren Verbündeten und Helfern den Völkermord geplant und ausgeführt; Millionen hatten zumindest gerüchteweise Kenntnis von dem Massenmord erfahren. Nahezu alle erwachsenen Deutschen wussten von der systematischen Diskriminierung und Entrechtung der Juden seit der Machtübernahme, und wenigstens Hundertausende hatten davon direkt oder indirekt profitiert. Nahezu alle Deutschen wussten von der Existenz von Konzentrationslagern, in denen Kommunisten und Sozialdemokraten interniert waren. Es gab punktuellen, aber keinen in der Bevölkerung breit abgestützten Widerstand gegen die Nationalsozialisten.

Angesichts dieser Sachlage hatte jeder erwachsene Deutsche 1946 Grund, davon auszugehen, dass er hinsichtlich der nationalsozialistischen Verbrechen natürliche Pflichten verletzt hat. Und die Nachgeborenen haben Anlass, dies heuristisch ebenfalls anzunehmen.

Der ethische Grund für die heuristische Regel ist in dem Anliegen des jaspersschen Textes zu suchen, die politische Grundtugend individueller Verantwortungsbereitschaft zu fördern. Jaspers wollte nicht einfach nur (wie Habermas meint) zwischen der kriminellen Verantwortung der Täter und der Haftung des politischen Kollektivs differenzieren – er zielte auf umfassende politisch-moralische Lernprozesse bei allen Deutschen.[75]

„Für uns noch viel wichtiger" als die materielle und politische Zukunft der Deutschen, so schreibt er, ist, „wie wir selbst uns durchleuchten, beurteilen und reinigen. Jene Anklagen von außen sind nicht mehr unsere Sache. Die Anklagen von innen (…) sind dagegen Ursprung unseres jetzt noch möglichen Selbstbewusstseins (…). Wir müssen die deutsche Schuldfrage klären. Das geht uns selbst an."[76]

Jaspers ist überzeugt, dass die Verbrechen nicht zu verstehen sind, wenn man nicht die Summe – teils mikrologischer – individueller moralischer Fehler beachtet. So nimmt bei Jaspers – was häufig verkannt wird – die moralische Schuld die zentrale Stellung innerhalb des Schuldgefüges ein:

„Moralische Verfehlungen sind Grund der Zustände, in denen die politische Schuld und das Verbrechen erst erwachsen. Das Begehen der zahllosen kleinen Handlungen der Lässigkeit, der bequemen Anpassung, des billigen Rechtfertigens des Unrechten, die Beteiligung an der Entstehung der öffentlichen Atmosphäre, welche Unklarheit verbreitet, und die als solche das Böse erst möglich macht, alles das hat Folgen, die die politische Schuld für die Zustände und das Geschehen mit bedingen. (…) Das Unterlassen der Mitarbeit an der Strukturierung der Machtverhältnisse, am Kampfe um die Macht im Sinne des Dienstes für das Recht, ist eine politische Grundschuld, die zugleich eine moralische Schuld ist."[77]

8 Nach der Verantwortung für historisches Unrecht fragen

Geht es um Verantwortung für historisches Unrecht, so können damit so heterogene Dinge wie Schuld, Kosten, Ursachen oder Aufgaben angesprochen sein. Dies klar gesehen zu haben, ist eine der großen Leistungen von Jaspers. Die Auseinandersetzung mit der „Schuldfrage" in Kapitel 7 dürfte jedoch verdeutlicht haben, dass die philosophischen Schwierigkeiten durch die Ausdifferenzierung von Verantwortungsarten nicht gelöst sind, sondern lediglich angemessener formuliert werden können. Teil D und E dienen der vertieften Bearbeitung der von Jaspers eröffneten Problemfelder von persönlicher Schuld und Folgenverantwortung. So ergänzungs- oder korrekturbedürftig „Die

Schuldfrage" in ihren Äußerungen zu den einzelnen Arten historischer Verantwortung sein mag, gibt sie doch eine höchst bedenkenswerte Begründung dafür, warum das Problem historischer Verantwortung überhaupt aufgeworfen werden sollte.

Skepsis gegenüber Schuldfragen speist sich aus verschiedenen Quellen. Zum einen befürchten viele, Schuldzuweisungen könnten sich kontraproduktiv auswirken, weil der Beschuldigte, ob mit Recht oder nicht, den Vorwurf abwehren wird. So fließt viel Energie in Selbstrechtfertigung und Gegenanklage, an deren Ende schlimmstenfalls das Ausbrechen neuer Aggression steht. Eine andere Befürchtung hegte John M. Keynes. Er warnte vor der Selbstgerechtigkeit der Sieger. Die im Versailler Vertrag enthaltenen Schulderklärungen und Reparationsforderungen – so berechtigt sie aus ‚deontologischer Perspektive' gewesen sein mögen – hätten den Aufbau einer europäischen Friedensordnung unmöglich gemacht. Allgemein gesprochen: Der Wunsch nach historischer Richtigstellung kann zu einer Perpetuierung von Konflikten führen. Daher sei es unter Umständen besser, das Anliegen korrektiver Gerechtigkeit um der Erreichung normativer Ziele in der Zukunft willen fallen zu lassen.

Eine weitere Quelle der Skepsis gegenüber Schuldfragen liegt in rein zukunftsorientierten Theorien praktischer Rationalität. Wessen normatives Denken sich an einer solchen Theorie orientiert, der oder die wird es für unvernünftig halten, vergangene Ereignisse als moralische Handlungsgründe anzuführen. Korrektive Gerechtigkeit ist aus dieser Sicht nicht nur ein in vielen Fällen kontraproduktives, sondern ein grundsätzlich irrationales Unterfangen.

Skepsis gegen Schuldfragen nährt auch die zeitgenössische Theorie der Verteilungsgerechtigkeit. Der heute so einflussreiche Egalitarismus misst – im Gegensatz zu *historical entitlement theories* – der Vergangenheit für die Frage der gerechten Ressourcenverteilung keine Bedeutung zu. Ansprüche auf Ressourcen können daher nicht damit begründet werden, dass sie die materiellen Konsequenzen historischen Unrechts korrigierten.

Aus diesen und anderen Gründen halten viele die Beschäftigung mit historischer Verantwortung für ein fehlgeleitetes Anliegen. Mir scheint, dass Jaspers eine gewichtige Antwort auf diese Skepsis gegeben hat, die jenseits des Streits zwischen deontologischen und konsequentialistischen Theorien angesiedelt ist. Die Reflexion der Verantwortungsfrage hat ihm zufolge eine wesentliche Funktion für die Ausbildung politischer Tugenden – sie ist insofern in erster Linie in der ersten Person Plural zu stellen und nicht mit Blick auf andere Kollektive. Wird die Verantwortungsfrage als Frage nach der Verantwortung des eigenen Kollektivs oder der eigenen Person gestellt, so entfällt die von vielen befürchtete konfliktreibende Wirkung selbstgerechter Schuldzuweisungen. Es geht dann nicht um wechselseitige Anklage, sondern um die Entwicklung von individuellen und kollektiven Handlungsdispositionen, wie sie einer freien Gesellschaft entsprechen.

Diese Ausrichtung der Verantwortungsfrage kann – zumindest zum Teil – Bedenken beschwichtigen, wie sie sich aus bestimmten Rationalitätstheorien ergeben. Politische Tugenden können als nutzenmaximierende Dispositionen fungieren. Zwar mag es aus Sicht von Erwartungsnutzentheorien punktuell irrational sein, wenn die Staatsbürgerinnen und –bürger die Korrektur eines historischen Unrechts unterstützen – doch können die Dispositionen, aufgrund derer sie dies tun, ihren Gesamtnutzen insgesamt maximieren.

Bleibt das Problem, ob die Frage historischer Verantwortung die Aufmerksamkeit der politischen Moral nicht in die falsche Richtung lenkt: weg von den Fragen, wie es den gegenwärtig lebenden Menschen geht und wie es ihnen – egalitaristisch betrachtet – gehen sollte.

Teil C: Verantwortungsindividualismus und kollektive Schuld an historischem Unrecht

„Dergleichen wie kollektive Schuld oder
kollektive Unschuld gibt es nicht;
der Schuldbegriff macht nur Sinn,
wenn er auf Individuen angewendet wird."
(Hannah Arendt)

Kollektivschuld ist ein diskreditierter Begriff. Wem in einer Debatte über die nationalsozialistischen Verbrechen vorgehalten wird, er vertrete die These von einer kollektiven Schuld der Deutschen, dem wird nicht vorgeworfen, etwas Triviales, sondern etwas Absurdes oder sogar etwas Gefährliches, ‚Faschistoides' zu sagen. Der erste Bundespräsident, Theodor Heuss, meinte, jeder Kollektivschuldvorwurf gegen die Deutschen wäre eine Umdrehung, „nämlich der Art, wie die Nazis es gewohnt waren, die Juden anzusehen: dass die Tatsache, Jude zu sein, bereits das Schuldphänomen in sich eingeschlossen habe."[1]

Eine ähnliche Äußerung findet sich auch in Jaspers' „Schuldfrage".[2] Gegen Ende von Teil B habe ich ausgeführt, dass Jaspers – bei aller kritischen Distanz – das emotionale Mitbetroffensein „von allem, was aus dem Deutschen erwächst" als einen „möglichen Wahrheitsgehalt des Kollektivdenkens" anspricht.[3] Doch dieser „Wahrheitsgehalt" führt nicht dazu, dass der Begriff der moralischen Kollektivschuld von Jaspers in aller Form rehabilitiert würde – er anerkennt lediglich, dass Menschen aufgrund ihrer Identifikation mit einem Kollektiv „ein Analogon von Mitschuld" empfinden können. Abgesehen davon bleibt Jaspers' Einstellung zum Kollektivschuldbegriff kritisch.

Auf Ablehnung stößt der Begriff aber nicht nur in Deutschland. Thomas Cushman und Stjepan Mestrovic halten ihn angesichts der Erfahrungen im ehemaligen Jugoslawien für einen besonders gefährlichen Konflikttreiber und warnen nachdrücklich vor den Konsequenzen „both moral and logical (…) of the doctrine of collective guilt."[4]

H. D. Lewis sprach von einer „barbarous notion".[5] Hannah Arendt dekretierte, dergleichen wie kollektive Schuld gebe es nicht. Der Schuldbegriff mache nur Sinn, wenn er auf Individuen angewendet werde.[6] Und schon Kant behandelte in der „Religion innerhalb der Grenzen der bloßen Vernunft" den Gedanken einer durch die Erbsünde bedingten Kollektivschuld der Menschheit mit Spott.[7]

Demgegenüber möchte ich in diesem Teil der Arbeit zeigen, dass der Begriff der Kollektivschuld sinnvoll ist und dass er keineswegs auf falschen oder sinnlosen Annahmen beruht. Der Begriff der Kollektivschuld – so werde ich darlegen – lässt sich im Rahmen eines *Adäquaten Verantwortungsindividualismus* rekonstruieren. In Teil B habe ich verschiedentlich darauf hingewiesen, dass der Verantwortungsbegriff vieldimensional ist und dass die verschiedenen Dimensionen auseinander gehalten werden müssen. Wenn ich im Folgenden das Thema Kollektivschuld behandele, so meine ich damit *kollektive moralische Verantwortung*, also nicht kollektive Kosten- oder Aufgabenverantwortung.

1 Verantwortungsindividualismus

In der angelsächsischen Literatur gilt H. D. Lewis' kurz nach dem Ende des Zweiten Weltkriegs verfasster Aufsatz „Collective Responsibility" als *locus classicus* einer modernen verantwortungsindividualistischen Position.[1] Seine Berühmtheit verdankt der Artikel wohl nicht zuletzt dem Urteil, Kollektivverantwortung sei „a barbarous notion". Von manchen Interpreten ist dies so verstanden worden, als lehne Lewis die Vorstellung kollektiver Verantwortung in jeder Hinsicht entschieden ab.[2] Tatsächlich verfolgt Lewis jedoch eine weniger radikale Zielsetzung.

> „If I were asked to put forward an ethical principle which I considered to be especially certain it would be that no one can be responsible, in the properly ethical sense, for the conduct of another."[3]

Die Qualifikation „in the properly ethical sense" ist wichtig. Lewis weist nicht jede Form von Kollektivverantwortung zurück, sondern nur die moralische. Es ist, mit anderen Worten, der Begriff der Kollektivschuld, den er als barbarisch kritisiert. Im moralischen Sinne, so meint Lewis, könne eine Person nicht für das Handeln einer anderen Person verantwortlich sein. Diesen Gedanken hält er für evident, und ich nenne ihn daher den *Evidenten Grundsatz* (EG).

Evidenter Grundsatz (EG): Eine Person kann nicht für das Handeln einer anderen Person moralisch verantwortlich sein.

Ich möchte zeigen, dass EG sich nicht halten lässt. Personen können in verschiedener Weise moralisch für das Handeln anderer verantwortlich sein; Instrumentalisierung und gemeinschaftliches Handeln sind zwei einschlägige Fälle. Ich werde EG durch die *Individualistische Verantwortungsthese* (IT) ersetzen. *IT* impliziert, dass Personen nur aufgrund eigener Handlungen oder Unterlassungen für das Handeln anderer *moralisch* verantwortlich sein können. Stellvertretende Verantwortung können Personen auch aus anderen Gründen tragen. Eine Person kann indes nicht schuldig sein, ohne selbst einen moralischen Fehler gemacht zu haben. Dies bedeutet aber nicht, wie Lewis urteilt, sie könne nicht für das Tun anderer (mit)verantwortlich sein.

Individualistische Verantwortungsthese (IT): Eine Person *P* ist moralisch verantwortlich für ein Übel *Ü* dann und nur dann, wenn *P Ü* pflichtwidrig alleine oder mit anderen herbeigeführt oder zugelassen hat.

1.1 Kollektivschuld als ‚barbarous notion'

Dass Lewis keinesfalls den Begriff kollektiver Verantwortung ‚in all its manifestations' als vormodern betrachtet, wie beispielsweise Mellema behauptet, wird an verschiedenen Zugeständnissen von Lewis deutlich. So räumt er beispielsweise ein, die Zuschreibung kollektiver und stellvertretender Verantwortung sei in bestimmten Hinsichten ein legitimes Instrument der Verfolgung gesellschaftlicher Zwecke. Als Beispiel nennt er die Haftungspflicht von Eltern für ihre Kinder oder die gesamtschuldnerische Haftung bei Personengesellschaften. In beiden Fällen können Personen für das verantwortlich gemacht werden, was andere tun, und dies scheint seinem Grundsatz zu widersprechen, niemand könne für das Handeln eines anderen verantwortlich sein. Lewis erhebt gegen *diese* Formen kollektiver Verantwortung keine Einwände, weil sie sich durch gesellschaftliche Interessen, wie die Vereinfachung des Geschäftsverkehrs oder die angemessene Erfüllung der elterlichen Aufsichtspflicht, rechtfertigen lassen. Nämliches gilt für Sanktionen gegen einen Staat, die durch die Erfordernisse der internationalen Ordnung geboten und nach Lewis selbst dann legitim sein können, wenn sie das Leiden Unschuldiger einschließen; auch Reparationen erwähnt er ausdrücklich als eine Form von kollektiver Verantwortung, die er unter Umständen für gerechtfertigt und nicht für barbarisch hält.[4]

Wenn Lewis nicht bestreitet, dass gute Gründe dafür bestehen können, Kollektive haftbar zu machen oder sogar zu bestrafen, auch wenn dabei Unschuldige Schaden erleiden – was bestreitet er dann?

(i) Eine mögliche Antwort auf diese Frage lautet, Lewis stelle in Abrede, dass es *moralische Gründe* für den Gedanken kollektiver Haftung oder Bestrafung geben könne. Vielmehr seien sie für ihn eine Angelegenheit der Klugheit, der Zweckmäßigkeit. Tatsächlich spricht Lewis ausdrücklich davon, die Auferlegung kollektiver Haftung oder Bestrafung sei als ein Mittel gerechtfertigt, um bestimmte gesellschaftliche Zwecke zu erreichen. Es ging ihm aber wohl kaum darum, einen Gegensatz zu konstruieren zwischen moralischen Gründen und bloßen Klugheitsgründen, so als sei kollektive Verantwortung zwar moralisch nicht zu rechtfertigen, aber zweckmäßig. Auch wenn er nichts zu der Frage sagt, wie die entsprechenden gesellschaftlichen Zwecke zu rechtfertigen sind, unterstellt er wohl, dass eine bestimmte Form kollektiver Verantwortung nur dann gerechtfertigt sein kann, wenn sie der Erreichung gerechtfertigter Zwecke dient; die Zwecke müssen so gewichtig sein, dass sie das Interesse der Individuen überwiegen, nicht für die Konsequenzen des Handelns Anderer herangezogen zu werden, wenn sie selber keine Pflichten verletzt haben. Da bei einer solchen Güterabwägung moralische Gesichtspunkte im Spiel sind, ist ihr Charakter selbst moralischer Natur. Lewis würde daher wohl nicht beanspruchen, die von ihm zugestandenen Gründe für die Zulässigkeit der Institution kollektiver Verantwortung seien keine moralischen Gründe. Dies spricht gegen (i).

(ii) Lewis' Verantwortungsindividualismus – so lautet eine zweite mögliche Antwort – bestreitet, dass Personen, die durch legitime Institutionen kollektiver Verantwortung zur Rechenschaft gezogen werden, ohne individuelle Pflichten verletzt zu haben, einem *moralischen Vorwurf* ausgesetzt sind. Um bei dem Beispiel von Lewis zu bleiben: Wenn die gesamte Bevölkerung eines Landes zur materiellen Kompensation der Schäden aus einem verbrecherischen Angriffskrieg herangezogen wird, so kann dies zwar möglicherweise auch den Unschuldigen gegenüber moralisch gerechtfertigt werden – die Unschuldigen hätten aber keinen Grund, sich moralische Vorwürfe für Dinge gefallen zu lassen, hinsichtlich derer sie keine Pflichten verletzt haben. Wir müssen nach Lewis sorgfältig unterscheiden zwischen der Zuschreibung kollektiver Verantwortung als einer gerechtfertigten sozialen Praxis der Allokation von Kosten und Aufgaben auf der einen Seite und moralischer Verantwortung auf der anderen Seite.[5]

In einer zentralen Passage von „Collective Responsibility" wendet er sich gegen die Vorstellung, es sei angemessen, die durchschnittlichen Deutschen unbesehen wegen der im Namen ihres Landes begangenen Verbrechen als schuldig zu betrachten. Er beeilt sich, hinzufügen, dass dies nicht meine, nur hohe Funktionsträger des Regimes seien für das Geschehene zur Rechenschaft zu ziehen; doch stehe bei der moralischen Beurteilung das Individuum auf dem Prüfstand. Wenn es um die moralische Beurteilung einer Person geht, reicht es nicht aus, über Kenntnisse hinsichtlich der Geschichte ihres Herkunftslandes zu verfügen. Vielmehr müsse man wissen, unter welchen individuellen Bedingungen sie handelte und was moralisch vernünftigerweise unter entsprechenden Umständen erwartet werden könne.[6] Diese Herangehensweise fordert EG.

Lewis verortet die geistesgeschichtliche Wurzel der Unfähigkeit, Kollektivschuld als ein barbarisches Konzept zu erkennen in der idealistischen Staatstheorie „and the cruder forms of totalitarian theories which prevail today".[7] Im Hintergrund seiner Ausführungen steht so die These, dass die Kollektivschuldvorstellung untrennbar verbunden sei mit dem Kollektivismus, der Lehre, dass abstrakte Entitäten, wie Staaten oder Völker, Kollektivsubjekte seien, deren Wohlergehen wichtiger zu nehmen sei als das Wohlergehen der Individuen. Die Argumente, die gegen die Vorstellungen einer volonté générale oder eines organizistisch verstandenen Gemeinwohls sprechen, diskreditieren – so Lewis – auch den Gedanken der Kollektivschuld.[8]

1.2 Individuelle Verantwortung für das Handeln anderer

Es ist nun an der Zeit, mögliche Argumentationen für EG genauer zu betrachten. Dass Personen nicht für das Handeln anderer verantwortlich zu sein vermögen, hätte Lewis etwa mit Verweis auf die Natur von Handlungen überhaupt begründen können: i) Eine Person handelt, wenn das Eintreten eines Ereignisses von ihrer Entscheidung abhängt. ii) Eine Entscheidung fällt eine Person, wenn sie einen Handlungspfad in Anbetracht von Gründen festlegt. iii) Wenn eine Person entscheidet, so wird sie nicht durch anonyme Kräfte oder andere Personen gesteuert; vielmehr liegen die Ursachen der Entscheidung in ihr selbst. iv) Wenn es die jeweils handelnde Person selbst sein soll, die den Ausschlag gibt, dann ist unmöglich, dass jemand anderes für ihr Handeln verantwortlich ist. v) Denn moralische Verantwortung für ein Übel *Ü* können wir nur tragen, wenn es in unserer Macht liegt, für das Ausbleiben von *Ü* zu sorgen, und wir dazu auch verpflichtet waren. vi) Doch wenn eine andere Person den Ausschlag gegeben hat für das Eintreten von *Ü*, dann lag es auch in deren Macht für das Ausbleiben von *Ü* zu sorgen. vii) Also ist Verantwortung für das Handeln anderer eine inkonsistente Idee.

Dieser Konklusion steht allerdings eine ganz anders geartete und keineswegs unplausibel wirkende Alltagspraxis der Verantwortungszuschreibung entgegen. *Instrumentalisierung:* Nehmen wir zunächst den Fall der Instrumentalisierung einer Person. In einer Bank bringe ich den Angestellten dazu, mir € 1000 vom Konto meiner Frau auszuzahlen. In Wahrheit bin ich ein unverheirateter Trickbetrüger und benutze den getäuschten Angestellten. Mit gesundem Menschenverstand würde man die Situation so beschreiben, dass der Angestellte zwar handelt, indem er das Geld meiner vermeintlichen Gattin herausgibt, aber nicht für die Straftat verantwortlich ist – es sei denn, er hätte selbst Pflichten verletzt. Die moralische und strafrechtliche Verantwortung liegt dann allein bei mir, wenn der Angestellte keine Sorgfaltspflichten vernachlässigt hat. Man könnte nun versuchen, EG zu retten, indem man sagt, ich sei nicht für das *Handeln* des Angestellten verantwortlich, weil dieser bei der Herausgabe gar nicht selbst gehandelt habe. Ich hätte ihn vielmehr als menschliches Werkzeug benutzt, und dies werde durch EG nicht ausgeschlossen. Doch da ein solches ad hoc Manöver dazu dient, EG dem gesunden Menschenverstand zu akkommodieren, ist es besser, sich direkt an diesen zu halten. Aus Commonsense-Sicht legt es sich nicht nahe, dem Tun eines Getäuschten den Status als Tun abzusprechen; man sollte daran festhalten, zu sagen, er habe gehandelt, sei aber für die Handlung nicht verantwortlich, weil er getäuscht wurde.[9]

Mitverantwortung: Betrachten wir nun den Fall der Mitverantwortung. Mitverantwortung für ein Übel *Ü* besteht, wenn sich *Ü* aus dem Zusammenwirken mehrerer Personen ergibt, die (i) unabhängig voneinander oder (ii) aufeinander abgestimmt Pflichten verletzen. (i) liegt vor, wenn *Ü* sich aus der Kombination pflichtverletzender Handlungen ergibt, etwa bei einer Kollision zwischen einem Autofahrer *A*, der mit überhöhter Geschwindigkeit fährt, und einem Autofahrer *B*, der *A's* Vorfahrt missachtet. (ii) liegt vor, wenn die pflichtverletzenden Handlungen einem gemeinsamen Plan folgen: *A* zerschmettert die Scheibe, während *B* Waren aus der Auslage herausklaubt.

Die Behandlung von Fällen wie (i) beschert EG die geringeren Probleme: Eine Person ist nur für die Konsequenzen ihrer eigenen

Pflichtverletzungen verantwortlich. Ergibt sich – in Kombination mit anderen Pflichtverletzungen – ein Übel, so ist die Person *A* für dieses in Proportion zu ihren eigenen Verfehlungen verantwortlich. Sie trägt keine Verantwortung für die Verfehlungen anderer.

Schwieriger ist die Integration von (ii). EG scheint nämlich auszuschließen, dass Personen Verantwortung für gemeinsame Unterfangen teilen. Derjenige, der die Scheibe zerschmettert, bevor der andere die Uhren an sich nimmt, könnte sich auf Lewis berufen, dass er nichts gestohlen, sondern nur Glas zerbrochen habe. Entwendet habe die Uhren der andere und für dessen Handeln sei er – laut EG – nicht verantwortlich. In einer solchen Auslegung führt EG zu einem radikalen Verantwortungsindividualismus.

1.2.1 Radikaler Verantwortungsindividualismus

Extreme Formen des Verantwortungsindividualismus zeichnen sich dadurch aus, dass sie die Vorstellung geteilter Verantwortung mit der Begründung ablehnen, koordiniertes Handeln vieler sei als Resultat der Kombination rein-individueller Intentionen zu analysieren.

Der extreme Verantwortungsindividualismus kann (a) in einer Bedeutungs-, und (b) einer Erklärungs-Version vorgebracht werden. Beide Varianten sind unzureichend.

(a) Israel Kirzner erklärt, eine Aussage über das Wohlergehen eines Kollektivs sei bedeutungslos, wenn sie nicht unzweideutig übersetzt werden könne in eine Aussage über das Wohlergehen von Individuen.[10] Man könnte dies die Bedingung der Übersetzbarkeit nennen. Der zugrunde liegende Gedanke lautet, dass es Kollektiven nur gut gehen könne, wenn sich ihnen Präferenzen oder Wünsche zuschreiben ließen; da nur natürliche Personen Präferenzen oder Wünsche haben könnten, verfüge die Rede vom Kollektivwohl über keinen Referenten; sie ist – in Kirzners Diktion – bedeutungslos, *meaningless*. Dass es der Gesellschaft gut gehe, ist laut Kirzner nur eine bequeme Kurzform, um auszudrücken, dass es Individuum 1, …, n, aus denen die Gesellschaft bestehe, gut gehe. Wenn Kollektive keine Präferenzen und Intentionen zu haben vermögen, dann sind Kollektive nicht in der Lage, zu handeln; und wenn Kollektive nicht handeln können, dann können sie auch keine Verantwortung tragen. Aussagen über die Verantwortung von Kollektiven müssen daher übersetzt werden in Aussagen über die Verantwortung von Individuen.

Die Bedingung der Übersetzbarkeit hat nun einige merkwürdige Konsequenzen. Aus ihr würde etwa folgen, dass die Aussage, ‚es geht der Gesellschaft gut', eine andere Bedeutung bekäme, wenn ein weiteres Individuum hinzuträte, so wie ein Viereck kein Viereck mehr wäre, wenn eine weitere Ecke hinzugefügt würde. Dieser Folgerung steht die linguistische Intuition entgegen, dass die Bedeutung einer Aussage über das Wohlergehen der Gesellschaft sich nicht dadurch ändert, dass sich ihre Zusammensetzung geringfügig ändert.

Augenscheinlich wird die Unzulänglichkeit von Kirzners Übersetzbarkeitsbedingung auch, wenn man versucht, die Rede von der guten Finanzlage eines Vereins auf Aussagen über Individuen zurückzuführen – die Finanzlage eines Vereins kann gut sein, ohne dass die Finanzlage eines einzigen Mitglieds gut zu sein braucht; und dass es dem Verein finanziell gut geht, heißt auch nicht, dass es den Mitgliedern qua Mitgliedern finanziell gut gehe. Angenommen der Verein nutzt seine üppigen finanziellen Mittel, um den Vereinszweck zur vollen Zufriedenheit aller Mitglieder zu fördern, so gedeiht der Verein – aber das heißt nicht, dass auch nur eines der Mitglieder gedeiht. Die Rede vom Wohlergehen eines Kollektivs wird sinnvollerweise auf dessen Zwecke bezogen werden. Wenn aber Kollektive Zwecke haben können und Aussagen über deren Wohlergehen nicht übersetzt werden können in Aussagen über das Wohlergehen der Mitglieder; wenn ferner Aussagen über das, was ein Kollektiv tut, nicht übersetzt werden können in das, was die Mitglieder tun, so liegt es nahe, den Begriff der Verantwortung für Kollektive zuzulassen.

(b) Kommen wir nun zu der Erklärungs-Version des extremen Verantwortungsindividualismus. In der Standardform der Rationalwahltheorie hat der methodologische Individualismus nicht den Status einer These über die Bedeutungsbedingungen von Aussagen; vielmehr hat er hier die Funktion einer Theorie über die angemessene Erklärung menschlichen Verhaltens und seiner Ergebnisse. Eine derartige Erklärung wird nur dann als angemessen betrachtet, wenn ein Verhalten und dessen Ergebnisse als Resultate individueller Nutzenmaximierung modelliert werden. Ausgangspunkt ist abermals die Auffassung, dass die Interessen und Ziele natürlicher Personen gegenüber den Interessen und Zielen sozialer Artefakte vorgängig sind – das heißt, erstere können ohne letztere bestehen, letztere aber nicht ohne erstere.[11] Die Handlungen sozialer Artefakte ergeben sich aus den rationalen Handlungen von Individuen; eine grundlegende, die tiefer liegenden Ursachen betreffende Erklärung muss daher auf das individuelle rationale Handeln abheben.

Wie Robert Sugden in seinem Aufsatz „Team Preferences" ausgeführt hat, scheitert die Rationalwahltheorie in ihrer Standardform bereits bei der Rekonstruktion der Lösung einfacher Koordinationsprobleme. Sie verfügt über keine Erklärung dafür, warum koordiniertes Verhalten möglich ist und auftritt. Wer die These vertreten wollte, dass eine profunde Erklärung sozialer Phänomene auf das Nutzen maximierende Verhalten von Individuen abheben müsste, hätte insofern einen schweren Stand. Denn bereits einfache soziale Phänomene, wie das koordinierte Verhalten eines Teams, lassen sich nicht in diesem Sinne erklären. Die Konsequenzen für die Zuschreibung von Verantwortung sind entsprechend düster.

Sugden hat aber auch gezeigt, dass innerhalb der Rationalwahltheorie eine Lösung möglich wird, wenn sie um den Begriff der Gruppenpräferenz erweitert wird. Da der Begriff der Gruppenpräferenz eine Grundlage für die Vorstellung kollektiver moralischer Verantwortung bildet, unterstützt die in dieser Weise erweiterte Rationalwahltheorie nicht den extremen Verantwortungsindividualismus – im Gegenteil: Er ermöglicht eine rationalwahltheoretische Fundierung des Begriffs geteilter Verantwortung.

Nehmen wir als Beispiel die rationalwahltheoretische Rekonstruktion einer zweiköpfigen Jazzsession. Bassist und Pianist stehen jeweils vor der Wahl, das Improvisationsthema fortzusetzen oder zu ändern. Wenn die Änderung koordiniert geschieht, steigert dies den Nutzen beider Seiten; geschieht die Änderung einseitig, ohne dass der Partner darauf eingehen könnte, fällt der Nutzen beider Seiten wesentlich. Es wäre dann besser, das bisherige Thema gemeinsam fortzusetzen. Diese Situation lässt sich mithilfe der folgenden Auszahlungsmatrix veranschaulichen, von der wir annehmen, dass sie beiden Seiten bekannt ist:

Bassist/Pianist	*Thema fortführen*	*Thema wechseln*
Thema wechseln	0/0	10/10
Thema fortführen	5/5	0/0

Abbildung 1: Koordinationsproblem des Teams

Die Rationalwahltheorie setzt in ihrer Standardform voraus, dass Bassist und Pianist sich jeweils Nutzen maximierend verhalten. Um ihre Nutzen maximierende Option zu bestimmen, müssen sie wissen, wie sich die andere Seite verhalten wird. Sie erkennen zwar, dass es insgesamt und für jede einzelne Partei optimal wäre, das Thema zu wechseln; aber für beide Seiten gilt, dass sie die Nutzen maximierende Verhaltensweise nur in Abhängigkeit von der Wahrscheinlichkeit bestimmen können, mit der die jeweils andere Seite eine Option wählt. Der Bassist hat nur dann Grund, das Thema zu wechseln, wenn der Pianist das Thema wechselt; umgekehrt hat der Pianist nur Grund, das Thema zu wechseln, wenn der Bassist das Thema wechselt. Daraus ergibt sich ein infiniter Regress, so dass beide keinen Grund haben, das Thema zu wechseln, obwohl dies den Gesamtnutzen maximierte und eine Pareto-Verbesserung darstellte.[12]

Das Problem stellt sich nach Sugden nicht, wenn die Theorie so erweitert wird, dass es als rational gilt, wenn jeder der Musiker denjenigen Beitrag erbringt, der Nutzen maximierend wäre, leistete auch der andere seinen Beitrag – und zwar unabhängig von Wahrscheinlichkeitsüberlegungen, was die jeweils andere Seite tun wird.[13] Handeln die Musiker auf diese Weise, so handeln sie im Sinne einer Gruppenpräferenz – sie führen aus, was zum besten Gelingen der Session beitrüge, wenn auch die anderen Beteiligten ihren Teil leisteten. Sie werden dies natürlich nur tun, wenn sie sich selbst und andere Personen als Mitglieder einer Gruppe ansehen, also davon ausgehen, dass die auf der Bühne Anwesenden gemeinsam eine Jazzsession abhalten und nicht etwa unabhängig voneinander ausprobieren, welches Instrument lauter ist.[14] Kommen ihnen Zweifel, dass die andere Seite sich im Sinne des gemeinsamen Unterfangens verhält, so wird es irrational, gemäß der Gruppenpräferenz zu handeln. Gegenseitiges Vertrauen ist somit Voraussetzung für das Zustandekommen geteilter Absichten, die wiederum Voraussetzung sind für die Zuschreibung von geteilter moralischer Verantwortung.

Zusammenfassend: Sugden will den individualistischen Ansatz der Rationalwahltheorie im Kern festhalten, aber um den Begriff der Gruppenpräferenz erweitern. Das Gruppenhandeln superveniert über die individuellen Gruppenpräferenzen. Sein Konzept entspricht einer Vorstellung struktureller Rationalität, insofern eine Person rational im Sinne der Gruppe handelt, wenn sie ihren Beitrag zu derjenigen Handlungskombination leistet, die Nutzen maximierend wäre, sofern die Anderen ihren Beitrag auch leisteten.[15] Diese Modifikation mündet in eine Form von handlungstheoretischem Individualismus, die ich als gemäßigt bezeichnen möchte. Ein solcher gemäßigter handlungstheoretischer Individualismus ermöglicht überhaupt erst ein rationalwahltheoretisches Verständnis von Formen strafrechtlicher Beteiligung, wie der gemeinschaftlichen Begehung einer Straftat durch arbeitsteiliges Zusammenwirken der Tatbeteiligten. Wenn im Folgenden eine verantwortungsindividualistische Position verteidigt werden soll, so ist dabei eine Variante gemeint, die sich auf einen gemäßigten handlungstheoretischen Individualismus stützt.

1.2.2 Ein Argument gegen den Verantwortungsindividualismus?

Nach einem Unfall ist ein Mann eingeklemmt. Er könnte gerettet werden, wenn drei Personen konzertiert handelten. Zehn Schaulustige, die über keine gemeinsame Struktur kollektiven Entscheidens verfügen,[16] stehen am Unfallort und unternehmen nichts, um den Mann zu befreien, so dass dieser umkommt. Da laut *IT* eine Person *P* nur dann für ein Übel *Ü* moralisch verantwortlich ist, sofern sie *Ü* pflichtwidrig herbeigeführt oder zugelassen hat, scheint zu folgen, dass niemand in dem oben geschilderten Szenario Verantwortung trägt. Annahmegemäß war keine einzelne Person P_i in der Lage, *Ü* zu verhindern. Also war auch keine einzelne Person P_i verpflichtet, *Ü* zu verhindern. Denn Sollen impliziert Können. Daher kann nach *IT* keine Person aus (P_1, …, P_{10}) dafür verantwortlich sein, dass *Ü* eingetreten ist. Entsprechend könnte man zwar sagen, dass *Ü* ein Übel darstellte und dass *Ü* besser verhindert worden wäre; doch es wäre nicht möglich, davon zu sprechen, dass *Ü* hätte verhindert werden sollen oder dass die Individuen der Zufallsgruppe für das Eintreten von *Ü* Verantwortung tragen und zur Rechenschaft gezogen werden sollten. Und das ist absurd.

Dieses Argument gegen *IT* beruht auf einer unzulässig engen Auslegung der im Spiel befindlichen Pflichten. *IT* beschränkt die Pflichten von Individuen nicht auf das, was sie ohne Zuhilfenahme fremder Unterstützung bewirken können, sondern auf das, was sie überhaupt bewirken können, und dazu gehört in vielen Umständen auch das, was sie nur mit anderen gemeinsam zu bewerkstelligen vermögen.

Nach Virginia Held ist es angemessen, zu sagen, dass eine Zufallsgruppe, wie die oben beschriebene, für den Tod des Mannes verantwortlich ist, wenn die Individuen als Kollektiv verpflichtet waren, dem Mann zu helfen. Dies ist dann der Fall, wenn für alle offensichtlich war (oder sein musste), dass sie in der Lage waren, das Übel abzuwenden, und dass das Übel notgedrungen eintreten würde, wenn sie nichts unternähmen. Unter solchen Umständen ist es moralisch falsch, zuzulassen, dass das Übel geschieht, und die moralische Verantwortung hierfür trifft, nach Held, primär das Kollektiv.[17] Wie sich die Verantwortung auf die Individuen verteilt, kann zunächst offen bleiben.

Helds Ansatz erlaubt, die Mitglieder von Zufallsgruppen und diese selbst als verantwortlich auszumachen, ein Ergebnis, das unserer intuitiven Sichtweise wohl entspricht – allerdings nur unter einer Bedingung, die bei Held nicht ausdrücklich genannt wird. Wenn P_1 erfolglos versucht hätte, zwei andere Personen aus (P_2, …, P_{10}) dazu zu bewegen, mit ihr zusammen *Ü* zu verhindern, dann würde man ihr keine moralischen Vorwürfe machen. Wir würden es sicherlich ungerecht finden, wenn man ihr, wie den Untätigen, *Ü* zurechnete. So kann man wohl sagen, dass sie zu der Zufallsgruppe gehörte, aber eben nicht, dass sie an der Verantwortung für *Ü* mitzutragen hätte.[18] Es ist nicht klar, wie Held dieser Intuition gerecht werden möchte, ohne dass der Begriff kollektiver Verantwortung mit der Reduktionsforderung von *IT* zusammenfällt. Denn wenn sie argumentierte, P_1 trüge keine Verantwortung für *Ü*, weil sie versucht hätte, die anderen zum konzertierten Handeln zu bewegen, so entspräche dies wohl einer Antwort im Sinne von *IT*. Ob eine Person einer Gruppe zugezählt wird, die einem moralischen Vorwurf ausgesetzt ist, hängt von ihren individuellen Verhaltensweisen ab. Wenn P_1 ihren Teil getan und ihre individuellen Pflichten erfüllt hat – nämlich zu versuchen, die anderen zum Handeln zu bewegen – so wäre es ungerecht, sie für deren Versäumnisse verantwortlich zu machen, oder, wie Lewis schrieb: „no one can be responsible, in the properly ethical sense, for the conduct of another."[19] Der Unterschied zwischen P_1 und den anderen Personen aus (P_2, …, P_{10}) besteht darin, dass P_1 versuchte, *Ü* zu verhindern, während alle anderen dies nicht taten. Im Gegensatz zu P_1 haben sie das Auftreten von *Ü* pflichtwidrig zugelassen.

Zu diesem Ergebnis gelangt man allerdings nur, wenn man *IT* so auslegt, dass Individuen als Mitglieder von Zufallsgruppen verpflichtet sein können. Um nicht zu abwegigen Ergebnissen zu führen, sollte *IT* daher die Möglichkeit kollektiven Handelns und individueller Pflichten aus und zu kollektivem Handeln nicht von vornherein bestreiten. *IT* gestattet durchaus, dass – um beim Beispiel zu bleiben – eine Person am Unfallort eine Wir-Perspektive einnimmt und anderen zuruft „Wir müssen etwas tun!", damit ausdrückend, dass die Anwesenden moralisch verpflichtet sind, dem drohenden Übel entgegenzuarbeiten. Eine einzelne Person kann – auch nach *IT* – durchaus verpflichtet sein, als Mitglied einer Gruppe zu handeln, und zwar auch dann, wenn die Entscheidungsstruktur der Gruppe erst noch zu konstituieren ist.

1.3 Nicht-distributive Kollektivschuld?

Der Individualismus verlangt, dass die Zuschreibung von Verantwortung an Kollektive gestützt wird auf die Zuschreibung von Verantwortung an Individuen. Doch so – meinen die Kritiker – benutzen wir den Verantwortungsbegriff in paradigmatischen Fällen nicht. Wir erwarten von dem Proponenten einer Aussage über kollektive Verantwortung nicht, dass er in der Lage ist, diese auf Aussagen über individuelle Verantwortung zurückzuführen. Im Gegenteil: Wir erwarten in vielen Fällen, dass er etwas sagen will, was sich gerade nicht auf Individuen beziehen lässt. Dieser Punkt ist besonders nachdrücklich von D. Cooper betont worden. Dass wir die Verantwortung des Kollektivs von der Verantwortung der Mitglieder unterscheiden, hat damit zu tun, dass das Kollektiv nicht durch *diese* Mitglieder konstituiert wird.

„This is because the identity of a collective does not consist in the identity of its membership. The local tennis club is the same club as it was last year, despite the fact that new members may have joined, and old ones departed. The expression ‚the local tennis club' does not, except in rare circumstances, refer to a determinate set of individuals. So it is absurd to equate the meaning of a statement about a collective with the meaning of a statement about a number of individuals."[20]

Die Zuschreibung von kollektiver Verantwortung in unserer moralischen Alltagssprache steht – dieser Ansicht zufolge – auf eigenen Füßen, weil unsere Rede von Kollektiven (Familien, Ländern, Clubs) auf eigenen Füßen steht. Wir beziehen uns auf Kollektive in ähnlicher Weise, wie wir uns auf ‚mittelgroße trockene Körper' beziehen. Obwohl Kollektive aus Individuen ‚bestehen', ist ihre Identität unabhängig von dem Verbleib der Individuen, so wie die Identität eines Menschen, der aus Zellen besteht, nicht von dem Verbleib dieser Zellen abhängt, oder die Identität eines Stuhls von der Identität der ihn bildenden Atome und Moleküle.

Die Forderung, Aussagen über Kollektive auf Aussagen über Individuen zu reduzieren, wäre so unsinnig, wie die Forderung, Aussagen über Stühle auf Aussagen über Atome und Moleküle zu reduzieren.

Doch ist dies nicht, was der Verantwortungsindividualismus typischerweise fordert. Er verlangt nicht, dass *jede* Form von Verantwortungszuschreibung auf das Handeln von Individuen zurückgeführt wird. Dies verlangt er nur, wenn es um moralische Verantwortung geht.[21] Jedes Individuum, um die These zu wiederholen, ist nur für die eigenen moralischen Fehler (moralisch) verantwortlich. So ist vielleicht eine Aussage der Art „Der örtliche Tennisclub ist selbst schuld an seiner Nachwuchsmisere" nicht auf Individuen zu beziehen, die aktuell Mitglieder des Clubs sind. Doch ist dies unerheblich für die These des Verantwortungsindividualismus, die sich vielmehr auf die Bedeutung von ‚ist selbst schuld' bezieht. Ihr zufolge kann das ‚ist selbst schuld' hier entweder nicht moralisch gemeint sein oder es muss auf die Fehler von Individuen bezogen werden. Der Verantwortungsindividualismus bestreitet, dass es einen Sinn *sui generis* von ‚kollektiver moralischer Verantwortung' gibt. Diese müsse vielmehr immer analysiert werden als Gefüge individueller moralischer Verantwortung. Es besteht daher kein direkter Konflikt zwischen dem Verantwortungsindividualismus und der Position Coopers, wenn er darauf insistiert, dass

> „(a) collective's falling below an expected standard might be quite different from an individual's falling below a standard expected of him. Certain things may be expected of a collective, and if it fails to live up to expectations then it will incur blame. This may occur without any individual failing to live up to what is expected of him."[22]

Wenn ein Verein nicht den Standards entspricht, deren Erfüllung man von einem guten Verein erwartet, so können womöglich – wie Cooper schreibt – die Ursachen ‚im Verein liegen', obwohl kein einziges Mitglied die Standards unterboten hätte.

Nehmen wir ein anderes Beispiel, um zu verdeutlichen, warum es hier aus individualistischer Warte erforderlich ist, den Begriff ‚blame' genauer zu fixieren: Das Ernährungsministerium werde dafür verantwortlich gemacht, ein schädliches Produkt nicht vom Markt genommen zu haben; eine unabhängige Untersuchung zeigt, dass keinem Mitarbeiter des Ministeriums direkt ein Vorwurf gemacht werden kann. Im alltäglichen Sprachgebrauch würden wir dies nicht unbedingt für einen Grund halten, den Vorwurf gegen das Ministerium aufzugeben. Der Verantwortungsindividualismus erklärt dies damit, dass entweder weiterhin ein (versteckter) individueller Vorwurf aufrechterhalten wird (die Ministerin hätte voraussehen müssen, dass ein solcher Fall auftreten kann, und hätte entsprechende Maßnahmen zu ergreifen gehabt) oder das Wort ‚Vorwurf' falsch verwendet wird. Keine Einwände hätte er dagegen, von der Verantwortung des Ministeriums in dem Sinne zu sprechen, dass die Vermeidung gewisser Vorkommnisse in seinen Aufgaben- und Verantwortungsbereich fällt. Hier geht es dann aber nicht darum, retrospektiv Schuld zuzuweisen, sondern prospektiv zu bestimmen, wer aufgrund des Schadens tätig werden muss, um entweder – verschuldensunabhängig – Kosten zu übernehmen oder – aufgabenabhängig – die Schadensabwehr zu verbessern.

Ein Beispiel, das einer moralischen Verwendung des Verantwortungsbegriffs näher kommt und daher Coopers Punkt besser vorantreibt, ist folgendes: Es gehört zu den Standardbedingungen moralischer Vorwerfbarkeit, dass Akteure in der Lage sind, das Falsche ihres Tuns zu begreifen. Daher machen auch überzeugte Gegner des Fleischkonsums nicht-menschlichen Karnivoren keine Vorwürfe, weil sie davon ausgehen, dass diese nicht in der Lage seien, das Verwerfliche ihres Handelns zu erkennen. Angenommen, man würde im Anschluss an eine radikale Lesart von Daniel Goldhagens „Hitler's Willing Executioners" annehmen, die Deutschen seien aufgrund einer moralisch abartigen Kultur nicht in der Lage gewesen, einzusehen, dass die Ermordung der Juden moralisch verwerflich ist. Unter Anwendung der Standardbedingung müsste man dann sagen, man könne ihnen keine Vorwürfe machen für ihr Handeln. Dies würde aber im Rahmen des Verantwortungsindividualismus dazu führen, dass den Deutschen auch als Kollektiv kein moralischer Vorwurf gemacht werden könnte. Eine solche Folgerung erscheint allerdings unseren wohlerwogenen moralischen Urteilen zu widersprechen.

Eine Möglichkeit, diese Folgerung zu vermeiden, besteht darin, kollektive moralische Verantwortung als einen irreduziblen, eigenen Verantwortungstyp zu betrachten, der an andere Bedingungen geknüpft ist als individuelle Verantwortung. Ähnlich wie in dem Tennisclub-Beispiel würde man argumentieren, zwar habe kein individueller Deutscher einen moralischen Fehler gemacht (aufgrund der Standardbedingung moralischer Vorwerfbarkeit), aber die Deutschen insgesamt hätten einen moralischen Fehler gemacht.

Auf eine solche Überlegung ist aus der Warte des Verantwortungsindividualismus zu entgegnen, dass die Rede von moralischer Verantwortung für Individuen und Kollektive dieselbe Kernbedeutung haben sollte – alles andere droht zu Verwirrung zu führen, eine Gefahr, die man nur mit sehr gewichtigen Gründen eingehen sollte. Als einen solchen Grund könnte man betrachten, dass sich nur durch eine Aufspaltung der Kernbedeutung von Verantwortung im individuellen und kollektiven Fall alltägliche sprachliche Praktiken verstehen ließen.

Aber dies scheint nicht der Fall zu sein. Der Verantwortungsindividualismus kann durchaus eine Rekonstruktion unserer moralischen Reaktion auf Goldhagen-artige Beispiele vorlegen. Diese Rekonstruktion beruht auf zwei Gedanken:

1. Ein Kollektiv kann keine moralische Verantwortung tragen, wenn kein Mitglied des Kollektivs moralische Verantwortung trägt. Denn kollektive moralische Verantwortung ist abgeleitet.

2. Dass ein Kollektiv keine moralische Verantwortung trägt, heißt nicht, dass es nicht Gegenstand der Kritik, der Missbilligung oder der Abscheu sein kann.

Ein nicht-schuldfähiger Triebtäter kann definitionsgemäß keine moralische Verantwortung tragen; dennoch ist es normal, seine Handlungen zu verabscheuen. Bezogen auf das Goldhagen-artige Beispiel müsste man dann sagen: Das Kollektiv der Deutschen könnte gegebenenfalls nicht schuldfähig sein (weil diese aufgrund ihrer abartigen Kultur ihr Unrecht nicht sehen konnten), aber hat gleichwohl verabscheuungswürdig gehandelt. Unter solchen Bedingungen würden wir, dem Verantwortungsindividualismus zufolge, wenn wir von der Schuld der Deutschen redeten, in Wirklichkeit zweierlei tun: Wir würden deren kausale Verantwortung postulieren und unsere Abscheu ausdrücken. Diese Auslegung scheint mir richtig zu sein und unserer alltäglichen Urteilspraxis nicht zu widersprechen.

Cooper schlägt dagegen im Anschluss an Richard Brandt vor, eine andere Richtung einzuschlagen. Individuelle und kollektive Verantwortlichkeit zeichneten sich dadurch aus, dass Eigenschaften einer Person oder eines Kollektivs die berechtigten Erwartungen unterböten – und zwar unabhängig davon, ob eine Person oder ein Kollektiv etwas für diese Eigenschaften kann oder nicht.[23] Wir machen demzufolge einer besonders dummen oder ungeschickten Person Vorwürfe, auch wenn offensichtlich sein sollte, dass sie weder etwas dafür kann, so dumm oder ungeschickt zu sein, noch dass sie etwas Wesentliches daran zu ändern vermöchte. Auch wenn ein Autofahrer angesichts seiner Fähigkeiten als Fahrer, seinem allgemeinen nervlichen Zustand zum gegebenen Zeitpunkt, den Straßen- und Wetterverhältnissen einen Unfall gar nicht vermeiden konnte, erklären wir ihn – Cooper zufolge – für verantwortlich, weil er nicht erfüllt, was wir von einem normalen Fahrer erwarten.[24] Genauso können wir von Kollektiven, wie einer Nation oder einem Tennisclub, sagen, sie unterböten einen bestimmten Standard, den wir bei Kollektiven dieser Art veranschlagen. Die richtige Antwort auf die Frage, warum wir Kollektive moralisch verantwortlich machen können, wenn deren Mitglieder keine moralischen Fehler begehen, besteht also laut Cooper darin, dass der Begriff moralischer Verantwortung bei Individuen und Kollektiven auf Verhaltensstandards bezogen ist, die normalerweise erfüllt werden. Wenn ein Kollektiv bestimmten moralischen Standards nicht entspricht, kann es moralisch verantwortlich sein, ohne dass dies implizierte, dass eines oder mehrere Mitglieder des Kollektivs individuelle moralische Standards unterböten.

Wenig spricht für diesen Vorschlag. Es ist zwar richtig, dass das Recht Personen Schäden zurechnet, die aus ihren persönlichen Unzulänglichkeiten resultieren und die sie nicht oder nicht mehr verhindern konnten.[25] Aber dies geht nicht mit der Zuschreibung moralischer Verantwortung einher. Moralische Verantwortung setzt typischerweise voraus, dass eine Person eine moralisch falsche Entscheidung trifft, beispielsweise übermäßige Risiken eingeht oder bewusst die Interessen anderer missachtet. Wenn – um das obige Beispiel aufzunehmen – in einer gegebenen Situation ein Unfall nicht vermeidbar war, wird man den verursachenden Fahrer nur moralisch verurteilen, wenn er zu einem früheren Zeitpunkt in einer relevanten Weise moralisch falsch entschieden hat.

Coopers Vorschlag, die alltägliche Rede davon, dass ein Kollektiv an etwas schuld oder für etwas verantwortlich sei, zu rekonstruieren, indem Verantwortungszuschreibungen als Anwendungen von Gütestandards in Verbindung mit Kausalaussagen verstanden werden, verfehlt die spezifische Bedeutung moralischer Verantwortung. Entsprechend verfehlt er auch die Stoßrichtung des Verantwortungsindividualismus, der keine allgemeine Theorie der Verantwortung vorlegen will, sondern sich auf den Aspekt moralischer Verantwortung konzentriert.

Was bedeutet all dies für die Beurteilung des Verantwortungsindividualismus? Zunächst gilt es festzuhalten, dass dieser lediglich behauptet, der Begriff kollektiver moralischer Schuld impliziere, dass Mitglieder des betroffenen Kollektivs sich individuell moralisch schuldig gemacht haben. Cooper will dagegen einen von individueller moralischer Schuld unabhängigen Begriff von Kollektivschuld zulassen. Dafür führt er aber seinerseits ein revisionistisches Konzept von moralischer Verantwortung ein. Der entscheidende Nachteil dieses Konzepts besteht darin, dass es keinen Zugewinn an Ausdrucksvermögen mit sich bringt. Es führt vielmehr zu einer Verarmung der moralischen Sprache. Wenn ein Kollektiv Verhaltensstandards unterbietet und die Ursachen dieser Unterbietung ‚in ihm selbst zu finden sind', dann lässt sich dieser Sachverhalt ohne weiteres im Rahmen des Verantwortungsindividualismus benennen – und zwar genau so, wie gerade geschehen. Die Rede von kollektiver moralischer Verantwortung oder Kollektivschuld wird dagegen für Situationen reserviert, in denen die Ursache moralisch kritikwürdigen Kollektivverhaltens in moralischen Fehlern von denjenigen Individuen liegt, die das Kollektiv konstituieren.

2 Zwei Kollektivschuldbegriffe

Einem frühen Beitrag zur analytischen Moralphilosophie von C. L. Stevenson verdanken wir den Hinweis, dass Wörtern im Laufe der Sprachgeschichte die Kraft zuwachsen kann, „affektive Reaktionen in Menschen zu bewirken".[1] Stevenson nannte die historisch akquirierte Suggestivkraft von Wörtern und Sätzen ihre „emotive Bedeutung". Kraft der emotiven Dimension von Ausdrücken unserer moralischen Sprache wie ‚schäbig', ‚niederträchtig', ‚aufdringlich', ‚grausam', ‚hinterlistig' wirken Menschen wechselseitig auf ihre Einstellungen ein. Jemand, der eine Person ‚aufrecht' nennt, verursacht damit tendenziell eine affektive Reaktion und – damit einhergehend – eine verhaltenswirksame Einstellung in den Hörern. Er bewegt sie – der Tendenz nach – dazu, eine befürwortende Haltung zu der in dieser Weise charakterisierten Person einzunehmen.

Als eine allgemeine Theorie unserer moralischen Sprache ist der Emotivismus nicht überzeugend. Aber es ist wohl unbestreitbar, dass es so etwas wie eine emotive Kraft von Wörtern gibt und dass mittels dieser Kraft Haltungen beeinflusst werden – manchmal gezielt, manchmal unwillkürlich. Die philosophische Analyse von Begriffen muss der historisch gewachsenen emotiven Bedeutung nicht unbedingt Aufmerksamkeit schenken; in manchen Kontexten empfiehlt es sich aber, dies zu tun, um ein besseres Verständnis für die Rolle bestimmter Wörter in öffentlichen Debatten zu entwickeln.

Die instrumentelle Rolle von Wörtern wie ‚Kollektivschuld', ‚Kollektivschuldvorwurf' oder ‚Kollektivschuldthese' im öffentlichen Diskurs der Bundesrepublik besteht darin, in dem Hörer eine bestimmte Einstellung gegenüber Texten oder Personen hervorzurufen. Die historisch gewachsene Suggestivkraft der Wörter wird benutzt, um affektive Reaktionen auszulösen, und zwar solche der Zurückweisung.

Im Folgenden möchte ich zeigen, dass – wenig überraschend – diese Reaktion mit Blick auf kollektivistische Kollektivschuldkonzeptionen berechtigt ist. Der Begriff der Kollektivschuld lässt sich jedoch verantwortungsindividualistisch fassen – und in diesem Sinne scheint er mir unproblematisch, ja unverzichtbar zu sein. Letzteres macht die emotive Kraft des Wortes ‚Kollektivschuld' so heikel. Sie führt nämlich dazu, dass ein Sinn des Begriffs abgewehrt, verdrängt wird, den wir brauchen, um bestimmte historische Sachverhalte zu benennen.

Den verantwortungsindividualistischen Sinn von Kollektivschuld möchte ich in folgender Weise umreißen:

Kollektivschuld-I: Ein Individuum *I* trägt Kollektivschuld-I an einem Unrecht *U*, wenn *U* von einem Kollektiv begangen wurde, dem *I* angehört, und wenn *I* Pflichten hinsichtlich *U* verletzt hat.

Ein solcher Begriff von Kollektivschuld ist vereinbar mit *IT*. Er steht, um einen Begriff Heideggers zu borgen, dem Gedanken der ‚Jemeinigkeit' von Schuld nicht entgegen. Die Pflichtverletzungen sind nämlich ausgehend von den Individuen zu rekonstruieren. Kollektivschuld (im Sinne von Jaspers' Jedermannsschuld) ist eine besondere Form individueller Schuld. Wenn jemand sagt, alle Deutschen trügen Kollektivschuld am moralischen Horror des Zweiten Weltkriegs, so meint dies: In Bezug auf den moralischen Horror des Zweiten Weltkriegs haben alle moralisch kompetenten Deutschen individuelle Pflichten verletzt. Will man die Aussage überprüfen, so muss man empirisch abzuschätzen versuchen, ob dies in plausibler Weise vermutet werden kann.

Solcher Sinn von Kollektivschuld hat nichts zu tun mit „der Art, wie die Nazis es gewohnt waren, die Juden anzusehen", um nochmals den von Heuss und Jaspers geprägten Topos anzuführen.

Die durch *IT* inspirierten Bedenken gegen den Kollektivschuldgedanken beziehen sich auf Verwendungsweisen, bei denen den Mitgliedern eines Kollektivs Schuld nicht aufgrund eigener, sondern aufgrund fremder Pflichtverletzungen zugeschrieben wird. Nennen wir dies Kollektivschuld-II.

Kollektivschuld-II: Ein Individuum *I* trägt Kollektivschuld-II an einem Unrecht *U*, wenn *U* von einem Kollektiv begangen wurde, dem *I* angehört, ohne dass *I* Pflichten hinsichtlich *U* verletzt hat.

Versuchen wir, nachzuvollziehen, welcher Gedankengang sich in dem Konzept von Kollektivschuld-II verbirgt. Kollektivschuld-II beruht auf der Annahme, dass auch dann eine angemessene Grundlage für eine Schuldzuweisung an ein Individuum vorliegen kann, wenn es hinsichtlich eines Unrechts keine Pflichten verletzt hat.

Ich möchte zwei mögliche Rationalisierungen der Position betrachten, dass eine Person *Q* aufgrund ihrer Mitgliedschaft in *K* Kollektivschuld-II für *U* trägt (wobei *U* durch eines oder mehrere Mitglieder von *K* verursacht wurde):

Rationalisierung I von Kollektivschuld-II: Das dem Kollektiv *K* zugehörige Mitglied *Q* trägt Kollektivschuld-II, weil *K* eine organische Ganzheit bildet, von der *Q* ein Teil ist.

Rationalisierung I gründet in einer organizistischen Vorstellung von Kollektiven, für die sich Anhaltspunkte bei Aristoteles finden. In der „Politik" begründet dieser an einer Stelle das Theorem von der ontologischen Vorgängigkeit der Polis gegenüber dem Einzelnen mit einer Körperanalogie. Die Polis sei ‚ursprünglicher' als der Einzelne, weil die Polis ohne den Einzelnen, aber der Einzelne nicht ohne die Polis bestehen könne. Ein außerhalb der Polis existierender Mensch sei nur noch dem Namen nach ein Mensch, so wie eine tote Hand nur noch dem Namen nach eine Hand sei.[2] Ein solches organizistisches Verständnis von Mitgliedschaft würde mit einer starken Konzeption von kollektiver Subjektivität einhergehen.

Sogar im aristotelischen Kontext ist die Begründung der ontologischen Vorgängigkeit nicht einleuchtend, da ihm gemäß die Haus- und Dorfgemeinschaft spezifisch menschliche Vergemeinschaftungsformen darstellen, die vor der Polis existierten; somit können Individuen auch außerhalb der Polisgemeinschaft noch als Menschen gelten. Das Theorem von der ontologischen Vorrangigkeit der Polis ist somit wohl nicht in dem Sinne einer Vorgängigkeit der Natur, sondern einer Vorgängigkeit der Substanz nach zu denken. Dies würde bedeuten, dass Aristoteles lediglich behauptete, dass Menschen außerhalb der Polis nicht ihr eigentümliches Werk ausüben könnten. Damit entfielen aber die starke organizistische Interpretation von Mitgliedschaft und die Möglichkeit, Kollektivschuld-II entsprechend zu rationalisieren.

Daher will ich mich nun Rationalisierung II zuwenden.

Rationalisierung II von Kollektivschuld-II: Das dem Kollektiv *K* zugehörige Mitglied *Q* trägt Kollektivschuld-II an *U*, wenn *Q* mit anderen Mitgliedern von *K* Einstellungen teilt, aufgrund derer *Q* gewillt wäre, *U* zu begehen oder sich an der Begehung von *U* zu beteiligen, sofern sich die Gelegenheit zu *U* böte.

Während Rationalisierung I zu einem strikt kollektivistischen Verständnis von Kollektivschuld-II leitet, für das die Einstellungen und Handlungsweisen eines Individuums unerheblich sind, bewegt sich Rationalisierung II in die Richtung einer individualistischen Position. Anders als bei Rationalisierung I könnte ein unbeteiligtes Mitglied von *K* frei sein von der Kollektivschuld für *U*, dann nämlich, wenn sie die in Frage stehenden Einstellungen nicht teilt. In diesem speziellen Sinne kommt es bei Rationalisierung II auf die Individuen an, ein individualistisches Potential, das aber typischerweise von Vertretern der Rationalisierung II nicht genutzt wird. Die Missachtung des individualistischen Potentials führt zu einem starren Kollektivschuldbegriff II. Bedenken gegenüber dem Gedanken von Kollektivschuld sind besonders gegenüber dieser begrifflichen Variante angebracht, weil ihre Gefährlichkeit historisch gut belegt ist und weil sie einer ausgeprägten menschlichen Neigung zur Generalisierung entgegen kommt.

3 Eine Auseinandersetzung mit Gilbert

Eine der prominentesten Kritikerinnen eines exklusiv individualistischen Schuldverständnisses ist Margaret Gilbert. Sie versucht in verschiedenen Arbeiten zu zeigen, dass es einen Begriff genuiner Kollektivschuld gibt und greift dabei nicht allein die individualistische These von der Jemeinigkeit der Schuld an (i), sondern behauptet zudem, dass Kollektive Subjekte von Schuldgefühlen sein können (ii).[3]

Mit Blick auf (ii) beobachtet sie, dass es in der alltäglichen Verständigung nicht ungewöhnlich sei, Sätze auszusprechen, wie „The party feels great guilt. It had no idea this would happen“ oder „This family has treated you very badly. We feel terribly guilty“ oder von der Nation *N* zu fordern „*N* should feel guilt for what it has done“.[4]

Ein Grund, Vorbehalte gegen solche Äußerungen zu hegen, liegt darin, dass Parteien, Familien und Nationen keine Empfindungen (sensations) haben können. Es müsste daher – dieser Kritik zufolge – streng genommen gesagt werden, dass die Mitglieder der Partei, der Familie oder der Nation sich schuldig fühlen für das, was Vertreter der Partei, der Familie oder der Nation getan haben. Gilbert glaubt, dass eine solche Modifikation auf fragwürdigen Voraussetzungen beruht. Unter Berufung auf Martha Nussbaum argumentiert sie, dass eine Person ein Gefühl haben könne, ohne dass eine bestimmte Empfindung vorläge.[5] Jemand könne beispielsweise durchaus Wut haben, aber die Wut nicht als solche empfinden. Gefühle seien Formen evaluativer Urteile, die Sachverhalten und Personen besondere Wichtigkeit zuschrieben. Die Tatsache, dass Familien, Parteien und Nationen keine Subjekte von Empfindungen seien, könne daher allein noch kein Grund sein, um die Auffassung zu begründen, dass sie keine Schuldgefühle haben könnten. Denn: „The central if not the sole thing at issue would be my judgment that I was wrong to do whatever it is I say I feel guilty about.“[6] Wenn

Gefühle als eine bestimmte Form von Werturteilen betrachtet werden, so müsste der Vorbehalt gegen die oben aufgeführten Äußerungen damit begründet werden, dass Kollektive zu den betreffenden evaluativen Urteilen nicht in der Lage sind – eine Kritik, die Gilbert zurückweist. Sie vertritt die Auffassung, dass Kollektive überzeugt sein können, dass *p*, auch wenn kein Mitglied des Kollektivs überzeugt ist oder überzeugt war, dass *p*.[7]

Ein Kollektiv *K* glaubt, dass *p*, wenn es unter den Mitgliedern von *K* bekannt ist, dass die Mitglieder von *K* ihre Bereitschaft zum Ausdruck gebracht haben, anzuerkennen, dass *p* als Überzeugung von *K* gilt. Wenn Gefühle Urteile sind und zugeschrieben werden können, ohne dass bestimmte Empfindungen vorliegen müssen, so scheint es möglich zu sein, nicht nur von nicht-distributiven kollektiven Überzeugungen, sondern auch von nicht-distributiven Empfindungen zu sprechen: Ein Kollektiv *K* hat das Gefühl *G*, wenn unter den Mitgliedern von *K* bekannt ist, dass die Mitglieder von *K* ihre Bereitschaft zum Ausdruck gebracht haben, *G* als Gefühl von *K* anzusehen. Analog zu kollektiven Überzeugungen kann es dann der Fall sein, dass eine Gruppe ein kollektives Gefühl hat, ohne dass auch nur ein einziges Mitglied der Gruppe dieses Gefühl hat.

Gilberts Argumentation zugunsten der Möglichkeit von kollektiven Schuldgefühlen begibt sich jedoch nicht gänzlich in Abhängigkeit von der These, Emotionen seien eine besondere Art von Urteilen, bei denen die Empfindungen keine konstitutive Rolle spielten. Sie führt ergänzend die Auffassung ins Feld, eine angemessene Analyse von Schuldgefühlen gehe von der geübten sprachlichen Praxis aus und rekonstruiere die jeweils vorausgesetzten Bedingungen. Es sei methodisch fragwürdig, die Voraussetzungen, die für die Zuschreibung individueller Schuld vorliegen müssen, einfach auf kollektive Schuld zu übertragen.

> „(I)nsofar as people refer without a sense of fantasy or metaphor to the guilt feelings of groups, there is good reason not to rule these out as impossible from the start of enquiry."[8]

Die von Gilbert vorgeschlagene Strategie ist keineswegs exotisch. Peter Strawsons klassischer Beitrag zur Willensfreiheitsdebatte ist in durchaus vergleichbarer Weise von einer Gegebenheit der sozialen Praxis ausgegangen, in seinem Fall: dass Personen auf Handlungen mit bestimmten Empfindungen und Einstellungen antworten. Individuelle Freiheit und Verantwortung hat Strawson als ‚Bedingungen der Möglichkeit' dieser tief verankerten sozialen Gegebenheiten ausgemacht.[9] Allerdings setzt ein solches Vorgehen voraus, dass die Gegebenheiten, deren transzendentale Voraussetzungen rekonstruiert werden sollen, richtig beschrieben werden.

Daran bestehen aber im Falle Gilberts Zweifel. Die von ihr angeführten Aussagen, wie die, dass eine Partei oder eine Familie Schuld empfindet oder dass eine Nation sich schuldig fühlen sollte, bilden keine geeignete Grundlage für eine transzendentale Rekonstruktion. Gilbert supponiert, dass ihre Beispielformulierungen in der Alltagspraxis als unproblematisch und selbstverständlich betrachtet werden. Tatsächlich dürften aber nur die wenigsten der Meinung sein, dass eine Nation sich schuldig fühlen könne oder solle – sie werden vielmehr meinen, dass die überwiegende Zahl oder alle Mitglieder der Familie, der Nation oder der Partei Grund hätten, sich schuldig zu fühlen, oder sich tatsächlich schuldig fühlten. Dass im alltäglichen Sprachgebrauch zuweilen von einem Kollektiv *gesagt wird*, es habe ein bestimmtes Gefühl oder lasse ein solches vermissen, bedeutet keineswegs, dass in der Alltagspraxis Kollektive wirklich als Träger von Gefühlen *angesehen werden*. Nicht ohne Grund hat Kant als Gegenstand der transzendentalen Untersuchung Sätze angesehen, die eine zentrale Rolle in unserem Überzeugungssystem spielen, beispielsweise Sätze der Naturwissenschaft und der Mathematik, von denen Kant meinte, sie seien allgemeingültig und notwendig. Diese Anforderung hat dafür gesorgt, dass nicht beliebige Elemente der normalen sozialen Praxis als verbindlich erklärt und so Gegenstand einer transzendentalphilosophischen Rekonstruktion werden.

3.1 Kollektive als Subjekte von Handlungen

Eine Adäquatheitsbedingung für Kollektivschuldgefühle stellt nach Gilbert das Vorliegen von Kollektivschuld dar; genuine Kollektivschuld begreift sie als nicht-distributiv: eine Gruppe *G* kann Kollektivschuld an einem Ereignis *E* tragen, obwohl kein Mitglied der Gruppe *G* persönliche Schuld an dem Ereignis *E* trägt.

G hat ihr zufolge nur Grund, Schuldgefühle für *E* zu haben, wenn *G* Kollektivschuld an *E* trägt, wobei dies der Fall sein kann, ohne dass auch nur ein einziges Mitglied von *G* persönliche Schuld trägt.

Von Schuld kann Gilbert gemäß nur dann die Rede sein, wenn eine Instanz aus freien Stücken handelt und dabei überzeugt ist, was sie tue, sei falsch. „I shall take it, therefore, that in order for a collective to bear moral guilt it must be able to *act*, act *freely*, and *believe* its act to be wrong.“[10]

Die letzte Bedingung ist vieldeutig; um weitere Komplikationen zu vermeiden, möchte ich sie in der wohl am wenigsten kontroversen Fassung auslegen, der gemäß eine Person nur schuldig sein kann, wenn sie weiß, dass sie mit ihrer Handlung soziale oder rechtliche Regeln verletzt, und wenn ihr bewusst ist, dass diese Verletzung Sanktionen nach sich ziehen könnte. Es dürfte aber klar sein, dass eine Person auch dann moralisch schuldig sein kann, wenn sie fälschlicherweise überzeugt ist, in ihrem Tun moralisch gerechtfertigt zu sein.

Konzentrieren wir uns auf die Frage, ob Kollektive in einem genuinen Sinne handeln können und ob es sinnvoll ist, ihnen praktische Freiheit zuzusprechen.

Gilbert führt den Begriff kollektiven Handelns über den Gedanken kollektiver Intentionen ein. Eine Menge von Personen *M* hat eine kollektive Intention, *p* zu tun, wenn die Mitglieder von *M gemeinsam darauf festgelegt* sind, *als ein Körper* zu beabsichtigen, *p* zu tun. Liegt eine solche Situation vor, so bezeichnet Gilbert *M* als ein *plural subject*, als ein plurales Subjekt.

Ein gutes Beispiel für ein plurales Subjekt ist eine Menge von Leuten, die sich zusammenschließen, um an einem Freizeitfußballturnier teilzunehmen. Sie haben sich gemeinsam darauf festgelegt, als ein Team Fußball zu spielen. Sie verfolgen dabei ein Ziel, das sie sich zwar individuell zu Eigen machen müssen, aber nicht individuell verfolgen können. Wenn sie kein Team bilden, können elf Personen nicht für sich beabsichtigen, den Fußball-Pokal zu gewinnen. Sie können dies nur als Mitglieder eines Teams beabsichtigen. Das Subjekt der Absicht, den Pokal zu gewinnen, ist das Team als plurales Subjekt. Dieses wird konstituiert durch eine kollektive Intention, also das gemeinsame Festgelegt-Sein von Individuen auf ein Ziel, das sie als ein sozialer Körper verfolgen:

> „I refer to those who are parties to a joint commitment as members of a ‚plural subject‘, for what the joint commitment creates is, in effect, a single center of action made up of a plurality of persons. Their commitment binds them together in the service of a single ‚cause‘, such as walking up to Central Park in close proximity to one another.“[11]

Zunächst möchte ich anmerken, dass ein wichtiger Aspekt dieser Auffassung auch von individualistischen Theorien zugestanden werden sollte: Wenn Personen als Mitglieder von Gruppen handeln, richten sie ihr Nachdenken in spezifischer Weise auf die Gruppe aus. Sie richten ihre Aufmerksamkeit auf andere Optionen und bilden andere Rangordnungen als wenn sie aufgrund ihrer persönlichen Vorlieben, Einschätzungen und Werte handeln.

Robert Sugden hat – wie bereits angesprochen – diesen Zusammenhang mit dem Begriff der Team-Präferenz bezeichnet. Er lässt, wie Gilberts Ansatz, zu, dass ein Kollektiv *K* eine Präferenz für *y* gegenüber *x* ausbildet, obwohl alle Mitglieder von *K* *x* gegenüber *y* bevorzugen.[12] Die Präferenz des Teams für *y* gegenüber *x* lässt sich nicht auf die persönlichen Präferenzen der Mitglieder zurückführen.

Ein wichtiger Unterschied gegenüber Gilbert besteht indes darin, dass nach Sugden die Mitglieder des Teams Subjekte der Teampräferenz sind; die individuellen Mitglieder sind es, die in geeigneter Weise über ihre Optionen nachdenken und entsprechend handeln. Sugden spricht von teamgerichtetem Denken (*team-directed reasoning*) anstelle von Teamdenken (*team reasoning*), um zu verdeutlichen, dass die Mitglieder keinen Körper bilden, der unabhängig von den Individuen Präferenzen haben könnte.[13]

Letzteres würde auch Gilbert nicht behaupten. Ein plurales Subjekt entsteht durch die gemeinsame Festlegung von Individuen auf ein kollektives Unterfangen. Es existiert nicht unabhängig von dem, was Individuen beabsichtigen und tun. Anders als Sugden hat Gilbert aber keine Vorbehalte gegen Formulierungen, in denen dem Team selbst (als einem pluralen Subjekt) eine Präferenz zugesprochen wird; Sugden indessen insistiert darauf, dass durch die Teampräferenz der Individuen kein Team entsteht, das selbst eine Präferenz hätte. Davon kann lediglich in einem übertragenen Sinne die Rede sein, insofern eine Gruppe handelt, *als ob* sie ein plurales Subjekt wäre, das eine Präferenzordnung über Weltzustände bildete.[14]

Es fragt sich, was bei dieser Unterscheidung auf dem Spiel steht. Gilbert legt ihrer Theorie kollektiven Handelns die Vorstellung einer gemeinsamen Festlegung, eines *joint commitments*, zugrunde. Die Teilnehmer bringen auf unterschiedliche Weise ihren Willen zum Ausdruck, als Mitglied eines pluralen Subjekts zu handeln. Nur wenn dieser Willensausdruck Ansprüche und Verpflichtungen *sui generis* gegenüber den anderen Mitgliedern der Gruppe kreiert, spricht Gilbert von genuin kollektivem Handeln.[15] Die Pflichten und Rechte aus genuin kollektivem Handeln sind ihr zufolge etwas anderes als normale moralische Pflichten und Rechte. Die mit kollektivem Handeln verbundenen

Pflichten sui generis sind es nach Gilbert, die das Gemeinsame gemeinsamen Handelns herstellen.

Wenn Peter und Paul sich zufällig im Park treffen und Paul sagt: „Lass uns ein paar Schritte zusammen gehen!" und Peter sich darauf einlässt, dann bilden sie nach Gilbert ein plurales Subjekt, sofern sie beide wissen, dass sie nun nicht einfach nebeneinander laufen und reden, sondern einen gemeinsamen Spaziergang unternehmen. Zu einem gemeinsamen Spaziergang wird das nebeneinander Laufen und Reden, weil beide übereingekommen sind, sich wie Personen zu verhalten, die einen gemeinsamen Spaziergang unternehmen – und dies schließt spezifische Rechte und Pflichten ein, die nicht einseitig aufgekündigt werden können. Gilbert gibt das Beispiel, dass jemand während eines gemeinsamen Spaziergangs, ohne etwas zu sagen, fortgeht. „You have in some way *made a mistake*. We were out on a walk, and you suddenly disappeared without any ‚by your leave'."[16] „When two people are out on a walk together, *each is understood to be under a certain constraint.* This constraint can only be removed by mutual accord."[17]

Nach Gilbert würde die Person, die ohne Einverständnis ginge, gegen Pflichten sui generis verstoßen, jene Pflichten, denen eine Person untersteht, indem sie Teil eines pluralen Subjekts wird, und die nur im Einvernehmen aufzulösen sind. Viel näher liegt es aber wohl, den Fehler unmittelbar auf die moralischen Pflichten der betreffenden Person zurückzuführen, wie ihre Versprechen einzuhalten und sich nicht in kränkender Weise zu verhalten.[18]

Gilbert schlägt diese nahe liegende Option wohl deshalb aus, weil sie Urteile über moralische Pflichten nicht als Urteile über dasjenige betrachtet, was eine Person tun sollte (nachdem alle Gründe erwogen und abgewogen wurden). Moralische Urteile sieht sie vielmehr als Urteile, die aus moralischen Theorien folgen. Da es unterschiedliche moralische Theorien gibt, die zu unterschiedlichen moralischen Urteilen führen, mag es manche geben, die es erklärungsbedürftig finden, plötzlich und ohne Erläuterung einen Spaziergang zu beenden, und manche nicht. Das bedeutet, dass nicht alle moralische Theorien in der Lage sind, unsere alltägliche Überzeugung angemessen zu rekonstruieren, dass ein gemeinsamer Spaziergang die Beteiligten in bestimmter Weise bindet. Daraus schließt sie, es sei unplausibel, die betreffenden Pflichten als moralische anzusehen, weil damit das Vermögen, in einem genuinen Sinne kollektiv zu handeln von strittigen Konzeptionen moralischer Pflichten in Abhängigkeit gerät.[19]

Diese Überlegung will nicht recht überzeugen. Ihre Pointe lautet, dass es unplausibel sei, Personen, die (bestimmte) moralische Pflichten nicht erkennten, die Fähigkeit zu gemeinsamem Handeln abzusprechen. Diese Pointe beruht aber auf einer undurchsichtig bleibenden Unterscheidung zwischen moralischen Pflichten und jenen Pflichten sui generis, die gemeinsames Handeln konstituieren. Denn von welcher Art soll der Fehler einer Person, die sich ohne Einverständnis entfernt, sein, wenn nicht von moralischer? Er ist offensichtlich nicht wie ein Grammatik- oder ein Rechenfehler und wohl auch nicht wie ein Verstoß gegen eine Spielregel, sagen wir ein Foul oder ein irregulärer Zug. Wer sich ohne ein Wort entfernt, löst Indignation oder Empörung aus. Letzteres kann ein Foul auch tun, doch geschieht ein Foul innerhalb des Spiels und nicht mit der Absicht, das Spiel zu beenden. Ein irregulärer Zug ist irritierend, aber kein Grund, empört zu sein. Mir scheint, der Fehler, den die betreffende Person begeht, ist, pace Gilbert, ein moralischer Fehler, nämlich ein Versprechen nicht einzuhalten und sich kränkend zu betragen. Die Pflichten, die aus einem *joint commitment* folgen, sind keine Pflichten eigener Art, sondern einfache moralische Pflichten. Die Meinungsverschiedenheit zwischen Gilbert und Sugden scheint mir entsprechend eine normative und keine sozialontologische zu sein.

Mit Gilberts Begriff pluraler Subjekte ist ein normativer Gehalt verbunden, der in der Konzeption Sugdens fehlt. Wenn ein plurales Subjekt entsteht, so folgen daraus für die Mitglieder *Verpflichtungen*, im Sinne des Kollektivs zu handeln, während bei Sugden Gruppen von Personen als Teams agieren können, ohne dass sie zu der Teilnahme am Gruppenhandeln verpflichtet wären. Spielt eine in ihrer Zusammensetzung schwankende Gruppe von Personen regelmäßig am Sonntagvormittag auf einer Wiese Fußball, so gilt es als akzeptabel, dass manche nach Spielbeginn kommen und manche vor Spielende gehen. Niemand ist verpflichtet, zu erscheinen oder festgelegte Zeiten einzuhalten, da die Schwankungen das Zustandekommen eines Spiels in der Regel nicht gefährden. Es muss kein Einverständnis der anderen eingeholt werden, wenn jemand die Lust verliert und gehen möchte. Die Anwesenden bilden Teams und spielen innerhalb dieser, bis Zu- oder Abgänge die Neubildung von Mannschaften nötig machen. Dies ist ein Beispiel für eine spontane Gruppenbildung, die nicht mit Verpflichtungen zur Teilnahme einhergehen und nicht auf Zusagen oder Versprechen beruhen – und nach Sugden kann die Verpflichtung eines Teammitglieds *A* zur

Teilnahme nur aus einer normativen Festlegung von *A* folgen. Ein gemeinsames Projekt, wie das Fußballspielen am Sonntagmorgen, kann auf der Grundlage des *Vertrauens* zustande kommen, dass eine hinreichende Anzahl von Leuten ihre Ankündigung wahr machen wird oder ihrer Gewohnheit treu bleibt und erscheint, so dass gespielt werden kann.[20]

Gemeinsames Handeln kann mit diversen Pflichten verbunden sein. Aber diese sind nur moralisch bindend, insofern sie aus *individuellen* moralischen Pflichten abgeleitet sind. Kollektive Präferenzen legen lediglich den Inhalt von (unter Umständen moralisch verpflichtenden) Erwartungen fest, sie können aber kein eigenständiger Ursprung individueller Pflichten sein. Wenn ein Spieler nicht mannschaftsdienlich spielt und dem Team nichts nutzt, so verletzt er womöglich Pflichten und Rechte, aber doch nur, weil seine Mitgliedschaft im Team das Versprechen seinerseits voraussetzt, so gut, wie er vermag, für die Mannschaft zu spielen.[21] Der Ursprung der Verpflichtung ist ein solches individuelles Versprechen und nicht etwa die kollektive Präferenz.

Sugden ist beizupflichten, dass Gruppenmitglieder unter keiner sui generis Pflicht stehen, im Sinne der Gruppe zu handeln. Dies wird besonders augenscheinlich im Fall von Gruppen, die ohne Selbstverpflichtung von Individuen zustande kommen, wie Familien oder Militäreinheiten: „it is hard not to feel uneasy about the assertion that these individuals [Familienmitglieder und dienstverpflichtete Mitglieder militärischer Einheiten, MS] have obligations to participate in the plural agency of their groups."[22] Eine Person ist nur verpflichtet, die Ziele solcher Gruppen zu unterstützen, wenn dies moralisch gefordert ist.

3.2 Kollektive als Subjekte von Schuldgefühlen

Gilbert erörtert drei unterschiedliche Strategien, den Begriff des Gefühls von Kollektivschuld zu rekonstruieren: das Aggregationsmodell, das Mitgliedschaftsmodell und das Modell pluraler Subjektivität.

3.2.1 Das Aggregationsmodell

Das Aggregationsmodell entspricht der Herangehensweise einer prononciert individualistischen Theorie und schlägt vor, Kollektivschuld als die Summe individueller Beiträge zum Zustandekommen einer moralisch falschen kollektiven Handlung anzusehen. Sie verlangt Folgendes für eine reguläre Zuschreibung von Kollektivschuld der aus den Personen (*X, Y, Z*) bestehenden Gruppe für ein Unrecht *U*:

Aggregationsmodell: (i) *U* ist durch kollektives Handeln von *X, Y, Z* hervorgebracht worden. (ii) *X, Y, Z* haben individuell Pflichten hinsichtlich *U* verletzt. (iii) *X, Y, Z* empfinden Schuld wegen *U* aufgrund ihrer persönlichen Pflichtverletzung hinsichtlich *U*.

Es ist instruktiv, zu untersuchen, was dieser Ansatz ausschließt:

(1) Angenommen, *P* hätte ohne Wissen und Zutun seiner Familienangehörigen den Sohn einer befreundeten Familie bestohlen. Es wäre dem Aggregationsmodell zufolge nicht zulässig, wenn ein Familienmitglied von *P* sagte: „Wir (unsere Familie) fühlen uns schuldig für das, was *P* getan hat." Zwar ist vorstellbar, dass ein Familienmitglied seine eigenen Empfindungen hinsichtlich des Handelns von *P* als solche von Schuld beschreibt und dass die anderen Familienmitglieder dies ebenfalls tun. Doch es war *P*, der gehandelt hat. Die Bedingung (i) ist somit nicht gegeben. Da es das Empfinden von Kollektivschuld dem Aggregationsmodell zufolge nur für kollektives Handeln geben kann, hat in dem beschriebenen Fall niemand Grund, für das Geschehene Kollektivschuld zu empfinden.

(2) Angenommen, *P* hätte gemeinsam mit seinem Bruder *R* – ohne dass jemand anderes davon gewusst hätte – den Sohn einer befreundeten Familie bestohlen. In einem solchen Fall ist es möglich, Kollektivschuld zu empfinden, jedoch nicht für alle Familienmitglieder. Denn Bedingung (ii) stellt die Anforderung, dass die Subjekte von Kollektivschuld selbst Pflichten verletzt haben. Die Mitwirkung von *P* und *R* ist ausreichend, um ihnen Kollektivschuld zuzuschreiben – um allerdings sagen zu können, dass sie tatsächlich Schuld für ihr gemeinsames Tun empfinden, muss (iii) erfüllt sein: Sowohl *P* als auch *R* empfinden Schuld und zwar aufgrund ihres eigenen Beitrags zu dem gemeinsamen Tun. Auch wenn alle Mitglieder der Familie sich schuldig fühlen würden, beschränkte sich das Kollektiv, das *Kollektivschuld* empfände, auf *P* und *R*. Die Empfindungen der anderen Familienmitglieder müssten – dem Aggregationsmodell zufolge – anders beschrieben werden.

Gilbert artikuliert zwei Bedenken gegen das Aggregationsmodell. Zum einen meint sie, dass der Begriff der Kollektivschuld kollektives Handeln voraussetze und nicht zu sehen sei, wie diesem Umstand in einem Aggregationskonzept Rechnung getragen werden könne. Wenn – wie das Aggregationsmodell ihr zufolge besagt – Kollektivschuld darin besteht, dass jede einzelne Person sich für das schuldig fühlt, was sie selbst zu einem kollektiven Tun beigetragen hat, so fühlt sich eben – so Gilbert – keine Person schuldig für das, was man gemeinsam getan hat.

„Suppose that both Linda and Phil feel guilt for participating in the planning and execution of Sally's kidnapping. Is that enough to warrant the claim that they collectively feel guilt over their collective act? It does not seem so, since even now no one is feeling guilt over what they did together."[23]

Doch dieser Einwand gibt das Aggregationsmodell nicht richtig wieder: Es besagt nicht, dass jeder und jede nur Schuld *für das* empfinde, was er oder sie zum gemeinsamen Handeln beigetragen hat, sondern dass er oder sie nur *aufgrund* einer eigenen Pflichtverletzung für das gemeinsame Handeln Schuld empfinde.

Will man Gilberts Kritik gegen dieses Verständnis des Aggregationsmodells ausrichten, so könnte man versuchen, auf eine feine Unterscheidung zu setzen zwischen (α) dem Gefühl der Schuld für die Teilnahme an einem gemeinsamen Tun und (β) dem Gefühl der Schuld für das, was man gemeinsam tat. Gilberts Einwand gegen das Aggregationsmodell kann man dann so wenden, dass es zwar (α) gerecht werde, aber nicht (β); und dass es deshalb abgelehnt werden sollte.

Die einfachste – aber wohl unzutreffende – Auslegung dieser Differenzierung lautet, dass Gilbert hier auf den Unterschied zwischen Handlungs- und Handlungsfolgenverantwortung abhebt. Eine Person, die sich wegen ihrer Teilnahme an einem Verbrechen schuldig fühlt, fühlt sich schuldig für ihr eigenes Handeln, aber nicht für die Folgen des Handelns; sie fühlt sich nicht schuldig für das, was man gemeinsam tat (bewirkte). Um beim Beispiel zu bleiben: Linda und Phil fühlen Schuld für den jeweils bewirkten und zu verantwortenden Teil der Entführung, aber nicht dafür, dass Sally entführt wurde – so diese Deutung der Unterscheidung zwischen (α) und (β).

Die Unterscheidung löst jedoch nicht die Probleme der gilbertschen Kritik. Zum einen lassen sich die Beschreibungen von Handlungen und Handlungsfolgen nicht immer klar gegeneinander abgrenzen. Wenn Linda Schuld im Sinne von (α) empfindet (also dafür, dass sie an einer Entführung teilgenommen hat), dann lässt sich, wofür sie sich schuldig fühlt, kaum ausdrücken, ohne dass auf Folgen Bezug genommen wird. Teil der Beschreibung der Schuldgefühle, die sie wegen ihrer Teilnahme empfindet, könnte bilden, dass Sally während der Entführung Todesangst erlitten hat und ihr Vater aus Aufregung über die Entführung einem Herzinfarkt erlegen ist. Linda wird ihre Teilnahme nicht charakterisieren, indem sie ein Protokoll ihrer Körperbewegungen anfertigt, sondern indem sie ihren Part im Rahmen der Abläufe darlegt, zu denen Ereignisse gehören, die sie mit anderen herbeigeführt, aber nicht im Einzelnen beabsichtigt hat. Ihre Teilnahme an der Entführung setzt sie in Beziehung zu einer Reihe von Ereignissen, die sie nicht direkt gewollt hat, die aber zu den Handlungsfolgen gerechnet werden können – und die Schuldgefühle für die Teilnahme bemessen sich nicht nur an der Rolle bei der Planung und Ausführung eines bestimmten Vorhabens, sondern auch an der Beschaffenheit der mit der Handlung verbundenen Konsequenzen. Diese Schwierigkeiten wären zu bewältigen, sollte Gilbert in ihrer ersten Kritik am Aggregationsmodell auf eine Differenzierung zwischen Handlungen und Handlungsfolgen abheben.

Die Pointe der Unterscheidung zwischen (α) und (β) könnte auch darin liegen, dass nach Gilbert Verantwortung für die Teilnahme an einer gemeinsamen Handlung etwas anderes ist als Verantwortung für eine gemeinsame Handlung. Gegen diese – wahrscheinlich zutreffende – Auslegung drängt sich der Einwand auf, dass eine Person nur dann Schuld für eine gemeinsame Handlung haben kann, wenn sie an dieser Handlung teilgenommen hat. Dies folgt aus der Bedeutung des Wortes ‚gemeinsam.' Wenn sie aber nur *aufgrund* ihrer Teilnahme schuldig sein kann, dann trägt sie in jedem Fall Schuld *für* ihre Teilnahme; es trifft sie dann auch Verantwortung für das Tun anderer – dies folgt aus der Bedeutung des Wortes ‚Teilnahme'. An einem gemeinsamen Unterfangen teilnehmen, heißt, zum Handeln anderer in eine Beziehung zu treten, durch die einem deren Tun zugerechnet wird. Die Fahrerin des Fluchtautos nimmt bereits an einem Bankraub teil, wenn sie bislang nichts anderes getan hat, als vor dem Geldinstitut im Wagen zu warten.

Nur wenn Gilbert dem Aggregationsmodell eine völlig unplausible Auslegung des Gedankens gemeinsamen Handelns unterstellt, dem zufolge eine gemeinsame Handlung sich als Summe streng gegeneinander abgrenzbarer individueller Handlungen ergibt, ist ihre auf der Unterscheidung von (α) und (β) beruhende Kritik stichhaltig. Sie erläutert aber nicht, was dagegen spricht, das Aggregationsmodell in einer einleuchtenderen Variante zu deuten.

Betrachten wir nun, ob ihr zweiter Kritikpunkt eine größere Durchschlagskraft hat. Aus dem Aggregationsmodell, so Gilbert, folgt, dass Kollektivschuld vorliegt, wenn *alle* Personen, die mit der ersten Person Plural angesprochen sind, Schuld für ihren Beitrag zu *U* empfinden. Diese Anforderung scheint Gilbert zu eng.

„Suppose the commander of a small battalion of soldiers orders the battalion to destroy a certain village along with its inhabitants. One of the men decides that it would be morally wrong for them to destroy the village. He pretends to have a

> bad knee and takes no part in the action. Another stumbles, breaks his ankle, and is genuinely unable to participate. A third, also having had a change of heart, pretends to be taking part in the carnage but in fact tries to help the villagers escape with some of their belongings. And so on. Perhaps in the event less than half the men contribute directly to the destruction of the village."[24]

Das geschilderte Problem besteht in Gilberts Augen darin, dass die Mehrheit der Soldaten keinen Grund hat, persönliche Schuld für das Unrecht zu empfinden, weil sie an der Zerstörung des Dorfes nicht teilgenommen oder sogar versucht haben, den Erfolg der Operation zu sabotieren. Dem Aggregationsmodell zufolge lässt sich unter diesen Bedingungen nicht mit Fug sagen, das Bataillon fühle sich schuldig für das, was es getan habe. Wenn ein Soldat der Einheit behauptete, „Wir (das ganze Bataillon) empfinden Schuld für die Zerstörung des Dorfes!", so wäre dies falsch.

Gilbert kritisiert ein solches Ergebnis als inakzeptabel. Allerdings wird nicht recht klar, warum. Sie beruft sich auf linguistische Intuitionen, denen zufolge die Aussage, das Bataillon empfinde Schuld, nicht dadurch falsch werde, dass die Mehrheit der Mitglieder der Einheit vernünftigerweise keine persönliche Schuld empfinden können, weil sie keinen Beitrag zur Begehung des Unrechts geleistet haben.

Tatsächlich scheint es nicht ausgeschlossen, dass alle Mitglieder meinen, Schuld zu empfinden für die Vernichtung des Dorfes, obwohl nicht alle einen Beitrag leisteten. Es stellt sich aber die Frage, ob das, was sie empfinden, Schuld sein kann, wenn sie keinen Beitrag geleistet haben. Das Aggregationsmodell verneint dies. Auch wenn alle Soldaten den Satz ‚Ich empfinde Schuld über das Geschehene!' bestätigen, bedeutet dies nicht, dass alle Grund dazu haben. Und Grund dazu haben sie nach dem Aggregationsmodell nur dann, wenn sie sich etwas haben zuschulden kommen lassen, wenn sie – mit anderen Worten – pflichtwidrig etwas getan oder unterlassen haben.

Abermals sollte das Aggregationsmodell in einer plausiblen Lesart erörtert werden. Dies bedeutet in dem konkreten Kontext, dass man – dem Modell folgend – dem Mitglied einer Gruppe nur dann das Empfinden von Kollektivschuld für kollektives Handeln zuschreiben sollte, wenn es persönliche Schuld für seinen Beitrag zum kollektiven Handeln fühlt. Ein solcher Beitrag besteht in einer Pflichtverletzung, die einen hinreichenden Bezug zu dem Unrecht hat. Wenn eine Person keinen Grund hat, sich eine derartige Pflichtverletzung vorzuwerfen, so hat sie keinen Grund, persönliche Schuld für das Unrecht zu empfinden. Je mehr Mitglieder einer Gruppe keine persönliche Schuld für ungerechtes Kollektivhandeln tragen, desto unangemessener ist es, wenn gesagt wird: „Wir (das Bataillon) fühlen uns schuldig." Denn eine erwähnenswerte Zahl von Gruppenmitgliedern hätte keinen vernünftigen Grund, diese Aussage zu bestätigen. Ein solches Schuldbekenntnis wäre in jedem Fall unangebracht, wenn – wie in Gilberts Beispiel – mehr als die Hälfte der Soldaten sich aus moralischer Überzeugung der Teilnahme an der verbrecherischen Militäroperation entzogen und keine Pflichten im Zusammenhang des Unrechts verletzt hat.

Aus Gilberts Sicht liegt die entscheidende Schwierigkeit des Aggregationsmodells in folgendem Dilemma:

(1) Entweder es wird verlangt, dass alle Gruppenmitglieder sich schuldig gemacht haben und entsprechend empfinden, um den Satz „Wir (das Bataillon) fühlen uns schuldig!" wahr zu machen. Dies kollidiert ihr zufolge mit der linguistischen Intuition, dass der Satz auch dann wahr sein kann, wenn nicht alle Mitglieder der Gruppe Schuld auf sich geladen haben.

Gegen diese Einschätzung habe ich vorgetragen, dass Mitglieder der Gruppe, die persönlich keine Schuld auf sich geladen haben, keinen Grund haben, sich schuldig zu fühlen. Sie haben entsprechend keinen Grund, der Aussage zuzustimmen, dass sie als Mitglied der Gruppe Schuld empfinden.

(2) Oder – dies ist das zweite Horn des Dilemmas, das Gilbert sieht – es wird als ausreichend angesehen, dass diejenigen, die zum Unrecht beigetragen haben, Schuldgefühle zum Ausdruck bringen, um der Gruppe Kollektivschuld zurechnen zu können. Dies findet sie unannehmbar, weil das begründete *persönliche* Schuldgefühl einer Minderheit von Gruppenmitgliedern keine *hinreichende* Bedingung für die Rede von einem *Schuldgefühl der Gruppe* sein kann. Da sie an dieser Stelle kein Argument aufschreibt, muss eine Überlegung im gilbertschen Sinne eingefügt werden. Diese Überlegung beruht auf folgender Beobachtung:

Beobachtung: Wir gehen häufig davon aus, dass ein Satz der Art „Wir (*X*, *Y*, *Z*) fühlen uns für *p* schuldig", gesprochen von *X*, für alle zutrifft, wenn keine Person aus (*X*, *Y*, *Z*) in Wort oder Tat zu erkennen gibt, dass sie keine Schuld empfindet.

Dieser Umstand lässt sich in zweierlei Weise verstehen: Zum einen als eine epistemische Heuristik (wenn jemand in der ersten Person Plural Schuldgefühle zuschreibt und kein Gemeinter sich abweichend verhält, so nehme man an, dass die Zuschreibung zutrifft); zum anderen als eine normative Festlegung.

Im Sinne der normativen Festlegung heißt die Beobachtung: Wenn *X* unter geeigneten Bedingungen sagt: „Wir (*X, Y, Z*) fühlen uns schuldig“, dann legen sich *X, Y, Z* darauf fest, dass sich *X, Y, Z* schuldig fühlen, wenn niemand aus (*X, Y, Z*) widerspricht. Da wir typischerweise davon ausgehen, dass wir die phänomenalen Bedingungen von Gefühlen nicht willentlich herbeiführen können, unterstellt die normative Auslegung der Beobachtung, dass Schuldgefühle nicht an phänomenale Bedingungen geknüpft sind. Wären sie an solche Bedingungen geknüpft, könnten Personen sich nicht darauf festlegen, Schuldgefühle zu haben, weil dies eben nicht in ihrer Macht stünde. Gegenstand der normativen Festlegung sind entsprechend Dinge, die Personen zu kontrollieren vermögen. Der Satz „Wir (*X, Y, Z*) fühlen uns für *p* schuldig“, unter geeigneten Bedingungen von *X* gesprochen, würde – sofern er nicht auf Widerspruch trifft – Folgendes nach sich ziehen: „Wir (*X, Y, Z*) fühlen uns für *p* schuldig in dem Sinne, dass wir uns darauf festgelegt haben, uns in einer Weise zu verhalten, die für Personen angemessen ist, die an *p* schuld sind.“

Zu diesen angemessenen Verhaltensweisen kann auch gehören, dass Personen das Vorliegen bestimmter phänomenaler Bedingungen darstellen. Dies ist weniger exotisch, als es womöglich zunächst klingt. Individuen sind in zahllosen Situationen sozial verpflichtet, in ihrem Verhalten bestimmte Emotionen auszudrücken. Wer ein höfliches Gebaren an den Tag legt, kann beispielsweise spöttisch wirken; wirklich höflich ist eine Person nur dann, wenn ihr Verhalten auf eine bestimmte Einstellung schließen lässt, wie Respekt vor dem Gegenüber. Eine Person, die auf einer Beerdigung kondoliert, wird nicht nur bestimmte Körperbewegungen vollziehen, sondern dies in einer spezifischen Weise tun, so nämlich, dass Trauer zum Ausdruck kommt (und nicht Genugtuung). Erfährt einer eine erfreuliche Neuigkeit, so wird er sich so geben, dass Freude zum Ausdruck kommt (und nicht Neidgefühl). Jemand kann somit sozial darauf festgelegt sein, ein Empfinden zum Ausdruck zu bringen, das er nicht hat.

Im Lichte der Beobachtung wäre somit der Satz „Wir (*X, Y, Z*) fühlen uns für *p* schuldig“ so zu verstehen: „*X, Y, Z* sind darauf festgelegt, sich in einer Weise zu verhalten, die für Personen angemessen ist, die an *p* schuld sind; dies schließt ein, dass *X, Y, Z* sich so verhalten, dass Schuldgefühle zum Ausdruck kommen.“

Was trägt die Beobachtung und die gegebene Auslegung zum Verständnis des zweiten Dilemmahorns bei? Sie erlaubt es, hinreichende Bedingungen für die Zuschreibung eines Gefühls von Kollektivschuld zu spezifizieren, wenn nur eine Minderheit der Gruppenmitglieder an der Begehung eines Unrechts *p* beteiligt war und persönliche Schuld dafür empfindet. Allerdings bewegt sich diese Rekonstruktion von Kollektivschuld über den Begriff der gemeinsamen Festlegung, eines *joint commitments*, nicht mehr innerhalb des Rahmens, den das Aggregationsmodell vorgibt.

Das auf die Beobachtung gestützte Argument gegen das Aggregationsmodell hätte somit ungefähr folgende Form: (B1) Das Aggregationsmodell begreift Kollektivschuld als Summe persönlicher Schuld. (B2) Persönliche Schuld kann eine Person nur aufgrund eigener Pflichtverletzungen empfinden (Jemeinigkeit der Schuld). (B3) In einem alltäglichen Verständnis *V* liegt Kollektivschuld vor, wenn die Mitglieder des Kollektivs sich darauf festgelegt haben, Schuldgefühle für das Handeln des Kollektivs zum Ausdruck zu bringen. (B4) Die Festlegung darauf, Schuldgefühle für das Handeln des Kollektivs zum Ausdruck zu bringen, beruht nicht auf persönlicher Schuld. (B5) Daher gilt: Das alltägliche Verständnis von Kollektivschuld *V* lässt sich nicht durch das Aggregationsmodell rekonstruieren.

Die einfachste Antwort für Anhänger des Aggregationsmodells lautet, dass (B3) falsch ist. Wir gehen nicht davon aus, dass Personen, die sich darauf festgelegt haben, Kollektivschuld zu äußern, *wegen dieser Festlegung* Grund haben, Kollektivschuld zu empfinden. Der Grund für Schuldgefühle liegt vielmehr in der Schuld. Liegt keine Schuld vor, so liegt auch kein Grund für eine entsprechende Festlegung vor.

Das von Gilbert gesehene Dilemma sollte entsprechend aufgelöst werden, indem man sich für das erste Horn entscheidet: Kollektivschuld können nur diejenigen authentisch empfinden, die an der kollektiven Herbeiführung eines Übels beteiligt waren und dabei Pflichten verletzt haben.

Dass wir häufig davon ausgehen, ein Satz der Art „Wir fühlen uns schuldig!" treffe zu, wenn niemand widerspreche, ist – aus Sicht des Aggregationsmodells – im Sinne einer epistemischen Heuristik zu verstehen.

(B3) beruht somit auf einer Verwechselung von Schuldigkeit und Verantwortungsübernahme. Wir machen im alltäglichen Sprachgebrauch einen Unterschied zwischen Personen, die für etwas Verantwortung tragen und solchen, die für etwas Verantwortung übernehmen. Verantwortung für ein Unrecht *U* trägt, wer Pflichten verletzt hat, so dass *U* eintreten konnte. Die Übernahme von Verantwortung stellt einen supererogatorischen Akt dar, bei dem eine Partei, die keine (volle) Verantwortung für das Unrecht *U* trägt, für *U* einsteht. Die Übernahme von Verantwortung kann daher auch einstehende Verantwortung genannt werden, insofern die betreffende Partei bereit ist, *U* als Folge ihrer (nicht-pflichtwidrigen) Versäumnisse anzuerkennen oder sich in besonderer Weise für die Folgen von *U* zuständig zu erklären.

Zusammenfassend: Der einstehenden Verantwortung geht kein moralischer Fehler seitens des Verantwortungsträgers hinsichtlich *U* voraus. Wenn Mitglieder eines Kollektivs, die entweder keinen Beitrag zu einem Unrecht *U* geleistet haben oder deren Beitrag zu *U* nicht pflichtwidrig war, äußern, dass sich das gesamte Kollektiv für *U* schuldig fühle, dann ist streng genommen nicht von Schuld, sondern von Verantwortungsübernahme die Rede. Personen, die Verantwortung übernehmen, können durchaus Empfindungen haben, die denen von Schuld sehr ähnlich sind. Diesen Punkt werde ich im Unterkapitel 4.4 „Eine Irrtumstheorie moralischer Kollektivschuld" vertiefen. Da ich diesen Gedankengang für überzeugend halte, betrachte ich auch das zweite (entlang Gilbertscher Konstruktionslinien entworfene) Argument gegen das Aggregationsmodell von Kollektivschuld als gescheitert.

3.2.2 Das Mitgliedschaftsmodell

Das Aggregationsmodell von Kollektivschuld beruht auf dem Gedanken, dass Individuen nur Grund haben können, sich schuldig zu fühlen oder sich auf den Ausdruck von Schuldgefühlen festzulegen, wenn sie selbst moralische Fehler begangen haben. Sie können zwar Verantwortung übernehmen, aber keine Schuld.

Anders das Mitgliedschaftsmodell: Es supponiert, dass Personen Grund haben können, sich ohne eigene Pflichtverletzungen schuldig zu fühlen. Angenommen, Peter erzähle, dass – wie er kürzlich erfahren musste – sein Onkel Paul Freunde unter falschen Vorspiegelungen um große Geldbeträge gebeten hat; ohne dass diese davon Kenntnis haben konnten, nutzte er das Geld, um Unterschlagungen in seiner Firma zu vertuschen. Seine Versuche, sich mit riskanten Finanzgeschäften die nötigen Mittel zu beschaffen, um den Freunden das Geliehene zurückzuzahlen, seien gescheitert. Peter schließt seine Erzählung mit der Bemerkung, er schäme sich für seine Familie. Denn die halbe Familie habe von Pauls Treiben gewusst und ihn dabei unterstützt.

Was Peter hier berichtet, könnte man ‚Mitgliedschaftsscham' nennen, ein Gefühl, das Personen für moralische Fehler von Mitgliedern einer Gruppe empfinden, der sie selber angehören.

Schuld setzt voraus, dass eine Person Grund hat, sich etwas vorzuwerfen. Schämen kann man sich hingegen auch für Dinge, auf die man nur bedingt Einfluss hat, beispielsweise für die Tatsache, dass man zu stottern beginnt, wenn man sich aufregt, oder dass man beim ersten Rendezvous wirres Zeug geredet hat. Jemand kann sich auch für unverfügbare Dinge schämen, beispielsweise für die familiäre Herkunft, die großen Füße, die Unfähigkeit, einen Hundertmeterlauf in einer vorzeigbaren Zeit zu absolvieren oder mit erträglichem Akzent Französisch zu sprechen.

Scham stellt sich ein, wenn sich eine Person in bestimmter Weise mit ‚etwas' verbunden weiß und wenn dieses ‚etwas' nicht so ist, wie es sein sollte (oder wie die Person, die sich schämt, meint, dass es sein sollte).

Mitgliedschaftsscham ist nicht zu verwechseln mit einem Schamgefühl, das jemand für eine Person empfindet, die derselben Gruppe angehört wie sie selbst. Wenn Peters Familie Pauls betrügerische Umtriebe nicht gekannt und ihn nicht darin unterstützt hätte, würde Peter keinen Grund haben, sich für seine Familie zu schämen, sondern höchstens für seinen Onkel Paul. Er würde keine Mitgliedschaftsscham empfinden, sondern Scham aufgrund seiner Mitgliedschaft.

Mitgliedschaftsscham bezieht sich, mit anderen Worten, auf das, was eine Gruppe tut, der man zugehört, und nicht auf das individuelle Handeln anderer Gruppenmitglieder. Wenn englische Hooligans eine Innenstadt verwüsten, dann bringt womöglich die englische Presse Scham zum Ausdruck, aber nicht darüber, dass man Engländer ist. Es handelt sich insofern um Scham aufgrund gemeinsamer Mitgliedschaft und nicht um Mitgliedschaftsscham. Mitgliedschaftsscham könnte beispielsweise jemand empfinden, der dem Fanclub angehört, von dem die Gewalt ausgegangen ist, der selbst jedoch keine Pflichten verletzt hat.

Margaret Gilbert ist der Auffassung, dass sich – analog zum Gedanken der Mitgliedschaftsscham – ein sinnvoller Begriff von Mitgliedschaftsschuld bilden lässt. Sie baut dabei auf folgenden Begriff kollektiven Handelns auf:

„A population *P* collectively performed action *A* if and only if, roughly, the members of *P* were jointly committed to intending as a body to do *A*, and, acting in the light of this joint commitment, relevant members of *P* acted so as to satisfy this intention."[25]

Bleiben wir bei dem Beispiel des Fußballfanclubs, dessen Mitglieder Geschäfte in der Innenstadt von *M* verwüsten. Angenommen, dieses Vorhaben sei bei der letzten Mitgliederversammlung von allen gutgeheißen worden. Ein Mitglied des Vereins bricht sich vor der Abreise zu dem betreffenden Auswärtsspiel bei einer Schlägerei die Hand, so dass es sich an der geplanten Verwüstung nicht beteiligen kann. Dennoch nimmt es nach Gilbert indirekt an der *kollektiven Handlung* des Clubs teil, da es – wie die anderen – den Beschluss mitgetragen hat, dass der Club gemeinsam dieses Ziel verfolgen solle.

„Even group members who do not directly contribute to the group's action are linked to it through their participation in the foundational joint commitment."[26]

Entscheidend für die Verbindung zwischen einer Person *Q* und einer gemeinschaftlichen Handlung ist nicht, dass *Q* Teile zu der Summe von Körperbewegungen beigetragen hat, die das gemeinschaftliche Handeln konstituieren (Herausreißen von Pflastersteinen, Werfen derselben, Schleudern von Bistrotischen in Schaufensterscheiben etc.), sondern dass sie an einen gemeinschaftlichen Entschluss gebunden ist.

Gilbert zufolge vermag eine Person *Q* an einer Handlung, wie der Verwüstung der Innenstadt von *M*, jedoch sogar dann beteiligt zu sein, wenn sie zwar nicht bei einer gemeinsamen Beschlussfassung zugegen war, die Innenstadt von *M* heimzusuchen, aber wenn derartige Aktivitäten zu den von *Q* befürworteten und mitgetragenen Zwecken des Clubs gehören. Es geht mir hier um den Unterschied zwischen der Teilhabe an der moralischen Verantwortung für eine kollektive Handlung und der Teilnahme an einer Handlung. Angenommen, *Q* war zur Zeit der Beschlussfassung und Ausführung im Urlaub, befürwortet aber den Clubzweck, Gewalt gegen Sachen und Personen auszuüben. Er trägt Verantwortung für die Unterstützung dieses allgemeinen Zwecks, ein Zweck, der Taten, wie den Angriff auf die Innenstadt von *M*, einschließt. Aber es lässt sich wohl kaum sagen, dass er an der Zerstörung der Innenstadt von *M* teilgenommen hat. Gilbert geht hingegen davon aus, dass der Begriff der kollektiven Verantwortung an einen starken Begriff kollektiven Handelns gebunden werden muss, der ermöglicht, den in

Urlaub befindlichen *Q* als Mittäter bei der Zerstörung der Innenstadt von *M* namhaft zu machen. Für die Zuschreibung der Mittäterschaft an einer Handlung *h* sollte aber vorausgesetzt werden, dass eine Person einen Beitrag zu *h* leistet, wobei dieser Beitrag auch darin liegen kann, dass eine Person Straßenkarten besorgt, die anderen über die Polizeitaktiken in *M* informiert, Verhaltensratschläge gibt, aber selbst nicht mit nach *M* fährt. Ohne einen wie auch immer gearteten Beitrag *Q's* zu den Ereignissen in *M* will jedoch nicht einleuchten, dass *Q* an einer kollektiven Handlung teilgenommen hat, die zu den Ereignissen in *M* führte. Auch ohne Beitrag kann er jedoch in einer Beziehung zu den Ereignissen in *M* stehen, die rechtfertigt, dass er mitverantwortlich gemacht wird. Zur Veranschaulichung stelle man sich vor, der Club sei mit dem Ziel der Begehung von Gewalttaten gerade erst gegründet worden und *Q* sei vor Planung der ersten Straftat verreist. Es scheint nicht unangemessen, zu sagen, dass er als Clubmitglied Mitverantwortung trägt für die Ereignisse in *M*, weil sie eine konkrete Erfüllung der allgemeinen Zwecksetzung des Clubs darstellen, obwohl er annahmegemäß keinen konkreten Beitrag zu *h* in *M* leistete.

Gilberts Vorstellung, der Begriff kollektiver Verantwortung setze ein von Tatbeiträgen unabhängiges Konzept kollektiven Handelns voraus, überzeugt daher nicht.

Am deutlichsten tritt dies wohl an ihrer Auffassung zutage, eine Person könne angemessenerweise meinen,

> „‚We did it' (...) even if one has done whatever one could to subvert the course of the collective action. One's participation in the relevant joint commitment still ties one inextricably to the group."[27]

Bestandteil einer Abmachung über die allgemeine Zwecksetzung einer Vereinigung kann sein, dass einige Mitglieder *L* autorisiert werden, Ort, Art und Zeit eines Unternehmens in verbindlicher Weise zu bestimmen. Nach Gilbert gilt nun nicht nur, dass *Q* reklamieren kann (und zugestehen muss) ‚We did it', wenn die autorisierten Mitglieder dafür sorgen, dass eine allgemeine gemeinsame Zwecksetzung konkretisiert wird und es zur Umsetzung kommt. Eine Person muss die erste Person Plural auch dann anwenden, wenn sie eine konkrete Handlung, wie die Verwüstung der Innenstadt von *M*, zu verhindern versucht hat. Durch die Autorisierung können *Q* alle Handlungen des Kollektivs zugeschrieben werden.

Hier scheint mir abermals eine Vermischung vorzuliegen hinsichtlich der Bedingungen der Handlungszuschreibung und der Bedingungen der Verantwortungszuschreibung. Mit der Autorisierung von *L* unterliegen die Vereinsmitglieder der moralischen Verpflichtung, Verantwortung für das Handeln von *L* zu übernehmen, auch wenn sie nicht Verantwortung für das Handeln von *L* tragen. Autorisierung begründet, mit anderen Worten, ein Verhältnis einstehender Verantwortung. Folglich können Personen an kollektiver Verantwortung partizipieren, ohne dass sie wahrheitsgemäß sagen könnten: ‚We did it'. Ein solcher Satz wäre dann im übertragenen Sinne zu verstehen.

Daher ist Gilberts Schluss abzulehnen:

> „If what ‚we' did was morally wicked, one can appropriately feel guilt over what we did. This is not, of course, to feel guilt over what one did oneself. One may have been entirely guiltless, personally, in the matter."[28]

Obwohl Gilbert – im Gegensatz zu Karl Jaspers, auf den sie sich hier bezieht – die Auffassung vertritt, Mitgliedschaftsschuld sei nicht irrational, hält sie das Mitgliedschaftsmodell für unzureichend, wenn es darum zu tun ist, den Gedanken der Kollektivschuld zu rekonstruieren. Ihr Vorbehalt bezieht sich darauf, dass das Subjekt der Mitgliedschaftsschuld Individuen sind. Daraus könne sich das Problem ergeben, dass alle Mitglieder eines Kollektivs Schuld aufgrund ihrer Mitgliedschaft empfänden, aber dennoch nicht sagen wollten, ‚Wir fühlen uns schuldig', weil jedes einzelne überzeugt sei, dass die anderen diese Gefühle nicht teilten. Dies könnte als Anlass genommen werden, das Mitgliedschaftsmodell von Kollektivschuld zu ergänzen um die Bedingung, dass Kollektivschuld vorliege, wenn alle Mitglieder Mitgliedschaftsschuld empfänden.

Gilbert weist jedoch auch diese verfeinerte Variante zurück, weil denkbar sei, dass eine Population auf ein Bild von sich selbst festgelegt sei, das den Ausdruck von Kollektivschuld verbiete. In einem solchen Kollektiv ist es nicht statthaft, sich öffentlich mit der Aussage hervorzuwagen ‚Wir sind schuld an *p*'. Es wäre dann unmöglich, Kollektivschuld zu äußern, auch wenn alle Mitglieder der Population Mitgliedschaftsschuld empfänden und dies auch allgemein bekannt wäre. Daher ist Gilbert überzeugt, dass die Gruppe selbst das Subjekt der Kollektivschuld sein muss.

3.2.3 Das Modell pluraler Subjektivität

Der Grundgedanke lautet hier, dass Gruppen Kollektivsubjekte konstituieren und dass diese Kollektivsubjekte selbst Träger von Gefühlen sein können. Das fragliche Gefühl ist also nicht als mentaler Zustand konzipiert, sondern als normative Festlegung der Gruppe auf einen spezifischen Typ von normativen Urteilen.

Entsprechend definiert Gilbert:

> „For us collectively to feel guilt over our action *A* is for us to be jointly committed to feeling guilt as a body over our action *A*. (…) For us collectively to feel guilt over our action *A* is for us to constitute the plural subject of a feeling of guilt over our action *A*.“[29]

Oben hatte ich die Position vertreten, dass die Idee, Individuen könnten normativ darauf festgelegt sein, bestimmte Gefühle zum Ausdruck zu bringen, nicht abwegig ist. Es ist daher nicht *ab ovo* unplausibel, anzunehmen, eine Gruppe vermöge ein *joint commitment* einzugehen, dass die Mitglieder bei passender Gelegenheit Schuldgefühle ausdrücken.

Gilbert geht jedoch einen Schritt weiter. Sie will nicht nur vertreten, dass das Gefühl von Kollektivschuld in einer bestimmten Art von Vereinbarung besteht, sondern dass über diese Vereinbarung ein eigenständiges Subjekt von Gefühlszuständen gestiftet wird.

Dieser Schritt scheint aber nicht zulässig, und zwar aus Gründen, die im Gefühlsbegriff liegen. Wenn ein Individuum sich der sozialen Erwartung ausgesetzt sieht, bestimmte Gefühle zum Ausdruck zu bringen, dann bemüht es sich, die äußeren Anzeichen einer Gefühlslage so gut wie möglich darzustellen; über diese Darstellung stellen sich entsprechende Empfindungen zuweilen tatsächlich ein. Obwohl Personen nicht darauf verpflichtet werden können, bestimmte Empfindungen zu haben, wird dem Unterschied zwischen authentischem und nichtauthentischem Gefühlsausdruck sozial eine wichtige Bedeutung beigemessen. Wir wissen, dass Personen, obwohl sie sich alle Mühe geben, den Erwartungen zu entsprechen, nicht immer so empfinden, wie dies als sozial geboten erscheint.

Dass der Ausdruck von Gefühlen im gewöhnlichen Verständnis auf das Empfinden bezogen bleibt, setzt der Übertragbarkeit des Gefühlsbegriffs auf Kollektive Grenzen. Denn selbst wenn man zugesteht, dass die Mitglieder eines Kollektivs verbindlich vereinbaren können, in ihrem Handeln gewisse Gefühle auszudrücken, und dass mit dieser Vereinbarung ein plurales Subjekt entsteht, kann dieses Subjekt kein Träger von Gefühlen sein, weil es – wie ich annehmen will – keine mentalen Zustände zu haben vermag.

Gilbert begegnet diesem Einwand, indem sie die kollektive Festlegung auf ein Schuldgefühl so charakterisiert, dass keine mentalen Zustände vorausgesetzt sind. Dass ein Kollektiv sich schuldig fühlt, meint dann, dass sich die Mitglieder verbindlich darauf geeinigt haben, eine gewisse kollektive Handlung als falsch anzusehen; dass sie ausschließlich Dinge tun und sagen, die mit diesem Urteil übereinstimmen; dass sie Personen tadeln, die das Urteil in Zweifel ziehen; und dass sie Anstrengungen zur Korrektur des begangenen Unrechts unternehmen. Gilbert präsentiert das Beispiel von Lisa und Joe, die dem Kind, das sie über das Wochenende zu hüten versprochen hatten, nicht genug Aufmerksamkeit geschenkt haben. Als sich Lisa später am Telefon bei der Mutter des Kindes mit den Worten entschuldigt ‚Wir haben solche Schuldgefühle', widerspricht Joe: ‚Haben wir nicht'. Mit gedämpfter Stimme herrscht Lisa ihn an: ‚Haben wir doch', und Joe fügt sich.

> „This may be enough to establish a joint commitment between Joe and Lisa, a joint commitment to feel guilt as a body over their treatment of Mary. In Lisa's presence, at least, Joe will now feel constrained to do and say things that echo or conform to Lisa's claim that she and Joe feel guilty about the way they treated Mary."[30]

Wie das Beispiel zeigt, kommt nach Gilbert eine gültige Festlegung auf den Ausdruck von Kollektivschuld auch dann zustande, wenn eine Person sich lediglich dem Druck anderer fügt. Es müssen keineswegs alle davon überzeugt sein, dass sie Grund haben, sich – persönlich oder als Gruppe – schuldig zu fühlen. Die Gruppenmitglieder bilden schon dann ein plurales Subjekt, wenn sie ihre Bereitschaft zum Ausdruck bringen, einen Vorschlag hinsichtlich der Gruppe mit zu tragen.

Diese Position wirft eine Reihe von Schwierigkeiten auf. (1) Zum einen fragt sich, ob Joe tatsächlich eine normative Verbindlichkeit eingegangen ist, wenn er sich lediglich dem von Lisa ausgeübten Druck fügt. Er könnte durchaus überzeugt sein, dass weder er persönlich noch sie gemeinsam einen Fehler gemacht haben; dass die Mutter des Kindes sich hysterisch aufführt und Lisa – mit der für sie typischen Neigung zu irrationalen Schuldgefühlen – völlig zu Unrecht von ihm verlangt, er solle sich ihrem Bekenntnis anschließen. Da er Streit und Vorwürfe vermeiden will, widerspricht er nicht. Insgeheim wirft er sich jedoch vor, dass es falsch von ihm ist, diesen Konflikt zu vermeiden. Gilbert könnte darauf entgegnen, dass unter solchen Umständen eben kein plurales Subjekt von Schuldgefühlen entstanden ist. Sie ist aber darum besorgt, die „readiness on everyone's part to be jointly committed to feel guilt as a body"[31] an minimale Bedingungen zu knüpfen, und unterlässt daher beispielsweise zu postulieren, dass ein plurales Subjekt von Schuldgefühlen nur zustande kommen kann, wenn die Betroffenen tatsächlich überzeugt sind, dass das Kollektiv Schuld trägt. Warum sie es bei minimalen Bedingungen belässt, ist schwer zu sagen. Ein Grund scheint zu sein, dass dies die Anwendung ihres Ansatzes auf politische Kontexte erleichtert. So meint sie, dass eine Regierung berechtigt ist, „to determine the emotional state of the citizen body, in effect, jointly committing the citizens to feel guilt as a body."[32] Dies ist eine ungewöhnlich weit reichende und als solche wohl kaum überzeugende Auffassung über die Kompetenzen einer Regierung.

(2) Es ist eine weitere Schwäche des Gilbertschen Ansatzes, dass er mit folgenden Aussagen von Joe vereinbar ist: (J1) Joe sagt, Lisa und er hätten gemeinsam einen Fehler gemacht; (J2) Joe sagt, er persönlich habe keinen Fehler gemacht; (J3) Joe sagt, „wir haben als Team einen Fehler gemacht, aber ich habe keinen Fehler gemacht"; (J4) Joe sagt, „als Mitglied des Teams fühle ich mich schuldig, aber persönlich fühle ich mich nicht schuldig".

Wie man es wendet, (J3) und (J4) wirken widersprüchlich oder zumindest hochgradig irreführend. Das Beispiel von Gilbert bietet wenig Anhaltspunkte, um die Differenzierung zwischen persönlicher Unschuld und kollektiver Mitschuld plausibel zu machen. Wenn sie als Kollektiv schuldig sind, dann ist Joe – so wie der Fall liegt – auch persönlich schuldig. Wenn Joe persönlich unschuldig ist, dann war – wenn überhaupt – Lisa schuld.

Man kann das Problem so wenden: Wenn Joe sich nicht für seinen Beitrag zu einem kollektiven Handeln persönlich schuldig fühlt, hat er keinen guten Grund, sich auf den Ausdruck von Kollektivschuld festzulegen. Zwar kann es sein, dass er Grund hätte, sich persönlich schuldig zu fühlen – aber wenn er diesen Grund nicht sieht, kann er nicht aufrichtig ein Gefühl von Kollektivschuld bekennen.

4 Zwei ‚Kollektivschuld'-Analysen

In Kapitel 2 „Zwei Kollektivschuldbegriffe" hatte ich im Anschluss an Stevenson von der emotiven Kraft gesprochen, die dem Wort ‚Kollektivschuld' historisch zugewachsen ist. Wenn von einer Stellungnahme gesagt wird, sie unterstelle Kollektivschuld oder enthalte einen Kollektivschuldvorwurf, so wirkt dies emotiv auf deren Diskreditierung hin. Zwei Beispiele: Als 1996 Daniel Goldhagens „Hitlers willige Vollstrecker" erschien, titelte das Magazin „Der Spiegel": „Neuer Streit um

Kollektivschuld. Die Deutschen: Hitlers willige Mordgesellen?".[1] Das Ziel bestand offenkundig in einer Abwertung des Buches. Rund eine Dekade später benutzte der Rezensent von Götz Alys „Hitlers Volksstaat" in „Die Zeit", Volker Ullrich, die historisch gewachsene Suggestivkraft des Wortes ebenfalls, um die Arbeit in Misskredit zu bringen:

> „In der Quintessenz läuft das Buch auf eine neue Variante der Kollektivschuld-These hinaus. 95 % der Deutschen, heißt es wiederholt, hätten direkt oder indirekt vom Massenraubmord profitiert. Hinter dieser magischen Zahl verschwimmen die sehr ungleich verteilten Grade individueller Schuld und Verantwortung. Es macht ja wohl einen gewaltigen Unterschied aus, ob zum Beispiel die Manager der Dresdner Bank rigoros das Geschäft der ‚Arisierungen' betrieben oder ob eine Hamburger Hausfrau bei einer Auktion einen Pelzmantel ergatterte, dessen Herkunft ihr womöglich nicht bekannt war."[2]

Ich möchte im Folgenden analysieren, inwiefern von den beiden erwähnten Büchern gesagt werden kann, dass sie Kollektivschuld zum Thema haben; und ob der heusssche Topos, wer von deutscher Kollektivschuld spreche, denke wie ein Nazi, auf die Bücher anzuwenden ist. Meine Antwort auf die zuletzt genannte Frage fällt in beiden Fällen, wie ich vorwegnehmen darf, negativ aus.

Die Erklärungen, die den Arbeiten von Götz Aly und Daniel Goldhagen zugrunde liegen, sind sehr unterschiedlich. Während Aly untersucht, wie die Ressourcen aus dem Massenraubmord an den Juden benutzt wurden, um die Massenloyalität der deutschen Bevölkerung zu befördern (die in diesem Sinne materiell von den nationalsozialistischen Verbrechen profitierte), zielt Goldhagen auf eine kultur- und mentalitätsgeschichtliche Herleitung der Shoa.[3] Bei dem einen geht es um den Nachvollzug verbrechensbedingter materieller Vergünstigungen, bei dem anderen um die These, in der deutschen Kultur sei seit dem neunzehnten Jahrhundert ein eliminatorischer Antisemitismus angelegt gewesen. Wenn beide in unzulässiger Weise mit einer Kollektivschuld-Vermutung operieren sollten, so muss Kollektivschuld in den beiden Fällen etwas sehr Unterschiedliches bedeuten.

Wenn einer Person vorgeworfen wird, sie unterstelle den Deutschen Kollektivschuld, so wird damit insinuiert, sie begehe einen intellektuellen und einen moralischen Fehler, aber es wird kaum je erläutert, worin dieser Fehler bestehe. Es geht mir im Folgenden nicht um die empirische und explanatorische Qualität der Ausführungen Goldhagens oder Alys, die von berufener Seite in Abrede gestellt wurden,[4] sondern um die „Logik", um die gedanklichen Voraussetzungen der Kollektivschuldvorwurf-Zuschreibung in der Rezeption.

Welchen Fehler macht jemand, der in einem wissenschaftlichen Text einen Kollektivschuldvorwurf erhebt?

Ein diesbezüglicher kritischer Topos ist – wie gesagt – in der intellektuellen Kultur der Bundesrepublik von dem ersten Bundespräsidenten Heuss und von Karl Jaspers geprägt worden: Der Kollektivschuldvorwurf beruhe auf einem normativ und „sozialontologisch" fragwürdigen Denken in Kollektiven. Ein Volk ist keine große Person, die mit einem einheitlichen Willen handelt. Es besteht vielmehr aus Millionen von eigensinnigen Menschen, deren Handeln je für sich zu beurteilen ist. Das Denken in Kollektiven sei typisch für den Nationalsozialismus und seine rassistische Vernichtungspolitik gegenüber Juden und Slawen gewesen.[5]

In diese Richtung ging vor allem der Vorwurf gegenüber Goldhagen.[6] Der Befund stützt sich auf das von Goldhagen benutzte Erklärungsmodell, das von der Forschung bald heftig attackiert wurde.[7] Goldhagen diagnostiziert eine moralische Perversität der deutschen Kultur, die ihm zufolge erklärlich macht, warum die Deutschen zu den nationalsozialistischen Verbrechen nicht gezwungen werden mussten, sondern bereitwillig mitwirkten. Die Forschung sei bislang von der falschen Annahme ausgegangen, die damaligen Deutschen seien „mehr oder weniger Leute wie wir" gewesen.[8] In Wahrheit seien sie aber durch eine Kultur geprägt worden, die nichts mit den heute für den Westen verbindlichen Idealen von Aufklärung und Humanität zu schaffen hätten.

Ich möchte nicht fragen, ob die These vom perversen Nationalcharakter der damaligen Deutschen haltbar ist, sondern untersuchen, wie und in welchem Sinne sich auf dieser Grundlage ein ‚Kollektivschuldvorwurf' herleiten ließe. Wenn Goldhagen an einer solchen Aussage interessiert gewesen wäre, hätte er folgendermaßen argumentieren können: (G1) Beinahe alle damaligen Deutschen haben einen moralisch verworfenen Charakter gehabt. (G2) Der moralisch verworfene Charakter beinahe aller deutschen Bürger war der entscheidende kausale Faktor für die nationalsozialistischen Verbrechen. (G3) Personen, die aufgrund eines moralisch verworfenen Charakters Verbrechen begehen, laden Schuld auf sich. (G4) Beinahe alle deutschen Bürger haben durch die nationalsozialistischen Verbrechen Schuld auf sich geladen.

4.1 Verantwortung für einen moralisch perversen Nationalcharakter?

Die Fähigkeit einer Person, moralisch richtige Entscheidungen zu treffen, hängt unter anderem davon ab, ob sie in der Lage ist, die richtigen moralischen Gründe zu erkennen. Welche Gründe sie wiederum zu erkennen fähig ist, wird nicht zuletzt bestimmt durch ihren Charakter.

Nehmen wir an, es gebe so etwas wie einen Nationalcharakter, den fast alle Bewohner eines Landes in unterschiedlichem Maße teilten. Ist es zulässig, einer Person ihre nationalen Eigentümlichkeiten vorzuwerfen? Darf sie für Handlungen verantwortlich gemacht werden, die aus dem folgen, „was sie ist"?

Eine moderne, an Aristoteles orientierte Antwort hat Jonathan Jacobs in „Choosing Character" entwickelt. Jacobs geht, wie Aristoteles, davon aus, dass unser Charakter durch Gewohnheiten geformt wird und dass wir es in beträchtlichem Maße in der Hand haben, welche Gewohnheiten wir kultivieren wollen. Wir haben daher auch in beträchtlichem Maße in der Hand, welchen Charakter wir entwickeln. Sobald sich ein Charakter formiert hat, ist er nur noch schwer oder gar nicht mehr zu ändern. Unser Charakter entscheidet weitgehend über unser „moralisches Erkenntnisvermögen". Erlaubt uns unser Charakter nicht, die richtigen Gründe zu erkennen, so sind wir gemäß Jacobs „morally disabled". Doch diese Art von Behinderung haben wir uns in vielen Fällen selbst zuzuschreiben, da wir sie durch unsere Gewohnheiten selber bewirkt haben. Wir sind daher für Konsequenzen, die aus unserer moralischen Behinderung resultieren, verantwortlich.[9]

Selbst wenn man annimmt, dass Personen ihren Charakter durch bewusste Entscheidungen für Gewohnheiten prägen und insofern für Konsequenzen ihrer moralischen Inkompetenz verantwortlich gemacht werden können, kann man Jacobs Position nicht kurzerhand auf den Nationalcharakter eines Individuums übertragen. Die Formierung des Charakters einer Person geschieht innerhalb eines kulturellen Kontextes, der entscheidet, welche Lebensformen und Gewohnheiten einer Person überhaupt offen stehen.

Nach Goldhagen lag der Ursprung des für die damaligen Deutschen kennzeichnenden „eliminatorischen Antisemitismus" im ausgehenden neunzehnten Jahrhundert. Er könnte argumentieren, dass die Deutschen damals ohne äußeren Zwang begannen, spezifische antisemitische Haltungen zu habitualisieren.

Die Katastrophe des Ersten Weltkriegs und die politischen Wirren der Weimarer Republik haben bereits einen antisemitisch durchformten Nationalcharakter vorgefunden, der den kometenhaften Aufstieg der NSDAP und das rasche Ende der Demokratie erklärlich macht. Ihr moralisch perverser Charakter hat den Deutschen nicht erlaubt, zu verstehen, dass sie Verbrechen begehen; dies ändert aber nichts an ihrer Verantwortung, da sie sich diesen Charakter selber zu verdanken haben.

Es ist ein gewichtiger Einwand gegen eine solche Sichtweise, dass sie die „Getrenntheit der Personen" übersieht. Die Deutschen sind keine Person mit einem einheitlichen Willen, die sich für bestimmte Denk- und Handlungsgewohnheiten entscheidet und darüber einen spezifischen Nationalcharakter entwickelt. Unter der Annahme, dass Goldhagens Beschreibung akzeptabel ist: Diejenigen, die dazu beigetragen haben, dass die deutsche Kultur im späten neunzehnten Jahrhundert einen eliminatorischen Antisemitismus ausgebildet hat, waren andere als diejenigen, die zu der für die Shoa den Ausschlag gebenden Funktionselite des Hitlerreichs wurden – also im Wesentlichen die Jahrgänge um 1905. Goldhagen müsste daher bejahen, dass Leute, wie diese, eine Wahl hatten, anders zu werden, obwohl ihr kulturelles Umfeld bereits ein bestimmtes Charakterbild ausgebildet hatte.

4.2 Verzicht auf ein kollektives ‚Schuldurteil'

Es ging Goldhagen aber gar nicht darum, ein Schuldurteil über die Deutschen als Kollektiv abzugeben. Die Prämisse (G3) (Personen, die aufgrund eines moralisch verworfenen Charakters Verbrechen begehen, laden Schuld auf sich) taucht in seinen Überlegungen nicht auf.

Der moralisch perverse Charakter der Deutschen bestand nach Goldhagen gerade darin, dass sie nicht in der Lage waren, zu erkennen, dass die nationalsozialistischen Verbrechen Verbrechen waren. Nach Goldhagen sind die Deutschen aufgrund ihrer moralischen Abartigkeit streng genommen nicht schuldfähig gewesen. In der öffentlichen Debatte blieb unbemerkt, dass seine Erklärung der Shoa auch ein Exkulpationsangebot enthielt: Gewöhnliche Leute denken innerhalb des Horizontes ihrer eigenen Kultur; ist diese Kultur moralisch pervers, so denken sie ausschließlich im Horizont einer moralisch perversen Kultur. Schuld – im Sinne der Verantwortung für eine Tat – können nach dem Standardverständnis nur Personen tragen, die (a) in der Lage sind, das moralisch Verwerfliche ihres Handelns zu erkennen und (b) Kontrolle über ihr eigenes Handeln ausüben. Die Angehörigen einer moralisch perversen Kultur sind nicht in der Lage, das Verwerfliche ihres Handelns zu erkennen. Also können sie im Standardverständnis des Wortes nicht schuldig sein.[10]

Zusammengefasst: Versteht man ihn im obigen Sinne, so zielt Goldhagen nicht auf einen Kollektivschuldvorwurf, sondern verweist auf die Beschaffenheit der deutschen Kultur als einen wesentlichen kausalen Faktor für die Shoa. Das für die Deutschen Störende und Verstörende seiner Arbeit bestand darin, dass Goldhagens Darstellung mit dem über fünfzig Jahre eingeübten Selbstrechtfertigungsmodell kollidierte. Dieses Modell besagte, die Deutschen hätten an den nationalsozialistischen Verbrechen nur unter Zwang mitgewirkt. Während Goldhagen das Vorliegen von (a) in Abrede stellte (die Deutschen waren nicht in der Lage, das Unrecht zu erkennen), sah die landläufige Selbstrechtfertigung (b) als nicht gegeben an (die Deutschen hatten es nicht in der Hand). Das Bestreiten von (b) hatte verschiedene Vorteile: Es erlaubte ein affirmatives Verhältnis zur deutschen Kulturtradition – ein vitales Bedürfnis in einem geschlagenen und zerstörten Land; und es erlaubte eine Relativierung der deutschen Schuld durch eine Zurückführung des eigenen Anteils an den Verbrechen auf allgemein-menschliche Unzulänglichkeiten, wie etwa auf die Tatsache, dass Durchschnittsmenschen keine Helden sind.[11]

Im Rahmen der Rekonstruktion habe ich ausgeführt, dass der Kollektivschuldbegriff auch auf geteilte Einstellungen – in der Rationalisierung II von Kollektivschuld-II – zielen kann. Die Erörterung hat indes gezeigt, dass – auch wenn ein Kollektiv moralisch verwerfliche Einstellungen teilt, die zu bestimmten Verbrechen führen – von der kollektiven Schuld eines Individuums *I* nur gesprochen werden kann, wenn *I* individuelle Pflichten verletzt hat. Man kann sicherlich bestreiten, dass ein derartiger Vorwurf für alle Deutschen empirisch zutrifft; man kann überdies – aus den oben genannten Gründen – Vorbehalte haben, ob die Deutschen überhaupt ‚schuldfähig' waren. Goldhagen ging es um den Nachweis, dass die Deutschen moralisch perverse Einstellungen massenhaft kollektiv teilten und dass diese Einstellungen kausal ausschlaggebend für die nationalsozialistischen Verbrechen waren. An der These, dass sie für diese Einstellungen in einem emphatischen Sinne selber verantwortlich waren, zeigt er sich nicht interessiert.

Goldhagen – und dies wird allgemein als Verdienst des Buches vermerkt – hat viel öffentlichkeitswirksamer noch als Christopher Browning dazu beigetragen, das funktionalistische Bild einer gleichsam ohne Verantwortungssubjekt arbeitenden Mordmaschine zu diskreditieren.[12] So kann man sagen, dass er zwar selbst keine Kollektivschuldthese vertreten, aber durch den forcierten Hinweis auf die Beteiligung ‚ganz normaler Männer'[13] an den nationalsozialistischen Verbrechen eine geläufige Exkulpationsstrategie wirkungsvoll entwertet hat. Sie hat durch die Forschung von Eric Johnson weitere Stützung erhalten, der anhand von Gestapo-Akten zeigt, dass die Deutschen aus freien Stücken und mit häufig opportunistischen Motiven den Terror der Gestapo unterstützten – und dass dieser Terror ohne solche Unterstützung gar nicht möglich gewesen wäre.[14]

Die Historiographie des Nationalsozialismus hat seit den Neunzigerjahren forciert die Frage nach der Beteiligung der gewöhnlichen Deutschen an der Aufrechterhaltung und den Verbrechen des nationalsozialistischen Regimes gestellt; diese Forschung berührt auch die Frage nach der ‚Schuld der Deutschen'. Die berechtigte Zurückweisung eines auf metaphysischen Hypostasierungen beruhenden Kollektivschuldvorwurfs, der von der Existenz einer unwandelbaren deutschen Volksseele ausgeht, ist in der deutschen Diskussion häufig nicht klar getrennt worden von der Problematik der massenhaften, moralisch vorwerfbaren, wenn auch individuell verschiedenen Beteiligung am Funktionieren eines verbrecherischen Staates.

4.3 Massenraubmord und Kollektivschuld

Ich möchte nun zu der Frage übergehen, ob Götz Aly eine Art von Kollektivschuldvorwurf gegen die Deutschen erhebt, und untersuche zunächst, worauf die Rezensenten die entsprechende Behauptung stützen.

Der Historiker Michael Wildt hält Aly eine „historisch-materialistisch gewendete Kollektivschuldthese" und einen „wissenschaftlich längst überwunden geglaubten Reduktionismus" vor, ohne zu erläutern, wie eine reduktionistische Erklärungsstrategie, welche die Massenloyalität auf Konsumwünsche zurückführt, eine Behauptung kollektiver Schuld stützen könnte.[15]

Volker Ullrich und Joachim Güntner verorten den Fehler in Alys Weigerung, Schuld individuell zuzumessen und einen Unterschied zu machen zwischen jemandem, der in die Durchführungsplanung des Massenraubmords an den Juden verwickelt war, und jemandem, der, möglicherweise nichts ahnend, davon profitierte.[16] Ullrich behauptet, angesichts der Feststellung, 95 % der Deutschen hätten direkt oder indirekt Vorteile durch den Raubmordkrieg gehabt, verschwömmen bei Aly die ungleich verteilten Grade individueller Schuld und Verantwortung. Er spricht von einer „magischen Zahl", die individuelle Differenzen kaschiere.[17]

Da wohl auch Aly selbst nicht die abstruse Behauptung aufstellen will, 95 % der Deutschen hätten – alles in allem – vom Nationalsozialismus materiell profitiert, sind Kennzeichnungen wie ‚Wohlfühl- oder Gefälligkeitsdiktatur' nur als gezielte und dem Gegenstand wohl nicht ganz angemessene Provokationen zu verstehen. Die Zahl der Deutschen, die im Mai 1945 sagen konnten, sie stünden materiell besser da als im Januar 1933 dürfte nicht allzu groß gewesen sein. Die Substanz der These ist davon aber unberührt. Sie lautet, dass die Deutschen großmehrheitlich die raubmörderische Politik ihrer Regierung unterstützt und alles in allem gutgeheißen haben, weil sie dadurch relative materielle Vorteile erlangten und sich für die Zeit nach dem den Krieg noch weitere und ungleich größere erhofften.

Wie kann eine solche These eine Kollektivschuldbehauptung stützen? Eine Argumentation könnte folgendermaßen aussehen: (A1) Beinahe alle deutschen Bürger haben aus den nationalsozialistischen Verbrechen Profit gezogen. (A2) Das Bereicherungsmotiv beinahe aller deutschen Bürger hat eine ausschlaggebende kausale Rolle bei den nationalsozialistischen Verbrechen gespielt. (A3) Personen, deren Motive eine kausale Rolle bei Verbrechen spielen und von diesen Verbrechen profitieren, verletzen ihre Pflichten. (A4) Personen, die wissentlich und willentlich ihre Pflichten verletzen, laden Schuld auf sich. (A5) Beinahe alle deutschen Bürger haben durch die nationalsozialistischen Verbrechen Schuld auf sich geladen. (A6) Sie tragen daher Kollektivschuld (im Sinne des Aggregationsmodells).

Es erübrigt sich wohl, zu betonen, dass die eine Schlüsselrolle spielende Prämisse A2 nicht einfach zu begründen sein würde. Aly begründet sie auch nicht, sondern konzentriert sich vielmehr auf den Nachweis, dass 95 % der Deutschen von den nationalsozialistischen Verbrechen in dem Sinne profitiert haben, dass aus dem Geraubten ein bedeutender Teil der Finanzlast des Krieges bestritten werden konnte.

Es leuchtet nicht ein, dass eine Person, die von einem Verbrechen profitiert, einen Teil der Schuld an dem Verbrechen trägt. Niemand wird meinen, dass eine Person, die keinerlei kausale Rolle für ein Verbrechen spielt, aber von diesem Verbrechen einen Vorteil hat, Schuld an dem Verbrechen trägt. Wenn der Vorgesetzte *A* Opfer eines Raubmords wird und der an dem Verbrechen völlig unbeteiligte Untergebene *X* daraufhin befördert wird, so kann man sagen, dass *X* von dem Verbrechen begünstigt wird. Aber es ist unsinnig, ihm Schuld zuzuweisen. Etwas anderes wäre es, wenn *X* die Mörder angestiftet hätte oder wenn er verpflichtet gewesen wäre, den Mord zu verhindern. Wenn er jedoch seine Pflicht verletzt hat, den Mord zu verhindern, so besteht die Schuld eben in *dieser* Pflichtverletzung. Die Tatsache, dass er von dem Mord profitiert, fügt dieser Schuld nichts hinzu, es sei denn, das Profitmotiv war Grund der Unterlassung. Aber, wie gesagt, das Vorliegen des Profitmotivs oder das Vorliegen einer Pflicht, den Raubmord zu verhindern, müssten begründet werden.

Es ist indes unwahrscheinlich, dass Aly behaupten möchte, dass die deutsche Bevölkerung die nationalsozialistische Regierung dazu angestiftet hätte, den Massenraubmord an den Juden zu begehen, um in den Genuss bestimmter materieller Vorteile zu gelangen. Andererseits ist es nicht bar jeder Plausibilität, dass die mit der „Judenpolitik" der Nationalsozialisten verbundenen Vorteile für viele ein Motiv dargestellt haben, die Partei zu wählen und zu unterstützen. Wesentliche dieser Vorteile – Ausschluss der Juden von hochrangigen sozialen Positionen, rechtliche Diskriminierung usw. – waren aber unabhängig vom Raubmord und bereits vor den Mordaktionen der Vierzigerjahre weitgehend realisiert.

Eine auf die Analyse Alys sich stützende Kollektivschuldthese müsste wohl wesentlich komplexer angelegt sein, als dies in der gegen ihn gerichteten Kritik erscheint. Es bedürfte – wie gesagt – sorgfältiger Betrachtungen über die Frage, unter welchen Umständen Nutznießer Mitschuld an Verbrechen tragen: Müssen die Begünstigten die Verbrechen angestiftet haben? Reicht es aus, dass sie die Verbrechen und die aus ihnen resultierenden Vorteile begrüßt oder zumindest widerstandslos hingenommen haben? Solange diese normativen Fragen nicht geklärt sind, gibt es keine Grundlage für die Zuschreibung von Kollektivschuld, ganz unabhängig von der Einschätzung empirischer und explanatorischer Fragen.

In Form einer Geschichte müsste der oben skizzierte Vorwurf beispielsweise ungefähr diese Gestalt annehmen: Beinahe alle Deutschen befürworteten die nationalsozialistische Judenpolitik und andere verbrecherische Zielsetzungen, weil sie sich persönliche materielle Vorteile erhofft haben. Ohne diese massenhafte, materiell motivierte Massenloyalität hätten die Nationalsozialisten weder an die Macht kommen, noch ihre Verbrechen begehen können. Die deutsche Bevölkerung war sich der moralischen Verwerflichkeit der nationalsozialistischen Politik voll bewusst und setzte daher alles auf den ‚Endsieg', der eine irreversible ‚Umwertung aller Werte' mit sich gebracht hätte. Sie hat sich insofern zur Begehung von historisch einzigartigen Verbrechen in voll schuldfähiger Weise verschworen.

Anwendung von Kollektivschuld-I: (i) Die nationalsozialistischen Verbrechen *V* sind durch kollektives Handeln von Deutschen und anderen, die gemeinsam das Kollektiv *K* bilden, hervorgebracht worden. (ii) Ein Mitglied von *K*, von dem gesagt wird, dass es Kollektivschuld trägt an *V*, hat hinsichtlich *V* Pflichten verletzt.

Diese Anwendung des Kollektivschuldbegriffs I steht nicht dem Gedanken individueller Schuldzumessung entgegen, ein Vorwurf, der, wie gesagt, von Volker Ullrich gegen Aly erhoben wurde; sie beruht nicht auf der Forderung, Personen aufgrund ihrer Einstellungen (und nicht aufgrund ihrer Pflichtverletzungen) zu sanktionieren; sie enthält keine Behauptungen über den Nationalcharakter und dessen geschichtliche Persistenz oder Plastizität.

Um den Unterschied zu kollektivistischen Konzepten zu verdeutlichen, sollte man möglicherweise besser die Kollektivschuld von Deutschen und nicht die der Deutschen untersuchen; und die Kollektivschuld von Deutschen ist wiederum mit Blick auf je unterschiedliche Verbrechenstatbestände und Unrechtsformen zu betrachten. Aus einer solchen Betrachtungsweise ergibt sich kein historisches Szenario, bei dem ein Volk für ein Verbrechen verantwortlich zeichnet, sondern eines, bei dem Individuen in unterschiedlichen sozialen Rollen und Organisationen je unterschiedlich in ein verbrecherisches Gesamtgeschehen einbezogen waren. Je individuell ist zu fragen, ob eine Person durch ihre Handlungen wissentlich und willentlich Pflichten verletzt hat und in einen kollektiven Schuldzusammenhang verwickelt ist.

4.4 Eine Irrtumstheorie moralischer Kollektivschuld

Gefühle, wie Stolz, Scham oder Schuld, haben kognitiven Gehalt. Sie sind nicht einfach blinde Empfindungen, sondern können begründet oder unbegründet sein. Wir kritisieren eine Person, wenn sie versäumt, auf eine Leistung stolz zu sein oder sich für ein Fehlverhalten zu schämen, sofern wir meinen, dies sei etwas, worauf man stolz sein könne oder wofür man sich schämen müsse. Wir finden es angemessen und richtig, wenn eine Person sich schuldig fühlt für etwas, wofür sie sich schuldig fühlen sollte.

Im deutschen Strafrecht können nur Individuen schuldig werden – und zwar nur für das, was sie selbst getan oder unterlassen haben. Juristisch, so schreibt Bernhard Schlink, gebe es keinen Schluss von der Schuld eines Menschen auf die Schuld eines anderen; Kollektivschuld, bei der alle Glieder des Kollektivs schuldig seien, weil einige schuldig seien, lasse sich mit dem juristischen Begriff der Schuld nicht vereinbaren.[18]

Dem entspricht auch die übliche Ansicht in der Philosophie. Schuldgefühle sind nur angemessen für die je eigenen Pflichtverletzungen.[19] Die Jemeinigkeit der Schuld ist ihr wesentliches Merkmal. Wer sich wegen der Pflichtverletzungen anderer schuldig fühlt, unterstellt, der individualistischen Auslegung folgend, dass *er* die Pflicht gehabt hat, diese anderen an ihren Pflichtverletzungen zu hindern; Gegenstand des Schuldgefühls wäre demnach wiederum eine eigene Pflichtverletzung; unterstellt er nicht, dass er die Pflicht hatte, die anderen an ihren Pflichtverletzungen zu hindern, so ist sein Schuldgefühl – der individualistischen Interpretation gemäß – irrational.

Angenommen ein Amerikaner äußere Schuldgefühle, weil sein Urgroßvater Sklavenhalter war. Aus individualistischer Sicht ist hier zu fragen, welche Pflicht *er* verletzt, was *er* falsch gemacht hat. Lautete seine Antwort, er habe nichts falsch gemacht, aber fühle sich dennoch schuldig, hielte ihm eine Individualistin entgegen, dass er das Wort ‚Schuld' falsch verwende. Er könne Bedauern, Trauer oder möglicherweise auch Scham für das Geschehen empfinden, aber eben nicht Schuld. Wenn er indes darauf insistierte, dass es wirklich Schuld wäre, könnte es sich um das handeln, was die Psychoanalytiker ‚Reaktionsbildung' nennen. Was er empfände, könnte man mutmaßen, wäre tatsächlich ein Gefühl von Schuld, jedoch eines, das auf irrationalen Voraussetzungen beruhte. Er sehe in der Rolle seines Großvaters einen eigenen, verdrängten Wunsch erfüllt. Nun besteht eigentlich kein Grund, Schuldgefühle zu haben, wenn eine andere Person *ihre* Pflichten verletzt und damit etwas verwirklicht hat, was man selbst insgeheim wünscht. Mit der Psychoanalyse könnte man jedoch vermuten, dass hier das ‚magische Bewusstsein' eine Rolle spiele, mit geheimen Wünschen das Handeln anderer Personen beeinflussen oder lenken zu können. Eine solche Deutung macht wesentliche Charakteristika des individualistischen Schuldbegriffs für die Theoriebildung fruchtbar. Unter der Annahme, dass (i) es wirklich ein Gefühl von Schuld ist, was eine Person empfindet; und dass (ii) Personen Schuld nur für ihre je eigenen Pflichtverletzungen empfinden können, wird rekonstruiert, von welchen unbewussten Voraussetzungen eine Person ausgeht – in diesem Fall: dass sie glaubt, durch magische Wunscherfüllung ihre Pflicht verletzt zu haben. Der Schuldbegriff fungierte hier gewissermaßen als lakatosscher ‚harter Kern', das Vorliegen von Schuldgefühlen als eine Ausgangsbedingung; das magische Bewusstsein schließlich – im Sinne der Fähigkeit, tote Personen mit der Erfüllung eigener Wünsche zu beauftragen – sowie die Verdrängung hätten hier die Erklärungslast dafür zu tragen, dass eine Person glaubt, schuldig zu sein, obwohl sie es offensichtlich nicht ist.

Eine Alternative zu einer solchen Rekonstruktion von Schuldgefühlen für Ereignisse, hinsichtlich derer eine Person keine Pflichten verletzt hat, bietet eine *Irrtumstheorie der moralischen Kollektivschuld*. Die Irrtumstheorie geht von der Jemeinigkeit moralischer Schuld aus. Bekunden Personen Schuldgefühle für das Handeln anderer Mitglieder eines Kollektivs, obwohl sie in Bezug auf dieses Handeln keine eigenen Pflichten verletzt haben, so irren sie sich in der angemessenen Bezeichnung ihres Gefühls. In Wahrheit empfänden sie nicht Schuld, sondern Trauer oder Entsetzen. Ähnliches gilt für eine Person, die Stolz auf Leistungen von Landsleuten bekundet, zu denen sie nicht beigetragen hat. Was sie in Wahrheit empfindet, ist nicht Stolz, sondern Freude. Die Bedingungen, die erfüllt sein müssen, damit Freude oder Trauer und Entsetzen begründete Gefühle sind, sind andere als die für Stolz oder Schuld vorausgesetzten. Jemand kann Freude darüber empfinden, dass eine tot geglaubte Pflanze Blätter treibt oder dass ihm völlig fremde Menschen in ein intensives Gespräch vertieft sind, auch wenn er hierzu keinen Beitrag leistet oder geleistet hat. Gefühle von Freude können auf Erfreuliches gerichtet sein, das sich nicht dem Tun der empfindenden Person verdankt; Gefühle von Trauer können auf Trauriges bezogen sein, für das der Traurige nicht verantwortlich ist, das er nicht herbeigeführt hat.

Das individuelle Empfinden moralischer Kollektivschuld, Jaspers' ‚Analogon von Mitschuld', wäre im Sinne der Irrtumstheorie als eine Form des Empfindens von Trauer und Entsetzen zu beschreiben.

Gegen eine solche Theorie drängt sich der Einwand auf, dass das Empfinden von Kollektivschuld sich auf das Handeln der eigenen Landsleute oder anderer Gruppenmitglieder bezieht und nicht auf beliebige Menschen. Dies unterscheide es von Empfindungen wie Trauer und Entsetzen. Ein Deutscher könne traurig und entsetzt sein über die Verwüstungen der Kulturrevolution oder die Auslöschung Hiroshimas; er könne aber keine moralische Kollektivschuld für diese Ereignisse empfinden.

Kollektivschuld ist in einer Weise exklusiv, wie Trauer und Entsetzen dies nicht sind. Die Irrtumstheorie muss demnach noch zusätzliche Aspekte einführen, die erklärlich machen, warum sich die gemeinte Form von Trauer und Entsetzen exklusiv auf die eigenen Landsleute bezieht und inwiefern diese Exklusivität rational ist. So könnte die Irrtumstheorie behaupten, bei dem fälschlicherweise häufig als ‚Schuld' apostrophiertem Gefühl handele es sich in Wahrheit um Trauer und Entsetzen über ein Ereignis, von dem diejenigen, die diese Gefühle haben, implizit annehmen, dass sie selbst davon Nachteile erleiden – etwa, weil historische Ereignisse allgemein als Indikator für den Charakter der Landsleute insgesamt angesehen werden.

Das Gefühl der moralischen Kollektivschuld von Personen, die keine Pflichten verletzt haben, wäre somit in Wahrheit a) ein Gefühl von Trauer und Entsetzen über ein historisches Ereignis verbunden b) mit der Überzeugung, dass das Wissen über dieses Ereignis die Art prägt, in der Mitglieder des betreffenden Kollektivs von Anderen wahrgenommen und behandelt werden.

Eine Person, die sich für nationales Unrecht schuldig fühlt, das vor ihrer Geburt begangen wurde, ist nach der Irrtumstheorie in Wahrheit erstens traurig und entsetzt über die Ereignisse und zweitens niedergeschlagen über die zweifelhafte Reputation ihres Landes und die negativen Auswirkungen auf das eigene Leben, die aus dieser Reputation erwachsen.

Die Irrtumstheorie, um dies nochmals zu betonen, ist eine Theorie über das bekundete Gefühl von moralischer Kollektivschuld bei Personen, die keine Pflichten verletzt haben. Ihre Anwendung auf Personen, die gemeinschaftlich Pflichten verletzt haben, wäre falsch und zynisch. Sie gilt somit nicht für die Deutschen, zu denen Jaspers 1946 spricht und denen er – heuristisch – Jedermannsschuld unterstellt.

Die Irrtumstheorie vermag zu erklären, warum das ‚Analogon von Mitschuld' nicht für beliebige historische Ereignisse empfunden wird, sondern für solche, denen man nahe steht, obwohl man selbst keine Pflichten verletzt hat. Die obige Bedingung b) hat auf das Bewusstsein abgehoben, kraft Mitgliedschaft im betreffenden Kollektiv (auch) im Lichte dieser Ereignisse wahrgenommen und behandelt zu werden.

Dies erklärt aber scheinbar nicht eine besondere Empfindungsqualität, die man ‚das Quälende' nennen könnte. Personen, die keine

Pflichten verletzt haben, erleben zuweilen das Bewusstsein historischer Ereignisse in einer Weise als schmerzlich, die gewisse Ähnlichkeit mit dem Qualempfinden im Schuldbewusstsein hat. Weder Bedingung a) noch b) scheinen dieses Quälende abzudecken. Als Beispiel möchte ich eine Bemerkung nehmen, die eine gewisse Frau Rohde, Frau eines Lagerarztes in Auschwitz, 1944 macht. Der ehemalige Gefangene Hermann Langbein beschreibt sie als eine distinguierte Frau, von der er nie ein hasserfülltes oder brutales Wort gehört habe. Langbein berichtet, dass die Lagerärzte die neu im Lager Ankommenden beraubten. An einem Tag fragte Frau Rohde den SS-Unterscharführer Richter, wann wieder ein Transport zu erwarten sei. „Richter sagte, er habe gehört, dass demnächst wieder Transporte, und zwar aus Ungarn, erwartet werden. Da antwortete Frau Rohde: ‚Gott sei Dank, dass man endlich wieder einmal etwas bekommen kann.'“[20]

Für einen Deutschen, der keine Pflichten verletzt hat, besteht kein Grund, sich für die Äußerung der Frau eines Lagerarztes schuldig zu fühlen; aber es wäre weder überraschend noch unangemessen, wenn er sie als quälend empfände. Gemäß b) könnte man vermuten, das Quälende bestehe darin, dass die an den Tag gelegte abstoßende Mischung aus bieder-hausfraulicher Sorge und brutaler Gleichgültigkeit mit den Deutschen und dem Deutschen insgesamt in Verbindung gebracht wird. Auch Deutsche, die keine Pflichten verletzt haben, sehen sich insofern mit ihr konfrontiert. Wenn Avishai Margalit fordert, die Deutschen hätten sich als ethische Gemeinschaft zu restituieren und ihrer Grausamkeit zu stellen, so hätte er auf diese Äußerung – oder tausende andere – verweisen können.

Man könnte geneigt sein, die Irrtumstheorie zu verwerfen, weil es eine einfachere Lösung gebe. Zwar sei Schuld etwas, was man nur für eigene Verfehlungen und Versäumnisse empfinden könne, nicht aber Scham. Viele Menschen kennen Situationen, in denen sie sich für andere schämen.

Mir scheint dies keine glückliche Lösung zu sein, weil das Gefühl der Scham zwar stellvertretend empfunden werden kann, aber nicht den in a) genannten Charakter der Trauer und des Entsetzens hat. Scham empfindet man entweder für Blöße und Unvermögen oder für Unpassendes und daher Peinliches.

Doch auch im folgenden Beispiel scheint die Irrtumstheorie eine adäquatere Analyse zu liefern als die Schamthese: In einem Prozess wird ein Beamter des Reichsaußenministeriums gefragt, was man unter ‚Endlösung' verstanden habe. Er antwortet: Der Ausdruck habe ursprünglich nur bedeutet, dass die Juden aus Deutschland vertrieben werden sollten, „und dabei sollten sie allerdings ausgeplündert werden; es war nicht schön, aber auch nicht verbrecherisch." Der vernehmende Richter traut der Übersetzung nicht, weil ja Vertreibung und Ausplünderung als Verbrechen betrachtet werden sollten, und fragt nach: „War das soeben eine richtige Übersetzung?" Albrecht von Kassel wird gebeten, den Satz zu wiederholen: „Ich habe gesagt, es war leider nicht schön, aber nicht verbrecherisch. Man wollte ihnen nicht ans Leben, sondern man wollte ihnen nur das Geld wegnehmen."[21]

Diese Äußerung löst – scheint mir – eher Entsetzen aus als Scham; im Fall eines Deutschen, der keine Pflichten verletzt hat, hat dieses Entsetzen eine andere Qualität als, sagen wir, bei einem Engländer, weil sie ihm als Bestandteil seiner Geschichte und Symptom seines nationalen Charakters zugeschrieben wird und daher einen quälenden Charakter annehmen kann, der das ‚Analogon von Mitschuld' dem echten Schuldgefühl so ähnlich macht.

Teil D: Persönliche Verantwortung für historisches Unrecht

Im vorangegangenen Teil habe ich argumentiert, dass eine Person nur dann an der Schuld einer Gruppe teilhaben kann, wenn sie eigene Pflichten verletzt hat. Die Formel von der ‚Jemeinigkeit der Schuld' brachte dies zum Ausdruck. Offen ist indes, worin Pflichtverletzungen von Einzelnen mit Blick auf historisches Unrecht bestehen.

Wie in Teil B dieser Arbeit ausgeführt, hat Jaspers unter anderem zwischen moralischer und krimineller Schuld unterschieden. Ich möchte diese Unterscheidung in abgewandelter Form aufgreifen und beide Schuldarten als Formen der *persönlichen Verantwortung* bezeichnen. Anders als Jaspers, möchte ich nicht von krimineller, sondern von *strafwürdiger Schuld* sprechen, um zu verdeutlichen, dass es mir nicht um die Erörterung von juristischen Fragen zu tun ist. Jaspers war in dieser Hinsicht – wie gesehen – etwas unentschlossen. Einerseits erklärte er das geltende Recht zur Bewertungsgrundlage der kriminellen Verantwortung, andererseits appellierte er aber auch an die „Ideen der Freiheit und Demokratie des Abendlandes" und erklärte sie zu Gesetzen.[1] Um dieses Schwanken zwischen einer rechtlichen und moralischen Bewertungsgrundlage zu vermeiden, sei hier betont, dass es mir nicht um die Frage geht, ob und wie bestimmte Handlungsweisen strafrechtlich zu beurteilen wären. Vielmehr möchte ich untersuchen, welche Pflichtverletzungen eine Bestrafung moralisch rechtfertigen oder fordern. Ich spreche von ‚(bloß) moralischer' persönlicher Verantwortung, wenn die Pflichtverletzung keine Strafe zur Folge haben sollte. Das Thema der persönlichen Verantwortung beschäftigt mich unter anderem aus den folgenden drei Gründen.

(1) Zum einen habe ich in Teil A argumentiert, dass erkannte und anerkannte natürliche Rechte mit dem Gedanken einer *Pro-tanto*-Strafverpflichtung verbunden sind. Wenn wir von historischem Unrecht sprechen, so legen wir uns nach meiner Auffassung auf die These fest, dass moralisch kompetente Akteure nach Art und Ausmaß gravierende natürliche Verbrechen begangen haben. Die Bestrafung dieser Verbrechen ist keine bloße Frage der Zweckmäßigkeit. Vielmehr folgt die

Sanktionspflicht aus dem natürlichen Recht. Damit ist nicht gesagt, dass die Bestrafung der für historisches Unrecht Verantwortlichen eine absolute Forderung darstellt. Es ist denkbar, dass gewichtige moralische Gründe gegen eine Bestrafung von Verantwortlichen sprechen – etwa wenn dadurch unter den gegebenen Bedingungen die Wahrscheinlichkeit zukünftiger Verletzungen natürlicher Rechte steigen würde. Die schwierige Thematik, unter welchen Umständen die Strafverpflichtung überwogen wird, möchte ich in dieser Arbeit nicht weiter behandeln, sondern mich auf den vorgelagerten Fragenkomplex konzentrieren, worin strafwürdige Verantwortung für historisches Unrecht besteht. Was müssen Personen getan oder unterlassen haben, um ihnen strafwürdige Mitverantwortung für historisches Unrecht zuzuschreiben?

In manchen Fällen ist der Bezug zum Unrecht unmittelbar. Im Jahre 2000 befanden sich in Ruanda 110.000 *Génocidaires* in Untersuchungshaft, denen Morde oder direkte Beteiligung an Morden vorgeworfen wurde.[2] Doch wie steht es mit Personen, die an der Ausführung eines verbrecherischen Plans beteiligt sind, aber dies nicht oder nicht in seiner ganzen Tragweite wissen oder wollen? Oder die es wollen, aber deren Tun nur in einem sehr vermittelten Zusammenhang zu gewissen Verbrechen steht? Oder die Staatsverbrechen durch fahrlässiges Handeln ermöglichen oder zu verhindern unterlassen, wie diejenigen Reichstagsabgeordneten, die dem Ermächtigungsgesetz zustimmten oder diejenigen höchsten militärischen und polizeilichen Befehlshaber, die nicht gegen die Reichspogrome eingeschritten sind? Wie ist zu beurteilen, wenn sich Menschen alltäglich innerhalb einer verbrecherischen politischen und institutionellen Matrix bewegen, die für sie selbst die Normalität darstellt?

In den Kapiteln 1 bis 3 möchte ich den Gedanken der Verwicklung in historisches Unrecht mit Blick auf moderne, hochgradig arbeitsteilige Gesellschaften präzisieren. In Kapitel 4 werde ich mich dagegen der nicht-strafwürdigen (‚bloß moralischen') Verantwortung für historisches Unrecht zuwenden.

(2) Noch aus einem anderen Grund ist das Thema der persönlichen Verantwortung von besonderer Wichtigkeit für meine Überlegungen. In Teil E werde ich die *Grundintuition wiedergutmachender Gerechtigkeit* einführen, der zufolge die Wiedergutmachung von Unrecht eine Pro-tanto-Pflicht der persönlich Verantwortlichen ist. Mit Blick auf das Kommende, besteht die Aufgabe von Teil D darin, den Gedanken persönlicher Verantwortung zu präzisieren, auf den Akte der wiedergutmachenden Gerechtigkeit nach meiner Auffassung bezogen sind.

(3) Jaspers sprach in der „Schuldfrage" davon, dass aus der moralischen Schuld „Einsicht, damit *Buße und Erneuerung*" erwachse.[3] Die Auseinandersetzung mit der moralischen Schuld sei ein innerer Prozess, aus dem jedoch reale Folgen in der (politischen) Welt resultierten. Man sollte Jaspers nicht so interpretieren, als habe er die moralische der kriminellen Schuld entgegensetzen wollen. Auch diejenigen, die natürliche Verbrechen begangen hatten, haben ihm zufolge Grund zu „Buße und Erneuerung". Moralische und kriminelle Verantwortung (strafwürdige und ‚bloß moralische' Verantwortung, wie es hier heißt) treffen den Kern der Person und sind in diesem Sinne Formen von persönlicher Verantwortung. In den Verursachungszusammenhang historischen Unrechts gehört nicht zuletzt die Unfähigkeit, sich selbst als persönlich verantwortlich zu begreifen. Diese Unfähigkeit kann viele Formen annehmen: Pathologische Gewissenlosigkeit und moralische Perversität, Indifferenz gegenüber dem Schicksal anderer, ein verfehltes Gehorsamspathos, irregeleitete Vorstellungen über die Natur von Staatlichkeit und den Lauf der Geschichte, das Unvermögen oder die Weigerung, Folgen oder Voraussetzungen des eigenen Handelns zu bedenken, Feigheit und Opportunismus.

Moralische Bequemlichkeit und ein Hang zum ‚Vernünfteln', wie Kant es nannte, sind allgemein menschlich. Persönliche Verantwortungsvergessenheit kann aber „durch die Lebensart eines Volkes" (Jaspers) und strukturelle Merkmale einer Gesellschaft begünstigt oder erschwert werden.

Neben kulturspezifischen Wurzeln wird die Unfähigkeit, sich als individuell verantwortlich wahrzunehmen, jedoch auch durch den hohen Grad an Arbeitsteilung innerhalb der wissenschaftlich-technologischen Zivilisation begünstigt. Das eigene Tun ist eingebunden in ein komplexes System der Aufgabenteilung; die Distanz zum Tatgeschehen ist in vielen Fällen groß, zuverlässige Information schwer zu erlangen; der eigene Beitrag spielt keine maßgebliche Rolle in dem Gesamtkomplex der Verursachung. All diese Faktoren führen zu einer für moderne Gesellschaften insgesamt kennzeichnenden Verantwortungsdiffusion. Eine Besonderheit staatlicher Verbrechen ist überdies, dass sich die Akteure von der Rechts- und Verwaltungsförmigkeit der Vorgänge, von der flankierenden Rechtfertigung der Verbrechen in der öffentlichen Kultur und der herrschenden Weltanschauung von ihrer persönlichen Verantwortung entlastet fühlen.

Das Nachdenken über Pflichten, die definieren, wofür Menschen persönlich verantwortlich sind (und an denen sich entscheidet, wer und was sie im Kern sind) hat somit nicht nur Bedeutung für die Bestimmung von Straf- und Wiedergutmachungspflichten. Es geht auch um die Frage, wie Individuen ihre eigene persönliche Verantwortung *hier und jetzt* verstehen.[4]

Was unter historischem Unrecht zu verstehen ist, habe ich in Teil A skizziert. Dort habe ich auch erläutert, warum nicht jede Person, deren Handeln naturrechtlich geschützte Güter schädigt oder zerstört, natürliche Verbrechen begeht.

In diesem Teil der Untersuchung beschäftige ich mich dagegen mit Kulturen, deren moralische Kompetenz unstrittig scheint. Ziel ist es, die moralischen Pflichten der Angehörigen moralisch kompetenter Gesellschaften zu konkretisieren.

1 Der *Grundsatz* strafwürdiger Verantwortung

Am 25. Mai 1946 wurde Rudolf Höß, der Lagerkommandant des deutschen Vernichtungslagers Auschwitz, auf der Grundlage von Art. IV des Kontrollratsgesetzes Nr. 10 vom 20. Dezember 1945 nach Polen ausgeliefert und dort von dem zur Aburteilung von Kriegsverbrechen errichteten polnischen Obersten Volksgericht am 2. April 1947 zum Tode durch Erhängen verurteilt. Das Urteil wurde zwei Wochen später in Auschwitz vollstreckt.[1]

Ein Jahr vor seiner Hinrichtung – Höß sagte im Nürnberger Hauptkriegsverbrecher-Prozess als Zeuge aus – wurde er von dem amerikanischen Gerichtspsychologen Gustave Gilbert im Rahmen mehrerer Unterredungen gefragt, ob er sich nicht über mögliche Konsequenzen seines Tuns klar gewesen sei.[2] Höß entgegnete:

> „,Damals gab es keine Konsequenzen zu erwägen. Es kam mir überhaupt nicht in den Sinn, dass ich zur Verantwortung gezogen werden würde. Sehen Sie, in Deutschland galt es als selbstverständlich, dass, wenn etwas schiefging, der Mann, der den Auftrag erteilt hatte, verantwortlich war. Deshalb dachte ich nicht daran, dass ich einmal zur Verantwortung gezogen werden würde.' ,Aber die menschliche' –, wollte ich fragen. ,Das hat damit gar nichts zu tun', war die klipp und klare Antwort, bevor ich überhaupt die Frage ganz stellen konnte."[3]

Höß hatte angenommen, dass er keine persönliche Verantwortung für sein Handeln trage. Seine Einschätzung im Zitat bezieht sich zwar auf die rechtliche Situation, aber man darf vermuten, dass er als Lagerkommandant von Auschwitz nicht nur gemeint hatte, er werde nicht bestraft werden, sondern er habe keine Strafe verdient; sein Handeln sei moralisch gesehen nicht strafwürdig. Dabei stellt er sich nicht auf den Standpunkt, die Ermordung Millionen Unschuldiger sei richtig gewesen. Diese Frage berührt er gar nicht. Vielmehr verweist er darauf, dass in Deutschland „als selbstverständlich galt", den Befehlenden zur Verantwortung zu ziehen und nicht den Befehlsempfänger. Höß setzt voraus, der Befehlsempfänger habe sich gar nicht mit der Frage zu beschäftigen, ob das Befohlene moralisch richtig oder falsch sei. Was in Auschwitz geschah, war, scheint es, in seinen Augen nicht seine Sache.

Mit derselben „eilfertig-eifrigen Gewissenhaftigkeit", mit der Höß Auschwitz leitete, legte er dem Historiker Martin Broszat zufolge in seiner Haft Rechenschaft ab über „sein eigenes Ich, ein erschreckend leeres Ich". Er schreibt eine Autobiographie, „um *der Sache* zu dienen", um den Erwartungen seiner neuen Herren möglichst gut gerecht zu werden.[4]

Bereits mehrfach habe ich meine Überzeugung zu begründen versucht, dass die Bestrafung natürlicher Verbrechen eine Pro-tanto-Pflicht darstellt. Doch damit ist noch nichts darüber gesagt, wen die Strafe treffen muss. Historisches Unrecht besteht in nach Art und Ausmaß gravierenden Verbrechen, die nur unter Beteiligung einer Vielzahl von Menschen begangen werden können. Höß meinte, keine Strafe verdient zu haben, weil die Verantwortung für das Geschehen beim Befehlenden und nicht bei den Ausführenden liegen kann. Er erklärt sich selbst zum *instrumentum vocale*, zum bloßen Werkzeug des Herrenwillens. Die Verantwortung liegt aus dieser Sicht bei einigen wenigen – in letzter Zuspitzung allein beim toten Diktator.[5]

Doch die entscheidende Prämisse eines solchen Verantwortungsverständnisses ist nicht glaubwürdig. Menschen sind im Normalfall keine Werkzeuge, die – Rechenmaschinen gleich – gar nicht umhin können, einen Befehl auszuführen. Wenn sie sich wie Werkzeuge verhalten, so geschieht dies in aller Regel, weil sie Werkzeuge sein wollen. Leute wie Höß würden diesen Aspekt der Kontrolle über sich und das eigene Handeln gar nicht bestreiten. Es finden sich in seinen Autobiographischen Aufzeichnungen zahllose Stellen, in denen er seine Selbstbeherrschung preist und sogar eigenständige politische Einschätzungen abgibt. So äußert er, während seiner Zeit als Block- und Rapportführer im Konzentrationslager Dachau zu der Überzeugung gelangt zu sein, man hätte „1935/1936 ruhig drei Viertel aller politischen Häftlinge in Dachau entlassen können, ohne dass dem Dritten Reich auch nur der geringste Schaden entstanden wäre."[6]

Es besteht daher wenig Anlass zu der Annahme, dass Leute wie Höß nicht in der Lage waren, eigenständige Urteile zu bilden und ihr Verhalten zu steuern. Sie waren verantwortungsfähig und daher auch für die eigenen Handlungen verantwortlich. Da die Verantwortung für die Verletzung natürlicher Pflichten nicht abgetreten werden kann, war das Verhalten von Höß ohne Zweifel strafwürdig.

Anders als in Fällen wie dem von Höß, agieren viele Menschen in hochgradig arbeitsteiligen Gesellschaften weit entfernt vom Tatort. Jemand, der einen Tötungsbefehl ausgibt, ohne am Ort des Geschehens zu sein, mag sich weniger verantwortlich fühlen, als jemand, der bei den Morden persönlich zugegen ist. Von Höß heißt es, er habe nie selbst an Selektionen oder Massenhinrichtungen teilgenommen, „u.a. weil er sich im Umgang mit den Häftlingen für zu weich hielt.“[7] Möglicherweise hat diese Distanz seine Verantwortungsverleugnung begünstigt.

Verantwortungsdiffusion ist aber kein rein psychologisches Phänomen, das allein aus den Grenzen unserer Vorstellungskraft resultiert. Sie hat nicht nur damit zu tun, dass uns Dinge unwirklicher erscheinen, die wir nicht unmittelbar erleben. Im paradigmatischen Fall strafwürdigen Verhaltens leistet eine Person einen kausalen Beitrag zu einem Verbrechen. Ich nenne dies den *Grundfall strafwürdiger Verantwortung*: Eine Person ist strafwürdig, wenn sie ein natürliches Recht pflichtwidrig verletzt oder zur Verletzung beiträgt.

In arbeitsteiligen Prozessen ist aber oftmals unklar, ob und – falls ja – in welcher Weise das Handeln einer Person ursächlich war für ein natürliches Verbrechen. Verantwortungsdiffusion hat somit einen Grund in dem Standardverständnis strafwürdigen Handelns, insofern die kausale Rolle einer konkreten Person in hochgradig arbeitsteiligen Abläufen oftmals nicht oder nur schwer zu bestimmen ist.

Dies möchte ich an folgendem Beispiel veranschaulichen:

Listen-Beispiel: Angenommen, eine Vorgesetzte gebe an mehrere Untergebene den Befehl, Listen zu erstellen. Die Untergebenen wissen nichts über den konkreten Verwendungszweck der Listen. Sie ahnen indes, dass die Organisation, in der sie tätig sind, an Verbrechen beteiligt ist, über deren genauen Charakter sie aber nur ungefähre Vorstellungen haben. Sie hoffen, dass ihre Ahnungen sich als falsch erweisen und die Organisation für keinerlei Verbrechen mitverantwortlich ist. Ihnen ist jedoch klar, dass ihre eigene Tätigkeit mit nicht geringer Wahrscheinlichkeit ein Element im Rahmen einer kriminellen Arbeitsteilung darstellt. Die Listen werden von dritter Stelle bearbeitet und dann weitergegeben, so dass sich nicht mehr bestimmen lässt, auf wen welcher Eintrag zurückgeht. Werden auf Grundlage der kompilierten Liste Verbrechen begangen (beispielsweise Personen enteignet und interniert), so ist nicht nachzuvollziehen, welcher Angestellte in dem jeweiligen Fall den fraglichen kausalen Beitrag geleistet hat.

Würde man die Verantwortung auf den *Grundfall* beschränken, so wäre das Verhalten keines der Angestellten *pro tanto* strafwürdig. Denn es besteht kein eindeutiger kausaler Zusammenhang zwischen der Handlung und dem Verbrechen. Ein solches Ergebnis scheint mir intuitiv unbefriedigend. Ohne rechtfertigende oder entschuldigende Gründe ist es falsch, sich an der Aufrechterhaltung einer kriminellen Kooperationsstruktur zu beteiligen.

Im Folgenden vertrete ich daher die These, dass neben dem Bestehen einer kausalen Relation auch das Bestehen einer organisationalen Relation die Bestrafung eines Akteurs rechtfertigt. Unter einer organisationalen Relation verstehe ich, dass sich jemand an der Bildung oder Aufrechterhaltung einer Kooperationsstruktur beteiligt, innerhalb derer Personen arbeitsteilig auf die Erreichung gemeinsamer Zwecke hinwirken und ihr Handeln gemäß einer von allen anerkannten Entscheidungsstruktur koordinieren.

Eine kausale Relation besteht, wenn die Handlung einer Person erforderlich ist, damit eine bestimmte Konsequenz eintreten kann.

Organisationsanforderung und Kausalitätsanforderung sind zwei unabhängige notwendige Bedingungen. Die Mitgliedschaft in einer Organisation, die verbrecherische Ziele verfolgt, ist nicht in jedem Falle strafwürdig; und nicht jeder kausale Beitrag zu einem Staatsverbrechen sollte rechtlich sanktioniert werden.

Es müssen also neben der Organisations- und der Kausalitätsanforderung weitere Bedingungen erfüllt sein, die ich hier unter dem Begriff der *Pflichtwidrigkeit* zusammenfassen möchte:

Grundsatz strafwürdiger Verantwortung: Eine moralisch kompetente Person ist strafwürdig, wenn sie in pflichtwidriger Weise in einer kausalen oder organisationalen Relation zu historischem Unrecht steht.

Eine vermutlich unstrittige Form von Pflichtwidrigkeit liegt vor, wenn eine Person in einer kausalen oder organisationalen Relation zu historischem Unrecht steht und dieses Unrecht befürwortet und absichtlich unterstützt. Dies nenne ich die *Affirmationsbedingung.*

Besteht eine organisationale oder kausale Relation zu historischem Unrecht und ist die Affirmationsbedingung erfüllt, so sollte die betreffende Person bestraft werden.

Ohne kausalen Beitrag oder Mitgliedschaft kann indes aus dem Handeln einer Person keine strafwürdige Schuld folgen. Das bloße Gutheißen und Beabsichtigen reicht meines Erachtens für die Begründung einer Strafpflicht nicht aus.[8]

1.1 Kausale Relation

Laut *Grundsatz* verhält sich eine Person strafwürdig, wenn sie pflichtwidrig einen ursächlichen Beitrag zu einem natürlichen Verbrechen leistet. Doch worin besteht ein solcher kausaler Beitrag? Im Alltag bezeichnet man häufig als Täter eine Person, die kausal verantwortlich ist für das Bestehen eines bestimmten Sachverhalts. Bei näherer Betrachtung erweist es sich in vielen Fällen jedoch auch im Alltäglichen als schwierig oder – ohne Zuhilfenahme normativer Voraussetzungen – unmöglich, zu bestimmen, wer als Täter gelten soll. Dieses Problem ist bereits in der rechtlichen Literatur der vorchristlichen Antike traktiert worden. Bernard Williams erinnert in „Scham und Notwendigkeit" an eine Antiphon zugeschriebene Sammlung von Gerichtsreden, die „Tetralogien".[9] Sie haben jeweils einen Totschlag zum Gegenstand und die damit einhergehende Befleckung. Doch wie wählt man zwischen verschiedenen Kandidaten für die Rolle des Verursachers aus? In einer der Reden verletzt ein Betrunkener einen Mann, der daraufhin von einem unfähigen Arzt behandelt wird und stirbt. Wem soll der Tod kausal zugerechnet werden? Dem Betrunkenen, dem unvorsichtigen Opfer, dem unfähigen Arzt oder allen gemeinsam? Ein junger Mann läuft über den Übungsplatz und wird tödlich von einem Speer getroffen. Wer hat den Tod verursacht? Der Werfer, der junge Mann oder beide?

1.1.1 Kausalität im Recht

Das deutsche Recht benutzt als Kausalitätstest zur Bestimmung einer Täterrolle die so genannte Bedingungstheorie. Ihr zufolge ist ein Ereignis kausal, wenn „ohne das Ereignis der Schaden nicht eingetreten wäre"[10], oder, wie es in der vom Reichsgericht entwickelten Conditio-Formel heißt: Ursächlich ist im Strafrecht „jede Bedingung eines Erfolges, die nicht hinweggedacht werden kann, ohne dass der Erfolg entfiele."[11] Die Conditio-Formel prüft, ob ein Ereignis auch als Wirkung aufgetreten wäre, wenn eine bestimmte Bedingung nicht vorgelegen hätte. Sie kann so irrelevante Umstände aussortieren. Wenn ein Ereignis auch unabhängig von einer bestimmten Bedingung aufgetreten wäre, so zeigt dies, dass diese Bedingung bei der Verursachung unerheblich war.

So verlockend einfach der Test ist, seine Anwendung führt zu Problemen. Ein Einwand betrifft seine Uferlosigkeit. So kritisiert der Strafrechtskommentar Wessels/Beulke, der Erkenntniswert dieses Tests sei gering, da er zu viele Treffer liefere: „so ist auch die Zeugung eines zukünftigen Mörders eine für den später begangenen Mord ursächliche Handlung in diesem Sinne".[12]

Nennen wir dies den Uferlosigkeitseinwand.

Die Uferlosigkeit der Sine-qua-non-Formel kann wesentlich eingeschränkt werden, wenn man von der Intransitivität kausaler Urteile ausgeht.[13]

Um ein Beispiel von Herbert Hart und Tony Honoré aufzugreifen: Eine Reederei vertraut einem vollkommenen fähigen und erfahrenen Seemann ohne Kapitänspatent die Verantwortung für ein Schiff an. Als der ansonsten kompetente Mann eine Kollision verschuldet, kommt im Gerichtsverfahren die Frage auf, ob ein kausaler Zusammenhang besteht zwischen dem Fehlen eines Kapitänspatents und dem Unfall. Da der Mann nur mit Kapitänspatent berechtigt gewesen wäre, ein Schiff zu führen, hätte er den Posten nicht bekommen dürfen. Der Gesetzesbruch der Reederei ist daher eine But-for-Bedingung für die Kollision und gälte daher im Prinzip als kausal. Das Gericht ist hier jedoch zu dem Schluss gekommen, dass das fehlende Patent vernünftigerweise nicht als ursächlich für den Unfall angesehen werden könne, weil es höchst unplausibel wäre, zu sagen, „that there was any causal connection between the fact of his not having a certificate and the fact of his negligent navigation which led to this collision."[14]

Dieses Ergebnis kann durch die Intransitivitätsannahme gestützt werden: Die Anstellung des Mannes war kausal für sein Führen des Schiffes, das kausal war für die Kollision; da aber kausale Urteile intransitiv sind, müsste das Handeln der Reederei als unmittelbar kausal relevant erwiesen werden, was hier jedoch offenbar nicht möglich war.

Damit sind die Probleme der Conditio-Formel jedoch keineswegs vollständig behoben. Nach allgemeiner Ansicht führt der Sine-qua-non-Test in Nicht-Standardfällen zu Schwierigkeiten.[15] Diese Nicht-Standardfälle lassen sich in solche der Überdetermination einer Wirkung, des Vorhandenseins einer zuvorkommenden[16] oder einer alternativen Ursache untergliedern.

(a) Zunächst zur alternativen Ursache: Die Ereignisse A und B können beide Z bewirken. Ereignis B ist eine alternative Ursache zu A, wenn B Z bewirkt, falls A Z nicht bewirkt, und B Z nicht bewirkt, falls

A Z bewirkt. Abermals ein Beispiel von Hart & Honoré: Ein Angeklagter, dem vorgeworfen wird, sich an der Judendeportation beteiligt zu haben, verteidigt sich vor dem Bundesgerichtshof mit dem Argument, hätte er nicht die entsprechende Aufgabe erfüllt, wäre sie durch jemand anderen mit demselben Ergebnis übernommen worden.[17]

Das hier aufgeworfene Problem besteht darin, dass eine Anwendung des Conditio-Tests zu dem kontraintuitiven Ergebnis führt, das Handeln des Angeklagten sei nicht kausal gewesen, weil sein Beitrag nicht im starken Sinne notwendig war, um das Ereignis herbeizuführen.

(b) Zuvorkommende Ursache (Preemption): Zuvorkommende Ursachen unterscheiden sich von alternativen Ursachen dadurch, dass ein bereits in Gang befindlicher kausaler Ablauf *X*, der *Z* bewirkt hätte, durch einen anderen Ablauf *Y* unterbrochen wird, der *Z* tatsächlich herbeiführt. Angeklagte, die Dienst in Vernichtungslagern geleistet und aus eigener Initiative Gefangene ermordet hatten, wie der in Auschwitz stationierte Josef Klehr, beriefen sich mitunter darauf, ihre Opfer seien ohnehin „dem Tod geweiht gewesen“. Sie seien der sicheren Ermordung durch andere lediglich zuvorgekommen.[18] Auch hier führte die Anwendung des Conditio-Tests dazu, den kausalen Beitrag der Angeklagten zu verneinen, wenn man unterstellt, dass die Konsequenz auch ohne ihn zwingend eingetreten wäre.[19]

(c) Überdetermination: Ein Ereignis *E* ist überdeterminiert, wenn mehrere Ereignisse *A, …, N*, die je für sich genommen ausreichen, *E* zu bewirken, zugleich auftreten und keines der Ereignisse *A, …, N* eine zuvorkommende Ursache ist (also den kausalen Ablauf eines anderen der Ereignisse *A, …, N* unterbricht). Reine Überdetermination liegt vor, wenn die Ereignisse *A, …, N* gleichartig sind. Bei gemischter Überdetermination sind die Ereignisse *A, …, N* unterschiedlicher Art. Das am häufigsten benutzte Beispiel für reine Überdetermination ist ein Erschießungskommando, dessen Schützen ein Opfer gleichzeitig treffen und deren Schüsse jeweils für sich genommen hinreichend waren, um den Tod herbeizuführen. Jeder Schütze kann dann – gestützt auf die Conditio-Formel – beanspruchen, den Tod nicht verursacht zu haben.[20] Gemischte Überdetermination liegt beispielsweise vor, wenn ein Brandsatz in ein Gebäude geschleudert wird und sich zu gleicher Zeit ein Kurzschluss ereignet und beide Ereignisse für sich hinreichend waren, das Niederbrennen des Hauses zu verursachen.

Zunächst möchte ich Lösungsvorschläge für Probleme des Typs (a)-(c) ansprechen, die von Mackie einerseits und Honoré andererseits entwickelt wurden. Anschließend wende ich mich der Bewältigung dieser Problematik im deutschen Recht zu.

Im Falle zuvorkommender Ursachen hebt Mackies Lösung auf die Differenz von Tatsachen und Ereignissen ab. Ein Ereignis kann in verschiedener Weise beschrieben werden, eine Tatsache nicht.

Es fragt sich nun, ob die Relata von Kausalbeziehungen Ereignisse sind oder Tatsachen. Wenn man die Relata als Tatsachen begreift, so lässt sich im Anschluss an Mackie folgendermaßen argumentieren: Wenn ein Mann, wie Klehr, aus eigenem Antrieb Menschen Phenol ins Herz injiziert, während andere deren Ermordung auf anderem Wege organisieren; und wenn diese Menschen aufgrund der Injektion und nicht aufgrund anderer Ursachen sterben; dann ist die Phenolinjektion zwar nicht notwendige Bedingung für den Tod, aber für das Sterben durch Phenol. Das Phenol war – ceteris paribus – notwendig, damit das Opfer einen Vergiftungstod sterben konnte, und daher ursächlich.

Bei reiner Überdetermination kommt man mit der Tatsachen/Ereignis-Unterscheidung jedoch nicht weiter. Im Falle des Erschießungskommandos hält Mackie es für sinnlos, zu fragen, ob ein bestimmter oder jeder einzelne der Schüsse als ursächlich angesehen werden kann. Die einzelnen Ereignisse seien daher zusammen als ein Muster, als ein cluster, aufzufassen „and it is such clusters that we can confidently take as causing these effects."[21]

Einen anderen Vorschlag unterbreitet Tony Honoré. Er möchte die Conditio-Formel preisgeben: Wir könnten das kontraintuitive Ergebnis, dass niemand in den beschriebenen Fällen reiner Überdetermination kausal verantwortlich wäre, vermeiden, wenn wir davon ausgingen, dass kausal hinreichende Einzelereignisse als Ursache gälten.[22]

Welche Lösungen sieht das deutsche Recht für die in (a)-(c) genannten Probleme vor? Mit Blick auf (a) wird das Problem mit einem Verbot der Berufung auf so genannte ‚hypothetische Ersatzursachen' umgangen. Dass gegebenenfalls ein Anderer im Rahmen der Deportation die Aufgabe des Angeklagten mit derselben Wirkung übernommen hätte, kann dessen Verursacherrolle nicht in Frage stellen. Das Verbot der Berufung auf hypothetische Ersatzursachen nähert den Sine-qua-non-Test dem Vorschlag von Honoré an, kausal hinreichende Ereignisse als Ursache anzusehen. Das Ersatzursachenverbot verhindert, dass Angeklagte ihre Verursacherrolle negieren können, indem sie in beliebiger

Weise kontrafaktische Konditionale konstruieren. Wenn *X* auf einer Lichtung gegrillt und dadurch einen verheerenden Waldbrand ausgelöst hat, darf ihm nicht erlaubt werden, seine Schuld damit zu bestreiten, dass andernfalls *Y* dort gegrillt und den Brand ausgelöst hätte. Dies gilt auch, wenn die alternative Ursache weniger beliebig gewählt wurde. Wenn Schmitz nicht wachhabender Offizier gewesen wäre, so hätte mit Sicherheit ein Anderer Wache gehabt, und angesichts der Dienstvorschriften und der Effekte militärischen Trainings auf das Verhalten hätte dieser sich mit hoher Wahrscheinlichkeit wie Schmitz verhalten. Schmitz könnte argumentieren, die ‚wahre Ursache' liege nicht in seiner Entscheidung, sondern in dem Befehl, eine Art von Argument, das dem Grillfreund nicht offen stünde. Die ‚wahre Ursache' für sein Grillen liegt in seiner Freude an der Tätigkeit, und hätte ein anderer Grillbruder den Brand ausgelöst, so wäre dessen Freude für dessen Tun und den daraus resultierenden Brand verantwortlich. Mit anderen Worten: Die von Schmitz angeführte Ersatzursache ist in einer Weise entlastend wie die von dem Wurstbrater angeführte dies nicht ist. Dies liegt aber nicht daran, dass eine Ersatzursache weniger hypothetisch ist als die andere (beide Ersatzursachen könnten mit Sicherheit eintreten), sondern dass er mit größerer Plausibilität beanspruchen kann, nicht die ‚wahre Ursache' zu sein. In Kapitel 2.3 werde ich allerdings gegen die Auffassung argumentieren, dass ein Befehlsempfänger keine eigenständig handelnde Person darstellt. Der Offizier kann sich daher nicht darauf berufen, sein Handeln sei nicht die ‚wahre Ursache' des Unrechts.

Im Falle von (b) wird der durch das Vernichtungslager eingeleitete Kausalverlauf als abgebrochen betrachtet. Der durch den Angeklagten Klehr vollzogene Mord (überholende Kausalität) kommt der Ermordung auf anderem Wege (überholte Kausalität) zuvor. Klehrs Handeln ist daher kausal.

Bei Fällen von Überdetermination (c) behilft sich das deutsche Strafrecht mit der Formel: „Von mehreren Bedingungen, die zwar alternativ, aber nicht kumulativ hinweggedacht werden können, ohne dass der konkrete Erfolg entfiele, ist jede erfolgsursächlich."[23]

1.1.2 Die ‚wahre Ursache'

Damit etwas Bestimmtes bewirkt werden kann, müssen verschiedene Faktoren zusammenspielen. Diese Beobachtung hat John Stuart Mill dazu geführt, als Ursache die Menge aller Ereignisse zu bezeichnen, die vorliegen müssen, damit etwas eintreten kann. Nach Mill gibt es keine stabile Grundlage *in re* für eine Unterscheidung zwischen bloßen

Antezendenzbedingungen und Ursache: „The real Cause is the whole of these antecedents; and we have, philosophically speaking, no right to give the name of cause to one of them, exclusively of the others."[24]

Angewendet auf strafrechtliche Kontexte, könnte man aus Mills Gedanken radikal skeptische Schlüsse ziehen. Das Herausheben einer Person oder mehrerer Personen als Täter hat keine Grundlage in der Sache. Greift man Personen heraus und bestraft sie für ein Verbrechen, so nicht, weil diese in einem emphatischen Sinne schuld wären, sondern weil man Leute braucht, die den „real Cause" darstellen. Demnach wäre jede Bestrafung einzelner Täter so etwas wie die Bestrafung eines Sündenbocks, mit dem Unterschied allerdings, dass in der Antike den Sündenbock kein moralisches Unwerturteil traf. Es wurde zwischen genuiner Verantwortung und stellvertretender Bestrafung unterschieden: „Der Sündenbock wird nirgendwo als verantwortlich betrachtet, aber er gilt als Ersatz für jemanden, der verantwortlich ist."[25]

Akzeptiert man Mills Ansicht von der philosophischen Unhaltbarkeit der Rede von *der* entscheidenden kausalen Bedingung, so geht man zu der alltäglichen Praxis der Zuschreibung kausaler Verantwortung und Täterschaft insgesamt auf Distanz. Wenn wir einen Faktor als kausal verantwortlich ausmachen oder einen Täter benennen, so greifen wir aus der Menge der kausalen Bedingungen, die vorliegen müssen, damit *X* auftreten kann, einen oder wenige als besonders wichtig heraus. Die Zuschreibung kausaler Verantwortung hat somit eine pointierende Funktion. Kausalaussagen lassen sich als Antworten auf bestimmte Warum-Fragen verstehen.[26]

Ein Versuch, zwischen Ursachen und Hintergrundbedingungen zu differenzieren, wurde von C. J. Ducasse unternommen. Er beruhte auf der Unterscheidung zwischen Ereignissen und Umständen, die notwendig sind, und Ereignissen, die hinreichend sind für das Eintreten einer Wirkung. Letztere sind die Ursachen, erstere sind die Bedingungen eines Effekts. Mills Fehler habe darin bestanden, von Ursachen zu meinen, dass sie notwendig und hinreichend für eine Wirkung seien und dadurch notgedrungen die Differenz zwischen Bedingungen und Ursachen kassiert.[27]

Ducasse versteht unter einer Ursache eine Änderung in der Umwelt, die hinreichend ist, um eine andere Änderung, die Wirkung, hervorzubringen. Weil er Ursachen als Änderungen innerhalb der Umwelt begreift, erscheint ihm absurd, wie Mill, die Umwelt selbst in den Begriff der Ursache aufzunehmen. Wir können – *pace* Hume – kausale Relationen unmittelbar wahrnehmen, weil wir Änderungen in der

Umwelt unmittelbar wahrnehmen können. Wenn der einzige raumzeitliche Vorgang in der relevanten Umgebung vor dem Zerbrechen der Scheibe darin bestand, dass der von Peter geworfene Stein angeflogen kam und auf das Fenster traf, dann haben wir nach Ducasse alles Recht der Welt zu sagen, dass dies die Ursache für das Zerbrechen gewesen sein muss (wobei wir uns darin natürlich täuschen können).

Leider hilft der Vorschlag von Ducasse nicht weiter, wenn entschieden werden soll, welche von mehreren Änderungen in der Umwelt als Ursache zu gelten hat.

1.1.3 Das Rechtssystem als Ursache oder Hintergrundbedingung

Bei der Behandlung von Delikten in Verbrecherstaaten treten bei der Konstruktion des Täterstatus spezifische Komplikationen auf, wie ich an folgendem Beispiel von Gustav Radbruch veranschaulichen möchte: Der Justizangestellte Puttfarken denunziert den Handelsmann Götting wegen einer auf dem Abort hinterlassenen Inschrift mit dem Inhalt: „Hitler ist ein Massenmörder und schuld am Kriege". Götting wurde daraufhin der Prozess gemacht und anschließend hingerichtet (für die Verurteilung fiel zudem das Hören ausländischer Sender ins Gewicht).

Das thüringische Schwurgericht in Nordhausen (Sowjetische Besatzungszone) verhandelt 1946 den Fall Puttfarken. Dabei beschäftigt man sich unter anderem mit dem Problem, wie die Täterschaft Puttfarkens einzuschätzen ist. Eine Konstruktion ist folgende: Puttfarken hat als mittelbarer Mörder gehandelt. Er benutzt das Gericht als Instrument, um den verhassten Götting zu beseitigen. Hier stellt sich das Problem, dass mit mittelbarer Täterschaft im üblichen Sinne gemeint ist, dass sich ein Täter einer anderen Person – hier des Gerichts – als eines willenlosen, getäuschten oder unzurechnungsfähigen Werkzeugs bedient. Dennoch gelangt der Generalstaatsanwalt Dr. Kuschnitzki zu dem Ergebnis, dass es sich um eine „authentische Interpretation" des seit 1871 geltenden deutschen Strafrechts handele.[28]

In der Auffassung des Staatsanwalts ist, wenn man so möchte, eine Vorstellung von Kausalität und Täterschaft wirksam, die mit Ducasse erläutert werden könnte. Puttfarken setzte aus freien Stücken (es bestand keine Rechtspflicht zur Denunziation) eine Änderung in der Umwelt, die – entsprechend der bekannten Arbeitsweise der nationalsozialistischen Justiz – von ihm als hinreichend für den Tod von Götting erkannt und gewollt wurde. Die nationalsozialistische Justiz fungiert dagegen als eine reine Antezedenzbedingung, als Umwelt für das Handeln von Puttfarken.

Das Gericht kam indes zu einem anderen Urteil als die Staatsanwaltschaft, wie die Täterrolle des Puttfarken einzuschätzen ist. Er wurde nicht wegen mittelbarer Täterschaft, sondern wegen Beihilfe zum Morde verurteilt. Beihilfe ist eine untergeordnete Form der Mittäterschaft. Der Beihelfer unterstützt den Haupttäter bei seinem Verbrechen. Wenn Puttfarken also wegen Beihilfe zum Mord verurteilt wurde, so impliziert dies, dass es einen oder mehrere Mörder gegeben haben muss. In diesem Fall kommen für diese Rolle das Nazi-Gericht und möglicherweise auch der damalige deutsche Gesetzgeber in Frage.

Mit anderen Worten: Das Gericht ging davon aus, dass es unangemessen wäre, die nationalsozialistische Justiz oder Regierung als bloße *enabling condition* des Handelns von Puttfarken zu behandeln. Dessen Tun wurde vielmehr in ein kriminelles Gesamtgeschehen eingeordnet, in dem sein Beitrag laut Gericht nicht eigenständig war.

Dieses Urteil wiederum beruht, was die Einschätzung des Täterstatus' von Puttfarken betrifft, auf einer unhaltbaren Vorstellung ‚persönlichen Wollens'. Das Gericht argumentiert, der Angeklagte habe den Tod Göttings nicht persönlich gewünscht, sondern aus nationalsozialistischer Überzeugung, wobei offenbar unterstellt wird, dass die aus solcher Überzeugung resultierenden Wünsche (hier: dass Götting der Prozess gemacht werde) keine persönlichen Wünsche darstellen.[29]

Doch diese Auffassung ist abwegig. Handlungen, von deren Richtigkeit eine Person überzeugt ist, sind in einem emphatischen Sinne persönliche Handlungen. Das Gericht hat möglicherweise gemeint, dass Puttfarken als Überzeugungstäter seine Werthaltungen in einer Weise erworben hatte, die sein Handeln zu einem fremdgesteuerten machten. Damit tritt es allerdings in Widerspruch zu der dem Strafrecht zugrunde liegenden Freiheitssupposition.

Richtig scheint aber am Urteil im Fall Puttfarken, dass das nationalsozialistische Rechtssystem als verbrecherisch gekennzeichnet wird. Konsequent wäre jedoch gewesen, diese Einsicht nicht anzuführen, um Puttfarkens Handlung als die eines bloßen Gehilfen auslegen zu können, sondern die Anklage auf die anderen Beteiligten, wie das damalige Gericht, auszudehnen.

1.2 Organisationale Relation

Dem *Grundsatz* zufolge trägt eine Person strafwürdige Verantwortung, wenn sie in pflichtwidriger Weise einer Kooperationsstruktur mit verbrecherischen Zielen angehört. Die Kooperationsstrukturen müssen keinen formalen Charakter haben, wie ein Verein, eine Dienststelle oder ein Wirtschaftsbetrieb. Sie können auch vergleichsweise lose Formen der Zusammenarbeit darstellen; jedoch muss diese Kooperation einem gemeinsamen Ziel dienen und durch eine anerkannte Entscheidungsstruktur geregelt werden.

(1) Zu klären ist zunächst, ab wann eine Kooperationsstruktur als verbrecherisch bewertet werden soll. Sollte die Planung von nach Art und Ausmaß gravierenden natürlichen Verbrechen bereits für sich genommen unter Strafe gestellt sein? Oder sollte sie nur als Teil eines ausgeführten Verbrechens sanktioniert werden? Diese Fragen sind bereits im Vorfeld und während des Nürnberger Hauptkriegsverbrecher-Prozesses aufgeworfen worden, und es ist instruktiv, einen Blick auf die entsprechenden Regelungen und Beurteilungen zu werfen.

Im *Nürnberger Statut* ist im Artikel 6 zwei Male von der Strafbarkeit einer Verschwörung die Rede: Zum einen bei der Definition des Tatbestands ‚Verbrechen gegen den Frieden', zum anderen in der Bestimmung über die möglichen Täter – wobei hier neben ‚Verbrechen gegen den Frieden' auch ‚Kriegsverbrechen' und ‚Verbrechen gegen die Menschlichkeit' angesprochen sind.[30] Verschwörung meint im Common Law, dass mindestens zwei Personen übereinkommen, ein Verbrechen zu begehen. Vorausgesetzt ist dabei, dass die Verschwörer Wissen und Absicht hinsichtlich der geplanten Tat teilen; unerheblich ist hingegen, ob es zur Tat kommt oder nicht.[31]

Ob Letzteres auch im Völkerstrafrecht gelten solle, war allerdings zwischen den Juristen der vier Mächte strittig. Vor allem den französischen Experten widerstrebte die Deutung, dass die bloße Verschwörung ein von der tatsächlichen Ausführung unabhängiger, eigenständiger Tatbestand sein sollte.[32] Es bestand kein unmittelbarer Druck, diese Frage zu entscheiden, da es sich bei dem Statut um ein Ex-post-facto-Gesetz handelte. Die Verschwörung hatte bereits zum Verbrechen geführt.[33] In seinem Urteilsspruch hat das Nürnberger Tribunal die Anschuldigungen, dass

> „die Angeklagten an einer Verschwörung beteiligt waren, um Kriegsverbrechen oder Verbrechen gegen die Menschlichkeit zu begehen, außer Acht [gelassen, MS]

und lediglich den gemeinsamen Plan, Angriffskriege vorzubereiten, einzuleiten und durchzuführen, in Betracht [gezogen, MS]."[34]

Laut Schabas ist die Lage im heutigen Völkerstrafrecht – nicht zuletzt aufgrund des Nürnberger Urteilsspruchs – noch immer uneindeutig.[35] Die Genozid-Konvention betrachtet die Verschwörung zum Genozid als eigenständigen Tatbestand,[36] während der Begriff im Statut des Internationalen Strafgerichtshof gänzlich fehlt.[37]

Was den *Grundsatz* betrifft, so könnte man bestreiten wollen, dass die Verabredung eines Verbrechens kriminell wäre, wenn es nicht zum Versuch der Umsetzung käme und die Verabredung insofern unschädlich bliebe. Doch im Falle historischen Unrechts scheint es angemessen, ja geboten, bereits die Planung aus Gründen der Abschreckung unter Strafe zu stellen. Wer an der Verschwörung zur Begehung von natürlichen Verbrechen teilnimmt, die nach Art und Ausmaß gravierend sind, bedroht die Sicherheit naturrechtlich geschützter Güter in einer Weise, die eine Bestrafung rechtfertigt. Jedoch ist zu klären, worin die Planung historischen Unrechts bestehen soll.

(2) Ist bereits das bloße Befürworten möglicher natürlicher Verbrechen strafwürdig, etwa der in einer radikalen politischen Gruppierung gefasste feierliche Entschluss, nach der Revolution im Stile Pol Pots alle Intellektuellen hinzurichten? Oder muss die Kooperation in der konkreten Planung einer Tat bestehen? Und falls ja, muss von einem Zusammenschluss eine reale Gefahr ausgehen?

Meines Erachtens ist es mit Blick auf gravierende natürliche Verbrechen geboten, jegliche Form der Konspiration unter Strafe zu stellen, weil von ihnen eine – gegebenenfalls nur sehr entfernte – Bedrohung für die grundlegenden Güter ausgeht. Demgegenüber könnte man argumentieren, dass es nicht strafbar sein sollte, wenn beispielsweise politisch Radikale in ihrer Privatsphäre sich über die Notwendigkeit der Ermordung der Klassenfeinde austauschen, wenn solcherlei Planspiele angesichts der politischen Realitäten keinerlei Aussicht auf Umsetzung haben. Es geht hier, könnte man geltend machen wollen, um den Schutz elementarer individueller Freiheiten, wie die Möglichkeit, Gedanken Gleichgesinnten gegenüber zu äußern. Die Äußerungsfreiheit einzuschränken, sei aber unter anderem deshalb falsch, weil allein durch sie diskursiv bestimmt werden könne, ob der Gehalt eines Gedankens oder Plans überhaupt als verbrecherisch anzusehen sei.

Mit Blick auf eine solche Überlegung scheint mir, dass ein Unterschied gemacht werden muss zwischen der individuellen Freiheit, Gedanken zu haben und zu äußern, und der – möglicherweise völlig vage und unrealistisch bleibenden – Planung natürlicher Verbrechen. Wenn jemand den Gedanken äußert, dass die Revolution nur Erfolg haben werde, wenn man – wie Pol Pot – alle Intellektuellen töte, so mag dies als Beitrag zu einem intellektuellen Austausch in Ordnung sein. Etwas anderes ist es, wenn dieselbe Person mit ihren Gesinnungsgenossen beginnt, Listen mit den Namen derjenigen zusammenzustellen, die als erste zu beseitigen wären. Selbst wenn es sich hierbei um ein völlig aussichts- und folgenloses Tun handelt, ist nicht zu sehen, warum es Anspruch auf den Schutz durch die sozialen Freiheiten haben sollte.

(3) Ein anderer Problembereich betrifft die Frage, ab wann davon die Rede sein soll, dass eine Person sich an der Bildung und Aufrechterhaltung einer Kooperationsstruktur mit verbrecherischen Zielen beteiligt. Eine Extremposition würde auch Leute einbeziehen, die nur sehr entfernt und vermittelt mit den Verbrechen in Verbindung stehen. Für die NSDAP gilt sicherlich, dass sie eine Organisation mit verbrecherischen Zielen war. Soll man jedem einzelnen Mitglied deren Verbrechen vorwerfen? Oder will man hier spezifischere Anforderungen einführen, die das Wissen, Wollen und Tun einer Person betreffen? Günter Grass schreibt in „Beim Häuten der Zwiebel", die doppelte Rune am Uniformkragen sei ihm nicht anstößig gewesen. Es sei ihm bei seinem Beitritt zur SS darum gegangen, einer Eliteeinheit anzugehören. Der Name seiner neu aufzustellenden Division sei „Jörg von Frundsberg" gewesen, ein Mann der Bauernkriege, „der für Freiheit, Befreiung stand. Auch ging von der Waffen-SS etwas Europäisches aus: In Divisionen zusammengefasst kämpften freiwillig Franzosen, Wallonen, Flamen und Holländer, viele Norweger, Dänen, sogar neutrale Schweden an der Ostfront in einer Abwehrschlacht, die, so hieß es, das Abendland vor der bolschewistischen Flut retten werde."[38]

Der Autor und einige Kommentatoren, wie Ernst Nolte, insistierten, Grass habe nichts Kriminelles getan und die Schuld sei, wenn überhaupt, rein moralischer Natur. Doch dies ist vermutlich nicht ganz korrekt, da Artikel 10 des Nürnberger Statuts die Mitgliedschaft in einer als kriminell qualifizierten Organisation (SS, Gestapo, Führungskorps der NSDAP) als solche für strafbar erklärte.[39] Bereits die SS-Mitgliedschaft machte jemanden wie Grass möglicherweise zum Kriminellen; dazu bedurfte es unter Umständen keiner konkreten Beteiligung an Kriegsverbrechen oder Verbrechen gegen die Menschlichkeit.

Moralphilosophisch (und wohl auch rechtlich) gesehen ist aber die Kriminalisierung an präzisierende Bedingungen zu knüpfen, die einerseits das konkrete Wissen, Wollen und Tun einer Person betreffen, andererseits das Zustandekommen der Mitgliedschaft.

Beginnen möchte ich meine Erörterung mit dem zuletzt genannten Punkt. Eine pauschale Kriminalisierung von Zwangsmitgliedern unabhängig von ihrem Wissen, Wollen oder Tun erscheint wenig plausibel. Sich der Zwangsmitgliedschaft in einer verbrecherischen Kooperationsstruktur zu entziehen, ist in der Regel mit hohen persönlichen Kosten verbunden, und es ist zu bezweifeln, dass die mangelnde Bereitschaft hierzu bereits strafwürdig wäre.

Es scheint mir daher richtig, dass das Nürnberger Tribunal hier, wie in der Frage der Verschwörung, das Statut restriktiv auslegte. Strafwürdige Verantwortung für Organisationsmitgliedschaft sollte nur diejenigen treffen, die „Kenntnis der verbrecherischen Zwecke oder Handlungen der Organisationen hatten" und der betreffenden Organisation freiwillig angehörten („es sei denn, dass sie sich als Mitglieder einer Organisation persönlich an Taten beteiligt haben", die das Statut als verbrecherisch definierte): „Die bloße Mitgliedschaft reicht nicht aus, um von solchen Erklärungen betroffen zu werden."[40]

Mit anderen Worten: Das Gericht betrachtete die erzwungene Mitgliedschaft nicht als verbrecherisch. Für die Beurteilung des Falls Grass ist allerdings erheblich (und dies betrifft den Punkt des *Wissens*), dass nach verbindlicher Auffassung des Gerichts die freiwillige Mitgliedschaft in Verbindung mit der Kenntnis der kriminellen Zielsetzungen *oder* Handlungen strafbar ist. Bejaht man Freiwilligkeit und Kenntnis, so war Grass' Verhalten verbrecherisch und nicht etwa nur ein Anlass zu „nachwachsender Scham".[41]

Es stellt sich in diesem Zusammenhang freilich die Frage, ob die Mitgliedschaft einen selbstständigen Tatbestand darstellen soll oder eine Relation, durch die eine Person in die Verantwortung für die Verbrechen der Organisation und ihrer Mitglieder eintritt. Abermals ist ein rechtshistorischer Rückblick instruktiv. Artikel 6 des Nürnberger Statuts legte fest, dass

> „Anführer, Organisatoren, Anstifter und Teilnehmer, die am Entwurf oder der Ausführung eines gemeinsamen Plans oder einer Verschwörung zur Begehung eines der vorgenannten Verbrechen teilgenommen haben, für alle Handlungen verantwortlich [sind, MS], die von irgendeiner Person in Ausführung eines solchen Plans begangen worden sind."[42]

Dies ist zweifellos harsch, falls gemeint sein sollte, dass die verbrecherische Mitgliedschaft die Belangbarkeit für *alle* durch die Organisation begangenen Verbrechen zur Folge hätte und nicht nur für die je eigenen Pflichtverletzungen. Es wäre dann unter Umständen möglich, jemanden wie Günter Grass wegen des Malmedy-Massakers anzuklagen. Jemand wäre für Verbrechen von anderen zu bestrafen, die sie ohne seine Beteiligung und ohne seine Kenntnis begangen haben und die sich nicht unter von ihm zu verantwortenden Umständen ereignet haben; er könnte sogar bestraft werden für Taten, die – wenn er von ihnen Kenntnis gehabt hätte – missbilligt haben würde oder die er aktiv versucht hat, zu verhindern.

Mir schiene es verfehlt, den *Grundsatz* entsprechend auszurichten, wie ich in Abschnitt 1.2.2 genauer begründen werde. Es widerspräche dem Verantwortungsindividualismus und dem Gedanken der ‚Jemeinigkeit der Schuld', Personen für Verbrechen strafbar zu machen, von denen sie nichts wussten und die sie möglicherweise entschieden abgelehnt hätten. Die freiwillige Mitgliedschaft in einer Organisation, um deren verbrecherischen Charakter man weiß, ist daher dem *Grundsatz* gemäß für sich genommen strafwürdig; sie rechtfertigt aber nicht die stellvertretende Bestrafung für Verbrechen jenseits des eigenen Wissens, Wollens und Tuns.

(4) Fraglich ist auch, ob und – gegebenenfalls – wie zwischen der Organisationsmitgliedschaft und der Bildung sowie Aufrechterhaltung einer verbrecherischen Kooperationsstruktur differenziert werden soll. Wäre es beispielsweise angemessen, eine Organisation wie die NSDAP als ganze für verbrecherisch zu erklären und damit alle freiwilligen Mitglieder zu kriminalisieren? Oder wäre bei Massenorganisationen die Unterscheidung zwischen einem ‚kriminellen Kern' und einem nicht strafwürdigen Saum angebracht? Das Nürnberger Gericht hatte sich für letzteres entschieden und allein das Führungskorps der NSDAP als Verbrecherorganisation erklärt.

Mir scheint die Differenzierung zwischen Kern und Saum verbrecherischer Organisationen sinnvoll, wenn sie auch nicht zur Folge haben sollte, Organisationsmitglieder am Saum als in keiner Weise strafwürdig anzusehen. Um beim Beispiel zu bleiben: Der verbrecherische Charakter der NSDAP-Herrschaft war bereits lange vor dem Ausbruch des Krieges offenbar. Auch Mitglieder, deren Mitwirkung lediglich im Zahlen von Beiträgen, dem Besuchen von obligatorischen Veranstaltungen oder dem Erledigen von unschuldigen Pflichtaufgaben bestand, beteiligten sich wissentlich an der Aufrechterhaltung einer Kooperationsstruktur mit verbrecherischer Zielsetzung. Die Geringfügigkeit eines Beitrags mag eine Kriminalisierung als unverhältnismäßig erscheinen lassen; doch bezieht sich der *Grundsatz* nicht nur auf Verbrechen, sondern auf strafwürdiges Verhalten insgesamt. Aus dieser Perspektive halte ich für nachvollziehbar, dass so genannte Nazi-Mitläufer gemäß *Kontrollratsgesetz Nr. 104 zur Befreiung von Nationalsozialismus und Militarismus* sanktioniert, aber nicht kriminalisiert wurden.[43]

(5) Als wie wichtig ist die Kontinuität und zeitliche Nähe der organisationalen Relation zu dem historischen Unrecht zu bewerten? Angenommen, Hans Frank – der brutale „Vollstrecker der Hitlerschen Rassen- und Ostraumpolitik“[44] – hätte in der Endphase der Weimarer Republik, also während seiner Zeit als Rechtsanwalt Hitlers und der NSDAP, den Entschluss gefasst, die Partei zu verlassen und alle Ämter niederzulegen. Bis zu diesem Zeitpunkt hätte kein Zweifel daran bestanden, dass seine Tätigkeit als Teilnahme an einer verbrecherischen Verschwörung beschrieben werden müsste. Hätte Frank bestraft werden sollen, wenn er den verbrecherischen Zielen abgeschworen hätte, bevor es zu deren Umsetzung kam?

Da die Planung gravierender natürlicher Verbrechen für sich genommen strafwürdig ist, bliebe das Verhalten von Frank meines Erachtens kriminell. Man kann nicht von einem bereits vollzogenen Verbrechen zurücktreten. Das Nürnberger Gericht scheint dagegen davon ausgegangen zu sein, dass die Verschwörung nicht strafbar ist, wenn kein ausreichend enger zeitlicher und planerischer Bezug zu den Verbrechen besteht.[45] Hier zeigt sich die bereits erwähnte uneindeutige Haltung zum Problem der Verschwörung.

Man könnte einwenden, es sei nicht zweckmäßig, die Teilnahme an einer Verschwörung auch dann zu bestrafen, wenn eine Person sich distanziert habe, da man so den Rücktritt vom Vollzug erschwere. Doch dem steht als Vorteil gegenüber, dass durch die Kriminalisierung der Verschwörung die Wahrscheinlichkeit des ersten Schritts gesenkt wird. Nicht angemessen wäre allerdings, den fiktiven Frank für die späteren Verbrechen selbst zu bestrafen. In dieser Hinsicht wäre die Diskontinuität der organisationalen Relation durchaus erheblich. In Rechnung zu stellen ist dabei allerdings die zeitliche und sachliche Entfernung zwischen Verbrechen und Rücktritt. In dem fiktiven Beispiel distanziert sich Frank bereits relativ früh von der Partei und ihren verbrecherischen Zielen. Sein Einfluss auf das tatsächliche Geschehen wäre daher vielfach abgeschwächt. Anders lägen die Dinge indes, wenn er in seiner Funktion als Generalgouverneur der besetzten polnischen Gebiete die Shoa mitgeplant hätte, aber kurz vor der Umsetzung ins Ausland geflohen wäre. Trotz der Distanzierung wäre hier aufgrund der herausgehobenen Rolle bei der Planung und Durchführung nicht nur die Bestrafung für die Teilnahme an einer Verschwörung, sondern auch für die Taten selbst angemessen.

(6) Wie ich in Kapitel 3 ausführen möchte, ist die Zugehörigkeit zu einer Kooperationsstruktur mit verbrecherischen Zielen nicht unter allen Umständen strafwürdig. Jemand, der – wie der von Saul Friedländer porträtierte Kurt Gerstein – der SS angehörte und seine Stellung nutzte, um Schlimmeres zu verhindern (siehe Unterkapitel 3.1 und 3.2), wäre gleichwohl – kraft seiner Mitgliedschaft in der SS – dem Rigorismus zufolge zu bestrafen gewesen. Mir scheint indes, dass die im Rahmen von subversiven Aktivitäten unabdingbare Kooperation nicht als pflichtwidrige Form „der Aufrechterhaltung einer Kooperationsstruktur“ auszulegen ist. Wer einer Organisation, wie der SS, angehörte, um deren Arbeit zu behindern oder um sie für die Alliierten auszukundschaften, sollte hierfür nicht bestraft werden. Der zulässigen Kooperation mit verbrecherischen Organisationen sollten aber klare Grenzen gesetzt werden. Wie ich noch ausführlicher begründen werde, darf sich eine Person nur in eng definierten Grenzen an Verbrechen beteiligen, um größeres Übel zu verhindern (siehe hierzu Kapitel 3).

1.2.1 Das eingegrenzte Prinzip vorwerfbaren Verhaltens

Eine Person kann sich an der Aufrechterhaltung einer Kooperationsstruktur beteiligen, ohne den gemeinsamen Zweck zu befürworten, dem die Struktur dient. Möglicherweise kooperiert sie lediglich, weil dies für sie mit Vorteilen verbunden ist. Die Affirmationsbedingung, von der in Kapitel 1 die Rede war, stellt insofern nicht die einzige Form von Pflichtwidrigkeit dar. Pflichtwidrig handelt auch, wer ein natürliches Verbrechen zwar nicht gutheißt und von sich aus anstrebt, aber aus eigennützigen Gründen gleichwohl unterstützt. Diese Form der Pflichtwidrigkeit möchte ich *Inkaufnahmebedingung* nennen.

Der *Grundsatz strafwürdigen Verhaltens* enthält keine Bezugnahme auf die Vorstellung von Kollektivschuld-II, weil er die Strafwürdigkeit einer organisationalen Relation von einem pflichtwidrigen Verhalten abhängig macht. Grundlage der Strafwürdigkeit ist somit eine je eigene Pflichtverletzung.

Unter den Begriff der organisationalen Relation im Sinne des *Grundsatzes* fällt sowohl die Mitgliedschaft in einer formalen Organisation als auch die Teilnahme an einer informellen Organisation, wie sie im Nürnberger Statut mit dem Begriff der Verschwörung bezeichnet wird.

Der *Grundsatz* ist jedoch enger auszulegen als die Nürnberger Charta, da eine organisationale Relation ihm zufolge nur dann besteht, wenn eine Person zu der Aufrechterhaltung einer Kooperationsstruktur mit verbrecherischen Zielen tatsächlich beiträgt.

Andererseits geht der *Grundsatz* aber nicht so weit, die Mitgliedschaft in (oder Teilhabe an den Aktivitäten) einer verbrecherischen Organisation als solche für völlig unerheblich zu erklären. In Verbindung mit anderen Tatsachen (Affirmation, Inkaufnahme) rechtfertigt sie, eine Person als strafwürdig zu behandeln.

In Unterkapitel 5.3 von Teil B habe ich das Prinzip der Kollektivhaftung aufgrund vorwerfbaren Verhaltens bei unbestimmbarer Kausalität (PKK) eingeführt. PKK ist ein Prinzip der Folgenverantwortung.[46] Der *Grundsatz strafwürdigen Verhaltens* wendet dessen Leitgedanken im Kontext strafwürdiger Verantwortung an. Personen können strafwürdig handeln, obwohl ihnen kein konkreter kausaler Einfluss auf ein Verbrechen nachgewiesen werden kann und sie einen solchen Einfluss auch nicht beabsichtigt haben. Im Listen-Beispiel möchten die Angestellten keine Verbrechen unterstützen, aber sie ahnen, dass sie genau dies tun. Um ihr Gewissen nicht weiter zu belasten und um sich gegebenenfalls anstehende schwere Entscheidungen zu ersparen, gehen sie ihren Befürchtungen nicht weiter auf den Grund. Sie versuchen, zu verdrängen, dass sie möglicherweise mithelfen, natürliche Verbrechen zu begehen. Dies ist eine Form moralischer Nachlässigkeit, die ich ebenfalls unter den Begriff der Inkaufnahme fassen möchte. Die Betreffenden lassen die erforderliche moralische Sorgfalt vermissen, so wie ein Mechaniker, der ein Fahrwerk schlampig überprüft, Sorgfalt vermissen lässt. Wie der Mechaniker hoffen die Angestellten, dass schon nichts passieren wird. Diese Sorglosigkeit ist Gegenstand berechtigter moralischer Kritik.

Der *Grundsatz strafwürdigen Verhaltens* erklärt die rechtliche Sanktionierung der Inkaufnahme für geboten. Er erweitert damit den Zurechnungsbereich krimineller Verantwortung, um dem Problem der Verantwortungsdiffusion in hochgradig arbeitsteiligen, hierarchisch strukturierten sozialen Systemen entgegenzuwirken.

Eine solche Zurechnungsexpansion lässt sich zum einen durch Nutzenüberlegungen und Sachzwänge rechtfertigen. Verzichtet man auf sie, so verzichtet man auf Anreize für die Mitglieder der staatlichen Administration und anderer gesellschaftlicher Funktionsbereiche, sich der Ermöglichung von Staatsverbrechen zu entziehen.

Zum anderen lässt sich aber zugunsten der Verantwortungszuschreibung aufgrund vorwerfbaren Verhaltens auch ein Gerechtigkeitsargument vorbringen. Wenn alle Parteien B_1, …, B_N ihre Pflichten verletzt haben, so ist ihnen gleichermaßen ihr Handeln vorzuwerfen; dass eine (und nicht eine andere) Partei – aufgrund ihrer Pflichtverletzung – Schaden anrichtet, ist bloßer Zufall und sollte nicht zu einer anderen Bewertung ihres Handelns führen. Man könnte hier – mit Fischer und Ennis – von einer kantischen Sichtweise sprechen: „Liability, the Kantian claims, should not depend on ‚moral luck' – it should depend on factors that are (in a suitable sense) under a person's control."[47]

Natürlich spricht wenig dafür, das Prinzip vorwerfbaren Verhaltens als *allgemeine Verantwortungsregel* zu betrachten. Dafür sind die epistemischen Probleme seiner Anwendung zu groß. Häufig ist es schwierig oder unmöglich, festzustellen, wer Pflichten gegenüber dem Opfer vernachlässigt hat, während sich vergleichsweise einfach bestimmen lässt, wer den Schaden verursachte.[48] Zudem wird dem bloßen Zufall in der moralischen und rechtlichen Alltagspraxis Bedeutung für die Zuschreibung von Verantwortung beigemessen, wenn auch nicht unbedingt für die moralische Beurteilung einer Person.[49]

Die Begründung dieser Distinktion (Verantwortung/Bewertung der Person) ist jedoch keineswegs simpel und unstrittig. Judith Jarvis Thomson hat ihr Argument für die Verantwortungsrelevanz der Kausalität folgendermaßen aufgebaut: (T1) Personen haften für Schäden, die sie sich selbst zufügen. (T2) Wenn eine Person *B* eine Person *A* nicht geschädigt hat, dann sind alle Tatsachen über sie kompatibel mit der Möglichkeit, dass die Person *A* sich selbst geschädigt hat.[50] (T3) Wenn alle Tatsachen über Person *B* kompatibel sind mit der Möglichkeit, dass die Person *A* sich selbst geschädigt hat, dann ist es falsch, Person *B* für die Kosten verantwortlich zu machen.

Die Tragweite von (T3) ist umstritten. Dass Tatsachen über Person *B* kompatibel sind mit der Möglichkeit von (T1), impliziert nicht, dass keine Tatsachen über *B* vorliegen, die sie – aus anderen Gründen als der Verursachung – kompensationspflichtig machen.[51] Eine kantianische

Sichtweise, die alle pflichtwidrig Handelnden haftbar macht, ist noch nicht ausgeschlossen.[52]

Der *Grundsatz strafwürdigen Verhaltens* hängt aber nicht von dem Erfolg der Bemühung ab, das Prinzip vorwerfbaren Verhaltens als *allgemeine Verantwortungsregel* plausibel zu machen. Denn er ist von vornherein auf Fälle begrenzt, bei denen (i) eine Person zur klar umgrenzten Gruppe *G* gehört, die ihre Pflichten hinsichtlich des Unrechts verletzt hat, (ii) zudem feststeht, dass Mitglieder aus *G* den Schaden verursacht haben, aber (iii) der oder die Verursacher nicht individuell bestimmt werden können. Der *Grundsatz* baut auf ein *eingegrenztes Prinzip vorwerfbaren Verhaltens*. Er wird auch mit Beispielen der Art fertig, die Thomas Nagel bringt:

„Someone who was an officer in a concentration camp might have led a quiet and harmless life if the Nazis had never come to power in Germany. And someone who led a quiet and harmless life in Argentina might have become an officer in a concentration camp if he had not left Germany for business reasons in 1930.“[53]

Es wäre ohne Zweifel abwegig, alle *fault-sharer*, also all diejenigen Personen, die sich unter anderen Umständen aufgrund ihrer Wesensart und Einstellungen an Staatsverbrechen beteiligt hätten, kriminell zur Verantwortung ziehen zu wollen. In dem Beispiel der Person, die als Lageraufseher fungiert hätte, wäre sie nicht nach Argentinien ausgewandert, liegt aber offensichtlich (i) nicht vor: Sie gehört nicht in die Gruppe derjenigen, die den Schaden tatsächlich verursacht haben.

Mit Blick auf den *Grundsatz* und das *eingegrenzte Prinzip vorwerfbaren Verhaltens* kann Feinbergs Frage: „Can liability of the noncontributorily faulty be morally palatable?“[54] bejaht werden.

Das Prinzip hilft auch in einer weiteren Klasse von Fällen, bei denen es zu Schäden kommt, weil eine Menge von Personen zu helfen unterlässt.

„Suppose a man swimming off a public beach that lacks a professional life-saver shouts for help in a voice audible to a group of one thousand accomplished swimmers lolling on the beach; and yet no one moves to help him, and he is left to drown. The traditional common law imposes no liability, criminal or civil, for the harm in this kind of case.“[55]

Die Schwierigkeit einer solchen Situation kann folgendermaßen beschrieben werden: Es sei unklar, wessen Unterlassung als ursächlich für das Ertrinken anzusehen sei. Ähnlich wie im Fall *Summers v. Tice*, steht aber die Gruppe *G* derjenigen, die ihre Pflichten verletzt haben, fest; da auch unstrittig ist, dass Mitglieder von *G* durch ihre Unterlassung den Tod mitverursacht haben, sind die Voraussetzungen für eine Anwendung des eingegrenzten Prinzips vorwerfbaren Verhaltens gegeben.[56]

Dass der *Grundsatz* Personen strafwürdige Verantwortung zuschreibt, die Pflichten verletzt haben und in einer organisationalen Relation zu einer verbrecherischen Kooperationsstruktur stehen, folgt aus einer Anwendung des eingegrenzten Prinzips vorwerfbaren Verhaltens. Das Bestehen der Relation führt zur Erfüllung von (i), also der klaren Umgrenzung der Gruppe *G* derjenigen, die ihre Pflichten missachteten; da *G* insgesamt eine verbrecherische Kooperationsstruktur bildet, ist auch (ii) gegeben: Es steht fest, dass Mitglieder aus *G* die Verbrechen begangen haben; jedoch wird das eingegrenzte Prinzip nur angewendet, wenn keine individuelle Zurechnung des Verbrechens möglich ist (iii).

1.2.2 Verschuldensunabhängige Bestrafung

Als ein Paradebeispiel stellvertretender Bestrafung dient in der philosophischen Literatur das Todesurteil gegen den japanischen General Yamashita im Februar 1946. Folgt man der Darstellung Michael Walzers, so wurde Yamashita für Kriegsverbrechen der ihm unterstellten Truppen bestraft, die er nicht befohlen hatte, von denen er zum Zeitpunkt der Tat keine Kenntnis haben konnte und die er daher auch nicht zu verhindern vermochte. Yamashita war noch nicht einmal für seine Unkenntnis und sein Unvermögen verantwortlich zu machen, da diese Ergebnis der erfolgreichen amerikanischen Kriegsführung waren. Richter Murphy, der dem Todesurteil gegen Yamashita nicht zustimmte, fasste den Fall wie folgt zusammen:

> „(...) read against the background of military events in the Philippines subsequent to October 9, 1944, these charges amount to this: ‚We, the victorious American forces, have done everything possible to destroy and disorganize your lines of communication, your effective control of personell, your ability to wage war. In these respects we have succeeded (...). And now we charge and condemn you for having been inefficient in maintaining control of your troops during the period when we were so effectively besieging and eliminating your forces and blocking your ability to maintain effective command.'"[57]

Wenn diese Schilderung die Sachlage trifft, so resultierte Yamashitas Unvermögen, in der gegebenen Situation die Verbrechen seiner Truppen zu verhindern, nicht aus eigenen Versäumnissen. Es scheint daher sogar ausgeschlossen, dass seine Bestrafung anderen militärischen Führern als Warnung dienen kann, außer der, sich nicht besiegen zu lassen. Yamashita hätte die Rolle eines Sündenbocks übernommen.[58]

Ich gehe davon aus, dass verschuldensunabhängige Bestrafung unzulässig ist. Dies impliziert jedoch nicht – wie ich in diesem Unterkapitel zeigen möchte – die Widerrechtlichkeit der Bestrafung eines Kreises von Personen für Verbrechen, von denen sie keine Kenntnis hatten und die sie nicht verhindern konnten. Es ist zumindest denkbar, dass die Bestrafung Yamashitas legitim war. Wie lässt sich dieser – scheinbare – Widerspruch auflösen?

Der *Grundsatz* arbeitet mit dem eingegrenzten Prinzip vorwerfbaren Verhaltens: Dass eine Person *P* in einer organisationalen Relation zu einer Kooperationsstruktur steht, die für den Verbrechenskomplex *S* Verantwortung trägt, führt nicht dazu, dass *P* für alle mit *S* verknüpften verbrecherischen Handlungen belangt werden kann. Verantwortlich ist *P*, gemäß einer verantwortungsindividualistischen Position, ausschließlich für ihre eigenen Pflichtverletzungen.

Wie in Teil C ausgeführt, schließt der Verantwortungsindividualismus nicht aus, dass Personen gemeinsam Verantwortung für ein gemeinschaftliches Unterfangen tragen. Gemeinsame Verantwortung ist aber von stellvertretender zu unterscheiden. Zwei Personen tragen gemeinsame Verantwortung, wenn sie aufgrund einer geteilten Präferenz handeln. Um diese Präferenz umzusetzen, ist ein zumindest minimales Maß an Planung nötig und in typischen Fällen eine Aufteilung von Aufgaben. Dennoch ist eine Person, die an der Umsetzung eines gemeinsamen Plans mitwirkt, auch für die anderen vorgesehenen Teilhandlungen mitverantwortlich. Die Aufgabenteilung führt nicht zu einer Verantwortungsteilung. Eine verantwortungsindividualistische Position macht die geteilte Verantwortung von dem geteilten Wissen, Wollen und Handeln der Beteiligten abhängig. Wenn beispielsweise zwei Leute einen Kiosk eröffnen und einer der beiden nutzt den Laden für verbotene Aktivitäten, so trägt der andere für diese Aktivitäten nur dann einen Teil der Verantwortung, sofern sie Bestandteil des gemeinsamen Vorhabens waren.

Der Verantwortungsindividualismus steht auch nicht dem Gedanken entgegen, dass Personen für das unabhängige Handeln anderer mitverantwortlich sein können. Eine Person kann verpflichtet sein, nicht zu dem Funktionieren einer Kooperationsstruktur beizutragen, wenn diese zu verwerflichen Zwecken genutzt wird. Der Verantwortungsindividualismus fordert unter solchen Umständen kein gemeinsames Wollen, sondern lediglich das Wissen um strafwürdige Aktivitäten (Inkaufnahmebedingung). Eine Person, die erfährt, dass sie für verbrecherische Zwecke missbraucht wird, muss darauf reagieren. Wenn ihr die Möglichkeit offen steht, sich aus der Kooperationsstruktur zurückzuziehen oder deren Operieren zu behindern, so muss sie dies tun.

Ich möchte nun erläutern, warum der *Grundsatz* auch die Bestrafung von Personen mit Blick auf Verbrechen zulässt, die sie weder begangen haben noch verhindern konnten. Dies gilt, wenn sie über die Macht verfügen, die Bedingungen des Handelns anderer in einer Weise zu gestalten, die Verbrechen *wahrscheinlich* macht. Sie sind – kraft ihrer Entscheidungsgewalt und Gestaltungsmacht – für das Handeln anderer verantwortlich, auch wenn sie eine konkrete Ausführung weder befohlen noch ausdrücklich gebilligt haben.

Dass Inhaber von Machtpositionen für das Handeln anderer verantwortlich gemacht werden, lässt sich vergangenheits- und zukunftsbezogen rechtfertigen. Zukunftsbezogen: Muss jemand damit rechnen, dass er für das verbrecherische Handeln von Untergebenen bestraft werden kann, so verfügt er über einen besonderen Anreiz, dafür Sorge zu tragen, dass es zu solchem Handeln nicht kommt. Vergangenheitsbezogen: Es ist ungerecht, Personen von der Verantwortung auszunehmen, deren Stellung ihnen erlaubt, über das Schicksal anderer Menschen zu verfügen, und die von dieser Macht in kurzsichtiger, fahrlässiger oder sogar bösartig berechnender Weise Gebrauch gemacht haben.

Aus diesen Gründen ist die Verantwortung hoher militärischer Befehlshaber nicht allein auf Geschehnisse beschränkt, die sie unter aktuell gegebenen Umständen kontrollieren können. Die Bestrafung von Befehlshabern ist gerechtfertigt oder sogar gefordert, wenn sie dafür verantwortlich sind, dass die kämpfende Truppe in Situationen gerät oder in einer Verfassung ist, die Verbrechen wahrscheinlich machen. Hierbei können verschiedene Faktoren eine Rolle spielen. Die Truppe ist beispielsweise in einer Verfassung, die Verbrechen wahrscheinlich macht, wenn ihre Ausbildung nicht auf die Regeln des Kriegsrechts verweist. Doch selbst wenn

> „a portion (and it will often be a very small portion) of basic training is devoted to a discussion of the laws of war, even if a soldier is instructed that he ought not obey any orders that is manifestly prohibited by the laws of war, the dominant thrust of his training will have consisted of efforts directed toward transforming him into a person who will obey without question and without hesitation."[59]

Der Hinweis darauf, dass die Regeln des Kriegsrechts einzuhalten sind, wird sich nur dann als wirksam erweisen, wenn die eigene Kriegsführung der kämpfenden Truppe den Eindruck vermittelt, dass dies von ihr wirklich erwartet wird und kein bloßes Lippenbekenntnis darstellt.

In dem Prozess gegen amerikanische Soldaten wegen des Massakers in der vietnamesischen Ortschaft Son My äußerte der Verteidiger des Hauptangeklagten Lieutenant Calley:[60]

„I believe most of the men [in the infantry, MS] have a feeling that (…) there is a certain refined distinction (…) that is's all right for the air force to bomb cities. It's all right for artillery to tear down buildings and wreck the lives of every inhabitant; but somehow or other it's wrong for an infantryman, when he is told to destroy and level a village, to use his mechanical weapons (…) for the same purposes."[61]

Die Verteidigung wollte mit diesem Hinweis sicher nicht erreichen, dass die Angehörigen aller Waffengattungen verfolgt würden. Vielmehr ging es darum, zu verdeutlichen, dass die US-Kriegsführung in Vietnam insgesamt beträchtliche Verluste unter der Zivilbevölkerung in Kauf nahm und dass die Soldaten im Feld daraus durchaus den Schluss ziehen konnten, es werde nicht ernsthaft von ihnen erwartet, dass sie Zivilisten schonten.[62]

Ich möchte einen anderen Schluss ziehen: Wenn sich plausibel machen lässt, dass die Art der Kriegsführung insgesamt wahrscheinlich gemacht hat, dass sich Kriegsverbrechen ereignen, so tragen diejenigen, die diese Kriegsführung beschlossen und durchgesetzt haben, Mitverantwortung für die entsprechenden Verbrechen, sofern dieser Zusammenhang (zwischen Kriegsführung und Verbrechen) bei angemessener Reflexion vorausgesehen werden kann. Denn die Gewalthaber verfügen über die Möglichkeit, wichtige Aspekte der Umstände zu bestimmen, unter denen die Soldaten vor Ort urteilen und handeln müssen.

Die Bestrafung von Entscheidungsträgern und Befehlshabern kann daher gerechtfertigt sein, auch wenn sie keine Einflussmöglichkeiten auf ein bestimmtes Verbrechen hatten. Damit soll nichts über den Fall Yamashita gesagt sein. Meine These lautet lediglich, dass dessen Bestrafung für Verbrechen anderer, von denen er nichts wusste und die er nicht verhindern konnte, legitim gewesen wäre, *sofern* er für Umstände verantwortlich war, die solche Verbrechen wahrscheinlich machten.

1.2.3 *Pflichtwidriger Beitrag: Ein Beispiel*

Betrachten wir ein konkretes Beispiel für die Problematik, ab wann ein Beitrag zur Aufrechterhaltung einer Kooperationsstruktur pflichtwidrig ist: Während des Vietnamkriegs hat es zahlreiche Fälle von Befehlsverweigerung und Widerstand gegen die Staatsgewalt gegeben, die mit den Prinzipien von Nürnberg gerechtfertigt wurden. Die Prinzipien wurden in defensiver Absicht zitiert, um die Nichtachtung von nationalem Recht zu legitimieren und Bestrafung abzuwenden, und nicht in offensiver, um die Nichtachtung von internationalem Recht und die Befolgung von nationalem Recht zu bestrafen.[63] Richard Wasserstrom führt den Fall des Truppenarztes Captain Levy an, der sich geweigert hatte, Green Berets medizinisch zu unterweisen. Seine Begründung lautete, dass die Green Berets in Kriegsverbrechen verwickelt seien: Unter internationalem Recht – so sein Standpunkt – mache er sich strafbar, wenn er die Green Berets unterstütze, indem er ihnen notärztliche Kenntnisse vermittle.

Der Begründung liegt die Überzeugung zugrunde, dass die ärztliche Unterweisung von Soldaten, die einer Einheit angehören, deren Mitglieder Kriegsverbrechen begangen haben, Levy in eine strafwürdige Relation zu jenen Verbrechen setzen würde. Oben hatte ich gesagt, dass der Beitrag einer Person zur Aufrechterhaltung einer Kooperationsstruktur mehr als minimal sein muss, um ihr Handeln als strafwürdig zu werten. Levys Rolle scheint in dieser Hinsicht geringfügig genug, um sie von der Strafwürdigkeit auszunehmen. Er war daher nicht berechtigt, die entsprechenden Befehle zu verweigern.

Noch loser war die Verbindung, als sich Männer der Einberufung mit der Begründung entzogen haben, dass die US-Armee in Indochina einen verbrecherischen Krieg führe und dass jeder amerikanische Soldat – gleich welchen Ranges – gegen Art. 6 des Nürnberger Statuts verstoße.[64]

Nach Wasserstrom ist diese Argumentation rechtlich plausibel:

> „Well, it is not hard to see the case for refusing induction. If the draftee accepts induction into the army he will, arguably, be deemed an accomplice who is by his service participating in the execution of a conspiracy to commit the crimes against peace, war crimes, and crimes against humanity that the United States is committing in Vietnam. And if this is the case, then the principle of vicarious liability laid down in the final portion of this section surely does inculpate him. As an accomplice participating in the conspiracy he is, under this principle ‚responsible for all acts performed by any persons in execution of such plan.'"[65]

Diese Auslegung geht meines Erachtens weit über das hinaus, was im Nürnberger Statut beabsichtigt war. Es entsprach weder den ursprünglichen Absichten der Autoren noch der durch das Tribunal entwickelten Rechtsprechung, die Angehörigen der Wehrmacht qua Mitgliedschaft anzuklagen, so dass ein Funker in Norwegen oder ein Sanitäter in Frankreich für alle Verbrechen der deutschen Armee hätte stellvertretend bestraft werden können.

Wasserstrom präsentiert folgendes Argument: Sich in die US-Armee einberufen zu lassen, ähnele in relevanten Hinsichten dem betrunkenen Autofahren. Ein betrunkener Autofahrer verliere in ähnlicher Weise die adäquate Kontrolle über das Fahrzeug wie ein einfacher Soldat die Kontrolle über seine Handlungsoptionen.[66] Folge jemand der Einberufung, so müsse er damit rechnen, in Kriegsverbrechen verwickelt zu werden – so wie ein betrunkener Autofahrer damit rechnen müsse, einen Unfall zu verursachen. Wir erwarten von Betrunkenen, dass sie sich nicht ans Steuer setzten – ebenso sollten wir von Einberufenen verlangen, dass sie sich entzögen.

Folgt man dieser Analogie, so ist es grundsätzlich pflichtwidrig, in einer Armee Dienst zu tun. Denn die niederen Ränge haben keinen Einfluss auf die Entscheidungen und entsprechend werden sie, wenn Verbrechen befohlen werden, sich aller Erfahrung nach zumeist nicht verweigern. Also ist der einzige Zeitpunkt, zu dem eine Verweigerung realistischerweise möglich ist, die Einberufung.[67] Dies entspricht sicher nicht den Absichten und der Weltsicht der Nürnberger Militärtribunale und es besteht auch kein Grund, diese Ansicht in den *Grundsatz* zu integrieren.

2 Pflichtwidrige Beteiligung: Das Problem des Täterstatus'

Im vorangegangenen Kapitel habe ich den *Grundsatz* erläutert und mich dabei auf verschiedene Aspekte pflichtwidrigen Verhaltens von Organisationsmitgliedern konzentriert. In diesem Kapitel wende ich mich Fragen des Täterstatus' zu. In einem ersten Schritt komme ich auf das Problem der Darstellung von staatlichen Handlungen durch natürliche Personen zu sprechen. Wie berührt die Repräsentation die Zuschreibung von Verantwortung? Die klassische, durch Hobbes geprägte Auffassung lautete, dass der Souverän und seine Organe nicht persönlich verantwortlich sein können, weil ihre Handlungen ‚nicht ihnen gehören‘, sondern den Staat darstellen. Möglicherweise beeinflusste diese Theorie das Verhalten Hermann Görings. Der Journalist und Zeitzeuge Joe J. Heydecker berichtete, Göring habe nach seiner Gefangennahme geglaubt, er werde aufgrund des Erlasses vom 29. Juni 1941, das ihn als Nachfolger Hitlers nach dessen Tod bestimmt, als Vertreter Deutschlands behandelt.[1] Dass er Angeklagter eines Kriegsverbrecherprozesses werden könnte, kam ihm offenbar überhaupt nicht in den Sinn. Dass höchste Funktionsträger für ihre Amtshandlungen nicht bestraft werden können, entspricht der tradierten – wenn auch heute nicht mehr dominanten – Vorstellung von Souveränität und Staatlichkeit.

Eine philosophische Rechtfertigung des *Grundsatzes* muss daher begründen, warum Mitglieder *staatlicher* Organe für die Verletzung natürlicher Rechte bestraft werden können und müssen. Dies geschieht in den Unterkapitel 2.1 und 2.2.

In den Unterkapiteln 2.3 bis 2.5 verlasse ich den staatsphilosophischen Kontext und diskutiere moralphilosophische und handlungstheoretische Überlegungen, die für die Bestimmung des Täterstatus‘ relevant sind.

2.1 Handeln in Hierarchien und die hobbessche Logik der Repräsentation

Staaten können nicht in derselben Weise handeln wie Individuen; sie sind keine natürlichen Personen; sie verfügen weder über einen Körper, noch über mentale Zustände, wie Gefühle, Meinungen oder Wünsche. Dennoch schreiben wir Staaten Tätigkeiten zu. Wie ist dies möglich?

Staaten handeln nicht wie Einzelpersonen, sondern durch Einzelpersonen. Dass ein Staat mit einem anderen Verhandlungen führt, ist eine Tatsache, die nicht unabhängig davon besteht, dass Handlungen, die Individuen vollziehen, kollektiv in geeigneter Weise interpretiert werden. Die Handlungen des Individuums, das berechtigt ist, einen Staatsvertrag zu unterzeichnen, werden nicht ihm selbst zugeschrieben, sondern dem Staat, in dessen Namen es handelt. Seine Handlungen stellen Handlungen des Staates dar.

Dass ein Staat eine bestimmte Handlung vollzogen hat, ist entsprechend keine natürliche, sondern eine soziale – oder wie Searle sagt – eine institutionelle Tatsache. Soziale oder institutionelle Tatsachen beruhen auf kollektiven intentionalen Zuschreibungen der Form: „X zählt als Y im Kontext K.“[2] Natürlichen Gegenständen, Ereignissen oder Personen wird, Searle zufolge, von einem Kollektiv ein Status zugewiesen, vermöge dessen sie in einem gegebenen Kontext bestimmte

Funktionen erfüllen. Eine Person legt ein Stück Metall auf den Tisch und geht. Dies gilt unter geeigneten Bedingungen als Bezahlen der Leistung oder Ware. Das Stück Metall zählt als Geld – dies bedeutet: eine Menge von Personen weist diesem Stück Metall die für Geld kennzeichnenden Funktionen zu.

Dass das Phänomen der kollektiven intentionalen Zuweisung den Schlüssel zur Analyse staatlichen Handelns darstellt, ist bereits von Hobbes erkannt worden.[3] Ein näherer Blick auf seine Überlegungen ist immer noch instruktiv. Hobbes setzt bei dem Begriff der Person an. Person ist nach Hobbes, wem Handlungen und Worte zugeschrieben werden. Sind diese Worte und Handlungen die eigenen, so spricht er von einer natürlichen Person; sind es dagegen die Worte und Handlungen anderer, so redet er von einer künstlichen Person.[4]

Die repräsentierende Person nennt Hobbes „actor". Durch einen *actor* können nicht nur natürliche Personen vertreten werden (die dadurch zu künstlichen Personen werden), sondern auch „inanimate things", wie Brücken, Kirchen oder Krankenhäuser. Sind die künstlichen Personen selbst auch natürliche Personen, so liegt der Vertretung eine Willensäußerung des Vertretenen zugrunde. Diese Willensäußerung kann in einem Befehl an den Vertreter bestehen oder in einer Erlaubnis, in seinem Namen bestimmte Geschäfte zu tätigen, und sie stattet den *actor* mit Autorität aus; der Vertretene erklärt sich für die autorisierten Handlungen verantwortlich und heißt daher bei Hobbes „author". Handelt der *actor* in einer Weise, die vom *author* nicht autorisiert wurde, so werden die Handlungen allein dem *actor* zugeschrieben.

Dies hat tief greifende Konsequenzen für die Frage der Verantwortung. Nach Hobbes darf beispielsweise eine Verletzung der Gesetze der Natur nicht dem *actor* zugeschrieben werden, wenn er auf Befehl des *authors* handelt und er sich diesem vertraglich zum Gehorsam verpflichtet hat. Verantwortung trägt allein der *author*.[5]

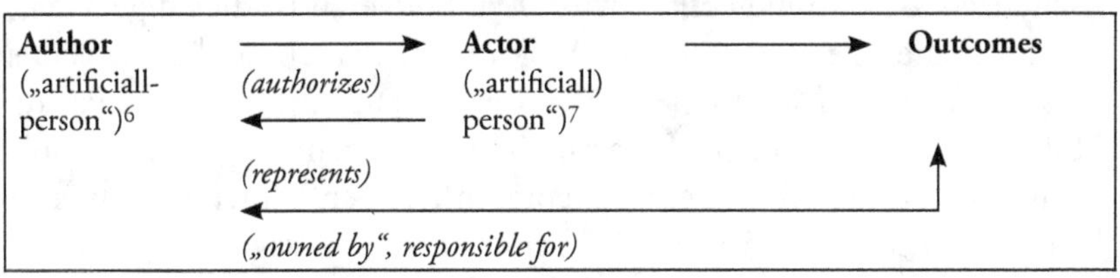

Abbildung 2: Hobbes' Konzept stellvertretenden Handelns

Hobbes analysiert staatliches Handeln als autorisiertes Handeln; die repräsentierte künstliche Person muss daher, anders als „inanimate things", „Children, Fooles, Mad-men" oder „False Gods", selbst den Status eines „authors" haben. Eine künstliche Person kann dabei durch eine Vielzahl von natürlichen Personen gebildet werden. Wenn Person *A*, *B* und *C* gemeinsam *D* dazu autorisieren, in der Nachbarschaft in ihrem Namen für Recht und Ordnung zu sorgen, so konstituieren sie sich damit als eine künstliche Person, die Verantwortung übernimmt für die (innerhalb seines Aufgabenbereichs liegenden) Handlungen *D's*.

Die Bevollmächtigung, durch die eine *multitude* zu einer *artificiall person* (im Sinne von „De Homine") wird oder durch eine solche vertreten wird (im Sinne des „Leviathan"), kann entweder die Form eines definierten Auftrags haben oder die einer unbedingten Ermächtigung des Repräsentanten. Hobbes ging davon aus, dass eine *multitude* nur dann ein „common-wealth", eine „civitas" bildet, wenn alle Mitglieder (unter der Bedingung, dass alle anderen selbiges tun) ihr uneingeschränktes Recht auf Selbstregierung einem Repräsentanten, dem Souverän, übertragen. Staatliches Handeln wird somit nach Hobbes möglich, wenn eine Menge von Individuen, die eine amorphe *multitude* bilden, ihr Recht auf bedingungslose Selbstregierung an einen *actor* abtreten und dessen Handlungen als ihre eigenen anerkennen.

Dadurch bilden sie den großen Leviathan, der durch den Souverän repräsentiert wird.[8] Hobbes Konzeption politischer Autorität beruht – wie nicht im Einzelnen ausgeführt werden muss – auf einer vollständigen Abtretung des individuellen Urteils und Willens an das durch den Souverän repräsentierte politische Kollektiv.[9]

Weil die absolute Autorisierung des Souveräns und die Bildung des politischen Körpers bei Hobbes eines sind, werden den Subjekten die Handlungen des Souveräns unmittelbar zugerechnet. Was der Souverän tut, gilt als ihr eigenes Tun. Hobbes zufolge herrscht in allen Regierungsformen das Volk; denn das Volk ist bei ihm eine künstliche Person, die aus der Vereinigung von natürlichen Personen durch politische Repräsentation gebildet wird. Der Souverän ist diejenige Menge an natürlichen Personen, die das Volk und seinen einheitlichen Willen darstellt. In einer Monarchie besteht diese Menge nur aus einer Person. Hobbes zufolge kann der Monarch nicht nur sagen: „L'État, c'est moi"; vielmehr ist er das Volk, denn er repräsentiert den Willen und die Einheit des politischen Körpers. Die Untertanen sind dagegen in der Monarchie eine *multitude*, eine unförmige Menge natürlicher Personen.[10] Nur weil der Souverän den politischen Körper darstellt, kann er in der für ihn spezifischen Weise handeln, also Kriege erklären, Gesetze geben und Recht sprechen, Währungen prägen etc. und hierdurch Verbindlichkeiten für die *multitude* begründen.

Die Staatsorgane werden so als die Organe eines künstlich geschaffenen politischen Körpers verstanden; der Souverän ist dessen „Artificiall Soul".[11] Dies hat zur Folge, dass nach Hobbes kein Unterschied gemacht werden kann zwischen den Verpflichtungen des Staates und den Verpflichtungen der Bürger. Der Souverän repräsentiert den politischen Körper im Sinne eines

> „Right to Present the Person of them all. (…) every one, as well he that Voted for it, as he that Voted against it, shall Authorise all the Actions and Judgements, of that Man, or Assembly of men, in the same manner, as if they were his own (…)."[12]

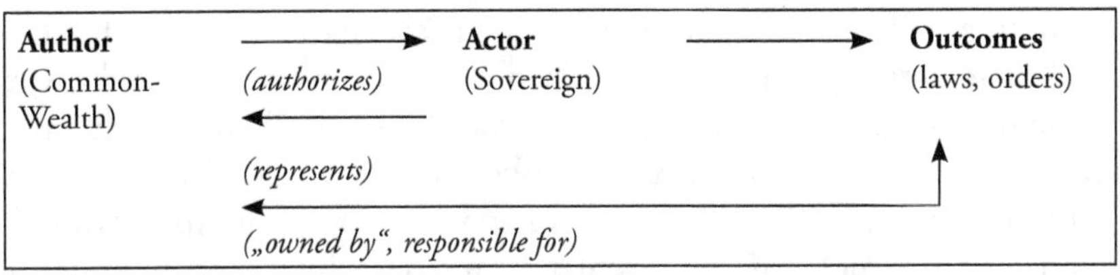

Abbildung 3: Hobbes' Konzept staatlichen Handelns

Da die souveräne Instanz ihr Recht auf alle und alles einbehalten hat, ist sie keiner normativen Einschränkung unterworfen. Zwar hat die Gehorsamspflicht der Untertanen in dem natürlichen Selbsterhaltungsrecht eine Grenze; der Einzelne ist beispielsweise nicht verpflichtet, sich ohne Widerstand festnehmen zu lassen.[13] Er darf aber die Autoritäten auch nicht daran hindern, gegen andere Untertanen Gewalt auszuüben. Die jüdische Bevölkerung hätte nach Hobbes das Recht gehabt, sich gegen den nationalsozialistischen Terror zu wehren. Den nicht-jüdischen Untertanen hätte Hobbes dagegen nicht nur das moralische Recht oder die Pflicht abgesprochen, die Juden dabei – in welcher Weise auch immer – zu unterstützen. Die nicht-jüdischen Deutschen hätten aus hobbesscher Sicht vielmehr den Terror als eigene Handlung auffassen und anerkennen müssen. Zur öffentlichen Äußerung einer kritischen Meinung wären sie weder rechtlich noch moralisch berechtigt gewesen, da dies den inneren Frieden bedroht und dem Bürgerkrieg Vorschub geleistet hätte.[14]

Im Verhältnis von Souverän und Bevölkerung ist Unrecht demnach nicht nur ausgeschlossen, weil der Souverän das Recht stiftet. Hinzu kommt, dass Hobbes davon ausgeht, der Souverän und die nachgeordneten Amtsinhaber repräsentierten den politischen Körper.

Aus dieser Logik der Repräsentation folgt zweierlei:

(i) Zum einen ist Hobbes der Meinung, dass der Souverän und die nachgeordneten Stellen den Untertanen kein Unrecht tun können, weil deren Handlungen ihre eigenen sind. Der politische Körper bildet sich mit der allseitigen Autorisierung des Souveräns – und Autorisierung bedeutet, dass die Untertanen die Handlungen des Souveräns zu ihren eigenen gemacht haben.[15] Sie können sich durch die Handlungen des Souveräns selbst schädigen – aber sie können sich nicht selbst Unrecht tun.

Interessanterweise scheint das hobbessche Verständnis von Souveränität und Recht nicht auszuschließen, dass Amtsträger durch fremde Mächte oder nach Untergang des Regimes als politische Verbrecher verfolgt werden. Doch dabei wird – anders als hier vorgeschlagen – keine Vorstellung natürlicher Verbrechen zugrunde gelegt. Vielmehr wird rückwirkend oder von außen das innerhalb einer ehemals geltenden Rechtsordnung legale Handeln kriminalisiert.[16] Für den Fall der Rückwirkung sind in diesem Zusammenhang Hans Kelsens Ausführungen zum rechtlichen Status Deutschlands aus dem Juli 1945 interessant. Kelsen zielt hier auf den Nachweis, dass Deutschland im völkerrechtlichen Sinne seit der bedingungslosen Kapitulation der letzten Regierung unter Dönitz nicht mehr existiere. Die Besatzungsmächte übten daher die souveräne Gewalt als Kondominium aus. Als Inhaberinnen der souveränen Gewalt verfügten sie über das Recht, die Kriegsverbrecher des untergegangenen Deutschlands zu verfolgen und zu bestrafen. Auffällig ist hier, dass die Frage, ob die Taten nach nationalsozialistischem Recht legal waren, für Kelsen keine Rolle spielt. Die Besatzungsmächte schaffen kraft ihrer souveränen Gewalt die rechtlichen Grundlagen der Verfolgung und machen dabei gegebenenfalls rückwirkend ehemals geltendes positives Recht zu Unrecht.[17]

Bei näherer Betrachtung erweist sich Kelsens Position jedoch in zwei Punkten als unverträglich mit der hobbesschen Lehre. Zum einen war – wie ausgeführt – für Hobbes die Tatsache, dass der Souverän das Volk verkörpert, unverträglich mit der Vorstellung persönlicher krimineller Verantwortung für Handlungen, die der Souverän oder nachgeordnete Amtsinhaber im Rahmen ihrer Kompetenzen vollziehen.[18] Als Repräsentanten handeln sie nicht selbst, sondern stellen das Volk dar. Repräsentanten eines Volkes müssen daher Immunität gegen die Strafverfolgung durch fremde Mächte genießen.[19] Keine Immunität genießen dagegen die Angehörigen des Common-Wealth. Denn nach Hobbes besteht die Einheit des Staatsvolkes nur in der Einheit des Repräsentanten; jeder der einzelnen Untertanen hat aber erklärt, dass er selbst den Souverän autorisiert hat und für alle seine Handlungen verantwortlich zeichnet. Dies bedeutet, dass die Besatzungsmächte jeden beliebigen Untertanen zu persönlicher krimineller Verantwortung hätten ziehen können. Dies ist die harte Kehrseite der Immunität. Hobbes' starke Konzeption politischer Autorität, kombiniert mit einer Lehre von den uneingeschränkten Rechten des Souveräns, hat somit weit reichende Folgen für die politische und moralische Verantwortung der Untertanen. Da nach ihm das Volk als Autor aller souveränen Handlungen gilt, der Souverän und seine Organe dagegen als bloßer Darsteller des politischen Körpers, als *actor*, trifft die Machthaber keinerlei persönliche Verantwortung für das staatliche Handeln. Nicht so die Bevölkerung: Sie muss bedingungslos für alle Konsequenzen des Staatshandelns einstehen.

(ii) Die Mitglieder des Common-Wealth hätten sich jedoch mit einem anderen Argument ihrer Verantwortung für politische Verbrechen entziehen können. Hobbes hat nämlich rückwirkende Gesetze für eine Absurdität erklärt. Dies ergibt sich aus seiner Vorstellung, dass positive Gesetze für die Untertanen verpflichtend sind. Ein Strafgesetz verbindet einen Untertanen, die entsprechende Handlung zu unterlassen. Ein rückwirkendes Gesetz würde die Untertanen zur Unterlassung von bereits vollzogenen Handlungen zwingen. Vergangene Handlungen oder Unterlassungen können jedoch nicht zurückgenommen werden. Also kann man auch nicht verpflichtet sein, sie zurückzunehmen. Ein rückwirkendes Gesetz ist somit eine contradictio in adjecto: Handlungen können nicht durch ein nachträgliches Gesetz zu Unrecht werden; denn Unrecht besteht im Bruch von Gesetzen.[20]

Zusammenfassend: Im Rahmen des von Hobbes geprägten klassischen Souveränitätsverständnisses hat die Rede von „politischen Verbrechern" oder „politischen Verbrechen" keinen Platz.

Politische Verbrecher kann es nicht geben, weil der Souverän und die nachrangigen staatlichen Stellen nicht als persönlich verantwortliche Akteure betrachtet werden dürfen. Nach Hobbes muss man sich entscheiden: Entweder man macht den höchsten Machthaber und seine Organe kriminell verantwortlich und opfert die Möglichkeit, das Volk haftbar zu machen; oder man macht das Volk haftbar und verzichtet auf die Kriminalisierung der Machthaber – beides ist nicht zu haben. Dies folgt aus Hobbes' Verständnis kollektiver Verantwortung. Eine *multitude* vermag nicht zu handeln, weil ihr ein einheitlicher Wille fehlt. Also kann sie auch für nichts verantwortlich sein.[21] Kollektives Handeln existiert, Hobbes zufolge, nur als körperschaftlich verfasstes. Daher ist sie nur im und durch das Repräsentationsverhältnis denkbar. Doch dass ein Kollektiv erst durch die Verkörperung handlungs- und verantwortungsfähig wird, bedeutet eben auch, dass eine Statusfunktion akzeptiert wird, der zufolge der *actor* nicht als *author* angesehen wird. Daher ist mit der Konstitution staatlicher Verantwortung zugleich die persönliche Verantwortung der natürlichen Person, die als Souverän fungiert, aufgehoben. Die Angehörigen des Staatsvolkes rücken dagegen – kraft der Autorisierung – in die staatliche Verantwortung ein.

Zudem wird von Hobbes die Existenz externer rechtlicher Maßstäbe bestritten, an denen gemessen das Handeln des Souveräns als Unrecht erschiene. Der Souverän ist die höchste Rechtsquelle; er vermag daher kein Unrecht zu tun. Auch die Möglichkeit von „politischen Verbrechen" wird also in Abrede gestellt. Die nachträgliche Kriminalisierung des Souveräns, seiner ausführenden Organe oder der Untertanen gilt hingegen als absurd. In Verbindung mit den Anschauungen zur Repräsentation ergibt sich daraus eine Befürwortung der Immunität des Souveräns und aller anderen Amtsträger, die im Rahmen ihrer Kompetenzen handeln.

2.2 Grenzen politischer Autorisierung

Gibt man Hobbes' These von der Rechtlosigkeit der außerstaatlichen Welt auf und geht mit der lockeschen Tradition davon aus, dass Staaten und Private auch ohne externe Sanktionsinstanz über bestimmte Rechte verfügen und ihrerseits zur Respektierung von Verträgen und elementaren Rechten verpflichtet sind; oder nimmt man – anders als Hobbes – an, dass die rückwirkende Bestrafung von Personen keine Absurdität sei, so ergibt sich aus der hobbesschen Theorie der totalen Autorisierung, dass das Volk bedingungslos für die Verbrechen der Machthaber zur Rechenschaft gezogen werden kann. Die materielle Last der Wiedergutmachung könnte der Bevölkerung in beliebigem Umfang auferlegt werden. Zudem dürfte der neue Souverän beliebige Angehörige des Volkes herausgreifen, um sie für Verbrechen des *actors*, des Souveräns, zu bestrafen.

Es ist aber alles andere als plausibel, an Hobbes' Theorie der totalen Autorisierung festzuhalten, wenn man seine Annahmen über die Beschaffenheit des außerstaatlichen Zustands preisgibt.

(i) Dies hat zum einen theorieimmanente Gründe: Hobbes begründet die absoluten Befugnisse des Souveräns mit den absoluten Befugnissen des Individuums im Naturzustand.[22] Dem Souverän wird kein Recht verliehen, das nicht ohnehin jedes Individuum im Naturzustand hätte. Durch den Gesellschaftsvertrag verzichten die Untertanen vielmehr zugunsten des Souveräns auf ihr absolutes Selbstregierungsrecht und verpflichten sich, „not to hinder those, to whom such Right is granted, or abandoned, from the benefit of it".[23]

Wird der Naturzustand jedoch nicht in hobbesscher Manier als ein vor- und außerrechtlicher gedacht, so führt die Autorisierung des Souveräns auch nicht zu einer bedingungslosen und totalen Ermächtigung. Dann kommt aber unter Umständen ein von Hobbes selbst zugestandenes Moment zum Tragen: Handelt der *actor* außerhalb der vom *author* verliehenen Befugnis, so ist er allein für die Konsequenzen verantwortlich.

(ii) Zum anderen ist das hobbessche Modell empirisch nicht einleuchtend. Dies betrifft erstens die Behauptung, der außerstaatliche Zustand sei notgedrungen rechtlos und von „horrible calamities" geprägt, die weitaus schlimmer seien als die schlimmste „Sovereigne Power";[24] und zweitens Hobbes', aus heutiger Perspektive, abwegige Vorstellungen über die Bedingungen politischer Stabilität. Was Letzteres angeht, so mag es genügen, daran zu erinnern, dass Hobbes die totale politische Kontrolle aller Aspekte des gesellschaftlichen Lebens für notwendig hielt, um den bürgerlichen Frieden dauerhaft zu bewahren. Wir wissen heute, dass liberale Demokratien mit ihren vielfältigen politischen Freiheitsrechten und Einschränkungen der Machthaber keine geringere, sondern eine höhere Stabilität aufweisen als autoritäre Regime.

Was den, laut Hobbes, notgedrungen anomischen Charakter eines Zustands ohne hoheitliche Durchsetzungsinstanz betrifft: Aufgrund der gegebenen Charakterisierung ist es bei Hobbes für jede einzelne Person rational, auf ihr Selbstregierungsrecht zu verzichten und sich der totalen politischen Autorität zu unterwerfen, sofern auch alle anderen dazu bereit sind. Aber warum soll jeder außerstaatliche Zustand durch amorphe Gewalt geprägt sein? Es gibt vielfältige Beispiele für das Entstehen von spontanen Ordnungen menschlicher Interaktion, die keiner externen Durchsetzungsinstanz bedürfen – dies gilt auch dann, wenn diese Interaktionen durch Interessenkonflikte geprägt sind. Locke hat sein Modell des Naturzustands daher mit einigem Recht auf die Annahme stützen können, dass Menschen auch unabhängig von staatlichen Ordnungsleistungen rechtlich durchformte – wenn auch durch Instabilität bedrohte – Interaktionsstrukturen etablieren können. Wenn aber rechtsförmige menschliche Kooperation auch ohne staatliche Ordnung denkbar ist, so ist es für die Individuen nicht vernünftig, die Machthaber mit Befugnissen auszustatten, die im außerstaatlichen Zustand bereits bestehende Rechte und Interaktionsmöglichkeiten in Frage stellen. Ist der Naturzustand nicht notgedrungen durch die amorphe Gewalt des Bürgerkriegs gekennzeichnet, die jede weiter entwickelte Form menschlicher Kooperation unmöglich macht, so haben die Individuen beim Übergang in den staatlichen Zustand etwas zu verlieren, und sie werden daher vernünftigerweise nicht jede beliebige Form von politischer Herrschaft akzeptieren.[25] Diese Wende von der unbedingten und totalen zur bedingten und eingeschränkten Autorisierung der Machthaber durch das Volk findet sich – vor dem Hintergrund einer abweichenden Naturzustandskonzeption – in Lockes „Two Treatises of Government" ausformuliert. Hobbes, so spottet Locke, rate den Menschen an, sich von Löwen verschlingen zu lassen, um sich vor Mardern und Füchsen zu schützen.[26]

Die durch das Naturrecht eingeschränkte Autorisierung schützt aber nicht nur die Angehörigen des politischen Körpers vor der Legitimierung willkürlicher Herrschergewalt; es setzt dem, was staatliche Organe als staatliche Organe zu tun vermögen, inhaltliche Grenzen. Auf eine kurze Formel gebracht: Wenn staatliche Organe natürliche Verbrechen legalisieren, so sind sie nur noch dem Namen nach staatliche Organe. Sie handeln außerhalb dessen, was durch einen politischen Körper zu autorisieren ist. Insofern gilt für sie nicht die für staatliches Handeln einschlägige Statusfunktion. Sie missbrauchen als ungewöhnlich mächtige Kriminelle dessen Gewaltmittel zu verbrecherischen Zwecken und haben diese im eigenen Namen zu verantworten.

Rudolf Höß und unzählige andere, die natürliche Verbrechen selbst durchgeführt oder unterstützt haben, beanspruchten nach Kriegsende, weder kriminell noch moralisch Verantwortung zu tragen, weil sie auf Befehl gehandelt hätten. Doch sie konnten sich dabei aus lockescher Sicht nicht darauf berufen, dass ihnen als *actors* die Handlungen nicht zugeschrieben werden dürften, weil sie lediglich das deutsche Volk darstellten. Vielmehr waren sie die Handlanger einer viele Millionen Menschen umfassenden kriminellen *multitude.*

2.3 Befehle

Dass den Untergebenen keine Verantwortung für von ihm befehlsgemäß durchgeführte natürliche Verbrechen treffe, ist nicht allein mit der hobbesschen Logik der Repräsentation legitimiert worden. Ich möchte in diesem Unterkapitel weitere Begründungsversuche für diese Auffassung erörtern und zurückweisen (im Folgenden bezeichne ich sie als *Ausschlussthese*). Die Ausschlussthese besagt, dass sich der Befehlsempfänger nicht für die Ausführung einer naturrechtswidrigen Anweisung zu verantworten hat. Die Verantwortung liege allein beim Befehlenden.[27]

Wie ließe sich die Ausschlussthese moralisch rechtfertigen?

(i) Eine Begründung wäre utilitaristisch und beruhte auf der Annahme, dass Strafe ein Übel darstellte. Die Menge an Strafen müsse daher minimiert werden. Wenn an einem Verbrechen mehrere Personen entlang einer Befehlskette mitgewirkt hätten, so sei nicht nötig, alle Personen dafür zu sanktionieren. Die niederen Ränge würden nämlich nur auf Veranlassung der höheren Ränge tätig. Um davon abzuschrecken, dass natürliche Verbrechen befohlen würden, sei es ausreichend, die Befehlshaber mit Strafe zu bedrohen.

Dieses Argument ist nicht besonders schlagkräftig: In der angelsächsischen Völkerrechtslehre überwog bereits zur Zeit des Ersten Weltkriegs die Meinung, dass es gerade aus konsequentialistischer Sicht absurd sei, lediglich die Befehlshaber, nicht aber die Ausführenden zu belangen, wenn Kriegsverbrechen verhindert werden sollten.[28]

Durch die totalitären Regime in Europa wurde das Recht, sowohl das Handeln der unmittelbar Ausführenden als auch das von Staatsoberhäuptern oder Regierungen zu kriminalisieren, unvermeidlich, weil einerseits ihr innerer Aufbau die Entscheidungsgewalt extrem konzentrierte, andererseits aber die Entscheidungsträger und Befehlsempfänger ideologisch von normativen Fesseln weitgehend befreit wurden.[29] Bei konsequenter Anwendung der *Ausschlussthese* hätte kein Nazi-Verbrechen bestraft werden können. Da die Befehle letztlich auf Hitler zurückgeführt wurden und da dieser nicht mehr zur Rechenschaft zu ziehen war, wäre niemand mehr verantwortlich zu machen gewesen.[30] Gerade unter dem utilitaristischen Gesichtspunkt der Vermeidung von Übeln ist eine alle Befehlsstufen durchgreifende kriminelle Verantwortung ratsam. Eine wirksame Durchsetzung des Kriegsrechts wäre undenkbar, wenn man die unmittelbaren Täter vor Verfolgung schützte.[31]

(ii) Eine weitere Rechtfertigung der *Ausschlussthese* höbe darauf ab, dass Befehlsempfänger Handlungen nicht als eigene wollen und vollziehen. Das militärische Training ziele darauf ab, Untergebene so zu konditionieren, dass sie Befehle ungefragt ausführten. Selbst wenn das Militär sie nicht zu bloßen Automaten mache, entspreche es doch eher den psychologischen Gegebenheiten, Untergebene als willenlose Werkzeuge zu betrachten denn als voll verantwortliche Handelnde.

Diese Überlegung rückt einen wichtigen Gesichtspunkt ins Blickfeld. Er scheint aber eher für die Frage der Schuldzumessung als für die der Täterschaft relevant. Man kann sich leicht vorstellen, dass Befehlsempfänger, wenn sie unter Zeitdruck, bei subjektiver Wahrnehmung unmittelbarer Lebensgefahr in einer unübersichtlichen Situation agieren, nicht in der Lage sind, zu erkennen, dass ein Befehl verbrecherisch ist. Dennoch wäre es falsch, zu sagen, dass militärischer Drill grundsätzlich zur Folge hat, dass Soldaten eher wie Automaten agierten denn wie frei Verantwortliche. Nach wie vor müssen sie in der Lage sein, Situationen zu beurteilen und Entscheidungen zu treffen. Sie müssen auch als Untergebene über Urteilskraft verfügen. Daher sind sie grundsätzlich als Handelnde zu betrachten, die überlegen und entscheiden und diese Überlegungen und Entscheidungen entsprechend zu verantworten haben. Dass Drill und Kampfsituation die Ausübung der Urteilskraft behindern, ist richtig, spricht aber nicht dafür, Befehlsempfänger grundsätzlich von der Verantwortung auszunehmen.

(iii) Eine geläufige Verteidigung der *Ausschlussthese* verweist auf die Sanktionen, mit denen ein Befehlsverweigerer rechnen muss. Diese Sanktionen – so das Argument – könnten von einer Art sein, dass Untergebenen keine andere Wahl gelassen werde, als den Befehl zu befolgen. Herrsche Befehlsnotstand, so sei es ungerecht, Personen für ihr Handeln zur Verantwortung zu ziehen. Meines Erachtens trägt dieses Argument, auch wenn es von Sartre entschieden in Zweifel gezogen wurde.

In „Das Sein und das Nichts" heißt es, jemand, der in eine Krieg führende Armee einberufen werde und Folge leiste, mache den Krieg zu seinem eigenen Krieg. Denn er hätte sich jederzeit durch Selbstmord oder Fahnenflucht entziehen können.

„Da ich mich ihm nicht entzogen habe, habe ich ihn gewählt; das kann aus Energiemangel oder aus Feigheit gegenüber der öffentlichen Meinung geschehen, weil ich nämlich gewisse Werte höher schätze als eben den einer Weigerung, in den Krieg zu ziehen (…). Wenn ich einmal den Krieg dem Tode oder der Unehre vorgezogen habe, verläuft alles so, als trüge ich die volle Verantwortung für diesen Krieg."[32]

Diese Position scheint mir aus verschiedenen Gründen angreifbar. Ich möchte mich hier auf Sartres Verständnis der Bedingung beschränken, unter der von einer Person gesagt werden kann, dass sie etwas will. Solange eine Person in der Lage ist, einen Unterschied zu machen hinsichtlich des eigenen Handelns, solange wählt sie und ist nach Sartre für ihr Tun (und alle damit zusammenhängenden Konsequenzen) voll verantwortlich. Denn es liegt an ihr, welchen Wert sie in ihrer Wahl als überlegen bestätigt.

Es ist aber nicht angemessen, eine Handlung als freiwillig zu beurteilen, wenn die Menge der offen stehenden Optionen durch andere Personen oder Einflüsse festgelegt wird und jede dieser Optionen (gemessen an einem vernünftigen Referenzwert) als schlecht einzustufen ist (und von der handelnden Person tatsächlich auch eingestuft wird). Diese Situation läge etwa vor, wenn eine zutiefst moralische Person mit vorgehaltener Waffe gezwungen würde, ein Verbrechen zu begehen. Sie hätte sich entscheiden können, das Verbrechen nicht zu begehen; dennoch würde man nicht sagen wollen, sie handele freiwillig verbrecherisch, weil die offen stehenden Optionen – gemessen an vernünftigen Referenzwerten – alle schlecht sind; auch wenn sich zwischen den schlechten Optionen noch geringfügige Unterschiede ausmachen lassen, so dass eine Person präferieren kann, sollte man nicht sagen, es sei ihre Entscheidung gewesen. Hier ist es tatsächlich sinnvoll, zu sagen, dass eine Person zum bloßen Instrument gemacht wird. Dies gilt jedoch nur, wenn der Handelnde die vorgeschriebenen Optionen selbst als schlecht bewertet. Wird jemand dazu gezwungen, ein Verbrechen zu begehen, das er auch ohne Zwang begehen wollte, so ändert die Präsenz einer externen Durchsetzungsinstanz nichts an seiner oder ihrer Verantwortung.

Wie in Teil B erwähnt, kommt Aristoteles in der „Nikomachischen Ethik" auf den Fall einer Schiffsbesatzung zu sprechen, die im Sturm die Ladung über Bord wirft, um das Boot und sich selbst zu retten. Die Seeleute handeln in einer Zwangslage, aber sie handeln. Solche Handlungen sind nach Aristoteles „gemischt, gleichen aber eher den freiwilligen."[33] Er schränkt ein, dass moralische Akteure, die übermenschlicher Kräfte bedurft hätten, um zu unterlassen, was man nicht tun sollte, nicht getadelt würden.[34]

Eine solche Überlegung läuft aber keineswegs auf eine allgemeine Rechtfertigung der *Ausschlussthese* hinaus; sie besagt vielmehr, dass ein

Untergebener als bloßes Instrument benutzt wird, wenn ihm keine Alternative zum Begehen eines befohlenen Verbrechens offen steht, die zu wählen weniger als übermenschliche Kräfte von ihm erfordert.

*

Von den Beschuldigten ist in Prozessen wegen nationalsozialistischer Verbrechen häufig behauptet worden, dass sie nicht aus freien Stücken, sondern unter äußerem Zwang gehandelt hätten. Richtig ist, dass die Funktionäre des sich auflösenden Nazi-Regimes mit abstruser Härte gegen alle möglichen Formen von ‚Wehrkraftzersetzung' vorgingen.[35] Kleinigkeiten, wie im privaten Gespräch geäußerte Bedenken gegenüber den Verlautbarungen der Propaganda, haben in der Endphase des Kriegs vielen Deutschen das Leben gekostet. Es gibt eine Vielzahl bizarr anmutender Kriegsgerichtsurteile gegen Soldaten, die wenige Stunden vor der ohnehin unabwendbaren Eroberung eines Ortes durch die Alliierten zum Tode verurteilt und dann auch hingerichtet wurden, weil sie sich hatten ergeben wollen.

Vergleichbarer Terror musste offenbar nicht ausgeübt werden, um Menschen dazu zu bringen, sich am Massenmord zu beteiligen. Es gilt als historisch gesichert, dass es nicht mehr als des Mutes bedurfte, offen die eigene Unfähigkeit zu Mordaktionen zu bekennen, um sich persönlich zu entziehen. Es sind keine harten Sanktionen gegen Männer bekannt, die sich einer persönlichen Beteiligung an Verbrechen verweigert haben. Die zusammenfassende Studie zu der Strafverfolgung von NS-Verbrechen von Adalbert Rückerl, dem ehemaligen Leiter der Zentralen Stelle der Landesjustizverwaltungen zur Aufklärung nationalsozialistischer Verbrechen in Ludwigsburg, konstatiert zum Thema Befehlsnotstand:

> „Die Zentrale Stelle ist jedem ihr in einem Ermittlungs- oder Strafverfahren bekannt gewordenen Fall nachgegangen, in dem eine Schädigung an Leib und Leben als Folge der Nichtausführung eines verbrecherischen Befehls schlüssig behauptet worden war. Keiner von ihnen hat sich bestätigt."[36]

Dass niemand hart sanktioniert wurde, weil er sich der Teilnahme an Verbrechen entzog, bedeutet aber nicht unbedingt, dass die Betroffenen sich nicht in dem Glauben an den Verbrechen beteiligten, andernfalls in schwerster Weise bestraft zu werden. Auch diese Sicht ist jedoch mit hoher Wahrscheinlichkeit falsch. In seinem Gutachten für den Frankfurter Auschwitz Prozess von 1964 hält der Historiker Hans Buchheim fest:

„[M]an brauchte nur zuzugeben, was den Tatsachen entsprach: dass man die Nerven nicht hatte, die Massentötungen auszuführen. Ein solches Verhalten ist keine irreale nachträgliche Forderung; es bedurfte allerdings des Mutes einzugestehen, dass man in einen bestimmten Kreis von Menschen mit einer bestimmten Mentalität nicht passe. Die Möglichkeiten, ein solches Eingeständnis einzuleiten, waren gegeben."[37]

Dennoch haben die ‚gewöhnlichen Männer', die zu den Mordaktionen herangezogen wurden, von der Chance, sich zu entziehen, kaum Gebrauch gemacht. Christopher Browning veranschlagt die Zahl der Verweigerer auf zehn, höchstens zwanzig Prozent.[38]

2.4 Was heißt: Eine Tat als eigene wollen?

Nur unter speziellen Umständen agiert ein Befehlsempfänger als bloßes Instrument. Liegen diese Umstände nicht vor, so ist er für eine Verletzung seiner natürlichen Pflichten verantwortlich und handelt – als natürlicher Verbrecher – strafwürdig.

Es gehört zu den Grundsätzen korrektiver Gerechtigkeit, dass die Strafe in einer angemessenen Proportion zu der Schwere der Tat und der individuellen Schuld stehen muss. In diesem Kapitel beschäftige ich mich mit Letzterem. Zur Veranschaulichung beziehe ich mich wieder auf Nazi-Verbrechen.

Die Schuld einer Person hängt nicht nur davon ab, *was* sie tut, sondern auch, mit welcher inneren Einstellung sie es tut. Ich möchte dies die *Einstellungsthese* nennen. Wenn jemand einen anderen bittet, das Fenster zu öffnen, und dieser öffnet tatsächlich (und nur wegen dieser Bitte) das Fenster, so kann man in einem bestimmten Sinne sagen, der Gebetene habe das Öffnen des Fensters nicht als eigene Tat gewollt. Dies meint dann soviel wie: Keine Bitte, kein Öffnen des Fensters (durch den Gebetenen). Der Bittende ist der Impulsgeber, das Aktionszentrum des Vorgangs. Er bleibt zwar passiv, doch geht von ihm das Geschehen aus. Es entspricht seinen Wünschen. Im Kontrast hierzu wird der Gebetene zwar tätig, aber nicht weil ihm an dem durch ihn selbst herbeigeführten Zustand läge. Ihm ist nicht wichtig, dass das Fenster offen ist, sondern dass er einer Bitte gerecht wird. Wäre er gebeten worden, ein Glas Wasser zu holen, so hätte er *dies* getan.

Andererseits hat natürlich der Gebetene, indem er das Fenster öffnete, das Öffnen als eigene Tat wollen müssen, sonst hätte *er* es nicht geöffnet. Existentialistische Autoren haben diesen Punkt mit Recht stark strapaziert.

Dennoch bleibt bestehen, dass jemand Bitten und Befehlen Folge leisten kann, ohne dass dies eine Pro-Einstellung zum propositionalen Gehalt der Bitte oder des Befehls zum Ausdruck bringt. Dies liegt daran, dass die Bitte das Bewirken eines Sachverhalts in spezifischer Weise mit anderen Sachverhalten verknüpft. Wenn jemand gebeten wird, das Fenster zu öffnen, so fragt sich für ihn nicht nur, ob er will, dass das Fenster offen steht, sondern auch, ob er die Bitte erfüllen möchte. Letzteres entscheidet sich aber nicht ausschließlich über seine Einstellung zu Ersterem. Er kann die Bitte erfüllen wollen und auch erfüllen, obwohl er entschieden dagegen ist, dass das Fenster offen steht. Dies wird dann der Fall sein, wenn die Konsequenzen der Nichterfüllung der Bitte als so negativ bewertet werden, dass dies die Abneigung gegen ein offenes Fenster und den damit verbundenen Aufwand überwiegt.

Personen sind in der Lage, Wünsche wahr zu machen, zu deren propositionalem Gehalt sie eine Kontra-Einstellung haben.

Dies ist relevant für die moralische Bewertung einer Person, die eine Bitte erfüllt. Wenn der propositionale Gehalt der Bitte moralisch schlecht ist, wird man es moralisch falsch nennen, die Bitte zu erfüllen. Hat der Gebetene eine Kontra-Einstellung hinsichtlich des propositionalen Gehalts der Bitte, erfüllt sie aber dennoch, so ist sein moralischer Fehler jedoch weniger gravierend als wenn er moralisch falsch handeln *und* das moralisch Schlechte gutheißen würde. Insofern kann man sagen, dass jemand, der nur aufgrund eines moralisch falschen Befehls oder einer verwerflichen Bitte tätig wird und eine Kontra-Einstellung zu den entsprechenden Gehalten hat, weniger Schuld trägt als eine Person, die den Befehl oder die Bitte aus vollem Herzen unterstützt.

Aus den dargelegten Gründen halte ich die *Einstellungsthese* für überzeugend.

2.4.1 Historisches Beispiel: Täter & Gehilfen im Auschwitz-Prozess

Im Dezember 1963 begann in Frankfurt der Prozess gegen 22 Angeklagte, denen verschiedene Verbrechen im nationalsozialistischen Konzentrations- und Vernichtungslager Auschwitz vorgeworfen wurden.[39] Es handelte sich vor allem um Funktionsträger des Lagers, wie Robert Mulka, ehemaliger Adjutant des Lagerkommandanten Rudolf Höß, und Dr. Victor Capesius, ehemals Leiter der Lager-Apotheke; unter den Angeklagten war aber mit Emil Bednarek auch ein ehemaliger Häftling. Rechtliche Grundlage der Anklageerhebung bildete das deutsche Strafrecht. Da nach Art. 103 II GG Gesetze nicht rückwirkend angewendet werden dürfen, postulierte das Gericht – vorangegangener Rechtspraxis folgend –, dass die in Auschwitz begangenen Verbrechen auch im NS-Staat rechtswidrig waren. Diesem Konstrukt zufolge war Adolf Hitler als wichtigster Initiator der Shoa auch nach NS-Recht ein Krimineller. Sein Befehl zur Judenvernichtung verstieß nach Auffassung des Gerichts gegen § 211 Reichsstrafgesetzbuch von 1941 – so wie Himmler, Göring und Heydrich wurde er als Haupttäter eines millionenfachen Mordes gemäß Reichsstrafgesetzbuch angesehen. Die Tatbestandsmerkmale des Mordes, wie niedere Beweggründe, Heimtücke, Grausamkeit oder Ausnutzung der Arg- und Wehrlosigkeit der Opfer wurden für die Beurteilung der Verbrechen in Auschwitz übernommen.

Der strafrechtliche Schuldbegriff verlangt die Schuldfähigkeit einer Person; sie muss in der Lage sein, das Unrecht ihres Tuns einzusehen, und davon ablassen können. Für die Beurteilung der Taten in Auschwitz war daher zu klären, ob die Angeklagten wussten, dass sie auch nach NS-Recht in Massenmord verwickelt waren, und ob sie die Möglichkeit hatten, sich dieser Verwicklung zu entziehen. Das Gericht ging davon aus, dass die Haupttäter der Shoa sich bewusst waren, dass sie auch vor dem nationalsozialistischen Gesetz schuldig waren.

Warum die juristische Fiktion der Prozesse fragwürdig ist, soll an dieser Stelle nur kurz angedeutet werden: Die damaligen Gerichte stützten ihre Ansicht, Hitler hätte nach nationalsozialistischem Recht als Mörder verurteilt werden müssen, auf den Umstand, dass der Befehl zur so genannten Endlösung geheim erteilt worden wäre und daher keine Rechtsgeltung gehabt haben könnte. Die Geheimhaltung muss aber im Rechtsverständnis der entscheidenden Protagonisten des NS-Staates betrachtet werden. Im Hitlerreich galt der ‚Führerwille' als unmittelbar geltendes Recht.[40] Die Staatsanwaltschaften nahmen nicht etwa keine Ermittlung gegen Hitler wegen Mordes auf, weil dessen Machtapparat sie an der Ausübung ihrer Ermittlungspflicht hinderte, sondern weil nach damaligem Verständnis der Justiz auch ein geheimer Führerbefehl Rechtsstatus hatte. So versuchte Reichsjustizminister Gürtner zunächst zu ermitteln, ob ein geheimer Führerbefehl vorliege, als es darum ging, die Rechtmäßigkeit der Ermordung von Zehntausenden von Menschen im Rahmen der so genannten Euthanasieaktion zu beurteilen. Einen Vormundschaftsrichter namens Kreyßig, der gegen den Massenmord vorging, belehrte er, wer den Willen des Führers nicht als Rechtsquelle erkenne, könne nicht Richter sein. Kreyßig wurde daher in den Ruhestand versetzt.[41]

Das Frankfurter Gericht differenzierte – der Strafrechtsdogmatik folgend – zwischen unterschiedlichen Beiträgen zum millionenfachen Mord.[42] Täter planen die Tat und kontrollieren das Tatgeschehen, sie üben die vom Recht so genannte Tatherrschaft aus.[43] Vom Täter zu unterscheiden ist der Tatgehilfe, der eine untergeordnete, ausführende Rolle spielt. Die Abgrenzung zwischen Tätern und Gehilfen ist nicht immer unproblematisch. Wichtige rechtliche Aspekte sind in dieser Hinsicht der Umfang der Tatbeteiligung und die Einstellung des Beitragenden zur Tat. In juristischer Diktion heißt es, der Täter sei an einer Tat beteiligt, während der Gehilfe an ihr teilnimmt. Die Haupttäter der Shoa, wie Hitler und Himmler, waren mittelbare Täter; sie führten die Morde nicht selbst aus, sondern bedienten sich Tausender von Mordgehilfen und Mittäter. Das Gericht ging aber davon aus, dass auch Personen außerhalb des Entscheidungszentrums im NS-Staat an der Shoa beteiligt sein, also als Mittäter in Frage kommen konnten. Es hatte daher im Auschwitz-Prozess jeweils festzustellen, ob die Angeklagten an den Mordtaten lediglich teilgenommen hatten oder an ihnen darüber hinaus beteiligt waren. Bloße Gehilfen waren für das Gericht Personen, die auf Befehl mordeten, aber keine eigene Initiative entwickelten. Auch wer Hunderte von wehrlosen Menschen durch Genickschuss getötet hatte, galt nicht als Mittäter der Shoa, sofern er gemäß Vorschrift und nicht aus eigenem Antrieb handelte.[44]

Die Angeklagten konnten hier von einer „extrem-subjektiven" Prüfformel für Täterschaft profitieren, die das Reichsgericht 1940 entwickelt hatte und die auch nach dem Kriege Anwendung fand.[45] Nach der klassischen Formel des Reichsgerichts ist Mittäter, wer einen Beitrag zur Tat mit „Täterwillen" geleistet hat, mit anderen Worten, die Tat „als eigene gewollt hat". Im Jahre 1940 hat das Reichsgericht im „Badewannen Fall" diesen „subjektiven Täterbegriff" verschärft. Die Schwester einer Frau, die ein uneheliches Kind auf die Welt gebracht hatte, ertränkte das Neugeborene, um ihre Schwester vor öffentlicher Schande zu bewahren. Nach damaliger Rechtslage drohte der Schwester die Hinrichtung wegen Mordes. Das Gericht erkannte aber: Auch „wer die Straftat vorsätzlich und eigenhändig ausführe, also selbst begehe, könne als bloßer Gehilfe statt als Täter strafbar sein, nämlich dann, wenn er ohne Täterwillen gehandelt, d.h. die Tat nicht als eigene gewollt habe."[46]

2.4.2 Ursprüngliche und abgeleitete Pro-Einstellung

Diese „extrem-subjektive Auslegung“ könnte man auf die obigen Ausführungen zur *Einstellungsthese* stützen. Zwar will eine Person, die einen Befehl ausführt oder ein Neugeborenes um der Schwesternehre willen tötet, in gewissem Sinne die Tat als eigene, aber sie will diese eigene Tat um einer anderen Person willen. Die Totschlägerin oder Mörderin will die Schwesternehre retten und der Sanitäter in Auschwitz will seine zugewiesenen Aufgaben ausführen und damit dem „Führer“ helfen.

Nach der oben gegebenen Ausdeutung der *Einstellungsthese* ist aber nicht entscheidend, ob eine Person um einer anderen willen handelt oder ob sie durch einen Befehl zum Handeln bewegt wird. Den Ausschlag gibt vielmehr ihre Einstellung zum propositionalen Gehalt des Wunsches.

Der *Einstellungsthese* zufolge ist es nicht angängig, diejenigen, die befehlsgemäß gehandelt haben, grundsätzlich als bloße Gehilfen zu betrachten. Denn auch wer durch andere mittels Befehl zum Handeln veranlasst wird, kann mit einer Pro-Einstellung zu Werke gehen. Es ist dann nicht gerechtfertigt, zu sagen, er habe die Handlung nicht als eigene gewollt. Dies gilt auch dann, wenn er ohne den Befehl nicht zur Tat geschritten wäre. Jemand kann eine Tat als eigene wollen, ohne dass alle Bedingungen für das Zustandekommen dieses Wollens in ihm selbst liegen müssten.

Bereits mehrfach habe ich die *Einstellungsthese* unter Verweis auf die Haltung des Akteurs zum propositionalen Gehalt einer Bitte oder eines Befehls ausgelegt. Abweichend von der Auffassung des Frankfurter Gerichts habe ich argumentiert, ein Untergebener wolle eine Tat als eigene, wenn er eine Pro-Einstellung zum Gehalt des Befehls habe. Ich möchte nun darlegen, was es bedeuten kann, eine solche Pro-Einstellung zu haben.

(i) Im einfachsten Fall liegt sie vor, wenn jemand einen Wunsch hat, dessen propositionaler Gehalt sich mit dem des Befehls deckt. Dies ist der Fall, wenn einer Mordgelüste hat und ihm befohlen wird, zu morden. Es wäre, scheint mir, in einem solchen Fall unangemessen, den Betreffenden bloß als Gehilfen zu betrachten.

(ii) Eine Pro-Einstellung kann sich aber auch ergeben, wenn zunächst kein Wunsch, wie in (i) beschrieben, vorliegt. Nehmen wir an, jemand habe eine Kontra-Einstellung hinsichtlich des Ermordens bestimmter Personen. Dass Personen das Morden bis zum Einsetzen der völligen Abstumpfung als abstoßend empfunden haben, kann jedoch nicht ohne weiteres als Beleg dafür interpretiert werden, dass die Kontra-Einstellung fortbestanden hat. Es ist vielfältig bezeugt, dass die Lagermannschaften und mobilen Erschießungskommandos in bestimmten Hinsichten unter ihrer „schweren Aufgabe" litten, aber zugleich Stolz empfanden, sich ihr gewachsen zu erweisen. Das ‚Leiden an der Aufgabe' kann durchaus Spur einer ursprünglichen Kontra-Einstellung sein. Die Deutung der Geschehnisse und des eigenen Beitrags als sinnvoll und richtig bringt aber eine Pro-Einstellung zum Ausdruck, die dem Leiden den Charakter einer heroischen Selbstüberwindung zuweist. Diese Sichtweise bestärkte Himmler in seiner berüchtigten ‚Posener Rede'.[47]

Für die Beurteilung der ‚wahren Einstellung' einer Person scheinen nun einzelne Charakteristika dieses Einstellungswechsels erheblich. Es wäre einer Person nicht vorzuwerfen, wenn sie Mordbefehle nur unter fortgesetzter Exekutionsdrohung ausführte und dabei ein Prozess kognitiver Dissonanzreduktion abliefe, an dessen Ende sie überzeugt wäre, ihre Tätigkeit wäre richtig und sinnvoll. Die Pro-Einstellung wäre dann auf eine Weise entstanden, die nicht zu urteilen rechtfertigt, der Betreffende habe die Tat als eigene gewollt.

Anders liegt der Fall jedoch bei Personen, bei denen keine „übermenschlichen Kräfte" (Aristoteles) für die Befehlsverweigerung nötig waren, Personen, die nüchtern die nachteiligen Konsequenzen bedachten, die es für sie haben würde, wenn sie sich den Befehlen verweigerten. Zu diesen Nachteilen rechnen sie nicht nur mögliche Sanktionen, sondern auch entgangene Vorteile, wie die Möglichkeit, sich zu bereichern, sadistische Gewalt auszuüben oder sich Rollen anzumaßen.[48]

Anders als der Mechanismus adaptiver Präferenzbildung in einer echten Zwangssituation führt eine reine Nutzenbetrachtung zu einer moralisch vorwerfbaren Pro-Einstellung.

Wenn Leute, die nicht von vornherein aus Überzeugung oder Sadismus morden wollten, in einem Vernichtungslager entdecken, dass ihre Machtposition mit verschiedenen psychischen und materiellen Gratifikationen einhergeht, und sie aufgrund dieser Gratifikationen die Befehle nicht verweigern, so verfügen sie über eine *abgeleitete Pro-Einstellung*.

Sie verhalten sich wie Mörder, die nicht aus Mordlust, sondern aus Gier handeln.

Da das Frankfurter Gericht die subjektive Theorie in extremer Weise auslegte, mussten spezifische Motive nachgewiesen werden, um jemandes Täterstatus' zu behaupten. In der Regel war dies nur möglich, wenn ein Angeklagter ohne Anweisung oder außerhalb seiner umschriebenen Aufgabe getötet hatte. Bereits die Tatsache, dass ein Angeklagter sich einmal gegenüber einer Gefangenen, die er von früher kannte, im gegebenen Rahmen hilfsbereit gezeigt hatte, wurde als Indiz dafür gewertet, dass kein Eifer oder Fanatismus beim Morden vorlag; dies wiederum stützte das Urteil, es sei nicht der Beweis erbracht, der Angeklagte habe die Tötungen selbst gewünscht.[49] Doch diese Auffassung ist merkwürdig. Ihre konsequente Anwendung würde dazu führen, dass ein Mann, der auf Wunsch seiner Geliebten eine Bank ausraubt, nur als Täter gelten könnte, wenn er bei dem Bankraub besonderen Eifer und Fanatismus an den Tag gelegt hätte.

Zusammenfassend möchte ich festhalten: Wenn Nutzenerwägungen das Handeln effektiv bestimmen und ursprüngliche Kontra-Einstellungen zu einem natürlichen Verbrechen überlagern, so kann man von einer abgeleiteten Pro-Einstellung sprechen. Es leuchtet nicht ein, Personen mit abgeleiteten Pro-Einstellungen bezüglich natürlicher Verbrechen als bloße Gehilfen und nicht als Täter zu klassifizieren.

2.5 Eruieren von Einstellungen und Unschuldsvermutung

Hannah Arendt hat die Auffassung vertreten, im Falle der nationalsozialistischen Makrokriminalität müsse unter bestimmten Umständen die Unschuldsvermutung fallengelassen und den Angeklagten zugemutet werden, dass sie ihre Unschuld nachwiesen:

> „‚Massenmord und Beihilfe zum Massenmord' war eine Anklage, die gegen jeden einzelnen SS-Mann, der irgendwann in einem der Vernichtungslager Dienst getan hatte, erhoben werden könnte und sollte, und genau so gegen viele andere, die niemals ein Lager betreten hatten. Von diesem Standpunkt aus, der von der Anklage geteilt wurde, hatte der Zeuge Dr. Heinrich Dürrmayer, ein Anwalt und Hofrat aus Wien, ganz recht, als er auf die Notwendigkeit einer Umkehr des normalen Gerichtsverfahrens hinwies – nämlich dass die Angeklagten unter diesen Umständen solange als schuldig gelten sollten, bis sie das Gegenteil bewiesen."[50]

Hinter dieser Forderung nach einer Beweislastumkehr stand folgende Überlegung: In einem Verbrecherstaat, wie Nazi-Deutschland, war die Verletzung natürlicher Rechte kein seltener, isolierter Vorgang, sondern bildete einen Kernbestandteil der Staatlichkeit. Mitgliedern der nationalsozialistischen Massenorganisationen, insbesondere aber Angehörigen der SS und der Gestapo, kann unterstellt werden, dass sie die verbrecherischen Ziele des Regimes in vollem Umfang unterstützten.

Wenn sie in Terror- oder Vernichtungseinrichtungen Dienst getan haben, so begründet die Vermutung, dass das Regime ihre volle Loyalität genoss, die weiter gehende Unterstellung, dass sie über den Charakter dieser Einrichtungen informiert waren und ihn guthießen. Daher kann für den bezeichneten Personenkreis im Gerichtsverfahren vernünftigerweise keine Unschuldsvermutung geltend gemacht werden. Vielmehr haben sie ihre Unschuld plausibel zu machen.

Man kann fragen, welchem Zweck eine solche Beweislastumkehr dienen soll. Um dies zu sehen, muss man sich den Gehalt der Unschuldsvermutung vergegenwärtigen. Sie besagt nicht nur, dass die Anklage den Aufwand tragen muss, um den Nachweis für die Schuld des Angeklagten zu führen; sie stellt zudem an den geführten Nachweis hohe Anforderungen. Der Sachverhalt muss nämlich in einer Weise dargelegt werden, der vernünftige Zweifel an der Schuld der Angeklagten ausschließt. Es gelten somit vor Gericht strengere Anforderungen für die Urteilsbildung als im außergerichtlichen Leben. Hierfür ein Beispiel aus dem Urteil des Stuttgarter Schwurgerichts in einem Verfahren, in dem die Deportation der Württemberger Juden nach Auschwitz, Theresienstadt und Izbica verhandelt wurde: Ein Gestapo-Beamter rügt eine Frau, die verbotenerweise mit Juden Nahrungsmittel gegen teuren Schmuck getauscht hatte, mit den Worten: „Wir tun alles, um diese Bagage wegzubringen, und ihr päppelt sie wieder hoch!" Unter außergerichtlichen Bedingungen würde man aus der Position des Sprechers in Verbindung mit Diktion und Gehalt der Äußerung auf eine antisemitische Einstellung schließen. Das Schwurgericht Stuttgart fand hingegen, dass ein solcher Schluss nicht über jeden vernünftigen Zweifel erhaben sei. Die entsprechende Gegenbehauptung des Angeklagten, er habe sich durch besondere Grobheit vor dem für ihn gefährlichen Verdacht „einer Freundschaft zu Juden" schützen müssen, „war ihm nicht zu widerlegen".[51] Das Beispiel veranschaulicht, warum die Unschuldsvermutung es der Anklage in allen Verfahren wegen nationalsozialistischer Verbrechen sehr schwer gemacht hat, nachzuweisen, dass Angeklagte eine Tat „als eigene gewollt" haben.

Diese Schwierigkeit führte im gerade erwähnten Stuttgarter Fall letztlich auch zu Freisprüchen für die fünf Angeklagten. Drei von ihnen waren Beamte aus dem Stuttgarter Judenreferat der Gestapo, die sich um Personenlisten, die Bestellung von Eisenbahnwagen bei der Reichsbahn und Ähnliches zu kümmern hatten. Da das Gericht sich weder zweifelsfrei überzeugen konnte, dass die Angeklagten von den „Vernichtungsabsichten des RSHA [Reichssicherheitshauptamtes, MS]

Kenntnis" hatten,[52] noch dass sie aus innerer Überzeugung das Verbrechen der Freiheitsberaubung im Amt begingen, sah es von Schuldsprüchen ab. Es kam zu dem Urteil, die Angeklagten hätten „im Notstand des § 52 StGB gehandelt, was ihre Schuld für die von ihnen objektiv begangenen Verbrechen der Beihilfe zur Freiheitsberaubung im Amt ausschließt."[53]

Die Unschuldsvermutung hat eine doppelte Wirkung: Sie bietet Unschuldigen Schutz, sie ermöglicht es aber auch Schuldigen, sich einer gerechten Strafe zu entziehen. Abhängig von den Bewertungen und Wahrscheinlichkeitsschätzungen in Bezug auf beide Möglichkeiten, wird man die Unschuldsvermutung bewerten.

Diejenigen, die, wie Hannah Arendt und der Autor von „Die kalte Amnestie", die Wahrscheinlichkeit, dass viele Schuldige durch die Unschuldsvermutung einer Bestrafung entkommen konnten, als sehr hoch ansetzen, haben dies als Ungerechtigkeit empfunden. Man sollte aber auch sehen, dass die Unschuldsvermutung die Verurteilung Unschuldiger sehr unwahrscheinlich gemacht hat. Es besteht daher ein hoher Grad an Sicherheit, dass die Verurteilten mit Recht verurteilt wurden, ein Sicherheitsgrad, der ohne Unschuldsvermutung nicht bestünde. Dies wirkt sich positiv auf die Wahrnehmung der Legitimität der Verfahren insgesamt aus. Zudem verdankt sich ein nicht geringfügiger Teil unseres historischen Wissens über die Naziverbrechen den hohen Beweisanforderungen der Prozesse. Eben weil die Feststellung, dass eine Person eine bestimmte Funktion ausfüllte, nicht ausreichte, waren die Gerichte genötigt, Behauptungen im Einzelnen zu prüfen. Ohne diesen Zwang gerichtlicher Beweisaufnahme und Argumentation wären unsere Kenntnisse der historischen Vorgänge wesentlich lückenhafter. Zwar wäre auch Wissen gewonnen worden, wenn die Angeklagten die Beweislast für ihre Unschuld hätten tragen müssen; doch hätte man aus diesem Material wohl weniger über das Funktionieren des Vernichtungssystems lernen können.

3 Kooperation, um Schlimmeres zu verhindern

In Kapitel 2 habe ich mich mit Fragen des Täterstatus' in hierarchischen Systemen beschäftigt. Wie beeinflusst die Tatsache, dass Staatsverbrechen von der politischen Gewalt legalisiert oder befohlen wurden, unser Verständnis von Täterschaft? Zunächst habe ich argumentiert, dass Befehlsempfänger in der Regel kein *instrumentum vocale* sind und dass sie unter der natürlichen Pflicht stehen, keine natürlichen Verbrechen zu begehen. Zu bloßen Instrumenten werden sie nur, wenn die Verweigerung von Befehlen „übermenschliche Kraft" (Aristoteles) erforderte. Anschließend habe ich untersucht, wie unterschiedliche Täterrollen abgegrenzt werden können, und zu zeigen unternommen, dass es gerechtfertigt ist, eine Person als Täterin und nicht als bloße Gehilfin zu betrachten, wenn sie eine abgeleitete Pro-Einstellung zu einem natürlichen Verbrechen hat. Zuletzt habe ich dafür plädiert, die Unschuldsvermutung auch bei Systemverbrechen nicht fallen zu lassen.

In dem laufenden Kapitel geht es um die Frage, ob es richtig oder sogar geboten sein kann, sich an historischem Unrecht zu beteiligen, wenn dadurch dessen Ausmaß gelindert werden kann. Ist das Kooperieren bei der Begehung von Staatsverbrechen erlaubt, wenn man dabei das Ziel verfolgt, Schlimmeres zu verhindern?

Die Behauptung, man habe mitgemacht, um das Ausmaß der Verbrechen zu minimieren, war neben dem Anspruch, im Befehlsnotstand gehandelt zu haben, eine der beiden Standardverteidigungen in Prozessen wegen Nazi-Verbrechen. Die Tatsache, dass sie in vielen Fällen völlig unglaubwürdig war, erledigt nicht die Frage, wie das Argument moralisch zu beurteilen wäre, wenn die Behauptung zuträfe. In Unterkapitel 2.5 habe ich für die Unschuldsvermutung geworben. In diesem Sinne möchte ich bezüglich der folgenden Beispiele supponieren, die Angeklagten sagten die Wahrheit, obwohl ich dies persönlich in vielen Fällen für zweifelhaft halte.

Die Beschuldigten stellten sinngemäß ihr Handeln als Ausfluss einer standhaften Verantwortungsethik im weberschen Sinne dar; während eine gesinnungsethische Haltung peinlich darauf achte, sich die Hände nicht schmutzig zu machen, sehe sich der wahrhaft verantwortlich handelnde Mensch in eine unvollkommene Welt hineingestellt, in der sich Schlimmstes nur durch Schlimmes vermeiden lasse.

> „Keine Ethik der Welt", so Max Weber, „kommt um die Tatsache herum, dass die Erreichung ‚guter' Zwecke in zahlreichen Fällen daran gebunden ist, dass man sittlich bedenkliche oder mindestens gefährliche Mittel und die Möglichkeit oder auch die Wahrscheinlichkeit übler Nebenerfolge mit in den Kauf nimmt, und keine Ethik der Welt kann ergeben: wann und in welchem Umfang der ethisch gute Zweck die ethisch gefährlichen Mittel und Nebenerfolge ‚heiligt'. (…) Der Gesinnungsethiker erträgt die ethische Irrationalität der Welt nicht."[1]

Ein konsequentialistisches Verantwortungsverständnis, wie das von Weber, führt womöglich zu einer grundsätzlich anderen Einschätzung der Strafwürdigkeit von Kollaboration mit Verbrecherstaaten als ein deontologisches. Wenn Leute tatsächlich glaubwürdig machen können, dass ihre Mitwirkung an staatlichen Verbrechen das Ziel hatte, Schlimmeres zu verhindern, stellt sich aus konsequentialistischer Sicht die Frage, ob deren Bestrafung nicht Ausdruck der gesinnungsethischen Weigerung ist, die „ethische Irrationalität der Welt" anzuerkennen.[2]

3.1 Kollaboration mit dem Nazi-Regime, um Schlimmeres zu verhindern

Fall I: Der vielleicht bekannteste Fall, in dem die Kollaboration mit dem nationalsozialistischen Regime als Versuch gerechtfertigt wurde, größere Übel abzuwenden, ist der Ernst von Weizsäckers.

Der Vater des späteren Bundespräsidenten Richard von Weizsäcker war von April 1938 bis Frühjahr 1943 Staatssekretär im Außenministerium.[3] Die Anklage gegen ihn im letzten der Nürnberger Prozesse (dem so genannten Wilhelmsstraßen-Prozess) umfasste sieben Punkte; er wurde jedoch nur in einem, wegen der Beteiligung an Verbrechen gegen die Menschlichkeit, schuldig gesprochen. Weizsäcker begründete seinen Verbleib im Außenministerium mit der Hoffnung, die Opposition gegen Hitler durch die Weitergabe von Informationen unterstützten zu können und das Ende des Kriegs zu beschleunigen. Im Lichte dieser Hoffnung habe er in Kauf genommen, dass das Ministerium an dem Versuch der völligen Ausrottung des europäischen Judentums beteiligt war. Wirksamer Widerstand gegen das Regime sei ohne eine Beteiligung an dessen Verbrechen nicht möglich gewesen. Das Tribunal hat diese Behauptung als aufrichtig eingeschätzt, aber ihr die Kraft abgesprochen, sein Handeln zu rechtfertigen. Man dürfe keinen Mord in der Hoffnung unterstützen, das Ende eines mörderischen Regimes schneller herbeizuführen. Das eine sei tatsächlich und konkret, das andere aber ungewiss.[4] Im Einzelnen wurde von Weizsäcker für schuldig befunden, keinen Widerspruch geäußert zu haben, als die SS sich nach der Einstellung des Außenministeriums zur Ausrottung der Juden erkundigte.

Fall II: Der spätere Staatssekretär im Bundeskanzleramt, Hans Globke, hat den maßgeblichen Kommentar zu den so genannten Nürnberger Gesetzen mitverfasst. In einem Interview mit „Die Zeit" erläutert er 1961 seine Beweggründe:

> „Hitlers Stellvertreter Rudolf Heß versuchte, die Wirkung der Nürnberger ‚Rassengesetze' durch harte Durchführungsbestimmungen zu verschärfen. Bei den Verhandlungen über diese Durchführungsbestimmungen vertraten das Innen-,

das Justiz-, das Wehr- und das Wirtschaftsministerium einen maßvolleren Standpunkt als Heß. Heß ließ einen Entwurf vorlegen, nach welchem alle Personen, die auch nur zu einem Viertel jüdischer Abstammung waren, sowie deren ‚arische' Ehegatten als ‚Volljuden' im Sinne der Nürnberger Gesetze zu behandeln gewesen wären. Heß beschränkte seinen Entwurf angesichts des Widerstands, den er fand, auf Personen, die zur Hälfte jüdischer Abstammung waren, und ihre Ehegatten. Aber auch diesen Entwurf habe ich (ich wurde als Personenstandsreferent im Reichsministerium in die Verhandlungen eingeschaltet) so zerpflückt, dass er unter den Tisch fiel. An den übrigen Ausführungsverordnungen zu den Nürnberger Gesetzen war ich nicht beteiligt. Bei den Verhandlungen wurde schließlich ein Kompromiss erzielt, der unter den gegebenen Umständen die beste Lösung brachte, so unbefriedigend sie natürlich an sich auch war. Während der Verhandlungen überraschte mich der Staatssekretär Stuckart mit der Aufforderung, zusammen mit ihm einen einschränkenden Kommentar über die Nürnberger Gesetze zu schreiben. Damit könnte man, so meinte er, den Tendenzen von Rudolf Heß nach einer extensiven Auslegung des Gesetzes entgegenwirken. (…) Nach einer Bedenkzeit erklärte ich mich zur Abfassung des Kommentars bereit. Ich hätte ihn aber nicht geschrieben, hätte ich bereits damals die spätere Entwicklung der ‚Judenfrage' vorausgesehen. Ich habe daher auch keine weitere Auflage herausgegeben. Unter den damaligen Umständen war der Kommentar für viele rassisch diskriminierte Personen ein Schutz. Das haben mir zahlreiche Personen, die von den Nürnberger Gesetzen betroffen waren, bestätigt."[5]

Fall III-A: Im Auschwitz-Prozess von 1963 brachte der Verteidiger des Angeklagten Dr. Capesius, Laternser, folgende Argumentation vor:

„‚Hätte auf der Rampe in Birkenau die Selektion einer durch Befehl bestimmten Anzahl von Arbeitsfähigen nicht stattgefunden, so wäre jeweils der gesamte Transport der Vernichtung anheimgefallen. Die Selektion auf der Rampe führte also in Wahrheit zu einer Verminderung der an sich geplanten und befohlenen Vernichtung. Das Auswählen von Personen, die ins Lager kommen sollten, konnte also eine Beteiligung am Mord nicht sein, weder Beihilfe noch Mittäterschaft, denn die ausgewählten Personen wurden nicht ermordet.' Diesem Standpunkt sei vielleicht entgegenzuhalten, dass der auf der Rampe Tätige dadurch, dass er nicht mehr Angehörige des Transports für das Lager auswählte, den Tod anderer verursacht habe. ‚Ein solcher Standpunkt kann aber nicht zutreffend sein. Einer Entscheidung oder Bestimmung, wer ins Gas geschickt wird, bedurfte es gar nicht mehr, weil diese Entscheidung durch den Befehl Hitlers bereits endgültig getroffen war.' ‚Die der Beihilfe zum Massenmord beschuldigten Selekteure beteiligten sich damit, dass sie Arbeitsfähige der Zahl nach aussuchten, nicht an einem in Gang befindlichen Verbrechen, sondern sie verkleinerten es um die als arbeitsfähig Ausgewählten.'"[6]

Das Gericht wies diese Auslegung der Ereignisse durch die Verteidigung zurück.

Fall III-B: Mehr Erfolg brachte eine ähnliche Verteidigungsstrategie für die Angeklagten Todt und Dr. Thiel. 1939 begann in Deutschland auf Befehl Hitlers die systematische Ermordung von schwer kranken Kindern und Erwachsenen (die so genannte Aktion T-4). Offiziell wurde die Aktion T-4 im August 1941 gestoppt, nachdem – wie geplant – mehr als 70000 Menschen ermordet worden waren. Die Anstaltsleiter setzten das Morden jedoch in eigener Initiative bis Kriegsende fort und töteten weitere 50000 Menschen durch Gas und Giftinjektionen. Die Vernichtungstechnologie in den Konzentrationslagern beruhte im Wesentlichen auf Verfahren, die im Rahmen der Aktion T-4 entwickelt worden waren.[7] Im Sommer 1948 sprach das Landgericht Koblenz die Leiter der Anstalt Scheuern bei Nassau, Hr. Todt und Dr. Thiel, mit folgender Begründung frei: Hätten Todt und Dr. Thiel sich geweigert, sich an der Mordaktion zu beteiligen, hätte man „irgendeinen SS-Führer, eine willfährige Kreatur oder einen der jungen, ihnen ergebenen Ärzte aus dem Nachwuchs der HJ" an die Stelle der Angeklagten gesetzt, wodurch sich die Situation in der Anstalt verschlechtert hätte.

> „Wenn man davon ausgeht, dass etwa 1000 Menschen mit Wissen des Angeklagten in den Tod gegangen sind, während weitere 250 durch Sabotagemaßnahmen gerettet werden konnten, so ergibt dies immerhin einen Satz von 20 % oder anders ausgedrückt, durch das Verhalten des Angeklagten konnte mindestens jeder 5. Mann gerettet werden."[8]

Diese Urteilsbegründung beeinflusste die nachfolgende Rechtsprechung: Nachdem Dr. Alfred Leu in der ersten Instanz aufgrund seiner Verstrickung in die Aktion T-4 von einem bundesdeutschen Gericht wegen Mordes verurteilt worden war, billigte das Revisionsgericht 1953 seinen Taten ‚Sabotagecharakter' zu und verurteilte ihn wegen Totschlags. Leu habe nämlich nur an Tötungen teilgenommen, „um Schlimmeres zu verhindern." Das Gericht kam zu dem Schluss, Leu habe es für geboten gehalten,

> „seine sabotierenden Maßnahmen auch dadurch zu tarnen, dass er entgegen seiner inneren, die Euthanasie ablehnenden Einstellung nach außen den Anschein erweckte, als bejahe er diese von der Staatsführung befohlene Aktion."[9]

Fall IV: Der überzeugte Protestant und Nationalist Kurt Gerstein begrüßt zunächst die Machtübernahme Hitlers, gerät aber wegen der nationalsozialistischen Religionspolitik in Konflikt mit dem Regime. Zwischen 1936 und 1938 wird er mehrfach in Konzentrationslagern interniert. Nachdem seine Schwägerin Anfang 1941 im Zuge der Aktion T-4 ermordet worden war, erklärt er Verwandten und Vertrauten, in die Waffen-SS einzutreten, um Klarheit darüber zu gewinnen, „was an den vielerlei Gerüchten Wahres sei und was eigentlich wirklich in der SS vorgehe."[10] Er wird vor diesem Unterfangen gewarnt, doch den „sehr starken Bedenken, in das Lager der dämonischen Mächte hineinzugehen, begegnete er mit leidenschaftlich bewegter Entschlossenheit."[11] Der studierte Ingenieur und Mediziner bewährt sich bei der SS als Experte für Desinfektionsanlagen für militärische Zwecke und Konzentrationslager.

Posthum stufte die Spruchkammer Tübingen ihn als Belasteten (im Sinne des *Kontrollratsgesetz Nr. 104 zur Befreiung von Nationalsozialismus und Militarismus* vom 05. März 1946) mit folgender Begründung ein:

„Die Bekanntgabe dieser Vernichtungsmaßnahmen an prominente Persönlichkeiten der evangelischen Kirche und an Angehörige der holländischen Widerstandsbewegung mit der Bitte, die Weltöffentlichkeit davon zu unterrichten, sowie die Unbrauchbarmachung von zwei Blausäurelieferungen waren Widerstandshandlungen, die den Betroffenen bei Entdeckung seiner Handlungsweise in höchste Gefahr gebracht hätten. Dieses Verhalten (…) kann jedoch angesichts des entsetzlichen Ausmaßes der vergangenen Verbrechen nicht zu einem völligen Ausschluss seiner Mitverantwortlichkeit führen, sondern nur zu einer milderen Beurteilung beitragen. Man hätte von dem Betroffenen erwarten können, dass er sich nach seinen Erlebnissen im Lager Belzec mit allen Kräften dagegen sträubte, sich zum Handlanger für einen organisierten Massenmord machen zu lassen. Die Kammer ist der Auffassung, dass der Betroffene nicht alles getan hat, was ihm möglich gewesen wäre, und dass er noch andere Mittel und Wege hätte finden können, sich persönlich aus der Aktion herauszuhalten."[12]

Kurt Kiesinger, damals Ministerpräsident von Baden-Württemberg, rehabilitierte Gerstein 1965 als Widerstandskämpfer. Saul Friedländer kommentiert das Urteil der Spruchkammer Tübingen wie folgt:

„Man klagt ihn [Gerstein, MS] an, weil er es nicht wie die große Mehrzahl der ‚guten' Deutschen gemacht hat – ruhig zu warten, bis alle Juden tot waren. Man stellt die ‚Unschuld' derjenigen, die dem Verbrechen passiv zugesehen haben, der ‚Schuld' dessen gegenüber, der, um Widerstand leisten zu können, bis zu einem gewissen Grad mit dem Verbrechen paktieren musste. Dieses Paradox ist jeder Opposition inhärent, die sich von innen gegen ein System wie den Nationalsozialismus richtet. (…) Was aber Gersteins tragischem Schicksal den einzigartigen Charakter und die ungewöhnliche Bedeutung verleiht, ist die völlige Passivität der ‚anderen'. Wenn es in Deutschland Tausende oder auch nur Hunderte von ‚Gersteins' gegeben hätte, von denen die einen versuchten, Giftgaslieferungen heimlich zur Seite zu schaffen, die anderen, Akten verloren gehen zu lassen oder den Bau der Gaskammern zu verzögern (…) dann wären zweifellos Zehntausende von Juden gerettet worden."[13]

3.2 Gerechtfertigte Kollaboration

(i) Beginnen möchte ich meine Diskussion mit dem Fall III-A.

Die Argumentation der Verteidigung macht von dem Gedanken Gebrauch, dass eine Person nur dann für einen Zustand Verantwortung tragen kann, wenn ihr Handeln in Bezug auf das Eintreten dieses Zustands einen Unterschied macht (*Unterschiedsprinzip*).[14] Diejenigen, die aufgrund der Selektion des Angeklagten unmittelbar ermordet wurden, hätte man auch ohne Aussonderung sofort nach Ankunft im Lager umgebracht. Daher sei der SS-Mann für deren Tod nicht verantwortlich. Indem er eine vorgegebene Quote von Arbeitsfähigen ausgelesen habe, habe er deren Leben verlängert.

Strukturell weist der Fall gewisse Ähnlichkeiten mit Bernard Williams' berühmtem Gedankenexperiment von Jim und dem Captain auf.[15] Eine Betrachtung der Parallelen und der Abweichungen beider Situationen ist daher instruktiv.

Manche argumentieren, dass Jim moralisch richtig handelt, wenn er auf das Angebot des Kommandanten eingeht und einen der Gefangenen tötet, um damit die Freilassung der neunzehn Anderen zu erreichen. Aus akt-utilitaristischer Perspektive ergibt sich dieser Schluss aus der Tatsache, dass die Annahme des Vorschlags durch Jim den lokalen Nutzen maximiert. Doch auch aus nicht-konsequentialistischer Sicht kann man zu dem Ergebnis gelangen, dass Jim richtig handelt und kein natürliches Verbrechen begeht, indem er einen Gefangenen zugunsten der anderen tötet. Jims Tat, so der Grundgedanke, stellt keine Verletzung der natürlichen Rechte und keine Instrumentalisierung des Betroffenen dar, wenn sie für den Todeskandidaten zustimmungsfähig ist. Dies ist in zwei Fällen gegeben: (i) Wenn Jim zufällig entscheidet, wen er erschießen wird, so hat jeder Gefangene eine *Ex-ante*-Wahrscheinlichkeit von fünf Prozent durch Jim zu sterben, im Vergleich zu einer Wahrscheinlichkeit von hundert Prozent durch Pedro zu sterben. Daher ist es aus der Perspektive jedes Betroffenen vorzugswürdig, dass Jim das Angebot annimmt. (ii) Wenn der Kommandant Jim vorgibt, welchen Gefangenen er erschießen soll, so wird dieser indifferent sein, ob er durch Jim oder Pedro erschossen wird. Er wird aber präferieren, durch Jim getötet zu werden, wenn dies eine Freilassung der anderen Gefangenen zur Folge hat. *All things considered*, hat er daher Grund, zu befürworten, dass Jim auf den Vorschlag eingeht.

Dass zwischen Tun und Unterlassen ein moralisch relevanter Unterschied besteht, wird hier nicht bestritten. Anders als die akt-utilitaristische Argumentation, beruht die nicht-konsequentialistische Betrachtung nicht auf der Annahme, dass Jim für neunzehn der Morde verantwortlich wäre, wenn er selbst nicht schösse.

Betrachten wir nun die historische Fallvignette: Die Selektion durch den SS-Mann betrifft Menschen, deren Ermordung „beschlossene Sache" ist. Die Erfüllung der ihm zugewiesenen Aufgabe rettet einige vor dem sofortigen Tod. Anders als Jim in Williams' Beispiel, führt der SS-Mann die Tötung nicht eigenhändig durch. Gleichwohl ist er an dem Massenmord offensichtlich beteiligt. Markante Unterschiede zu der von Williams beschriebenen Situation liegen darin, dass der SS-Mann als Befehlsempfänger handelt und ihm kein „außergewöhnliches Privileg" angeboten wird. Die Selektion war Bestandteil eines abgestuften Vernichtungssystems. Wer nicht sofort in die Gaskammer gepfercht wurde, sollte durch „Arbeit vernichtet" werden. Die Behauptung der Verteidigung, es habe sich bei der Selektion um eine Rettungsaktion gehandelt, ist insofern unplausibel. Zumal, hätte der Angeklagte die Selektion nicht durchgeführt, sie von einem anderen übernommen worden wäre. Insofern kann der Angeklagte – anders als Jim – nicht den Verdienst für die „positiven Konsequenzen" der Selektion beanspruchen.

Damit entfällt aber auch die Rechtfertigung für die Beteiligung am organisierten Massenraubmord. Da dem SS-Mann bei der Selektion Quoten vorgegeben waren, hat seine Tätigkeit keinen Einfluss auf die Anzahl der unverzüglich Ermordeten gehabt, sondern lediglich auf deren Identität. Dass die Opfer es vorgezogen haben mögen, für den Tod durch Arbeit anstelle des Todes durch Vergasung selektiert zu werden, bietet keine Grundlage für die Auffassung, das Handeln des SS-Mannes sei – wie das von Jim – für die Opfer zustimmungsfähig und daher moralisch richtig. Denn er agiert als Handlanger des Vernichtungssystems. Mit ihm ist daher keine von außen kommende und unabhängig zu bewertende Handlungsoption verbunden wie bei Jim. Sein Handeln kann daher nicht durch die mutmaßliche Präferenz der Opfer gerechtfertigt werden, dass Selektion stattfinde.

(ii) In *Fall III-B* rechtfertigten die Angeklagten sich mit der Überlegung, dass durch ihre Tätigkeit im Rahmen der Aktion T-$_4$ die Anzahl der Morde reduziert werden konnte. Hätten sie sich der Aufgabe entzogen und „irgendeinem SS-Führer oder einer willfährigen Kreatur" das Feld überlassen, so wären noch mehr Menschen ermordet worden. Wie das Gericht und die Angeklagten die Situation charakterisieren, ähnelt in einigen Hinsichten nicht nur der Jim & Captain-Situation, sondern auch dem ebenfalls von Williams entwickelten George-Gedankenexperiment.[16] In beiden Fällen stellt sich die Frage, ob es geboten ist, den eigenen Idealen zuwiderzuhandeln, um zu verhindern, dass andere diese Ideale in noch stärkerer Weise verletzen. Bernard Williams hat diese Frage im George-Szenario eindeutig verneint. Die persönliche moralische Integrität beruht auf dem Bewusstsein, bestimmte Dinge niemals tun zu wollen und getan zu haben. Verletzt man persönlich die eigenen Ideale, so ist dies in einer Weise unerträglich, wie es die Tatsache, dass andere gegen die eigenen Ideale verstoßen, nicht ist. Dieses Empfinden ist aber keine „self-indulgent squeamishness"; vielmehr ist „our moral relation to the world (...) partly given by such feelings".[17]

Williams Antwort ist attraktiv, hat aber einen Zug ins Dogmatische. Es ist denkbar, dass Leute ein dialektisches Verständnis moralischer Integrität haben: Sie affirmieren ihre Ideale (auf höherer Stufe), indem sie sie negieren, sie negieren ihre Ideale, indem sie sie (auf niederer Stufe) affirmieren.

Die angeklagten Ärzte mögen die Überwindung ihrer spontanen moralischen Abneigung gegen das Töten als Gebot ihres Respekts vor dem Tötungsverbot angesehen haben.

Nehmen wir an, für die betreffenden Anstaltsärzte habe keine Möglichkeit bestanden, die Anzahl der Getöteten unter das geforderte Maß zu reduzieren, ohne ihre Position zu gefährden. Hätte man sie versetzt, so wären sie tatsächlich – wie von ihnen befürchtet – durch eine den Nazis „willfährige Kreatur" substituiert worden, welche die Mordrate noch gesteigert hätte. Die angeklagten Ärzte mussten davon ausgehen, dass diejenigen, an deren Tötung sie beteiligt waren, auch ermordet worden wären, wenn sie selbst sich verweigert hätten (*Norm-Morde*). Gemäß Unterschiedsprinzip sind sie für deren Tod nicht verantwortlich. Darüber hinaus hätte man aber im Fall ihres Abgangs weitere Menschen umgebracht (*Surplus-Morde*): und für deren Tod könnte man sie verantwortlich nennen. Zwar wären sie in die Surplus-Morde nicht selbst verwickelt gewesen, doch hätten sie die voraussehbare Folge ihrer eigenen Entscheidung dargestellt.

Die moralische Frage lautet, ob es moralisch falsch gewesen wäre, hätten sich die Ärzte geweigert, die Norm-Morde zu begehen, und damit die Voraussetzungen der Surplus-Morde geschaffen. Anders gewendet: Wären sie für die Surplus-Morde moralisch verantwortlich gewesen, wenn sie sich nicht an den Norm-Morden beteiligt hätten?

Frances Kamm hat argumentiert, dass in derartigen Entscheidungssituationen eine Rolle spiele, wie das Verhältnis der handelnden Personen bestimmt sei. Kamm meint, dass jemand wie Jim in Williams' Gedankenexperiment als bloßes Werkzeug tätig wird und dass daher die Verantwortung für das Geschehen bei dem Kommandanten bleibt. Wenn ein Anwalt beauftragt wird, moralisch kritikwürdige Verträge aufzusetzen, so betrachtet man seinen Auftraggeber als voll verantwortlich. Die Institution des Autorisierungsverhältnisses ist so ausgestaltet, dass er als bloßes Instrument des Beauftragenden betrachtet wird. Ähnliches gilt, so Kamm, im Fall von Jim. Indem er auf das Angebot des Kommandanten eingeht, handelt er zwar als dessen Gehilfe – anders als beispielsweise ein Literaturagent verfolgt er jedoch nicht die Interessen seines Auftraggebers, sondern will ein größeres Übel vermeiden. Aus diesem Grund ist er nach Kamm nicht für die negativen, wohl aber für die positiven Folgen seines Tuns verantwortlich – sie sind sein moralisches Verdienst.[18]

Anders lägen die Dinge, wenn jemand wie Jim ohne Auftrag handelte. Zur Illustration variiert Kamm das Gedankenexperiment in folgender Weise:

> „Everything is as in *W* [in Williams Gedankenexperiment, MS], except that Captain does not make his offer to Jim, and the Indians themselves are not in a position to ask Jim to shoot. Rather, Jim has an infallible brain-scanning device which tells him that Captain will kill all the Indians unless Jim kills one, in which case Captain will release the other Indians. Captain is inaccessible, and if Jim acts, he will do so without telling Captain or the Indians anything."[19]

Entschließt sich Jim im Kamm-Szenario zu schießen, so handelt er nicht als Gehilfe des Kommandanten und kann die moralische Verantwortung für die negativen Konsequenzen seines Tuns nicht auf jenen abwälzen. Dies erklärt, Kamm zufolge, warum wir hier die Intuition haben, dass Jim seine moralische Reinheit in einer Weise verliert, wie dies im Williams-Szenario nicht geschieht.

Ich möchte diese Position auf Varianten von Fall III-B anwenden:

Williams-Szenario: Bei den angeklagten Ärzten erscheint ein SS-Mann, bietet ihnen die Anstaltsleitung an und weiht sie in die Mordpläne des Regimes ein. Angesichts der angespannten Personallage wolle man die Aufgabe nicht von der SS ausführen lassen. Ihnen sei als Ärzten naturgemäß weniger zuzumuten als Mitgliedern der SS, und so wolle man nicht mehr als Norm-Morde von ihnen verlangen. Sollten sie das Angebot ablehnen, werde es jedoch bedauerlicherweise unvermeidlich, andernorts eingesetzte Kräfte der SS abzustellen. Unter diesen Umständen sei naturgemäß, dass es zu Surplus-Morden kommen werde. Daraufhin bewerben sich die Ärzte erfolgreich um die Stellen, um Schlimmeres zu vermeiden.

Kamm-Szenario: Die angeklagten Ärzte erhalten durch Zufall Einblick in geheime Dokumente, aus denen hervorgeht, dass die Personallage der SS angespannt sei und man unter diesem Aspekt die Besetzung der Stellen mit Externen begrüßen würde. Da diesen weniger zuzumuten sei, wolle man von ihnen nur Norm-Morde verlangen. Finde sich nicht genug Personal, müsse auf SS-Kräfte zurückgegriffen werden, denen dann Surplus-Morde befohlen würden. Daraufhin bewerben sich die Ärzte erfolgreich um die Stellen, um Schlimmeres zu vermeiden.

Es scheint zunächst unplausibel, dass die Art, wie die Ärzte zu ihrem Wissen über die zu erwartenden Konsequenzen einer Weigerung gelangen, einen tiefen Unterschied für die Verantwortungsallokation machen sollte. Doch die Szenarien unterscheiden sich nicht nur hinsichtlich der Art, wie die Handelnden an Informationen gelangen. Im Williams-Szenario erhalten die Ärzte ein Angebot der SS, während sie im Kamm-Szenario aufgrund interner Information die Initiative ergreifen. Im ersten Fall, so könnte man meinen, verbleibt die Verantwortung aufgrund der Beauftragung bei der SS, während sie im zweiten Fall bei den Ärzten liege. Obwohl mir die Schlussfolgerung, die sich mit Kamm ergäbe, nicht einleuchten will (im Beauftragungsfall sind die Ärzte nur für die Vermeidung der Surplus-Morde zu loben, während sie im anderen Fall für die Begehung der Norm-Morde verantwortlich zeichnen), scheint mir richtig, dass die Beziehungen der Personen in derartige Fällen für die moralische Bewertung relevant sind.

Entscheidend ist meiner Auffassung nach nicht, ob der Kontext erlaubt, eine Handlungsweise als Beauftragung zu interpretieren oder nicht – entscheidend ist, welche Pflichten eine Person im Lichte der moralisch relevanten Tatsachen hat.

Zu klären ist, ob der Wunsch, Schlimmeres zu verhindern, die Beteiligung an grauenhaften natürlichen Verbrechen rechtfertigen kann. Meine Antwort beruht auf der Annahme, dass das Bestehen spezieller moralischer Rechte oder Beziehungen zwischen Personen unter bestimmten Bedingungen die Verletzung natürlicher Pflichten legitimieren kann. Die Verletzung natürlicher Pflichten kann gerechtfertigt sein, wenn *(a)* das von der Person *P* im Rahmen eines natürlichen Verbrechens verursachte Teilübel auch eingetreten wäre, wenn sich *P* an dem Verbrechen nicht beteiligt hätte.

(b) durch den Beitrag von *P* zu dem Verbrechen das mit diesem Verbrechen verbundene Gesamtübel geringer ausfällt, als es ausgefallen wäre, wenn *P* nicht zu dem Verbrechen beigetragen hätte.

(c) P zu den Personen, die ohne ihre Mitwirkung von dem Gesamtübel betroffen wären, in einer besonderen moralischen Beziehung steht.

Im hier betrachteten Ärzte-Fall sind die Bedingungen (a) und (b) erfüllt, nicht jedoch (c). Da sie sich auf die Anstaltsleitung erst bewerben wollen, stehen die Ärzte zu den prospektiven Opfern – wie ich annehmen will – in keinem Verhältnis, aus dem diesen gegenüber besondere moralische Verpflichtungen folgen würden. Nur wenn diese Verpflichtungen vorliegen, kann aber die natürliche Pflicht, sich nicht an natürlichen Verbrechen zu beteiligen, übertrumpft werden. Anders ist die Situation zu bewerten, wenn (a) und (b) gegeben sind und die Ärzte bereits die Anstalten geleitet hätten oder aus einem anderen Grund in einem besonderen Verhältnis zu den potentiellen Opfern gestanden hätten. In diesem Fall wären sie den zu rettenden Menschen persönlich verpflichtet, was sie nicht wären, hätten sie die Stelle noch gar nicht angetreten. Ihr Empfinden, für konkrete Menschen verantwortlich zu sein und es ihnen zu schulden, einen Teil von ihnen zu retten, kann die Verletzung von natürlichen Rechten unter Umständen rechtfertigen.

Ob sich dies in dem historischen Fall tatsächlich so verhalten hat, ist höchst fraglich, da den Anstalten, in denen die Morde im Rahmen der Aktion T-$_4$ durchgeführt wurden, aus dem ganzen Land Opfer zugeführt wurden. Die Ärzte standen daher kaum in einem besonderen moralischen Verhältnis zu den Betroffenen. Sie hätten sich daher nicht mit Berufung auf (a) – (c) an dem Massenmord beteiligen können.

Eine analoge Überlegung ist in Fall II (Globke) einschlägig. Die Nürnberger Gesetze stellten natürliche Verbrechen vom Typ II dar, und Globke wäre verpflichtet gewesen, seine Mitarbeit zu verweigern. Da (c) nicht gegeben ist, kann sein Handeln nicht entschuldigt werden.

(iii) In Fall IV (Gerstein) liegt die Situation anders. Hier sind weder (b) noch (c) erfüllt. Weder hat Gersteins Beitrag zu den Verbrechen dazu geführt, dass das Gesamtübel gemindert wurde, noch stand er zu den Opfern in einer besonderen Beziehung. Dennoch erscheint es falsch, sein Tun umstandslos als Mittäterschaft zu qualifizieren, da Gerstein offenbar eine gegen das Regime insgesamt gerichtete subversive Zielsetzung verfolgte und nicht vorrangig die Milderung einzelner Verbrechen anstrebte.

Damit stellt sich aber eine neue Frage: Kann die Beteiligung an natürlichen Verbrechen gerechtfertigt sein, wenn dies dem Ziel dient, ein verbrecherisches Regime insgesamt zu bekämpfen?

Für die Bearbeitung dieser Frage empfiehlt es sich, die Argumentation des Nürnberger Gerichts im Fall von Weizsäcker (Fall I) zu berücksichtigen.[20] Weizsäcker war als Staatssekretär der zweite Mann im Außenministerium und somit mit der Ausführungsplanung der deutschen Angriffskriege in herausgehobener Stellung befasst. Das Gericht wertete aber zu seinen Gunsten, dass er innerhalb des Ministeriums gegen die Kriegspläne erfolglos Opposition betrieb. Diese Erfolglosigkeit hätte gegen ihn ausgelegt werden können, wenn er nicht alles in seiner Macht stehende unternommen hätte, um den Krieg zu verhindern („he did all that lay in his power to frustrate a policy which outwardly he appeared to support").[21] Weil er nachweislich alle ihm zu Gebote stehenden Möglichkeiten zur inneren Opposition nutzte, machte das Gericht ihm seine Mitwirkung an der offiziellen Politik nicht zum Vorwurf („If in fact he so acted, we are not interested in his formal, official declarations, instructions, or interviews with foreign diplomats.").[22]

Das Tribunal wertete, mit anderen Worten, die politisch-administrative Mitwirkung von Weizsäckers aufgrund seiner aktiven innerministeriellen Gegnerschaft nicht als Verbrechensbeteiligung. Ohne solche Gegnerschaft „we would be compelled to the conclusion that he was consciously, even though unwillingly, participating in the plans".[23]

Levinson fasst diese Beurteilung in einer prägnanten Formel zusammen: „Less than substantial participation was treated as no participation at all."[24]

Die Erheblichkeit eines Beitrags wurde mit Blick auf das Vermögen, einen Unterschied zu machen, bestimmt. Hinsichtlich des Angriffskriegs sprach das Gericht dem Angeklagten diese Macht ab, nicht jedoch hinsichtlich der Deportation von Juden aus europäischen Ländern in die Vernichtungslager.[25]

Ich möchte vorschlagen, Levinsons Formel im Lichte des Unterschiedsprinzips zu interpretieren und den *Grundsatz strafwürdiger Verantwortung* entsprechend zu füllen:

Prinzip erlaubter Teilnahme bei Opposition: Verfolgt eine Person aktiv oppositionelle Ziele, so gilt, was andernfalls eine Verbrechensbeteiligung darstellte, nicht als Verbrechensbeteiligung, es sei denn, ihr Beitrag sei gravierend und vergrößere das durch die Verbrechen hervorgebrachte Gesamtübel.

4 Moralische Verantwortung für politische Kumulationsübel

In Teil B habe ich auseinandergesetzt, dass Jaspers die normative Grundlage zur Beurteilung der unterschiedlichen Schuldtypen nicht systematisch darstellt. „Die Schuldfrage" ging davon aus, dass ein Teil der Pflichtverletzungen, derer sich die Deutschen schuldig gemacht hatten, bestraft werden muss, dass es aber zu den Verbrechen niemals ohne „moralische Verfehlungen" der breiten Bevölkerung gekommen wäre. Jaspers betrachtet die moralische Schuld als Voraussetzung der kriminellen, aber im Gegensatz zu dieser nicht als strafwürdig. Die Notwendigkeit einer Unterscheidung zwischen strafwürdiger und nichtstrafwürdiger Schuld leuchtet ein. Doch wie lassen sich die Schuldformen sinnvoll gegeneinander abgrenzen? Im Folgenden möchte ich für diesen Zweck den Begriff des *Kumulationsübels* einführen. Beteiligen sich Personen an der Produktion von Kumulationsübeln, so handeln sie moralisch falsch und unverantwortlich, verdienen aber für dieses moralisch falsche und unverantwortliche Handeln keine Strafe. In die Herbeiführung von Kumulationsübeln involviert zu sein, liegt somit außerhalb der Reichweite des *Grundsatzes strafwürdiger Verantwortung*.

Kumulationsübel: Kumulationsübel sind Übel, die aus den (i) natur- und positivrechtlich erlaubten, (ii) für sich genommen unschädlichen und (iii) unabgestimmten Entscheidungen vieler Personen hervorgehen.

Politisch nenne ich ein Kumulationsübel, wenn das produzierte Übel politischer Natur ist. Der Wahlsieg der NSDAP ist ein Beispiel für ein politisches Kumulationsübel. Millionen von Menschen haben eine für sich genommen unschädliche, rechtlich erlaubte Wahlentscheidung getroffen, aus der das Übel der NS-Herrschaft resultierte.[1]

Die Mitwirkung an einem Kumulationsübel ist aus Sicht dieser Arbeit auch dann falsch zu nennen, wenn sie hinsichtlich späterer Verbrechen keinen Unterschied gemacht hat.

Beiträge zu Kumulationsübeln rechtfertigen die Zuschreibung von moralischer Mitverantwortung.

Eine Person, die die NSDAP gewählt hat, trägt demnach einen Teil der Verantwortung für das Übel der NS-Herrschaft, obwohl die Stimme nur einen Millionenbruchteil des Gesamtergebnisses darstellte und keine Rolle für den Wahlerfolg der Partei spielte.[2] Legt man das *Unterschiedsprinzip* zugrunde, so ist eine solche Sicht unplausibel. Das Prinzip besagt, dass eine Person nur dann für ein Übel verantwortlich sein kann, wenn ihr Handeln für das Eintreten des Übels kausal relevant war. Das Übel der NS-Herrschaft wäre aber auch eingetreten, wenn die betrachtete Wählerin der Partei nicht ihre Stimme gegeben hätte. Wie lässt sich dann behaupten, dass sie für deren Erfolg mitverantwortlich sei?

Wenn die (eine Verantwortungszuschreibung rechtfertigende) Beziehung einer Person zu einem Übel nicht kausaler Art ist, von welcher Art ist sie dann?

In diesem Kapitel möchte ich klären, ob und unter welchen Bedingungen die Mitwirkung bei der Entstehung eines Kumulationsübels (NSDAP-Herrschaft) Grundlage einer individuellen Verantwortungszuschreibung für ein resultierendes Unrecht (Shoa) sein kann.

4.1 Feine metaphysische Unterscheidung

In den Überlegungen zur strafwürdigen Verantwortung hatte ich eine Anwendung des Unterschiedsprinzips in Fällen von reiner Überdetermination durch hinreichende Ursachen abgelehnt. Man könnte hier von einem *Subtraktionstest* sprechen: Eine Person trägt volle Verantwortung für ein kausal überdeterminiertes Übel, wenn ihr Beitrag auch ohne die Beiträge anderer hinreichend gewesen wäre, um das Übel herbeizuführen. Volle Verantwortung ist überdies gegeben, wenn mehrere Personen in koordinierter und willentlicher Weise Handlungen vollziehen, die notwendig sind, um ein Übel herbeizuführen.

Kumulationsübel werden aber durch Teilhandlungen hervorgerufen, die weder hinreichend noch notwendig und willentlich koordiniert sind. Die bisherigen Begründungen für die Zuschreibung von Verantwortung reichen daher nicht aus, zumindest dann nicht, wenn man meint, dass Kumulationsübel eine Ausdehnung der Zuschreibung individueller Verantwortung nötig machen.

Eine Möglichkeit, eine solche Expansion der Verantwortungszuschreibung zu erreichen, bietet sich mit der Aushöhlung des Unterschiedsprinzips. Christopher Kutz hat einen derartigen Vorschlag mit Blick auf die Bombardierung Dresdens vom 13. bis zum 15. Februar

1945 diskutiert und zurückgewiesen.[3] Ich möchte hier von der Frage absehen, ob es sich bei dem Angriff auf Dresden um ein natürliches Verbrechen gehandelt hat. Bejahte man diese Frage, so wäre der *Grundsatz strafwürdiger Verantwortung* einschlägig, dem zufolge eine Person strafwürdig handelt, wenn sie in pflichtwidriger Weise in einer organisationalen Relation zu einem natürlichen Verbrechen steht. Dies wäre im Fall der Besatzungsmitglieder wohl gegeben.

Es geht mir an dieser Stelle – wie gesagt – nur um das von Kutz vorgetragene Argument gegen die Behauptung, die Besatzungsmitglieder trügen trotz Geltung des Unterschiedsprinzips individuelle Verantwortung für die Zerstörung Dresdens. Der kritisierte Gedanke ist folgender: Die Verteidigung eines Besatzungsmitglieds, sein Zutun habe keinen Unterschied für das Eintreten des Übels gemacht, beruhe auf einer zu groben Beschreibung der Ereignisse. Wenn man nämlich sehr fein unterscheide zwischen den Einschlagstellen der Bomberladungen und den von ihnen ausgehenden Zerstörungsverläufen, werde man gewahr, dass genau dieser Brand von Dresden sich nur ereignen konnte, weil genau diese Beteiligten genau diese Entscheidungen getroffen haben. Es sei daher gar nicht wahr, dass jedes einzelne Besatzungsmitglied geltend machen könne, sein Handeln habe keinen Unterschied gemacht für den Brand. Dies gelte nur hinsichtlich des Ereignis-Typs und nicht hinsichtlich des Tokens.[4]

Gegen diesen Rettungsversuch wendet Kutz mit Recht ein, dass die entscheidende Frage nicht sei, ob metaphysisch gesehen ein Unterschied gemacht werden könne zwischen einem Ereignis *E*, zu dem eine Person *P* beitrage, und einem Ereignis *F*, bei dem dies nicht der Fall sei. Entscheidend sei, ob zwischen zwei metaphysisch unterscheidbaren Ereignissen *E* und *F* aufgrund des Handelns von *P* ein normativ relevanter Unterschied bestehe. Und in dieser Hinsicht sei die konsequentialistische Antwort eindeutig: Zwischen *E* und *F* liegt nur dann ein normativ relevanter Unterschied vor, wenn die Menge des Guten in beiden Situationen differiert. Ist die Menge des Guten in *F* größer, so trägt *P* Verantwortung für *E*; annahmegemäß ist aber die Menge des Guten in beiden Situationen gleich, und so ist *P* für *E* – konsequentialistisch betrachtet – weder verantwortlich, noch begeht er einen moralischen Fehler.

Selbst wenn man also zugesteht, dass ein metaphysischer Unterschied zwischen *E* und *F* auszumachen ist, erhält man nicht das gewünschte Resultat einer Versöhnung von Konsequentialismus und erweiterter Verantwortungszuschreibung. Denn wenn zwischen *E* und

F in normativer Hinsicht keine Differenz besteht, so handelt *P* nicht falsch, wenn er an *E* mitwirkt.

Diese Folgerung wird in der konsequentialistischen Literatur durchaus als unliebsam gesehen, und so fehlt es nicht an Versuchen, Verantwortungskonzepte zu entwickeln, die dem Problem kollektiver Verursachung gerecht werden. Frank Jackson schlägt vor, davon auszugehen, dass in bestimmten Fällen Personen kollektiv für ein Übel verantwortlich sein können, ohne dass ihre individuellen Teilhandlungen moralisch falsch wären. Er veranschaulicht dies an dem Beispiel einer dicht befahrenen Straße, auf der alle Teilnehmer zu schnell unterwegs sind. Würde einer das Tempo drosseln, stiege die Gefahr eines Unfalls, so dass es richtig ist, sich dem Tempo anzupassen – da dies für alle gilt, vermindert niemand die Geschwindigkeit. Alle sind daher für die Straßenlage verantwortlich, aber niemand handelt individuell verantwortungslos.

Wollte man Jacksons Konzept nicht-distributiver Kollektivverantwortung auf Kumulationsübel anwenden, so opferte man gerade, worum es einem zu tun ist: eine Verknüpfung von kollektiver Verursachung und individueller Verantwortung. Es scheint doch, dass die NSDAP-Wähler nicht nur kollektiv verantwortlich für den Erfolg der Partei sind, sondern dass sie mit ihrer Wahlentscheidung ihrer je individuellen moralischen Verantwortung nicht gerecht geworden sind.

4.2 Kumulationsübel und natürliche Pflichten

Wer natürliche Pflichten verletzt, handelt moralisch unverantwortlich; doch festzustellen, dass eine Person ihrer moralischen Verantwortung nicht gerecht wird, lässt noch offen, für welche Ereignisse sie verantwortlich zu machen ist. Es ist moralisch falsch und verantwortungslos, eine Partei wie die NSDAP zu wählen – doch trifft es auch zu, dass ein Wähler dieser Gruppierung Mitverantwortung für die Realisierung ihres Programms trägt?

Ich möchte im Folgenden Gründe für eine Bejahung dieser Frage vorlegen, die an das *eingegrenzte Prinzip vorwerfbaren Verhaltens* anknüpft. Dieses Prinzip regelt Fälle der Zuschreibung strafwürdiger Verantwortung in Fällen, in denen (i) die Gruppe *G* derjenigen, die ihre Pflichten verletzt haben, klar umgrenzt ist, (ii) zudem feststeht, dass Mitglieder aus *G* das Übel verursacht haben, aber (iii) der oder die Verursacher nicht individuell bestimmt werden können.

Anders als bei dem eingegrenzten Prinzip, das – wie gesagt – strafwürdige Verantwortung zuschreibt, geht es bei Kumulationsübeln – wie ich behaupten möchte – um die bloße Missbilligung des Verhaltens durch die moralische Gemeinschaft.

Grundlage der Zuschreibung bloßer moralischer Verantwortung ist dem eingegrenzten Prinzip zufolge die Tatsache, dass die vorwerfbaren Handlungen unter bestimmten Umständen mit hoher Wahrscheinlichkeit ein Übel hervorrufen. Die vorwerfbaren Handlungen haben jedoch einen so minimalen Einfluss auf die Wahrscheinlichkeit, mit der ein Kumulationsübel eintritt, dass sie kausal unerheblich sind.

Und dies ist der Grund, warum es nicht gerechtfertigt wäre, Personen für ihren Beitrag zu Kumulationsübeln zu bestrafen: Es fehlt die kausale Erheblichkeit und damit eine geeignete Relation zwischen dem Beitrag und dem Übel. Gerechtfertigt ist dagegen, eine Person moralisch zu tadeln und ihr Folgen moralisch zuzurechnen, obwohl sie keinen signifikanten Beitrag geleistet hat. Wie ist dies zu rechtfertigen?

Eine mögliche Begründung lautet, dass im Beispielfall der NSDAP-Wähler zwar keine signifikante kausale, aber eine intentionale Relation zu einem Übel existiert. Auch wenn man natürlich nicht von jeder Person, die entsprechend gewählt hat, sagen kann, dass sie alle aus der Nazi-Herrschaft resultierenden Übel selbst guthieß, wird man in der Regel unterstellen dürfen, dass sie zumindest den Wahlsieg der NSDAP wollte. Da die Person nicht bloß innerlich gewünscht, sondern in geeigneter Weise gehandelt hat, besteht zwischen ihr und dem Übel eine Beziehung, die eine Zuschreibung moralischer Verantwortung rechtfertigt.

Man könnte hier auf den Einwand stoßen, dass wir eine Person nicht für die NS-Herrschaft moralisch verantwortlich machen würden, die gar nicht gewählt, sondern bloß für den Sieg der Partei gebetet hat; dies, weil dem Beten keine kausale Signifikanz eignet. Genau dies gelte aber auch für das Wählen. Mache man den Betenden nicht moralisch verantwortlich, so sollte man aus demselben Grund auch nicht die Wählenden verantwortlich machen.

Diesem Einwand ist entgegenzuhalten, dass eine bestimmte Anzahl von Wählenden den Erfolg herbeiführen kann, nicht aber – wie ich annehmen möchte – eine bestimmte Anzahl von Betenden. Der entscheidende Punkt ist, ob eine Person eine Art von Handlung vollzieht, die, wenn hinreichend viele andere ebenfalls so handeln, eine bestimmte Wirkung hervorruft oder nicht. Jemand, der nicht wählen geht, sondern für den Erfolg der NSDAP betet, legt zwar eine kritikwürdige

Einstellung an den Tag, er ist jedoch nicht für den Wahlerfolg verantwortlich; denn er leistet weder einen kausal signifikanten Beitrag, noch steht seine Absicht (den Erfolg der Partei fördern) in einer geeigneten Relation zu den Handlungen anderer und den einschlägigen kausalen und rechtlichen Mechanismen des Machterwerbs. Der Wähler hat teil an der Verantwortung für die resultierenden Übel, weil er mit den anderen Wählenden ein gemeinsames Ziel verfolgt.

4.3 Informelle Repräsentanten

Das bisher leitende Beispiel handelt von politischen Kumulationsübeln, die durch gleichartige marginale Handlungen von Individuen innerhalb eines formalen Koordinationsmechanismus produziert werden.

Im Anschluss an Joel Feinberg und Larry May möchte ich im Folgenden einen anderen Typ politischer Kumulationsübel betrachten, der nicht die Gleichartigkeit von Handlungen, sondern von Einstellungen und Werten zur Ursache hat.

Gegen Ende seines einflussreichen Aufsatzes „Collective Responsibility" wirft Joel Feinberg die Frage auf, ob die Angehörigen einer homogenen (Sub-)Kultur kollektiv für Gewalttaten verantwortlich sind, die aus kulturell tief verankerten Haltungen und Wertüberzeugungen resultieren. Er erörtert diese Frage anhand des Beispiels rassistischer Gewalt in den Südstaaten der USA. Bis in die Sechzigerjahre des letzten Jahrhunderts war der amerikanische Süden gekennzeichnet durch Gewalt gegen Afroamerikaner, die ihren extremsten Ausdruck in periodisch stattfindenden Lynchmorden fand. Diese Lynchmorde waren keine isolierten Gewalttaten extremistischer Gruppierungen, sondern fanden – so Feinberg – in der Kultur des amerikanischen Südens fast einhellig Zustimmung und Unterstützung. Feinberg pflichtet Dwight Macdonald bei, der die Lynchmorde als „‚people's actions'" ansieht, „for which the Southern whites bear collective responsibility (because) the brutality (…) is participated in, actively or with passive sympathy, by the entire white community."[5]

Weiße in den Südstaaten, die als ‚outcasts' leben, nimmt Feinberg von diesem Urteil aus. Wer jedoch in Ansehen und materiellem Wohlstand lebe, dem könne vernünftigerweise unterstellt werden, dass er die rassistischen Einstellungen seiner Kultur teile und gutheiße. Entsprechend trage er Verantwortung für Gewalttaten, die aus Einstellungen solcher Art resultieren. „I assume that 99 % of them, having been shaped by the prevailing mores, wholeheartedly approved of these brutalities."[6]

Mir ist es hier um die Frage zu tun, mit welchem Recht man einem beliebigen Mitglied *Q* einer solchen ‚Wertegemeinschaft' Verantwortung für einen Lynchmord zuschreibt, der sich viele Meilen entfernt ereignet und von Menschen begangen wird, zu denen *Q* in keinerlei Kontakt stand, steht oder stehen wird.

Im letzten Unterkapitel 4.2 habe ich ausgeführt, dass ein Individuum für Ereignisse moralisch mitverantwortlich zu sein vermag, auch wenn sein Handeln für dessen Eintreten kausal nicht signifikant ist. Dies ist dann der Fall, wenn das Handeln in geeigneter Relation zum Handeln anderer und zu entsprechenden kausalen und rechtlichen Mechanismen steht. In dem von Feinberg beschriebenen Fall liegen die Dinge jedoch anders. Das Übel ist nicht das Resultat gleichartigen und nach formalen Regeln aggregierten Handelns. Zwischen dem, was der Lynchmob tut, und dem, was *Q* tut, besteht keine kausale oder ‚logische' Beziehung; mit Letzterem meine ich, dass *Q* nicht denselben Typ von Handlung vollzieht, wie die Mitglieder des Mobs, und dass nichts, was er tut, Einfluss hat auf dessen Aktion. *Q* und der Mob handeln weder koordiniert, noch verfolgen sie das gemeinsame Ziel, diese bestimmte Person zu ermorden. Wenn *Q* von dem Lynchmord erfährt, so empfindet er – wollen wir annehmen – eine perverse Genugtuung, aber dessen werden die Mitglieder des Mobs ihrerseits nicht gewahr werden. Es findet somit nichts statt, was sich unter einen noch so weit gedehnten Begriff der Verschwörung oder der kollektiven Planung bringen ließe.

Wie ist dann aber eine Verantwortungszuschreibung an *Q* zu rechtfertigen? Das bloße Gutheißen der Tat aufgrund einer Zeitungsmeldung ist sicherlich nicht ausreichend.

Eine mögliche Antwort auf diese Frage greift Dwight Macdonalds Gedanken auf, es handele sich bei den Lynchmorden im amerikanischen Süden um ‚people's actions'. Zunächst erscheint es abwegig, von kollektiven Handlungen zu sprechen, wenn man feststellen muss, dass Standardbedingungen kollektiver Intentionalität nicht vorliegen. Es besteht kein ‚joint commitment', den Lynchmord zu begehen, und weder beabsichtigt *Q* den Mord, noch kann folglich gemeinsames Wissen über seine Absicht vorliegen.[7]

Wenn aber *Q* und der Mob nicht kollektiv den Mord intendieren, wie könnte es sich dann um eine kollektive Handlung von *Q* und dem

Mob handeln? Hier hilft der Gedanke informeller Repräsentation weiter. Ein offizieller oder formeller Repräsentant besitzt die in geeigneten Verfahren geregelte und übertragene Befugnis, im Namen eines Kollektivs zu sprechen und rechtliche Verbindlichkeiten einzugehen. Ein informeller Repräsentant ist dagegen nicht formell autorisiert worden, sondern wird aufgrund der subjektiven Gewissheit tätig, dass bestimmte Handlungen von den Mitgliedern eines Kollektivs befürwortet werden. Die subjektive Gewissheit des informellen Repräsentanten ergibt sich aus seinem Wissen über die Werte seiner Kultur und über die Einstellungen der Angehörigen dieser Kultur hinsichtlich Handlungen dieser Art.

Informelle Repräsentanten: Wenn eine Person oder eine Gruppe ohne formelle Autorisierung, aber im Vertrauen darauf die Handlung *h* vollzieht, (i) dass *h* von den Angehörigen ihrer Kultur *K* als Ausfluss der kollektiven Werte und Interessen von *K* anerkannt und befürwortet wird, und (ii) wenn sie mit *h* die kollektiven Werte und Interessen tatsächlich fördern will und (iii) die Angehörigen von *K* ihre kollektiven Werte und Interessen durch *h* tatsächlich gefördert sehen und *h* daher gutheißen, so handelt die Person oder Gruppe als informelle Repräsentantin von *K*.
Verantwortung für informelle Repräsentanten: Die Angehörigen von *K* sind für die Handlungen ihrer informellen Repräsentanten verantwortlich.

Die Handlung *h* eines informellen Repräsentanten stellt das Handeln eines Kollektivs *K* dar; und dies ohne geteilte Intention der Mitglieder von *K* bezüglich *h* und – anders als bei formeller Autorisierung – auch ohne eine entsprechende institutionelle Statusfunktion hinsichtlich *h*.

Addendum: Ich möchte hier – angeregt durch Arbeiten von Donald Baxter – eine ‚metaphysische Spekulation' darüber hinzufügen, inwiefern die Handlungen informeller Repräsentanten als ‚people's actions' verstanden werden können.[8] Beginnen wir mit der Behauptung, es gebe Kollektive. Kollektive setzen sich aus Personen zusammen. Nehmen wir an, ein bestimmtes Kollektiv *K* umfasse sechs Personen. Diese sechs können als numerisch distinkt gezählt werden oder als numerisch identisch. Wenn wir uns auf *K* als ein numerisch Identisches beziehen, so behandeln wir die Mitglieder von *K* in dieser Hinsicht ebenfalls als numerisch identisch. Die sechs Mitglieder sind insofern – wenn *K* als Ganzes gezählt wird – numerisch identisch. Wenn wir *K* als Eines und Identisches zählen, dann sind die Mitglieder von *K* lediglich unterscheidbare Aspekte eines Ganzen. Baxter meint nun, dass wir mehrere richtige Möglichkeiten haben, Dinge abzuzählen. Dass *K* sowohl als

Einheit als auch als Sechsheit zu zählen ist, sind zwei Aspekte von *K*.[9] Wenn die Personen in keiner Weise mit *K* identisch wären, dann hätte man sechs Personen und *K*, also sieben Dinge. Will man jedoch sagen, dass *K* aus sechs Personen besteht, so schließt dies ein, dass die sechs, insofern sie identisch sind mit *K*, identisch miteinander sind. Baxter wendet diese Überlegung auf die Beschreibung von Trauer über den Verlust eines Menschen an. Man könne sich durch den Tod eines anderen vermindert fühlen, insofern man mit dem Ganzen identisch ist, das durch jenen Tod vermindert wird.

Angewendet auf unseren Kontext ließe sich auf dieser Grundlage sagen: Handelt eine Person *P*, insofern *P* identisch ist mit *K*, so handelt auch jede andere Person *Q*, insofern *Q* identisch ist mit *K*. *P's* Handlung, insofern *P* identisch ist mit *K*, ist eine Handlung von *K*. Der Punkt der Identität mit anderen Angehörigen von *K* liegt in geteilten Interessen, Sichtweisen, Einstellungen und Werten; und diese sind es auch, die *K* zu einem Ganzen machen, so dass eine Menge von Personen als Aspekte von *K* gezählt werden können.

Auf dieser Basis lässt die Tatsache, dass eine Person *P* als informelle Repräsentantin von *K* handelt, für den Beobachter den Schluss zu, dass *K* und jedes Mitglied von *K* durch *P* handelt. Die Handlung eines informellen Repräsentanten kann so eine ‚people's action' sein.

Diese Spekulation bietet eine denkbare Grundierung für Feinbergs Überlegung, dass nur eine winzig kleine Anzahl von Weißen in den Südstaaten von der Verantwortung für die Rassengewalt auszunehmen sei – diejenigen nämlich, welche die Sitten im Süden ablehnten, ihre Nachbarn verachteten und sich nicht als Südstaatler sahen.[10] Solche Weißen seien gar nicht als Mitglieder der „white Southern community" zu zählen, der Macdonald kollektive Verantwortung zuschreibt. Da aber völlige Entzweiung mit dem eigenen Umfeld in einem Gemeinwesen unwahrscheinlich sei, in dem es nicht verboten sei, den Wohnort zu wechseln, könne man davon ausgehen, dass – von wenigen Ausnahmen abgesehen – alle Weißen in den Südstaaten ein soziales Ganzes bilden und als solches Verantwortung für Rassengewalt tragen.[11]

4.4 Politische Einstellungen als Schadensrisiken

Ähnlich wie Joel Feinberg, hat der amerikanische Philosoph Larry May sich für die Auffassung stark gemacht, dass politisch und kulturell motivierte Gewalttaten nicht als Angelegenheit individueller Devianz betrachtet werden dürfen. May umschreibt seinen Ansatz als ‚sozialen Existentialismus' und führt Jaspers und Sartre als Gewährsmänner an.

Die Anleihen bei den vielleicht wichtigsten Figuren des christlichen (Jaspers) und atheistischen (Sartre) Existentialismus bewegen sich sowohl auf der Ebene der Konklusionen als auch auf der Ebene der Begründungen. Auf der Ebene der Konklusionen, insofern er den Einzugsbereich moralischer Verantwortung beträchtlich erweitert, auf der Ebene der Begründungen, insofern er postuliert, dass Personen, für das, was sie sind, Verantwortung tragen.

Einig mit Jaspers und Sartre fühlt sich May in der Überzeugung, dass individuelle Verantwortung nicht zu beschränken ist auf dasjenige, was eine Person selbst tut oder unmittelbar beeinflusst. Vielmehr müsse auf subtilere Formen der Ein- und Mitwirkung geachtet werden, die scheinbar unschuldiges und manifest kriminelles Handeln miteinander vernetzen. Anders als Feinbergs beruht Mays Analyse nicht auf dem Gedanken informeller Repräsentation, so dass der oben als Beispiel angeführte *Q*, der ein typisches Mitglied der rassistischen Südstaaten-Gesellschaft ist, aber fernab einer konkreten Gewalttat lebt und in keinerlei Wechselwirkung mit den Tätern steht, bei May nicht als mitverantwortlich in Betracht käme.

Mays Überlegung ist folgende: In der westlichen Moralphilosophie der letzten zweihundert Jahre habe der Gedanke dominiert, dass moralisches Lob und moralischer Tadel allein auf die bewussten Absichten eines Individuums gerichtet sein könne. Unbewusste Absichten, charakterliche Merkmale oder Einstellungen wurden aus dem Rechenschaftsbereich des Individuums ausgegliedert, weil man davon ausging, dass sie diese nicht zu kontrollieren vermögen und es ungerecht sei, sie für etwas verantwortlich zu machen, wofür sie nichts könnten. May geht demgegenüber davon aus, dass Individuen ihre Einstellungen zwar nicht wählen, wie sie eine Eissorte wählen, dass sie aber in präreflexiver Weise ihrer Eigenarten innewerden (‚pre-reflective awareness') und dass ihnen dies im Prinzip ermöglicht, ihre Einstellungen zu beeinflussen.[12] Mit Mays Theorie der Voraussetzung für die Zuschreibung von Verantwortung für Einstellungen möchte ich mich im Folgenden nicht befassen. Vielmehr konzentriere ich mich auf seine Gründe dafür, dass Individuen mit bestimmten politischen oder kulturellen Einstellungen Mitverantwortung für Verbrechen tragen können, ohne an ihnen direkt beteiligt zu sein.[13]

Wenn zwei Individuen *A* und *B* völlig unabhängig voneinander handeln und beide wissentlich in Kauf nehmen, dass andere aufgrund ihres Tuns oder Unterlassens Schaden erleiden können; und wenn *A's*

Handeln zu einem Schaden führt, *B's* Handeln jedoch nicht, so hat der Zufall *B* begünstigt und *A* benachteiligt. Es dürfte unstrittig sein, dass *B's* Handeln dennoch als moralisch falsch zu bewerten ist. May geht jedoch einen entscheidenden Schritt weiter: *B* handelt nicht nur falsch, er ist auch für den von *A* verursachten Schaden mitverantwortlich, insofern er durch sein Handeln die Wahrscheinlichkeit für das Eintreten des Schadens erhöht hat.

Zur Veranschaulichung: Unterlassen die Besitzer zweier Anrainergrundstücke, Mayer und Müller, das Schneeschippen, so ist dies mit einer gewissen Gefahr für die Passanten verbunden, auf einem der beiden Grundstücke zu verunglücken. Aus traditioneller Sicht wäre entweder Mayer oder Müller verantwortlich, wenn sich ein Unfall auf ihren Abschnitten ereignet. Dies ignoriert aber die Tatsache, dass beide, Müller und Mayer, dafür verantwortlich sind, dass das individuelle Unfallrisiko des Passanten insgesamt angestiegen ist.

May schließt hieraus:

> „When two people both have increased the likelihood of harm and both are equally knowledgeable that their actions increased the likelihood of harm, then their risky behavior creates a greater likelihood than previously existed that harm will occur, and they should share in the responsibility for the harms that result."[14]

Diesen Grundgedanken wendet May auf die Zuschreibung von Verantwortung für rassistische Gewalttaten an. Ausgangspunkt der Überlegung ist der Begriff der Einstellung, worunter May eine Handlungsdisposition versteht und keine bloßen Meinungen oder Überzeugungen. Ob eine Person eine bestimmte Handlungsdisposition hat, ist durch eine kontrafaktische Verhaltensanalyse zu überprüfen: Wie würde die betreffende Person normalerweise in einer bestimmten Situation agieren? Handlungsdispositionen können mit Risiken für andere verbunden sein, etwa wenn jemand dazu disponiert ist, unachtsam und mit überhöhter Geschwindigkeit Auto zu fahren. May rechnet das Hegen rassistischer Einstellungen in die Gruppe derjenigen Handlungsdispositionen, die Risiken für andere vermehren. So wie der unachtsame Autofahrer die Wahrscheinlichkeit von Unfällen erhöht, so der rassistisch Gesinnte die Wahrscheinlichkeit von rassistischer Gewalt. Wer eine rassistische Einstellung hat, hegt nicht einfach eine Meinung, sondern ist zu bestimmten Handlungen disponiert, wie abfälligen Bemerkungen oder diskriminierenden Entscheidungen. Damit trägt der Rassist zu einem kulturellen Klima bei, in dem das Risiko rassistischer Gewalt höher ist als es ohne eine solche Einstellung wäre.

May präsentiert eine stärkere und eine schwächere Version von Verantwortungszuschreibung, die auf zwei unterschiedlichen Eingrenzungen der relevanten Einstellung beruhen. In der schwächeren Version teilen nach May alle diejenigen Verantwortung für rassistische Gewalt, „who have directly caused harm and those who could directly cause harm but haven't done so yet".[15] Die Verantwortungsteilung wird in dieser Passage auf eine Untergruppe von rassistischen Dispositionen beschränkt, nämlich solche zur Ausübung von Gewalt. Die Intuition ist hier, dass es auf bloßem Zufall beruht, ob ein Gewaltbereiter *X* oder ein Gewaltbereiter *Y* in die Situation kommt, ein Verbrechen zu begehen, dass aber beide gemeinsam die individuelle Wahrscheinlichkeit eines Individuums, Opfer von Gewalt zu werden, erhöht haben, und sie eben deshalb Verantwortung für eine konkrete Gewalttat teilen sollten.

An vielen Stellen vertritt May aber eine schärfere Version von Verantwortungszuschreibung. Hier verlangt er nicht, dass ein Individuum selbst zu einer Gewalttat disponiert wäre, sondern dass seine Einstellung das Handeln von derart Disponierten, also von Gewaltbereiten, wahrscheinlicher macht.

Er nennt als Beispiel Angehörige der Universitätsverwaltung, die rassistische Kommentare machen, obwohl sie wissen, dass sie damit gewaltbereite rassistische Studenten ermuntern.

> „Such a person may be responsible for the harms that occur even though, due to good luck, his own public disapproval was not the act of disapproval that directly provoked the violence."[16]

Auf die Vokabel „provoke" sollte hier nicht zu viel Gewicht gelegt werden. May hat nicht im Auge, was rechtlich „Anstiftung" genannt und als Form der Mittäterschaft qualifiziert wird. Es geht ihm vielmehr darum, dass Leute, insbesondere wenn ihnen ihre Position Ansehen und Autorität verleiht, durch ihre Äußerungen gewaltbereite Individuen enthemmen können. Sie bestätigen deren Weltbild und signalisieren ihnen, dass sie von dieser Seite nicht mit Widerstand oder Missbilligung rechnen müssen.

> „What is important is not any direct causal connection but the fact that these attitudes indirectly contribute to a climate of opinion that makes racially motivated violence more likely."[17]

Trotz offenkundiger Affinitäten, unterscheidet sich Mays Konzept von dem informeller Repräsentation. Der Gedanke einer ‚shared agency' erweitert den Handlungsbegriff über das von engen individualistischen Vorstellungen zugelassene Maß hinaus. Bestimmte Arten von Verbrechen erscheinen so als das Werk vieler Menschen, die gezielt einwirken oder aber nur in Kauf nehmen oder ihre Gleichgültigkeit abzulegen unterlassen. Entscheidend bleibt aber, dass sie durch ihre Einstellung die Wahrscheinlichkeit von Ereignissen beeinflussen. Hier liegt die vielleicht wesentliche Differenz zur informellen Repräsentation, bei der keine – wenn auch indirekte – Mitwirkung verlangt wird, sondern lediglich eine geeignete Relation zum Repräsentanten in Gestalt einer gemeinsamen Zugehörigkeit. Beide Gedanken, ‚shared agency' und informelle Repräsentation, sind mit dem Adäquaten Verantwortungsindividualismus vereinbar.

4.5 Nicht-intendierte politische Kumulationsübel & nicht-distributive Kollektivverantwortung

Die Verantwortung der Wähler einer Partei, die natürliche Verbrechen in ihrem Programm ankündigt, ergibt sich aus ihrem kongruenten Ziel. Die individuelle Stimmabgabe ist gleichsam ein Aspekt, eine Elementarhandlung in der Verfolgung eines übereinstimmenden Wollens. Doch wie steht es mit der Verantwortlichkeit für Kumulationsübel in folgendem Fall? Eine Menge von Leuten lehnt einen bestimmten Zustand (NS-Herrschaft) als Übel ab; die einzelnen Individuen gehen davon aus, dass dieses Übel eintreten wird, wenn sich sehr viele Personen in bestimmter Weise verhalten (nicht wählen gehen); doch diese Einsicht stellt in ihren Augen keinen Handlungsgrund für sie selbst dar, da ihr eigenes Zutun (wählen gehen) nicht beeinflusst, ob das Übel eintritt oder nicht.

Hier ist das politische Kumulationsübel nicht als Erreichen eines kongruenten Ziels beschrieben, sondern – je nach Perspektive – als nicht-intendiertes Ergebnis einer massenhaften Versäumnis oder einer massenhaften Verursachung.[18] Lässt sich sagen, dass eine Menge von Menschen, die ein politisches Kumulationsübel hervorruft, ohne es zu intendieren und ohne intrinsisch falsche Handlungen zu vollziehen, moralische Mitverantwortung für dieses Übel trägt?

Das hier angesprochene Problem wird als eines der kollektiven Untätigkeit und nicht als eines der kollektiven Unterlassung bezeichnet. Wer etwas zu tun unterlässt, hat sich dazu – im Gegensatz zum Untätigen – entschieden. Nicht-intendierte Kumulationsübel ergeben sich jedoch nicht aus der Entscheidung einer Gruppe, sondern aus der Aggregation individueller Entscheidungen. Ohne einen Parteibeschluss oder Ähnliches des Inhalts, dass man die Wahl boykottieren solle, gibt es auf der Gruppenebene keine Entscheidung und daher sollte auch nicht von kollektiver Unterlassung, sondern von kollektiver Untätigkeit gesprochen werden.

Kollektive Untätigkeit wird zumeist mit Blick auf „unstrukturierte Gruppen“ betrachtet, und so möchte ich es im Folgenden auch halten. Man charakterisiert solche Gruppen üblicherweise über das, was ihnen fehlt, wie Entscheidungsverfahren, Hierarchie, definierte Rollen, Solidarität und Ähnliches. Es scheint mir aber besser, sie über die Weise zu bestimmen, in der man dazu kommt, eine Menge von Menschen als untätiges Kollektiv anzusprechen: Unter einer unstrukturierten Gruppe ist eine Menge von Personen zu verstehen, die gemeinsam ein offensichtliches Übel hätten verhindern können, wenn sie sich in geeigneter Weise verhalten hätten.

So ist zum Beispiel die Menge der Gegner der A-Partei, die nicht zur Wahl gegangen sind, eine unstrukturierte Gruppe, wenn sie das Übel einer Herrschaft der A-Partei hätten verhindern können. Die Herrschaft der A-Partei wäre ausgeblieben, wenn alle Individuen ihren Teil gemäß ihrer politischen Präferenzen erbracht hätten. Dies ist nicht geschehen, weil der Aufwand, wählen zu gehen, gemessen an der Bedeutungslosigkeit der eigenen Stimme für das Gesamtergebnis, als zu hoch erschien. Es handelt sich hier um ein klassisches Problem kollektiven Handelns: Das (auch aus individueller Sicht suboptimale) Kumulationsübel resultiert aus einer Menge von Entscheidungen, die aus individueller Sicht den Nutzen maximieren.

Joel Feinberg gibt ein anderes Beispiel für eine unstrukturierte Gruppe: Jesse James hat manche seiner Zugüberfälle alleine durchgeführt. Hätten sich mehrere Mitfahrende ermannt und James angegriffen, so hätte er keine Chance gehabt: „they would have overwhelmed him, disarmed him, and saved their property. Yet they all meekly submitted.“[19]

Feinberg meint, dass in einer derartigen Situation kein einzelnes Individuum verantwortlich wäre, weil jedes einzelne ein beträchtliches Risiko getragen hätte, erschossen zu werden. Doch:

> „There was, after all, a flaw in the way the group of passengers was organized (or unorganized) that made the robbery possible. And the train robbery situation is a model for a thousand crises in the history of our corporate lives.“[20]

Der entscheidende Punkt ist hier, dass – anders als im Wahlbeispiel – die individuellen Kosten, um das Verbrechen zu verhindern, unzumutbar hoch wären, doch dass dies wiederum mit einer mangelhaften Strukturierung der Gruppe zu tun hat, für die unter Umständen die Individuen verantwortlich zu machen sind. Die Zugreisenden sind kollektiv dafür verantwortlich, dass sie sich nicht in einer Weise organisiert haben, die ihnen erlaubt hätte, Jesse James mit zumutbarem individuellem Aufwand zu überwinden.

Dieser Aspekt, also die Notwendigkeit, eine Gruppe zu konstituieren, um ein Übel zu verhindern, kommt vielleicht noch klarer in folgendem Beispiel zur Geltung: Nach einem Unfall müssen Schwerstverletzte geborgen werden. Es ist offensichtlich, dass bis zum Eintreffen der Rettungskräfte zu viel Zeit vergehen wird. Eine Gruppe von Unverletzten ist präsent. Ihnen ist klar: Für die Rettung kommen mehrere Möglichkeiten in Frage, die jeweils koordiniertes Handeln aller Unverletzten voraussetzen. Szenario 1: Die Unverletzten unternehmen nichts. Die Schwerverletzten sterben. Szenario 2: Die Unverletzten können sich nicht einigen, welche Rettungsmöglichkeit sie ergreifen sollen. Es vergeht so viel Zeit, dass die Schwerverletzten das Ende des Rettungsversuchs nicht mehr erleben.

In Szenario 1 & 2 wird man den Unverletzten als Gruppe vorwerfen, nichts unternommen zu haben, um sich als Gruppe in einer Weise zu strukturieren, welche die Rettung der Verletzten erlaubt hätte. Im ersten Szenario kommt es gar nicht erst zum Versuch, koordiniert zu handeln, während im zweiten Szenario nicht gesehen wird, dass das Ergreifen jeder beliebigen Rettungsmöglichkeit besser ist, als nichts (rechtzeitig) zu tun,[21] und dass daher ein einfacher Entscheidungsmechanismus, etwa ein Los, hätte benutzt werden müssen.

Während die Nichtwähler individuell lediglich dafür verantwortlich sind, nicht wählen gegangen zu sein, sind die Unverletzten im obigen Beispiel individuell dafür verantwortlich, sich in geeigneter Weise als entscheidungs- und handlungsfähige Gruppe zu konstituieren.

Einige vertreten die Auffassung, diese individuelle Pflicht, auf die Konstitution einer entscheidungs- und handlungsfähigen Gruppe hinzuwirken, basiere ihrerseits auf einer Pflicht, der die Gruppe als solche unterstehe. Da Sollen Können impliziere und annahmegemäß nur die Gruppe in der Lage sei, das Übel zu verhindern, vermöge auch nur sie primäre Verantwortungsträgerin zu sein. Dass die Gruppe dieser Sicht entsprechend primäre Verantwortungsträgerin ist, hat einerseits zur Folge, dass den Individuen als Gruppenmitgliedern Pflichten erwachsen; andererseits aber auch, dass eine einzelne Person als Gruppenmitglied kollektive Verantwortung für ein Übel mitträgt, selbst wenn sie selbst ihren Teil erbracht hat. Dass sie nichts dafür kann, dass die anderen ihren Part nicht erfüllt haben, führt dieser Auffassung zufolge nicht dazu, dass der Makel von ihr genommen wird, Mitglied einer Gruppe zu sein, die ihrer Verantwortung nicht gerecht geworden ist.[22]

Der Gedanke, dass lose strukturierte Gruppen primäre Verantwortungsträger sind, ist aber nicht unproblematisch, wie David Copp überzeugend argumentiert hat.[23] Nach Virginia Held und Larry May sind solche Gruppen durch das Fehlen einer internen Struktur gekennzeichnet, die koordiniertes kollektives Handeln ermöglichen würde. Sie sind dafür verantwortlich, sich nicht in geeigneter Weise organisiert zu haben, um ein Übel zu verhindern. Doch wie können lose strukturierte Gruppen dafür verantwortlich sein, lose strukturierte Gruppen zu sein, wenn sie sich gerade dadurch auszeichnen, als Gruppe nicht in geforderter Weise über Handlungsfähigkeit zu verfügen? Die Verantwortung, eine unstrukturierte Gruppe in eine strukturierte zu überführen, kann nur bei Instanzen liegen, die handlungsfähig sind, also bei den Mitgliedern der unstrukturierten Gruppe. Der Begriff genuiner kollektiver Verantwortung leistet insofern nicht, wofür er gedacht war. Mit ihm lässt sich keine Erweiterung des Verantwortungsbereichs über den als unzureichend empfundenen individualistischen Rahmen erreichen. Glücklicherweise führt dies aber nicht dazu, dass man notgedrungen wieder auf ein enges individualistisches Konzept zurückgeworfen wird. Vielmehr lässt sich der Verantwortungsindividualismus so erweitern, dass er Phänomene, wie Kumulationsübel, mit abdeckt.[24] Diese Erweiterung geschieht, indem man daran festhält, dass Individuen die primären Träger von Pflichten sind, dass jedoch der Inhalt der individuellen Pflichten das Handeln von Gruppen betreffen kann. Da jedoch Gruppen aus eigensinnigen Individuen bestehen, die von ihrem Urteils- und Entscheidungsvermögen in eigener und vielfach unverfügbarer Weise Gebrauch machen, sind die auf das Gruppenhandeln bezogenen Pflichten von Individuen solche, die lediglich den Versuch und nicht den Erfolg vorschreiben. Wenn die Schwerverletzten, um auf das Beispiel zurück zu kommen, nicht gerettet werden, so hat möglicherweise jedes einzelne Individuum seine Pflichten verletzt – und in diesem Sinne ist es zulässig, zu sagen, dass sie kollektiv verantwortlich sind. Scheitert aber die Rettung, weil – sagen wir – ein Unverletzter unkooperativ ist, so ist es unplausibel und überflüssig, zu behaupten, ein Individuum und darüber hinaus die Gruppe als solche habe ihre Pflichten nicht erfüllt. Jeder Einzelne war verpflichtet, nach Kräften auf die

Konstitution einer handlungsfähigen Gruppe hinzuwirken, aber keiner war verpflichtet, dabei Erfolg zu haben.

Ferner:

Grundsatz individueller moralischer Verantwortung hinsichtlich politischer Kumulationsübel: Resultiert ein politisches Kumulationsübel aus dem Handeln, Unterlassen oder der Untätigkeit einer Vielheit von Personen, so ist jede Person, die dieser Vielheit angehört, verpflichtet, ihren Teil zur Vermeidung dieses politischen Übels zu leisten. Der individuelle Anteil entspricht dem Beitrag, der ausreicht, das politische Übel zu beheben, wenn alle anderen Mitglieder der Vielheit ihren Anteil ebenfalls erbringen. Wird ein Individuum seinen Pflichten zur Verhinderung eines politischen Übels nicht gerecht, so trägt es moralische Mitverantwortung für das resultierende Unrecht.

Teil E: Wiedergutmachende Gerechtigkeit

Zu den am tiefsten verwurzelten moralischen Überzeugungen dürfte gehören, dass man einen angerichteten Schaden nach Möglichkeit wiedergutmachen muss. Ist eine Person für die Schädigung einer anderen verantwortlich, so hat diese ein Recht auf Ent-Schädigung. Das Recht der verletzten Partei umschreibt Sachverhalte, die nicht eintreten sollen; treten sie doch ein, so entstehen Pflichten zur Korrektur. Im Schlusskapitel von „Utilitarianism“ hat John Stuart Mill spekuliert, dass unser Gerechtigkeitssinn eine durch Empathie und Selbstinteresse sublimierte Form des animalischen Rachebedürfnisses darstelle,[1] das seinerseits eine Schutzfunktion hinsichtlich der Grundlagen unserer Existenz habe:

> „(…) the thirst for retaliation (…) derives its intensity as well as its moral justification from the extraordinarily important and impressive kind of utility which is concerned. The interest involved is that of security, to every one's feelings the most vital of all interests.“[2]

Menschen können außerordentliche Aggressionen entwickeln, wenn in ihr Leben in einer Weise eingegriffen wird, die sie als ungerechtfertigt ansehen. Moralische Rechte sichern nach Mill diejenigen Güter ab, die für ein gelingendes Leben unabdingbar sind. Zu diesen Grundgütern gehört die Möglichkeit, Erwartungen und Pläne für das eigene Leben zu formulieren. Hierin ist unser tiefes Interesse am Schutz vor privater und politischer Willkür begründet. Insofern die Verfügbarkeit unseres Eigentums und die Verlässlichkeit vertraglicher Absprachen zu den Grundlagen der Planbarkeit unseres Lebens gehören, werden sie durch moralische Rechte geschützt.

Mills Spekulation über die Wurzeln unseres Gerechtigkeitsempfindens im animalischen Rachegefühl macht die Intensität unserer moralischen Empörung über ausbleibende Wiedergutmachung und Bestrafung von Aggressoren verständlich; sie erklärt auch, warum Wiedergutmachung etwas ist, was wir zuvörderst von dem Schädiger erwarten. Die Empörung über eine Verletzung richtet sich gegen den Angreifer und steht Affekten, wie der Trauer über den Verlust, häufig in nichts nach. Sie besteht oftmals sogar noch fort, wenn die materiellen Folgen bereits längst behoben sind.

Forderungen nach wiedergutmachender Gerechtigkeit haben daher eine zweifach persönliche Dimension. Sie basieren zum einen auf der Verletzung von moralischen (natürlichen) Rechten, eine Verletzung, die den Kern der Person angreift. Persönlich ist wiedergutmachende Gerechtigkeit aber auch, insofern die Forderung gegen den oder die für die Schädigung Verantwortlichen gerichtet ist. Wiedergutmachung wird nicht von irgendeiner leistungsfähigen Instanz, sondern in erster Linie vom Aggressor erwartet. Diese Vorüberlegungen möchte ich in folgender Formel zusammenfassen:

Grundintuition wiedergutmachender Gerechtigkeit: Die Wiedergutmachung von Unrecht ist eine durch die persönlich Verantwortlichen gegenüber den Opfern zu erfüllende Pro-tanto-Pflicht.

Ich habe in dieser Arbeit historisches Unrecht als nach Art und Ausmaß gravierende natürliche Verbrechen mit politischem Charakter definiert. Die materiellen Schädigungen durch historisches Unrecht sind in der Regel immens, häufig weit jenseits dessen, was der Aggressor leisten kann. Denn Unrecht ist oftmals, vielleicht sogar typischerweise, ein Negativsummenspiel.

Wiedergutmachungsdebatten werden häufig sehr emotional geführt, weil materiell viel auf dem Spiel steht. Doch auch der doppelt persönliche Charakter wiedergutmachender Gerechtigkeit trägt einen guten Teil dazu bei, die politischen Auseinandersetzungen über Reparationen oder Restitutionen mit Affekt aufzuladen. Denn es geht bei der Wiedergutmachung in erster Linie um das Verhältnis von Opfern und Tätern.

Wenn im politischen Raum über Reparationen und Restitutionen gestritten wird, ist aber oftmals Unrecht Gegenstand, dessen persönliche Opfer und Verantwortliche verstorben sind, zum Teil bereits seit vielen Jahrzehnten. Die in der philosophischen Literatur am häufigsten erörterten Fälle dieser Art betreffen Sklaverei-Reparationen für die afroamerikanische Bevölkerung und Landforderungen indigener Gemeinschaften. Die entsprechenden Forderungen führen häufig zu Irritationen und Aggressionen, weil einerseits eine moralische Grundintuition bemüht wird, andererseits aber die üblichen Voraussetzungen fehlen: Warum sollten heute lebende Afroamerikaner Anspruch auf Sklaverei-Reparationen haben, wenn sie persönlich dieses Unrecht gar nicht erlitten haben? Warum sollten heute lebende Nicht-Afroamerikaner die entsprechenden Zahlungen leisten, wenn sie persönlich gar kein Unrecht begangen haben? Die *Grundintuition* ist auf diese Fälle – wie es scheint – nicht anwendbar, und dies führt in der politischen Auseinandersetzung nicht selten dazu, dass den entsprechenden Ansprüchen die moralische Grundlage abgesprochen wird. Die Forderung nach Sklaverei-Reparationen – so der Vorwurf – enthält einerseits die unverschämte Anmaßung, ein Opfer zu sein, anderseits aber den nicht minder unverschämten Vorwurf an die Gegenseite, zu den Tätern zu gehören.[3]

Noch in einer anderen Hinsicht greift die *Grundintuition* im politischen Kontext oftmals ins Leere. Sie geht von einem mit spezifischen Rechten und Pflichten verbundenen, besonderen moralischen Verhältnis von persönlich Verantwortlichen und Opfern aus. Doch Reparation oder andere Formen materieller Wiedergutmachung werden in der Regel nicht passgenau erhoben. Das bereits erwähnte *Kontrollratsgesetz Nr. 104 zur Befreiung von Nationalsozialismus und Militarismus* ist in dieser Hinsicht eher eine Ausnahme. Es sah unter anderem die Möglichkeit vor, dass Nazi-Mitläufer dazu verpflichtet werden, einmalige oder laufende Zahlungen in einen Wiedergutmachungsfonds zu leisten. Politische Haftung wurde hier an eine Form der persönlichen Verantwortung gebunden. Doch zumeist werden die Leistungen von Körperschaften eingefordert, und diese bemühen sich typischerweise nicht, in erster Linie die persönlich Verantwortlichen zur Bereitstellung der Mittel zu zwingen.[4]

So wie im Fall der Reparationen für zeitlich lange zurückliegendes Unrecht, ist bei der Leistung von materieller Wiedergutmachung aus allgemeinen Steuermitteln kein offensichtlicher Täter-Opfer-Nexus gegeben.

Die angesprochenen Probleme sind wichtig, und ihre Erörterung wird den Schwerpunkt der nachfolgenden Überlegungen darstellen. Es kommt aber darauf an, sie richtig einzuordnen. Sie beziehen sich auf eine Situation, in der, normativ gesehen, nach ‚zweitbesten Lösungen' gesucht werden muss. Der *Leitsatz wiedergutmachender Gerechtigkeit* lautet (aufbauend auf der *Grundintuition*), dass der Konnex zwischen der persönlichen Verantwortung der Leistenden und der persönlichen Betroffenheit der Empfangenden möglichst eng sein muss.

Wenn persönlich nicht Verantwortliche materielle Wiedergutmachung leisten, so kann dies unter noch näher zu erläuternden Umständen gerechtfertigt sein; aber es ist aus Sicht des *Leitsatzes* oftmals Konsequenz normativer Versäumnisse, die zu tun haben mit der mangelnden politischen Durchsetzbarkeit, Opportunität oder Machbarkeit der gerechtesten Lösung: dass die persönlich Verantwortlichen im Verhältnis ihrer Schuld und Begünstigung die Opfer entschädigen. In Teil D hatte ich zwischen strafwürdiger und (bloß) moralischer Schuld als Typen persönlicher Verantwortung differenziert. Der Kreis der (bloß) moralisch Verantwortlichen ist naturgemäß groß und administrativ kaum nachvollziehbar. Doch die organisationale Relation bietet die Grundlage, Verantwortungsverhältnisse dingfest zu machen. Die von der deutschen Bevölkerung energisch sabotierte Entnazifizierung war ein historisch wohl einzigartiger Versuch,[5] die persönliche Verantwortung der Mitglieder einer großen politischen Gemeinschaft administrativ festzustellen: „nothing fantastic in the prosecution of a few million persons."[6]

Einen ersten wichtigen Schritt zur Lösung der beiden angesprochenen Probleme möchte ich im nächsten Kapitel leisten. Er besteht in der Beobachtung, dass auch künstliche Personen Subjekte von Rechten und Pflichten sein können und dass die Wiedergutmachung historischen Unrechts zu diesen Pflichten oder Rechten zu zählen vermag.

1 *Grundintuition* und politische Verantwortung

Der *Grundintuition* zufolge ist die Wiedergutmachung von Unrecht eine Pflicht der persönlich Verantwortlichen. Im Falle historischen Unrechts liegt nun eine Besonderheit darin, dass in aller Regel Staaten Mitverantwortung für die Geschehnisse tragen. Wie in Kapitel 1.3 von Teil A angesprochen, sind paradigmatische Fälle historischen Unrechts durch die Legalisierung natürlicher Verbrechen gekennzeichnet. Legalisierung kann verschiedene Formen annehmen. Staatliche Stellen können die Taten im Einklang mit dem Gesetz selbst begehen. Natürliche Verbrechen können aber auch legalisiert werden, indem der Staat sein eigenes Recht bricht. Dies war nach Auffassung des Gerichts im Frankfurter Auschwitz-Prozess in Nazi-Deutschland der Fall. Leute wie Himmler waren Mörder im Sinne des zum Tatzeitpunkt geltenden Gesetzes (siehe Teil D, Unterkapitel 2.5). Ihre Morde wurden aber faktisch legalisiert, weil sich keine staatliche Stelle veranlasst sah, gegen sie vorzugehen.

Die Legalisierung von Handlungen kann nicht durch Privatpersonen, sondern nur durch das Handeln und Unterlassen von Funktionsträgern vorgenommen werden. Ob natürliche Verbrechen legalisiert sind oder nicht, entscheidet sich an dem Verhalten der Inhaber legislativer, judikativer oder exekutiver Gewalt. Wie Karl Jaspers prägnant formuliert hatte, sind „Staatsakte zugleich Personalakte. Menschen als einzelne verantworten für sie und haften für sie."[7] Die Vorstellung, dass staatliche Funktionsträger als bloße Darsteller, *actor*, keine *persönliche* Verantwortung tragen, habe ich in Teil D (Unterkapitel 2.1 und 2.2) zurückgewiesen. Doch dies bedeutet nicht, dass die Verantwortung im Persönlichen aufgeht. Wenn die Funktionsträger zu ihrem Handeln autorisiert sind, so handeln sie im Namen des Staates als einer künstlichen Person, und es entsteht durch ihre Akte körperschaftliche (staatliche) Verantwortung.

Genau hier liegt auch der Ansatzpunkt für einen Teil der Lösung der beiden oben angesprochenen Probleme: Reparationsforderungen sind in aller Regel an Körperschaften, zumeist Staaten, adressiert. Einen Staat für verantwortlich zu erklären, impliziert nicht die Behauptung, seine jetzt lebenden Mitglieder oder Funktionsträger trügen persönliche Verantwortung.

Wenn Staaten Subjekte von Rechten und Pflichten sind, wenn sie handeln und Verantwortung tragen können, so legt es sich nahe, die *Grundintuition* analog auf sie zu übertragen. Ich möchte hier von der *erweiterten Grundintuition* sprechen. Die *erweiterte Grundintuition* verlangt, dass die Opfer von historischem Unrecht durch die (mit)verantwortliche Körperschaft kompensiert werden.

Hat beispielsweise ein Land *A* ein Land *B* überfallen und verwüstet, so ist ihr zufolge *A pro tanto* verpflichtet, den angerichteten materiellen Schaden zu berichtigen. Wiedergutmachung besteht nicht lediglich darin, dass ein zu Unrecht bestehender Schaden beseitigt wird. Sie ist in erster Linie die *Pflicht des Aggressors*.[8] Diese intuitive Einschätzung gilt auch, wenn *A* arm ist und das unbeteiligte, aber wohlhabende Land *C* die Schäden mit relativer Leichtigkeit tragen könnte. Bei Unrechtsfolgen wenden wir intuitiv nicht das *Fähigkeitsprinzip* (als einer Ausformung der *task-responsibility*), sondern das der *moralischen Verantwortung* (der *blame-responsibility*) an, um den Kostenträger auszuwählen. Das Fähigkeitsprinzip fragt, wer am besten (Erfüllungsprinzip) oder zu den geringsten relativen Kosten (Kostenprinzip) fähig ist, Abhilfe zu schaffen. Dabei abstrahiert man von der Frage, wer ‚an einem bestimmten Zustand schuld' sei. Bei der Wiedergutmachung von Unrecht hat das Fähigkeitsprinzip lediglich eine residuale Bedeutung und kommt beispielsweise dann zum Zuge, wenn sich der Aggressor als unfähig erweist, die Opfer schadlos zu halten, oder wenn von der materiellen Wiedergutmachung durch den Aggressor destabilisierende Wirkungen für das Verhältnis zwischen ihm und dem Opfer befürchtet werden.

Um Programme materieller Wiedergutmachung zu finanzieren, beanspruchen Staaten in aller Regel Ressourcen von Leuten, die an dem historischen Unrecht persönlich weder beteiligt waren, noch es verhindern konnten. Es fragt sich daher, ob und unter welchen Umständen im staatlichen Binnenverhältnis zu rechtfertigen ist, wenn ein Staat – der *erweiterten Grundintuition* gemäß – im Außenverhältnis für die Wiedergutmachung eines Unrechts beansprucht wird. Die zwei geläufigsten Antwort lauten: i) Dritte können legitimerweise für die Folgen eines politischen Verbrechens *Q* haftbar gemacht werden, wenn sie über Unrechtsprämien aus *Q* verfügen. Auch wenn eine Person nicht an der Verletzung der natürlichen Rechte anderer beteiligt war, mag sie doch von ihr in einer Weise profitiert haben, die eine Herausgabepflicht dadurch empfangener Vorteile zur Folge hat. ii) Die Zugehörigkeit zu einem politischen Körper ist mit Rechten und Pflichten verbunden. Zu den Pflichten der Bevölkerung gehört, dass die Mitglieder ihren individuellen Anteil beisteuern, damit der Staat seine Obliegenheiten erfüllen kann. Zu diesen gehören solche der Wiedergutmachung. Personen können daher kraft ihrer Zugehörigkeit zu einem Staat verpflichtet sein, sich an der Wiedergutmachung historischen Unrechts *Q* zu beteiligen, auch wenn sie weder Vorteile aus *Q* gezogen haben noch persönlich verantwortlich sind. Vermutlich in diesem Sinn ist zu verstehen, wenn Jaspers in „Die Schuldfrage" dekretiert, ein „Volk haftet für seine Staatlichkeit."[9] Dieses Kapitel beschäftigt sich mit der Rechtfertigung von (ii).

Ob Personen billigerweise für Unrecht haftbar gemacht werden dürfen, das sie weder begangen haben, noch verhindern konnten, fragt sich aber nicht nur mit Blick auf spätere Generationen. Es fragt sich auch in Fällen, in denen Staatsverbrechen ohne Wissen der Bevölkerung oder gegen ihren Willen begangen wurden. Muss die Bevölkerung für Unrecht haften, das auf die Rechnung eines Terrorregimes geht, wenn sie an diesem Unrecht nicht beteiligt war und es auch nicht zu unterbinden vermochte? Die zuletzt aufgeworfene Frage zielt auf die strukturellen Bedingungen staatsbürgerlicher Haftung, während die oben angesprochene Bedingungen intergenerationeller Haftung betrifft. Ich möchte im Folgenden auf der Grundlage einer voluntaristischen Theorie politischer Autorität zeigen, dass die Antworten auf beide Fragen zusammenhängen.

1.1 Strukturelle Bedingungen staatsbürgerlicher Haftung

Die *Grundintuition* hat unter anderem zum Inhalt, dass der Aggressor für die Unrechtskosten aufzukommen hat und nicht das Opfer oder eine dritte Partei. Eine individualistische Skeptikerin könnte sich nun hierauf berufen wollen: Wiedergutmachung ist von den Aggressoren zu leisten und von niemandem sonst. Es ist ungerecht, die gesamte Bürgerschaft oder sogar Nachkommen haftbar zu machen. Sie konnten ebenso wenig etwas für das Unrecht, wie die Opfer oder fremde Völker. In der Pflicht stehen nur diejenigen, die das Unheil angerichtet haben.

Eine solche Beanspruchung der *Grundintuition* durch die Skeptikerin unterschlägt eine präzisierende Bedingung. Die *Grundintuition* spricht von der Pro-tanto-Pflicht der persönlich Verantwortlichen. Sie schließt keineswegs aus, dass die Folgenverantwortung an dritte Parteien übergeht, wenn der Aggressor als Leistungserbringer ausfällt – etwa weil er verstorben oder aus anderen Gründen unfähig ist, das Opfer schadlos zu halten. Mit anderen Worten: Auf ganz allgemeiner Ebene ist daran zu erinnern, dass die Folgenverantwortung keineswegs durchgängig und ausschließlich auf das Verursacherprinzip gestützt ist, wie die individualistische Skepsis dies hier insinuiert. Dass Nichtverursacher die Kosten tragen müssen, ist nichts Ungewöhnliches, und dies nimmt der individualistischen Skepsis ab ovo einiges an Kraft.

Ich möchte hier die radikale anarchistische Variante der individualistischen Skepsis, die grundsätzlich die Legitimität von Zwangsabgaben in Zweifel zieht, außer Acht lassen und mich auf gemäßigte Formen konzentrieren. Ein gemäßigter individualistischer Skeptiker bestreitet nicht die Legitimität jeglicher Form von erzwungenen Abgaben, stellt aber in Abrede, dass die Bürgerschaft für beliebige staatliche Obliegenheiten in der Pflicht steht. Die Staatsbürger müssen, so die These, die reale Chance haben, den staatlichen Entscheidungsprozess zu beeinflussen, wenn man sie für dessen Konsequenzen haften lassen möchte. Dies möchte ich die *Kontrollbedingung* nennen. Die Kontrollbedingung wird getragen von der Intuition, dass ein Kollektiv nicht für

Prozesse verantwortlich ist und gemacht werden soll, für deren Ablauf es keinen Unterschied machen konnte.

Wie lässt sich die Kontrollbedingung konkretisieren und prüfen, ob sie erfüllt ist oder nicht? Zunächst sollte die Bedingung nicht so ausgelegt werden, als fordere sie die durchgängige kollektive Kontrolle von staatlichen Entscheidungen. Angenommen, dass der Abwurf einer Atombombe auf Nagasaki ein Kriegsverbrechen darstellte.[10] Die amerikanische Bevölkerung hat auf die Entscheidung zum Bau und Abwurf der Bombe keinen Einfluss nehmen können, weil beides unter Geheimhaltung stattfand. Sollte man nun, gemäß Kontrollbedingung, sagen, es wäre ungerecht, wenn sie zur Haftung für jenes Verbrechen gezwungen würde? Ich denke, dass nur wenige eine so starke Auslegung der Bedingung favorisieren würden, dass strikte Haftung grundsätzlich ausgeschlossen wäre.

Eine Interpretation der Kontrollbedingung, die strikte Haftung zulässt, prüft nicht, ob die Bevölkerung ein einzelnes Unrecht hätte verhindern können, sondern ob der Staat Formen der Öffentlichkeit und Repräsentation kennt, über welche die Bevölkerung institutionell auf die Politik einwirkt. Rawls' Position in „Das Recht der Völker" geht in diese Richtung: Fehlen Öffentlichkeit und Repräsentation, hat sich der staatliche Gewaltapparat von den Foren öffentlicher Deliberation und Entscheidung gänzlich abgekoppelt, so ist die Kontrollbedingung nicht erfüllt. Die Bevölkerung eines solchen Staates kann nicht für dessen Unrecht haftbar gemacht werden. Da bei Rawls nur wohlgeordnete Völker über angemessene Repräsentations- und Öffentlichkeitsformen verfügen, sind nur sie für Unrecht haftbar.[11] Dieses Resultat ist aber insofern unbefriedigend, als die wohlgeordneten Völker sich nur einen Teil – und wohl nicht den schlimmsten – der insgesamt begangenen Staatsverbrechen (haben) zuschulden kommen lassen.

Eine Bevölkerung kann auch verantwortlich sein, ohne dass sie den politischen Entscheidungsprozess mitgestalten konnte: dann nämlich, wenn sie das Unrecht gutheißt und mit trägt. David Miller gibt auf Grundlage des *Gleichgesinntheitsmodells* (like-minded group model) kollektiver Haftung folgendes Beispiel: In einer vom Volk gestützten Theokratie, in der Entscheidungen von wenigen auf Grund allgemein anerkannter religiöser Werte und Dogmen gefällt werden, kommt es aufgrund eines Regierungsdekrets zum Tod eines vermeintlich Ungläubigen.

> „If the issuing of the decree stems from religious beliefs and practices that are generally adhered to throughout the population, then some share of responsibility falls upon the nation as a whole, even if we want to say that it rests primarily with members of the ruling group."[12]

Grund hierfür ist (i) zum einen, dass Personen sich nicht darauf berufen können, keine andere Wahl gehabt zu haben, wenn die erzwungene Handlung ihren eigenen Wünschen entsprochen hat.[13] Die Möglichkeit, das Eintreten eines Ereignisses zu verhindern und in diesem Sinne Kontrolle über das Geschehen auszuüben, ist insofern keine notwendige Bedingung der Verantwortungszuschreibung; (ii) zum anderen, dass die mehr oder weniger deutlich zum Ausdruck gebrachte Affirmation bestimmter Werte und Dogmen zu einem kulturellen Milieu beiträgt, in dem gewisse soziale Praktiken wahrscheinlicher werden. Auch wenn eine Person persönlich nichts Unrechtes getan hat oder zu verhindern unterließ, unterstützt sie durch ihre Zustimmung indirekt die Täter. Insofern ist es angemessen, ihr Mitverantwortung für das Handeln anderer zuzuschreiben.[14]

Miller legt im Anschluss an Feinberg das Gleichgesinntheitsmodell so aus, dass es rechtfertigt, eine Person zur Folgenverantwortung für Unrecht zu ziehen, gegen das sie sich offen ausgesprochen hat. Denn die Affirmation der allgemeinen Werte und Dogmen einer Kultur (hier: Religion) sowie die Teilhabe an der sozialen Praxis stärkt diese, auch wenn eine Person gegen spezifisches Unrecht (hier: religiös motivierten Mord) opponiert hat.

Millers Begründung für diese Auffassung ist jedoch nicht einleuchtend. Ihm zufolge ergibt sich die Folgenverantwortung des ‚internen Oppositionellen' aus der Tatsache, dass er die zu Unrecht führende Kultur auf anderen Ebenen fördert: indem er die kulturellen Werte im Allgemeinen gutheißt, sie im täglichen Leben mit trägt und die Gemeinschaft vielleicht auch materiell unterstützt.[15] Aber dies scheint eine ungeeignete Begründung dafür zu sein, jemandem Folgenverantwortung für die Folgen von Handlungen zuzuweisen, denen er entgegengetreten ist. Ist weder die Kontrollbedingung erfüllt, noch die Zustimmung eines Teils der Bevölkerung zu einem Unrecht gegeben, so besteht aus individualistischer Perspektive kein (aus dem Gleichgesinntheitsmodell folgender) moralischer Grund, einen gegen das Unrecht opponierenden Teil der Bevölkerung zur Folgenverantwortung zu ziehen. Miller ist jedoch so weit zu folgen, dass Nationen und andere Kollektive für die Folgekosten von staatlichem Unrecht pro tanto verantwortlich zu machen sind, wenn dieses Unrecht ihren Werten und Dogmen entspricht und allgemeine Zustimmung findet. Oppositionelle Gruppen sollte indes – dem *Leitsatz* gemäß – keine Haftpflicht treffen. Ich möchte dies die *Gleichgesinntheitsbedingung* nennen.

Miller führt noch ein zweites Modell für die Zuweisung von Folgenverantwortung an, das er ‚co-operative practice model' nennt. Es besagt, dass Personen für Schäden oder Unrecht pro tanto haften, wenn sie an einer fair strukturierten kooperativen Praxis teilnehmen. Er gibt das Beispiel eines im Kollektiveigentum der Belegschaft befindlichen Unternehmens. Bei einer Sitzung behalten diejenigen die Oberhand, die gegen die Anschaffung einer neuen, umweltschonenden Technologie sind. Auch die Minderheit, die für die Anschaffung war, haftet nach Miller für die resultierende Verschmutzung der Umwelt, denn sie hat teil an einer fair strukturierten, vorteilhaften Kooperationsstruktur – „and so they must also be prepared to carry their share of the costs, in this case the costs that stem from the external impact of the practice".[16]

Das Beispiel ist vielleicht insofern nicht ganz glücklich gewählt, als Haftungsregeln zu den konstitutiven Elementen von Organisationsstrukturen gehören. Die Rechtfertigung des Haftungsregimes in einer (nicht auf Zwangsmitgliedschaft beruhenden) Organisation wird somit durch Zustimmung geleistet. Wenn die Personen *A, B, C* sich zu einer Organisation zusammenschließen, die eine bestimmte Leistung erstellen soll, werden sie zugleich aushandeln, wie die Haftung geregelt sein soll. Die gleichmäßige Haftung aller Mitglieder, von der Miller ausgeht, ist dabei nur eine von mehreren Möglichkeiten. Das geplante Haftungsregime muss den Mitgliedern lediglich als für sie vorteilhaft und für die Organisation sinnvoll erscheinen. Der normativ entscheidende Punkt liegt in der Ex-ante-Zustimmung zu einem Haftungsarrangement. Die Anwendbarkeit einer solchen *Zustimmungsbedingung* auf Staaten steht allerdings in Frage, da Staatsbürger ihre Mitgliedschaft nicht aufkündigen können, wenn sie mit den Haftungsbedingungen nicht einverstanden sind.

Die normative Intuition in Millers Modell kooperativer Praxis zielt entsprechend nicht auf die Zustimmungsbedingung, sondern beruht auf dem vertrauten Gedanken ungerechtfertigter Bereicherung. Auch diejenigen, die für die Anschaffung der umweltschonenden Technologie plädiert haben, profitieren in Millers Beispiel davon, dass sie nicht angeschafft wurde. Dieser Profit rechtfertigt, sie zur Folgenverantwortung zu ziehen. Ich möchte die moralische Intuition hinter dieser Bedingung mit folgendem historischen Beispiel illustrieren:

„Im Hamburger Hafen wurde seit 1941 in riesigen Mengen Hausrat der Juden aus Hamburg, dann aus ganz Deutschland, schließlich aus Westeuropa wöchentlich verkauft oder versteigert: Vor allem die Nachfrage nach Pelzen, Teppichen, Stilmöbeln war groß. Aber auch einfache Textilien, Lampen, Geschirr, Kinderspielzeug wurden hier teilweise zu Schleuderpreisen verkauft. Insgesamt wurden allein im Hamburg während des Krieges 60000 Tonnen Textilien und Mobiliar aus jüdischem Besitz angeboten. Insgesamt waren es mindestens 100.000 Hamburger, die bei Versteigerungen des ‚Judenguts' etwas erwarben. Dass diese Gegenstände Juden gehört hatten, war durchweg bekannt."[17]

Unter der Annahme, dass die angesprochenen Käufer keine Gleichgesinnten waren und die Ermordung der Juden nicht begrüßt haben, stellt sich die Frage, ob sie durch ihr Handeln haftbar geworden sind. Mir scheint dies der Fall zu sein, obwohl sie nicht in den Entscheidungsprozess eingebunden waren und obwohl sie nicht um ihre Zustimmung gebeten wurden und diese (wollen wir hier unterstellen) auch nicht erteilt hätten – allein die Tatsache, dass die Käufer von dem Unrecht profitierten, rechtfertigt, sie pro tanto für die Haftung heranzuziehen, und zwar aufgrund der *Vorteilsbedingung*.

Es sind bislang zwei weitere Bedingungen zur Kontrollbedingung hinzugekommen, die für die Haftung der Staatsbürger einschlägig und hinreichend sind: die Gleichgesinntheits- und die Vorteilsbedingung.

Ich möchte nun noch einmal auf die Zustimmungsbedingung zurückkommen, von der ich oben sagte, sie sei in unserem Zusammenhang irrelevant, weil die Mitgliedschaft in einem Staat in aller Regel nicht auf freiwilligen Entscheidungen beruht. Es steht einem Staatsbürger nicht (mehr) offen, das Land zu verlassen, wenn dieses einen ungerechten Krieg beginnt und ihn einberuft. Er hat nicht die Möglichkeit – wie ein Mitarbeiter in einem Unternehmen –, angesichts der enormen Risiken seine Mitgliedschaft aufzukündigen; er kann nicht mit den Inhabern der Staatsgewalt Haftungsbedingungen aushandeln, unter denen er bereit wäre, an dem Krieg mitzuwirken. Hierzu wird er vielmehr gezwungen – und damit auch in jedes vom Staat, kraft seiner Autorität, später diktierte Haftungsarrangement.

Politische Autorität, also das Recht, zu zwingen, beruht nun aber laut vorherrschender liberaler Tradition, auf einer spezifischen Form von Zustimmung, nämlich der Autorisierung der Staatsgewalt. Eine Autorisierung findet statt, wenn eine Person zustimmt, dass eine andere Person oder Körperschaft in ihrem Namen handelt.

Vor diesem Hintergrund gesehen, besteht der wichtigste Modus, über den die Bevölkerung eines Landes für staatliches Unrecht haftet, darin, dass sie die Inhaber der Staatsgewalt ermächtigt hat, sie zu repräsentieren.

An diese Überlegung knüpft die *Autorisierungsbedingung* an: Ihr zufolge haftet die Bevölkerung pro tanto für staatliches Unrecht, wenn die Staatsorgane durch sie zu ihrem Handeln autorisiert sind. Ich schreibe ‚wenn' und nicht ‚weil', um zum Ausdruck zu bringen, dass nicht ohne weiteres unterstellt werden kann, dass die tatsächliche Staatsgewalt immer schon über Autorität verfügt. Selbst philosophische Anarchisten gestehen aber zu, dass die Staatsgewalt zumindest in bestimmten Hinsichten aufgrund von Autorisierung Autorität genießen kann.[18]

Autorisierung setzt nicht voraus, dass Herrscher und Bevölkerung dieselben kulturellen Werte und Dogmen teilen (Gleichgesinntheitsbedingung) oder dass die staatlichen Stellen den Bevölkerungswillen umsetzen (Kontrollbedingung) oder dass die Bevölkerung besondere Vorteile aus dem Unrecht gezogen hat (Vorteilsbedingung). Die Autorisierung kann in der Ermächtigung per Akklamation zu einem komplexen, abgegrenzten Projekt bestehen, etwa die Eröffnung eines ‚totalen Kriegs', ohne dass die anderen drei Bedingungen gelten müssten.[19]

Zusammenfassend: Die vier genannten Bedingungen betrachte ich je für sich genommen als hinreichend, um von der Haftung der Bevölkerung für das Handeln des Staates auszugehen: Kontroll-, Gleichgesinntheits-, Vorteils-, und Autorisierungsbedingung. Wenn mindestens eine dieser Bedingungen vorliegt, ist die Bevölkerung pro tanto verpflichtet, für Verbrechen des eigenen Staates zu haften.

Doch wann genau soll man die Bedingungen als erfüllt ansehen? Bevölkerungen sind nicht homogen, und daher werden die Bedingungen niemals auf alle Mitglieder zutreffen. Nicht alle bejubeln frenetisch die Erklärung des totalen Kriegs; nicht alle profitieren; nicht alle sind gleichgesinnt. Würde man Homogenität verlangen, würden die Bedingungen leer laufen. Daher schlage ich vor, bei der Beurteilung auf das Mehrheitsprinzip aufzubauen. Nach Locke zeichnet sich eine politische Gemeinschaft dadurch aus, dass sie einen Körper bildet, „with a Power to Act as one Body, which is only by the will and determination of the *majority*."[20] Einer politischen Gemeinschaft anzugehören, bedeutet für Locke, den Willen der Mehrheit als verbindlich anzuerkennen. Dieser Gedanke lässt sich auf die Gleichgesinntheitsbedingung übertragen: Die Einstellung der Mehrheit einer politischen Gemeinschaft legt fest, was als die Einstellung der Gemeinschaft gilt. Da es zuweilen schwer sein wird, die Gesinnung einer politischen Gemeinschaft abzuschätzen, die über keine Partizipations- und Kontrollmöglichkeiten verfügt, wird man vielleicht sagen wollen, dass die Bedingung nur dann als erfüllt gelten soll, wenn die Mehrheitsverhältnisse hinreichend sicher zu bestimmen sind. Ich formuliere diesen Punkt tentativ, weil mir nicht offensichtlich scheint, wer hier die Begründungslast tragen soll: Sind die Anforderungen für die Haftungsbedingungen der politischen Gemeinschaft schwer zu erfüllen, so macht dies unwahrscheinlich, dass politische Gemeinschaften ungerechtfertigterweise zu Reparationsleistungen herangezogen werden; jedoch macht es auch wahrscheinlicher, dass die Opfer historischen Unrechts ungerechtfertigterweise nicht entschädigt werden.

Ich möchte diesen Punkt hier nicht weiter vertiefen, sondern mich nun der Frage zuwenden, ob und in welcher Weise Wiedergutmachungspflichten intergenerationell übertragen werden können.

1.2 Bedingungen intergenerationeller Haftung

Eine einfache, aber in ihrer Reichweite allzu beschränkte Lösung des Problems der intergenerationellen Haftung für historisches Unrecht findet sich bei Michael Ridge und Janna Thompson.

Thompson geht davon aus, dass Forderungen nach Wiedergutmachung historischen Unrechts in erster Linie gegen den Staat als Rechtssubjekt gerichtet sind und nur indirekt dessen Mitglieder betreffen. Dass Staaten Rechtssubjekte sind, bedeutet nach geübter Praxis unter anderem, dass sie untereinander oder mit anderen völkerrechtlichen Subjekten langfristige, viele Generationen überdauernde Verbindlichkeiten eingehen können. Dies eröffnet den Staaten und ihren Bürgerschaften erwünschte Handlungsoptionen, wie die durch die Staatsverschuldung ermöglichte Erhöhung der Investitionsrate ohne simultanen Konsumverzicht oder die dauerhafte Regelung territorialer Ansprüche. Es wäre nun aber inkohärent, intergenerationelle Pflichten korrektiver Gerechtigkeit abzulehnen, intergenerationelle Vertragspflichten aber zuzulassen. Wer in Frage stellt, dass der Bürgerschaft eines Staates aufgrund des Handelns früherer Generationen Verpflichtungen entstanden sein können, müsste konsequenterweise alle Formen intergenerationeller staatlicher Verbindlichkeiten in Zweifel ziehen. Umgekehrt gilt: Wenn zugestanden wird, dass Staaten fähig sind, Verträge zu schließen, die viele Generationen gültig sind, dann sollte auch zugestanden werden, dass sich Staaten verpflichtet sehen können, verübtes Unrecht wieder gut zu machen. Wer nicht das Recht von Staaten bestreiten möchte, Sachverhalte über den Zeitraum mehrerer Generationen verbindlich zu regeln, muss zugeben, dass es gerechtfertigt sein kann, von einer Bürgerschaft Wiedergutmachung für Unrecht zu verlangen, welches ihr Staat in der Vergangenheit begangen hat.[21]

Im Völkerrecht werden zwischenstaatliche Verträge als im Prinzip unbegrenzt gültig betrachtet. Entsprechend müsste man sagen: Reparationspflichten vergehen nicht, solange der Staat besteht, der das Unrecht verübt hat.

Zu einem ähnlichen Ergebnis gelangt Michael Ridge. Er ist davon überzeugt, dass Reparationspflichten den Verstorbenen geschuldet werden. Die Erfüllung dieser Pflichten obliegt Körperschaften, insbesondere Staaten. Da Staaten und andere Körperschaften viele Generationen überdauern können, können auch deren Pflichten viele Generationen überdauern. Nach innerhalb der Politikphilosophie verbreiteter Ansicht, sind die Bürgerinnen und Bürger eines hinreichend gerechten und wechselseitig vorteilhaften Staatswesens verpflichtet, sich an die Gesetze zu halten und ihren Teil beizutragen, damit der Staat seinen Obliegenheiten nachkommen kann. Diese körperschaftlichen Pflichten können vor der Geburt aller heute lebenden Staatsbürger entsprungen sein. Dennoch sind die Staatsbürger – qua Mitgliedschaft – ihrerseits verpflichtet, zu ihrer Erfüllung beizutragen.

Die Antworten von Ridge und Thompson sind in ihrer Reichweite beschränkt, weil sie von einer starken körperschaftlichen Kontinuität abhängen, die im Fall der Vereinigten Staaten oder Großbritanniens wohl angenommen werden kann, in zahllosen anderen Fällen historischen Unrechts jedoch nicht.[22] Ein paradigmatischer Problemfall ist Nazi-Deutschland, das im Mai 1945 zu existieren aufhörte.[23] Man wird sich nicht auf die Position einlassen wollen, dass mit dem Nazi-Reich die Reparationspflichten derjenigen untergegangen sind, die Tage zuvor noch seine Bürgerschaft bildeten. Es fragt sich daher, wie es möglich ist, dass Reparationspflichten bei der Bürgerschaft verbleiben, wenn das primäre Verantwortungssubjekt, der Staat, untergegangen ist.

Zudem ist höchst zweifelhaft, ob das auf juristische Konvention und Kohärenz abhebende Argument von Thompson aus philosophischer Sicht befriedigt. Es mag sein, dass die Rechtspraxis davon ausgeht, dass völkerrechtliche Verträge grundsätzlich unbefristet sind. Thompson erwähnt, dass es völkerrechtliche Abmachungen gibt, die seit Jahrhunderten in Kraft sind. Freilich darf man hier zurückfragen, was ‚In-Kraft-Sein' an dieser Stelle genau bedeute. Soll es heißen, dass der Vertrag beachtet werde, weil dies im wechselseitigen Interesse der Parteien liege; oder weil eine wechselseitige moralische Verbindlichkeit bestehe? Wenn Letzteres, so fragt sich, was der Grund dieser moralischen Verbindlichkeit ist. Die Antwort: „Grund der Verbindlichkeit ist der auf unbegrenzte Dauer geschlossene Vertrag zwischen den Parteien", ist dem Bedenken ausgesetzt, dass Staaten nicht in einer Weise über die Zeit identisch sind wie natürliche Personen. Daher ist zu klären, ob der Staat, der die Verbindlichkeit eingegangen ist, mit dem Staat, der sie nun erfüllt, überhaupt identisch ist – oder ob es sich um die freiwillige oder moralisch geforderte Übernahme einer Regelung des Vorgängerstaates handelt.

Wie man es wendet, am Ende stellt sich immer die Frage, warum Verbindlichkeiten, die eine Generation von Staatsbürgern eingegangen sind, für eine spätere moralisch bindend sein sollen. Der Verweis auf die rechtlich geübte Praxis, Staaten als eigenständige, über die Zeit identische Verantwortungssubjekte zu betrachten, reicht letztlich nicht aus, um das Überdauern von Reparationspflichten zu erklären.

Die, wie mir scheint, richtige Antwort auf diese Fragen ist in der Unterscheidung der klassischen Politikphilosophie zwischen dem Staat und der politischen Gemeinschaft angelegt. Arbeitet man mit dieser Unterscheidung, so ist die Rede vom Staat als dem primären Verantwortungssubjekt ungenau. Der Staat handelt, dem klassischen Ansatz zufolge, als autorisiertes Organ der politischen Gemeinschaft – die Primärverantwortung liegt somit nicht bei dem Staat, sondern bei der politischen Gemeinschaft, die durch den Staat handelt.

Diese Sichtweise liefert im Problembeispiel Nazi-Deutschland das intuitiv richtige Ergebnis: Der Untergang des Nazi-Staates war für die Existenz der Reparationspflichten unerheblich, da die politische Gemeinschaft der Deutschen nach wie vor Bestand hatte.

Wenn aber die politische Gemeinschaft primäre Verantwortungsträgerin ist, so ist die Auffassung von Ridge und Thompson, dass Reparationspflichten so lange wie der betreffende Staat Bestand haben, mit einem Fragezeichen zu versehen. Denn die politische Gemeinschaft könnte sowohl kurz- als auch langlebiger sein als der Staat.

Das Problem der Persistenz von Wiedergutmachungspflichten wäre demnach so zu stellen: Sind die Generationen von Staatsbürgern in einer Weise zu einer politischen Gemeinschaft verbunden, welche die juristische Identitätsfiktion vom Staat als einer zeitlich unbegrenzten moralischen Person stützt? Oder ist die Einheit der politischen Gemeinschaft durch die abnehmende Überlappung zwischen den Generationen zeitlich notwendigerweise begrenzt?

Ich werde im Folgenden die erste Frage verneinen und die zweite bejahen. In Unterkapitel 1.1 habe ich ausgeführt, dass die Haftung der Bevölkerung für das Handeln des Staates auf Fälle beschränkt werden sollte, in denen mindestens eine von vier Bedingungen vorliegt (Kontroll-, Gleichgesinntheits-, Vorteils- und Autorisierungsbedingung). Was ergibt ihre Anwendung auf das Problem intergenerationeller Haftung?

1.2.1 Intergenerationelle Gleichgesinntheit

Für die Anwendung der Gleichgesinntheitsbedingung auf nachfolgende Generationen ist an die Gedankenfigur informeller Repräsentation (Teil D, Unterkapitel 4.3) zu erinnern. Informelle Repräsentation liegt vor, wenn eine Person oder Gruppe mit dem Wunsch und im Vertrauen darauf, die Interessen und Werte ihrer Kultur zu repräsentieren, Unrecht begeht; und wenn die anderen Angehörigen ihrer Kultur bestätigen, dass sie mit ihren Handlungen die Werte und Interessen der Kultur gefördert hat.

Um den Gedanken zu illustrieren: Wenn die heutigen Deutschen das nationalsozialistische Unrecht als Ausdruck wahren Deutschtums werten und begrüßen würden, so hätten die Nationalsozialisten und ihre Helfer als ihre informellen Repräsentanten gehandelt. In Teil D ging es mir um den Punkt, dass Personen moralische Verantwortung für ihre informellen Repräsentanten tragen, das heißt Missbilligung mit Blick auf *deren* Handeln verdienen. Wer sich informell repräsentieren lässt, kann sich nicht darauf berufen, dass *er* oder *sie* ja nichts Böses getan habe. Die Gleichgesinntheitsbedingung knüpft an diese Begründung an. Sie fundiert somit Folgenverantwortung in einer speziellen Art moralischer Verantwortung (siehe auch Teil B, Unterkapitel 5.1).

Es spricht nicht gegen die Anwendung des Gleichgesinntheitsmodells, dass in dem hier interessierenden Fall die informellen Repräsentanten bereits verstorben sein sollen. In Teil D habe ich das durch informelle Repräsentanten begangene Unrecht mit May und Feinberg als ein Kumulationsübel analysiert. Deren Handeln lässt sich – mit Baxter – als Handeln der Kultur beschreiben, obwohl letztere keine *artificial person* ist. Wenn also Nachgeborene das Handeln von Verstorbenen als Ausdruck gemeinsamer kultureller Werte und Interessen auslegen, so identifizieren sie sich mit deren Handeln und treten in die moralische und materielle Verantwortung ein. Diese Überlegung sollte meines Erachtens Berücksichtigung finden im Umgang mit neonazistischen Gruppen und Hasspredigern.[24]

1.2.2 Intergenerationelle Autorisierung

Die Kontrollbedingung kann hier außer Betracht bleiben, da sie bei nachgeborenen Generationen niemals zu erfüllen ist. Man ist versucht, das Gleiche auch von der Autorisierung zu sagen. Wer erst nach dem Unrecht geboren wurde, kann die Aggressoren nicht autorisiert haben. Also sind Nachgeborene auch nicht aus diesem Grund haftbar zu machen.

Doch eine solche Überlegung würde am falschen Punkt ansetzen. Denn es ist nicht gemeint, dass Nachgeborene vergangenes Unrecht autorisieren sollten, sondern dass die politische Autorisierung des Unrechts durch vorangegangene Generationen für die später Geborenen Verbindlichkeiten mit sich bringt.

Werfen wir einen Blick auf das voluntaristische Bild politischer Autorität: Die Grundoperation bei der Entstehung einer politischen Gemeinschaft ist der Verzicht des Einzelnen auf sein natürliches Selbstregierungsrecht. Mit dem Eintritt in eine politische Gemeinschaft anerkennt ein Individuum die Autorität einer gesetzgebenden Gewalt und einer Regierung. Wann immer die gesetzgebende Gewalt nicht von der Versammlung der gesamten Bürgerschaft durch einstimmige Entscheidungen ausgeübt wird, bedeutet dies, dass der Einzelne sich gegebenenfalls Gesetzen beugen muss, die er nicht gutheißt. Analoges gilt für Regierungsentscheidungen. Das Selbstregierungsrecht wird in allen praktisch relevanten Fällen nicht gegen ein mit Vetomacht ausgestattetes Teilhaberecht bei kollektiven Entscheidungen eingetauscht, sondern geht mit Heteronomie einher. Das Mitglied der politischen Gemeinschaft untersteht Gesetzen und Regierungsentscheidungen, die nicht notwendig mit seinen Überzeugungen, Werten oder Interessen übereinstimmen. Es haftet kraft seines Status' als Mitglied für Handlungen der autorisierten Staatsorgane, ohne dass es die zugrunde liegende Einstellung teilen müsste. Hierin besteht ein wichtiger Unterschied zur Gleichgesinntheitsbedingung, die keine Basis dafür bietet, Oppositionelle zur Folgenverantwortung zu ziehen. Von einer Person, die einem Unrecht opponiert, lässt sich schlecht sagen, sie teile mit den Aggressoren die Gesinnung und sei daher für das Unrecht haftbar zu machen. Anders liegt die Situation beim autorisierten Handeln der Staatsorgane. Hier sind die Mitglieder der politischen Gemeinschaft übereingekommen, sich das staatliche Handeln zuschreiben zu lassen, auch wenn sie es persönlich abgelehnt oder sogar öffentlich bekämpft haben. Die Autorisierung gilt dabei nicht einzelnen Projekten oder Personen, sondern allgemein der Staatsform und dem Handeln der staatlichen Organe. Entsprechend ist der individualistischen Skeptikerin zu antworten: Daraus, dass sie vor ihrer Geburt geschehenes Unrecht weder begangen hat, noch verhindern konnte, folgt nicht, dass sie hinsichtlich dieses Unrechts nicht in der Pflicht steht. Wenn es von Staatsorganen begangen wurde, die von ihrer politischen Gemeinschaft autorisiert waren, so hat sie ebenso zu haften wie eine Oppositionelle.

Doch wo liegen die Grenzen *ihrer* politischen Gemeinschaft? Und worin besteht die politische Autorisierung?

Für die voluntaristische Tradition ist konstitutiv, die Zugehörigkeit zu einer politischen Gemeinschaft von Willensbekundungen abhängig zu machen. Dies betrifft zum einen die Gehorsamspflicht gegenüber den Staatsorganen und den Gesetzen. Sie beruht, um eine klassische Formulierung bei Locke aufzugreifen, auf dem „*Consent of Free-men, born under Government*, which only *makes them Members of it*".[25]

Dies betrifft aber auch – und dies wird seltener gesehen – das Verhältnis zwischen Staat und politischer Gemeinschaft insgesamt. Aus voluntaristischer Sicht ist der Staat die Form, die sich eine politische Gemeinschaft gibt – seine Identität in der Zeit hängt daher von der intertemporalen Identität der politischen Gemeinschaft ab. Wenn aber die Gemeinschaft auf Willensbekundungen beruht, so endet sie mit dem Tod der Individuen, die sie bilden. Um den Punkt an einem vereinfachten Modell zu illustrieren: Alle Individuen der Gesellschaft werden an einem von zwei Geburtsterminen geboren und erreichen exakt dasselbe Lebensalter. Der zweite Geburtstermin liegt – sagen wir – achtzehn Jahre vor dem Sterbetermin des ersten Jahrgangs. Dies entspricht genau der Zeit, in der Individuen in dieser Gesellschaft als minderjährig gelten. Mit dem Erreichen ihrer Volljährigkeit stirbt der erste Jahrgang. *Der zweite Jahrgang ist nun aus voluntaristischer Sicht nicht einfach eine neue Generation derselben politischen Gemeinschaft.* Vielmehr müssen die Angehörigen dieses Jahrgangs zum einen entscheiden, ob sie sich als politische Gemeinschaft konstituieren, und zum anderen, ob sie die staatliche Verfassung des ersten Jahrgangs fortsetzen oder ändern wollen. *Der erste und der zweite Jahrgang der Modellwelt sind distinkte politische Gemeinschaften, wenn sie auch einen kulturellen Zusammenhang und einen Abstammungszusammenhang bilden.* Wenn die Angehörigen des zweiten Jahrgangs sich zu einer politischen Gemeinschaft zusammenschließen, sich in der Tradition des ersten Jahrgangs sehen und seine staatliche Verfassung aufgreifen, so bilden sie doch einen neuen Staat. Die Kontinuität zwischen beiden Staaten kann so groß sein, dass man sagen möchte, es sei derselbe Staat. Voluntaristisch betrachtet, kann dies jedoch nicht der Fall sein. Der Staat des zweiten Jahrgangs ist ein Nachfolgestaat. Er haftet für das Unrecht des Vorgängerstaates möglicherweise aufgrund der Gleichgesinntheits- oder der Vorteilsbedingung, jedoch nicht aufgrund der Autorisierungsbedingung. Denn eine politische Gemeinschaft kann keine Handlungen autorisieren, die den Mitgliedern einer anderen politischen Gemeinschaft zuzurechnen wären.

Aber wieso kommt es dann, dass wir politische Gemeinschaften als intergenerationelle Veranstaltungen ansehen? Steht der Voluntarismus nicht in flagrantem Widerspruch zu unserer üblichen Betrachtungsweise? Die Antwort des Voluntaristen lautet: Die reale Welt ist nicht wie die oben beschriebene Modellwelt: Es gibt mehr als zwei Jahrgänge, es sterben nicht alle Menschen eines Jahrgangs am selben Tag, just wenn alle Menschen eines anderen Jahrgangs die Volljährigkeit erreichen. Dass politische Gemeinschaften transgenerationellen Charakter haben, hat seinen Grund darin, dass sich die Lebensspannen von unterschiedlichen Jahrgänge *überlappen*, und nicht darin, dass politische Gemeinschaften die wunderbare Eigenschaften hätten, unzählige Jahre zu überdauern.

Schematisch ist diese Situation folgendermaßen darzustellen, wobei ich – der Einfachheit halber – jeweils zwanzig Jahrgänge zu einer Generation zusammenfasse. Die Generation der bis Zwanzigjährigen ist unmündig und ist daher für die Autorisierung noch zu vernachlässigen:

Z-1: 1900–1920	**Z-2: 1920–1940**	**Z-3: 1940–1960**	**Z-4: 1960–1980**	**Z-5: 1980–2000**
G-4 (60-80)				
G-3 (40-60)	G-4-Z-1			
G-2 (20-40)	G-3-Z-1	G-4-Z-1		
G-1 (0-20)	G-2-Z-1	G-3-Z-1	G-4-Z-1	
	G-1-Z-2	G-2-Z-2	G-3-Z-2	G-4-Z-2
		G-1-Z-3	G-2-Z-3	G-3-Z-3
			G-1-Z-4	G-2-Z-4
				G-1-Z-5

Abbildung 4: Vier überlappende Generationen einer Bevölkerung

Ich möchte annehmen, dass die vier Generationen zu *Z-1…Z-5* jeweils die politischen Gemeinschaften *P-1…P-5* bilden. Es fragt sich nun, welche Schlussfolgerungen mit Blick auf die Identität* oder Nichtidentität* zweier politischer Gemeinschaften innerhalb zweier Zeiträume möglich sind. Ich versehe ‚Identität*' mit einem Stern, um zu kennzeichnen, dass es mir hier um eine spezifische Art von *Verbundenheit* und *Kontinuität* geht und nicht um numerische Identität. Die intertemporale Identität* einer politischen Gemeinschaft hat Grade, sie ist – möglicherweise ähnlich wie die Identität von Personen – keine Entweder-Oder-Angelegenheit.[26] Die *Verbundenheit* zweier politischer Gemeinschaften wird durch deren personelle Zusammensetzung hergestellt, die *Kontinuität* durch die ununterbrochene Identität* einer politischen Gemeinschaft in zwei benachbarten Zeiträumen.

Identitäts-These:* Kontinuität ist eine notwendige, Verbundenheit eine hinreichende Bedingung der Identität* zweier politischer Gemeinschaften. Kontinuität zwischen der politischen Gemeinschaft *Q-1* und *Q-5* liegt vor, wenn *Q-1* und *Q-2*, *Q-2* und *Q-3*, *Q-3* und *Q-4* sowie *Q-4* und *Q-5* identisch* sind. Identität* ist eine nicht-transitive Relation.

Verbundenheit hat skalare Eigenschaften. Der Grad der Verbundenheit zweier politischer Gemeinschaften *Q-1* und *Q-2* ist hoch, wenn die Mehrheit der Generationen in *Q-2* bereits in *Q-1* existiert hat. Der Grad der Verbundenheit ist Null, wenn keine Generation in *Q-2* bereits in *Q-1* existiert hat. Ist der Grad der Verbundenheit zweier politischer Gemeinschaften Null, so sind die beiden Gemeinschaften nicht-identisch*.

Beginnen wir mit der Frage, ob *P-1* und *P-2* identisch* sind. Drei der Generationen zu *Z-2* haben schon in *Z-1* existiert und die politische Gemeinschaft *P-1* geformt. Der Grad der Verbundenheit ist daher hoch. Neu hinzugetreten ist die abhängige Generation *G-1-Z-2*, die bei der Konstitution der politischen Gemeinschaft noch keine Rolle spielt. Um die Analyse weiter zu vereinfachen, führe ich eine weitere Annahme ein.

Irreversibilitätsannahme: Personen, die zu einem Zeitpunkt eine politische Gemeinschaft *Q-1* bilden, können nicht zu einem späteren Zeitpunkt eine politische Gemeinschaft *Q-2* bilden.

Die Irreversibilitätsannahme schließt nicht aus, dass Personen aus einer politischen Gemeinschaft austreten oder zu ihr hinzukommen; sie schließt auch nicht aus, dass sich eine politische Gemeinschaft eine neue politische Verfassung gibt. Was sie ausschließt, ist, dass eine identische Gruppe von Personen zu unterschiedlichen Zeitpunkten unterschiedliche politische Gemeinschaften bilden kann. Die politische Gemeinschaft der Deutschen konnte sich nicht 1945 entscheiden, fortan die politische Gemeinschaft der Teutschen zu formen.

Daraus folgt, dass, wenn *G-3-Z-1* und *G-4-Z-1* einer politischen Gemeinschaft angehören, sie in *Z-2* derselben politischen Gemeinschaft angehören wie in *Z-1*. Da die Generationen annahmegemäß in *Z-2* die politische Gemeinschaft *P-2* bilden, muss die in *Z-1* noch abhängige Generation *G-2-Z-1* der politischen Gemeinschaft *P-2*, die identisch* ist mit *P-1*, beigetreten sein. *P-1* und *P-2* sind somit identisch*. Dasselbe Verhältnis gilt für *P-2* und *P-3*, *P-3* und *P-4* sowie *P-4* und *P-5* – auch sie sind identisch*.

Daraus folgt aber nicht, dass auch *P-1* und *P-3* identisch* wären, da Identität* – im Gegensatz zu Identität – nicht transitiv ist. Für die Identität* von *P-1* und *P-3* spricht, dass zwei Generationen, *G-4-Z-1* und *G-3-Z-1*, Verbundenheit zu *P-1* herstellen. Die Verbundenheit wird aber gegenüber *Z-2* aufgrund zweier Faktoren abgeschwächt: *G-4-Z-1* existiert nicht mehr und *G-3-Z-1* war in *Z-1* noch abhängig, also noch kein mündiger Teil der politischen Gemeinschaft. Erst in *Z-2* konnte *G-2-Z-1* eigenständiges Mitglied der politischen Gemeinschaft *P-2* werden, die wiederum mit *P-1* identisch* ist. Für die Identität* von *P-1* und *P-3* fällt daher am stärksten *G-4-Z-1* ins Gewicht. Die Identität* von *P-1* und *P-4* betrachte ich als Grenzfall, weil die Verbundenheit allein durch *G-4-Z-1* hergestellt wird, die in *Z-1* noch abhängiger Teil der politischen Gemeinschaft war. *P-5* und *P-1* sind dagegen „nur dem Namen nach" identisch*, da zwar die Kontinuität, nicht aber die Verbundenheit zwischen ihnen erfüllt ist.

Was folgt aus dieser Analyse für die Problematik intergenerationeller Autorisierung? Gehen wir davon aus, dass *P-1* einen verbrecherischen Staat autorisiert hat. Aufgrund ihrer Kontinuität und Verbundenheit sind *P-1*, *P-2* und *P-3* (in weiter Auslegung: *P-4*) als identisch* anzusehen – aus der Autorisierung der Verbrechen durch *P-1* folgt daher, dass die Verbrechen nicht nur im Namen von *P-1*, sondern auch in dem von *P-2* und *P-3* begangen wurden. Für *P-3* (in weiter Auslegung auch *P-4*) bestehen daher Reparationspflichten kraft Autorisierungsbedingung. Keine derartigen Pflichten treffen *P-5*. Da *P-5* jedoch in Kontinuität zu *P-1* steht, mag sie es zu ihrer Aufgabe machen, das Unrecht einer politischen Gemeinschaft wieder gut zu machen, der sie nahe steht, ohne mit ihr identisch* zu sein.

Enge Auslegung

P-1
P-2 } Identisch*
P-3
P-4
P-5

Weite Auslegung

} Identisch* (P-1 – P-4)

Abbildung 5: Die Identität* politischer Gemeinschaften

2 Opfer und Betroffene

Im vorangegangenen Kapitel habe ich aufzuzeigen versucht, unter welchen Bedingungen die Mitglieder einer politischen Gemeinschaft Wiedergutmachungspflichten zu erfüllen haben. Derartige Pflichten folgen zum einen aus der persönlichen Verantwortung für historisches Unrecht; zum anderen aus der Haftung für das Handeln der politischen Gemeinschaft. Unterkapitel 1.2 unterbreitet Vorschläge, das Problem intergenerationeller politischer Haftung zu fassen. Noch unberührt ist die Frage, um die es in den nun folgenden Kapiteln gehen wird. Wem erwachsen aus historischem Unrecht Ansprüche; welche Rolle spielt das Verstreichen der Zeit; und worin bestehen die Ansprüche?

Als 1990 der polnische „Verband der Geschädigten des Dritten Reiches" Reparationsforderungen von weit über zweihundert Milliarden DM gegen die Bundesrepublik Deutschland erhob, bestand die Reaktion vieler Deutscher in gereizter Abwehr.[1] Fünfundvierzig Jahre nach Kriegsende sei jeglicher Reparationsanspruch, selbst wenn er jemals in dieser Form berechtigt gewesen wäre, verjährt. Viele meinen, Unrecht vergeht in dem Sinne, dass Pflichten korrektiver Gerechtigkeit irgendwann enden, auch wenn Unsicherheit darüber besteht, wann dieser Zeitpunkt gekommen ist.

Andererseits haben auch nicht wenige die Intuition, dass die Dringlichkeit korrektiver Gerechtigkeit mit wachsendem zeitlichen Abstand nicht ab-, sondern zunimmt. Hätte die polnische Seite nicht mit Recht argumentieren können, die Tatsache, dass mehr als vierzig Jahre vergangen seien, füge dem geschehenen Unrecht ein weiteres hinzu: das der lange ausgebliebenen und überfälligen Korrektur? Über vier Jahrzehnte haben die Opfer des nationalsozialistischen Unrechts vergeblich auf Wiedergutmachung gewartet. Das Unrecht ist keinesfalls verjährt, sondern noch gesteigert worden. Berechnet man nicht aus einem analogen Grund säumigen Schuldnern Zinsen, weil sie einem Mittel entziehen, über die zu verfügen man ein Recht hat?

Die unvereinbaren Intuitionen, dass historisches Unrecht mit wachsendem zeitlichen Abstand zu- und abnimmt, machen den Diskurs über die Wiedergutmachung historischen Unrechts so schwer.

Eine weitere Frage betrifft den Status von einzelnen Wiedergutmachungspflichten im Gesamtzusammenhang der Pflichten und hier insbesondere das Verhältnis von wiedergutmachender und distributiver Gerechtigkeit. Reparationen stellen Ressourcentransfers dar, die mit anderen berechtigten Ansprüchen konkurrieren. Welchen Status hat der Nachweis, dass eine Forderung nach materieller Wiedergutmachung begründet ist? Geht es um *Pro-tanto*-Plausibilität oder wird ihr bereits volle Geltung zugesprochen? Im ersten Fall fragte sich, wie *pro tanto* plausible Reparationsforderungen gegenüber anderen Ansprüchen abzuwägen wären, im zweiten, aus welcher impliziten Theorie die volle Geltung der Forderung folgen soll. Reparationsforderungen müssen daher in einen weiteren moralischen und gerechtigkeitstheoretischen Kontext gestellt werden.

Grundlegend für die gerechtigkeitstheoretische Einbettung von Reparationsforderungen ist – wie ich darlegen werde – die Unterscheidung zweier Arten von Ansprüchen: Ansprüche (i) der *Opfer historischen Unrechts* sowie Ansprüche (ii) der durch historisches Unrecht in Mitleidenschaft Gezogenen.

Zu den *Opfern* zähle ich diejenigen, die ein Unrecht persönlich erlitten haben. Diejenigen, die durch historisches Unrecht in Mitleidenschaft gezogen sind, aber es als Nachgeborene oder aus anderen Gründen nicht persönlich erlitten haben, möchte ich als *Betroffene* bezeichnen. Um die Unterscheidung an einem Beispiel zu illustrieren: Die minderjährige Tochter eines während des Dritten Reiches in einem KZ internierten Sozialdemokraten betrachte ich als (mittelbares) *Opfer* historischen Unrechts. Deren nach 1945 geborenen Bruder sehe ich dagegen als *Betroffenen* an, ebenso wie die während des Hitler-Regimes nach Schweden geflohene erwachsene Schwester.

Die Wegschaffung der Kosten von den Schultern der Geschädigten ist nur einer der Gesichtspunkte korrektiver Gerechtigkeit. Kennzeichnend für die *Grundintuition* ist es, dass sie über die materielle Schadloshaltung des Opfers durch den Aggressor hinaus in einem emphatischen Sinne die *Richtigstellung des Unrechts* fordert. Der Begriff der Wiedergutmachung bringt eine Dimension zum Ausdruck, die über die Regelung materieller Ansprüche hinausreicht. So unterstreicht Randall Robinsons leidenschaftliche Schrift „The Debt: What America Owes to Blacks" vor allem diese, über die Kompensation des beklagten wirtschaftlichen Schadens hinausgehende Dimension. Reparationen, als Akte korrektiver Gerechtigkeit, haben die Aufgabe „to make the victim whole"; sie sollen die Verletzung des Rechts, aber auch die des Opfers heilen und so dessen Integrität und Selbstwertgefühl wiederherstellen.[2] Diesem Ziel sind Robinson zufolge *Affirmative Action*-Programme zugunsten der afroamerikanischen Bevölkerung nicht oder nur unvollkommen gerecht geworden;[3] ein Grund hierfür dürfte sein, dass sie die Geförderten mit dem Makel versehen, nicht aus eigener Kraft im Wettbewerb bestehen zu können. Sie belasten daher tendenziell deren Selbstwertgefühl.

Die aufrichtige Anerkennung des moralischen Fehlers, der Ausdruck des Bedauerns oder die Bitte um Entschuldigung gehören, neben dem Ausgleich des materiellen Schadens, zu den Pflichten des Aggressors gegenüber dem Opfer.[4] Eine Wiedergutmachungszahlung ist – anders als eine Kompensation im ökonomischen Sprachgebrauch – kein Preis, zu dem eine Person oder eine Gruppe bereit wäre, eine bestimmte Handlung zu erdulden. Die materielle Schadloshaltung im Rahmen der Wiedergutmachung muss begleitet sein von einem Ausdruck des Bewusstseins dafür, dass es zur Schädigung nie hätte kommen dürfen. Die Wiedergutmachung dient nicht allein der Korrektur der materiellen Folgen des Unrechts, sondern zielt darauf, das Opfer zu seinem spezifischen Recht gegenüber dem Täter kommen zu lassen. Wenn ein Reicher absichtlich jemandes Autotür zerkratzt, um ihn anschließend hohnlächelnd materiell voll zu entschädigen, würde der Geschädigte dies wohl kaum als Wiedergutmachung gelten lassen, eben weil nicht Gleichheit hergestellt, sondern Ungleichheit demonstriert wird. Wiedergutmachende Gerechtigkeit ist – der *Grundintuition* zufolge – ein besonderes moralisches Verhältnis zwischen der schädigenden und der geschädigten Seite.

Wiedergutmachungsthese (W): Wiedergutmachung dient der Wiederherstellung der durch die Verletzung natürlicher Rechte gestörten *moralischen Ordnung. (Wi)* Die Gleichheit zwischen Opfer und Aggressor muss durch Anerkennung des moralischen Fehlers seitens des Aggressors und (Wii) einen signifikanten Beitrag zur Bewältigung des Schadens wiederhergestellt werden.

Zu den Konsequenzen historischen Unrechts gehören auf der einen Seite die mehr oder weniger genau zu beziffernden materiellen Schäden, die aus Raub oder der Zerstörung von Eigentum, Berufsverboten, Versklavung und Zwangsarbeit, berufsunfähig machenden Körperverletzungen, politischen Morden und Ähnlichem resultieren; auf der anderen Seite aber die psychischen Schäden, die aus der Erfahrung erwachsen, behandelt worden zu sein, als habe man keinen oder weniger Wert als andere Menschen oder Bürger, als sei man rechtlos und dürfe ungestraft verletzt, benutzt und gedemütigt werden. Möglicherweise stärker noch als von gewöhnlichen geht von politischen Verbrechen eine zerstörerische Wirkung auf die Psyche der Opfer aus. Terrorstaaten entwickeln spezielle Techniken der seelischen Vernichtung durch öffentliche Entwürdigung, Entrechtung und im Verborgenen stattfindende Folter. Wenn also Pflichten existieren, die Unrechtsfolgen für die Opfer nicht fortdauern zu lassen, sondern so weit wie möglich zu lindern, so hat dies einen materiellen und einen psychosozialen Aspekt.

Aggressoren sind verpflichtet, ihre moralischen Fehler anzuerkennen, sich bei den Opfern zu entschuldigen und Maßnahmen zu ergreifen, um dieses Bewusstsein im kollektiven Gedächtnis zu verankern, zum Beispiel durch die Einrichtung von Gedenkstätten und Museen sowie eine entsprechende Gestaltung von Lehrplänen an Schulen und Universitäten. Für die Opfer hat die glaubhafte Anerkennung der Schuld durch die Täter oftmals große psychische Bedeutung, insofern sie ein Umdenken bezeugt und Hoffnung auf ein rechtliches Zusammenleben begründet. Distanzieren sich die Täter nicht von ihren Verbrechen, so geht von ihnen und ihrem Umfeld eine subtile Drohung aus, auch wenn sie sich ansonsten unauffällig verhalten. Daher vermag der aufrichtige Ausdruck von Schuld auf Seiten der Täter für die Opfer psychisch erheblich zu sein, insbesondere dann, wenn sie in ein und derselben politischen Gemeinschaft leben.[5]

Wenn in (W_{ii}) davon die Rede ist, der Aggressor müsse einen signifikanten Beitrag zur materiellen Wiederherstellung leisten, so ist damit nicht nur die Höhe der Kompensation angesprochen, sondern auch deren Relation zu den Mitteln des Aggressors. Nicht in allen Fällen historischen Unrechts ist die volle materielle Wiederherstellung des *Status quo ante* möglich oder geboten; die Leistung muss jedoch so bemessen sein, dass der Anerkennung des moralischen Fehlers Nachdruck und Glaubwürdigkeit verliehen wird. Resultiert aus dem Unrecht ein Transfer von Vorteilen vom Opfer zum Aggressor, so ist letzterer zur Herausgabe dieser Vorteile an das Opfer verpflichtet. Dies folgt aus (W_i). Würde sich der Aggressor weigern, Werte herauszugeben, die er dem Opfer ungerechterweise entrissen hat, so würde damit offenbar, dass er nicht bereit ist, das Unrecht als Unrecht anzuerkennen. Die Restitution ungerechter Vorteile ist eine *unbedingte Forderung* materieller Wiedergutmachung.[6]

Die materielle Wiedergutmachung von politischen Verbrechen kann in unterschiedlichen Formen vollzogen werden: durch Rückgabe von Land oder Eigentum (*Restitution*), durch Verleihung von Sonderrechten oder Bevorzugung der ehemals diskriminierten Gruppen bei Allokationsentscheidungen (*Privilegierung*), durch Entschädigung für erlittene Verluste mit Geld oder geldwerten Leistungen (*Kompensation*). Restitution, Privilegierung und Kompensation fasse ich unter dem Begriff der *Reparation* zusammen.

Abweichend vom deutschen juristischen Sprachgebrauch, dem zufolge Reparationen zwischen Staaten geleistet werden, folge ich hier der angelsächsischen Diktion und nenne eine Leistung eine Reparation, wenn sie der materiellen Wiedergutmachung der Folgen historischen Unrechts dient. Die *Empfänger* von Reparationen können Organisationen, Gruppen (beziehungsweise deren Vertretungen) oder Einzelpersonen sein, wobei in der philosophischen Debatte strittig ist, ob Organisationen und Gruppen oder nur Individuen genuine *Opfer* und *Anspruchsinhaber* historischen Unrechts zu sein vermögen. Kontrovers ist auch, ob und – gegebenenfalls – unter welchen Umständen Personen Reparationsansprüche für Unrecht haben können, das nicht an ihnen, sondern beispielsweise an ihren Vorfahren verübt wurde. Als mögliche *Leistungserbringer* fungieren politische Körperschaften, in aller Regel Staaten, und juristische Personen, wie Stiftungen und Unternehmen. Reparationen sind zumeist gesetzlich geregelte Transfers von Ressourcen, die der Wiedergutmachung der materiellen Folgen von politischem Unrecht dienen. Der Vergangenheitsbezug und das Ziel einer – wenn auch partiellen – Korrektur der Unrechtsfolgen unterscheidet sie von anderen Formen staatlicher Transfers. In der Begründung von Reparationen wird Bezug genommen auf ein zu berichtigendes vergangenes Unrecht, während gewöhnliche Transfers durch gegenwärtig bestehende Missstände und in Zukunft zu erreichende soziale Ziele gerechtfertigt werden.[7]

Die nachfolgende Tabelle führt einige Beispiele für Reparationen auf:[8]

Leistungs-erbringer	**Unrecht**	**Opfer**	**Empfänger**	**Umfang/ Zeitraum**
Stiftung „Erinnerung, Verantwortung, Zukunft" (je zur Hälfte finanziert durch deutsche Unternehmen und die Bundesrepublik Deutschland)	a) NS-Zwangsarbeit b) Raub von Vermögen rassisch Verfolgter[9]	a) NS-Zwangsarbeiter b) rassisch Verfolgte	a) Überlebende ehemalige NS-Zwangsarbeiter (geschätzt 300.000) b) ehemalige Eigentümer, deren Ehepartner und Kinder	Rd. 5 Mrd. €/Beginn 2001
Bundesstaat Florida (Steuerpflichtige)	Mord und Zerstörung der afroamerikanischen Gemeinde Rosewood 1923	Bewohner von Rosewood	Überlebende sowie deren Nachkommen	$ 2.1 Mio./ 1994
USA (Steuerpflichtige)	Internierung japanischstämmiger Bürger während des Zweiten Weltkriegs	Internierte	Überlebende Internierte	Rd. $ 1.7 Mrd./ 1988
Neueigentümer von Liegenschaften in der ehemaligen DDR	Entschädigungslose Enteignung durch die kommunistische Regierung	Alteigentümer	Alteigentümer sowie deren Nachkommen	Rd. 9 Mrd. €/Beginn 1990
USA (Steuerpflichtige)	Landraub	Indianerstämme in den USA	Indianerstämme in den USA	Rd. $ 800 Mio./1946

Abbildung 6: Beispiele für Reparationsprogramme

Abbildung 6 zeigt, dass reale Reparationsprogramme die Frage, ob auch Nachkommen und andere indirekt Betroffene Ansprüche haben können, in unterschiedlicher Weise beantworten. Es besteht die Tendenz, bei Vermögensdelikten die Übertragung von Ansprüchen auf die Nachkommen zuzulassen, nicht jedoch bei Schädigungen der Person, und zwar auch dann, wenn sich letztere gravierend auf die Erwerbskraft ausgewirkt haben.

Wie aus *Abbildung 6* zudem ersichtlich, anerkennt die Reparationspraxis, dass Gemeinschaften als solche Anspruch auf materielle Wiedergutmachung historischen Unrechts haben können. Mit Recht? Daneben ist zu klären, ob der Anspruch auf Reparationen einer Person zureichend damit begründet werden kann, dass sie einer gesellschaftlichen Gruppe zugehört, die in der Vergangenheit Opfer von Unrecht wurde; oder ob Reparationen nur dann berechtigt sind, wenn ein Individuum persönlich durch das Unrecht in Mitleidenschaft gezogen worden ist.

3 Unechte Reparationskonzeptionen

Es erscheint mir notwendig, zwischen *echten* und *unechten Reparationen* oder *Reparationsforderungen* zu unterscheiden. Letztere sind daran zu erkennen, dass Transfers an eine gesellschaftliche Gruppe in einen historisch-narrativen Kontext gestellt, aber im Kern mit geschichtsunabhängigen Überlegungen distributiver Gerechtigkeit begründet werden. Eine unechte Reparationsforderung liegt beispielsweise vor, wenn ausgeführt wird, die Lage der afroamerikanischen Bevölkerung sei fast einhundertfünfzig Jahre nach Ende der Sklaverei immer noch durch charakteristische Ungleichheiten der Einkommens- und Vermögensverteilung, der Wohnsituation, der medizinischen Versorgung, des sozialen Status', der Ausbildung, der Beschäftigung und anderer Chancen gekennzeichnet, aber wenn ein solcher Hinweis (lediglich) die Funktion hat, zu unterstreichen, dass es ein besonders hartnäckiges Problem sozialer Schichtung und Benachteiligung zu lösen gilt. Wer um die historische Genese und die Dauerhaftigkeit des Phänomens weiß, wird nicht davon ausgehen, dass sich das Problem ohne staatliche Intervention und Transfers von selbst lösen wird, wie dies in Transformationskrisen der Fall sein kann. Nach einhundertfünfzig Jahren lässt sich nicht mehr davon ausgehen, dass sich – graphisch gesprochen – eine Gruppe im abschwingenden Abschnitt der berühmten J-Kurve nachholender Entwicklung befindet.[10] Mit anderen Worten: Die Einordnung von sozialen Tatsachen in einen historischen Kontext hat bei einer unechten Reparationsforderung eine rein empirisch-erläuternde Funktion. Sie trägt nicht die normative Begründungslast. Ihre Aufgabe besteht darin, plausibel zu machen, dass sich die Lage einer gesellschaftlichen Gruppe aufgrund der historischen Pfadabhängigkeit nicht durch soziale Gleichgewichtsmechanismen verbessern, sondern gleich bleiben oder sich verschlechtern wird. Damit ist noch nicht gesagt, dass staatliche Interventionen und die Leistung von Transfers normativ gefordert sind. Diese Aufgabe wird bei unechten Reparationsforderungen durch Argumente distributiver Gerechtigkeit erledigt. Die eigentliche Begründungslast für den Transfer trägt nicht der Hinweis auf das vergangene Unrecht, sondern der auf die gegenwärtige Situation der vorgesehenen Empfänger.[11] Diese fallen unter einen bestimmten sozialen Normwert, und daraus erwachsen ihnen Ansprüche auf staatliche Leistungen, wenn nicht zu erwarten ist, dass alternative soziale Mechanismen für Besserung sorgen.

Im verbleibenden Teil des Kapitels möchte ich darstellen, wie sich (unechte) Reparationsforderungen aus der rawlsschen Theorie der Gerechtigkeit ableiten ließen.[12]

Zunächst scheint es bei Rawls keinen Ansatzpunkt für den Gedanken der Wiedergutmachung historischen Unrechts zu geben. Der fundamentale Grund hierfür liegt darin, dass der Theorie auf mehreren Ebenen die historische Dimension fehlt. Da ist zum einen die Idee zu nennen, die Grundregeln gesellschaftlicher Kooperation würden gleichsam unter der Fiktion des historischen Nullpunkts festgelegt. Nicht Erinnerung oder Geschichte, sondern Erwartung und Zukunft steuern die Beurteilung der Gerechtigkeitsprinzipien, die der Grundstruktur zugrunde gelegt werden sollen. Die Geschichtslosigkeit des Urzustands ist bei Rawls nicht zuletzt durch sein Verständnis des Rechtfertigungsproblems bedingt. Anders als Nozick setzt er nicht bei natürlichen Rechten des Individuums oder des Kollektivs an. Was immer den Angehörigen der Gruppen, die im Urzustand repräsentiert werden, außerhalb des Urzustands zugestoßen wäre – im Urzustand könnten diese Ereignisse nicht als Rechtsverletzungen beklagt werden, weil die Rechte erst fixiert werden, nachdem im Urzustand Gerechtigkeitsprinzipien ausgewählt worden sind.

Geschichtslos wirkt zunächst auch die Wohlergehens-Metrik, die Rawls vorschlägt. Die Grundgüterliste scheint nichts auszuweisen, was einen Bezug zum Gedanken historischen Unrechts hätte. In Frage kommt allenfalls die von Rawls als das wichtigste Grundgut apostrophierte *Selbstachtung*. Selbstachtung gilt ihm als ein herausragend wichtiges Gut, weil die Gewissheit, der eigene Lebensplan habe Wert, sich ohne Selbstachtung nicht denken ließe. In § 67 definiert Rawls die Selbstachtung entsprechend als die

„sichere Überzeugung, dass die eigene Vorstellung vom Guten, der eigene Lebensplan, wert ist, verwirklicht zu werden. (...) Daher möchten die Menschen im Urzustand fast um jeden Preis die sozialen Verhältnisse vermeiden, die die Selbstachtung untergraben."[13]

In dem § 29 über die Hauptgründe der beiden Gerechtigkeitsgrundsätze der „Theorie der Gerechtigkeit" heißt es, die beiden Gerechtigkeitsgrundsätze dienten dem Ziel, eine institutionelle Ordnung zu begründen, die jedermanns Wohl in einem System gegenseitigen Vorteils berücksichtige. Ein solches System stütze die Selbstachtung jedes Mitglieds der Gesellschaft.

„Die beiden Grundsätze entsprechen, wie ich schon bemerkte, der Absicht, die Verteilung der natürlichen Fähigkeiten in gewisser Beziehung als öffentliches Gut zu betrachten, so dass die Bevorzugten nur solche Vorteile in Anspruch nehmen dürfen, die auch den Benachteiligten zugutekommen."[14]

Bereits vorher, im viel diskutierten § 17, hatte Rawls festgehalten, das Differenzprinzip bringe eine Gegenseitigkeitsvorstellung zum Ausdruck. Es sei ein Grundsatz gegenseitigen Vorteils, der die am wenigsten Begünstigten bevorzuge. In dieser Bevorzugung – so könnte man sagen – wird dem Gedanken zur Geltung verholfen, dass allen Menschen gleicher moralischer Respekt gebührt. Zur Erinnerung: Die These, das Differenzprinzip sei die angemessene Auslegung der Idee des wechselseitigen Vorteils, von der in der ersten Formulierung der beiden Gerechtigkeitsgrundsätze die Rede ist, hatte Rawls damit begründet, dass wir Personen nur dann gleichen moralischen Respekt zollen, wenn wir uns für Institutionen einsetzen, die moralisch kontingente Einflüsse auf deren Lebensaussichten möglichst neutralisieren. Der § 29 ventiliert nun die Überlegung, dass nur eine Ordnung, die dem Prinzip gegenseitiger Achtung entspricht, die Selbstachtung aller fördert. Die These lautet, dass Selbstachtung auf sozialen Voraussetzungen beruht; wenn alle Menschen diese Voraussetzungen vorfinden sollen, dann muss die gesellschaftliche Grundstruktur Prinzipien entsprechen, die dem Gedanken gegenseitiger Achtung Rechnung tragen.

Erfahrungen von historischem Unrecht ziehen nicht nur die Selbstachtung der unmittelbar Betroffenen, sondern auch die der folgenden

Generationen in Mitleidenschaft.[15] Unrechtserfahrungen sind Erfahrungen der Missachtung und der Erniedrigung. Wenn die Selbstachtung, wie Rawls schreibt, gewöhnlich davon abhängt, dass wir von anderen geachtet werden, so bedroht die Unrechtserfahrung als Missachtungserfahrung auch in einem ganz elementaren Sinne die Handlungsfähigkeit von Personen.[16] Sie bedroht die Fähigkeit, die eigenen Pläne und Wünsche als wertvoll zu erfahren. Als generelle Regel wird man daher erwarten, dass die Nachkommen der Opfer von historischem Unrecht nicht zuletzt aus Mangel an Selbstachtung Schwierigkeiten haben werden, sich im gesellschaftlichen Kooperationssystem zu etablieren. Insbesondere dann, wenn die Unrechtserfahrung mit der völligen Zerstörung der überlieferten Lebensform und mit der Konstitution einer im Unrecht begründeten Identität einherging, wie im Fall der Afroamerikaner oder der australischen Aborigines.

Der Begriff der am wenigsten Begünstigten in „Eine Theorie der Gerechtigkeit" darf nicht verkürzt an den Grundgütern Einkommen und Vermögen festgemacht werden – Rawls betont mehrfach, dass die Selbstachtung ein sehr wichtiges oder sogar das wichtigste Grundgut sei.[17] Auch der durch historisches Unrecht bedingte Mangel an Selbstachtung ist für die Bestimmung der Position der am wenigsten Begünstigten relevant. Wenn die sozialen und wirtschaftlichen Ungleichheiten so gestaltet werden müssen, dass sie den am wenigsten Begünstigten den größtmöglichen Vorteil bringen, so kann dies bedeuten, dass die Nachkommen von Opfern historischen Unrechts durch besondere Förderung zu berücksichtigen sind. Es bedeutet indes nicht, dass Opfer von historischem Unrecht einem rawlsschen Ansatz zufolge automatisch Anspruch auf Reparationen oder andere Formen von Wiedergutmachung haben. Dies ist nur dann der Fall, wenn die Erfahrung des Unrechts die sozialen Bedingungen der Selbstachtung untergraben hat und die Betroffenen im Grundgüterindex als die am wenigsten Begünstigten erscheinen. Diese Rekonstruktion scheint der verbreiteten Einschätzung gerecht zu werden, dass Nachkommen nur dann einen überzeugenden Anspruch auf materielle Wiedergutmachung haben, wenn die Unrechtserfahrung die sozialen Voraussetzungen ihrer Selbstachtung aushöhlt und sie zu den am wenigsten begünstigten Mitgliedern der Gesellschaft gehören. Allerdings – und dies scheint weniger plausibel – wird einer unechten Reparationskonzeption zufolge auch der Status der Ansprüche unmittelbarer Opfer von Unrecht davon abhängig gemacht, wie sie innerhalb eines Grundgüterindex abschneiden, der nur indirekt davon Notiz nimmt, dass eine Gruppe von Personen Unrecht erfahren hat.

4 Echte Reparationskonzeptionen

Echte Reparationsforderungen weisen der Tatsache vergangenen Unrechts eine weitergehende Funktion innerhalb der Rechtfertigung von Transfers zu als unechte. Die Erwähnung des historischen Kontexts ist hier nicht nur relevant, um zu begründen, warum sich die Lage der Gruppe ohne staatlichen Eingriff nicht verbessern wird. Dass die Angehörigen einer gesellschaftlichen Gruppe unter historischem Unrecht gelitten haben, macht bei echten Reparationsforderungen vielmehr einen Unterschied auf normativer Ebene.

Ich möchte im Folgenden zwischen *Anrechts-* und *Normwertkonzeptionen* unterscheiden. Anrechtskonzeptionen verlangen die Wiederherstellung der ohne das Unrecht bestehenden Situation, während Normwertkonzeptionen fordern, dass die Angehörigen von Gruppen, die Opfer historischen Unrechts geworden sind, nicht unterhalb bestimmter sozialer und wirtschaftlicher Schwellenwerte leben. Von unechten Reparationsforderungen unterscheiden sich Normwertkonzeptionen dadurch, dass der *Grund des Transfers* in historischem Unrecht liegt. Die Erfüllung der Normwerte, die *Gegenstand des Transfers* sind, können relational oder absolut definiert werden. So stellt die rawlssche Forderung, die Situation der am schlechtesten Gestellten zu optimieren, eine relationale Definition eines Normwerts dar. Da jedoch historisches Unrecht in der Theorie von Rawls keinen Rechtfertigungsgrund für Transfers abgibt, lassen sich mit ihr nur unechte Reparationen rechtfertigen. Grundsätzlich ist aber denkbar, dass das Differenzprinzip im Rahmen einer Normwertkonzeption Anwendung findet.

Grund des Transfers / **Gegenstand des Transfers**	**Historisches Unrecht**	**Unterschreiten eines Normwerts**
Erreichen eines Normwerts	Normwertkonzeption	Unechte Reparationskonzeption
Wiederherstellung eines historischen Anrechts	Anrechtskonzeption	–

Abbildung 7: Reparationskonzeptionen

Abbildung 7 sieht davon ab, dass sich der Status des Reparationsanspruchs innerhalb der respektiven Konzeptionen unterschiedlich auslegen lässt. Drei Optionen für die Bestimmung des Status' von Reparationsforderungen möchte ich betrachten: (i) Von einem *Kleinen Trumpf* soll die Rede sein, wenn der Tatsache historischen Unrechts keine herausragende normative Kraft für das moralische Deliberieren zugeschrieben wird. Eine berechtigte Reparationsforderung konkurriert dann mit einer Vielzahl anderer berechtigter Ansprüche auf (zumeist) staatliche Ressourcen. Dass die Gruppe *A* historisches Unrecht erlitten hat und über einen Pro-tanto-Anspruch auf Wiedergutmachung verfügt, übertrumpft nicht unbedingt die Forderung der Gruppe *B* auf eine Verbesserung ihrer wirtschaftlichen Lage.

(ii) Als *Hoher Trumpf* fungiert ein berechtigter Reparationsanspruch, wenn er mit einem weitgehenden Abwägungsverbot verbunden ist. Gegen ihn können nur andere Forderungen aus historischem Unrecht oder Tatsachen vorgebracht werden, denen eine herausragende normative Kraft eignet. So wäre es hier berechtigt, zu fragen, ob die Erfüllung eines begründeten Pro-tanto-Anspruchs auf Wiedergutmachung geboten ist, wenn dies die Subsistenz der Leistungserbringer bedrohte oder unweigerlich mit anderen begründeten Wiedergutmachungsansprüchen konfligierte. Als Hoher Trumpf stechen Reparationspflichten die meisten anderen Ansprüche auf Ressourcen aus und stellen die Erfüllung der Forderung im Prinzip ‚außer Frage'.

(iii) Ein *Stichmacher* ist eine Pflicht zur Wiedergutmachung, wenn sie eine nachgeordnete Rolle für die moralische Begründung von Transfers hat. Dies ist beispielsweise dann der Fall, wenn die Angehörigen der Gruppe *A* und die der Gruppe *B* gleichermaßen Anspruch auf Transfers haben (etwa weil sie andernfalls unterhalb eines wirtschaftlichen und sozialen Schwellenwerts lebten) und die Tatsache, dass *A* – im Gegensatz zu *B* – historisches Unrecht erlitten hat, *A's* Anspruch Vorrang gegenüber *B's* Anspruch verleiht.

Ist die Wiedergutmachungspflicht in einer Anspruchskonzeption ein Kleiner Trumpf, so spreche ich von einer *offenen*, ist sie ein Hoher Trumpf, von einer *konservativen,* beziehungsweise einer *individualrechtlichen Anrechtskonzeption.*

Ist die Reparationspflicht in einer Normwertkonzeption ein Hoher Trumpf, so ist sie *libertär*; ist sie ein Stichmacher, so ist die Konzeption *prioritär*.

Eine von allen vier Ansätzen geteilte moralische Intuition besagt, dass die materiellen Folgen von Unrecht in erster Linie durch den

Aggressor korrigiert werden müssen. Normwert- und Anrechtskonzeptionen unterscheiden sich aber in ihrem Verständnis, was es heißt, historisches Unrecht materiell zu berichtigen: Anrechtskonzeptionen orientieren sich am Gedanken der Kompensation, Normwertkonzeptionen an bestimmten Verteilungsnormen.[1]

Status des Anspruchs / Art der Konzeption	Kleiner Trumpf	Hoher Trumpf	Stichmacher
Anrechtskonzeption	Offene Anrechts-Konzeption	(i) Konservative Anrechtskonzeptionen (ii) Individualrechtliche Anrechtskonzeptionen	–
Normwertkonzeption	–	Libertäre Normwertkonzeption	Prioritäre Normwertkonzeption

Abbildung 8: Reparationskonzeptionen und der Status der Ansprüche

Robert Goodin hat angemerkt, Reparationsforderungen seien ihrer Natur nach konservativ, weil sie – ohne weitere Gründe einzufordern – die Wiederherstellung des *Status quo ante* verlangten.[2] Dies gilt sicherlich für die konservative Anrechtskonzeption. Für die offene und individualrechtliche Anrechtstheorie sowie die beiden Normwerttheorien ist dies nur bedingt richtig. Sie verknüpfen in je unterschiedlicher Weise die Intuition, dass der Aggressor die materiellen Konsequenzen des Unrechts zu korrigieren hat, mit Überlegungen distributiver Gerechtigkeit.

4.1 Anrechtskonzeptionen

Der übliche Ansatzpunkt für eine Reparationsforderung ist nicht die (durch das Unrecht herbeigeführte) ‚Unrichtigkeit der Verteilungssituation', sondern der Unrechtscharakter einer Handlung. Die materielle Leistung dient dazu, gewisse Aspekte der Unrechtshandlungen zu korrigieren, und nicht, eine gerechte Verteilung herzustellen. Entsprechend bieten sich konservative Anrechtskonzeptionen gewissermaßen als ‚natürliche Hintergrundtheorien' für Reparationsforderungen an, weil sie die Wiederherstellung eines früheren Zustands und nicht – wie Normwerttheorien – die Erfüllung bestimmter Normvorgaben verlangen. Zwar vermögen Wiedergutmachungsforderungen zusätzlichen Nachdruck zu erhalten, wenn ihre Erfüllung im Sinne einer Theorie distributiver Gerechtigkeit gerechtfertigt werden könnte, weil sie beispielsweise zu einem gerechten Verteilungsmuster führen würde. Aber derartige Forderungen werden in der Regel *nicht* mit einem solchen Argument begründet. Wenn der Stamm der Sioux die Restitution der *Black Hills* verlangt, verweist er auf gebrochene Verträge und nicht darauf, dass er über eine Theorie der Verteilungsgerechtigkeit verfügt, der zufolge eine Ressourcenverteilung gerechter wäre, in welcher der Stamm über die *Black Hills* verfügte.[3] Wenn ein deutscher Alteigentümer auf die Rückgabe seines durch eine sozialistische Regierung enteigneten Landes besteht, so pocht er auf einen missachteten Rechtstitel und nicht auf eine Theorie der Verteilungsgerechtigkeit, der zufolge die Erfüllung eines solchen Anspruchs gefordert wäre.

Neben der konservativen lassen sich aber auch individualrechtliche Anrechtskonzeptionen ausmachen. Eine individualrechtliche Anrechtskonzeption findet sich in Nozicks *historical entitlement theory* (HET) der Verteilungsgerechtigkeit. Sie beruht auf der Annahme, dass die Legitimität einer Güterverteilung nicht ohne Informationen über deren Entstehung beurteilt werden kann. Bestimmte *Formen des Erwerbs* von Gütern werden als korrekt, andere als inkorrekt gekennzeichnet. Anders als konservative Anrechtstheorien, gehen individualrechtliche davon aus, dass es nicht in allen Fällen ausreicht, den Unrechtscharakter einer Handlung anzuführen, um einen Reparationsanspruch zu begründen. Besteht das Unrecht in Raub von Eigentum, so muss vielmehr gezeigt werden, dass die vor dem Unrecht bestehende Verteilungssituation gerecht war, dass – mit anderen Worten – das Opfer einen berechtigten Anspruch auf das Geraubte hatte. Diesen Nachweis zu führen, erlässt die konservative Anrechtskonzeption. Im nächsten Abschnitt möchte ich Versuche betrachten, einen solchen Ansatz zu begründen.

4.1.1 Konservative Anrechtskonzeption

Konservative Anrechtskonzeptionen sehen die Korrektur von Unrecht als einen Hohen Trumpf an. Was Unrecht darstellt, ist dabei auf Grundlage der zu einem bestimmten Zeitpunkt faktisch bestehenden Rechtslage zu beurteilen. Reparationen stehen nicht unter einem Vorbehalt ‚sozialer Gerechtigkeit', noch dienen sie (ausschließlich) der Korrektur einer Verletzung natürlicher Rechte. Ihr Zweck ist die Wiederherstellung des Status quo ante.

Dass die Pflicht, Unrechtsfolgen zu beseitigen, den Aggressor unabhängig von der Frage trifft, ob er arm und sein Opfer reich ist, halten viele für intuitiv plausibel.[4] Die Frage: „Are wealthy individuals like Sammy Davis Jr., and Red Foxx owed reparations?"[5] ist der strikt konservativen Konzeption zufolge zu bejahen – zumindest dann, wenn man davon ausgeht, dass Sammy Davis und Red Foxx unter den Folgen historischen Unrechts zu leiden haben.

4.1.1.1 Strikt konservative Anrechtskonzeption

Strikt konservative Ansätze unterstellen, dass Reparationspflichten Erwägungen distributiver Gerechtigkeit übertrumpfen und dass es für ihre Begründung nicht erforderlich ist, nachzuweisen, dass der Status quo ante distributiv gerecht war.

Intuitiv wenig einleuchtend ist es, dass strikt konservative Anrechtskonzeptionen Reparationspflichten auch dann bejahen, wenn die verletzten *erworbenen Rechte* natürlichen Rechten widersprachen. Aus Sicht des strikten Konservatismus reicht aus, dass eine Instanz – typischerweise die Inhaber der höchsten politischen Gewalt – in die *erworbenen* Rechte eingegriffen hat, ohne dafür angemessene Entschädigung zu leisten. In den USA sind die ehemaligen Sklavenhalter nach dem rechtlichen Verbot der Sklaverei durch die Regierung für den erlittenen Vermögensschaden schadlos gehalten worden. Grundlage der Kompensationszahlungen war der Marktpreis der Sklaven. Es haben also nicht die ehemaligen Sklaven für das erlittene Unrecht, sondern die ehemaligen Aggressoren für die erlittene Vermögenseinbuße Kompensationen erhalten.[6] Dies entspricht dem Geist des strikten Konservatismus. Die Frage, ob die Institution der Sklaverei vor dem natürlichen Recht erlaubt war, wurde nicht gestellt. Wäre die Aufhebung der erworbenen Rechte der Sklavenhalter nicht entschädigt worden, so wäre dies aus Sicht des strikt konservativen Ansatzes Unrecht gewesen und würde einen Reparationsanspruch nach sich gezogen haben.

Wie wird eine solche Sicht begründet? Eine Antwort bestreitet die Existenz natürlicher Rechte. Rechte – so die These – ergeben sich aus der auf individuellen Interessen beruhenden wechselseitigen Zustimmung. Auch die Sklavenhalter mussten der Aufhebung der Sklaverei beipflichten, und dies war nur zu erreichen, indem man sie für ihre Verluste kompensierte. Ohne Entschädigung wäre die Abschaffung der Sklaverei ein bloßer Gewaltakt gewesen. Zur Abstützung eines solchen Urteils könnte man die Argumentation von Brennan und Buchanan in „The Reason of Rules" beiziehen.[7]

Der strikte Konservatismus und seine soeben skizzierte Rechtfertigung widersprechen dem in dieser Arbeit verfolgten Ansatz, dem zufolge die Verletzung natürlicher Rechte, nicht aber die Beendigung einer solchen Verletzung Pflichten der Wiedergutmachung generieren kann. Eine Verwerfung dieser Position scheint mir keiner weiteren Begründungen zu bedürfen.

4.1.1.2 Gemäßigt konservative Anrechtskonzeption

Der Konservatismus kann jedoch in einer plausibleren, gemäßigten Variante vertreten werden. Wie der strikte, verlangt der *gemäßigte Konservatismus* die Herstellung des Status quo ante, jedoch unter der einschränkenden Bedingung, dass dieser keine natürlichen Rechte missachtet hat. Der gemäßigte Konservatismus betont die Bedeutung des Vertrauensschutzes in erworbene Rechte. Individuen bilden ihre Lebenspläne, so die Überlegung, im Vertrauen auf den Bestand gesellschaftlicher Regeln. Sie sind berechtigt, dies zu tun, wenn die betreffenden Regeln hinreichend legitimiert sind. Der rechtliche Vertrauensschutz gilt entsprechend nur für hinreichend legitimierte Rechtssysteme. Ich schlage vor, ein Rechtssystem als hinreichend legitimiert zu betrachten, wenn es die natürlichen Rechte von Individuen respektiert. Damit ist jedoch nicht sichergestellt, dass die rechtliche Ordnung anspruchsvollen Standards distributiver Gerechtigkeit, wie dem Differenzprinzip, entspricht. Dass formelle Regeln nicht willkürlich geändert oder durch Unrecht missachtet werden, gehört zu den individuellen Rechten zweiter Ordnung. Man könnte den Vertrauensschutz naturrechtlich erlaubter Vertrags- und Eigentumsverhältnisse auch als *abgeleitetes natürliches Recht* bezeichnen.[8]

Angenommen, *X* würde aufgrund von Umständen, an denen kein vernünftiger Zweifel möglich wäre, sicher wissen, wie die vollkommen gerechte Verteilung der Vermögen und Einkommen auszusehen hätte. Es sei ihm möglich, von einem Tag auf den anderen Umbuchungen und Umschreibungen von Vermögen und Einkommen vorzunehmen, so dass vollkommene Verteilungsgerechtigkeit hergestellt wäre. Ist *X* moralisch berechtigt oder sogar verpflichtet, dies zu tun?

Der gemäßigte Konservatismus verneint beide Fragen. Eine solche Revolutionierung der Eigentumsverhältnisse verletzte – in einer hinreichend legitimierten Rechtsordnung – das berechtigte Vertrauen auf Regelgeltung. Sie wäre daher ungerecht. Weder eine Person, wie *X*, noch die Inhaber der Staatsmacht dürfen übergangs- und ankündigungslos in die rechtlich erworbenen Ansprüche von Privatpersonen eingreifen. Die Missachtung der im berechtigten Vertrauen auf Regelgeltung entworfenen Lebenspläne stellt eine Missachtung der moralischen Integrität einer Person dar. Die *Art des Ressourcentransfers* von Person *A* zu Person *B* ist daher nach jeder plausiblen Theorie der Verteilungsgerechtigkeit normativ relevant. Sie muss verlangen, dass Ressourcen aufgrund von *ex ante* bekannten und zustimmungsfähigen *Regeln* verteilt werden. Insofern kann man sagen, der Konservatismus wiedergutmachender Gerechtigkeit könne im Rahmen von Theorien distributiver Gerechtigkeit als Konsequenz des Regelbezugs und der darauf gestützten Erwartungen verstanden werden. Dieser Kerngedanke des gemäßigten Konservatismus ist plausibel.

Zusammenfassend: In konservativen Anrechtskonzeptionen ergibt sich der Gegenstand der Reparationspflicht aus einem im Status quo ante bestehenden Recht. *Strikt konservative* Varianten erachten es für die Begründung der Wiedergutmachungspflicht als ausreichend, dass ein positives Recht missachtet wurde, während der *gemäßigte* Konservatismus Reparationen nur in Betracht zieht, wenn die positiven nicht in Widerspruch zu natürlichen Rechten standen.

4.1.2 Individualrechtliche Anrechtskonzeption

Individualrechtliche Anrechtskonzeptionen lehnen den Konservatismus mit der Begründung ab, dass kein Grund für Reparationen bestehe, wenn der Status quo ante distributiv nicht gerecht gewesen sei. Es kann für den individualrechtlichen Ansatz keine Pflicht geben, einen distributiv nicht gerechten Status quo ante wiederherzustellen, weil dieser selbst eine Verletzung der natürlichen Rechte von Individuen darstellte. Die verwendete Theorie distributiver Gerechtigkeit bewegt sich in den Bahnen der lockeschen Tradition und setzt bei der Vorstellung natürlicher Eigentumsrechte an. Hier liegt der entscheidende Unterschied zum gemäßigten Konservatismus: Letzterer zählt Eigentumsrechte nicht zu den natürlichen Rechten und hält hinreichend gerechte Gesellschaften für vereinbar mit vielen unterschiedlichen Eigentumsordnungen. Jedoch kann der willkürliche Eingriff in erworbene Titel das ‚abgeleitete natürliche Recht' einer Person verletzen. Die individualrechtliche Anrechtskonzeption ist in dieser Hinsicht restriktiver. Ob eine Eigentumsordnung legitim ist oder nicht, entscheidet sich daran, ob sie unter Wahrung der natürlichen Rechte von Individuen entstand.

Das Paradebeispiel für eine individualrechtliche Anrechtstheorie bietet Nozicks Entwurf in „Anarchy, State, and Utopia". Nozick geht davon aus, dass legitime Änderungen im System der Eigentumstitel im Einklang mit den Prinzipien der gerechten Appropriation, des gerechten Transfers oder der gerechten Richtigstellung geschehen müssen.

Idealerweise steht am Beginn der Kette eine den Regeln entsprechende ursprüngliche Aneignung, gefolgt von prinzipiengerechten Übertragungen. Um also sagen zu können, dass eine aktuell bestehende Verteilungssituation gerecht ist, muss unter Idealbedingungen die Habe jeder einzelnen Person eine makellose Geschichte bis hin zur ursprünglichen Aneignung aufweisen können: „A distribution is just if it arises from another just distribution by legitimate means."[9]

Das Prinzip gerechten Transfers spezifiziert, wie eine gerechte Verteilung aus einer anderen gerechten Verteilung hervorgeht. Wird das Prinzip richtig angewendet, so ist der Übergang von einem Zustand zum anderen ‚gerechtigkeitserhaltend'; Nozick vergleicht dies mit wahrheitserhaltenden Schlüssen.[10] Daraus folgt, dass Unrecht nicht vergehen kann, weil es sich als Fehler im System der Eigentumstitel erhält. Nozick verschärft diesen Punkt sogar, indem er ausdrücklich ausschließt, dass eine Verteilung gerecht ist, wenn sie durch gerechtigkeitserhaltende Transaktionen hätte entstehen können.

> „The fact that a thief's victims could have presented him with gifts does not entitle the thief to his ill-gotten gains. Justice in holdings is historical; it depends upon what actually has happened."[11]

Eine Verteilung ist nur dann gerecht, wenn sie tatsächlich aus gerechten Übertragungen entstanden ist; dies bedeutet aber auch: Sie ist ungerecht, wenn an irgendeiner historischen Stelle eines der beiden ersten Prinzipien verletzt wurde.

Auf seine Frage: „How far back must one go in wiping clean the historical slate of injustices?", kann es bei Nozick konsequenterweise nur eine Antwort geben: bis zum ersten Unrecht.[12]

Die Forderung nach Rückgabe eines Eigentumstitels kann sich ihm zufolge nur auf das Prinzip der gerechten Richtigstellung berufen, wenn damit ein gerechter Zustand wiederhergestellt würde. Dafür ist im Prinzip die Kenntnis der kompletten Geschichte eines Eigentumstitels nötig. Einmal in das System der Rechte eingetretene Ungerechtigkeiten erhalten sich, bis sie korrigiert werden. Bei Nozick lässt sich ein Anspruch auf Rückgabe von Eigentum somit nur geltend machen, wenn zuvor ein gerechter Anspruch auf den Titel bestand. Dies ist aber nur dann der Fall, wenn in der gesamten Geschichte dieses Titels kein Gerechtigkeits-Makel enthalten ist.

Nozick hat selbst gesehen, dass eine solche gerechtigkeitstheoretische Strategie sich selbst aufheben muss, und zwar aus zwei Gründen: Erstens verfügen wir nicht über die historischen Informationen, die nötig wären, um die Legitimität einer zu einem bestimmten Zeitpunkt bestehenden Verteilung von Eigentumstiteln sicher zu bestimmen; zweitens spricht vieles dafür, dass in Nozicks Entwurf beinahe jeder Titel illegitim ist. Beide Gründe reichen für sich genommen aus, den nozickschen Entwurf fallen zu lassen. Denn zum einen sind die historischen Kenntnislücken nicht vollständig zu schließen; zum anderen hat eine Gerechtigkeitstheorie wenig Attraktivität, in der wohl *alle* bestehenden Ansprüche als illegitim gelten.

Diese Konsequenzen ließen sich vermeiden, wenn man den Gedanken, dass Übergänge im Eigentumssystem „justice-preserving" seien, abschwächte, und zeitliche Schwellen fixierte, nach deren Überschreiten zu Unrecht bestehende Titel regularisiert würden. Durch die Einführung von Regeln über die Verjährung von Unrecht wäre so ein weiterer Weg des Erwerbs legitimen Eigentums gekennzeichnet. Das Problem solcher Verjährungsregeln ist aber ihr willkürlicher und dem Grundgedanken eines Anrechtsansatzes widersprechender Charakter. Nozicks Gerechtigkeitsprinzipien lassen keinen Raum für eine moralische Begründung von Verjährung. Denn Verjährung anzuerkennen, heißt anzuerkennen, dass das Unrecht zu einem definierten Zeitpunkt seine normative Kraft verliert. Doch dies würde bedeuten, dass entweder das Transferprinzip nicht gerechtigkeitserhaltend ist oder dass weitere Prinzipien der Gerechtigkeit existieren (wie ein Recht auf den Schutz berechtigter Erwartungen). Beides ist aber bei Nozick nicht vorgesehen.

Die ‚normative Autorität' einer Eigentumsordnung beruht bei Nozick auf der Tatsache, dass sie sich auf die legitime Ausübung individueller Rechte zurückführen lässt. Ließe der Ansatz zu, dass eine Ordnung auch dann normativ verbindlich sein könnte, wenn sie auf unrechtmäßigem Wege zustande käme und dieses Unrecht ausreichend lange Bestand hätte, so würde der Bezug auf die natürlichen Rechte unterbrochen. Es wäre dann aber nicht zu sehen, warum in solche Eigentumsordnung nicht eingegriffen werden sollte, beispielsweise um Ideale einer Verteilungsmustertheorie von Gerechtigkeit zu realisieren. Daraus erklärt sich, dass Nozick paradoxerweise die Ausführungen im Kapitel über „Distributive Justice", das mit dem apodiktischen Satz beginnt, der Minimalstaat sei der einzige Staat, der gerechtfertigt werden könne,[13] mit einem veritablen Widerruf enden lässt. Da nach aller Wahrscheinlichkeit die gegenwärtige Habe mit dem Makel früherer Rechtsverletzungen behaftet ist, erklärt Nozick den Staat für verpflichtet, in den Status quo einzugreifen. Er muss versuchen, abzuschätzen, wie sich historisches Unrecht auf die aktuell bestehende Verteilungssituation ausgewirkt hat, und auf dieser Grundlage entsprechende Korrekturen vornehmen. Diese Abschätzung wird notgedrungen relativ grob ausfallen, weil die historischen Informationen ungenügend sind. Unter der Annahme, dass die Opfer historischen Unrechts oder deren Nachkommen sich heute in schlechten wirtschaftlichen und sozialen Bedingungen wiederfinden und dass diejenigen, die das massivste Unrecht erlitten haben, auch am schlechtesten dastehen, schlägt Nozick vor, das rawlssche Differenzprinzip als approximativen Grundsatz korrektiver Gerechtigkeit zu veranschlagen.[14] Mit unserer Terminologie gesprochen: Nozick überführt seine individualrechtliche Anrechtskonzeption in einen libertären Schwellenwertansatz.

Ich komme zu dem Schluss, dass eine individualrechtliche Anrechtstheorie, wie die Nozicks, entweder nicht in der Lage ist, die Gerechtigkeit eines Status quo ante zu beurteilen, weil die erforderlichen historischen Informationen nicht verfügbar sind; oder dass sie Regularisierungsprinzipien zulässt, durch die sie sich selbst aufhebt und in eine Schwellenwerttheorie überführt.

Da ich keine Möglichkeit sehe, eine individualrechtliche Anrechtstheorie in eine plausible und anwendungsfähige Gestalt zu bringen, werde ich mich im Weiteren nicht mehr mit ihr beschäftigen.

4.1.3 Offene Anrechtskonzeption

Offene Anrechtskonzeptionen gehen davon aus, dass aus historischem Unrecht Anrechte folgen, die aber durch konkurrierende Ansprüche auf staatliche Transfers vergleichsweise leicht übertrumpft werden können. Das Anrecht eines Opfers historischen Unrechts wird nicht – wie in unechten Reparationskonzeptionen – dadurch aufgehoben, dass es in einem Wohlergehensindex insgesamt gut abschneidet. Jedoch sind gemäß offener Anrechtskonzeption Reparationen nur in einem Umfang zu leisten, der keine wesentlichen Abstriche bei der Erfüllung anderer staatlicher Zielsetzungen, wie der Finanzierung von Schulen und militärischen Unternehmen, der Subventionierung der Landwirtschaft, des Nahverkehrs oder des Steinkohlebergbaus, mit sich bringt.

Offene Anrechtskonzeptionen stehen der Rückerstattung von Liegenschaften oder Kunstgegenständen an Alteigentümer befürwortend gegenüber, insofern sie keine Belastungen des Staatshaushaltes mit sich bringen. Sie lehnen jedoch in aller Regel groß angelegte Programme monetärer Reparation ab.

4.2 Normwertkonzeptionen

Normwertkonzeptionen bestimmen den Gegenstand der Reparationspflicht unter Rückgriff auf Wohlergehenstheorien der Gerechtigkeit. Darunter zähle ich politikphilosophische Positionen, die normative Urteile auf einen plausiblen Indikator für das Wohlergehen von Individuen beziehen. Die verschiedenen Versionen des zeitgenössischen Egalitarismus stellen derartige Theorien dar, aber auch nicht-relationale Gerechtigkeitstheorien, die auf die Erfüllung absoluter Rechte abstellen.

Normwertkonzeptionen zeichnen sich dadurch aus, dass die Reparationsforderung nicht auf die Wiederherstellung der ohne das Unrecht bestehenden Situation abzielt, sondern auf das Erreichen eines wirtschaftlichen und sozialen Schwellenwerts. Das Erreichen des Schwellenwerts bildet den *Gegenstand des Transfers*. Der *Grund des Transfers* ist dagegen – wie bei allen echten Reparationskonzeptionen – in einem politischen Verbrechen zu suchen.

Von einer *libertären Normwertkonzeption* möchte ich sprechen, sofern die Tatsache, dass eine Gruppe von Personen wirtschaftlich und sozial schlecht gestellt ist, nur dann als Grund für Transfers gilt, wenn deren Situation durch die Verletzung negativer Pflichten bewirkt wurde. Nicht allen Personen unterhalb eines bestimmten sozialen Schwellenwerts wird ein Anrecht auf Transfers zugesprochen, sondern nur solchen, die unmittelbare oder mittelbare Opfer historischen Unrechts sind.

Prioritäre Normwertkonzeptionen gestehen dagegen allen Personen unterhalb eines bestimmten sozialen Schwellenwerts Anrechte auf Transfers zu. Die Opfer historischen Unrechts sollen jedoch im Konfliktfall Vorrang bei der Zuteilung genießen. Wenn die schlechte wirtschaftliche und soziale Situation zweier gesellschaftlicher Gruppen *A* und *B* im Falle *A's* auf historisches Unrecht zurückgeht und im Falle *B's* nicht, so soll die Verbesserung der Lage von *A* gegenüber der von *B* Vorrang genießen. Jedoch wird – wie gesagt – in der prioritären Konzeption anerkannt, dass alle Personen unterhalb bestimmter sozialer und wirtschaftlicher Schwellenwerte *Pro-tanto*-Ansprüche auf Transfers haben.

4.2.1 Libertäre Normwertkonzeption

Libertäre Normwertkonzeptionen sprechen den von historischem Unrecht in Mitleidenschaft Gezogenen das Recht auf einen bestimmten, durch eine Konzeption distributiver Gerechtigkeit zu fixierenden Lebensstandard zu. Der Aggressor hat somit nicht eine am Status quo ante orientierte Forderung zu erfüllen, sondern dem Opfer lediglich jenen Standard zu garantieren. Libertär ist diese Konzeption, insofern nicht allen Menschen ein Leben oberhalb des Standards zugesichert wird. Ist ihre Situation Ergebnis der ‚natürlichen oder sozialen Lotterie' oder ihres eigenen Verschuldens, so haben sie keinen Anspruch auf Transfers.

Der unbestreitbare Vorteil der Normwertkonzeption gegenüber ‚deliktrechtlichen Ansätzen' (also solchen, die an der Wiederherstellung des Status quo ante orientiert sind) liegt darin, dass sie das intrikate Problem der Bestimmung von Schadenssummen in kontrafaktischen Szenarien umgehen und durch ein normatives Konstrukt ersetzen. Zur Illustration möchte ich Thomas McCarthys Argumentation für Sklaverei-Reparationen anführen.[15] Die Afroamerikaner sind über Jahrhunderte versklavt und diskriminiert worden. Als Folge hiervon leben sie als Bevölkerungsgruppe auch lange nach Abschaffung der rechtlichen Institutionalisierung von Sklaverei und Diskriminierung unter signifikant schlechteren Bedingungen als die Gruppe der weißen Amerikaner. Da die Tatsache, dass die Afroamerikaner als Gruppe sozial und wirtschaftlich relativ schlecht dastehen, eine Auswirkung von Unrecht ist, haben sie als Gruppe, so McCarthy, einen Anspruch auf Reparationen. McCarthy bestimmt den Reparationsanspruch nicht über die Berechnung einer Schadenssumme aus vorenthaltenen Löhnen und Entwicklungsmöglichkeiten, sondern orientiert sich an der Verteilung von Vermögen und Einkommen anderer Gruppen (gemeint sind wohl die weißen Amerikaner).

Dabei handelt es sich nicht – wie man meinen könnte – um einen zufallsegalitaristischen Ansatz. McCarthy legt nämlich Wert auf die Feststellung, dass es nach der „Diskreditierung des biologischen Rassismus (…) eigentlich nur eine Antwort auf die Frage (gibt), wie die Afroamerikaner wohl ohne ihre jahrhundertelange Diskriminierung und Unterdrückung abgeschnitten hätten: ‚In etwa so gut wie jede andere Gruppe in den USA.'"[16]

Daraus lässt sich schließen, dass er davon ausgeht, die Afroamerikaner hätten keinen Anspruch darauf, sozial und wirtschaftlich so gut wie die weißen Amerikaner gestellt zu sein, wenn ihre Situation durch biologische Theorien zu erklären wäre. Insofern läuft die Argumentation darauf hinaus, dass Umverteilung nur dann gerechtfertigt ist, wenn sie aus der Verletzung negativer Pflichten folgt.

Wie gesehen, optiert Nozicks „Anarchy, State, and Utopia" in letzter Instanz für die Anwendung des rawlsschen Differenzprinzips, weil es eine zumindest grobe Approximation einer gerechten Verteilung gemäß seiner drei Gerechtigkeitsprinzipien darstelle. Er transformiert seinen individualrechtlichen Ansatz damit in eine libertäre Schwellenwertkonzeption. Nozicks Konzeption unterscheidet sich aber deutlich von der McCarthys. Letzterer approximiert die Ansprüche der Opfer historischen Unrechts durch die Verteilung von Vermögen und Einkommen in anderen gesellschaftlichen Gruppen. Die soziale und wirtschaftliche Situation der weißen Amerikaner dient als Norm, um zu bestimmen, in welchem Umfang Reparationen an Afroamerikaner zu leisten sind.

Nozick benutzt dagegen die Tatsache, dass eine gesellschaftliche Gruppe am schlechtesten gestellt ist, als Indikator dafür, dass sie das im Vergleich schwerste historische Unrecht erlitten hat. Anders als McCarthy, berücksichtigt Nozick insofern die Möglichkeit, dass auch andere Mitglieder der Gesellschaft Unrecht erlitten haben, wenn auch nicht in dem Maße, in dem dies für die am schlechtesten Gestellten gelten mag.

Diese Herangehensweise liegt nahe, wenn man – wie Nozick – in erster Linie an einer Theorie gerechten Eigentums interessiert ist. Sie übergeht aber eben jene Formen historischen Unrechts, von denen McCarthy spricht: gegen eine Klasse von Menschen gerichtetes historisches Unrecht.

Hier ist es weit weniger einleuchtend, wie Nozick, die Transfers ausschließlich an sozioökonomischen Faktoren festzumachen und von den *bekannten* historischen Umständen zu abstrahieren. Da es bei Eigentumsdelikten um erworbene Rechte geht, kann man *unter idealen Bedingungen* plausiblerweise postulieren, die Wiederherstellung des Status quo ante sei keine Gerechtigkeitspflicht, wenn die verletzte Partei kein Recht auf den Eigentumstitel hatte. Bei natürlichen Rechten ist ein solches Postulat nicht sinnvoll. Die Verletzung der natürlichen Rechte einer Person fordert in jedem Falle eine Korrektur, da das Bestehen dieser Rechte nicht zweifelhaft sein kann. Daher liegt unter solchen Umständen in jedem Fall eine Reparationspflicht vor.[17]

Gerade hatte ich gesagt, unter idealen Bedingungen sei bei Eigentumsdelikten nicht von Reparationspflichten auszugehen, wenn die verletzte Partei nicht gerechte Eigentümerin war. Da dies in vielen Fällen nicht sicher festzustellen ist, übernimmt die Normwertkonzeption in diesem Punkt eine Präsuppositionsstrategie. Wenn eine gesellschaftliche Gruppe Opfer eines Eigentumsverbrechens (z.B. eines Landraubs) wurde, so wird supponiert, dass sie einen gerechten Anspruch auf das verletzte Eigentum hatte, wenn sie in der Gegenwart unterhalb eines bestimmten sozialen und wirtschaftlichen Schwellenwerts lebt.

Addendum: Als Beispiel für eine *libertäre* Normwertkonzeption habe ich Thomas McCarthys Argument für Sklaverei-Reparationen angeführt. Man mag hier einwenden, dass McCarthy auf Rechte und Verpflichtungen von Kollektiven Bezug nimmt und dass dies mit dem Individualismus libertärer Ansätze nicht vereinbar sei. Dazu zwei Anmerkungen: Ich habe die Kennzeichnung einer Normwerttheorie als libertär damit begründet, dass sie Transfers ausschließlich aus Gründen korrektiver Gerechtigkeit für gerechtfertigt hält. Dieses Verständnis von ‚libertär' beinhaltet keine Festlegung auf eine individualistische Position. Möglicherweise – und dies ist die zweite Anmerkung – sollte aber zwischen einer libertären Normwertkonzeption im engeren und im weiteren Sinne unterschieden werden. Der weitere Sinn entspricht der bisherigen Definition, der engere verlangt darüber hinaus, dass Reparationen individualistisch begründet werden.

Die Frage wäre dann, ob McCarthy eine libertäre Normwertkonzeption im engeren Sinne vertritt. An einer Stelle merkt er an, sein

> „Argument für die Entschädigung von Gruppen steht nicht im Widerspruch zur Annahme, das die moralisch-politische Basis für Reparationen letztlich in der historischen Verletzung von individuellen Rechten und Freiheiten liegt: Gleicher Respekt und gleiche Behandlung wurden *Individuen* verwehrt *auf Grund ihrer Zuordnung zu einer Gruppe.*"[18]

Daher kann seine Anwendung der Normwertkonzeption ihren libertären Charakter in dem Sinne beibehalten, dass sie den *Grund der Transfers* in der Verletzung individueller Rechte sieht; der *Gegenstand der Transfers* kann jedoch auf eine Gruppe bezogen sein.

4.2.2 Prioritäre Normwertkonzeption

Aus zufallsegalitaristischer Sicht ist es inakzeptabel, dass die libertäre Normwertkonzeption das Prinzip der Eigenverantwortung nicht auf das *option luck* einer Person begrenzt, also auf die Folgen ihrer freien Entscheidungen, sondern auf die Effekte der natürlichen und sozialen Lotterie ausdehnt. Die politische Gemeinschaft hat aus Sicht des *luck egalitarianism* die Aufgabe, die Folgen des reinen Zufalls zu korrigieren und so in gewisser Weise erst faire Voraussetzung von individueller Selbstbestimmung und Eigenverantwortlichkeit zu schaffen.[19]

Elizabeth Anderson geht diese – bereits stark eingeschränkte – Fassung des Grundsatzes der Eigenverantwortlichkeit noch zu weit. Sie kritisiert beispielsweise Eric Rakowski, der sich auf den Standpunkt gestellt hat, wenn Bürger der Vereinigten Staaten in überschwemmungs- oder sturmgefährdeten Gebieten oder den Gefahrenzonen des Andreasgrabens und des Mount Helena siedeln, so sei dies ihre freie Entscheidung; sie hätten daher im Unglücksfall die Kosten selbst zu tragen.[20] Anderson kritisiert Rakowskis Position als Form der „geographischen Diskriminierung zwischen Bürgern."[21] Ganz ähnlich wirft Angelika Krebs dem egalitaristischen Eigenverantwortungsgedanken im Anschluss an Anderson vor, zu inhumanen Konsequenzen zu führen, weil ihm zufolge Menschen, die aufgrund eigener Entscheidungen in Not gerieten, keinen gerechten Anspruch auf Kompensation hätten. Sie würden in ihrem Elend allein gelassen.[22]

Dass eine strikte Anwendung des Eigenverantwortungsgedankens für *option luck* zu dem moralisch falschen Ergebnis führen könnte, dass Menschen in ihrem Elend allein gelassen werden, sollte aber nicht vergessen lassen, dass die Ursachen des Elends für den Status von Ansprüchen eine wesentliche Rolle spielen. Dieser Gesichtspunkt wird in der prioritären Normwertkonzeption berücksichtigt, insofern die Tatsache, dass eine Person *Q* aufgrund von Unrecht in schlechten sozialen und wirtschaftlichen Verhältnissen lebt, *Q* einen Vorrang gegenüber Personen verschafft, die in der natürlichen oder sozialen Lotterie Pech gehabt oder unvorsichtig gehandelt haben.

5 Die temporale Dimension der Rechte auf Wiedergutmachung

Die *Grundintuition wiedergutmachender Gerechtigkeit* erklärt die Wiedergutmachung von Unrecht zu einer durch den Aggressor zu erfüllenden *Pro-tanto*-Pflicht. Doch was, wenn viel Zeit vergangen ist, seitdem das Unrecht begangen wurde? Verliert die Pflicht des Aggressors nicht mit der Zeit an normativer Kraft, um irgendwann ganz zu verschwinden?[1] Diese Fragen zielen auf die *temporale Dimension wiedergutmachender Gerechtigkeit*. Sie ist der Gegenstand des laufenden Kapitels.

Die Vorstellung, dass die normative Kraft des Unrechts abnimmt und es einen Zeitpunkt gibt, von dem an geschehenes Unrecht nicht mehr korrigiert werden muss, ist aus dem Recht geläufig.[2] Ein widerrechtlicher Besitz kann nach einer gewissen Zeit in einen Eigentumstitel verwandelt werden; sogar schwere Delikte, wie Brandstiftung und (in manchen Rechtssystemen) Mord verjähren. Im Recht hat Verjährung zur Folge, dass der Staat darauf verzichtet, das Unrecht zu sanktionieren oder die ursprüngliche Rechtssituation wiederherzustellen. Sie bedeutet nicht, dass das Unrecht aufgehört hat, Unrecht gewesen zu sein; sie bedeutet vielmehr, dass das Unrecht aufhört, Unrecht zu sein (in dem Sinne, dass der Täter nicht mehr sanktioniert und das Opfer nicht mehr restituiert werden muss). Verjährung bestimmt, wann Unrecht vergeht.

Auch außerhalb des Rechts, im Bereich des Politischen und Moralischen, ist die Anschauung tief verwurzelt, dass Unrecht nach einer bestimmten Frist seine normative Kraft verliert. Es gibt einen Zeitpunkt, von dem an aus dem Unrecht keine Rechte und Pflichten mehr folgen. Dem Täter soll vergeben werden, und die Opfer verlieren ihren Anspruch auf Wiedergutmachung.

Der festen Überzeugung, dass das Verstreichen von Zeit einen Unterschied macht, steht die Unsicherheit bei der Fixierung der konkreten Frist gegenüber. Häufig greift man auf kulturgeschichtlich bedeutsame Fristen zurück. So hat man in der Bundesrepublik Deutschland (unter anderem in einer Rede des damaligen Bundespräsidenten Richard von Weizsäcker am 8. Mai 1985) immer wieder die biblische Symbolik der vierzig Jahre bemüht, um die moralische Rehabilitierung des Landes (und mitunter das Recht auf einen selbstgewissen außenpolitischen Stil) einzufordern.[3] Die Erfahrung zeigt aber, dass die Kraft solcher Symbole nicht ausreicht, um die Unsicherheit über die Verjährung historischer Ereignisse auszuräumen. Janna Thompson merkt an, dass der Common Sense historisch nähere Ereignisse stärker gewichte als historisch fernere. Premierminister Blair habe sich für das britische Verhalten während der großen irischen Hungersnot entschuldigt, aber nicht für die Angriffe Cromwells oder Elizabeths der Ersten auf Irland.[4]

Es gibt unterschiedliche Gründe, aus denen man zu der Auffassung gelangen kann, dass geschichtlich weiter entfernte Ereignisse uns weniger zu moralischen Reaktionen provozieren sollten als näher liegende.[5] Ich möchte im Folgenden einige einschlägige Überlegungen mit Blick auf eine Zwei-Stufen-Interpretation der *Grundintuition wiedergutmachen-*

der Gerechtigkeit evaluieren. Dabei werde ich zwei Ziele verfolgen: Ich möchte die Auffassung entkräften, (i) dass die normative Kraft von Reparationspflichten gegenüber *Opfern* mit zeitlichem Abstand abnimmt, und ferner zeigen, (ii) warum die Pflichten gegenüber *Betroffenen* mit der Zeit an normativer Kraft verlieren. Mein Vorschlag lautet, die Reparationspflichten gegenüber *Opfern* im Sinne einer gemäßigt konservativen Anrechtskonzeption zu bestimmen, die Pflichten gegenüber *Betroffenen* hingegen im Lichte einer prioritären Normwertkonzeption.

Die im Anschluss zu präsentierende *temporale Interpretation I* antwortet auf die Lage der *Opfer* von Unrecht. *Opfer* erleiden nicht nur einen materiellen und seelischen Schaden, sondern eine willentliche Verletzung ihrer Rechte. Letzteres macht das Spezifische der Unrechtserfahrung aus. Eine Person kann durch eine unglückliche Liebe oder einen Todesfall seelischen Schaden nehmen oder dadurch, dass sie Zeugin eines schrecklichen Unfalls wird; sie kann durch Pech oder Versäumnisse verheerende materielle Verluste erleiden. Doch solche schlimmen Erfahrungen unterscheiden sich von der Erfahrung des Unrechts. Diese ist nicht nur mit materiellen und psychischen Nachteilen verbunden, sondern stellt einen spezifischen Angriff auf den Kern des Personseins dar. Die Aggression fügt nicht nur Schmerzen zu, stört oder zerstört Pläne und Beziehungen, sondern stellt willentlich den Status eines Individuums als einer zu achtenden Person in Frage. Die Rechtsgemeinschaft – verstanden als eine Gemeinschaft von Personen, die sich wechselseitig als Träger von Rechten und Pflichten anerkennen – muss auf diesen Angriff reagieren. Das Unrecht verlangt eine Richtigstellung durch das System des Rechts, indem der Aggressor – wenn möglich – bestraft wird. Die Bestrafung hat für das Opfer die wichtige Funktion, es als zu achtende Person zu bestätigen.

Die Missachtungserfahrung des Unrechtsopfers verbindet es in spezifischer Weise mit dem Täter. Zu der Bestätigung seines Rechtes gehört nicht nur die in der Strafe vollzogene Negation des Unrechts durch die Rechtsgemeinschaft, sondern die Rücknahme der Verletzung durch den Aggressor. Wiedergutmachung dient der Wiederherstellung der durch die Schädigung gestörten moralischen Ordnung. Der Aggressor schuldet dem Opfer Wiedergutmachung, weil er ihm die Achtung seines Status' als Person schuldet.

Das Gesagte gilt für die *Opfer* von historischem Unrecht, aber nicht für *Betroffene*. Die *Betroffenen* sind nicht im Kern ihres Personseins angegriffen. Sie müssen nicht – aufgrund einer geschehenen Verletzung – in spezifischer Weise in ihren elementaren menschlichen Rechten bestätigt werden. Hinsichtlich ihrer Wiedergutmachungsansprüche stehen sie auf einer anderen Stufe als die *Opfer*.

Meine temporale Interpretation der *Grundintuition wiedergutmachender Gerechtigkeit* trägt dieser Differenz Rechnung und supponiert, dass Unrecht gegenüber den *Opfern* nicht vergeht. Das Verstreichen der Zeit führt nicht zu einer Abschwächung der Reparationspflicht, sondern stellt ein zusätzliches Unrecht dar. Diese Überlegungen sprechen dafür, die Ansprüche der *Opfer* nicht einer Normwert-, sondern einer Anrechtskonzeption entsprechend auszulegen. Denn Anrechtskonzeptionen gehen – anders als Normwertkonzeptionen – davon aus, dass Reparationen an die Opfer historischen Unrechts *Pro-tanto*-Pflichten sind, deren Gegenstand am Status quo ante und dessen Wiederherstellung orientiert ist. Würde man eine Normwertkonzeption auf die Ansprüche der *Opfer* anwenden, so ignorierte man das Spezifische ihrer Entrechtungserfahrung. Die Reparation würde weniger auf die Negation des Unrechts zielen, als auf die Erfüllung einer allgemeinen Norm.

Temporale Interpretation I (laut gemäßigt konservativer Anrechtskonzeption): Reparationspflichten gegenüber den *Opfern* historischen Unrechts haben im Zeitablauf ein konstantes absolutes Gewicht. Die Nichterfüllung einer solchen Pflicht stellt ein zusätzliches Unrecht dar.

Reparationspflichten sind in einer gemäßigt konservativen Anrechtskonzeption Hohe Trümpfe – sie haben bei der Abwägung staatlicher Transferverpflichtungen ein sehr hohes Gewicht. Dieses Gewicht nimmt zu Lebzeiten der *Opfer* nicht ab.

Mit Blick auf *Betroffene* vergeht historisches Unrecht. Deren Ansprüche sind gemäß der prioritären Normwertkonzeption zu bestimmen. Die Tatsache historischen Unrechts hat in einer prioritären Normwertkonzeption den Status eines Stichmachers. Sie begründet den Vorrang eines Anspruchs auf Transfers, der indes unabhängig von jener Tatsache besteht. Das Verstreichen der Zeit führt hier zu einer Abschwächung der Reparationspflicht. Die normative Kraft des Stichmachers nimmt mit zunehmender zeitlicher Distanz ab.

Temporale Interpretation II (gemäß prioritärer Normwertkonzeption & gemäßigt konservativer Anrechtskonzeption): Reparationspflichten gegenüber den *Betroffenen* folgen aus den Rechten der Opfer; ihr Gewicht nimmt im Zeitablauf ab.

Ich möchte die Implikationen der Zwei-Stufen-Interpretation in kontrastierender Weise veranschaulichen: Im amerikanischen Unabhängigkeitskrieg versprach General Washington den Stämmen der Passamaquoddy, der Penobscot und der Maliseet, dass er im Falle eines Sieges dafür sorgen werde, dass ihre territoriale Integrität unangetastet bleibe, wenn sie seine Revolutionsarmee unterstützten. Im Jahre 1790 wurde dieses Versprechen im *Indian Nonintercourse Act* in Gesetzesform gegossen. Ziel des Gesetzes war es, die Stämme vor einer unautorisierten Landnahme zu schützen. Trotz ihrer ausschlaggebenden Rolle für den siegreichen Verlauf der Kämpfe, hielten die Vereinigten Staaten ihre gesetzlichen Zusicherungen nicht ein, und die Stämme verloren zwischen 1794 und 1833 fast ihr gesamtes Land an den Bundesstaat Maine. Das strittige Land umfasst 2/3 der Fläche von Maine, 350.000 Drittparteien sind von dem Disput betroffen.[6] Mit der Verletzung ihrer Garantien haben die Vereinigten Staaten zweifellos Unrecht an den besagten Stämmen begangen. In ihrer Erörterung dieses Falls kommt die Philosophin Renée Hill entsprechend zu dem Schluss, dass das betroffene Land zu restituieren oder Entschädigung zu zahlen sei. Sie vertritt, was ich in dieser Arbeit eine *konservative Anrechtsposition* nenne.

Meine Begründung der *temporalen Interpretation I* hebt auf die spezifische Missachtungserfahrung der unmittelbaren Opfer ab. Fehlt die spezifische Erfahrung, Angriffsziel einer willentlichen Verletzung unverlierbarer Rechte zu sein, so fehlt – nach dem bisher Gesagten – auch der Grund, die Anrechtskonzeption anzuwenden. Die Anrechtskonzeption verlangt die Wiedereinsetzung der *Opfer* in ihre Rechte und nicht das Erreichen eines Schwellenwerts, weil die spezifische Entrechtungserfahrung der angegriffenen Individuen wiedergutgemacht werden muss.

Aus Sicht der Zwei-Stufen-Interpretation besteht das Unzulängliche der Position Hills daher nicht in der anrechtstheoretischen Annahme, dass aus dem historischen Unrecht unter geeigneten Bedingungen ein Anspruch auf Wiederherstellung eines Status quo ante folgt. Vielmehr liegt der Fehler in der Anwendung dieser Theorie auf nachfolgende Generationen. Hill geht zu Unrecht davon aus, dass der Anspruch der *Opfer* den Generationenwechsel unversehrt übersteht. Ihr zufolge ist es irrelevant, dass seit Ende des Unrechts mehr als einhundertsiebzig Jahre vergangen und die Opfer schon lange verstorben sind, weil ihr zufolge die Stämme selbst als kulturelle Gemeinschaften Opfer des Unrechts waren. Reparationspflichten persistieren nach Hill so lange, wie (i) der Anspruch offen bleibt, (ii) das Opferkollektiv fortbesteht, (iii) das Täterkollektiv existiert oder (falls (iii) nicht gegeben ist) (iv) herausgebbare ungerechtfertigte Vorteile einer unschuldigen dritten Instanz vorhanden sind.[7]

Für zeitlich weit entferntes Unrecht ist aber – so meine These – etwas unstatthaft, was für zeitlich nahes Unrecht legitim und sogar erforderlich erscheint: die Privilegierung des Status quo ante. Zwar mögen heute bestehende Kollektive vor Jahrhunderten Unrecht erlitten haben, doch dies heißt nicht, dass sie nach Jahrhunderten noch den Status eines *Opfers* für sich reklamieren könnten. Nach Jahrhunderten sind sie vom Unrecht allenfalls noch betroffen.

Bevor ich mich Überlegungen von Waldron zuwende, die gegen die *temporale Interpretation I* verwendet werden können, möchte ich zwei schwächere Argumente dafür aus dem Weg räumen, von einer stetig abnehmenden normativen Kraft des Unrechts auszugehen: Das eine beruht auf der Vorstellung von einer inversen (reinen) Zeitpräferenz, das andere operiert mit der These von der abnehmenden Intensität der Erinnerung. Beide Argumente richten sich gegen die temporale Interpretation I.

Reine Zeitpräferenz: Eine reine Zeitpräferenz liegt vor, wenn ein Entscheider – ceteris paribus - ein Gut zum Zeitpunkt t höher schätzt als dasselbe Gut zu einem späteren Zeitpunkt $t+1$.[8] Diese Präferenz ist zu unterscheiden von dem Wunsch, eine Belohnung lieber früher als später zu erhalten, weil die Zukunft ungewiss ist. Wer im Entscheiden von einer reinen Zeitpräferenz beeinflusst wird, schätzt ein Ereignis in der nahen Zukunft als wichtiger ein, einfach weil es in der nahen und nicht in der fernen Zukunft stattfindet.

Eine inverse (reine) Zeitpräferenz bewertet ein Ereignis E in der Vergangenheit, das länger her ist, als weniger wichtig, als ein in allen relevanten Hinsichten ähnliches Ereignis E_1, das zeitlich näher liegt.

Die meisten Selbstinteresse-Theorien der Rationalität gehen davon aus, dass es keinen Grund gibt, ein Gut zu t unter sonst gleichen Umständen gegenüber demselben Gut zu $t+1$ zu bevorzugen.[9] Wir sollten in unserem Entscheiden keinen „bias towards the near" zutage legen. Entsprechend lässt sich wohl auch sagen, dass eine inverse Zeitpräferenz kein guter Grund ist, die Wichtigkeit eines historischen Ereignisses abzuwerten.

Abnehmende Intensität der Erinnerung: Die Erfahrung zeigt, dass die individuelle Erinnerung mit der Zeit an Kraft verliert. Ein zeitlich näheres Ereignis E_1 wird lebhafter erinnert als ein in allen relevanten Hinsichten gleiches, jedoch länger zurückliegendes Ereignis E_2. Es ist angemessen, von zwei homogenen vergangenen Ereignissen dem lebhafter erinnerten ein größeres normatives Gewicht zu geben als dem weniger lebhaft erinnerten.

Die Prämisse dieser Begründung ist jedoch fraglich. Erinnerung an Unrecht ist für die Opfer traumatisch. Es gehört zu den Kennzeichen posttraumatischer Belastungsstörungen, dass sich die Erinnerung an das traumatisierende Ereignis im Laufe der Zeit nicht abschwächt.[10] Der jüngst verstorbene Schriftsteller Fred Wander berichtete von täglichen Flashbacks an sein Leiden im KZ. Für Primo Levi war die Erinnerung an die Zeit in Auschwitz so quälend gegenwärtig, dass er sich das Leben nahm. Wander lebte nach dem Krieg lange in der DDR, „angewidert davon, wie im Westen die Nazi-Vergangenheit verdrängt wurde".[11] Ich möchte daraus schließen, dass die Erinnerung an Unrecht auf Täter- und auf Opferseite ungleich schnell verfällt. Aus naheliegenden Gründen kann aber der Erinnerungsschwund der Täter nicht maßgeblich sein für den Bestand der Ansprüche der Opfer. Entsprechend taugt die Behauptung von der abnehmenden Stärke der Erinnerung nicht, um die These zu stützen, die Reparationspflichten gegenüber *Opfern* würden mit der Zeit schwächer.

5.1 Waldrons These über die Verjährung der Ansprüche von Opfern

Eine anspruchsvollere Gegenposition zur *temporalen Interpretation I* findet sich bei Jeremy Waldron.[12] In einem viel beachteten Aufsatz hat Waldron argumentiert, dass mit zunehmender Dauer die Richtigstellung von Unrecht an Dringlichkeit verliert und schließlich gar keine Forderung der Gerechtigkeit mehr darstellt. Er unterscheidet dabei materielle Leistungen, deren Aufgabe ist, einen Verlust zu kompensieren, von solchen, die einem historischen Ereigniszusammenhang einen angemessenen Platz in der kollektiven Erinnerung geben sollen. Als Beispiel für Letzteres nennt er die Entschädigungen an japanisch-amerikanische Familien, die im Zweiten Weltkrieg zu Unrecht in speziellen Lagern interniert wurden. 1988 hat der amerikanische Kongress die gesetzlichen Grundlagen dafür geschaffen, dass die Internierungsopfer mit jeweils $ 20.000 entschädigt werden. Das Gesamtvolumen der Zahlungen belief sich auf rund 1,5 Milliarden US-Dollar.[13]

> „The point of these payments was not to make up for the loss of home, business, opportunity, and standing in the community which these people suffered at the hands of their fellow citizens, nor was it to make up for the discomfort and degradation of the their internment. (…) The point was to mark – with something

that counts in the United States – a clear public recognition that this injustice did happen, that it was the American people and their government that inflicted it, and that these people were among its victims. The payments give an earnest of good faith and sincerity to that acknowledgement."[14]

Materielle Leistungen haben in dem angeführten Fall die Funktion, den japanisch-stämmigen Amerikanern das sichere Bewusstsein zu vermitteln, gleichberechtigter und gleichwertiger Bestandteil der Bevölkerung zu sein. Erst indem die Seite des Aggressors ihr Bedauern versichert und glaubhaft macht, findet die spezifische Erfahrung von Entrechtung und Diskriminierung ein Ende. Es scheint, als betone Waldron hier, wie die *Wiedergutmachungsthese*, dass Wiedergutmachung auf die Wiederherstellung der gestörten moralischen Ordnung zwischen Opfer und Aggressor ziele; und scheinbar ähnlich wie W_{ii} würdigt Waldron die Wichtigkeit eines signifikanten Beitrags zur Bewältigung des Schadens. Die Differenzen werden aber rasch deutlich, wenn man genauer untersucht, was Waldron als einen signifikanten Beitrag versteht und wie er sich die Wiederherstellung der moralischen Ordnung vorstellt. Der Grundgedanke lautet, dass individuelle und kollektive Erinnerung konstitutiv sind für die ‚Identität' einer Person oder einer Gemeinschaft. Vergangenes Unrecht affiziert die Vorstellung über die Rolle der eigenen Person oder Gemeinschaft in der sozialen Welt und prägt somit gegenwärtige Wahrnehmungen des Handlungsraums. Symbolische Wiedergutmachung ist oftmals eine Voraussetzung dafür, die durch die Unrechtserfahrung beschädigte Selbstachtung zu restituieren. Doch was gilt als eine solche symbolische Wiedergutmachung? Und unter welchen Umständen könnte sie als eine Wiederherstellung der moralischen Ordnung betrachtet werden?

In diesem Zusammenhang fällt ins Gewicht, dass Waldron keinen Unterschied macht zwischen *Opfern* und *Betroffenen*. Die Konsequenzen dieses Versäumnisses lassen sich anhand des von Waldron gegebenen Beispiels erläutern: Bei einem Reparationsvolumen von 1,5 Milliarden US-Dollar konnte nicht davon die Rede sein, dass die erlittenen materiellen Schäden und Verluste der Opfer der Internierung auch nur näherungsweise wettgemacht würden; es ging, wie Waldron schreibt, um „an earnest of good faith and sincerity to that acknowledgement."

Dies ist sicherlich auch erreicht worden. Die Wiederherstellung der moralischen Ordnung verlangt aber mehr, als dem eigenen guten Willen materiell Nachdruck zu verleihen – sie verlangt einen angemessenen Beitrag zur Wiedergutmachung des Schadens. Oben hatte ich bereits angemerkt, dies setze beispielsweise die Herausgabe von Vorteilen voraus, die eine Partei aufgrund des Unrechts genieße. Weigert sich die Partei, die das Unrecht begangen hat, auf die dadurch erlangten Vorteile zu verzichten, so anerkennt sie nicht die Tatsache, dass sie Unrecht getan hat. Vielmehr gibt sie durch ihre Weigerung zu erkennen, dass sie ein Recht auf die entsprechenden Ressourcen beansprucht.

Diese Erläuterung kann ich hier um eine weitere ergänzen: Peilpunkt für die Bestimmung einer angemessenen materiellen Wiedergutmachung gegenüber den *Opfern* muss gemäß Anrechtskonzeption die volle Wiedereinsetzung der *Opfer* in ihre Rechte sein. Denn die *Opfer* werden durch das Unrecht im Kern ihrer moralischen Subjektivität angegriffen. Die vollständigste Heilung dieses Angriffs ist die vollständige Zurücknahme seiner Wirkung durch den Aggressor. Daran hat sich jede Anstrengung zur Wiederherstellung der moralischen Ordnung zu orientieren. Jede Abweichung von der vollen Wiederherstellung ist begründungsbedürftig. Ich möchte dies die *Begründungslastregel* nennen: Die Partei des Aggressors hat Gründe dafür vorzulegen, warum die volle Wiedereinsetzung der *Opfer* in ihre Rechte moralisch nicht gefordert ist. Sie hätte plausibel zu machen, dass die entsprechenden Mittel für andere und moralisch vordringlichere Ziele benötigt werden.

Nichts dergleichen ist aber in dem in Frage stehenden Fall geschehen, und so wird kein Grund ersichtlich, warum der von den Internierungsopfern erlittene Schaden anders behandelt werden sollte als Schäden anderer Opfer von Unrecht oder Fahrlässigkeit, denen man einen Anspruch auf volle Kompensation zugesteht, etwa den Konsumenten von fehlerhaften oder gesundheitsgefährdenden Produkten oder den durch Emissionen Geschädigten. Nicht nur im Kontext der amerikanischen Rechtskultur kommt der Verzicht auf eine möglichst vollständige Kompensation einer Herabstufung des Status' der Opfer gleich. Ihnen wird lediglich ein Anrecht auf eine substantielle Geste zugestanden, während die an Lungenkrebs erkrankten Raucher mit Summen rechnen dürfen, die sich an den vollen Schadenskosten zumindest orientieren, auch wenn sie diese letztendlich nicht decken. Wenn Waldron die symbolische Bedeutung der Entschädigung an die Internierungsopfer betont, fragt sich, wofür dieses Symbol in dem konkreten Fall eigentlich steht. Es bezeugt den guten Willen des Aggressors – repräsentiert durch die Abgeordneten im Kongress –, eine materiell erwähnenswerte Leistung zugunsten der Opfer zu erbringen. Die Anerkennung des Unrechts als Unrecht schließt aber – wie gesagt – mehr ein. Wer Unrecht als Unrecht erkennt, sieht die praktische Notwendigkeit, das Unrecht soweit zu korrigieren, wie die verfügbaren materiellen Mittel und das

System der bestehenden moralischen Pflichten dies erlauben – und dies ist etwas anderes als eine Geste guten Willens.

Die vom Kongress gewährte Leistung symbolisiert insofern, kritisch betrachtet, die Weigerung, das Unrecht als Unrecht anzusprechen und wiedergutzumachen; sie steht vielmehr für eine Haltung, welche die Internierung als bedauerlichen Irrtum betrachtet, für den man bereit ist, Verantwortung zu übernehmen, ohne sie zu schulden.

Festhalten möchte ich daher folgende Eingrenzungen zu der Wiedergutmachungsthese: Der für die Wiederherstellung der moralischen Ordnung zwischen Opfer und Aggressor nötige materielle Beitrag ist nicht mit einer Demonstration des guten Willens seitens des Aggressors zu verwechseln. Eine solche Demonstration läuft auf einen Ausdruck der Asymmetrie, der überlegenen Macht und des souveränen Rechts des Aggressors hinaus. Der Aggressor leistet nur dann den zur Wiedergutmachung gebotenen Beitrag, wenn dieser der Begründungslastregel genügt – wenn also jede Abweichung von der vollständigen Kompensation des *Opfers* mit guten Gründen gerechtfertigt werden kann.

Damit möchte ich diesen Teil der Erörterung der Position Waldrons schließen und mich dem vorrangigen Gegenstand seiner Argumentation zuwenden, den Reparationen im strikten Sinne; darunter versteht er, abweichend von dem in dieser Arbeit festgelegten Gebrauch, nicht materielle Wiedergutmachungen, die dem Einbekenntnis eines moralischen Fehlers durch Repräsentanten einer gesellschaftlichen Gruppe oder einer politischen Körperschaft Nachdruck verleihen, sondern substantielle Eingriffe in den Status quo mit dem Ziel der Wiederherstellung eines möglicherweise bereits sehr lange zurückliegenden Status quo ante. Während Waldron symbolische (im landläufigen Sinne einer Geste des guten Willens) Reparationen auch für Unrecht befürwortet, das bereits Generationen zurückliegt, ist seine Einstellung gegenüber Reparationen im strikten Sinne kritisch – und zwar auch dann, wenn das Unrecht jüngeren Datums ist.

Waldrons Artikel hat in erster Linie Ansprüche indigener Gemeinschaften vor Augen, wie die der neuseeländischen Maori. Grundlage dieser Ansprüche ist der Vertrag von Waitangi von 1840. Er sicherte den ‚United Tribes of New Zealand' die volle, ungestörte Nutzung ihres Landes zu, während diese im Gegenzug vorbehaltlos die Souveränität an die britische Krone abtraten.[15] 1865 sind bedeutende Landstücke in vertragswidriger Weise von einigen Maori-Stämmen enteignet worden.

Erst einhundertdreißig Jahre später (und nach dem Erscheinen von Waldrons Artikel) ist dieser Vertragsbruch in Teilen korrigiert worden. 1995 reiste Queen Elizabeth II nach Neuseeland, um ein Gesetz, die ‚Waikato-Raupatu Claims Settlement Bill', zu unterzeichnen, das die Rückgabe von Land an die Maori regelte, und um sich für das begangene Unrecht feierlich zu entschuldigen.

Vergleichbare Fälle sind zahlreich in Kanada und den Vereinigten Staaten. Die Argumentation Waldrons ist aber nicht auf Fälle dieser Art beschränkt. Sie beansprucht Relevanz für alle Forderungen nach Wiedergutmachung historischen Unrechts, die Eigentum zum Gegenstand haben. In diesem Abschnitt geht es mir ausschließlich um die Konsequenzen der Position Waldrons für den Status der *Opfer*. Die Problematik der Rechte von *Betroffenen* möchte ich hier noch ausklammern.

Der Gegenstand der Wiedergutmachung kann in unterschiedlicher Weise konstruiert werden. Waldron erörtert die Option, Ansprüche auf kontrafaktische Szenarien zu stützen, die auf der Grundlage spezifischer Rationalitätsannahmen konstruiert werden. Diese Annahmen werden eingeführt, weil der fiktive Ereignisverlauf durch Entscheidungen geprägt wird und die Rationalitätsunterstellung mit einem verringerten Maß an Willkür zu bestimmen erlaubt, was geschehen wäre, wäre das Unrecht nicht begangen worden. Waldron hält die Nutzung kontrafaktischer Szenarien grundsätzlich für ein legitimes Mittel normativen Denkens; doch weist er darauf hin, dass die kontraktualistische Tradition dieses Mittel nicht benutzt hat, um in isolierter Weise die Anrechte einzelner Gruppen der Gesellschaft zu bestimmen. Besonders deutlich wird dies mit dem rawlsschen Begriff der Grundstruktur ausformuliert:

> „We deploy the counterfactuals of modern contractarianism to evaluate the entire basic structure of a society, not to evaluate some particular distribution among a subset of its members."[16]

Diesen Punkt hält er deshalb für besonders wichtig, weil Reparationen im strikten Sinne die Rechte sowie die Einkommens- und Vermögenssituation aller Gesellschaftsmitglieder beeinflussen werden. Es erscheint unfair, die Anrechte eines Teils der Bevölkerung unter der Fiktion rationaler Wahl bei vollständiger Information zu bestimmen und dem Rest zu erklären, sie hätten die Folgen verfehlter oder sich als unglücklich erweisender Entscheidungen ohne Anspruch auf Ausgleich selbst zu tragen.

„People can and often do act freely to their own disadvantage, and usually when they do, they are held to the result. A man who actually loses his land in a reckless though voluntary wager and who accepts the justice of the outcome may be entitled to wonder why, in the attention we pay to aboriginal reparations, we insulate people from the possibility of similar vicissitudes.“[17]

Für Waldron folgt daraus, dass wir die Korrektur eines bestimmten historischen Unrechts nicht isoliert betrachten können, sondern eine ‚holistische Herangehensweise' benötigen, welche die gerechten Ansprüche aller Mitglieder der Gesellschaft eruiert.[18] Dies macht es ihm zufolge unvermeidlich, die Wiedergutmachung historischen Unrechts im Kontext der Frage zu verhandeln, welche Rechtfertigung die Institution des Privateigentums überhaupt hat.

Da Lockes Theorie ursprünglicher Appropriation ihm zufolge unbefriedigend ist und moderne Fortsetzer, wie Nozick, nichts besseres anzubieten haben, unterbreitet Waldron einen eigenen Vorschlag für eine Theorie historischer Anrechte.

Die Grundidee ist folgende: Moralische Rechte dienen dem Schutz essentieller Interessen von Personen. Das moralische Recht einer Person an der Verfügung über einen bestimmten Gegenstand beruht ihm zufolge auf der Funktion, die dieser Gegenstand für die Ausführung von deren Lebensplänen hat. Lebenspläne enthalten die Konzeption des Guten einer Person und formulieren, auf welchem Wege sie dieses Gute zu erreichen gedenkt. Eigentum gibt einer Person die Möglichkeit, mit der Verfügbarkeit eines Gegenstandes zu einem bestimmten Zeitpunkt zu rechnen. Ein hoher Grad an Berechenbarkeit ist eine zentrale Voraussetzung für die rationale Verfolgung des eigenen Lebensplans und damit des je eigenen Guten. Eigentumsrechte schützen insofern das essentielle Interesse von Individuen, das Gute planmäßig verfolgen zu können.

Wenn jemandes Eigentumsrecht missachtet wird, werden dessen essentielle Interessen verletzt; die Ausführung seines Lebensplans und die Verfolgung seiner Ziele wird gestört. Daher hat er einen Anspruch auf Richtigstellung des Eingriffs. Bleibt diese jedoch aus, ist eine Person mit dem Verstreichen der Zeit gezwungen, ihren Lebensplan neu einzurichten. Sie muss nun eine Konzeption des Guten ausbilden, in der die verlorenen Gegenstände keine tragende Rolle mehr spielen. Eine solche Konzeption kann (a) den Verzicht auf das Verlorene beinhalten; sie kann (b) aber auch völlig auf dessen Wiedererlangung ausgerichtet sein. In beiden Fällen schwächt sich mit der Zeit der *moralische*

Anspruch auf den verlorenen Gegenstand ab, weil er den Status eines „pivotal point in her thinking, planning, and action“ verliert.[19]

Dies mag für die zweite (b) der beiden Konzeptionen, die ganz auf Wiedergewinnung des Gegenstandes angelegt ist, überraschen. Waldron insistiert aber darauf, dass jene zu schützenden ‚Angelpunkte‘ in der faktischen Verfügungsmöglichkeit bestehen. Je länger ein Unrecht zurückliegt, desto weniger kann die Chance, über einen Gegenstand zu verfügen, innerhalb des eigenen Lebensplans berechtigterweise erwartet werden. Das Projekt, einen verlorenen Gegenstand wieder zu erlangen, stiftet nach Waldron kein moralisches Recht, weil es keine geeignete berechtigte Erwartung impliziert:

> „The original entitlement is based on the idea that I have organised my life around the use of this object, not that I have organised my life around the specific project of hanging on to it or getting it back.“[20]

Für Waldron folgt daraus, dass in einer auf den Begriff der Autonomie und der „pivotal points“ aufgebauten Theorie ursprünglicher Appropriation mit zunehmendem Zeitverlauf das moralische Recht auf Restitution schwächer wird und zuletzt ganz verschwindet. Mit anderen Worten: Der plausibelste Kandidat für die Stützung von Wiedergutmachungsansprüchen, eine Anrechtstheorie der Verteilungsgerechtigkeit, liefert in ihrer am meisten einleuchtenden Interpretation das Ergebnis, dass es nach relativ kurzer Zeit nicht mehr geboten ist, Verletzungen des Eigentums zu korrigieren.[21]

i) Der wichtigste Einwand gegen Waldrons Position lautet, dass sie zu unterscheiden versäumt zwischen den Gründen für die Möglichkeit privaten Eigentums innerhalb einer Rechtsordnung und den Gründen für das Eigentum an einer spezifischen Sache. Auch wenn man Waldron zustimmt, dass die Rechtfertigung der Institution Eigentum darin besteht, dass sie individuelle Lebenspläne ermöglicht, sollte man ihm nicht folgen, wenn er sagt, das moralische Anrecht auf die Verfügung über einen bestimmten Gegenstand beruhe darauf, dass dieser Gegenstand innerhalb des individuellen Lebensplans wesentlich sei. Denn die Institution ‚Eigentum‘ ist so beschaffen, dass eine Person durch geeignete Handlungen gewisse Rechte erwirbt, deren Bestand unabhängig ist von der Stellung eines Gegenstands in ihrem Lebensplan. Umgekehrt stiftet die Tatsache, dass eine Sache einen „pivotal point“ für einen Plan darstellt, kein entsprechendes Recht. Nehmen wir den Fall von Mr. Hackett in Samuel Becketts „Watt“:

„Mr. Hackett bog um die Ecke und sah im schwindenden Licht nicht weit vor sich seine Bank. Sie schien besetzt zu sein. Diese Bank – wahrscheinlich Eigentum der Stadt oder der Allgemeinheit – war freilich nicht seine, aber er sah sie als seine an. So war Mr. Hacketts Einstellung zu den Dingen, die ihm gefielen. Er wusste, dass sie nicht seine waren, aber er sah sie als seine an.“[22]

Dass die Sitzbank einen „pivotal point“ darstellt, gibt Mr. Hackett – wie er selbst weiß – kein Recht an ihr. Entsprechend verliert die Person oder Instanz, der die Sitzbank gehört, nicht das Recht, wenn sie keinen „pivotal point“ (mehr) darstellt. Waldron unterscheidet hier – wie bereits gesagt – nicht zwischen dem, was die Existenz von privatem Eigentum in einer Rechtsordnung rechtfertigt und dem, was innerhalb einer solchen Ordnung Eigentum an einem Gegenstand stiftet.

(ii) Gegen Waldrons Position lässt sich zudem einwenden, dass sie auf einer revisionistischen Auffassung von Eigentumsrechten beruht. Eine Eigentümerin verfügt über ein Bündel an Rechten hinsichtlich des Gegenstandes. Dieses Rechtsbündel wurde durch bestimmte Handlungen der Eigentümerin erworben. Das Interesse einer Person an der erworbenen oder hergestellten (und damit in das Eigentum gelangten) Sache hat den Status eines rationalisierenden Grundes – aber der Gegenstand kann auch Eigentum werden, ohne dass diese Gründe vorliegen, etwa wenn eine Handlung, die Eigentum begründet unter falschen Annahmen vollzogen wurde, oder ohne besondere Gründe, wie bei einem Impulskauf. Zu den Standardrechten, die durch eine Eigentum begründende Handlung erworben werden, gehört in vielen Fällen (aber nicht immer), den Gegenstand zu vernichten, zu verändern oder zu vernachlässigen. Die Standardrechte der Eigentümerin eines bestimmten Gegenstands hängen insofern nicht davon ab, dass er eine wichtige Rolle in ihrem Lebensplan spielt.

Waldron kann nun vorbringen: Die mit dem Eigentum verbundenen Standardrechte gehen über das hinaus, worauf eine Person einen genuinen moralischen Anspruch hat. Wenn eine Person kein wesentliches Interesse an einem Gegenstand mehr hat, so hat sie ihr moralisches Recht auf ihn verwirkt. Doch dies ist, wie gesagt, eine revisionistische Eigentumstheorie.

iii) Auch wer geneigt ist, sich Waldrons revisionistischer Eigentumstheorie anzuschließen, kann Bedenken gegen dessen Zurückweisung von Reparationsansprüchen haben. Wenn man meint, das Recht, einen Gegenstand zu vernichten oder zu vernachlässigen, sollte nicht in das Bündel der Eigentumsrechte gehören, weil diese Rechte nicht aus dem Gedanken folgen, dass Rechte essentielle Interessen schützen sollten, sagt dies noch nichts hinsichtlich der Frage, ob es auch nach langer Zeit ein essentielles Interesse an der Wiedererlangung eines Gegenstandes geben kann. Nehmen wir den Fall einer Person, welche die meiste Zeit ihres Lebens für die Wiedergutmachung eines natürlichen Verbrechens gekämpft hat. Dieses Unrecht bestand darin, dass man sie von ihrem Land vertrieben hat. Mit Waldron wäre hier zu sagen, dass das verlorene Land nach einer gewissen Zeit nicht mehr als „pivotal point" innerhalb der Lebenspläne jener Person fungieren kann.[23] Sie verlöre damit sowohl ihren Restitutionsanspruch, weil hier eben fehle, was ein wesentliches Interesse ausmache. Doch diese Feststellung trägt nichts aus, weil der Restitutionsanspruch einer Person natürlich einen anderen Grund haben muss als das „original entitlement". Er ist abgeleitet aus dem *Recht* am Gegenstand, nicht aus der Funktion des Gegenstands im Lebensplan. Die Frage, ob, wie und innerhalb welchen zeitlichen Rahmens solche Verletzungen zu heilen sind, muss daher anders beantwortet werden. Wenn eine Person über ein *Recht* auf einen Gegenstand verfügt, so ist sie in spezifischer Weise mit diesem verbunden. Wer ihr den Gegenstand gegen ihren Willen entzieht, verletzt ihr Recht und damit sie selbst. Einem *Opfer* zu erklären, das

> „original entitlement is based on the idea that I have organised my life around the use of this object, not that I have organised my life around the specific project of hanging on to it or getting it back",[24]

läuft darauf hinaus, ihm das *ursprüngliche* Recht abzuerkennen. Die Formel von der ‚Wiederherstellung der moralischen Ordnung' hebt auf diesen Umstand ab. Die materielle Wiedergutmachung ist Bestandteil einer Wiedereinsetzung der *Opfer* in ihre Rechte. In diesem Kontext sind andere Gesichtspunkte wesentlich als die von Waldron in den Vordergrund gerückte Frage, ob eine geschädigte Partei sich klugerweise hätte neu orientieren müssen statt auf die Korrektur des Unrechts zu insistieren. Relevant ist vielmehr allein die anhaltende Negierung der verletzten Person als eines zu achtenden Rechtssubjekts.

Ich schließe aus dem Vorangegangenen, dass Waldrons Argument dafür, dass die Rechte der *Opfer* anders als durch Erfüllung vergehen könnten, nicht einleuchtet.

5.2 Inwiefern sind Nachgeborene *Betroffene*?

Die temporale Interpretation II spricht *Betroffenen*, insbesondere Nachkommen von *Opfern*, Ansprüche gemäß der prioritären Normwertkonzeption zu, das heißt, sie postuliert, dass die Tatsache, dass eine Person von historischem Unrecht in Mitleidenschaft gezogen ist, ihr einen, gegenüber anderen Transferempfängern, bevorzugten Status verleiht. Daneben verfügen *Betroffene* über gewisse Rechte, die einer gemäßigt konservativen Anrechtskonzeption entsprechen. Die temporale Interpretation II setzt, dass die Ansprüche von Nachkommen – im Gegensatz zu denen von *Opfern* – vergehen.

Wie lassen sich diese Postulate begründen? Beginnen möchte ich mit dem grundlegenden Problem, inwiefern Nachgeborene überhaupt als Adressaten von Wiedergutmachung in Betracht kommen, wenn das wiedergutzumachende Unrecht gar nicht an ihnen, sondern an einer früheren Generation verübt wurde. Mit anderen Worten: Inwiefern können Nachgeborene überhaupt als *Betroffene* gelten? Die Antwort auf diese Frage – so meine These – liefert das Material zur Klärung des Problems, wie und in welcher Weise deren Ansprüche vergehen.

Die Frage, inwiefern Nachgeborene von Unrecht betroffen sein können, lässt sich in zweierlei Weise beantworten: (i) Nachgeborene sind *Betroffene*, wenn sie durch das Unrecht geschädigt wurden. Dies nenne ich den *Schädigungsansatz.* (ii) Nachgeborene sind *Betroffene*, wenn sie in einer moralisch relevanten Beziehung zu den *Opfern* stehen. Dies nenne ich den *Beziehungsansatz.*

Der Schädigungsansatz kann in zwei Varianten vertreten werden. Die *kontrafaktische Variante* bestimmt die Schädigung von Betroffenen, indem sie ihre faktische Situation vergleicht mit derjenigen Situation, die bestünde, wenn es nicht zum Unrecht gekommen wäre. Die *Vererbungsvariante* bestimmt die Schädigung von Betroffenen, indem sie ihnen einen von den *Opfern* ererbten Rechtstitel zuspricht.

Der Beziehungsansatz verankert den Wiedergutmachungsanspruch in der Tatsache, dass Personen in einer geeigneten moralischen Relation zu den *Opfern* stehen, in der Regel in der Beziehung der Nachkommenschaft. Die beziehungstheoretische Annahme lautet, dass es geboten ist, die Interessen von verstorbenen Unrechtsopfern zu fördern, indem man die Interessen ihrer Nachfahren fördert. Eine Person zählt diesem Ansatz zufolge nicht deshalb zu den *Betroffenen*, weil sie durch das Unrecht geschädigt ist oder weil sie ein Anrecht auf Reparation geerbt hätte, sondern weil ihre Vorfahren (die verstorbenen *Opfer*) ihr Gedeihen wünschten und weil diese Wünsche über den Tod der Opfer hinaus normative Kraft haben. Bei dem Beziehungsansatz möchte ich als einzige die Normwert- & Anrechtsvariante betrachten, der zufolge der Anspruch der *Betroffenen* durch die berechtigte Erwartung der *Opfer* festgelegt wird, dass ihre Nachfahren ein bestimmtes Wohlergehensniveau nicht unterbieten werden und dass sie über gewisse bedeutsame Gegenstände verfügen können.

Ansatz / Gegenstand der Reparation	Schädigungsansatz	Beziehungsansatz
Mutmaßliche Situation ohne Unrecht	Kontrafaktische Variante	–
Ererbter Rechtstitel	Vererbungsvariante	–
Erfüllung der Rechte von verstorbenen Opfern	–	Normwert- & Anrechts-variante

Abbildung 9: Betroffene nach Schädigungs- & Beziehungsansatz

5.2.1 *Kontrafaktische Variante und das Identitätsproblem*

Betrachten wir zunächst die kontrafaktische Variante des Schädigungsansatzes. Ihr Grundgedanke lautet, dass häufig nicht nur die unmittelbaren Opfer, sondern daneben weitere Personen durch das Unrecht in Mitleidenschaft gezogen werden. Wenn die *Grundintuition* von den Verantwortlichen die Wiedergutmachung des Unrechts verlangt, dann muss damit – so die Idee – die maximal mögliche Beseitigung der Unrechtsfolgen gemeint sein: also auch derjenigen Folgen, die nicht bei den unmittelbaren Opfern anfallen.

Der kontrafaktische Ansatz bestimmt, was die Menge der Aggressoren der Menge der *Betroffenen* schuldet, indem er den tatsächlichen Zustand mit demjenigen vergleicht, der ohne Unrecht bestehen würde. Dies entspricht einem geläufigen Verständnis von Kompensation, dem zufolge ein Zustand wiederhergestellt werden soll, wie er geherrscht haben würde, wenn das Unrecht den ‚normalen Gang der Dinge' nicht gestört hätte. Dabei wird in vielen Fällen die tatsächliche Situation Z einer Person P und der (ohne Unrecht wahrscheinlich bestehende) Zustand M von P in geeigneter Weise monetär bewertet. Der an P geschuldete Transfer entspricht dann der monetären Differenz zwischen Z und M. Zu Reparationszahlungen kommt es im kontrafaktischen Ansatz nur dann, wenn die *Betroffenen* sich als Folge des Unrechts materiell schlechter stellen.

Zu der Frage, welchen Prinzipien die kontrafaktischen Szenarien zur Bestimmung des Schadens gerecht werden müssen, möchte ich hier einige Überlegungen von George Sher aufgreifen.

Angenommen, wir wüssten sicher, dass *Q* ohne das an seinem Großvater verübte Unrecht ein sehr wohlhabender Mann geworden wäre (mögliche Welt ohne Unrecht *U*: W_O). Tatsächlich lebt er jetzt in dürftigen Verhältnissen (tatsächliche Welt mit Unrecht *U*: W_M). In einem naiven Verständnis der kontrafaktischen Variante könnte man meinen, der Aggressor schulde *Q* die Wohlergehensdifferenz zwischen W_M und W_O. Doch dies wäre zu einfach gedacht. Wenn wir von jemandem (*Q*) wissen wollen, in welchem Ausmaß er durch ein Ereignis *U* geschädigt wurde, so vergleichen wir nicht einfach *Q's* Wohlergehen, wie es ohne *U* bestehen würde, mit seinem tatsächlichen Wohlergehen.[25] Denn das Wohlergehen von *Q* in W_O hinge ab von Handlungen, die *Q* vollzogen hätte, wäre es nicht zu *U* gekommen. Handlungen, die möglich gewesen wären, aber nicht wirklich vollzogen wurden, bieten keine Grundlage, um zu bestimmen, was einer Person zusteht. Wir würden eine Person nicht bestrafen wollen mit der Begründung, dass sie ein Verbrecher geworden wäre, hätte sich etwas Bestimmtes ereignet; also sollten wir auch niemanden für bloß mögliche Handlungen belohnen. Zudem wird man fragen, wie W_M im Vergleich zu der Welt abschneidet, in der sich *U* ereignet, *Q* jedoch die verbleibenden Möglichkeiten in optimaler Weise genutzt hätte (Optimale Welt mit Unrecht *U*: W_{OP}). Die Differenz zwischen W_M und W_{OP} gibt ein Maß für die Versäumnisse von *Q* in W_M.

Der Anspruch, den *Q* aus dem beklagten Unrecht geltend machen könnte, wäre daher ungleich kleiner als die Differenz zwischen W_M und W_O. Die Differenz wäre zu vermindern um den Wert seiner Unterlassungen und den seiner bloß möglichen Handlungen. Der Anspruch aus dem Unrecht beschränkt sich somit – wie Sher sagt – auf die ‚automatischen Effekte', die mit *U* verbunden sind.

Für mittelbare Opfer, wie *Q's* Sohn *Z*, muss der Betrag der Schädigung doppelt vermindert werden: um den Wert von *Q's* Unterlassungen in W_M und den von *Q's* bloß möglichen Handlungen in W_O sowie um den Wert von *Z's* Unterlassungen und *Z's* bloß möglichen Handlungen. An einem bestimmten Punkt wird man sagen wollen, dass die faktische (und damit auch die normative) Kraft des Unrechts aufgezehrt ist.

Die Zwei-Stufen-Theorie schließt die Anwendung der Überlegungen Shers auf *Opfer* aus. Denn der Wiedergutmachungsanspruch der *Opfer* gründet nicht in der Tatsache, dass sie geschädigt, sondern dass sie entrechtet und missachtet wurden. Die normativen Konsequenzen der Entrechtungserfahrung können nicht durch das beeinflusst werden, was ein *Opfer* später aus ihrem Leben macht. Mit Blick auf *Betroffene* sind solche Überlegungen – im Rahmen der Anwendbarkeit des kontrafaktischen Ansatzes – hingegen zulässig. Sie helfen zu klären, inwiefern eine Person, die selbst kein *Opfer* ist, als durch Unrecht betroffen gelten und Reparationsansprüche haben kann.

Ich möchte nun die Anwendung der kontrafaktischen Variante des Schädigungsansatzes auf historisches Unrecht an einem Beispiel illustrieren:

Manche Gegner von Sklaverei-Reparationen antworten auf die Frage, in welchem Zustand sich die Afroamerikaner ohne das Unrecht der Sklaverei befänden, dass die Afroamerikaner ohne die Sklaverei Schwarzafrikaner wären und sich folglich schlechter stellen würden als ohne das von ihren Vorfahren erlittene Unrecht. Die Sklaverei stellt daher für sie als Nachkommen keinen Schaden dar, sondern einen Gewinn. Ellen Frankel Paul hat diesen Gedanken zugespitzt und gemeint, würde man das restaurative Element kompensatorischer Gerechtigkeit wörtlich nehmen, so schuldete das weiße Amerika dem schwarzen ein schlechteres Leben, weil die typische Vertreterin eines schwarzafrikanischen Landes die Situation einer „black teenage mother on welfare in one of this country's worst inner cities" nur beneiden könne.[26]

> „If not for the slave trade, most of the descendants of the slaves would now be living in Africa under regimes known neither for their respect for human rights, indeed for human life, nor for the economic well-being of their citizens."[27]

Dies ist eine im Ergebnis vielleicht nicht besonders überzeugende, aber doch konsequente Anwendung der kontrafaktischen Variante des Schädigungsansatzes: Wenn die heutigen Afroamerikaner sich durch das geschehene Unrecht besser stellen, so können sie über keinen Reparationsanspruch verfügen. Sie sind nicht geschädigt und gelten daher nicht als *Betroffene*, auch wenn sie in einem Abstammungszusammenhang zu *Opfern* stehen.

Ellen Frankel Pauls Vergleich beruht jedoch auf einer unhaltbaren Annahme. Die Kritik dieser Annahme hat bedeutsame Konsequenzen für die Validität von Reparationsforderungen aus Sicht der kontrafaktischen Variante des Schädigungsansatzes.

Frankel Paul setzt voraus, ohne Sklaverei wären die heute lebenden Afroamerikaner Schwarzafrikaner. So kommt sie zu dem Schluss, sie seien durch das Unrecht nicht schlechter, sondern besser gestellt. Doch ohne Sklaverei gäbe es einen heute lebenden Afroamerikaner, sagen wir Keith Richburg,[28] mit an Sicherheit grenzender Wahrscheinlichkeit gar nicht. Denn wären diejenigen, die durch den Sklavenhandel Keith Richburgs Vorfahren wurden, nicht versklavt worden, hätte es mit an Sicherheit grenzender Wahrscheinlichkeit niemals einen Menschen mit dem genetischen Bauplan Keith Richburgs gegeben – und insofern hat er auch keinen Grund, dafür dankbar zu sein, dass er nun nicht als Schwarzafrikaner leben muss, weil er unter anderen Umständen einfach nicht existieren würde. Aus dieser Überlegung folgt, dass sowenig Grund Keith Richburg hat, dafür dankbar zu sein, kein Schwarzafrikaner zu sein, sowenig Grund andere Afroamerikaner haben, das Unrecht der Sklaverei zu beklagen. Denn wenn jemand Kompensation verlangt, muss er darlegen, worin der Schaden besteht; und dies geschieht, indem er sein tatsächliches Wohlergehen mit dem kontrafaktischen Wohlergehen vergleicht, dass er genösse, wäre das Unrecht nicht geschehen. Dabei wird vorausgesetzt, dass die betreffende Person in beiden Zuständen existierte, eine Voraussetzung, von der wir gesehen haben, dass sie im gegebenen Fall äußerst unplausibel ist. Dieses Problem von Kompensation und personaler Identität in verschiedenen möglichen Welten ist von George Sher analysiert worden:[29] Können Personen einen Kompensationsanspruch für ein Unrecht haben, wenn dieses Unrecht ein entscheidender kausaler Faktor ihrer Existenz war, wenn sie – mit anderen Worten – in einer Welt ohne das beklagte Unrecht gar nicht gelebt haben würden? Die Schwierigkeit wird in der Literatur gemeinhin als *Identitätsproblem* bezeichnet. Es hat erhebliche Konsequenzen für die temporale Interpretation der *Grundintuition* innerhalb des kontrafaktischen Ansatzes.

5.2.2 Shers Analyse des Identitätsproblems

Das Identitätsproblem wirft die Frage auf, unter welchen Bedingungen man von zwei Personen sagen kann, sie seien identisch. Es wird in der Regel mit Blick auf die Ansprüche der Nachfahren erörtert – im Prinzip stellt es sich jedoch auch für die *Opfer* selbst. Angenommen, jemand werde von Vertretern der Staatsmacht entführt, gefangen gehalten und während der Gefangenschaft gefoltert. Infolge der erlittenen Traumatisierung und körperlichen Verletzungen verändert sich die Persönlichkeit des Opfers; er verliert einen großen Teil seiner Erinnerungen, seines heiteren Naturells und zudem seine Fähigkeit, einer geregelten Arbeit nachzugehen. Durch die Folter ist er „ein anderer Mensch geworden"; er ist nicht mehr derselbe wie früher. In welcher Weise könnte er seinen

Anspruch auf Kompensation – im Sinne der Standardtheorie – formulieren, obwohl Zweifel daran bestehen, dass er dieselbe Person ist wie die, die gefoltert wurde? Er würde geltend machen, dass er ohne die an ihm begangenen Verbrechen nicht traumatisiert wäre, dass sich seine Persönlichkeit nicht verändert hätte und er eine Erwerbsarbeit ausüben könnte. Entsprechend verlangte er, dass ihm Kompensationen geleistet werden, die ihn dem Wohlergehensniveau annähern, auf dem er sich ohne Unrecht befände.

Intuitiv bereitet uns dieser Anspruch wenig Probleme. Man kann ihn sich in Gedanken veranschaulichen, indem man sich einen Ereignisknoten in einem graphischen Baum vorstellt, der mögliche Zustände im Leben eines Menschen abbildet. Stellen wir uns vor, ein Individuum werde Opfer von Folter zu einem Zeitpunkt *t*. In dem graphischen Baum stellen wir dies dar, indem wir einen Ereignisknoten markieren, von dem ein Zweig oder Pfad zu dem Zustand führt, der sich ohne Folter ergibt, sowie ein weiterer Zweig oder Pfad zu dem Zustand leitet, der aus der Folter resultiert. Von dem betrachteten Knoten im Zeitpunkt *t* gehen also zwei Entwicklungspfade ab. Der eine Entwicklungspfad wird durch die Foltererfahrung *F* festgelegt; der andere Pfad *G* ergibt sich, wenn die Person kein Unrecht erleidet. Die Entwickungspfade führen zu Zuständen Z_F, respektive Z_G. Bewertet man nun diese Zustände in geeigneter Weise, so lässt sich unter Umständen ein Transfer bestimmen, der die Wertdifferenz zwischen Z_F und Z_G aufhöbe.

Theoretisch stellt sich die Situation jedoch schwieriger dar. Der Kompensationsanspruch scheint nämlich auf der Behauptung einer Identität von Personen in unterschiedlichen möglichen Welten zu beruhen. Der graphische Baum stipuliert einfach, dass die Personen in Z_F und Z_G identisch sind. Mit Recht? Ein wichtiger Ansatz zur Bestimmung der ‚transworld identity', wie der von David Lewis, stellt keine Kriterien bereit, die spezifisch genug wären, um entscheiden zu können, ob das Individuum in Z_F und das in Z_G als hinreichend ähnliche Gegenstücke gelten können.[30]

Es liegt nahe, Kandidaten für die Spezifikation solcher Kriterien hinreichender Ähnlichkeit zwischen personalen Gegenstücken in der Theorie personaler Identität zu suchen. Nach Sher führt aber gerade dies zu Problemen: Greift man auf geläufige Identitäts-Kriterien, wie ein hohes Maß an psychischer Kontinuität, zurück und erklärt sie zu Bedingungen für die Identität von Personen in verschiedenen möglichen Welten, so würde dies beispielsweise zu dem Ergebnis führen, dass eine Person, die einer die Persönlichkeit verändernden Folter unterzogen wurde, keinen Anspruch auf Kompensation hätte. Denn die Person in Z_F und die in Z_G gälten nicht als hinreichend ähnliche Gegenstücke.

„Because of this, the official view would entail that such a victim could never deserve compensation. Since this consequence is so counterintuitive, it would simply be a reductio of the views that led to it. Thus, failing a plausible alternative interpretation of the personal counterpart relation, Lewis's approach will not be compatible with the official view of compensation."[31]

Eine Möglichkeit, diese Schwierigkeit aufzulösen, besteht darin, die diachrone Dimension stärker zu betonen. Dies wird ja auch durch den graphischen Baum nahe gelegt. Oben hatte ich gemeint, der graphische Baum stipuliere einfach, dass die Personen in Z_F und Z_G identisch seien. Doch in welchem Sinne ist diese Stipulation zu verstehen? Der graphische Baum stellt dar, wie sich unterschiedliche Zustände aus Ereignissen ergeben. Man könnte nun sagen: Sind zwei Zustände, wie Z_F und Z_G, aus einem identischen Ereignisknoten hervorgegangen, so besteht zwischen den Personen in Z_F und Z_G die für Kompensation erforderliche Relation.[32] Nennen wir dies die Verzweigungsrelation.

Das Identitätsproblem lässt sich nun so umschreiben, dass zwischen den Nachfahren der *Opfer* und den Personen, die ohne Unrecht existieren würden, keine geeignete Verzweigungsrelation besteht. Denn wenn das Unrecht *U* begangen wurde, bevor eine Person *P* auf der Welt war, so gibt es auch keinen Ereignisknoten und keine Verzweigung, von dem ausgehend abgelesen werden könnte, wie das Leben von *P* ohne *U* verlaufen wäre. Wenn nun aber keine Verzweigungsrelation zwischen *P* und der in einer möglichen Welt *U* existierenden Person *P'* vorliegt, so hat *P* keinen Anspruch auf Kompensation. Sie kann nicht verlangen, dass sie – um der wiedergutmachenden Gerechtigkeit willen – soweit wie möglich auf das Wohlergehensniveau von *P'* gebracht wird.

Gestützt auf eine solche Überlegung hat der Philosoph Stephan Kershnar die Rechtfertigung von Reparationen und *Affirmative Action*-Programmen für Afroamerikaner durch den Gedanken kompensatorischer Gerechtigkeit zurückgewiesen: Zuweilen wird die Bevorzugung von Afroamerikanern in bestimmten Auswahlprozeduren damit legitimiert, dass dies eine Wiedergutmachung des Unrechts von Sklaverei und Diskriminierung darstelle. Die Kompensation von Unrecht – so Kershnar – verlangt indes den Vergleich zwischen den wirklichen Umständen einer geschädigten Partei *P* und einer in relevanten Hinsichten ähnlichen möglichen Welt, in der *P* nicht geschädigt worden wäre. Dieser Vergleich ist nötig, um die Höhe des Schadens zu bestimmen.

„The problem is that some unjust injuring acts, particularly acts of slavery, led to intercourse and the later creation of the ancestors of many members of minority groups. Hence, there is no possible world in which these individuals exist and in which the injustice, e.g. slavery, did not occur. As a result, the counterfactual test does not allow us to measure or even understand the existence of a compensatable injury to these persons."[33]

Wenn Unrecht *U* Existenzvoraussetzung einer Person *A* ist, so vermag *A* keine Wiedergutmachung für *U* zu verlangen, weil *A* durch das Unrecht nicht geschädigt sein kann. Damit ist nichts darüber gesagt, ob es andere Gründe für Förderprogramme geben könnte. Kershnars Argument zielt nur darauf, dass eine solche Pflicht keine Pflicht kompensatorischer Gerechtigkeit sein würde.

George Sher dagegen meint, die Intuition, dass historisches Unrecht, wie die Sklaverei in den Vereinigten Staaten, normative Kraft habe, zwinge uns, den Standardbegriff von Kompensation im Lichte des Identitätsproblems zu revidieren. Die Kompensation von historischem Unrecht fordere, die Person *P* auf dasjenige Wohlergehensniveau zu bringen, das die Person *Q* hätte, die ohne das Unrecht an *P's* Stelle existieren würde. Diese Lösung ist aber – wie Sher mittlerweile selber sieht – nicht überzeugend, weil nicht klar ist, wofür eine Person, die nicht geschädigt wurde, kompensiert werden sollte.[34]

Der Schluss von Kershnar und anderen folgt innerhalb der kontrafaktischen Variante unausweichlich: Personen können nur durch Unrecht geschädigt sein, das nicht Bedingung ihrer eigenen Existenz war.[35] Wäre es nicht zu dem Unrecht gekommen, so wären möglicherweise andere, glücklichere Personen geboren worden. Doch die Tatsache, dass aufgrund des Unrechts *U* die Person *P* und nicht eine glücklichere Person *Q* existiert, kann nicht als eine Schädigung von *P* beschrieben werden. P kann daher keine Kompensation für *U* beanspruchen. *U* hat keine normative Kraft mehr für *P*.

Es besteht somit ein Konflikt zwischen intuitiver Einschätzung und argumentativem Ergebnis, aus dem sich unterschiedliche Schlüsse ziehen lassen.

(i) Eine Option wird von der *Vererbungsvariante* des Schädigungsansatzes ergriffen und besagt, dass der Anspruch der *Betroffenen* sich aus der Tatsache ergibt, dass sie um ihr Erbe gebracht wurden. Der Anspruch des *A* ergibt sich wiederum aus seinem Recht auf das Erbe des *Opfers*. In dieser Sichtweise ist es offensichtlich irrelevant, ob jemand in der Lage von *A* in der richtigen Verzweigungsrelation zu einer Person steht, die ohne das Unrecht existierte. Es reicht hier aus, dass er zu den *Opfern* in einem Verhältnis steht, das rechtfertigt, ihn als legitimen Empfänger eines Gegenstandes zu betrachten, in Bezug auf den eine Herausgabepflicht vorliegt. Wiedergutmachende Gerechtigkeit gegenüber Opfern höherer Stufe zielt insofern auf die Richtigstellung eines Unrechts und nicht auf die Beseitigung eines Schadens.

(ii) Eine andere Option eröffnet die Beziehungstheorie: Geht es nach ihr, so basiert der Anspruch der *Betroffenen* nicht auf einer Schädigung, sondern auf ihrer Beziehung zu den *Opfern*. Ob sie ohne das Unrecht existiert hätten, ist daher sowohl für ihren normativen Status als Empfänger von Reparationen als auch für die Bestimmung der Anspruchssumme irrelevant. Die ihnen zustehende Reparation ergibt sich aus den berechtigten Erwartungen der *Opfer*. Unter berechtigten sind hier moralisch begründete Erwartungen zu verstehen. Moralisch begründet ist wiederum die Erwartung, dass den eigenen Nachkommen das positive Recht gewährt wird, nicht unterhalb einer spezifischen, allgemein-menschlichen Wohlergehensschwelle zu leben (prioritäre Normwertkonzeption); und dass bedeutsame Gegenstände – wie Kunstwerke oder Liegenschaften – in der Familie bleiben (gemäßigt konservative Anrechtskonzeption).

5.2.3 Die Vererbungsvariante des Schädigungsansatzes

Die Ansprüche der *Betroffenen* ergeben sich in der Vererbungsvariante aus der intergenerationellen Übertragung eines unerfüllt gebliebenen Rechts der *Opfer*. Dieses Recht gleicht einem Schuldschein, der von Generation zu Generation weitergegeben werden kann.[36] Mit der Rechtsverletzung erwirbt das *Opfer* einen Anspruch auf Wiedergutmachung (Primärtitel). Die Nichterfüllung eines solchen moralischen Rechtstitels bedeutet ein zusätzliches Unrecht.[37] Im Laufe der Zeit nimmt daher die normative Kraft eines nicht wiedergutgemachten Unrechts nicht ab, sondern zu. Eine Person *B* schuldet einer Person *P* die Wiedergutmachung des angerichteten Schadens so wie ein Darlehensnehmer die Rückerstattung des Darlehens schuldet. Um den Schaden zu bestimmen, wird nicht die vermutete Gesamtwohlfahrt in der Lebenssituation ohne Unrecht mit der Gesamtwohlfahrt in der Lebenssituation mit Unrecht zu einem beliebigen späteren Zeitpunkt verglichen; vielmehr betrachtet man die Situation unmittelbar vor und nach dem Unrecht und fixiert auf dieser Grundlage die Höhe des entstandenen Schadens. Der resultierende Kompensationsanspruch gegen den Rechtsbrecher besteht unbeschadet aller weiteren kausalen Konsequenzen, die das Unrecht haben mag. Ein Beispiel: Wird einer Person Land geraubt, so besteht ihr moralischer Rechtstitel in dessen Rückgabe; weigert sich der Aggressor erfolgreich, Wiedergutmachung zu leisten, so erwerben die *Opfer* und später die *Betroffenen* zusätzlich Anspruch auf Entschädigung für den Ertrag, den die Nutzung von Land dieser Art normalerweise abwirft (moralischer Sekundärtitel).

Moralische Rechtstitel (primär und sekundär) sind dem Ansatz zufolge intergenerationell übertragbar. Da es sich um einen virtuellen Rechtstitel handelt, wird dessen Übertragung nicht durch Willensakte vollzogen, sondern normativ unterstellt. Die Nachfahren der Inhaber der Primär- und Sekundärtitel ‚erben' die nicht erfüllten Ansprüche. Der kumulierte Gegenwartswert des moralischen Primär- und Sekundärtitels kann – aufgrund des Zinseszinseffekts – gigantisch sein.[38]

Der Vererbungsvariante zufolge kann sich der Aggressor nicht darauf berufen, dass das von ihm begangene Unrecht materiell keinen Unterschied gemacht hat, weil das Opfer den fraglichen Schaden ohnehin erlitten hätte. Angenommen, eine Person *A* hätte die Bank angewiesen, ihr Guthaben für eine Anleihe des Unternehmens *U* zu verwenden. Bevor es dazu kommt, bringt sich eine Person *B* durch betrügerische Manipulationen in den Besitz des Guthabens von *A*. Nach einer Weile geht *U* in Konkurs, so dass *A* sein Guthaben auf dem von ihm geplanten Wege sicher verloren hätte. Die Vererbungsvariante behauptet hier, dass der Anspruch von *A* gegen *B* nicht durch das kontrafaktische Szenario tangiert wird.[39] Ihr zufolge kommen auch die weiter entfernten Generationen als *Betroffene* in Betracht: nicht weil ihre gegenwärtige Situation durch das Unrecht erklärt werden könnte, sondern weil das Unrecht sie eines Titels beraubt hat, der ihnen rechtens zustünde.

5.2.4 Anwendungsschwierigkeiten der Vererbungsvariante

Eine der Vererbungsvariante entsprechende Begründungsstrategie für die Ansprüche von Opfern höherer Stufe findet sich bei Bernard Boxill, einem philosophischen Hauptadvokaten von *Black Reparations*.[40]

Dessen Artikel „The Morality of Reparation" legt Sklaverei-Reparationen als eine Kompensation für das unterschlagene Arbeitsprodukt aus.[41] Die für seine Argumentation kardinale ethische Intuition entwickelt er folgendermaßen:

"Dick steals the bicycle from Tom and gives it to Harry; in the meantime Tom dies, but leaves a will clearly conferring his right to ownership of the bicycle to his son, Jim [1]. Here again we should have little hesitation in saying that Harry must return the bicycle to Jim [2]. Now, though it involves complications, the case for reparation under consideration is essentially the same as the one last mentioned: the slaves had an indisputable moral right to the products of their labour [3]; these products were stolen from them by the slave master who ultimately passed them on to their descendants [4]; the slaves presumably have conferred their rights of ownership to the products of their labour to their descendants [5]; thus, the descendants of slave masters are in possession of wealth to which the descendants of slaves have rights [6]; hence, the descendants of slave masters must return this wealth to the descendants of slaves with a concession that they were not rightfully in possession of it [7].“[42]

Der Anspruch von Tom gegen Dick kann eindeutig auf die *Grundintuition* gestützt werden; hingegen wird der Status von Jim in diesem Beispiel nicht eindeutig geklärt, da er sowohl ein *Opfer* sein könnte (dies wäre der Fall, wenn er unmündig ist oder war und durch Tom rechtlich vertreten wurde) als auch ein *Betroffener.* Da Boxill das Beispiel so konstruiert, dass Jims Anspruch auf einer Willenserklärung von Tom beruht, möchte ich von Letzterem ausgehen. Unter Inanspruchnahme der Vererbungsvariante lautete die Überlegung, Tom könne an Jim nicht nur seine Habe vererben, sondern auch seinen Restitutionsanspruch gegen den unrechtmäßigen Besitzer. Selbst wenn Harry arglos ist, ist er verpflichtet, das Rad an Jim herauszugeben, weil dieser den Titel Toms geerbt hat.

Boxills Rechtfertigung von Sklaverei-Reparationen beruht auf der Anwendung dieser normativen Thesen. Die Sklaven hatten ein moralisches Recht auf die Früchte ihrer Arbeit [3]. Die Nachfahren der Täter haben einen aus dem Unrecht resultierenden, herausgebaren Vorteil empfangen [4]. Es kann auch vernünftigerweise angenommen werden, dass die Sklaven ihren Kompensationsanspruch an die Nachfahren vererbt haben [5]. Boxill supponiert ferner in [5], individuelle Reparationsanrechte seien kontrafaktisch als Schuldscheine *S* zu betrachten, die bis 1865 an die ehemaligen Sklaven ausgegeben wurden. Folglich sind die Nachfahren der Sklavenhalter verpflichtet, den Nachfahren der Sklaven die ungerechtfertigten Vorteile herauszugeben. In dieser ersten Fassung scheint der *Black Reparations*-Anspruch Folgendes zu fordern:

Black Reparations Claim (BRC): Jeder Nachfahre, jede Nachfahrin von Versklavten hat Anspruch auf Reparationen gegen die Nachfahren der Sklavenhalter. Die Höhe des individuellen Anspruchs Ri ergibt sich aus dem Gegenwartswert des Anteils am geerbten Schuldschein.

David Horowitz und andere Gegner haben argumentiert, *Black Reparations* seien rassistisch, insofern sie den Anspruch nicht an dem Opferstatus, sondern an der Rassenzugehörigkeit festmachen würden.[43]

BRC wird durch diesen Vorwurf offensichtlich nicht getroffen. Der Anspruch wird von BRC nicht an dem ethnischen Hintergrund festgemacht. Er hängt auch in keiner Weise davon ab, dass die Nachfahren genetisch mit den Sklaven verwandt sind. Entscheidend ist vielmehr, dass vernünftigerweise unterstellt werden kann, dass der Kompensationsanspruch nach dem Tod des unmittelbaren Opfers an (angenommene oder gezeugte) Kinder vererbt wird.[44]

Betrachten wir den Fall eines repräsentativen afroamerikanischen Ehepaars, Adam und Eva, das 1865 Reparationen hätte erhalten müssen, aber nicht erhalten hat. Von der Frage, welche Höhe die Reparationen hätten haben müssen, möchte ich absehen, ebenso von dem Problem, in welcher Weise der Gegenwartswert dieser Forderung zu bestimmen wäre.[45] Da sie die Reparationen nicht erhalten haben, konnten sie auch keine Präferenzen über deren Verwendung formulieren. Also sind wir darauf angewiesen, zu postulieren, wie diese Wünsche ausgesehen hätten, wären ihnen die Mittel verfügbar gewesen. Wir stellen uns dabei die Situation vor, dass zu dem Vermögen der ehemals Versklavten ein Schuldschein der Regierung der Vereinigten Staaten gehörte. Boxill erläutert nicht, warum wir davon ausgehen dürfen, dass dieser fiktive Schuldschein von Generation zu Generation weitergegeben worden wäre. Eine mögliche Antwort lautet, die Regierung habe einen Schuldschein ausgegeben, aber sei dann nicht willens gewesen, ihn einzulösen. Diese Fiktion gewinnt an Plausibilität durch die Tatsache, dass es unmittelbar nach Abschaffung der Sklaverei verschiedene Vorstöße zugunsten von Reparationen gab.[46] Die ehemals Versklavten haben insofern tatsächlich einen – wenn auch schwachen – Grund zur Hoffnung gehabt, dass eine kommende Regierung bereit sein würde, Reparationen zu leisten. In unserer Fiktion stellt sich dies so dar, dass die ehemals Versklavten ihren Schuldschein nicht für ein Stück wertloses Papier gehalten haben, sondern für eine verbindliche und später noch einzulösende Zusage. In ihrem letzten Willen hätten sie ihn daher vermacht. Die nachkommenden Generationen hätten an dieser Hoffnung festgehalten und dem Schuldschein ebenfalls einen später zu realisierenden materiellen Wert beigemessen.

Es ist nicht unvernünftig, zu postulieren, dass Adam und Eva in ihrem Testament das fiktive Anrecht auf Reparationen an ihre Nachkommen und nicht etwa an andere Afroamerikaner oder afroamerikanische Organisationen weitergegeben haben würden. Wir folgern dies aus dem spezifischen ethischen Verhältnis, in dem Eltern zu ihren Kindern stehen, sowie aus der allgemeinen Beschaffenheit der menschlichen Psyche und den Bedingungen, unter denen wir das Verhalten von Personen als vernünftig auslegen.[47] Eltern wünschen im Allgemeinen das Wohlergehen ihrer Kinder; sie sind überdies moralisch verpflichtet (und werden durch das soziale und rechtliche System im Allgemeinen ermutigt), dem kindlichen Gedeihen besondere Aufmerksamkeit zu schenken. Wir können daher vernünftigerweise postulieren: Wenn Adam und Eva einen Schuldschein gehabt haben würden, so hätten sie ihn nicht zerrissen oder in sonstiger Weise vernichtet oder untergehen lassen (eine nach den gängigen Eigentumstheorien erlaubte Weise, mit dem Eigenen zu verfahren), sondern ihn an ihre Nachkommen vererbt – auch wenn die Einlösbarkeit ungewiss gewesen ist. Ferner dürfte unproblematisch sein, vorauszusetzen, dass Adam und Eva versuchen, den Wert des Schuldscheins so aufzuteilen, wie es ihrer Vorstellung von gerechter Verteilung entspricht. Sie könnten etwa den bedürftigen Kindern mehr geben oder den besonders leistungsfähigen oder den besonders charakterstarken etc. Da wir jedoch keine Informationen darüber besitzen, welchem Prinzip gerechter Verteilung Adam und Eva folgen, wenden wir das Prinzip des unzureichenden Grundes analog an. Adam und Eva verteilen dementsprechend den Wert des Schuldscheins (als welchen Boxill ihr moralisches Anrecht auf Reparation begreift) gleichmäßig an alle ihre Kinder.

Will man nun Reparationsansprüche für die heutigen Nachkommen von Adam und Eva bestimmen, so muss man die Kette der vernünftigerweise zu unterstellenden intergenerationellen Übertragungen der fiktiven Rechtstitel abschreiten. Wenn wir annehmen, wir verfügten über zuverlässige Informationen über die Familiengenealogie von Adam und Eva und ihrer Nachkommen, so könnten wir im Prinzip angeben, welcher Reparationsanspruch einem Individuum zukäme. Hätten Adam und Eva 1865 jeweils einen Schuldschein *S* erhalten und, sagen wir, an das einzige überlebende Kind, Abel, weitergegeben. Abel hätte Esther geheiratet, die – wie ihre Schwester Ruth – einen Schuldschein *S* nach dem Tod ihrer Eltern geerbt hätte. Würden Abel und Esther sechs Kinder gehabt haben, so hätte jedes von ihnen jeweils einen halben Schuldschein *S* erhalten. Eines dieser Kinder, Judith, heiratet nun den aus der Karibik stammenden Jim, mit dem sie sechs Nachkommen zeugt, die alle überleben. An diese vererbt sie jeweils einen gleichen Teil ihres Schuldscheins *S*, also *1/12 S*. Dieses Zahlenbeispiel kann hier abgebrochen werden, weil deutlich wird, dass für eine individuelle Bestimmung des Reparationsanspruchs auf Grundlage einer fiktiven Erbfolge eine schier unüberschaubare Zahl von Möglichkeiten besteht. Es lässt sich festhalten, dass bei konstantem aggregierten Reparationsvolumen für Afroamerikaner (also unter der Annahme, dass die Schuldscheine nicht ins Ausland weitergegeben werden), die Verteilung der Ansprüche innerhalb dieser Gruppe in Abhängigkeit von der jeweiligen Familiengenealogie variieren würde. Ließe man die oben eingeführte Gleichverteilungsannahme fallen, wäre die Ungleichheit sogar noch größer. Man mag sich – auf der Ebene idealisierender Theorie – daran stören, dass ein Faktor, wie die Familiengröße (oder die elterlichen Vorstellung von gerechter Verteilung), Einfluss haben soll auf den individuellen Anspruch einer Person, die nachweislich von Versklavten abstammt. Allerdings wäre dies ein Bedenken, das sich gegen die aus dem Erbrecht insgesamt resultierende Ungleichheit richtete.

BRC führt auf dieser Ebene – aus der Warte vieler Befürworter von *Black Reparations* – zu unbefriedigenden Ergebnissen. Er legitimiert weder eine kollektive Entschädigung der Afroamerikaner, noch, dass alle Nachfahren von Sklaven *in gleichem Maße* einen Anspruch auf Sklaverei-Reparationen besitzen. Vielmehr macht er die Höhe des Anspruchs von Art und Bestehen der individuell unterschiedlichen Familiengenealogien abhängig, mit der Konsequenz, dass Afroamerikaner, die in keinem genealogischen Zusammenhang zu Versklavten stehen, auch keine Sklaverei-Reparationen in Anspruch nehmen könnten. Dies gilt etwa für diejenigen, die nach dem Verbot der Sklaverei in die USA eingewandert sind; BRC erlaubt auch, der Tatsache Rechnung zu tragen, dass manche Afroamerikaner von schwarzen Sklavenhaltern abstammen oder Weiße unter ihren Vorfahren haben, die – dem Ansatz zufolge – ihnen keine Anrechte, sondern Verpflichtungen hinterlassen.

Die inegalitären Konsequenzen von BRC könnten interessanterweise dadurch entfallen, dass die für die Ungleichverteilung erforderlichen Informationen unvollständig sind. Da seit Ende des beklagten Unrechts bereits vierzehn Jahrzehnte vergangen sind, dürften viele relevante Informationen über die Familiengenealogie nicht zu ermitteln sein. Es wird sich in vielen Fällen nicht mehr bestimmen lassen, ob ein Individuum von (in den USA) Versklavten abstammt oder nicht und über welchen Anteil an *S* es verfügte.

Im Recht ist es nicht unüblich, schwer einlösbare Informationsanforderungen durch Präsumtionen zu umgehen. Bei dem Übergang zu der ‚nicht-idealen Theorie' könnte man entsprechend in Bezug auf alle

Afroamerikaner von einer generellen, gleichförmigen *Abstammungspräsumtion* ausgehen, sofern nicht entgegenstehende Evidenzen vorlägen.

Rechtliche Fiktionen, wie die Abstammungspräsumtion, dürfen aber nicht willkürlich gesetzt werden, sondern bedürfen ihrerseits der moralischen Rechtfertigung. Man muss begründen, warum es nicht an den Individuen ist, einen spezifischen Reparationsanspruch darzulegen; warum vielmehr präsumiert wird, jeder Afroamerikaner, jede Afroamerikanerin solle einen gleichen Anspruch auf die Erfüllung eines fiktiven ererbten Rechtstitels haben. Unter der Voraussetzung, dass BRC angibt, wie Sklaverei-Reparationen gerecht zu verteilen wären, sind hier grob zwei Fälle von Ungerechtigkeit zu betrachten:

(a) Personen, die aufgrund von BRC über keinen Anspruch verfügen würden, erhalten Leistungen; b) Personen, die aufgrund von BRC über einen Anspruch verfügen würden, erhalten unzureichende Leistungen.

Beide Fälle von Ungerechtigkeit müssen abgeschätzt und vor dem Hintergrund der Frage betrachtet werden, welches Ausmaß an Fehlallokation von staatlichen Leistungen in einer Gesellschaft als akzeptabel betrachtet wird. Das Problem ist hier allerdings, dass es keine besonders zuverlässige Möglichkeit gibt, um zu bestimmen, wie hoch die Abweichung der approximativen Lösung mit Abstammungspräsumtion von BRC ausfällt. Dies ist natürlich aus theoretischer Sicht kein geringfügiges Problem; in der Praxis der Leistungsgesetzgebung ist es aber nicht unüblich.

Da die hier interessierende rechtliche Fiktion kontrafaktisch unterstellt, dass bei jeder Person *P* mit bestimmten Merkmalen ein Anspruch *A* aufgrund der moralischen Beziehung *B* zu Opfern historischen Unrechts vorliegt, besteht eine Minimalbedingung für deren moralische Angemessenheit, dass *A* gerechtfertigt wäre, wenn *P tatsächlich* in der Beziehung *B* zu den Opfern stünde. Mit anderen Worten: Nur dann, wenn eine definierte verwandtschaftliche Beziehung zu einem Opfer historischen Unrechts wirklich rechtfertigt, Reparationen an einen Nachkommen aufgrund einer Vererbungsfiktion zu leisten, kann gegebenenfalls die Anwendung bestimmter Normierungen gerechtfertigt sein. Und eben dies ist fraglich.

Der kardinale Kritikpunkt gegen die Vererbungsvariante des Schädigungsansatzes lautet, dass sie auf einer gleichsam fetischistischen Konzeption von Eigentumsrechten gründet. Für die Begründung dieser Kritik kann ich mich im Wesentlichen auf Argumente von David

Lyons stützen. Wie der Titel des einschlägigen Aufsatzes „The New Indian Claims and Original Rights to Land" anzeigt, entwickelt Lyons seine Überlegungen am Beispiel der Eigentums- und Restitutionsansprüche der First Nations. Ihre Anwendung ist aber nicht auf diese Fallgruppe eingeschränkt.

Nach Lyons sind Eigentumsrechte fragiler und flexibler als dies von denen angenommen wird, die auf die Erfüllung alter Rechtstitel pochen. Unsere Reflexion auf die Ansprüche indigener Gemeinschaften und anderer *Betroffener* muss dieser Fragilität und Flexibilität von Eigentum Rechnung tragen.[48]

Lyons veranschaulicht, was er die Instabilität von Eigentumsrechten nennt, an einem nozickschen Gedankenexperiment. Alles Land auf einer imaginären Insel ist den Regeln ursprünglicher Appropriation entsprechend gerecht aufgeteilt, als eine Gruppe von Schiffbrüchigen uneingeladen, aber eben auch unfreiwillig anlandet. Erlaubt man ihnen nicht, auf dem Eiland zu leben, steht nur die Möglichkeit offen, sie zu töten oder sterben zu lassen. Lyons meint, dass die Inselbewohner unter solchen Umständen moralisch gezwungen sind, Teile ihres Landeigentums an die Neuankömmlinge abzutreten und ihnen nicht etwa nur zu erlauben, sich als Lohnarbeiter zu verdingen. Verfügen sie nämlich nicht über Land, so werden die Landbesitzer ihre überlegene Verhandlungsposition ausnutzen, um sie zu unfairen Bedingungen arbeiten zu lassen. Die Forderungen nach fairen Ausgangsbedingungen für alle Mitglieder eines Kooperationssystems setzt somit nach Lyons der Unantastbarkeit des privaten Eigentums Grenzen.[49] Eigentumsrechte sind instabil, weil kontingente Änderungen der Umstände die Gerechtigkeit der bestehenden Verteilung beeinflussen können.

Diese Instabilität von Eigentumsrechten wirkt sich nun nach Lyons auf den Status von Reparationsforderungen aus. Übergriffe der Neuankömmlinge auf das Landeigentum der Alteingesessenen stellen kein Unrecht dar und müssen entsprechend nicht korrigiert werden, wenn diese aus Gründen der Gerechtigkeit verpflichtet, aber unwillens waren, mit jenen zu teilen. Selbst wenn eine schwere Krankheit die Einwohnerschaft der Insel so sehr dezimiert, dass im Prinzip möglich wäre, den überlebenden Alteingesessenen ihr einstiges Eigentum zurückzuerstatten, wäre dies nach Lyons nicht geboten. Es mag eine freundliche Geste gegenüber den Alteigentümern sein, ihnen ihr angestammtes Land zu übertragen, wenn sie dies wünschen – sie verfügen aber über kein entsprechendes Recht.[50] Die gerechte Neuordnung des Landeigentums auf der Insel stand nicht unter dem Vorbehalt, dass bei erneuter Änderung der Verhältnisse die Alteigentümer wieder in ihre vorherigen Rechte eintreten. Dass sie früher präsent waren, verleiht ihnen nach Lyons kein normatives Prärogativ. Was heißt dies für indigene Forderungen nach Wiedergutmachung? Sofern die europäischen Siedler verarmt, ausgestoßen und ohne feindliche Absicht nach Nordamerika gekommen sind, waren die indigenen Gemeinschaften verpflichtet, das Land mit ihnen zu teilen. Wäre dafür erforderlich gewesen, dass sie die Formen ihres Zusammenlebens ändern, so hätten sie auch dies tun müssen. Die Geschichte ist in Wahrheit weitgehend anders verlaufen und war vor allem seit dem neunzehnten Jahrhundert bestimmt von der Aggression der technologisch und zahlenmäßig überlegenen Weißen. Doch das Unrecht der weißen Siedler ändert nichts daran, dass die Eigentumsrechte der indigenen Gemeinschaften nicht sakrosant waren. Sie hatten nicht das Recht, den nach der Besiedelung aus Europa nachrückenden Weißen die Einwanderung zu verweigern oder unilateral die Bedingungen festzusetzen, unter denen dies geschehen darf.[51] Das Unrecht bestand demnach, Lyons zufolge, nicht darin, dass die Verteilung von Land verändert wurde, sondern darin, dass dies gewaltsam geschah. Die erlittene Gewalt stiftet Wiedergutmachungsansprüche seitens der *Opfer*, jedoch keinen Titel auf verlorenes Land seitens der *Betroffenen*.

Betroffene können nach Lyons aus der Gewalt gegen indigene Gemeinschaften keine Forderungen korrektiver Gerechtigkeit ableiten. Dies möchte er mit einer einfachen Fallunterscheidung demonstrieren: Wenn die Nachkommen der *Opfer* darben, würden wir intuitiv Transfers zu ihren Gunsten aus Gründen der Gerechtigkeit befürworten; prosperierten sie hingegen, würden wir solche Transfers intuitiv ablehnen. Daraus zieht Lyons den Schluss, dass es bei den Nachfahren der Opfer nicht um die Wiedergutmachung historischen Unrechts geht, sondern um die Korrektur heutiger Benachteiligungen. Die entscheidende Frage ist nach Lyons nicht, wie viel Land ein *Betroffener* ohne das historische Unrecht mutmaßlich hätte, sondern wie viel Land er haben sollte. Damit wird die Problematik historischen Unrechts weitgehend überführt in einen Aspekt einer Wohlergehenstheorie der Verteilungsgerechtigkeit.

Gegen die Vererbungsvariante wäre mit Lyons einzuwenden, dass die Ansprüche von *Betroffenen* im Rahmen einer Theorie distributiver Gerechtigkeit abzuklären sind.

So überzeugend Lyons' Argumentation gegen ein fetischistisches Verständnis von Eigentumsrechten ausfällt, so voreilig ist seine entschiedene Zurückweisung der Ansprüche von *Betroffenen*. Lyons erkennt nicht, dass der von ihm vollzogene Schritt zu einer Konzeption unechter Reparationen keineswegs zwingend aus der Kritik an der Vererbungsvariante folgt. Im nächsten Unterkapitel möchte ich zeigen, dass der Status von *Betroffenen* aus einer spezifischen Beziehung zu den Opfern abzuleiten ist und dass ihre Ansprüche umschrieben werden können, ohne einen fetischistischen Eigentumsbegriff beanspruchen zu müssen.

Addendum – Boxills Überlegungen zur Reparationspflicht: Gegen wen genau besteht der Anspruch auf Reparationen aus BRC – und unter welchen Bedingungen besteht er fort? i) Der erste Adressat des Anspruchs ist sicher die Gruppe derjenigen, die Sklaven besessen hat, sowie derjenigen, an die sie die aus der Sklaverei gezogenen materiellen Vorteile vermacht haben – so hat es Boxill in seinem Aufsatz von 1972 konstruiert; (ii) an zweiter Stelle kommen die Vereinigten Staaten als Körperschaft in Betracht, die Sklaverei erlaubt und damit das Unrecht pflichtwidrig nicht vermieden hat. (i) betrifft somit einen privaten, (ii) einen öffentlichen Anspruchsgegner. Betrachten wir zunächst (i). Boxill meint in einem Beitrag aus dem Jahre 2003,

> „(i)f we supposed that only slave holders committed the transgressions that harmed the slaves, the descendants of the slaves would have no debtor to press for the compensation that was never paid to their ancestors, because, of course, the slave holders are all dead.“[52]

Dies weicht von seiner Vorstellung in dem früheren Aufsatz ab, in dem er noch unterstellt hatte, dass die Nachkommen der Versklavten einen Anspruch gegen die „descendants of slave masters“ hätten. Ein Grund dafür, dass Boxill von dieser Position abgerückt ist, könnte darin bestehen, dass kaum nachzuweisen ist, ob die Nachkommen der Sklavenhalter tatsächlich verpflichtet sind, Reparationen zu leisten. Zwar können unschuldige Dritte hinsichtlich eines ungerechtfertigten (aus dem Unrecht *U* resultierenden) Nachteils kompensationspflichtig sein, wenn sie zum fraglichen Zeitpunkt über einen ungerechtfertigten (aus *U* folgenden) Vorteil verfügen. Demnach hinge die Reparationspflicht der Nachkommen von Sklavenhaltern oder anderer Begünstigter davon ab, ob sie über ungerechtfertigte Vorteile verfügen. Doch dies ist kaum mit hinreichender Gewissheit zu zeigen, wenn die fraglichen Vorteile nicht in Gegenständen, wie Kunstwerken oder Landmassen bestehen, sondern in ihren Arbeitsleistungen. Niemand kann heute zuverlässig sagen, ob ein Nachkomme von Sklavenhaltern Vorteile aufgrund des vergangenen Unrechts besitzt.

Dieses Problem stellt sich bei (ii) dann nicht, wenn die Vereinigten Staaten von heute als identisch mit derjenigen Körperschaft angesehen werden können, die in pflichtwidriger Weise Sklaverei erlaubt hat. Denn dann sind die Vereinigten Staaten nicht in der Position eines unschuldigen Dritten, sondern in der eines tatverantwortlichen Aggressors – und damit besteht die Reparationspflicht unabhängig von der Existenz eines ungerechtfertigten Vorteils. Boxill will dies jedoch nicht ohne jede Einschränkung gelten lassen. Die Bürgerschaft der Vereinigten Staaten kann nur für die materielle Wiedergutmachung von Unrecht, das vor der Geburt ihrer Mitglieder begangen wurde, beansprucht werden, wenn dies ihre materiellen Möglichkeiten zur Führung eines freien Lebens nicht beeinträchtigt.

> „However, if we leave them with wealth and power beyond what they need to be free, we may also leave them with debts, provided that these debts do not exceed what we left them and become a burden and limitation on their freedom."[53]

In der Vererbungsvariante der Schädigungstheorie werden fiktive Eigentumstitel zugunsten von Nicht-*Opfern* geltend gemacht. Boxill vertritt mit Blick auf die *Betroffenen*, was ich in dieser Arbeit als eine *gemäßigt konservative Anrechtskonzeption* bezeichne. Reparationspflichten können bei Boxill nur ausgestochen werden, sofern deren Erfüllung aufseiten der Leistungserbringer die zur Führung eines selbstbestimmten Lebens notwendigen Ressourcen angreifen würde. Indem er mit einer gemäßigt konservativen Anrechtskonzeption arbeitet, spricht Boxill den *Betroffenen* einen Status zu, der – meiner These zufolge – nur den *Opfern* angemessen ist. Denn nur die *Opfer* machen eine Entrechtungserfahrung, aufgrund derer die Wiederherstellung des Status quo ante moralisch gefordert ist. Da die *Betroffenen* keine Entrechtungserfahrung machen, fehlt die Pflicht, die Aufhebung des Rechts zu negieren und verletzte Rechte wiederherzustellen. Ihr Reparationsanspruch kann daher nur in einer spezifischen Eigentumstheorie mit einem starken Erbrecht fundiert werden. Doch eine solche Theorie ist unplausibel.

5.3 Die Lösung des Beziehungsansatzes

Der Schädigungsansatz bietet sowohl in der kontrafaktischen Variante als auch in der Vererbungsvariante keine befriedigende Auslegung der Ansprüche von *Betroffenen*. In der kontrafaktischen Variante erweist sich das Identitätsproblem als unvereinbar mit der Intuition, dass Personen auch dann Anrecht auf Reparationen haben können, wenn sie ohne das beklagte Unrecht nicht existierten.[54] Die Vererbungsvariante scheitert an der Schwierigkeit, plausibel zu machen, worin die spezielle normative Autorität einer fiktiven Erbschaft liegen soll und warum solcherart Ansprüche geschichtsunabhängige Gründe distributiver Gerechtigkeit übertrumpfen.

In diesem Unterkapitel möchte ich einen anderen Ansatz zur Rekonstruktion der Ansprüche *Betroffener* entwickeln. Dieser beruht auf dem Gedanken, dass persönlich Verantwortliche oder verantwortliche Körperschaften den verstorbenen *Opfern* die Transfers an die *Betroffenen* schulden. Ein Teil dieser Pflichten entspricht der prioritären Normwert-, ein anderer Teil der gemäßigt konservativen Anrechtskonzeption. Die Form des Beziehungsansatzes, die ich hier vertrete, ist individualistisch.

Der Beziehungsansatz wird aber auch in einer kollektivistischen Version vorgetragen, nämlich dann, wenn eine Person aufgrund ihrer Zugehörigkeit zu einer Gruppe oder Gemeinschaft als *Betroffene* gilt. Dieser Variante wende ich mich in Abschnitt 5.3.6 zu.

5.3.1 Verstorbenen Opfern nutzen

Dem Beziehungsansatz zufolge gelten Personen als *Betroffene*, sofern sie in einer moralisch relevanten Relation zu den *Opfern* stehen. Eine solche moralisch relevante Beziehung kann ihren Grund darin haben, dass die *Opfer* für die *Betroffenen*, zum Beispiel nachgeborene Kinder, zu sorgen haben. Das von den Eltern erlittene Unrecht zieht die nachgeborenen Kinder in Mitleidenschaft. Anders als im Schädigungsansatz haben die *Betroffenen* im Beziehungsansatz keinen eigenständigen Anspruch auf Wiedergutmachung. Sie sind vielmehr in das Wiedergutmachungsrecht der *Opfer* einbezogen. Ihre Ansprüche sind Bestandteil des Rechts der *Opfer*.

Dies wirft die Frage auf, was mit den Ansprüchen der *Betroffenen* geschieht, wenn die *Opfer* verstorben sind. Eine mögliche Antwort knüpft an Lukas Meyers bahnbrechende Arbeit „Historische Gerechtigkeit“ an. Pflichten gegenüber *Opfern* können Meyer zufolge deren Tod überdauern. Diesen überlebenden Pflichten stehen aber keine Rechte Verstorbener gegenüber. Obwohl Meyer der von vielen gehegten Intuition, dass wir den Toten etwas schulden könnten, so weit wie möglich gerecht werden möchte, kommt er zu dem Schluss, dass Verstorbene keine Subjekte von Rechten sind. Die Antwort, die ich favorisiere, lautet hingegen, dass die Wiedergutmachungsrechte von *Opfern* nach deren Tod fortbestehen können. Die Ansprüche von *Betroffenen* beruhen auf den Rechten verstorbener *Opfer*.

Der Gedanke, dass Wiedergutmachungspflichten aus den Rechten verstorbener *Opfer* folgen können, ist nicht neu.

Michael Ridge äußerte ihn 2003 in seinem Aufsatz „Giving the Dead Their Due": Dass wir den verstorbenen *Opfern* Wiedergutmachung schulden, sei, so Ridge, bislang nicht ernst genommen worden, weil man nach vorherrschender Auffassung nicht zugunsten von Toten handeln könne: „However, a rich philosophical tradition maintains that it is possible to benefit the dead."[55] Ein *locus classicus* findet sich in der „Nikomachischen Ethik", in der Aristoteles schreibt, dass es auch für den Toten ein Gut oder Übel zu geben scheine, „ähnlich wie für den Lebenden, selbst ohne dass er es spürt, wie Ehre oder Schande der Kinder und allgemein Wohlergehen oder Unglück der Nachkommen."[56]

Wenn es, wie Ridge animmt, möglich ist, Verstorbenen zu nutzen, so wird es denkbar, dass Wiedergutmachungspflichten über den Tod der *Opfer* hinaus bestehen; ein plausibler Weg, Wiedergutmachung an Verstorbenen zu leisten, verläuft Ridge zufolge über Transfers an deren Nachkommen. Denn das Wohlergehen der Nachkommen gehört zu den zentralen, den Tod überdauernden Interessen von Personen: „The main ideas here are (i) that duties of reparation require us to benefit the victims of our injustices, (ii) we can benefit the dead by promoting the satisfaction of their desires, and (iii) most people strongly desire that their descendants flourish."[57]

Doch warum können Dritte für die Erfüllung der Wiedergutmachungspflichten verantwortlich sein, wenn die Täter – wie die *Opfer* – verstorben sind? In historisches Unrecht sind kollektive Akteure verwickelt, deren Pflichten unabhängig von der Zusammensetzung des Kollektivs bestehen können. Pflichten – wie die Begleichung von Staatsschulden – bestehen auch dann noch fort, wenn alle Individuen verstorben sind, die jene Schulden aufgenommen haben. Ridge postuliert, dass, wenn eine Person Mitglied eines hinreichend gerechten und wechselseitig vorteilhaften kollektiven Akteurs ist, sie ihren fairen Anteil zu leisten hat, damit der kollektive Akteur seine moralischen Pflichten erfüllen kann.[58]

Wie ich in Kapitel 1.2.2 argumentiert habe, halte ich diese Auffassung für unplausibel. Ähnlich wie Ridge, nehme ich an, dass man verstorbene *Opfer* schädigt, indem man ihr Recht auf Wiedergutmachung missachtet. Anders als Ridge bestreite ich aber, dass bloße Zugehörigkeit zu einem Staat ausreichend ist, um die Wiedergutmachungspflichten Nachgeborener zu begründen. Es muss vielmehr ein plausibler Zusammenhang hergestellt werden zwischen dem Unrecht und dem Handeln der politischen Gemeinschaft. Da sich die Identität* der politischen Gemeinschaft im Generationenwechsel wandelt, verliert die Haftung kraft Staatszugehörigkeit im Zeitverlauf ihre normative Kraft. Die Wiedergutmachungspflichten der persönlich Verantwortlichen enden mit ihrem Tod; die der politisch Haftenden, wenn die Mehrheit der politischen Gemeinschaft keine persönliche Verantwortung trägt. Komplementär zu der Position von Lukas Meyer, lautet meine These, dass die Rechte der *Opfer* überleben, die korrespondierenden Pflichten jedoch mit der Zeit absterben können.

5.3.2 Eine Auseinandersetzung mit Meyer

Die Version des Beziehungsansatzes, die ich vertrete, beruht auf dem Gedanken, dass wir Toten die Erfüllung einer Reihe von Pflichten schulden können. Doch viele Philosophen halten diese Sichtweise, pace Aristoteles, für unhaltbar, ja absurd. So argumentiert Lukas Meyer, Tote könnten weder geschädigt werden, noch Rechte haben, weil sie nicht existierten.[59] Sie könnten weder auf die Welt, wie wir sie kennten, einwirken, noch von Ereignissen in ihr „affiziert beziehungsweise betroffen werden".[60] Dies nenne ich die *Inexistenzannahme*.

Nach Meyer schließt die Inexistenzannahme nicht aus, dass wir Pflichten haben können, die sich aus den Rechten von heute Toten ergeben, als sie noch lebten.[61]

Er greift hier Carl Wellmans Begriff der „überlebenden Pflichten" auf.[62] Darunter sind Pflichten zu verstehen, die Wünsche und Interessen von Toten zum Gegenstand haben, deren Erfüllung wir den Toten aber nicht schulden. Als Beispiel nennt Meyer Sterbebett-Versprechen. Wer ein Sterbebett-Versprechen bricht, verletzt ihm zufolge eine Pflicht, die den Tod des Promissars überlebt. Aber er schädigt nicht den Verstorbenen. Eine Schädigung des Verstorbenen würde voraussetzen, dass durch den Bruch des Versprechens „die verstorbene Person eine tatsächliche Veränderung erfahren kann."[63] Bei der Nicht-Einhaltung eines Sterbebett-Versprechens handelt es sich aber lediglich um das, was Meyer mit David-Hillel Ruben eine bloße Beziehungsveränderung (auch Schein- oder Cambridge-Veränderung) nennt. Der Bruch eines

Post-mortem-Versprechens stellt eine Änderung in der Beziehung von Promittent und verstorbenem Promissar dar.

Pflichten, wie die Einhaltung von Sterbebett-Versprechen, können den Tod des Promissars überleben, weil die Gründe für die Erfüllung des Versprechens unabhängig von dessen Existenz fortbestehen. Diese Gründe sind unter anderem genereller moralischer Natur, wie die Vertrauenssicherheit. Wie Partridge anmerkt: Die Nichteinhaltung macht für die Toten keinen Unterschied. Doch sie macht einen Unterschied für die Lebenden und Zukünftigen, die eine Respektierung ihrer eigenen Post-mortem-Wünsche wollen.[64] Die Gründe sind aber auch spezifischer Art, insofern sie auf das Recht bezogen sind, das die Person hatte, als sie noch lebte. Die überlebende Pflicht *entsteht* mit dem erworbenen Recht einer Person, aber sie *besteht* nach deren Tod unabhängig von jenem Recht fort: „In diesem Sinne ist die überlebende Pflicht mit Blick auf die heute tote Person geschuldet."[65] Wäre es nicht zu einem Sterbebett-Versprechen gekommen, so wäre nie das Recht des Promissars entstanden und damit auch keine Pflicht, die ihn überleben könnte. Dieser Punkt liegt Meyer, wenn ich ihn hier recht verstehe, am Herzen, da er dem Gedanken, dass wir den Toten die Erfüllung von Pflichten schulden, so weit wie möglich entgegenkommen möchte.[66]

Neben der Pflicht, Versprechen einzuhalten, überlebt auch die Pflicht, nicht den Ruf oder das Andenken von Verstorbenen zu beschmutzen. Lebende haben ein Interesse daran, wie sie nach ihrem Tode erinnert werden. Die Pflicht, dieses Interesse zu respektieren, überlebt deren Tod. Zwar vermag die Entschuldigung für lange vergangenes Unrecht die Wunden nicht zu heilen. Sie berührt das Leben der Verstorbenen nicht mehr. Aber sie ist eine immerhin symbolische Kompensation, in der die Beziehung zwischen *Opfern* und *Verantwortlichen* sich zum Besseren ändert.

Meyers Position scheint mir aus verschiedenen Gründen nicht befriedigend. Zunächst einmal nimmt er meiner Ansicht nach die von ihm vertretene Inexistenzthese nicht ernst genug. Wenn Tote nicht existierten, könnten sie nicht das Relatum einer Beziehungsveränderung sein, es sei denn, man würde – im Anschluss an Meinong – Tote als Exempel für nicht-existierende Objekte zählen.[67] Man würde dann – wie Yourgrau und Connolly – davon sprechen, dass es Dinge gibt, die nicht existieren. Doch es gibt keine Indizien dafür, dass Meyer eine solche Position ansteuert. Insofern bleibt die Frage bestehen, wie etwas Relatum einer Beziehung sein kann, ohne zu existieren.[68]

Unabhängig von dem Problem, das die Inexistenzannahme für Meyers Gedanken der Beziehungsveränderung nach sich zieht, dürfte sie aber auch für sich genommen weit weniger attraktiv sein, als sie zunächst erscheint. Es macht den Eindruck, als sehe Meyer sie als geradezu zwingend an für ein Denken, das ohne religiöse Jenseitsvorstellungen auskommen möchte.[69] Doch die Inexistenzthese behauptet viel mehr als das. Sie impliziert beispielsweise, wie Platon im „Phaedo" bemerkte, dass wir die Toten nicht begraben können. Denn was nicht existiert, kann man nicht zu Grabe tragen.[70] Außerdem können Tote *jetzt* keine Eigenschaften haben, wenn sie *jetzt* nicht existieren – auch nicht die Eigenschaft, tot zu sein. Aber sagen wir nicht, dass Hitler *jetzt* tot ist? Und sagen wir nicht auch, eine Leiche sei eine tote Person? Wäre Totsein keine Eigenschaft einer Person, so wäre eine Leiche ein im Moment des Todes neu entstandenes Objekt. Dies würde bedeuten, dass der menschliche Körper – der nach materialistischer Auffassung die Person *ist* – im Moment des Todes *verschwindet*.[71] Wir könnten eine Leiche nicht als eine tote Person identifizieren. Außerdem wäre beispielsweise Sokrates, wenn Tote nicht existierten, kein Element der Menge der griechischen Philosophen. Denn Element einer solchen Menge kann nur sein, was existiert.[72] Ferner wäre es unverständlich, wie wir Einstellungen zu Toten haben könnten, wenn sie nicht existierten. Zuletzt könnte auch das Totsein kein Übel darstellen, wenn Tote nicht existieren. Doch halten wir es nicht für das ultimative Übel, ‚vor der Zeit' zu sterben?[73] All diese Probleme bringt die Inexistenzannahme mit sich, wenn man die Rede, dass die Toten nicht existieren, beim Wort nimmt.

Die meines Erachtens metaphysisch harmlose und einleuchtende Gegenposition lautet, dass Tote existieren, und zwar als tote Personen. Wenn eine Person stirbt, hört sie nicht auf, zu existieren, sondern sie hört auf, zu leben. Sie verliert ihre Fähigkeit, zu handeln und zu erleiden. Sie verliert nicht ihre Fähigkeit, Eigenschaften zu haben und zu Mengen zu gehören.

Man kann Meyer so lesen, als würde er die These, dass die Toten nicht existieren, in der schwächeren Bedeutung vertreten, dass die Toten (wirklich) tot seien und nicht als unsterbliche Seelen fortlebten – zumindest nicht in einer Weise fortlebten, die in Kontakt wäre mit der uns bekannten Welt.

Damit verschiebt sich die Lage des Problems. Das Argument gegen den Gedanken, dass wir den verstorbenen Opfern historischen Unrechts etwas schulden könnten, kann nun nicht mehr darauf aufbauen, dass Tote nicht existieren und daher nicht die Eigenschaft zu haben vermögen, geschädigt zu sein. Wenn tote Personen existieren, können sie *jetzt* Eigenschaften haben. Mir scheint daher, dass Meyer ein unabhängiges Argument für die These braucht, dass die Toten nicht geschädigt werden können.

Er könnte zu diesem Zweck nochmals auf die bereits angesprochene Überlegung verweisen, dass Tote keine ‚inneren Eigenschaften' verlieren oder hinzugewinnen können.[74] Verändern können sich nur ihre ‚Cambridge-Eigenschaften'. Wenn der tote Stalin einen Bewunderer gewinnt, ändert sich nichts an Stalins Leben; die Eigenschaftsänderung ist rein äußerlich und liegt in der Beziehung zwischen ihm und den lebenden Bewunderern. Daher sagt Meyer, Post-mortem-Veränderungen seien bloße Beziehungsveränderungen. Dass sich die ‚inneren Eigenschaften' einer toten Person nicht mehr ändern können, lässt sich meiner Ansicht nach nicht bestreiten, wenn damit gemeint ist, dass spätere Ereignisse keine früheren Ereignisse verursachen können. Post-mortem-Handlungen haben keinen kausalen Einfluss auf das Leben einer verstorbenen Person in dem simplen Sinne, dass dieses Leben in der Vergangenheit liegt.[75]

Doch ist damit hinreichend begründet, dass Tote nicht geschädigt werden können? Meines Erachtens geht es bei dieser Frage weniger um ein ontologisches, als um ein axiologisches Problem. Ein kontrafaktisches Beispiel mag hilfreich sein, um den Punkt zu verdeutlichen: Victor Klemperer führte unter der Nazi-Herrschaft Tagebuch, um Zeugnis abzulegen über sein eigenes Schicksal, das Schicksal der Juden und die Arbeitsweise des Terrorregimes. Angenommen, Klemperer wäre beim Bombenangriff auf Dresden ums Leben gekommen und die Gestapo hätte sein Tagebuch entdeckt und vernichtet. Wäre Klemperer durch dieses Unrecht post mortem geschädigt worden? Zweifellos konnte der tote Klemperer dieses Ereignis nicht erfahren; es hatte keinen kausalen Einfluss auf sein Leben, das in dem Gedankenbeispiel ja bereits in der Vergangenheit läge. Andererseits scheint es nicht angemessen, von einer rein äußerlichen Änderung zu sprechen. Das Führen des Tagebuchs war ein zentrales Projekt seines Lebens, und die mit ihm verbundene Absicht wäre durchkreuzt worden. Man hätte Anlass gehabt, Trauer zu empfinden – und zwar nicht nur um die verlorenen Tagebücher, sondern auch *für* den nun toten Klemperer. Manche meinen, solches Mitgefühl wäre unangebracht, weil das Unrecht von Klemperer nicht mehr erfahren werden könnte. Doch fragt sich, ob dies angemessen ist. Viele behaupten, die Qualität der Existenz einer Person könne durch nichterfahrene Ereignisse beeinträchtigt werden. In seinem Aufsatz „Death" hat Thomas Nagel den Gedanken des Aristoteles' aufgegriffen, dass der ‚Wert' unseres Lebens durch nichterfahrene Ereignisse mitbestimmt wird. Mit dem ‚Wert' eines Lebens ist hier gemeint, wie gut das Leben eines Menschen für diesen selbst ist. Wenn eine Person von ihr selbst unbemerkt betrogen wird, so mindert dies den ‚Wert' ihres Lebens. Es wäre besser für sie selbst, würde sie nicht betrogen. Das Negative liegt dabei im Betrogen-Werden; die Erfahrung dieses Negativen löst Gefühle der Trauer oder der Wut aus. Aber, wie Nagel anmerkt, es sind nicht diese Gefühle, die den Grund der Negativität bilden. Sie stellen bloß die emotional angemessene Reaktion auf die erfahrene Negativität dar. Man empfinde den Schmerz, weil und insofern man den eingetretenen Verlust als Schaden realisiere. Der Schmerz trägt nichts zur Konstitution des Schadens bei; er ist lediglich die emotional adäquate Weise, sich zu ihm zu verhalten.[76]

Wenn es nichterfahrene Schädigungen gibt; und wenn Tote als tote Personen existieren, so ist die ‚Frage nach dem guten Leben' verkürzt gestellt. Woran wir eigentlich interessiert sind, scheint mir, das ist die Qualität unserer Existenz als Ganzer. Diese Existenz endet nicht mit dem Tod. Der Tod zerlegt die Existenz einer Person lediglich in zwei zeitlich ungleich lange Hälften: die Person als Lebende und die Person als Tote. Wenn ein Lebensprojekt nach dem Tode scheitert, so ändert dies nichts am Leben einer Person; aber es betrifft den ‚Wert' der Existenz einer Person. Daher ist es nicht irrational, an postumen Ereignissen interessiert zu sein. Wir haben Grund, uns um Ereignisse nach unserem Tod zu sorgen, weil diese Ereignisse die Qualität unserer Existenz betreffen können. Um auf das Beispiel Klemperers zurückzukommen: Hätte die Gestapo sein Tagebuch vernichtet, so wäre Klemperer mit einem zentralen Lebensprojekt gescheitert. Mit einem zentralen Lebensprojekt zu scheitern, ist negativ für die Qualität der Existenz einer Person. Ob das Projekt zu Lebzeiten oder post mortem scheitert, ist in den Augen derjenigen, die von der Möglichkeit nichterfahrener Schädigung und der Existenz der Toten überzeugt sind, unerheblich.[77]

Nagels werttheoretische These, dass es nichterfahrenen Schaden gebe, ist nicht unumstritten. Lukas Meyer akzeptiert sie indes,[78] und mir scheint, dass sich dies auf die Haltbarkeit seiner Position auswirkt.

Während Meyer nämlich annimmt, dass *Lebende* nichterfahrenen Schaden erleiden können, bestreitet er dies für Tote. Denn Tote existierten nicht oder könnten von Änderungen in der Welt nicht affiziert werden.[79] Demnach müsste man sagen, die von ihm zu Lebzeiten nichterfahrene Vernichtung seiner Tagebücher durch die Gestapo hätte Klemperer geschädigt; die nichterfahrene Vernichtung seiner Tagebücher nach seinem Tod jedoch nicht.

Ohne die (wie gesehen: nicht plausible) Inexistenzthese ist nicht zu sehen, wie diese Differenzierung zu begründen wäre. Man kann sich den Punkt, denke ich, auch noch von einer anderen Seite her illustrieren: Angenommen, die Tagebücher wären durch Klemperer zu Lebzeiten unbemerkt von der Gestapo vernichtet worden; er hätte eine nichterfahrene Schädigung erlitten. Nun stirbt Klemperer. Will man sagen, dass die nichterfahrene Schädigung mit seinem Tod endet? Da die Schädigung in einer *negativen Tatsache über Klemperer* bestand, möchte dies nicht einleuchten. Denn die Tatsachen über vergangene Ereignisse bleiben bestehen. Der Tod Klemperers ändert nichts an der Tatsache, dass ein zentrales Ziel seines Lebens vereitelt wurde. Wenn die Schädigung in dieser Tatsache liegt, so endet sie nicht mit dem Tod.

Wie stützt Meyer seine These ab, dass nur Lebende von nichterfahrenen Schädigungen betroffen sein können? Der Unterschied zwischen einem nichterfahrenen und einem „posthumen Schaden" liegt ihm zufolge darin, dass eine lebende Person einen nichterfahrenen Schaden erleben *könnte*, eine tote Person nicht. Wird ein Testament missachtet, kann der Erblasser davon nichts mehr mitbekommen:

> „Wenn seine Erwartungen, die er legitimerweise zu Lebzeiten hatte, nach seinem Tod nicht erfüllt werden, kann er nicht in dem für Schädigung relevanten Sinne affiziert sein. Der Fall der zu Lebzeiten betrogenen Person ist anders: Hätte sie den Betrug festgestellt, wäre sie auch subjektiv geschädigt gewesen. In diesem Sinne können wir von nichterfahrenem Schaden mit Blick auf eine Person zu ihren Lebzeiten sprechen."[80]

Meyer scheint hier zu sagen, dass Schädigung die Erfahrbarkeit voraussetzt. Ein Kollege, der hinter seinem Rücken verspottet wird, könnte dies mitbekommen; der Kollege, der nach seinem Tode verspottet wird, nicht. Es ist somit nicht das Verlacht-Werden, wodurch eine Person geschädigt wird, sondern die Möglichkeit eines darauf bezogenen unangenehmen mentalen Zustands.

Ich möchte Meyers Position die *Risikotheorie* nennen, und anmerken, dass sie nicht dem Standardverständnis nichterfahrener Schädigung entspricht. Das Standardverständnis der Beispiele für nichterfahrene Schädigung ist meiner Ansicht nach, dass die Schädigung objektiv besteht. Es ist ein negativer Aspekt im Leben eines Menschen, wenn er von anderen für eine Witzfigur gehalten wird (dies nicht zu bemerken, macht ihn vielleicht noch mehr zur Witzfigur, aber darum geht es nicht). Die Pointe dieser Beispiele liegt darin, dass bestimmte objektive Tatsachen Einfluss darauf haben, wie gut jemandes Leben ist – völlig unabhängig davon, ob die betroffene Person die Tatsachen erkennt oder nicht. Was das Verlacht-Werden schlecht macht, ist nicht (oder nicht nur) der mentale Zustand, den die Erfahrung des Verlacht-Werdens nach sich zieht. Es ist vielmehr die Tatsache, dass die verlachte Person nicht die Anerkennung genießt, die sie genießen möchte (und zu genießen meint). Ihr Interesse an Anerkennung durch die Kolleginnen und Kollegen ist objektiv unerfüllt.

Wenn eine Person – ohne es zu merken – in Gefahr schwebt, aber es zu keinem Schaden kommt, würde man kaum sagen wollen, sie sei für den Zeitraum der Gefahr geschädigt gewesen. Ein Schaden hätte eintreten können; aber er ist nicht eingetreten. Die Person hat die Gefahr nicht bemerkt. Worin sollte die Schädigung bestehen? Angewendet auf die Risikotheorie: Wenn ein Versprechen nicht eingehalten wird, so kann nach der Risikotheorie nur ein Schaden vorliegen, wenn die Wahrscheinlichkeit für die Entdeckung durch den Empfänger des Versprechens höher als Null ist. Es ist aber nicht zu sehen, warum die Entdeckungswahrscheinlichkeit eine Rolle dafür spielen soll, ob eine Person durch die Nichterfüllung eines Versprechens geschädigt ist. Denn die Entdeckungswahrscheinlichkeit ist ja ihrerseits nichts, womit die ahnungslose Person rechnen würde. Ihr entspricht kein unangenehmer mentaler Zustand. Sie besteht vielmehr allein objektiv. Damit gibt Meyer nicht nur die Erfahrungsvoraussetzung auf, deren Anerkennung ja gerade die Entwicklung der Risikotheorie veranlasst hat. Die Preisgabe geschieht zudem zugunsten einer unplausiblen Behauptung darüber, worin die objektive Schädigung besteht. Daher scheint mir die Risikotheorie keine stabile Position. Entweder man sagt, der Schaden bestehe in den mentalen Zuständen, die eine Entdeckung nach sich zieht; oder man sagt, der Schaden bestehe in einem objektiven Umstand, beispielsweise einem Wortbruch post mortem.[81]

5.3.3 Inwiefern Tote geschädigt werden können

Im Rahmen meiner Auseinandersetzung mit Meyers Theorie ‚überlebender Pflichten' habe ich die Inexistenzannahme zurückgewiesen. Mit dem Tod endet nicht die Existenz, sondern das Leben einer Person. Tote existieren, und zwar als tote Personen. Die Existenz einer Person umfasst somit einen Zeitraum, in dem sie lebt, und einen Zeitraum, in dem sie tot ist.

Personen können Post-mortem-Trägerinnen von Eigenschaften sein. Wenn es nichterfahrene Schädigungen gibt (wie ich annehmen möchte), so ist es möglich, post mortem die Qualität der Existenz einer Person zu beeinflussen.[82] Den Bewertungsmaßstab bilden deren vernünftige Interessen. Vernünftige Interessen beziehen sich auf die intrinsisch wertvollen Aspekte der eigenen Existenz. Zu diesen intrinsisch wertvollen Aspekten gehören mentale Zustände (unterschiedliche Formen positiver Empfindungen), aber – wie ich mit Thomas Hurka annehmen möchte – auch erreichte Ziele.[83] Die Qualität der Existenz hängt unter anderem davon ab, wie viel in ihr gelungen ist. Weil wir eine bessere gegenüber einer schlechteren Existenz bevorzugen, haben wir das vernünftige Interesse, dass das von uns Angestrebte nicht vereitelt wird. Wenn Klemperers Tagebücher nach seinem Tod verbrannt worden wären, so hätte dies eine Zerstörung intrinsisch wertvoller Aspekte seiner Existenz dargestellt.

Vielen erscheint es merkwürdig, eine verstorbene Person wegen eines Post-mortem-Ereignisses zu bedauern, weil Tote kein Subjekt von Empfindungen und Wünschen seien. Analog hat Epikur im „Brief an Menoikeus" argumentiert, das Totsein sei kein Übel, weil es keine vernünftige Antwort auf die Frage gebe, *wann* es schlecht sei, tot zu sein: „Das schauerlichste Übel (…), der Tod, geht uns nichts an; denn solange wir existieren, ist der Tod nicht da, und wenn der Tod da ist, existieren wir nicht mehr."[84]

Dieser Schluss ist auf alle Post-mortem-Ereignisse übertragbar. Doch hat er meines Erachtens nicht den Charakter einer argumentativen Absicherung, sondern einer reductio ad absurdum. Wenn Post-mortem-Ereignisse keine Übel darstellen könnten, weil Tote keine Subjekte von Empfindungen und Wünschen sind, dann wäre auch das Totsein kein Übel. Das Totsein ist aber ein Übel. Dass Tote keine Wünsche haben und nichts zu empfinden vermögen, ist daher keine taugliche Begründung für die These, dass Post-mortem-Ereignisse keine Übel darstellen können.

Intuitiv gesprochen, ist ein vorzeitiger Tod schlecht, weil – ceteris paribus – ein kurzes Leben weniger ‚Wert' hat als ein langes. Wer länger lebt, kann mehr intrinsisch wertvolle Aspekte entfalten. Dies gilt sogar aus hedonistischer Sicht. Ein kurzes Leben enthält – ceteris paribus – weniger freudvolle Erfahrungen als ein langes.

Epikureer werden bestreiten wollen, dass aus solchen Wertvergleichen folgt, ein vorzeitiger Tod sei schlecht *für* die betroffene Person. Denn diese existiere nicht mehr.

Wie ich in Abschnitt 5.3.2 dargelegt habe, hat die Inexistenzthese jedoch eine Reihe unplausibler Implikationen. Ich möchte nun eine Sichtweise skizzieren, die von der Existenz der Toten ausgeht, ohne in einem üblen Sinne spekulativ-metaphysisch zu sein.

Der Eternalismus behauptet, alles, was existiere, sei zu jeder Zeit da.[85] Dies ließe sich leicht so verstehen, als glaubten Eternalisten, die Toten seien nicht wirklich tot. Doch das ist nicht gemeint. Vielmehr fordert der Eternalismus, bei Existenzaussagen von „hier" und „jetzt" zu abstrahieren, während der Dreidimensionalismus lediglich von „hier" abstrahiert.[86] Wenn jemand in einem dreidimensionalen Bezugsrahmen sagt, dass etwas existiere, impliziert dies, es existiere jetzt-irgendwo (und nicht etwa, es existiere überall). Wenn jemand in einem vierdimensionalen Bezugsrahmen von einem Objekt sagt, es existiere, so impliziert dies, es existiere irgendwann-irgendwo (und nicht etwa, es existiere immer-und-überall). Tote Personen sind, eternalistisch betrachtet, nicht inexistent, sondern befinden sich auf einem früheren Abschnitt der Zeitachse als die lebenden.[87] Wenn ein Eternalist behauptet, Kant lebe in Königsberg, impliziert dies nicht, dass Kant *jetzt* in Königsberg lebe. Er behauptet vielmehr, dass es einen Abschnitt auf der Raum-Zeitachse gibt, für den gilt, dass Kant in Königsberg lebt. Wenn man so möchte, stehen gegenwärtige, vergangene und zukünftige Objekte im Eternalismus ontologisch auf einer Stufe.[88]

Die hier interessierende Frage lautet nun: Erlaubt der Eternalismus, von der Schädigung einer Person zu sprechen, wenn Schädigung und Person auf unterschiedlichen, sich nicht überlappenden Abschnitten der Zeitachse liegen? Silverstein bejaht diese Frage aufgrund folgender Analogiebetrachtung:[89] Man stelle sich ein null-dimensionales Bezugssystem vor, in dem Existenzaussagen implizieren, dass etwas jetzt-hier ist. Sagt man von etwas, es existiere, so bedeutet dies, es sei jetzt hier (wobei „jetzt" und „hier" heißen: in der zeitlichen, beziehungsweise räumlichen Umgebung des Sprechers).

Angenommen, während des Völkermords in Ruanda 1994 halte sich ein Tutsi in Europa auf. Viele seiner Verwandten sterben. Ein Nulldimensionalist in Europa würde nun meinen, dass der Tod der Verwandten kein Übel darstelle, weil nichts dergleichen wirklich existiere. Denn es geschehe nicht hier, sondern dort draußen. Was dort draußen vor sich gehe, sei nicht wirklich, und daher könne es auch kein negativer Umstand für das Leben des Tutsi sein, wenn in Ruanda ein Völkermord geschehe und viele Verwandte stürben. Denn die, die draußen seien, seien eben wirklich draußen (ganz so, wie die Toten, um mit Horkheimer zu sprechen, eben wirklich tot seien).

Erweitert man den Bezugsrahmen um die räumlichen Dimensionen, so ändert sich das Bild: Der Völkermord und der Tod der Verwandten existiert nun und stellt ein Übel dar, weil ihre Existenz unabhängig von der Verortung im Raume ist. So wie nun mit dem Übergang zum Dreidimensionalismus die räumliche Verortung für das Existieren eines Objekts ihre Bedeutung verliert, so wird mit dem Übergang zum Vierdimensionalismus die raumzeitliche Verortung unerheblich. Wenn es in 3-D keine Rolle spielt, ob man sich räumlich in derselben Gegend aufhält, um sagen zu können, man sei durch einen Völkermord betroffen, so spielt es in 4-D keine Rolle, ob man sich raumzeitlich in derselben Gegend aufhält.

In „The Evil of Death“ hat Harry Silverstein argumentiert, dass die Vorstellung des Lebens als einem zeitlich erstrecktem Ganzen, das sich mit einem anderen Lebensganzen vergleichen lässt, nur im Rahmen einer eternalistischen (vier-dimensionalistischen) Betrachtungsweise nachvollziehbar wird.[90] Diese Sichtweise bietet einen geeigneten metaphysischen Rahmen für die Intuition, dass Totsein ein Übel ist – und zwar auch und vor allem für die betroffene Person.

Wenn es aber intuitiv plausibel und metaphysisch unanstößig ist, zu sagen, dass Totsein ein Übel darstellt, so ist es auch nicht anstößig oder unplausibel, zu sagen, dass Post-mortem-Ereignisse Schädigungen darstellen.

5.3.4 Reparationspflichten gegenüber Verstorbenen

Laut Beziehungsansatz beruhen die Ansprüche der *Betroffenen* auf der moralisch relevanten Beziehung, in der sie zu den *Opfern* stehen. In „Giving the Dead Their Due“ hat Michael Ridge den Gedanken entwickelt, diese Beziehung komme durch den Wunsch der *Opfer* hinsichtlich des Wohlergehens ihrer Nachkommen (der *Betroffenen*) zustande.

Im letzten Abschnitt habe ich einen verwandten Ansatz gewählt und argumentiert, es sei möglich, zur Qualität der Existenz von (jetzt toten) Personen beizutragen, indem man ihre vernünftigen Interessen fördert. Im Anschluss an Hurka hatte ich das im Leben Bewirkte und

Vollbrachte (achievements) zu den intrinsischen Gütern gezählt, auf die vernünftige Interessen gerichtet sind.

Wenn ein historisches Unrecht im Massenmord bestand, so kann zwar das Übel des Todes nicht rückgängig gemacht werden. Die Toten sind wirklich tot. Doch dies schließt nicht die Möglichkeit jeglicher Art von Wiedergutmachungen an den Ermordeten aus. Der Tod stellt nicht das Ende der Person in allen Aspekten dar; deren Existenz kann post mortem verschlechtert, aber auch verbessert werden. Die Lebenden können etwas für die verstorbenen *Opfer* tun – und weil sie es können, sollen sie es auch. Persönlich Verantwortliche und politisch Haftende schulden den toten *Opfern* den Schutz ihrer vernünftigen Interessen, zu denen auch und vor allem die Bewahrung und Förderung des von ihnen Bewirkten und Vollbrachten gehört.

Für die meisten Menschen bestehen ihre wichtigsten und bedeutendsten ‚Werke' in ihren Nachkommen. Daraus schließe ich, dass die für Massenmord persönlich Verantwortlichen und politisch Haftenden etwas für die *Opfer* tun können, indem sie etwas für deren Nachkommen unternehmen. Die Nachkommen sind *Betroffene*, weil ihr Wohlergehen einen Aspekt der Qualität der Existenz der toten *Opfer* darstellt.

Zu den vernünftigen Interessen verstorbener *Opfer* historischen Unrechts gehört auch, dass ihrer angemessen gedacht wird. Anders als Meyer bin ich der Auffassung, dass das angemessene Gedenken, zu dem auch Post-mortem-Entschuldigungen gehören können, nicht rein symbolischer Natur ist. Sie machen weder Leiden, noch Tod und Unrecht rückgängig. Doch sind sie meines Erachtens mehr und anderes als der bloße Ausdruck einer veränderten Haltung zu nicht-existenten Gegenständen (siehe Abschnitt 5.3.2).

Der temporalen Interpretation I zufolge, verlieren die Reparationspflichten gegenüber den *Opfern* historischen Unrechts im Zeitverlauf nicht ihr Gewicht. Nach dem Tod der *Opfer* nehmen die Möglichkeiten der Wiedergutmachung allerdings ab. Tote können keine positiven Erfahrungen machen, kein Wissen erwerben und keine Werke vollbringen; man kann Toten keine Freude machen und ihnen nicht bei ihrer Arbeit helfen. Je länger eine Person tot ist, desto mehr schwinden die Möglichkeiten, ihr zu nutzen, weil ihre Spuren in der gegenwärtigen Welt schwächer werden. Die zum Zeitpunkt des Unrechts erwachsenen Kinder eines *Opfers*, so hatte ich in Kapitel 2 vorgeschlagen, sind – anders als die minderjährigen Kinder, die selbst (mittelbare) *Opfer* sind – *Betroffene*. Sie gehören zu dem, was ein Mensch in seinem Leben Wichtiges vollbracht hat. Ihr Gedeihen stellt einen wesentlichen Aspekt der Qualität der Existenz eines Menschen dar. Auch zu den Enkeln kann die Beziehung so nah sein, dass sie zu dem zählen, was jemand im Leben vollbracht hat. Die Förderung der Enkel kann – je nach Lebensform – ein Beitrag zum Wohlergehen verstorbener *Opfer* sein. Doch mir scheint die Verbindung zu der darauf folgenden Generation schon zu lose, als dass die persönlich Verantwortlichen oder politisch Haftenden den *Opfern* deren Förderung schulden könnten. Wiedergutmachung an der Urenkelgeneration (und oftmals schon an der Enkelgeneration) ist symbolischer Natur. Die Befürchtung, die Lebenden würden gleichsam von den materiellen Rechten der Toten erdrückt, ist insofern unbegründet.

Noch eine andere Überlegung ist mit Blick auf diese Befürchtung erheblich: Nicht nur wird die Spur der Toten mit der Zeit schwächer. Weil verstorbene Personen nur noch eingeschränkte vernünftige Interessen haben (sie haben beispielsweise kein Interesse mehr an schönen Erlebnissen, inspirierenden Ideen und neuen Vorhaben), haben sie in aller Regel bei moralischen Abwägungen weniger in die Waagschale zu werfen als die Lebenden. Alles in allem, ist die Sorge um die Lebenden wichtiger und gewichtiger als die Sorge um die Toten, weil sich mit dem Tod die Menge vernünftiger Interessen drastisch verringert.

5.3.5 Eine alternative Begründung

Bislang habe ich die Ansicht zu begründen versucht, dass die Interessen von Verstorbenen geschädigt und gefördert werden können und es keineswegs absurd ist, tote Personen als Rechtssubjekte zu betrachten. Die Ansprüche der *Betroffenen* sind in die Rechte der *Opfer* einbezogen, die auch nach deren Tod noch Bestand haben.

In diesem Abschnitt möchte ich eine unabhängige und metaphysisch weniger aufgeladene Überlegung dafür präsentieren, von dem Fortbestand der Person nach ihrem Tode auszugehen. Ich möchte sie die *Konstruktionsthese* nennen.

Die Konstruktionsthese betrachtet die Rechtssubjektivität toter Personen als ein sinnvolles soziales Artefakt und umgeht damit die Schlussfolgerung der Inexistenzannahme. Tote lassen sich ontologisch vergleichen mit anderen sozialen Artefakten, die nur in und durch kollektive Bezugnahmen existieren, wie Geld oder Gerichtsurteile. Ihre Existenz ist keine natürliche, sondern eine institutionelle Tatsache.[91] Es ist nicht abwegiger, von der Rechtssubjektivität einer toten Person als von der Existenz des Geldes auszugehen. Die entscheidende Frage lautet, ob die entsprechenden kollektiven Bezugnahmen gerechtfertigt werden können.

Welchen Grund sollte es geben, von der Post-mortem-Rechtssubjektivität einer Person auszugehen? Zunächst eine Beobachtung: Wohl in allen bekannten Kulturen haben die Lebenden den Toten bestimmte Rechte zugesprochen. Von der rechtlichen oder künstlichen Fortexistenz toter Personen auszugehen, scheint eine wichtige Bedingung aller Kulturen zu sein, insofern sie deren Kontinuität als ein Geflecht von generationenübergreifenden Regeln und Unterfangen herstellt. Die Beerdigung des toten Körpers hat nicht nur eine hygienische Bedeutung, sondern steht für eine Form von Gemeinschaft mit den Toten, über die sich die heute Lebenden als Fortsetzer von Regeln, Bedeutungen und Existenzweisen betrachten können und müssen. In unserer Kultur wird diese Gemeinschaft unter liberalen und säkularen Vorgaben ausgelegt. Der Tote genießt für eine gewisse Dauer Persönlichkeitsrechte; seine Interessen können im rechtlichen Forum vertreten werden. Er kann nicht selbst aktiv werden und zu den Lebenden sprechen oder auf Ereignisse einwirken, aber dies vermögen auch andere künstliche Personen nicht, wie Staaten oder Unternehmen. In der Moderne ist der Wille der Toten nur noch in einem sehr engen Rahmen für die Lebenden verbindlich und setzt in aller Regel deren Selbstbindung oder Einverständnis, wie ein Ante-mortem-Versprechen oder die Annahme einer Erbschaft, voraus.

Darüber hinaus wird der Schutz der Post-mortem-Persönlichkeit anerkannt. Dieses auf den Namen, den Ruf, die Erinnerung einer verstorbenen Person bezogene Recht gründet in dem offenkundigen Interesse, das auch in unserer Kultur fast alle an solchem Schutz bekunden. Erklärt werden kann dieses Interesse auf zwei Ebenen: (i) Zum einen sind wir in der Lage, unser eigenes Leben und das anderer aus der Perspektive einer dritten Person zu betrachten. Greifen wir Feinbergs Beispiel von der unbemerkten Verleumdung auf: Eine dritte Person wird finden, der Verleumdete erleide einen Schaden, auch wenn dieser selbst davon in keiner Weise affiziert wird. Diese Abstraktion von der subjektiven Sicht der Dinge, von der Erlebbarkeit für die Betroffenen, nehmen wir auch in Bezug auf uns selbst ein. Die Frage, ob sie indifferent wären zwischen einem glücklichen Leben, das auf Täuschung beruhte, und einem in allen Hinsichten gleichen Leben, das nicht auf Täuschung beruhte, würden wohl die meisten Menschen verneinen. Die meisten möchten, dass ihr Leben sich aus der Sicht eines objektiven Beobachters als ein anständiges und gelungenes Leben darstellt und dass es als solches auch dargestellt wird. Und diese Vorstellung von einem objektiven Beobachter kulminiert gewissermaßen in dem Gedanken des vollkommen gerechten Nachrufs. Dazu gehört aber auch, dass bestimmte private Aspekte des eigenen Lebens der Öffentlichkeit entzogen bleiben, weil sie nur vor dem Hintergrund eines vollständigen persönlichen und daher notgedrungen exklusiven Wissens verständlich sind.

Das vernünftige Interesse an einem objektiven Urteil über das eigene Leben umfasst die richtige Darstellung der öffentlichen und die Abschirmung der privaten Seite. Dies verleiht der in unserer Kultur geübten Praxis Sinn, dass die rechtliche Person nicht mit der natürlichen Person untergeht und dass Aspekte des Persönlichkeitsschutzes den Tod überdauern.

(ii) Das Interesse an dem Post-mortem-Fortbestand der rechtlichen Person folgt aber auch dem von den Individuen und der Gesellschaft geteilten Bedürfnis, Angelegenheiten über den Tod Einzelner hinaus verbindlich regeln zu können. Viele Wünsche sind selbstbezogen in dem Sinne, dass sich eine Person von ihrer Erfüllung persönlichen Nutzen verspricht; doch nicht wenige Wünsche sind altruistisch. Die Erfüllung solcher fremdbezogener Wünsche kann sich auf die Zeit nach dem eigenen Ableben beziehen. Ohne die Möglichkeit, verbindlich über die Verwendung von Mitteln nach dem eigenen Verscheiden verfügen zu können, fehlte oftmals die Motivation zur Akkumulation großer Vermögen. Letzteres wiederum wäre den Interessen der noch Lebenden und der Nachgeborenen entgegen.

„And so, because the living have expectations and concern for having their own wills respected, they also have an interest in respecting the wills of the deceased. That is to say, it is in the interest of the living (out of concern for their own to-be-posthumous ‚interests') that they maintain the stable and just institutions that secured the wishes expressed by the deceased during their lifetimes. The to-be-posthumous ‚interests' of the living are protected by their resolution to respect, in their own time, the ‚quasi-interests' of the deceased. The living accomplish this by contributing to the moral sense, by maintaining the moral community, and by supporting just and stable institutions."[92]

Doch liefert diese Überlegung tatsächlich das gewünschte Resultat? Der Beziehungsansatz beruht auf dem Gedanken, dass wir den Verstorbenen die Erfüllung besonderer Pflichten schulden. Folgt man der zuletzt gegebenen Begründung, so scheinen wir die Einhaltung der betreffenden Pflichten gerade nicht den Verstorbenen zu schulden. Der Grund, Pflichten gegenüber Verstorbenen einzuhalten, liegt in der Aufrechterhaltung einer Institution, an deren Bestand die Lebenden ein Interesse haben.

Doch dies ist keineswegs überraschend. Es gilt nämlich, zwei Ebenen zu unterscheiden: Die eine Ebene betrifft die Frage der Existenz der rechtlichen Person, die andere die Gründe für die Schaffung einer entsprechenden institutionellen Tatsache. Wenn die rechtliche Person nach dem Verscheiden der natürlichen Person Bestand hat, so heißt dies, dass ihr besondere Pflichten geschuldet sein können. Die Existenz der entsprechenden institutionellen Tatsache gründet indes in dem Interesse der Lebenden, Projekte zu verfolgen, welche die eigene Lebensspanne überdauern.

Sollen jedoch die Ansprüche der *Betroffenen* aus ihrer Beziehung zu den verstorbenen *Opfern* als primären Anspruch-Inhabern abgeleitet werden, so müssen nicht nur Persönlichkeits-, sondern auch Wiedergutmachungsrechte den Tod einer Person überdauern können.

Welchen Grund könnte es geben, die Rechtssubjektivität von Toten als soziales Artefakt so zu gestalten, dass nicht nur Persönlichkeits-, sondern auch Wiedergutmachungsrechte den Tod überdauern?

Hier möchte ich daran erinnern, dass es bei der Wiedergutmachung von Unrecht um die Wiederherstellung der moralischen Ordnung geht. Primäres Ziel ist die Restitution des *Opfers*. Unter Restitution des *Opfers* ist auf der einen Seite dessen materielle, physische und psychische Schadloshaltung zu verstehen – soweit dies eben möglich ist; auf der anderen Seite aber die Bekräftigung seines Status' als einer zu achtenden moralischen Person. Für diese Bekräftigung ist entscheidend, dass das Unrecht nicht stehen bleibt, sondern korrigiert wird. Auch wenn eine Person durch die Korrektur des Unrechts nicht mehr zu affizieren ist, ist es doch für die Lebenden und den Bestand der moralischen Ordnung wichtig, dass sie nicht als Entrechtete einfach vergeht. Kant hat sich die moralische Gemeinschaft aller Menschen als Koexistenz in einer der Zeit enthobenen noumenalen Welt vorgestellt. Eine solche Lehre könnte zwar – auf unseren Kontext angewendet – dem Gedanken geschuldeter Pflichten gegenüber Verstorbenen Sinn verleihen. Doch fordert sie womöglich mehr als erforderlich. Die Konstruktionsthese wird typischerweise davon ausgehen, dass die Post-mortem-Existenz der rechtlichen Person nicht in alle Zeit fortdauert. Woran bemisst sich dieses Vergehen der Post-mortem-Existenz?

Für die zeitliche Begrenzung des rechtlichen Lebens nach dem Tode ist eine Erfahrung wichtig, die man als die der ‚imaginären Gemeinschaft mit den Toten' bezeichnen könnte. Die Verstorbenen sind nicht einfach ausgelöscht, sondern leben in der Erinnerung und in Einflüssen auf andere, noch Lebende, fort. Manche hinterlassen viele Prägungen und Erinnerungen, andere kaum welche. Doch diese faktischen Unterschiede können für die Ausgestaltung der Post-mortem-Existenz der rechtlichen Person außer Acht gelassen werden. Hier kommt es nur auf den allgemein-menschlichen Umstand an, dass die frühere Interaktion mit heute Verstorbenen Spuren in Erinnerung und Haltung von heute Lebenden hinterlassen hat. Durch diese Spuren sind die Toten in der Gemeinschaft der Lebenden präsent. An dieses Faktum knüpft die Begründung für die begrenzte Fortexistenz der rechtlichen Person nach dem Tod an.

Der Gedanke der Post-mortem-Existenz ist somit nicht frei schwebend, sondern ruht auf der Tatsache auf, dass sich die Lebenden in einer imaginären Gemeinschaft mit den Toten sehen.

Die Spuren realer Interaktionen mit Verstorbenen in Erinnerung und Verhalten sowie die darüber hergestellte imaginäre Gemeinschaft stiftet einen vernünftigen Grund für die Lebenden, die von Verstorbenen erlittene Entrechtung und Missachtung als Quelle geschuldeter Pflichten zu betrachten. Die Vorstellung, dass Verstorbenen, deren Lebenszeit sich mit der eigenen überlappt, Rechte und Würde genommen und dass sie für dieses Unrecht nicht kompensiert wurden, wird als Bedrohung der moralischen Ordnung wahrgenommen. Diese spezifische Bedrohungswahrnehmung schwächt sich mit dem zeitlichen Abstand der *Opfer* ab, um an einem bestimmten Punkt ganz zu vergehen. Daher wird die Post-mortem-Existenz der rechtlichen Person zu einem normierten Zeitpunkt enden – ein plausibler Normwert wird zwischen vier und sechs Dekaden liegen.

*

Die materiellen Anrechte der *Betroffenen* (also derjenigen, die in einer besonderen moralischen Beziehung zu den *Opfern* stehen) leiten sich aus den Rechten der Verstorbenen ab. Sie haben jedoch nicht Anspruch, worauf die *Opfer* einen Pro-tanto-Anspruch hätten, wenn sie noch lebten, nämlich die möglichst volle Einsetzung in ihre ursprünglichen Rechte. Die materiellen Pflichten den *Betroffenen* gegenüber haben daher einen schwächeren Status als die Pflichten den *Opfern* gegenüber. Diese sind nach der Normwertkonzeption zu beurteilen, jene nach der Anrechtskonzeption. Laut gemäßigt konservativer Anrechtskonzeption, gibt für Reparationen an *Opfer* pro tanto die volle

Kompensation des Unrechts das Maß vor. Jede Abweichung von der vollen Kompensation ist in hohem Maße begründungsbedürftig.

Die materiellen Leistungen an die *Betroffenen* sind hingegen nach der prioritären Normwertkonzeption zu bemessen; die gemäßigt konservative Anrechtskonzeption kommt für *Betroffene* nur für bestimmte Gegenstände in Betracht, wie Kunstwerke und Liegenschaften. Sind die *Opfer* als natürliche Personen verstorben, so können sie nicht mehr materiell kompensiert werden. Als rechtliche Personen existieren sie jedoch für eine normierte Dauer fort, innerhalb derer sie ein Recht auf Wiedergutmachung haben. Die materielle Komponente dieses Rechts dient dazu, die Wiederherstellung ihres moralischen Status' zu bekräftigen. Der materielle Anspruch der *Opfer*, wenn sie verstorben sind, ist schwächer, als ihr Anspruch, als sie noch lebten. Da sie nicht mehr als volle Personen existieren, können sie durch das Unrecht nicht mehr affiziert werden. Doch schulden die Aggressoren ihnen, der Anerkennung des moralischen Fehlers materiell Nachdruck zu verleihen. Wie geschieht dies? Hier sind zwei Fälle zu unterscheiden: Wenn die Nachkommen der *Opfer* oberhalb eines wirtschaftlichen oder sozialen Schwellenwerts leben, der durch eine Vorstellung distributiver Gerechtigkeit festgelegt wird, sollten sie keine Reparationen empfangen, die über die Rückerstattung bestimmter Gegenstände, wie Kunstwerke und Liegenschaften, hinausgingen.

Wenn Nachkommen von *Opfern* unterhalb eines bestimmten sozialen und wirtschaftlichen Schwellenwerts leben, so genießt ihr Anspruch auf Transfers Vorrang gegenüber dem Anspruch von Personen, die nicht in einer besonderen Beziehung zu Opfern historischen Unrechts stehen. Dies, weil die politisch Haftenden andernfalls indifferent wären gegenüber der legitimen Erwartung der *Opfer*, dass ihre Nachkommen nicht unterhalb jener Schwelle leben. Zwar haben auch Nicht-*Opfer* diese legitime Erwartung – es besteht ihnen gegenüber jedoch keine besondere Schuld der Wiedergutmachung. Diese besondere Schuld zwingt die Aggressoren, die Nachkommen der *Opfer* vorrangig zu behandeln.

5.3.6 Der kollektivistische Beziehungsansatz

Beziehungsansätze beruhen auf dem Gedanken, dass Personen kraft ihrer Verbindung zu den *Opfer*n historischen Unrechts Anspruch auf Wiedergutmachung haben. In der kollektivistischen Variante besteht diese Beziehung in der Zugehörigkeit zu einem Kollektiv, an dem historisches Unrecht verübt wurde. Eine auf die Zugehörigkeit zu einer Gruppe gestützte Forderung liegt etwa dem *Black Manifesto* des schwarzen Bürgerrechtlers James Forman zugrunde, das 1969 die jüngere Reparationsdebatte auslöste. Forman sprach von fünfhundert Millionen Dollar, die von den weißen Kirchen und Synagogen jedem „black brother" und jeder „black sister in the United States" geschuldet seien als

> „a beginning of a reparations due to us as people who have been exploited and degraded, brutalized, killed and persecuted."[93]

Jeder Afroamerikaner hat nach Forman einen individuellen Transferanspruch von fünfzehn US-Dollar (1969). Diese Summe ergibt sich aus dem, was die weißen Kirchen und Synagogen den Afroamerikanern „as a people" schulden – sie stellt in den Augen Formans jedoch nur eine erste Tranche dar. Formans Forderung wurde später von anderen erhöht, der Anspruchsgegner gewechselt: Bernard Boxill verlangt von der „white community as a whole"[94] Reparationen zu leisten, und zwar den Gegenwartswert des Produkts der von Sklaven geleisteten Arbeit; andere heben auf die entgangenen Arbeitslöhne ab und fordern von den Vereinigten Staaten Beträge in der Größenordnung von fünfhundert bis tausend Milliarden Dollar.

Das Anrecht des Kollektivs lässt sich über kontrafaktische Konstruktionen oder über Vererbungsfiktionen bestimmen. Es kommt dann eine libertäre Normwertkonzeption beziehungsweise eine konservative Anrechtskonzeption zur Anwendung. Einer konservativen Anrechtskonzeption entspricht es, den Afroamerikanern *als gesellschaftlicher Gruppe* einen Anspruch in Höhe der Gesamtsumme verzinster (vorenthaltener) Arbeitslöhne zuzusprechen. Die Frage, in welcher Vererbungsrelation jemand zu einem *Opfer* steht, ist dann irrelevant, da das individuelle Anrecht sich sekundär aus dem primären Anrecht der Gruppe ergibt, die als das eigentliche Opfer betrachtet wird. Eine libertäre Normwertkonzeption setzt dagegen bei der Frage an, wie sich die Afroamerikaner innerhalb der US-Gesellschaft stellen würden, wenn sie nicht Opfer von Unrecht geworden wären. Die Normalverteilung von Vermögen, Einkommen und gesellschaftlichen Positionen in der nicht-afroamerikanischen Bevölkerung dient dabei als Richtwert.

Kollektivistische Beziehungstheorien betrachten eine Gruppe oder Gemeinschaft als primäres und deren Mitglieder als sekundäre Opfer von Unrecht. Diese Herangehensweise halten deren Befürworter in Fällen für angemessen, in denen Personen aufgrund moralisch irrelevanter Merkmale, wie der Rassen- oder Geschlechtszugehörigkeit, von bestimmten sozialen Positionen ausgeschlossen wurden oder werden.

Die Wiedergutmachung für solche Art von Unrecht muss, so die Sichtweise, auf der Ebene der diskriminierten Gruppe ansetzen, weil das Unrecht nicht gegen Individuen, sondern gegen die Träger bestimmter moralisch irrelevanter Gruppeneigenschaften gerichtet war. Das Unrecht wurde nicht an bestimmten Individuen als Individuen verübt, sondern richtete sich gegen die Gruppe als Gruppe. Dies scheint nahe zu legen, dass es um die Wiedergutmachung eines an der Gruppe verübten Unrechts gehe.

Gegen diese Herangehensweise ist jedoch einzuwenden, dass die moralische Ordnung nicht durch moralisch fehlerhafte Handlungen wiederhergestellt werden kann. Wenn Rassismus – unter anderem – deshalb verwerflich ist, weil er Personen aufgrund irrelevanter Eigenschaften, wie der Hautfarbe, diskriminiert, kann Wiedergutmachung nicht darin bestehen, aufgrund eben dieser Eigenschaften Kompensationen zu leisten. Ein solches Argument hat J.L. Cowan gegen Affirmative-Action-Programme vorgetragen. Der moralische Fehler des Rassismus könne nicht korrigiert werden, indem man nun einer Person aufgrund ihrer Hautfarbe etwas Gutes tue. Vielmehr müsse sich die Wiedergutmachung auf die geschädigte Person als geschädigte Person beziehen – das irrelevante Merkmal dürfe gar keine Rolle spielen. Es sei unstatthaft, Reparationen an Schwarze zu leisten; Reparationen müssten vielmehr geschädigten Individuen gelten, die zufälligerweise schwarz seien.[95]

Cowans Argument tritt kollektivistischen Beziehungsansätzen entgegen. Die Tatsache, dass Afroamerikaner Unrecht erlitten haben, gibt in diesem Theorierahmen keinen Grund, eine Person zu kompensieren, die Afroamerikanerin ist. Die Pflicht zur Wiedergutmachung muss streng an den individuellen Opferstatus gebunden sein, wobei die Beschreibung dieses Status‘ keine verborgenen starren Designatoren für Kollektivzugehörigkeit enthalten darf. Die Forderung nach Black Reparations wäre insofern abzulehnen, weil sie ihrerseits eine Diskriminierung aufgrund eines moralisch irrelevanten Merkmals darstelle.[96]

Roger Shiner hat indes darauf hingewiesen, dass dieser Schluss Cowans übereilt ist.[97] Laut Cowan impliziere die Auffassung, der Gruppe der Afroamerikaner stünden Reparationen zu, die Überzeugung, Schwarzsein sei eine moralisch relevante Eigenschaft – und dies sei inakzeptabel. Shiner hält dem entgegen, dass dies nur dann der Fall wäre, wenn man davon ausginge, dass Afroamerikaner aus Gründen a priori

Reparationen verdienen, so wie dies bei der Aussage der Fall wäre: „Der Gruppe der durch Unrecht Geschädigten stehen Kompensationen zu". Da man aber davon ausgehe, dass die Reparationen aus Gründen a posteriori (wegen historischer Fakten) gerechtfertigt sind, impliziert die Auffassung, die Gruppe der Afroamerikaner hätte Anspruch auf Reparationen, nicht, dass Afroamerikanersein a priori eine moralisch relevante Eigenschaft darstelle.

Ähnlich wie Shiner hat James Nickel argumentiert; es sei moralisch nicht fragwürdig, einer Person Wiedergutmachung aufgrund des Merkmals zu leisten, wegen dessen man sie ungerechtfertigterweise diskriminiert habe; denn sie werde in diesem Fall nicht aufgrund eines irrelevanten, sondern aufgrund eines moralisch relevanten Merkmals behandelt, namentlich des Merkmals, Opfer einer ungerechtfertigten Diskriminierung gewesen zu sein.[98] Dieser Punkt Nickels ist allerdings nur stichhaltig, wenn eine eineindeutige Beziehung zwischen Afroamerikanersein und Opfersein besteht.

Wenn alle Afroamerikaner in gleicher Weise Opfer von rassistischem Unrecht geworden sind, sonst aber keine Gruppe, scheint das Verbot starrer Bezeichnungsausdrücke beckmesserisch. Aber besteht eine solche Relation? In einer Replik auf seine Kritiker stellte Nickel klar, dass es ihm nicht darum gegangen sei, Reparationen auf Grundlage einer individuell nachgewiesenen Schädigung zu rechtfertigen.[99] Zwar sei es die Schädigung von Individuen, die Reparationen moralisch erforderlich mache; es sei aber keineswegs ratsam, die Reparationen nur denjenigen zuzusprechen, die individuell Schädigungen nachweisen könnten. Wenn eine ausreichend große Zahl von Gruppenangehörigen geschädigt wurde, ist es administrativ einfacher, jedes Gruppenmitglied von den Reparationen profitieren zu lassen, auch wenn manche individuell möglicherweise keinen Schaden zu beklagen haben. Verglichen mit möglichen Alternativen (Verzicht auf jegliche Reparationen, individuelle Prüfung jedes Anspruchs), sei eine gruppenbezogene Lösung aus moralischen Gründen vorzuziehen.[100]

Mit diesem Argument einer zweitbesten Lösung bewegt sich Nickel jedoch noch auf dem Boden einer individualistischen Theorie, weil Transfers an alle Merkmalsträger nur als gerechtfertigt erachtet werden, wenn der Anteil der Unrechtsopfer ausreichend hoch ist.

Im Sinne eines kollektivistischen Beziehungsansatzes hat sich indes Michael Bayles geäußert.[101] Die Frage, ob ein Individuum aufgrund relevanter Eigenschaften behandelt werde oder nicht, ist für ihn in dem gegebenen Kontext gar nicht erheblich. Es geht nach Bayles gar nicht darum, wie ein vermeintlicher Widerspruch zwischen der Zustimmung zu positiver und der Ablehnung von negativer Diskriminierung aufgelöst werden könne. Diese Debatte beruhe auf der falschen Voraussetzung, dass Gegenstand von Reparationen Individuen seien und nicht Gruppen. Es sei nichts Widersprüchliches an der moralischen Überzeugung, dass Gruppen, die Opfer von negativer Diskriminierung geworden seien, als Gruppen Anspruch auf Reparationen hätten. Da die geschädigte Gruppe im Fall der Schwarzen keine Körperschaft dargestellt habe, könne die Verpflichtung zur Wiedergutmachung nur gegenüber einzelnen Individuen geleistet werden, die jedoch nur über einen mittelbaren Anspruch verfügten. Entsprechend entfällt die Notwendigkeit, nachzuweisen, dass „Afroamerikanersein" und „Opfersein" kongruent seien, um die Forderung nach Black Reparations zu verteidigen.

Ähnlich wie Bayles, hat Paul Taylor die Gewährung von Reparationen an Gruppenmitglieder als Gruppenmitglieder aus moralischen Gründen für geboten erklärt.[102] Er legt dabei ein Prinzip kompensatorischer Gerechtigkeit zugrunde, das besagt, dass, wenn eine Gruppe diskriminiert wurde, es auch die Gruppe ist, die Anspruch auf Kompensation hat. Ein moralisch irrelevantes Merkmal, das Grundlage ungerechtfertigter Diskriminierung war, kann durch das Prinzip kompensatorischer Gerechtigkeit zu einem moralisch relevanten Merkmal werden. Gegen Cowan wendet Taylor ein, die moralische Relevanz oder Irrelevanz eines Merkmals könne nicht unabhängig von sozialen Praktiken und moralischen Prinzipien bestimmt werden. Wenn in der Vergangenheit eine Gruppe aufgrund bestimmter Merkmale diskriminiert worden sei, würden diese Merkmale vermöge des Prinzips kompensatorischer Gerechtigkeit erheblich.

Nun spricht gegen Taylors gruppenbezogenes Kompensationsprinzip, dass die Bevorzugung einer vormals benachteiligten Gruppe notgedrungen dazu führen kann, dass Nichtmitglieder der nun bevorzugten Gruppe benachteiligt werden, obwohl möglicherweise kein einziges Mitglied dieser Gruppe tatverantwortlich ist für das Unrecht. Damit ist aber nicht unbedingt gesagt, dass die nun benachteiligte Gruppe ungerecht behandelt wird und ihrerseits ein Recht auf Reparation erwirbt, wie Nunn meint.[103] Fällt der moralische Aggressor zu Kompensationszwecken aus, so kommen unter Umständen residuale Prinzipien der Folgenverantwortung zum Zuge, die verhindern, dass das Opfer die Unrechtsfolgen aus eigener Kraft bewältigen muss. Unschuldige

Dritte können hinsichtlich eines ungerechtfertigten (aus dem Unrecht *U* resultierenden) Nachteils kompensationspflichtig sein, wenn sie zum fraglichen Zeitpunkt über einen ungerechtfertigten (aus *U* folgenden) Vorteil verfügen.

Die Herausgabe ungerechtfertigter Vorteile ist eine unbedingte Forderung materieller Wiedergutmachung. Ein unschuldiger Dritter hat keine besondere Pflicht zur Anerkenntnis eines moralischen Fehlers, weil er nicht in der Rolle des Aggressors ist; dennoch können ihm – obwohl er das Unrecht weder selbst begangen hat, noch es zu verhindern vermochte – Wiedergutmachungspflichten zuwachsen. Wer in den Besitz eines ungerechten Vorteils gelangt, kommt selbst in die Lage, den materiellen Aspekt der gestörten moralischen Ordnung richtig zu stellen.[104] Taylor könnte entsprechend Nunn entgegen halten, dass die Benachteiligung unschuldiger Dritter nicht notwendigerweise Unrecht darstelle – dann nämlich, wenn sie über ungerechtfertigte Vorteile verfügten, wie dies bei der weißen Bevölkerung der Fall sei.

In Taylors Überlegungen wird die kardinale Frage, was eine Gruppe konstituiert und wovon ihre Fortdauer in der Zeit abhängt, nicht ausführlich besprochen. Es wird aber deutlich, dass er einer minimalistischen Konzeption zuneigt, der zufolge eine Gruppe keine besonderen strukturellen Merkmale zu haben braucht, um sich als Anspruchsträgerin zu qualifizieren. Es reicht aus, dass eine Menge von Personen dasjenige Merkmal trägt, aufgrund dessen Unrecht ausgeübt wurde. Wurden Menschen wegen ihrer Hautfarbe diskriminiert, so qualifiziert sich ihm zufolge die Gruppe von Personen mit dieser Hautfarbe als Empfängerin von Reparationen, ungeachtet der Frage, ob die Mitglieder der Gruppe individuell einen Schaden davongetragen haben. Der Gruppe der schwarzen Amerikaner stünde demzufolge Wiedergutmachung für das Unrecht der Sklaverei zu, selbst wenn ein hoher Prozentsatz von ihnen in keinem direkten Zusammenhang zur Sklaverei in Amerika stünde.[105] Denn eine Gruppe entsteht – dieser Konzeption zufolge – durch die Diskriminierung, und die Wiedergutmachung wird an derjenigen Gruppe geleistet, die durch die Diskriminierung hergestellt wurde.

Minimalistisch ausgelegt, hat die gruppenbezogene Beziehungstheorie jedoch wenig für sich.[106] Um ein zugespitztes fiktives Beispiel zu nehmen: Selbst wenn schwarze Sklavenhalter in ein Land *A* einwanderten, das die Versklavung von Schwarzen als Unrecht erkannt und abgeschafft hätte, käme ihnen dort kraft ihrer Hautfarbe ein Anrecht auf Wiedergutmachung zu. Um solche absurden Ergebnisse auszuschließen, müsste die Bestimmung der Gruppe, die als Anspruchsträger fungierte, in jedem Fall eingeengt werden, beispielsweise auf diejenigen Schwarzen, die seit einem bestimmten Zeitpunkt in *A* lebten. Doch auch dies schließt missliebige Folgen nicht unbedingt aus: In den Vereinigten Staaten gab es vor der Abschaffung der Sklaverei mehrere Tausend schwarze Sklavenhalter. Es ist absurd, zu sagen, dass es richtig gewesen wäre, diese für das Unrecht der Sklaverei zu entschädigen, ein Unrecht, das sie zwar zunächst selbst erlitten, später aber selbst ausgeübt haben.

Dies sollte verdeutlichen, dass, wenn Individuen aufgrund moralisch irrelevanter Merkmale diskriminiert wurden, es auch die Individuen sind, an die Wiedergutmachung adressiert sein muss. Damit ist nicht ausgeschlossen, dass aus pragmatisch-administrativen Gründen kollektive Vereinbarungen getroffen und Fonds eingerichtet werden, aus denen dann Individuen pauschale Entschädigungen erhalten. Der wiedergutzumachende Tatbestand muss aber in der individuell erlittenen Unrechtserfahrung liegen.

Dieser Einwand gegen den kollektivistischen Beziehungsansatz impliziert nicht, dass Körperschaften keine primären Reparationsansprüche haben können. Es ist wichtig, im Auge zu behalten, dass der Beziehungsansatz einen Vorschlag darstellt, um den Status von *Betroffenen* auszulegen. Meine Kritik richtet sich gegen die Idee, die Zugehörigkeit zu einem Kollektiv, das historisches Unrecht erlitten hat, reiche aus, um eine Person als *Betroffene* einzustufen. Ob Körperschaften primäre Anspruchsinhaber sein können, ist eine ganz andere Frage. Unter Berufung auf Will Kymlicka hat Renée Hill argumentiert, dass kulturelle Entitäten eigenständige Träger moralischer Rechte darstellen und Ansprüche auf Wiedergutmachung erwerben können, die ihr als Ganzheit (und nicht den individuellen Mitgliedern) zukommen, wenn sie den Individuen einen von diesen als bedeutsam erachteten Rahmen für die Wahl ihrer Lebensformen bieten.[107] Die Afroamerikaner haben nach Hill keine Ansprüche auf Reparationen aufgrund ihrer Gruppenzugehörigkeit, da sie – im Gegensatz zur indigenen Bevölkerung Nordamerikas – keine eigenständige Kultur bilden.[108] Sie besitzen keine eigene Sprache, haben keine überkommene Bindung an bestimmte Gegenden und keine distinkte kulturelle oder politisch-institutionelle Überlieferung. Die afroamerikanischen Bewegungen zielten entsprechend auf Integration in die dominante Kultur der Vereinigten Staaten und nicht – wie bei der indigenen Bevölkerung – auf Schutzrechte zum Erhalt der eigenen Kultur.[109]

Ohne in eine Erörterung der Position Hills eintreten zu wollen, ist festzuhalten, dass es zweifellos Fälle gibt, in denen sich das Unrecht nicht gegen Merkmalsträger, sondern gegen Körperschaften gerichtet hat. Wenn eine Besatzungsarmee das Eigentum einer religiösen Gemeinde raubt, so ist es plausibel, dass der primäre Wiedergutmachungsanspruch – wenn überhaupt – bei der Körperschaft oder ihrer Rechtsnachfolgerin liegt. Doch dies ist, nota bene, nicht das Thema des hier zu diskutierenden kollektivistischen Beziehungsansatzes.

Ich möchte auch nicht ausschließen, dass Kollektive primäre Inhaber von Reparationsansprüchen sein können, wenn das Unrecht auf die Zerstörung von kulturellen Lebensformen gerichtet war, wie die Unterdrückung der Kultur einer Minderheit. Eine solche Minderheit verfügt möglicherweise über keine körperschaftliche Vertretung ihrer Interessen; wenn jedoch eine Reihe von strukturellen Merkmalen vorliegt, kann es durchaus angemessen sein, sie nicht als ein Aggregat von Individuen zu behandeln, sondern ihr einen eigenständigen Status zuzuschreiben. Zu diesen Merkmalen gehören beispielsweise eine eigene Sprache, kollektive Erinnerung, Traditionen und Zusammengehörigkeitsgefühl, die den Individuen ermöglichen, ihr eigenes Leben zu verstehen, Wertschätzungen auszubilden, soziale Rollen anzunehmen und Lebensentwürfe zu formulieren. Kulturelle Kontexte bilden, nach Charles Taylor, transzendentale Bedingungen für individuelle Lebensentwürfe und haben insofern einen eigenen, moralisch schützenswerten Status.[110]

In bestimmten Fällen muss daher möglicherweise die Wiedergutmachung historischen Unrechts nicht auf die Kompensation von Individuen oder Körperschaften, sondern auf die Wiederherstellung des angegriffenen kulturellen Kontextes gerichtet sein.

Diese Position läuft aber dem Schluss, auf den kollektivistische Beziehungsansätze hinaus wollen, gerade zuwider, die ja die Gruppenzugehörigkeit als Grundlage der Zuschreibung individueller Ansprüche nutzen wollen.

Schlussbemerkungen

Bei nicht wenigen löst die Frage nach historischem Unrecht und den Bedingungen seiner Richtigstellung Unbehagen aus. Die Gründe sind vielfältig. Da ist zum einen die Befürchtung, dass die Beschäftigung mit wirklichem oder angeblichem historischen Unrecht eine konfliktträchtige politische Obsession darstellt. Statt nach pragmatischen Lösungen für gegenwärtige Probleme zu suchen, fließt zuviel Energie in den Versuch, einen verlorenen Zustand wiederzuerlangen. Da hierfür konkurrierende Ansprüche und Interessen überwunden werden müssen, führt das Pochen auf historische Gerechtigkeit zu sozial unproduktiven Verteilungskämpfen. Im Ringen um das verlorene Recht gehen Gegenwart und Zukunft verloren. Ein solcher Einwand findet sich bei Jeremy Waldron und anderen Proponenten von Wohlergehenstheorien, und daher möchte ich von dem *waldronschen Bedenken* sprechen.

Daneben zeigen sich manche überzeugt, dass das Insistieren auf historische Rechte in der politischen Praxis oftmals auf denkbar schlechten Gründen beruht. Die Erwähnung von Gegenden in heiligen Büchern, Jahrhunderte zurückliegende Schlachten und Ähnliches mag in einem partikularen kulturellen Kontext relevant sein, ist aber kaum geeignet, Außenstehende von der Berechtigung der Ansprüche zu überzeugen. Dies wird denn oft auch gar nicht angestrebt. Der Verweis auf den historischen Titel dient allein der kollektiven Selbstaffirmation und Selbstberechtigung und folgt so einem politischen Denken, das von vornherein nicht auf Verständigung angelegt ist. Dies nenne ich – in Ermangelung einer besseren Bezeichnung – den *nietzscheanischen Einwand*.

An dritter Stelle ist die Einschätzung zu nennen, das Bestehen auf historischer Gerechtigkeit beruhe letztlich auf einem harmonistischen Bild der Geschichte. Die politische Welt sei – recht besehen – so intrikat und vielschichtig, dass Gerechtigkeit für die eine Seite oftmals nur durch Unrecht gegen eine andere zu erlangen sei. Hätte man darauf insistiert, dass bei der Gründung Israels keine Rechte verletzt werden dürften, so hätte man den Juden einen Staat verweigern und *deren* Rechte missachten müssen. Hier möchte ich, wegen der Betonung einer Beschaffenheit der politischen Welt, die ‚reine Lösungen' unmöglich macht, von dem *weberschen Argument* des Werte-Pluriversums sprechen.

Noch zwei weitere Überlegungen möchte ich nennen: Die eine hat Wurzeln in der politischen Philosophie Lockes. In einer Situation ohne externe Rechtsgewalt führen Meinungsverschiedenheiten über die respektiven historischen Rechte dazu, dass, was die eine Seite als Sanktionierung einer Rechtsverletzung sieht, von der anderen als Aggression interpretiert wird, die ihrerseits sanktioniert werden muss. Der ‚Rechtsstandpunkt' kann so im Naturzustand zwischen Kollektiven oder Körperschaften zu einer endlosen Sequenz von Vergeltungen führen. Was aus der Außenperspektive als Verkettung sinnloser Gewalt erscheint, stellt sich in der Binnenperspektive der streitenden Parteien als notwendige Reaktion auf die jeweils letzte Rechtsverletzung dar. *Lockes Punkt* lautete daher, dass eine gemeinsame Rechtsgewalt geschaffen werden muss, um den zum Zustand von Krieg und Rechtlosigkeit degenerierten Naturzustand zu überwinden. Auf unseren Kontext übertragen: Ansprüche historischer Gerechtigkeit lassen sich in vielen Fällen überhaupt nur durch eine dritte Instanz, eine externe Rechtsgewalt, verbindlich klären; fehlt eine solche Instanz, könnte es ratsam sein, sie ruhen zu lassen.

Als letztes sei der *zynische Standpunkt* genannt. Er versteht die politische Arena als Ort des Kampfes zwischen konkurrierenden Machtansprüchen, die sich mit einem Schleier von Legitimität umgeben. Hinter dem Reden von historischem Unrecht und Wiedergutmachung steht ein bloßer Wille zur Macht, und so gibt es keinen Grund, auf entsprechende Ansprüche einzugehen, solange sie nicht mit eigener Durchsetzungsmacht bewehrt sind.

Jede der fünf genannten Positionen betrifft, in je unterschiedlicher Weise, das Verhältnis von Gewalt und Gerechtigkeit. Ich möchte die vorliegende Arbeit nicht abschließen, ohne zumindest kurz auf sie zu replizieren.

Zunächst zum waldronschen Einwand: An ihm ist richtig, dass Forderungen nach Korrektur historischen Unrechts, ‚vom Standpunkt des Universums' aus gesehen, häufig als sozial unproduktive Verteilungskämpfe erscheinen. Ob die Zentralbibliothek Zürich oder das Kloster St. Gallen über eine Sammlung wertvoller Bücher verfügt, ist vom diesem Standpunkt aus gesehen einerlei. Wichtig ist nur, dass der

Verteilungskampf Energien absorbiert, die für die Produktion neuer Werte hätten eingesetzt werden können.

Die durch den waldronschen Einwand angestrebte Neutralisierung lässt sich aber in der politischen Welt interessanterweise nicht erreichen. In ihr kann niemand einen ‚Standpunkt des Universums' einnehmen und sich dem Zwang zur Parteinahme entziehen. Denn wer meint, es sei aus Sicht einer idealen normativen Theorie einerlei, ob *A* oder *B* über ein Stück Land verfüge, ob St. Gallen oder Zürich die Bücher sein Eigen nenne, der nimmt in der politischen Arena keineswegs einen neutralen Standpunkt ein. Vielmehr bestärkt er den Status quo und damit die Position des (vermeintlichen) Aggressors oder Profiteurs.

Der waldronsche Einwand sollte daher als eine Prüffrage verstanden werden, die sich streitende Parteien selbst vorlegen: Kann es sein, dass die Opportunitätskosten des Versuchs, angestammte oder missachtete Rechte zu verteidigen oder zur Geltung zu bringen, höher sind als jeder zu erwartende Gewinn? Wäre es möglicherweise ratsam, den Forderungen nach Wiedergutmachung nachzugeben oder diese fallen zu lassen, weil der Wert des Durchzusetzenden kleiner ist als die Kosten der Durchsetzung? Doch solche Prüffragen sind *letztlich* nur durch die Konfliktparteien zu entscheiden, weil die Opportunitätskosten zu einem wesentlichen Teil subjektive Kosten sind. Ein externer Beobachter kann in letzter Hinsicht nicht, wie Waldron es versucht, entscheiden, wann es *klüger* ist, auf einen Reparationsanspruch oder ein angestammtes Recht zu verzichten.

Der *nietzscheanische Einwand* ist stichhaltig, soweit er reicht. Im Verständnis dieser Arbeit stellt es jedoch eine Verdrehung des Anliegens korrektiver Gerechtigkeit dar, wenn es den Parteien ausschließlich um Selbstbestärkung der partikulären Interessen zu tun ist und nicht um Verständigung und Wiederherstellung einer geteilten moralischen Ordnung. Dies zieht nach sich, dass die Begründung des eigenen Standpunkts nicht auf intellektuelle Ressourcen zurückgreifen darf, die mit dem Ziel einer geteilten moralischen Ordnung von vornherein unvereinbar sind.

Jahrhunderte übergreifende Erzählungen über Kollektive und das von ihnen erlittene Unrecht (oder das ihnen seit jeher zustehende Recht) verstärken jene Tendenz, die der Nietzscheanismus-Einwand kritisiert. Rechtspositionen werden durch die imaginäre Gemeinschaft mit Personen begründet, die seit Jahrhunderten tot sind; Fragen konkurrierender Rechte von Zeitgenossen aus anderen Gemeinschaften werden gar nicht erst zugelassen. Insofern wird zu Recht immer wieder vor den Hypostasierungen des Kollektivismus gewarnt. Nur für das eigene Kollektiv gedachte und nur für es nachvollziehbare Begründungen historischer Ansprüche verdrehen das eigentliche Ziel der Frage nach der Verantwortung für historisches Unrecht – gerechtes Zusammenleben – in einen Fetischismus historischer Rechtstitel. Gerechtes Zusammenleben macht häufig das *Ringen um Anerkennung* verletzter oder bestehender Rechte nötig. Um Anerkennung zu ringen, heißt aber in diesem Fall, den eigenen Anspruch der jeweils anderen Seite nachvollziehbar zu machen.

Freilich kann solches Ringen (hier komme ich auf den waldronschen Einwand zurück) so kostspielig werden, dass ein Verzicht klüger wäre – ob dem tatsächlich so ist, kann aber, wie gesagt, letztlich nicht verbindlich von einer externen Instanz entschieden werden.

Auf die Gefahr der Degeneration des Kampfes um Anerkennung in einen Zustand kriegerischer Rechtlosigkeit weist der lockesche Punkt hin. Er hat eine gewisse Ähnlichkeit mit dem waldronschen Einwand, insofern er anrät, unter bestimmten Bedingungen auf historische Ansprüche aus Klugheitsgründen zu verzichten. Doch begründet er dies nicht damit, dass ein unparteiischer Beobachter ohnehin indifferent wäre zwischen unterschiedlichen Lösungen; vielmehr können Situationen eintreten, in denen Recht nicht ohne eine verbindlich entscheidende Rechtsgewalt herrschen kann. Ohne eine solche kann der Verzicht auf historische Ansprüche ratsam sein – doch nicht, weil gleichgültig ist, welcher Anspruch erfüllt wird, sondern weil in der gegebenen Situation unentscheidbar ist, welcher erfüllt werden sollte.

Das Streben nach historischer Gerechtigkeit, hier schließe ich mich dem lockeschen Punkt an, steht unter einschränkenden Bedingungen. Fehlt eine gemeinsam anerkannte Rechtsgewalt, so kann es unter Umständen besser sein, auf das Ringen um Anerkennung historischer Ansprüche zu verzichten.

Das webersche Argument bezweifelt dagegen grundsätzlich, hierin dem nietzscheanischen Einwand ähnlich, dass es sich bei historischer Gerechtigkeit um ein erreichbares Ideal handele. Die Erfüllung des Rechts des einen geht mit der Missachtung des Rechts des anderen notgedrungen einher. Recht und Unrecht sind in der Weltgeschichte in einer Weise verquickt, die Wertentscheidungen und Parteinahmen notwendig macht. Wer sich auf den Standpunkt historischer Gerechtigkeit begibt, der stellt unvermeidlich das Recht der einen über das der anderen Partei.

Sicherlich gibt diese Beschreibung ein weitgehend zutreffendes Bild der Art, in der die politische Praxis verfährt. Forderungen nach Achtung von Rechten und historischen Ansprüchen sind höchst selektiv. Jedes Hinsehen auf spezifisches Unrecht geht mit Absehen einher; dem liegen – implizit oder explizit – Wertentscheidungen zugrunde. Zweifel sind jedoch angebracht, wenn man, wie das webersche Argument, daraus auf ganz grundlegender Ebene dezisionistische Schlüsse zieht und historische Gerechtigkeit zu einem prinzipiell unerreichbaren Ideal erklärt. Die Wertentscheidungen, die dem Eintreten oder dem Ignorieren spezifischer Ansprüche zugrunde liegen, stehen der kritischen Erörterung offen.

Dass die abwägende Beurteilung historischer Ansprüche mit Unschärfen verbunden ist, ist nicht anders zu erwarten, auch nicht, dass es viele unentscheidbare Fälle gibt. Dennoch lassen sich im Rahmen solcher Abwägungen (und hinsichtlich der Regeln, die für sie gelten sollen) Begründungen geben. Es wäre daher verfehlt, zu meinen, alles hinge nur von willkürlichen Wertentscheidungen ab. Dass es keine ‚reinen Lösungen' gibt, bedeutet ja auch nicht, es gebe keine richtigen; es bedeutet vielmehr, dass für die richtige Lösung mehr als ein Gesichtspunkt eine Rolle spielt und dass es nötig ist, Abwägungen vorzunehmen. Wer dies zugesteht, hat sich von dem Dezisionismus des weberschen Arguments bereits einen entscheidenden Schritt entfernt.

So komme ich zu dem Schluss, dass keiner der genannten Gründe kategorisch dagegen spricht, die Frage nach der Verantwortung für historisches Unrecht zu stellen. Sie helfen vielmehr, den Status eines solchen Unterfangens kritisch einzugrenzen.

Anzuerkennen, dass es Pflichten korrektiver Gerechtigkeit aus historischem Unrecht gibt, setzt nicht voraus, dass man ein harmonistisches Bild der Geschichte oder des ‚Werteuniversums' habe, dass man ‚Gerechtigkeit um jeden Preis' fordere, dass man die Gefahren endloser Rechtsstreitigkeiten unterschätze oder nicht bereit sei, normative Ansprüche gegeneinander abzuwägen. Vorausgesetzt ist lediglich die Überzeugung, dass Ereignisse in der Vergangenheit normative Kraft haben und mit Pflichten und Rechten für gegenwärtig Handelnde verbunden sein können.

Anmerkungen

a.1 Die Abwesenheit der Frage in der deutschen Nachkriegsphilosophie

1 Zu den wenigen philosophischen Analysen im deutschsprachigen Raum gehören: Leist 1990, Löw-Beer 1990, Leist 1997. In demselben Jahr wie Jaspers' Arbeit veröffentlicht Julius Ebbinghaus eine – weit weniger gewichtige – Sammlung von an Kant orientierten Aufsätzen; in dem letzten Aufsatz postuliert er – anders als Kant – eine ‚Ungehorsamspflicht' gegen einen ungerechten Staat; siehe: Ebbinghaus 1946; eine informative, wenn auch polemisch gehaltene, kurze Studie: Wolters 2004. Zum Schweigen der Nachkriegsphilosophie: Aschenberg 2003.

2 Für eine autobiographische Einordnung seines Denkens: Apel 1988.

3 Der Titel des (auch autobiographischen) Aufsatzes „Abschied vom Prinzipiellen" ist programmatisch für das Denken eines – wie er schreibt – Angehörigen der „skeptischen Generation": Marquard 1981.

4 Lübbe 1963; Lübbe hat zudem einflussreiche Beiträge zur Haltung der Deutschen zu ihrer Vergangenheit verfasst; siehe: Lübbe 1979, Lübbe 1983.

5 Man denke an das exzeptionelle philosophisch-politische Profil, das der Vierundzwanzigjährige von Heidegger anfertigte (Habermas 1953/1987) oder seine herausragende Rolle im Historikerstreit. Zur Demokratietheorie pars pro toto: Habermas 1992.

6 Henrich 1987.

7 Henrich 1987 b, 51.

8 Adorno 1959/1975, Adorno 1966/1975; siehe zu den individualpsychologischen Studien, pars pro toto: Adorno 1951/1979.

9 Das Fehlen einer im engeren Sinne philosophischen Behandlung der Verantwortungsproblematik hängt mit Adornos Skepsis gegenüber philosophischen Argumenten und Begründungen insgesamt zusammen: In der „Negativen Dialektik" heißt es, der neue kategorische Imperativ laute, die Menschen sollten ihr Denken und Handeln so einrichten, dass Auschwitz nicht sich wiederhole, nichts Ähnliches geschehe – aber dieser Imperativ sei „widerspenstig gegen seine Begründung" und ihn „diskursiv zu behandeln, wäre Frevel". Siehe: Adorno 1967/2003, 358.

10 Siehe: Birnbacher 1995, 146; siehe auch: Birnbacher 1988; Böhler & Stitzel 2000.

11 Jonas 1979/1984.

12 Kaufmann 1992, Lenk & Maring 1992, Seebaß 1993, Seebaß 1994, Ropohl 1996, Maring 2001.

13 Birnbacher 1988, 269.

14 Siehe auch jüngst: Bleisch 2010, Schlothfeldt 2009.
15 Lübbe 1997, 22; siehe auch: Lübbe 1994. Lübbe sieht diese Expansion skeptisch, weil die straf- und ordnungswidrigkeitsrechtliche Zurechnung, wegen der Komplexität der Prozesse, Gefahr läuft, willkürlich und daher ungerecht zu sein; zudem kann die Verschärfung der Zurechnungspraxis mit hohen Opportunitätskosten verbunden sein, für die politische Entscheidungsträger jedoch typischerweise nicht zur Rechenschaft gezogen werden. Lübbe favorisiert – bei allen Problemen – eine Verlagerung der Verantwortung auf die Ebene eines „strukturkonsequentialistisch" abwägenden Gesetzgebers. Siehe: Lübbe 1997, 194-200.
16 Heidbrink 2003.
17 Lübbe 1997, 202.

a.2 Historische Verantwortung in der englischsprachigen Philosophie

1 Siehe etwa: Ayer 1936/1981, 135-159.
2 Zitiert nach: Fishkin & Laslett 1992, 21. Man sollte allerdings erwähnen, dass sich dieser häufig angeführte Satz Lasletts in seiner Einleitung zur ersten Buchreihe „Philosophy, Politics, and Society" findet – also einer bedeutenden Anstrengung zur Wiederbelebung der Politikphilosophie.
3 Arendt 1951.
4 Arendt 1963/2004.
5 Arendt 1964/1989, Arendt 1966/1989.
6 Siehe etwa: Wasserstrom 1971, Baier 1972/1991, Walzer 1977/2000, 287-327.
7 French 1979.
8 Siehe etwa: Feinberg 1968, Held 1970, May 1990.
9 Zu „Black Reparations": Bedau 1972, Boxill 1972, Bittker 1973/2003, Andelson 1978, Rohatyn 1979, McGary 1978. Zu indigenen Gemeinschaften: Lyons 1977, Thompson 1990, Goodin 2000, Kolers 2000, Corlett 2001.
10 Böhlke-Itzen 2004, Kershnar 1999, Roberts 2001, Robinson 2001, Boxill 2003, McCarthy 2004.

a.3 Weltpolitische Faktoren und die kantische Utopie

1 Zur strafrechtlichen Seite: Falk 2001.
2 Thompson 2002, viii; eine ähnlich beeindruckende Aufzählung gibt Richard Joyce: „The Portuguese president has apologized for an episode in the fifteenth century, wherein thousands of Jewish refugees were forced to flee or convert (December, 1996). The American president has apologised to American victims of radiation tests (October, 1995), […] and to African leaders for the whole slave trade (March, 1998)." (Joyce 1999, 159) Der 11. September 2001 hat dann einen radikalen Stil- und Aufmerksamkeitswechsel gebracht. Siehe hierzu: Kohler 2003, Kohler 2005.
3 Lübbe 2001, 13.
4 Thompson 2000, 470.
5 Cassese 2003, Schabas 2001/2004.

6 Herdegen 2000/2004, 23, 174. Der Briand-Kellogg-Pakt spielte eine tragende Rolle bei der Nürnberger Anklage gegen die Hauptkriegsverbrecher.

7 Der Genozid-Begriff wurde 1944 von Raphael Lemkin in „Axis Rule in Occupied Europe" eingeführt. Ein wesentlicher Unterschied zwischen dem Straftatbestand ‚Verbrechen gegen die Menschlichkeit' und Genozid besteht darin, dass das Nürnberger Statut Verbrechen gegen die Menschlichkeit in den Tatkomplex ‚verbrecherischer Angriffskrieg' einordnet. Erst die am 9. Dezember 1948 von der Generalversammlung der Vereinten Nationen verabschiedete Konvention über die Verhütung und Bestrafung des Völkermordes definiert Genozid als Delikt, das auch ohne offizielle Kriegshandlungen begangen werden kann. Raphael Lemkin führt in einem Aufsatz von 1947 aus: „Ultimately the Charter was interpreted so that inhuman acts and persecutions of the civilian population were punishable only when committed during or in connection with the war. From the point of view of international law, however, acts committed before the war by Germany on its citizens were more significant. Had the Tribunal punished such acts a precedent would have been established to the effect that a Government is precluded from destroying groups of its own citizens." (Lemkin 1947, 148) Nach Lemkin ging die Beschränkung des Nürnberger Gerichtshofs auf Handlungen während und im Kontext des Krieges auf den Versuch zurück, eine Unstimmigkeit zu korrigieren, die aus einem Übertragungsfehler resultierte. Tatsächlich waren aber die damaligen Völkerrechtler überwiegend der Meinung, der Prozess sei leichter zu führen, wenn die Verbrechen in den Kriegskontext gestellt werden.

8 Rosas 1995/2000, 152.

9 Peters 2009.

10 Philosophische Probleme, die sich im Zusammenhang nationaler Entschuldigungen stellen, werden diskutiert in: Thompson 2000, Levy 2002.

11 Kant 1784/1977, 39, 40.

12 Kant 1784/1977, 42.

13 Rawls 1993/1998, 63; auf die Allgemeine Anmerkung E zu § 49 der „Metaphysischen Anfangsgründe der Rechtslehre" verweist Rawls ferner im Schlusssatz von „Das Recht der Völker": „Wenn eine annehmbar gerechte Gesellschaft der Völker, deren Mitglieder ihre Macht vernünftigen Zielen unterordnen, nicht möglich ist, und Menschen im Großen und Ganzen amoralisch, wenn nicht unheilbar zynisch und egozentrisch sind, müsste man sich mit Kant fragen, ob es sich für Menschen lohnt, auf Erden zu leben." (Rawls 1999/2002, 163) Man mag sich über die Passagen wundern, weil Rawls' Theorie zufolge Gerechtigkeit zwar die erste Tugend gesellschaftlichen Zusammenlebens ist, aber nicht dasjenige, was diesem Zusammenleben Wert verleiht. Der Wert menschlicher Existenz liegt in individuellen Wertschätzungen, die ihre Systematisierung erfahren in den Lebensplänen der Individuen. Die Theorie erlaubt streng genommen keinen externen Standpunkt, von dem aus das im Leben Wertvolle oder der Wert des menschlichen Lebens selbst zu beurteilen wäre. Und da wenig Anlass zu der Vermutung besteht, Menschen würden ihrem Leben in einer ungerechten Gesellschaft überhaupt keinen Wert beimessen, fragt sich, wie Rawls Kant

beipflichten kann, ohne Gerechtigkeit habe es für menschliche Wesen keinen Wert, auf Erden zu leben. Dennoch wäre es verfehlt, Rawls' Äußerung lediglich als den rhetorisch hoffnungslos überzeichneten Ausdruck seiner eigenen Hochschätzung für den Gedanken einer auf nationaler und globaler Ebene gerechten Gesellschaft einzustufen. Gerechtigkeit – so könnte man den Hintergrund seiner Überlegung rekonstruieren – ist ein wesentliches Interesse praktischer Vernunft. Nur wer bereit ist, von seiner Vernunft Gebrauch zu machen, wird menschliche Verhältnisse unter dem Gesichtspunkt der Gerechtigkeit betrachten und anderen Personen faire Kooperationsbedingungen anbieten. Dass im menschlichen Zusammenleben die Kräfte von Macht und Gewalt auf Dauer und ohne Ausnahme die Oberhand behielten, mag der Existenz der Menschheit nicht jeglichen Wert rauben – aber sie wäre Anlass zu dem, was man die Verzweiflung praktischer Vernunft nennen könnte. Aus deren Perspektive schlägt die Diagnose einer nicht angemessen begründbaren (also unvernünftigen) menschlichen Praxis um in die Diagnose einer menschlichen Existenz ohne vernünftigen Wert. Vernünftigen Wert hat die Existenz der Menschheit allein, wenn die Ordnung menschlichen Zusammenlebens – von einem unparteiischen Standpunkt aus betrachtet – affirmiert werden kann.

a.4 Aufbau der Arbeit – „Die Schuldfrage" als Modell

1 Tentativ spricht Jaspers allerdings auch von einer „moralischen Kollektivschuld" der Deutschen für ihre Lebensart und das daraus resultierende Unheil: „Es ist so etwas wie eine moralische Kollektivschuld in der Lebensart einer Bevölkerung, an der ich als einzelner teilhabe, und aus der die politischen Realitäten erwachsen." (Jaspers 1946, 68); und: „Dass in den geistigen Bedingungen des deutschen Lebens die Möglichkeit gegeben war für ein solches Regime, dafür tragen wir alle eine Mitschuld. (...) [E]s bedeutet, dass in unserer Überlieferung als Volk etwas steckt, mächtig und drohend, das unser sittliches Verderben ist." (Jaspers 1946, 68); ferner: „Weil wir die Kollektivschuld fühlen, fühlen wir die ganze Aufgabe der Wiedererneuerung des Menschseins aus dem Ursprung (...)." (Jaspers 1946, 72) Dieser Punkt ist seinerzeit vom Rezensenten der Zeitschrift für philosophische Forschung – im Gegensatz zu vielen neueren Lektüren – richtig gesehen worden. Siehe: Klamp 1946.

2 Habermas 1986/1988, 246.

3 „Das Bessermachen, die Sühne, die Schuld liegt zuletzt allein in der Persönlichkeit des einzelnen. (...) Ohne den Weg der Reinigung aus der Tiefe des Schuldbewusstseins ist keine Wahrheit für den Deutschen zu verwirklichen." (Jaspers 1946, 100, 101)

4 „Moralische Verfehlungen sind Grund der Zustände, in denen die politische Schuld und das Verbrechen erst erwachsen. Das Begehen der zahllosen kleinen Handlungen der Lässigkeit, der bequemen Anpassung, des billigen Rechtfertigens des Unrechten, die Beteiligung an der Entstehung der öffentlichen Atmosphäre, welche Unklarheit verbreitet, und die als solche das Böse erst möglich macht, alles das hat Folgen, die die politische Schuld für die Zustände und das Geschehen mit bedingen. (...) Das Unterlassen der

Mitarbeit an der Strukturierung der Machtverhältnisse, am Kampfe um die Macht im Sinne des Dienstes für das Recht, ist eine politische Grundschuld, die zugleich eine moralische Schuld ist." (Jaspers 1946, 33) Später: „Die Zerstörung jeder anständigen, wahrhaftigen deutschen Staatlichkeit muss ihren Grund auch in Verhaltungsweisen der Mehrheit der deutschen Bevölkerung haben. Ein Volk haftet für seine Staatlichkeit." (Jaspers 1946, 56)

5 Jaspers hält seine Rede durchaus im Bewusstsein, dass sie von den Opfern und den Siegermächten mitgehört wird – und redet so immer auch zu ihnen.

1 Ein Definitionsvorschlag

1 In dieser Weise interpretiert Cook (1999) den Kulturrelativismus.

2 Griffin 2008, 5.

3 Siehe: Evans 2008, Peters 2009.

4 Raz 2010, 329.

5 „Was folgte, war allgemeines Schlachten. (…) Zweitausend tyrische Krieger wurden gekreuzigt und dreizehntausend Frauen und Kinder in die Sklaverei verkauft." (Welles 1962/1979, 416)

6 Beitz 2003; Nickel 2006, 25; zu Beitz und Tasioulas siehe Raz 2010, 333-334.

7 Griffin 2010, 339-340.

8 Kennzeichen des moralischen Realismus ist nach Gerhard Ernst (2008, 77) die Überzeugung, dass es moralische Wahrheiten gibt; der Relativismus zeichnet sich dadurch aus, dass moralische Wahrheiten auf subjektive oder intersubjektive Standards hin relativ seien. Absolutisten glauben demgegenüber, dass moralische Wahrheiten von objektiven Standards abhingen.

9 Siehe hierzu: Knobe 2011.

10 Hobbes 1651/1981, 215 (Chapter XV).

11 Hegel kritisierte eine moralische Betrachtung der geschichtlichen Dinge als Quelle von grundlegenden Verkennungen, weil die Weltgeschichte eine „Schlachtbank" sei, auf der das Glück der Völker einem zu affirmierenden Geschichtszweck geopfert werde (Hegel 1840/1970, 35).

12 Dies war etwa in der DDR bei Delikten, wie politischer Erpressung oder Misshandlung im Gefängnis, der Fall: Sie waren auch nach DDR-Recht verboten, wurden aber ohne rechtliche Konsequenzen für die Täter praktiziert. Siehe: Lüderssen 1992, 23.

13 Vgl.: Raz 1986, 166 ff.

14 Aus Gründen, die später klar werden sollten, möchte ich bereits hier anmerken, dass natürliche Rechte nicht die moralische Kompetenz der Subjekte (im Sinne des Bewusstseins über diese Rechte zu verfügen) voraussetzen.

15 „Individuals have rights, and there are things no person or group may do to them (without violating their rights)." (Nozick 1974/1999, ix)

16 Vgl.: Schefczyk 2005^2, 258-281.

17 „Every one as he is *bound to preserve himself*, and not to quit his Station willfully; so by the like reason when his own Preservation comes not in competition, ought he, as much as he can, *to preserve the rest of Mankind*, and may not unless it be to do Justice on an Offender, take away, or impair the

life, or what tends to the Preservation of the Life, the Liberty, Health, Limb or Goods of another." (Locke 1689/2004, 271 (§ 6))

18 „For the *Law of Nature* would, as all other Laws that concern Men in this World, be in vain, if there were no body that in the State of Nature, had a *Power to Execute* that Law, and thereby preserve the innocent and restrain offenders, and if any one in the State of Nature may punish another, for any evil he has done, every one may do so." (Locke 1689/2004, 271-2 (§ 7))

19 „(...) *every Man hath a Right to punish the Offender, and be Executioner of the Law of Nature.*" (Locke 1689/2004, 272 (§ 8))

20 „So wie das Naturgesetz einen bestimmten Tatbestand als Ursache mit einem anderen als Wirkung verknüpft, so das Rechtsgesetz die Rechtsbedingung mit der Rechts-, d.h. mit der sogenannten Unrechtsfolge." (Kelsen 1934/2008, 34)

21 In diesem Sinne mit Bezug auf das internationale Strafrecht Cherif Bassiouni: „Impunity for international crimes and for systematic and widespread violations of fundamental human rights is a betrayal of our human solidarity with the victims of conflicts to whom we owe a duty of justice, remembrance, and compensation. To remember and to bring perpetrators to justice is a duty we also owe to our own humanity and to the prevention of future victimization." (Bassiouni 1996, 27)

2 Die Unterscheidung zwischen historischem Übel und historischem Unrecht

1 Williams 1985/1993, 158.

2 Zur Hexenverfolgung: Trevor-Roper 1967/1978, Honegger 1978.

3 „On the Chatham Islands, 500 miles east of New Zealand, centuries of independence came to a brutal end for the Moriori people in December 1835. On November 19 of that year, a ship carrying 500 Maori armed with guns, clubs, and axes arrived, followed on December 5 by a shipload of 400 more Maori. Groups of Maori began to walk through Moriori settlements, announcing that the Moriori were now their slaves, and killing those who objected. (...) Over the course of the next few days, they killed hundreds of Moriori, cooked and ate many of the bodies, and enslaved all the others, killing most of them too over the next few years as it suited their whim. (...) A Maori conqueror explained: ‚We took possession (...) in accordance with our customs and we caught all the people. Not one escaped. Some ran away from us, these we killed, and others we killed – but what of that? It was in accordance with our custom.'" (Diamond 1997/1999, 53-54)

4 Ein Fragezeichen setzt der Historiker Ian Worthington (1999) in seinem Artikel „How ‚Great' was Alexander?'".

5 Williams 1985/1993, 158.

6 Vgl. Fricker 2010.

7 Zit. nach: Böhlke-Itzen 2004, 102; siehe auch: Zimmerer & Zeller 2003.

8 Zur Kritik dieser Behauptungen: Gifford 2003.

9 Cook 1999, 35.

10 Kenner 1967.

11 „Blame is inappropriate if the relevant action or omission is owing to a structurally caused inability to form the requisite moral thought." (Fricker 2010, 167)

12 Fricker 2010, 167.

13 Zitiert nach Thomas 1997, 11.

14 Fogel & Engerman 1974/1989, 33.

15 „Andere behaupten, das Herrenverhältnis sei gegen die Natur; nur durch Konventionen sei der eine ein Sklave, der andere ein Freier, der Natur nach bestünde dagegen kein Unterschied. Darum sei es auch nicht gerecht, sondern gewaltsam." (Politik 1254 a 20)

16 Quellen zur Kritik der Sklaverei in der Antike versammelt: Garnsey 1996, 75-86. Zu Aristoteles bemerkt er, dieser habe die Kritik an der Sklaverei für gefährlich genug gehalten „to warrant a counter-attack." (Garnsey 1996, 77)

17 Siehe: Smith 1983/1991.

18 Einschränkend sollte hier angemerkt werden, dass der Intransigentismus keine allgemeine Theorie moralischen Nachdenkens ist; er beschränkt sich auf unser Wissen über natürliche Rechte und Pflichten.

19 Kant 1783/1977, 53. In Abschnitt 2.3.1 sollte deutlich werden, warum Kant nicht als Gewährsmann einer intransigentistischen Sichtweise taugen kann: Seine Gedanken zur geschichtlichen Entfaltung der menschlichen Vernunftanlagen und zu der Bedeutung der Erziehung für die moralische Kompetenz sind kaum vereinbar mit der Auffassung, dass die Unfähigkeit, Unrecht als Unrecht zu erkennen, ausschließlich in „Faulheit und Feigheit" begründet liegt und insofern selbstverschuldet ist.

20 Book I, Chap. III, § 4.

21 Book I, Chap. III, § 9.

22 Book I, Chap. III, §§ 10, 21.

23 Book I, Chap. III, § 11.

24 Locke 1689/2004 b, 75 (Book I, Chap. III, § 1).

25 Book II, Chap. XXVIII, § 8.

26 Book I, Chap. IV, § 8.

27 Locke 1689/2004 b, 99 (Book I, Chap. IV, § 15).

28 Locke 1689/2004 b, 320 (Book II, Chap. XXVIII, § 11).

29 Dieser Befund ist nicht so ungewöhnlich, wie er vielleicht zunächst erscheint. „Einige der größten Naturrechtslehrer haben gefolgert", schrieb Leo Strauss, „dass gerade dann, wenn das Naturrecht vernünftig ist, seine Entdeckung die Kultivierung der Vernunft voraussetzt, und dass daher das Naturrecht nicht allgemein bekannt sein wird: unter den Wilden sollte man irgendwelche wirkliche Kenntnis des Naturrechts nicht einmal erwarten." (Strauss 1953/1989, 10)

30 Kant 1797/1977, 504 (Vorrede).

31 Kant 1785/1977, 31.

32 „In der Tat ist es schlechterdings unmöglich, durch Erfahrung einen einzigen Fall mit völliger Gewissheit auszumachen, da die Maxime einer sonst pflichtmäßigen Handlung lediglich auf moralischen Gründen und auf der Vorstellung seiner Pflicht beruhet habe." (Kant 1785/1977, 34)

33 Kant 1784/1977, 38 (Vierter Satz).

34 Siehe: Kant 1790/1977, 387-393, insb. 391 (§ 83); ferner: 393-395 (§ 84). Die teleologische Betrachtung der Natur gehört – nota bene – der reflektierenden und nicht der bestimmenden Urteilskraft zu; siehe: Kant 1790/1977, 326-330 (§ 67).

35 Kant 1784/1977, 46 (Achter Satz).

36 Kant 1798/1977, 517 (Kap. 6).

37 „Allmählich wird der Gewalttätigkeit von Seiten der Mächtigen weniger, der Folgsamkeit in Ansehung der Gesetze mehr werden. Es wird etwa mehr Wohltätigkeit, weniger Zank in Prozessen, mehr Zuverlässigkeit im Worthalten u.s.w., teils aus Ehrliebe, teils aus wohlverstandenem eigenen Vorteil im gemeinen Wesen entspringen, und sich endlich dies auch auf die Völker im äußeren Verhältnis gegen einander bis zur weltbürgerlichen Gesellschaft erstrecken, ohne dass dabei die moralische Grundlage im Menschengeschlecht im mindesten vergrößert werden darf." (Kant 1798/1977, 525 (Kap. 9)) Zur Differenz von Legalität und Moralität bei Kant: Kant 1788/1977, 203, sowie: Kant 1797/1998, 28 ff. (Einleitung).

38 „Vielleicht, dass die Erziehung immer besser werde, und dass jede folgende Generation einen Schritt näher tun wird zur Vervollkommnung der Menschheit; denn hinter der Edukation steckt das große Geheimnis der Vollkommenheit der menschlichen Natur. Von jetzt an kann dieses geschehen. Denn nun erst fängt man an, richtig zu urteilen, und deutlich einzusehen, was eigentlich zu einer guten Erziehung gehöre. Es ist entzückend, sich vorzustellen, dass die menschliche Natur immer besser durch Erziehung werde entwickelt werden, und dass man diese in eine Form bringen kann, die der Menschheit angemessen ist. Dies eröffnet den Prospekt zu einem künftigen glücklicheren Menschengeschlechte". (Kant 1803/1977, 700)

39 Kant 1803/1977, 699.

40 „Das Volk als Staat ist der Geist in seiner substantiellen Vernünftigkeit und unmittelbaren Wirklichkeit, daher die absolute Macht auf Erden; ein Staat ist folglich gegen den anderen in souveräner Selbständigkeit." (Hegel 1831/1970, 497 (§ 331))

41 Es ist wohl einfacher zu bestimmen, was diese Überlegungen ausschließen als was sie positiv bedeuten. Klar ist indes, dass die Relation „die Wahrheit haben im" keine institutionelle Verkörperung erlaubt – etwa nach Art eines rechtlichen Instanzenzugs, bei dem die Entscheidungen untergeordneter Gerichte gewissermaßen „ihre Wahrheit in den Entscheidungen" der höheren Gerichte haben.

42 Hegel 1831/1970, 504 (§ 344).

43 Hegel 1831/1970, 505 (§ 345), siehe auch: Hegel 1830/1970, 351-352 (§ 550).

44 Theunissen 1970, 71.

45 Hegel 1831/1970, 505-506 (§ 347).

46 „Das Prinzip der modernen Staaten hat diese ungeheure Stärke und Tiefe, das Prinzip der Subjektivität sich zum selbständigen Extreme der persönlichen Besonderheit vollenden zu lassen und zugleich es in die substantielle Einheit zurückzuführen und so in ihm selbst diese zu erhalten." (Hegel 1831/1970, 407 (§ 260)); die Rezeptionsgeschichte der politischen Philo-

sophie Hegels ist bis ins zwanzigste Jahrhundert geprägt von Rudolf Hayms „Vorlesungen über Hegel und seine Zeit" von 1857, in denen er Hegel als Philosophen der preußischen Restauration und Verklärer des „Karlsbader Polizeisystems" darstellt. Joachim Ritter hat sich in „Hegel und die Französische Revolution" dem Versuch verschrieben, das Bild von Hegel als Etatisten und reaktionären Verabsolutierer der Staatsmacht zu revidieren. Siehe: Ritter 1956/1977.

47 „In England kann zum Beispiel kein unpopulärer Krieg geführt werden. Wenn man aber meint, Fürsten und Kabinette seien mehr der Leidenschaft als Kammern unterworfen, und deswegen in die Hände der letzteren die Entscheidung über Krieg und Frieden zu spielen sucht, so muss gesagt werden, dass oft ganze Nationen noch mehr wie ihre Fürsten enthusiasmiert und in Leidenschaft gesetzt werden können. In England hat mehrmals das ganze Volk auf Krieg gedrungen und gewissermaßen die Minister genötigt, ihn zu führen." (Hegel 1831/1970, 496 (§ 329, Zusatz))

48 Hegel 1840/1970, 35.

49 Siehe auch: Hegel 1806/1970, 33-34.

3 Konkretisierungen des Konzessionismus

1 Thomas 1997, 541.

2 Kant 1795/1977, 216.

3 Siehe: Eriksen 1995/2001, 229-231; Winch 1964.

4 Weber 1896/1973, 5.

5 Weber 1896/1973, 9.

6 Weber 1896/1973, 7.

7 Weber 1896/1973, 23.

8 Clarkson 1785, 1-2.

9 Neumann 1944/1984, 292.

10 Alle Daten aus: Fogel & Engerman 1974/1989, 33.

11 Amar 2005, 87-98.

12 Fogel 1989/1994, 207.

13 Kelsen 1934/2008, 25.

14 Alexy 1992/2002, 15.

15 Alexy 1992/2002, 54-55.

16 Siehe etwa: Coleman & Leiter 1996; Hoerster 1989.

17 Im Anschluss an Joseph Raz definiert Jean Hampton: „Person *x* has political authority over person *y* if and only if the fact that *x* requires *y* to perform some action *p* gives *y* a reason to do *p*, regardless of what *p* is, where this reason purports to override all (or almost all) reasons he may have not to do *p*." (Hampton 1998, 5)

18 Siehe: Green 1996/1999, 301; siehe auch: Edmundson 1999, 12-15.

19 Raz vertritt in „The Obligation to Obey", dass Rechtsnormen bei Koordinations- und Übernutzungsproblemen einen Unterschied machen: Raz 1984/2001.

20 Simmons 1979, Simmons 2001, Wolff 1971/1976.

21 Sartorius 1981/1999, Greenawalt 1987/1999.

22 Ladenson 1980.

23 Zur Kritik: Nozick 1974/1999, 90-95.
24 „One cannot, whatever one's purposes, just act so as to give people benefits and then demand (or seize) payment." (Nozick 1974/1999, 95)
25 Mauss 1950/1990, 17.
26 Hillgruber 1985, 21.
27 Rawls 1971/1979, 133 ff., 378 ff.; siehe auch: Hart 1955, 185.
28 Radbruch 1946/2003, 216.
29 „(…) es gibt nur ein heiligstes Menschenrecht, und dieses Recht ist zugleich die heiligste Verpflichtung, nämlich: dafür zu sorgen, dass das Blut rein erhalten bleibt, um durch die Bewahrung des besten Menschentums die Möglichkeit einer edleren Entwicklung dieser Wesen zu geben." (zitiert nach: Weingart/Kroll/Bayertz 1992, 369)
30 Kelsen 1934/2008, 74, 75.
31 Kroeschell 1992, 76-78.
32 Stanley Paulson weist auf folgende Anschauung im englischen Recht hin: „When a wrong has been done by the King's officer to a British subject, the person wronged has no legal remedy against the Sovereign, for ‚the King can do no wrong'; but he may sue the King's officer for the tortious act, and the latter cannot plead the authority of the Sovereign, for, from the maxim that the King cannot do wrong it follows, as a necessary consequence, that the King cannot authorize wrong." (zitiert nach: Paulson 1975, 141)
33 Austin 1832/2000, 211.
34 Austin 1832/2000, 142.
35 Cassese 2003, 16.
36 In diesem Sinne deutete Quincy Wright die Rechtsgrundlage des Nürnberger Tribunals: „[The Nuremberg Charter, MS] rests on the assumption that the enunciation of principles of justice can be creative, that such principles are a source of law, and that they may generate institutions which can enforce the law." (Wright 1948, 407, 408)
37 Hunt 2007, 72.
38 Calas hatte bei den Ermittlern durch widersprüchliche Aussagen Verdacht erregt. Zunächst hatte er den Mord Eindringlingen zugeschrieben, um dann zu vermuten, sein Sohn habe Selbstmord begangen. Es ist gut denkbar, dass die erste Version dazu diente, den Verdacht von seinem Sohn abzulenken, da Selbstmord eine strafbare Handlung war. Siehe: Hunt 2007, 74.
39 Hunt 2007, 75.
40 Voltaire 1769/1901, 119.
41 Hunt 2007, 68.
42 Siehe auch: Schefczyk 2011.
43 Beccaria 1764/1872, 58-67.
44 Hierzu jüngst: Schmid 2011.

Teil B: Verantwortungstypen und „Die Schuldfrage“

1 Diese Vielgestaltigkeit ist keine Eigenart der deutschen Sprache. In „Punishment and Responsibility“ veranschaulicht Hart die Vielfalt von ‚responsible‘ und ‚responsibility‘ an folgendem fingierten Fall: „As captain of the ship, X was responsible for the safety of his passengers and crew. But on his last voyage he got drunk every night and was responsible for the loss of the ship with all aboard. It was rumoured that he was insane, but the doctors considered that he was responsible for his actions. Throughout the voyage he behaved quite irresponsibly, and various incidents in his career showed that he was not a responsible person. He always maintained that the exceptional winter storms were responsible for the loss of the ship, but in the legal proceedings brought against him he was found responsible for his negligent conduct, and in separate civil proceedings he was held legally responsible for the loss of life and property. He is still alive and he is morally responsible for the deaths of many woman and children.“ (Hart 1968, 211)

2 Löw-Beer 1990, 62; Leist 1990.

3 Löw-Beer 1990, 64.

1 Allgemeine Anmerkungen zum Begriff der Verantwortung

1 Im (veraltenden) deutschen Gebrauch steht ‚Verantwortung‘ für eine vor Gericht vorgetragene Verteidigung gegen eine Anklage; „Die Verantwortung des Angeklagten, dass er nur etwa fünf Monate in Auschwitz war, kann nicht der Wahrheit entsprechen.“; „Der Angeklagte hat sich von seiner ersten Vernehmung im Vorverfahren an immer in gleicher Weise verantwortet, dass er bei tödlichen Injektionen im Block 20 lediglich dabeigestanden, nicht aber selbst aktiv geworden sei.“ (Zitate aus: Langbein 1965, 889, 897); Wertvolle Hinweise zur Geschichte des Verantwortungsbegriffs finden sich in: Lenk & Maring 2001, Sp. 566-575; siehe auch: Düwell et al. 2002, 521-527.

2 Agamben 2003, 19.

3 „Als sponsor wird derjenige bezeichnet, der an die Stelle des reus tritt, indem er verspricht, im Fall der Nichterfüllung die geschuldete Leistung zu erbringen.“ (Agamben 2003, 19)

4 Höffe 1993, 21. Als philosophischer terminus technicus tritt Verantwortung (responsibility, responsibilità, responsabilité) erst verhältnismäßig spät in Erscheinung. Laut Kurt Bayertz ist „On Liberty“ von John Stuart Mill (und – nota bene – Harriet Taylor) der erste Klassiker der Philosophie, in dem ‚Verantwortung‘ und ‚moralische Verantwortung‘ eine größere Rolle spielen (Bayertz 1995, 4). Tatsächlich kommt das Wort ‚responsibility‘ in verschiedenen Schriften von Mill gehäuft vor. Es taucht aber bereits viel früher in einer uns geläufigen Verwendungsweise in der philosophischen Literatur auf, beispielsweise in Hobbes’ „De Homine“. Bedeutsame philosophische Analysen von Teilaspekten der Verantwortungsproblematik finden sich natürlich

schon in der klassischen Antike. Die wohl bekannteste ist die Untersuchung der Bedingungen von Zurechenbarkeit in der „Nikomachischen Ethik".

5 Heidbrink 2003, 60.

2 Vier Verantwortungstypen

1 Feinberg 1970/1985, 200.

2 Siehe zur Anwendung auf Nationen: Rawls 1999/2002, Buchanan 2000, Beitz 2000, Pogge 2001.

3 Siehe: Pogge 2001.

4 Siehe etwa: Kersting 2002, 81 ff.

5 Milgrom & Roberts 1992, 311.

6 Siehe zu letzterem insbesondere: Miller 1995, 65 ff.

7 Margalit 2002, 87-88.

8 „The rationale for this is obvious enough. If we want bad situations put right, we should give the responsibility to those who are best placed to do the remedying. If there is a bather in trouble off the beach, and it makes most sense for one person to undertake the rescue, then we should choose the strongest swimmer." (Miller 2001, 460-461)

9 „Die Prüfung war eine Art Kulturexamen und stellte fest, ob der Betreffende ein Gentleman, nicht aber, ob er mit Fachkenntnissen ausgerüstet war." (Weber 1922/1985, 610)

10 Maunz & Zippelius 1985, 69.

11 Fischer & Ravizza 1998, 240 ff.

12 Fischer 2006, 63 ff.

13 Fischer 2006, 67.

14 Kant 1788/1977, 140.

3 Deontologische und konsequentialistische Verantwortungskonzeption

1 Siehe: Birnbacher 1995, 147; Goodin 1986, 51.

2 Goodin 1986.

3 W. D. Ross zählt Wiedergutmachungspflichten in die Gruppe unserer vollkommenen Pro-tanto-Pflichten: Ross 1930, 41-42.

4 Singer 1972, Unger 1996.

5 Bei Thomas Pogge hat der Verweis auf die „common and violent history", aus der das gegenwärtige Weltsystem hervorgegangen ist, nicht den Anspruch, spezielle Pflichten der ehemaligen Kolonialländer (wie es diplomatisch heißt) einzuführen oder zu bestreiten. Er soll vielmehr zu Bewusstsein bringen, dass das gegenwärtige Weltsystem mit seinen extremen Ungleichheiten aus einem historischen Prozess hervorgegangen ist, der elementare Moralprinzipien massiv verletzt hat. Siehe: Pogge 2002, 203-204; Pogge 2004.

4 Moralische Verantwortung: Die Aristotelischen Bedingungen

1 NE 1109 b 30.

2 Umstritten ist in der Aristoteles-Auslegung, ob er die Angemessenheit von Lob und Tadel als eine Angelegenheit der Gerechtigkeit oder der sozialen Nützlichkeit veranschlagt: ob er sagen möchte, der freiwillig Handelnde verdiene eine (positive oder negative) Sanktion, oder, Sanktionen seien geeignet, das Handeln von moralischen Akteuren im Sinne des Guten zu beeinflussen; ob er ein konsequentialistisches- oder ein Verdienst-Konzept der Verantwortungszuschreibung vertritt. Für beides finden sich Hinweise im Text, so dass die Alternative vielleicht falsch gestellt ist. Siehe für einen Überblick: Eshleman 2004.

3 Fischer & Ravizza 1998, 12-14.

4 NE 1110 b 28.

5 NE 1110 a 1.

6 NE 1110 a 5.

7 „Was aus Unwissenheit geschieht, ist nicht durchweg freiwillig. Unfreiwillig wird es, wenn es schmerzlich ist und man es bereut. (…) Was also aus Unwissenheit geschieht und dann bereut wird, scheint unfreiwillig zu sein, wer es dagegen nicht bereut, ist ein anderer, und so mag man sein Tun nichtfreiwillig nennen." (NE 1110 b 20)

8 Fischer & Ravizza 1998, 13 (FN 20).

9 Dazu verlangte er, „barbarische und frevelhafte Worte zu sprechen: ‚Du bitteres Wasser! Der Herr legt dir diese Strafe auf, weil du ihn gekränkt hast, ohne dass du von ihm irgendein Unrecht erlitten hast. Und der Großkönig wird über dich hinwegschreiten, ob du willst oder nicht. Dir wird nun, wie du es verdienst, kein Mensch mehr opfern; denn du bist ein schmutziger, salziger Strom." (Herodot, Neun Bücher zur Geschichte, Siebtes Buch, Abschnitt 35) Außerdem, so erfahren wir, wurde den Leitern des Brückenbaus der Kopf abgeschlagen.

10 NE 1110 a 1.

11 NE 1110 a 5.

12 NE 1110 a 15.

13 NE 1110 a 25.

14 „Wenn dies aber doch so ist [und der Mensch Ursprung und Erzeuger seiner Taten, MS], und wir auf keine andern Ursprünge zurückgehen können als auf diejenigen, die in uns selbst sind und deren Ursprünge auch in uns selbst sind, dann sind auch die Handlungen selbst bei uns und freiwillig." (NE 1113 b 16-20)

15 NE 1114 a 1.

16 NE 1114 a 5-10.

17 NE 1114 a 20.

18 „A familiar suggestion is that fully voluntary actions are all and only the actions for which an agent is (fully) responsible; and this has traditionally expressed by saying that such actions are those that appropriately attract

reactions such as praise and blame (...). This is, very roughly indeed, Aristotle's proposal." (Williams 1987/1995, 25)

19 NE 1113 b 20.

20 Pothast 1987, 386.

21 Strawson 1963/1993, 52-53.

22 Strawson 1963/1993, 66.

5 Folgenverantwortung, Haftung

1 Hart & Honoré 1959/1985, 109.

2 Thomson 1977/1986.

3 Feinberg 1970/1991, 55.

4 Milgrom & Roberts 1992, 211 ff.

5 Im deutschen Recht wird die Amtshaftung, also die Haftung des Staates für fehlerhaftes öffentlich-rechtliches Handeln der Organe, über eine Kombination von Zivil- und Verfassungsrecht geregelt (§ 839 BGB i. V. m. Art 34 S. 1 GG). Siehe hierzu: Detterbeck et al. 2000, 78 ff.

6 Möglichkeiten, historisches Unrecht zu kompensieren

1 Man sollte vielleicht hinzufügen, dass Keynes, der als offizieller Repräsentant des britischen Finanzministeriums bei der Pariser Friedenskonferenz bis zum 7. Juni 1919 die Geschehnisse aus der Nähe beobachtet hatte, als das eigentliche Motiv der Reparationsforderungen nicht ein Interesse an Gerechtigkeit ansah. Sie dienten nach seiner Auffassung keineswegs der Korrektur der Folgen einer eindeutig bestehenden Kriegsschuld, sondern einer kontraproduktiven, das europäische System destabilisierenden Schwächung Deutschlands im Interesse Frankreichs. Grundlage der bedingungslosen Kapitulation Deutschlands und der anschließenden Friedensverhandlungen waren die vom US-Präsidenten Wilson verfassten vierzehn Punkte, in denen er den Völkerbund projektierte und eine dauerhafte Friedensordnung auf der Grundlage bindender Verpflichtungen als Ziel der Verhandlungen entwarf. Darf man der Darstellung von Keynes Glauben schenken, so war Wilson mit seiner Rolle überfordert und nicht in der Lage, die Pariser Verhandlungen (an denen das Deutsche Reich nicht beteiligt war) zu prägen. Maßgeblich, so Keynes, war vielmehr das Weltbild und Verhandlungsgeschick Clemenceaus, den nicht der Gedanke historischer und internationaler Gerechtigkeit bewegte, sondern die Logik nationalstaatlicher Machtkonkurrenz: „He [Clemenceau, MS] felt about France what Pericles felt of Athens – unique value in her, nothing else mattering; (...) His philosophy had, therefore, no place for ‚sentimentality' in international relations. Nations are real things of whom you love one and feel for the rest indifference – or hatred. The glory of the nation you love is a desirable end – but generally to be obtained at your neighbour's expense. (...) According to this vision of the future, European history is to be a perpetual prize-fight, of which France has won this round, but of which this round is certainly not the last. From the belief that essentially the old order does not change, being based on human

nature which is always the same, and from a consequent scepticism of all that class of doctrine which the League of Nations stands for, the policy of France and Clemenceau followed logically.“ (Keynes 1919/2004, 79, 80, 81)

2 Ich setze das Wort ‚Unrecht‘ oben in Anführungszeichen, weil Unrecht Schuldige voraussetzt.

3 Nota bene: Dies gilt freilich nur für die Westalliierten. Die von der sowjetisch besetzten Zone und der DDR zu erbringenden Reparationsleistungen an die Sowjetunion entsprachen dem finanziellen Umfang des amerikanischen Marshall-Plans für ganz Europa.

7 Jaspers' Verantwortungstypologie

1 Adorno 1970/2003, 355-356.

2 Siehe etwa: Jaspers 1947/1983, 532, 932-933.

3 Siehe etwa: „Bloße Meinung ist noch keine Einsicht. Die Freiheit fordert die Überwindung der bloßen Meinungen. Diese Überwindung geschieht durch die Bindung, die wir als Einzelne uns auferlegen im Zusammenhang mit den Anderen. Freiheit verwirklicht sich in Gemeinschaft. Ich kann nur frei sein in dem Maße wie die anderen frei sind. Zugunsten gegründeter Einsicht schmilzt die bloße Meinung ein im liebenden Kampf zwischen den Nächsten.“ (Jaspers 1949/1983, 196) Der liebende Kampf ist hier verstanden als ein öffentlich-politisches Ringen um Wahrheit. In seiner „Philosophischen Autobiographie“ gibt Jaspers die „Frage der Kommunikation zwischen Mensch und Mensch“ als eines seiner zwei philosophischen Hauptanliegen an. Siehe: Jaspers 1953/o.J, 91.

4 Siehe auch: May 1991.

5 Jaspers 1946, 64.

6 „Wir sind nicht, als unsere jüdischen Freunde abgeführt wurden, auf die Straße gegangen, haben nicht geschrien, bis man uns auch vernichtete. Wir haben es vorgezogen, am Leben zu bleiben, mit dem schwachen, wenn auch richtigen Grund, unser Tod hätte doch nichts helfen können. Dass wir leben, ist unsere Schuld.“ (Jaspers 1946, 64-65)

7 „Für uns Deutsche hat dieser Prozess den Vorteil, dass er unterscheidet zwischen den bestimmten Verbrechen der Führer, und dass er gerade nicht kollektiv das Volk verurteilt.“ (Jaspers 1946, 53) Chief Justice Jackson stellte in der Gerichtssitzung vom 21. November 1945 fest, „dass wir nicht beabsichtigen, das ganze deutsche Volk zu beschuldigen.“ (Internationaler Militärgerichtshof 1947, Bd. 2, 120)

8 Jaspers 1946, 56.

9 Rinderle 2005, 137-145.

10 John Rawls hat im „Recht der Völker“ Gesellschaften, denen diese Voraussetzungen fehlen, als burdened societies bezeichnet. Siehe: Rawls 1999/2002, pp. 131-140.

11 Jaspers 1946, 56.

12 „Juristisch wird folgender Einwand [gegen die Nürnberger Prozesse, MS] gemacht: Verbrechen kann es nur geben am Maßstab von Gesetzen. Die Verletzung dieser Gesetze ist ein Verbrechen. Das Verbrechen muss be-

stimmt definiert und als Tatbestand eindeutig feststellbar sein. Insbesondere: nulla poena sine lege (…). Dagegen ist zu sagen: Im Sinne der Menschlichkeit, der Menschenrechte und des Naturrechts, und im Sinne der Ideen der Freiheit und Demokratie des Abendlandes sind Gesetze schon da, an denen gemessen Verbrechen bestimmbar sind.“ (Jaspers 1946, 51)

13 Jaspers 1946, 40.

14 „From whence 'tis plain, that he that Conquers in an unjust War, can thereby have no Title to the Subjection and Obedience of the Conquered.“ (Locke 1689/2004, 386 (Chapter 176)).

15 Jaspers 1946, 42.

16 „And one may destroy a Man who makes War upon him, or has discovered an Enmity to his being, for the same Reason, that he may kill a Wolf or a Lyon; because such Men are not under the ties of the Common Law of Reason, have no other Rule, but that of Force and Violence, and so may be treated as Beasts of Prey, those dangerous and noxious Creatures, that will be sure to destroy him, whenever he falls into their Power.“ (Locke 1689/2004, 279 (Chapter 16)); übereinstimmend: Locke 1689/2004, 389 (Chapter 181)

17 Jaspers 1946, 42.

18 Jaspers 1946, 35.

19 Locke 1689/2004, 281 (Chapter 20).

20 Locke 1689/2004, 387 (Chapter 178).

21 Locke 1689/2004, 388 (Chapter 179).

22 loc. cit.

23 loc. cit.

24 „But let us suppose that all the Men of that Community being all Members of the same Body Politick, may be taken to have joyn'd in that unjust War, wherein they are subdued, and so their Lives are at the Mercy of the Conquerour. (…) I say, this concerns not their Children, who are in their Minority.“ (Locke 1689/2004, 393 (Chapter 188/9))

25 „His force, and the state of War he put himself in, made him forfeit his Life, but gave me no Title to his Goods. The right then of Conquest extends only to the Lives of those who joyn'd in the War, not to their Estates, but only in order to make reparation for the damages received, and the Charges of the War, and that too with reservation of the right of the innocent Wife and Children.“ (Locke 1689/2004, 390 (Chapter 182))

26 Locke 1689/2004, 390 (Chapter 182).

27 Locke 1689/2004, 391 (Chapter 183).

28 Jaspers 1946, 35.

29 Jaspers 1946, 32.

30 Bei Sartre, der Jaspers, in Abgrenzung zu sich selbst, dem christlichen Flügel des Existenzialismus zuordnet, finden sich verwandte Aussagen: Sartre 1943/1982, 696-700; Sartre 1946/1981, 7-51.

31 Jaspers 1946, 64.

32 Margalit 2002, 81.

33 Jaspers 1946, 101.

34 Siehe Fußnote 12.

35 Diese Auffassung teilten auch auf amerikanischer Seite keineswegs alle Völkerrechtler. Die Expansion individueller Verantwortlichkeit über die seit dem Ersten Weltkrieg (allerdings nicht in Deutschland) anerkannten Kriegsverbrechens-Tatbestände hinaus, hielten konservative Juristen für rechtlich unvertretbar. Dies betraf namentlich vor allem die ‚crimes against humanity'. Siehe hierzu: Komarow 1980, 24.

36 Jaspers 1946, 31.

37 „Vom Standpunkt der Gerechtigkeitstheorie aus ist die wichtigste natürliche Pflicht die der Erhaltung und Förderung gerechter Institutionen. Sie hat zwei Teile: Einmal müssen wir vorhandenen gerechten Institutionen, die sich auf uns beziehen, gehorchen und die vorgesehene Rolle in ihnen spielen; zum anderen müssen wir bei der Errichtung neuer gerechter Institutionen mithelfen, mindestens wenn es mit geringem Aufwand für uns möglich ist." (Rawls 1971/1979, 368-369)

38 Jaspers 1946, 33.

39 Rawls 1971/1979, 135-136.

40 Zum verbreiteten Denunziantentum in Nazi-Deutschland, ohne das Macht und Terror der Gestapo weit weniger wirksam gewesen wären: Johnson 2000/2001.

41 Siehe etwa: Hilberg 1992/2003, 234.

42 Über die Problematik ‚weiter Auslegungen' in Hans Globkes maßgeblichem Kommentar zu den nationalsozialistischen ‚Rassegesetzen': Friedrich 1984/1994, 304-309.

43 „Die deutschen Bürokraten, die im Rahmen ihrer jeweiligen Zuständigkeiten zur Vernichtung der Juden beitrugen (…) bewiesen ein verblüffendes pfadfinderisches Geschick im Falle ausbleibender Direktiven, nahtlose Übereinstimmung ihres Handelns trotz fehlender gesetzlicher Richtlinien und ein tiefes Verständnis der zu bewältigenden Aufgabe auch dort, wo keine expliziten Weisungen vorlagen." (Hilberg 1961/1999, 1061); siehe auch: Wildt 2002/2003, Herbert 1996/2001.

44 Der Nürnberger Prozess gegen vierundzwanzig Hauptkriegsverbrecher war nur der Gipfelpunkt der gerichtlichen Aburteilung des nationalsozialistischen Unrechts, die im Sommer 1945 vor zahllosen Militärgerichten in den jeweiligen Besatzungszonen begann. In den zwölf so genannten Nürnberger Nachfolgeprozessen, die bis 1949 geführt wurden, fanden sich die Vertreter angesehener Berufsstände aus allen gesellschaftlichen Bereichen auf der Anklagebank wieder. Daneben wurden Tausende von Militärgerichtsverfahren geführt.

45 „Alle Nachkriegsprozesse gegen Naziverbrecher, angefangen vom Nürnberger Prozess gegen die Haupt-Kriegsverbrecher über den Eichmann-Prozess in Jerusalem bis zum Frankfurter Auschwitzprozess taten sich juristisch und moralisch sehr schwer bei der Festsetzung der Verantwortung und bei der Bestimmung des Schuldumfangs." (Arendt 1966/1989, 117)

46 Jaspers bringt aber auch konsequentialistische Rechtsfertigungsaspekte vor, wie die Schaffung eines völkerrechtlichen Präzedenzfalles. Der Nürnberger Prozess war erklärtermaßen nicht nur mit dem im Kriege deklarierten Ziel verbunden, die Hauptverantwortlichen zu bestrafen, sondern sollte auch

der Fortentwicklung des Völkerrechts dienen. Bedeutende amerikanische Völkerrechtler und Juristen, wie Quincy Wright, schätzten den Nürnberger Prozess vor allem deshalb als bemerkenswert ein, weil er die Verletzung bestehenden Völkerrechts effektiv sanktioniere und ihm seinen unverbindlichen Charakter nehme. Siehe: Wright 1946, 79.

47 Zu Lockes Straftheorie höchst instruktiv: Simmons 1992, 121-166.

48 „Political Power then I take to be a Right of making Laws with Penalties of Death, and consequently all less Penalties, for the Regulating and Preserving of Property, and of employing the force of the Community, in the Execution of such Laws, and in the defence of the Common-wealth from Foreign Injury, and all this only for the Publick Good." (Locke 1689/2004, 268 (Chapter 3))

49 Ich benutze hier Anführungsstriche, weil die Unterscheidung zwischen Inländern und Ausländern für den politischen Zustand reserviert bleiben sollte.

50 Siehe: Scheid 1983, 262-263.

51 Locke 1689/2004, 272 (Chapter 8).

52 loc. cit.

53 Locke 1689/2004, 411 (Chapter 219).

54 „Die latente Interventionsdrohung der Alliierten (…) war für die innere Entwicklung der jungen Bundesrepublik von kaum zu überschätzender Bedeutung. Der gesamte Prozess der vergangenheitspolitischen Gesetzgebung in der ersten Legislaturperiode, selbstredend die Kriegsverbrecherpolitik, aber auch die fallweise vollzogene Abgrenzung gegenüber dem seit 1950/51 deutlich hervortretenden (Neo-)Nazismus, stand unter der kritischen Beobachtung der Alliierten Hohen Kommission. (…) Ohne die direkte Kontrolle durch die Alliierten, so wird man deshalb mit einigem Anspruch auf Plausibilität behaupten können, wären die Grenzen der Vergangenheitspolitik noch fließender gewesen." (Frei 1999/2003, 400)

55 Noch bevor sich die Alliierten auf ein gerichtliches Vorgehen geeinigt hatten, kündigte der britische Außenminister Eden im House of Commons in Reaktion auf die nicht mehr in Zweifel zu ziehenden Berichte über die Ausrottung der europäischen Juden an: die Verantwortlichen „shall not escape retribution". Zitiert nach: Kettenacker 1999, 20.

56 Zum Unterschied zwischen Retribution und Rache: Nozick 1981, 366-370.

57 Kriegsminister Stimson legte dem Präsidenten nahe, die Idee eines internationalen Tribunals zu unterstützen, bei dem sich die USA beteiligen sollten, und überzeugte ihn von der Unzweckmäßigkeit der morgenthauschen Planung. Murray Bernay, ein Oberst im Kriegsministerium Stimsons, hatte die entscheidende Idee, die maßgeblichen nationalsozialistischen Organisationen als kriminelle Verschwörungen zur Planung eines (nach dem Briand-Kellogg-Pakt verbotenen) Angriffskriegs zu anzuklagen. Die nachgewiesene Mitgliedschaft in einer kriminellen Verschwörung sollte für einen Schuldspruch ausreichen. Der Weg war geöffnet für einen internationalen Prozess, der nicht nur der nationalsozialistischen Führungsspitze galt, sondern tiefer in die Wurzeln der deutschen Gesellschaft hinabreichte. Damit hatte man einerseits eine rechtliche Grundlage, um den Prozess zu führen, anderer-

seits eine elegante rechtspraktische Lösung. Der Nachfolger Roosevelts im Präsidentenamt, Harry Truman, war Jurist und forcierte die Errichtung eines internationalen Gerichts. In dieser Situation gaben die Briten ihren Widerstand im Mai 1945 endgültig auf. Simultan ernannte Truman Robert H. Jackson zum Chefankläger mit dem Aufgabenbereich „Anklagen wegen Grausamkeiten und Kriegsverbrechen vorzubereiten und zu verfolgen, und zwar gegen diejenigen Führer der europäischen Achsenmächte (...), denen nach übereinstimmender Ansicht der USA und der Vereinten Nationen vor einem internationalen Militärgerichtshof der Prozess gemacht werden soll." (Taylor 1992/1994, 57)

58 Jaspers 1946, 51.

59 Internationaler Militärgerichtshof 1947, Bd. 1, 186-187.

60 „Dass das Völkerrecht Einzelpersonen so gut wie Staaten Verbindlichkeiten auferlegt, ist längst anerkannt. (...) Jener Grundsatz des Völkerrechts, der unter gewissen Umständen dem Repräsentanten eines Staates Schutz gewährt, kann nicht auf Taten Anwendung finden, die durch das Völkerrecht als verbrecherisch gebrandmarkt werden." (Internationaler Militärgerichtshof 1947, Bd. 1, 249)

61 Nicholas Doman, assistant prosecutor von Robert Jackson im Nürnberger Hauptkriegsverbrecher-Prozess, schrieb: „The Kellogg-Briand Pact (...) was a pious declaration, but now logical conclusions are drawn from it. (...) It would be futile to draw up regulations for the world community if the individuals responsible for national policies could escape behind the immunity of the state." (Doman 1946, 82)

62 Jaspers 1946, 51.

63 Diese Überlegung ist von dem israelischen Gericht im Eichmann-Prozess aufgegriffen worden. Siehe: Lasok 1962, 369.

64 Internationaler Militärgerichtshof 1947, Bd. 1, 245.

65 Locke 1689/2004, 324 (Chapter 87).

66 „In transgressing the Law of Nature, the Offender declares himself to live by another Rule, than that of reason and common Equity, which is that measure God has set to the actions of Men, for their mutual security: and so he becomes dangerous to Mankind, the tye, which is to secure them from injury and violence, being slighted and broken by him. Which being a trespass against the whole Species, and the Peace and Safety of it, provided for by the Law of Nature, every man upon this score, by the Right he hath to preserve Mankind in general, may restrain, or where it is necessary, destroy things noxious to them, and so may bring such evil on any one, who hath transgressed that Law, as may make him repent the doing of it, and thereby deter him, and by his Example others, from doing the like mischief." (Locke 1689/2004, 272 (Chapter 8))

67 Jaspers 1946, 40.

68 Jaspers 1946, 38.

69 loc. cit.

70 loc cit.

71 Jaspers 1946, 39.

72 Jaspers 1946, 70-71.

73 In der bundesdeutschen Gesellschaft hat das bekundete Empfinden von Schuld für die nationalsozialistischen Verbrechen mit dem Generationenwechsel interessanterweise zugenommen. Dieses Phänomen ist nicht nur interpretationsbedürftig, weil man mit wachsendem zeitlichem Abstand ein Abnehmen bekundeter Schuld erwarten könnte. Hinzu kommt, dass das Schuldbewusstsein nach Aussagen der Befragten die ‚Identifikation' mit der Gruppe stört, die Identifikation aber gerade die Grundlage für das Empfinden von Mitschuld bildet. Zu vermuten ist daher, dass das Schuldbewusstsein nicht die Identifikation mit der Gruppe, sondern deren Affirmation in Mitleidenschaft zieht. Siehe: Rensmann 2004, 174.

74 Jaspers 1946, 68.

75 Die Schuldfrage ist nach dem Krieg nicht aus eigenem Antrieb der Deutschen aufgeworfen worden. Sie wurden mit ihr von den Siegermächten konfrontiert. Es gibt zahllose Berichte über die Unfähigkeit der Deutschen unmittelbar nach dem Krieg, Schuld oder Bedauern hinsichtlich der nationalsozialistischen Verbrechen einzubekennen. Ein amerikanischer Beobachter merkt konsterniert an, die deutsche Bevölkerung mache ihrer untergegangenen Führung nicht zum Vorwurf, den Krieg begonnen, sondern ihn verloren zu haben (Doman 1946, 89). In der englischen Besatzungszone, in der sich auch Jaspers befand, ließ der Zonenbefehlshaber im Sommer 1946 Plakate anbringen mit Berichten und Bildern aus dem Vernichtungslager Bergen-Belsen „und dem entscheidenden Satz: Das ist eure Schuld! (...) Keine Unterschrift, keine Behörde, das Plakat kam wie aus dem leeren Raum." (Jaspers 1946, 44) Dass die Schuldzuschreibung nicht weiter erläutert wurde, muss beunruhigend auf die Bevölkerung gewirkt haben. In der Endphase des Krieges hatte Goebbels' Propagandaministerium versucht, den Durchhaltewillen zu steigern, indem es Ängste vor den verheerenden Konsequenzen der Niederlage schürte. An jenem Plakat macht Jaspers seine Reflexion der Schuldfrage fest. Er erklärt es zu einer „Lebensfrage der deutschen Seele", dass sich jeder aus eigenem Antrieb der Schuldfrage stelle. Die Schuldigerklärungen der Siegermächte, die äußere strafrechtliche Abwicklung könne keine „innere Umkehrung" herbeiführen. Damit hatte Jaspers als Notwendigkeit und Motiv benannt, was die Zurechtlegungen vieler seiner Zeitgenossen gerade verleugneten: dass es eines tiefgreifenden Wandels der Mentalitäten in Deutschland bedürfe.

76 Jaspers 1946, 45-46.

77 Jaspers 1946, 33; später: „Die Zerstörung jeder anständigen, wahrhaftigen deutschen Staatlichkeit muss ihren Grund auch in Verhaltungsweisen der Mehrheit der deutschen Bevölkerung haben. Ein Volk haftet für seine Staatlichkeit." (Jaspers 1946, 56)

Teil C: Verantwortungsindividualismus und kollektive Schuld an historischem Unrecht

1 Zitiert nach: Kämper 2007, 162.

2 „Die Weltmeinung aber, die einem Volke die Kollektivschuld gibt, ist eine Tatsache von derselben Art, wie die, dass in Jahrtausenden gedacht und

gesagt wurde: die Juden sind schuld, dass Jesus gekreuzigt wurde.“ (Jaspers 1946, 39)

3 Jaspers 1946, 70-71.

4 Zit. nach: Held 2002, 161.

5 Lewis 1948/1991.

6 Arendt 1964/1989, 82.

7 Kant 1793/1977, 689.

1 Verantwortungsindividualismus

1 Eine jüngere Argumentation für eine individualistische Auslegung moralischer Verantwortung bietet: Sverdlik 1987, Corlett 2001 b.

2 „Some philosophers, such as H.D. Lewis, find the whole idea of collective responsibility utterly repugnant and oppose all efforts to portray it as philosophically respectable. To Lewis' way of thinking it is, in all of its manifestations, something barbaric and out of place in the thinking of people in the twentieth century. Thus, some find an extreme individualist approach to their liking (...). Several different positions regarding shared or collective responsibility are possible. The view held by H.D. Lewis is that neither is possible. Not only can responsibility not be borne by collectives, but it cannot even be shared by one or more individuals.“ (Mellema 1997, 3, 4; auch: 134)

3 Lewis 1948/1991, 17.

4 Reparationen „will involve a great deal of suffering for persons who could not, by any streak of imagination, be held accountable for the culpable acts of the nation, most obviously in the case of infants and babes unborn.“ (Lewis 1948/1991, 25)

5 „And yet that is precisely what happens in a great many writings on ethics and jurisprudence, where the ideas of social and collective responsibility are put forward as properly ethical notions under cover of a false analogy with social enactments such as the enforcement of law.“ (Lewis 1948/1991, 25)

6 „What we need to ask, in the case, for example, of Germany, is not what is the record of Germany as a nation in the interwar period or later – or our own record for the matter of that – but just what could have been expected of the average German citizen in the swirling tide of the events which engulfed him and others eventually in the deep vortex of war. This is not to suggest that he was helpless and must exonerated altogether, and that questions of guilt concern only those who were in positions of power and authority. There were undoubtedly many things which the ordinary citizen might have done, and I can only leave it here for the historian in due course to attempt to determine what they were. (...) But in the meantime, let us be fair to him, wherever he is found, by relating the question of guilt, not to some abstract entity in which he and all other individuals are merged, but to what we can reasonably estimate could have been expected of the individual, who is the sole bearer of guilt or merit, in the particular situation confronting him.“ (Lewis 1948/1991, 29)

7 Lewis 1948/1991, 31.

8 loc. cit.

9 Dem entspricht auch die Auffassung im deutschen Recht: Täuscht beispielsweise eine Person A gegenüber der Polizei eine Straftat vor, um die Verhaftung einer Person B zu erreichen, so macht sich A der Freiheitsberaubung in mittelbarer Täterschaft nach § 239 Abs. 1 StGB strafbar. Siehe: Krey 2002, 8. Ein historisches Beispiel: „1944 gab eine Frau, die ihren Ehemann los werden wollte, bei den Behörden an, er habe während eines Fronturlaubs abfällige Bemerkungen über Hitler gemacht. Die Frau war gesetzlich nicht verpflichtet, ihn anzuzeigen, wenn auch seine Äußerungen offensichtlich gegen Bestimmungen verstießen, die alle Äußerungen verboten, welche die Regierung des Dritten Reiches herabsetzten oder in irgendeiner Form die Wehrkraft des deutschen Volkes schwächten. Der Ehemann wurde festgenommen und – offenbar unter Anwendung dieser Bestimmungen – zum Tode verurteilt, dann aber nicht hingerichtet, sondern an die Front geschickt. 1949 wurde die Frau vor einem westdeutschen Gericht wegen rechtswidriger Freiheitsberaubung angeklagt. Dies war eine strafbare Handlung auf Grund des deutschen Strafgesetzbuchs von 1871, das seit seinem Inkrafttreten ununterbrochen in Geltung war. Die Frau berief sich darauf, dass die Inhaftierung ihres Mannes auf Grund der Nazigesetze erfolgt sei und dass sie infolgedessen keine Straftat begangen habe." (Hart 1958/1971, 43)

10 Kirzner 1992, 181.

11 Rutherford 1994, 31.

12 Sugden 2000, 181-182.

13 „My claim is that team-directed reasoning is a reasonably adequate model of a certain kind of reasoning that people in fact use when they take themselves to be acting as members of teams. One of the salient features of this mode of reasoning is that it generates recommendations for action that are not conditional on the actor's beliefs about what the other individuals will do. In this respect, team-directed reasoning is quite different from the strategic reasoning that is modelled in conventional game theory." (Sugden 2000, 191)

14 „(...), to construe oneself as a member of a team, one must have some confidence that the other members of that team construe themselves as members too." (Sugden 2000, 194)

15 Siehe zum Begriff struktureller Rationalität: Nida-Rümelin 1993, Nida-Rümelin 2001, Nida-Rümelin 2002.

16 Stanley Bates wies mit Recht darauf hin, dass Virginia Helds ‚random collections' aus Sicht der Statistik keine Zufallsgruppen sind. Siehe: Bates 1971, 344.

17 „If, then, the action called for in a given situation is obvious to the reasonable person, it seems that we can sometimes conclude that the judgment ‚Random collection of individuals R is morally responsible for not doing A' is valid." (Held 1970, 478) Kann sich eine Zufallsgruppe nicht einigen, wie sie ein Übel abwenden soll; ist aber zugleich klar, dass jeder der Vorschläge besser ist, als nichts zu tun, so besteht der moralische Fehler der Gruppe darin, keine Entscheidung gefällt oder sich kein Verfahren kollektiven Entscheidens gegeben zu haben. „The judgement, then, that ‚Random collec-

tion R is morally responsible for not constituting itself into a Group capable of deciding upon an action' is sometimes valid when it is obvious to the reasonable person that action rather than inaction by the collection is called for." (Held 1970, 479)

18 In diesem Sinne auch: Bates 1971, 347.

19 Lewis 1948/1991, 17.

20 Cooper 1968/1991, 37.

21 Siehe auch: Downie 1969/1991.

22 Cooper 1968/1991, 40.

23 Cooper 1968/1991, 42-46.

24 Siehe hierzu: Kenner 1967.

25 „But though on a long term view it may be possible to correct some faults of character, or to avoid acquiring them in the first place, in any immediate or short term context a faulty character is something with which the person concerned has to cope much as he has to cope with a faulty engine. Moreover, the law treats as fault other sorts of incompetence due to, say, stupidity or clumsiness, which the person clearly cannot correct in time, and perhaps not ever." (Honoré 1988/1999, 19)

2 Zwei Kollektivschuldbegriffe

1 Stevenson 1937/1974, 127.

2 P 1253 a 20.

3 Eine Auseinandersetzung mit Gilbert

3 Siehe auch: Konzelmann 2007.

4 Gilbert 2002.

5 Gilbert 1999, 123-140.

6 Gilbert 2002, 120.

7 Gilbert 1987/1996, 201.

8 Gilbert 2002, 120-121.

9 Strawson 1963/1993; hierzu auch: Nida-Rümelin 2005, 27.

10 Gilbert 2002, 124.

11 Gilbert 1993/1996, 366.

12 Sugden 2000, 189.

13 Sugden 2000, 184.

14 Sugden 2000, 196-197.

15 Gilbert 1989, 162.

16 Gilbert 1993/1996, 365.

17 loc. cit.; siehe auch: Gilbert1999 b.

18 Siehe zum Folgenden den im Ergebnis analogen Kritikpunkt von Shockley 2004.

19 „The reference to moral duties raises a more general question: Must those who lack the concept of a moral duty altogether be incapable of going for a walk together? This is not particularly plausible on the face of it. Nonetheless, if I am right, people out on a walk can for that reason be expected to recognize certain responsibilities and rights. This suggests that the rights

and obligations in question are not moral rights and obligations." (Gilbert 1990/1996, 180-181)

20 Sugden 2000, 194-196.

21 Gilbert gibt, in Anknüpfung an Sugden, das Beispiel eines Fußballspielers, der sich gegen die Erwartung und zudem suboptimal verhält. Ein solches Verhalten berechtige die anderen Spieler zu Tadeln, weil er ihre Rechte (entitlements) und seine Pflichten verletzt habe: „The obligations and entitlements in question are grounded, rather, in the existence of Art's team's collective preference for his going to the right, a preference deriving from the team's objective." (Gilbert 2001, 110-111)

22 Sugden 2000, 190.

23 Gilbert 2002, 131.

24 Gilbert 2002, 132.

25 Gilbert 2002, 136.

26 loc. cit.

27 loc. cit.

28 loc. cit.

29 Gilbert 2002, 139.

30 loc. cit.

31 Gilbert 2002, 140.

32 Gilbert 2002, 140-141.

4 Zwei ‚Kollektivschuld'-Analysen

1 SPIEGEL Nr. 21 vom 20.05.96; siehe auch ebendort: pp. 48-77.

2 Aly 2005; Ullrich 2005, 50; in diesem Sinne auch Joachim Güntner in der NZZ: „Für einen veritablen Historikerstreit schliesslich könnte sorgen, wie Götz Aly die Schuldfrage traktiert. Er stellt sie, darin Goldhagen ähnlich, neu – und zwar so, dass es aufdringlich nach einer variierten Kollektivschuldthese riecht. Denn wenn der Holocaust von einer Staatsmacht exekutiert wurde, die sich auf ein Volk stützen konnte, das nur wegen seiner sozialpolitischen Korrumpierung so lange bei der Stange blieb, wie muss man dann die Verantwortung für die Verbrechen adressieren? Goldhagen mit Aly gemischt hiesse: Hitlers willige Vollstrecker agierten vor dem Hintergrund eines Kollektivs williger Profiteure. Es fehlt indes nicht an Einwendungen gegen eine Sicht, welche die individuell verschiedenen Grade von Schuld und Verantwortung verschwimmen lässt." (Güntner 2005, 35) Götz Aly hat auf diese Kritik folgendermaßen geantwortet: Es gehe in der Arbeit „nicht um das Verschieben der Schuld von einer sozialen Klasse auf die andere. Auch ist es nicht das Ziel des Buches, die abgestandene These von der Kollektivschuld neu zu beleben, wie einige Rezensenten befürchten. Im Mittelpunkt steht die Frage, wie das NS-Regime sich trotz seiner – aus heutiger Sicht – offensichtlich halsbrecherischen und zerstörerischen Politik so lange halten konnte." (Aly 2005 b, 45)

3 Goldhagen 1996.

4 Goldhagens zentrale These vom eliminatorischen Antisemitismus der Deutschen und ihrer kulturell tief verwurzelten moralischen Abartigkeit ist in der Literatur fast ausnahmslos zurückgewiesen worden. Pars pro toto: Browning

1996/1998, Kershaw 1999 (dort zahlreiche weitere Literaturhinweise). Für eine philosophische Rezeption historiographischer Täterprofile: Jones 1999, 145-169; Zangwill 2003. Aly wird Einseitigkeit und Fehlerhaftigkeit vorgeworfen. Der Wirtschaftshistoriker Adam Tooze meint, die Deutschen hätten nicht – wie Aly rechnet – weniger als 10 %, sondern mehr als 75 % der Kriegsausgaben bestritten, und zwar vermittels der inflatorischen Entwertung von Spareinlagen: „Die Kriegsgesellschaft des nationalsozialistischen Deutschland als Gefälligkeitsdiktatur zu beschreiben geht an der Realität völlig vorbei. Selbst in den besten Zeiten war Hitlers Krieg ein riesiges Wagnis, für das Hitlers Regime alle zur Verfügung stehenden Mittel mobilisierte. Nach 1942 war es ein blutiger Opfergang, der in der Geschichte seinesgleichen sucht." (Tooze 2005, vii; Tooze vertieft diese Kritik an Aly in: Tooze 2005 b, 16.

5 Jaspers 1946, 39-40.

6 Volker Ullrich merkte in der ZEIT vom 12.04.96 an: „Von ‚Kollektivschuld' ist bei Goldhagen zwar nicht die Rede, doch in der Sache kommt seine Ableitung dem Vorwurf sehr nahe." (Ullrich 1996, 92)

7 Pars pro toto: Frei 1996, 93-98.

8 Goldhagen 1996, 45.

9 Jacobs 2001, pp. 34 ff.

10 „If the German people were so relentlessly and inexorably driven by their eliminationist anti-Semitic ideology, then they had no choice but to act the way they did, and having no choice, they have no responsibility, any more than a schizophrenic who hears delusory voices in his head urging to kill, voices he has no power to resist, has responsibility." (Rosenbaum 1998, 361-362) Cooper merkt an, dass eine solche Exkulpation aus der Perspektive der dritten Person geschieht: „In cool moments, it may seem easy to say, of ‚an ordinary German' perhaps, ‚One cannot really blame someone for acting according to beliefs that he never had a chance to resist': but it would be hard to sympathize with the man himself were he calmly to say ‚Yes, I mustn't be too hard on myself for the atrocities I committed. After all, I was brought up in a rampantly anti-Semitic climate, the propaganda was extremely effective, etc...'" (Cooper 2001, 212)

11 Es ist symptomatisch für eine solche selbstapologetische Position, wenn Friedrich Rothenpieler im Tone der Empörung feststellt, die Alliierten hätten sich geweigert, davon auszugehen, dass die Deutschen Hitlers erste Opfer waren und als Erklärung für diese Weigerung einen Kollektivschuldvorwurf-Vorwurf anführt: „Nach dieser Ansicht waren die Deutschen nicht – wie die anderen Völker – Opfer Hitlers, sie wurden vielmehr als seine Komplicen angesehen. Dieses Deutschlandbild war die Grundlage der Direktive JCS 1067. Behandlung des deutschen Volkes als feindliche Nation und Fraternisierungsverbot waren konsequente Folgen dieser Auffassung. Beides wird nur verständlich, wenn man begreift, dass hinter dieser Politik die Kollektivschuldthese stand." (Rothenpieler 1982, 104)

12 Siehe etwa: Kaiser 2002; Paul 2002, Wildt 2002/2003, Herbert 1996/2001.

13 Dies war der Titel der wegweisenden Studie von Christopher Browning: Browning 1992/2002.

14 Johnson 2000/2001.

15 „Nach wie vor gefangen in der Führer-Massen-Dichotomie, die vormals die Selbststilisierung zur Avantgarde des Volkes gerechtfertigt hatte, richtet sich der Vorwurf nun erneut an die Massen in einer gewissermaßen historisch-materialistisch gewendeten Kollektivschuldthese. Folgerichtig lebt jener wissenschaftlich längst überwunden geglaubte Reduktionismus wieder auf, dem zufolge Menschen bloße Agenten ihrer Interessen, hier ihrer Konsumwünsche, seien. Von modernen komplexen handlungstheoretischen Akteurskonzepten, die seit etlichen Jahren in der Sozialforschung diskutiert werden, ist diese simplifizierende Vorstellung weit entfernt." (Wildt 2005, 56)

16 Güntner 2005; Ullrich 2005.

17 Ullrich 2005.

18 Schlink 1988/2002, 10, 11.

19 Jay Wallace spricht von Schuldgefühlen, wenn eine Person sich darüber bewusst ist, dass sie eine für sie verbindliche Erwartung verletzt hat; es ist allerdings nach Wallace möglich, dass sich eine Person gerade aufgrund eines Schuldgefühls weigert, Verantwortung für diejenige Handlung zu übernehmen, die Ursache ihres Schuldgefühls ist: „here guilt would manifest itself not in action that aims to bring about forgivenness and reconciliation, but in neurosis and its symptoms." (Wallace 1994, 238)

20 Langbein 1965, 581.

21 Welzer 2005, 67.

Teil D: Persönliche Verantwortung für historisches Unrecht

1 Jaspers 1946, 51.

2 Straus 2006, 98.

3 Jaspers 1946, 35.

4 Richard Wasserstroms im ersten Heft von Philosophy & Public Affairs erschienener Beitrag „The Relevance of Nuremberg" war genau ein solcher Versuch, Prinzipien, die für die Beurteilung historischen Unrechts entwickelt worden waren, als Leitfaden persönlicher Verantwortung für gegenwärtig Handelnde zu reflektieren.

1 Der Grundsatz strafwürdiger Verantwortung

1 Broszat 1963/2004, 8.

2 Die Befragung durch Gilbert fand zwischen dem 9. und dem 16.4.1946 statt.

3 Gilbert 1947/2004, 244.

4 Broszat 1963/2004, 13.

5 Den Gegenpol dazu bildet die Position Nicholas Domans, der nach Ende des Zweiten Weltkriegs mit Blick auf die Deutschen fand, es sei „nothing fantastic in the prosecution of a few million persons." (Doman 1946, 86)

6 Höß 1963/2004, 97.

7 Weiß 1998/2002, 229.

8 Dies wäre etwa in folgenden Szenarien der Fall: (i) Eine Person arbeitet privat und in eigener Initiative Pläne aus, um die Effizienz bei der Durchführung eines Staatsverbrechens zu steigern. Es kommt aber nicht zur Umsetzung. (ii) Bei einem Pogrom möchte eine Person sich an Mord und Zerstörung beteiligen. Sie kommt aber zu spät.

9 Williams 1993/2000, 71-74.

10 Westermann 1958/1988, 93.

11 Krey 2001/2004, 44. Hart und Honoré kritisieren an der Formel der Bedingungstheorie, sie mache mit dem Wort ‚hinwegdenken' das Bestehen einer kausalen Verknüpfung von dem Imaginationsvermögen des Richters abhängig. Die im angloamerikanischen Recht vorgesehene Prüffrage: ‚Hätte sich der Schaden durch gesetztreues Verhalten verhindern lassen?' habe den Vorzug, weniger subjektiv zu sein. Siehe: Hart & Honoré 1959/1985, 443.

12 Wessels & Beulke 1970/2004, 57-58; diese Kritik findet sich auch bei Honoré 2005.

13 Eric Hiddleston begründet seine Zweifel unter anderem mit folgendem Gegenbeispiel: Der den Hang herabpolternde Felsbrocken (a) lässt mich nach Schutz in einer Bodenwelle suchen (b), so dass der Brocken über mich hinwegdonnert (c) und ich den Vorfall überlebe (d). Man würde nicht sagen wollen, dass (a) (also der herabstürzende Fels) Ursache von (d) (meines Überlebens) ist. Siehe: Hiddleston 2005, 33-35.

14 Nach Hart & Honoré 1959/1985, 119.

15 Mackie 1974, 44 ff.

16 Im deutschen Recht wird hier der Begriff der ‚Ersatzursache' benutzt; siehe hierzu: Röckrath 2004, 20 ff.

17 Nach Hart & Honoré 1959/1985, 249.

18 Der Zeuge Dr. Glowacki schätzt, dass Klehr mindestens 10.000 Menschen durch Phenolspritzen getötet hat. Im Frankfurter Auschwitz-Prozess sagt er aus: „*Dr. Glowacki*: Ja. Er war Sadist. Er sagte: ‚Jetzt mache ich eine Visite.' Töten war für ihn ein Vergnügen. Er war mein unmittelbarer Vorgesetzter, es fällt mir schwer, in Gegenwart dieses Mörders auszusagen." (Langbein 1965, 714) Klehr sagt aus: „*Vorsitzender*: Das heißt also mindestens acht Wochen, das bedeutet sechzehnmal. Wenn man jedesmal zwölf rechnet, so ergibt das mindestens 192 Menschen. *Klehr*: Ja, 250 bis 300 könnten es gewesen sein. *Vorsitzender*: Die durch Sie den Tod erlitten haben? *Klehr*: Auf Befehl natürlich. Das waren ja schon keine Lebenden mehr, das waren ja schon Halbtote." (Langbein 1965, 711)

19 Mackie 1974, 44.

20 Eine Zurückweisung dieses Schlusses findet sich bei: Zimmerman 1985.

21 Mackie 1974, 44; zum Problem der Extensionalität: a.a.O., pp. 248 ff.

22 Honoré 1995/2002, 109. Vgl.: „This is because each shot is sufficient, in conjunction with other normal conditions, to bring about C's death as it occurred (viz. by shooting) at the moment when it occurred." (Hart & Honoré 1959/1985, 235)

23 Krey 2001/2004, 100.

24 Mill 1846/1973, 328. In diesem Sinne auch David Lewis: „We sometimes single out one among the causes of some event and call it ‚the' cause, as if

there were no others. Or we single out a few as the ‚causes', calling the rest mere ‚causal factors' or ‚causal conditions'. Or we speak of the ‚decisive' or ‚real' or ‚principal' cause. We may select the abnormal or extraordinary causes, or those under human control, or those we deem good or bad, or just those we want to talk about. I have nothing to say about these principles of invidious discrimination." (Lewis 1973, 558-559) Siehe zu Mills Theorie der Kausalität auch: Kuenzle & Schefczyk 2009, 98-100.

25 Williams 1993/2000, 66; Williams verweist in einer Fußnote darauf, dass in der Praxis zwischen dem Sündenbock und dem Verursacher einer Befleckung nicht immer ein klarer Unterschied gemacht wurde.

26 Eine instruktive Darstellung der erklärungstheoretischen Diskussion gibt: Iorio 1998, 11-73.

27 „Much confusion has resulted in discussions of causality from the failure to keep these four relations at all times clearly distinguished, Mill, indeed, pushing perversity to the point of convincing himself and some of his readers that there was no sound basis for a distinction between cause and condition." (Ducasse 1926, 58)

28 Radbruch 1946/2003, 211-213.

29 Das Urteil zeigt eine für die deutsche Nachkriegsjustiz typische Tendenz, den Systemcharakter des Unrechts im NS-Staat „auf Kosten" der individuellen Verantwortung zu gewichten. Grundsätzlich hätte ja auch die Möglichkeit bestanden, Puttfarken wegen seiner bezeugten nationalsozialistischen Gesinnung als Mittäter anzusehen. Bundesdeutsche Gerichte haben dies regelmäßig nicht getan; die weltanschauliche Einstellung wurde sogar als Schuldminderungsgrund gewertet, wenn die Gerichte – wie häufig – davon ausgingen, dass diese auf die nationalsozialistische Propaganda zurückzuführen war. Dieses Entlastungsargument ist sicherlich für diejenigen, die der vollen Wucht der nationalsozialistischen Indoktrination in Kindheit und Jugend ausgesetzt waren, einleuchtender als für Personen, die 1933 bereits volljährig waren.

30 „Die folgenden Handlungen, oder jede einzelne von ihnen, stellen Verbrechen dar, für deren Aburteilung der Gerichtshof zuständig ist. Der Täter solcher Verbrechen ist persönlich verantwortlich:
(a) Verbrechen gegen den Frieden: Nämlich: Planen, Vorbereitung, Einleitung oder Durchführung eines Angriffskrieges oder eines Krieges unter Verletzung internationaler Verträge, Abkommen oder Zusicherungen oder Beteiligung an einem gemeinsamen Plan oder an einer Verschwörung zur Ausführung einer der vorgenannten Handlungen;
(b) Kriegsverbrechen: Nämlich: Verletzungen der Kriegsgesetze oder -gebräuche. Solche Verletzungen umfassen, ohne jedoch darauf beschränkt zu sein, Mord, Misshandlungen, oder Deportation zur Sklavenarbeit oder für irgendeinen anderen Zweck, von Angehörigen der Zivilbevölkerung von oder in besetzten Gebieten, Mord oder Misshandlungen von Kriegsgefangenen in besetzen Gebieten, Mord oder Misshandlungen von Kriegsgefangenen auf hoher See, Töten von Geiseln, Plünderung öffentlichen oder privaten Eigentums, die mutwillige Zerstörung von Städten, Märkten oder Dörfern oder jede durch militärische Notwendigkeit nicht gerechtfertigte Verwüstung;

(c) Verbrechen gegen die Menschlichkeit: Nämlich: Mord, Ausrottung, Versklavung, Deportation oder andere unmenschliche Handlungen, begangen an irgendeiner Zivilbevölkerung vor oder während des Krieges, Verfolgung aus politischen, rassischen oder religiösen Gründen, begangen in Ausführung eines Verbrechens oder in Verbindung mit einem Verbrechen, für das der Gerichtshof zuständig ist, und zwar unabhängig davon, ob die Handlung gegen das Recht des Landes verstieß, in dem sie begangen wurde oder nicht.

Anführer, Organisatoren, Anstifter und Teilnehmer, die am Entwurf oder der Ausführung eines gemeinsamen Plans oder einer Verschwörung zur Begehung eines der vorgenannten Verbrechen teilgenommen haben, sind für alle Handlungen verantwortlich, die von irgendeiner Person in Ausführung eines solchen Plans begangen worden sind." (Internationaler Militärgerichtshof 1947, Bd. 1, 11-12)

31 Cassese 2003, 196.

32 William Schabas schreibt in „Genozid im Völkerrecht", die Verschwörung als ein erwogenes, aber nicht unbedingt begangenes Delikt gehöre dem anglo-amerikanischen Rechtsdenken zu und sei dem römisch-germanischen Recht fremd (Schabas 2000/2003, 346 ff.); ähnlich auch Cassese (2003, 196): „It is common knowledge that conspiracy is a form of criminality punished in common law systems but either unknown to, or accepted to a very limited extend by, civil law countries." Reinhard Merkel danke ich für den Hinweis, dass Schabas' Behauptung mit Vorsicht zu genießen ist, insofern § 30, Abs. 2 StGB die Verabredung zum Verbrechen mit Strafe bedrohe.

33 Cassese 2003, 197. Dort auch der Hinweis auf die Position der französischen Juristen.

34 Internationaler Militärgerichtshof 1947, Bd. 2, 253.

35 Schabas 2000/2003, 351.

36 Ohlin 2009.

37 „Die Diskrepanz zwischen Genozidkonvention und Römischen Statut war wahrscheinlich ein Versehen übermüdeter Verfasser." (Schabas 2000/2003, 352). Auch im Deutschen Völkerstrafgesetzbuch scheint die Planung eines Genozids nicht mit Strafe bedroht zu werden.

38 Grass 2006, 126-127.

39 „Artikel 10: Ist eine Gruppe oder Organisation vom Gerichtshof als verbrecherisch erklärt worden, so hat die zuständige nationale Behörde jedes Signatars das Recht, Personen wegen ihrer Zugehörigkeit zu einer solchen verbrecherischen Organisation vor nationalen, Militär- oder Okkupationsgerichten den Prozess zu machen. In diesem Fall gilt der verbrecherische Charakter der Gruppe oder Organisation als bewiesen und wird nicht in Frage gestellt."

40 Internationaler Militärgerichtshof 1947, Bd. 1, 288.

41 Grass bestreitet, sich freiwillig zur SS gemeldet zu haben und ist gerichtlich gegen die gegenteilige Behauptung seines Biographen Michael Jürgs vorgegangen, berichtet Spiegel online vom 23.11.2007.

42 Internationaler Militärgerichtshof 1947, Bd. 1, 11-12.

43 Art. 12 dieses Gesetzes definiert: „Mitläufer ist: wer nicht mehr als nominell am Nationalsozialismus teilgenommen oder ihn nur unwesentlich unterstützt und sich auch nicht als Militarist erwiesen hat. (...) Unter dieser Voraussetzung ist Mitläufer insbesondere: 1. Wer als Mitglied der NSDAP oder einer ihrer Gliederungen, ausgenommen HJ und BDM, lediglich Mitgliedsbeiträge bezahlte, an Versammlungen deren Besuch Zwang war, teilnahm oder unbedeutende oder rein geschäftsmäßige Obliegenheiten wahrnahm, wie sie allen Mitgliedern vorgeschrieben waren; 2. Wer Anwärter der NSDAP war und nicht endgültig als Mitglied aufgenommen wurde." Art. 18 sieht als Sühnemaßnahme für Mitläufer vor: einmalige oder laufende Beiträge zu einem Wiedergutmachungsfonds; bei Beamten die Versetzung in den Ruhestand oder in ein Amt mit geringerem Rang oder an eine andere Dienststelle, gegebenenfalls unter Kürzung der Bezüge oder Rückgängigmachung einer während der Zugehörigkeit zur NSDAP eingeleiteten Beförderung.

44 Weiß 1998/2002, 127.

45 „Die Anklagebehörde sagt dem Sinne nach, dass jede bedeutsame Beteiligung an den Angelegenheiten der Nazipartei oder der Regierung einen Beweis für die Beteiligung an einer an und für sich schon verbrecherischen Verschwörung darstelle. Der Begriff der Verschwörung ist im Statut nicht definiert. Doch muss nach Ansicht des Gerichtshofes die Verschwörung in Bezug auf ihre verbrecherischen Absichten deutlich gekennzeichnet sein. Sie darf vom Entschluss und von der Tat zeitlich nicht zu weit entfernt sein. Soll das Planen als verbrecherisch bezeichnet werden, so kann das nicht allein von den in einem Parteiprogramm enthaltenen Erklärungen abhängen, wie sie in den im Jahre 1920 verkündeten 25 Punkten der Nazi-Partei zu finden sind, und auch nicht von den in späteren Jahren in „Mein Kampf" enthaltenen politischen Meinungsäußerungen. Der Gerichtshof muss untersuchen, ob ein konkreter Plan zur Kriegsführung bestand, und bestimmen, wer an diesem konkreten Plan teilgenommen hat." (Internationaler Militärgerichtshof 1947, Bd. 1, 251)

46 Der Präzedenzfall für die Einführung des Prinzips vorwerfbaren Verhaltens im amerikanischen Haftungsrecht war Summers v. Tice: „Two individuals negligently fire at a third, but only one of the bullets strikes the victim. It is impossible to determine which bullet did the damage. Had the case proceeded along the usual lines, the victim would have been required to establish a causal connection between his injury and the conduct of the alleged injurers. His failure to meet that burden would have left him responsible for his losses, and the two wrongdoers, one of whom is not only a wrongdoer but responsible for the plaintiff's injury, free from liability." (Coleman 1992, 213) Das Bemerkenswerte an dem Fall Summers v. Tice liegt darin, dass nach Auffassung des Gerichts die Verletzung der Sorgfaltspflicht ausreichend war, um die Angeklagten haftbar zu machen, obwohl nur eine der beiden Personen den Schaden verursacht hatte. Eine ähnliche Situation wie bei Summers v. Tice lag im Fall Sindell v. Abott Laboratories vor, der 1980 vom California Supreme Court entschieden wurde. „Plaintiff Sindell had brought an action against eleven drug companies that had manufactured, promoted, and marketed diethylstilbesterol (DES) between 1941 and 1971. The plaintiff's mother took

DES to prevent miscarriage. The plaintiff alleged that the defendants knew or should have known that DES was ineffective as a miscarriage-preventive, and that it would cause cancer in the daughters of the mothers who took it, and that they nevertheless continued to market the drug as a miscarriage-preventive." (Thomson 1984, 101-102); siehe auch: Lübbe 1997, 124.

47 Fischer & Ennis 1986, 34.

48 loc. cit.

49 Siehe: Nagel 1976/1979.

50 Zur notwendigen, von Thomson unterlassenen Differenzierung des Terms ‚Tatsache über eine Person' siehe: Kagan 1986, 48 ff.

51 Vgl. Fischer & Ennis 1986, 38.

52 Fischer & Ennis 1986, 40, kommen sogar zu dem Schluss: „(…) Kantianism is the ideally fair approach."

53 Thomas Nagel meint indes, dass unsere Praxis der moralischen Beurteilung von Personen unverständlich würde, wenn wir von allen zufälligen äußeren Umständen abstrahieren sollten. Siehe: Nagel 1976/1979, 26.

54 Feinberg 1968, 682.

55 Feinberg 1968, 683.

56 Dies setzt voraus, dass es möglich ist, Unterlassungen als kausale Faktoren oder als Ursachen zu betrachten. Laut Birnbacher bestehen dagegen keine metaphysischen Bedenken. Siehe: Birnbacher 1995 b, 65-99.

57 Zitiert nach: Walzer 1977/2000, 320.

58 In solchem Sinne äußerte sich übrigens – um der Erörterung des Wilhelmstraßen-Prozesses vorzugreifen – der Richter Leon Powers in einem dissenting vote: Er warf dem Urteil vor, von „Massen- und Kollektivschuld" auszugehen, „unter der ein Mensch eines Verbrechens für schuldig befunden wird, selbst wenn er zur Zeit der Tat nichts von diesem Verbrechen wusste, und selbst wenn es von Personen begangen wurde, für die er keine Verantwortung trug und auf die er keinen Einfluss hatte. Die Theorie scheint nun dahin zu gehen, dass diese Auffassung besonders dann gilt, wenn die Angeklagten zur Zeit der Tat hervorragende Stellungen in der deutschen Regierung innehatten." (Basius 1999/2000, 192)

59 Wasserstrom 1980/1991, 183.

60 Am 16. März 1968 rückten Angehörige des 1st Platoon der Charlie Company unter Leitung von Lieutenant Calley gegen die Ortschaft Son My vor. Das Ziel der Operation bestand in der Zerstörung des 48ten Viet-Cong-Battallions, das in dem Dorf vermutet wurde. Nach schwerem Bombardement durch Artillerie und Luftwaffe nahmen die Soldaten unter Leitung von Calley das von den Viet-Cong-Kämpfern verlassene Dorf ein und erschossen mindestens 107 Unbewaffnete, unter ihnen eine unbestimmte Anzahl von Frauen und Kindern. Zur Frage amerikanischer Kriegsverbrechen in Vietnam siehe: Taylor 1970/1971, insbesondere pp. 141-176.

61 Prozessakten unter: www.law.umkc.edu/faculty/projects/ftrials/mylai/defense.html (Stand: 21.06.2011)

62 „The Army's (…) pursuit of policies involving ‚free fire zones' and ‚search-and-destroy missions' may well have created in Calley and others a conviction that the Army was not taking its own rules on war crimes very seriously

or did not view these activities in its own definition of war crimes." (Baier 1972/1991, 202)

63 Wasserstrom 1971, 43.

64 Eine eingehende Diskussion dieses Problems bei: Peppers 1974.

65 Wasserstrom 1971, 35-36.

66 Wasserstrom 1971, 39.

67 loc. cit.

2 Pflichtwidrige Beteiligung: Das Problem des Täterstatus'

1 Heydecker & Leeb 1958/2003, 27. Kurz nach seiner Gefangennahme ließ man eine ‚Pressekonferenz' mit ihm zu, deren Inhalt aber zunächst durch die Zensur unterdrückt wird. „Eine Frage allerdings, die noch vor der Pressekonferenz an Göring gerichtet wurde, schlüpfte knapp vor dem Verbot am Zensor vorbei in die amerikanische Presse: ‚Wissen Sie, dass Sie auf der Liste der Kriegsverbrecher stehen?' ‚Nein', antwortete Göring. ‚Das überrascht mich sehr, denn ich wüsste nicht, warum." (Heydecker & Leeb 1958/2003, 30)

2 Searle 1995/1997, 38. Siehe auch: Searle 2010, 42-60.

3 Copp 1980.

4 „(…): a person is he to whom the words and actions of men are attributed, either his own or another's: if his own, the person is natural , if another's, it is artificial." (Hobbes 1658/1991, 83 (Chapter XV)); die Terminologie des „Leviathan" weist hier eine Abweichung auf. Dort heißt es: „A Person, is he whose words or actions are considered, either as his own, or as representing the words or actions of an other man, or of any other things to whom they are attributed, whether Truly or by Fiction. When they are considered as his owne, then is he called a Naturall Person: And when they are considered as representing the words and actions of an other, then is he a Feigned or Artificiall person." (Hobbes 1651/1981, 217 (Chapter XVI)) Im „Leviathan" nennt Hobbes die repräsentierende Person künstlich, in „On Man" dagegen die repräsentierte. Eine interessante Untersuchung zur „politischen Anatomie demokratischer Repräsentation" bietet Manow (2008).

5 Hobbes 1651/1981, 218-219 (Chapter XVI).

6 Nach „De Homine".

7 Nach „Leviathan".

8 „This done, the Multitude so united in one Person, is called a COMMONWEALTH, in latine CIVITAS. This is the Generation of that great LEVIATHAN, or rather (to speake more reverently) of that *Mortall God*, to which wee owe under the *Immortall God*, our peace and defence." (Hobbes 1651/1981, 227 (Chapter XVII))

9 Der Staat ist ihm zufolge: „One Person, of whose Acts a great Multitude, by mutall Covenants one with another, have made themselves every one the Author, to the end he may use the strength and means of them all, as he shall think expedient for their Peace and Common Defence. And he that carryeth this Person, is called Soveraigne, and said to have Soveraigne Power; and every one besides, his Subject." (Hobbes 1651/1981, 228 (Chapter XVII) [Kursivierung aufgehoben])

10 „(…) it is a great hindrance to civil government, (…), that men distinguish not enough between a people and a multitude. The people is somewhat that is one, having one will, and to whom one action may be attributed; none of these can properly be said of a multitude. The people rules in all governments. (…) And in a monarchy, the subjects are the multitude, and (however it seem a paradox) the king is the people." (Hobbes 1651/1991, 250 (Chapter XII)

11 Hobbes 1651/1981, 81 (The Introduction) [Kursivierung aufgehoben].

12 Hobbes 1651/1981, 228-229 (Chapter XVIII).

13 Jeder anders lautende Vertrag ist nach Hobbes null und nichtig: „A Covenant not to defend my selfe from force, by force, is alwayes voyd. For (as I have shewed before), no man can transferre, or lay down his Right to save himselfe form Death, Wounds, and Imprisonement, (…)." (Hobbes 1651/1981, 199 (Chapter XIV))

14 Eine moralische Berechtigung hätte nach Hobbes nicht bestanden, weil die „true Morall Philosophie (sic)" die Einhaltung jener Regeln fordert, die den Bürgerfrieden sichern. Siehe: Hobbes 1651/1981, 216 (Chapter XVI)

15 „(…), because every Subject is by this Institution Author of all the Actions, and Judgments of the Soveraigne Instituted; it followes, that whatsoever he doth, it can be no injury to any of his Subjects; nor ought he to be by any of them accused of Injustice. For he that doth any thing by authority from another, doth therein no injury to him by whose authority he acteth: But by this Institution of a Common-wealth, every particular man is Author of all the Soveraigne doth; and consequently he that complaineth of injury from his Soveraigne, complaineth of that whereof he himselfe is Author; and therefore ought not to accuse any man but himselfe; (…)." (Hobbes 1651/1981, 232 (Chapter XVIII))

16 Für den Fall der nach außen gerichteten Jurisdiktion: In einigen Ländern können völkerrechtliche Vergehen vor nationalen Gerichten verhandelt werden, wenn der Internationale Strafgerichtshof nicht zuständig ist und die Rechtsprechung der betroffenen Länder nicht willens oder in der Lage ist, Verfahren zu eröffnen.

17 „The occupant powers, being the territorial sovereigns, are in possession of an unrestricted legislative competence within which their military governments may take any measure they deem necessary, including territorial changes. The unrestricted legislative power of the occupants is practically the only possibility of creating an adequate legal basis for the prosecution of German war criminals, which neither international law nor the existing municipal laws of Germany or any of the United Nations provide." (Kelsen 1945, 525); hinsichtlich der Hauptkriegsverbrecher hatte Kelsen eine solche Position im Prinzip seit 1943 vertreten. Siehe: Paulson 1975, 140.

18 Hobbes betont, dass den untergeordneten Amtsinhabern unter keinen Umständen erlaubt sein darf, sich den Anweisungen des Souveräns zu entziehen, weil sie ihnen ungerecht erscheinen. Ein solches Urteil steht keinem Untertan zu: „For if I wage war at the commandment of my prince, conceiving the war to be unjustly undertaken, I do not therefore do unjustly; but rather if I refuse to do it, arrogating to myself the knowledge of what is just

and unjust, which pertains only to my prince." (Hobbes 1651/1991, 245 (Chapter XII)

19 Zur klassischen Sicht der Immunitätsproblematik: Cassese 2003, 265-267.

20 Ein historisches Beispiel für die Anwendung dieses, von Hobbes geprägten Rechts- und Souveränitätsverständnisses, bietet die in Abschnitt 7.4.2 von Teil B zitierte Eingabe der Gesamtverteidigung im Nürnberger-Hauptkriegsverbrecher-Prozess. Die Eingabe wollte auf zweierlei hinaus: Erstens behauptet sie, dass zum Zeitpunkt der Tat die Immunität höchster Repräsentanten geltendes Völkerrecht gewesen sei; dass daher, zweitens, die rechtliche Grundlage des Prozesses nach Begehung der Taten geschaffen worden sei und dass dies gegen das Verbot der rückwirkenden Gesetzgebung verstoße.

21 Dass dies nach heutigem Verständnis ein viel zu enges Verständnis von kollektiver Verantwortung ist, liegt auf der Hand.

22 „(...) in the state of nature, to have all, and do all, is lawful for all." (Hobbes 1651/1991, 117 (Chapter I))

23 Hobbes 1651/1981, 191 (Chapter XIV).

24 Hobbes 1651/1981, 191 (Chapter XVIII).

25 „(...) I desire to know what kind of Government that is, and how much better it is than the State of Nature, where one Man commanding a multitude, has the Liberty to be Judge in his own Case, and may do to all his Subjects whatever he pleases, without the least liberty to any one to question or controle those who Execute his Pleasure? And whatsoever he doth, whether led by Reason, Mistake or Passion, must be submitted to? Much better it is in the State of Nature wherein Men are not bound to submit to the unjust will of another: And if he that judges, judges amiss in his own, or any other Case, he is answerable for it to the rest of Mankind." (Locke 1689/2004, 276 (Chapter 13)); siehe auch: Simmons 1992, Simmons 1993.

26 „As if when Men quitting the State of Nature entered into Society, they agreed that all of them but one, should be under the restraint of Laws, but that he should still retain all the Liberty of the State of Nature, increased with Power, and made licentious by Impunity. This is to think that Men are so foolish that they take care to avoid what Mischiefs may be done them by Pole-Cats, or Foxes, but are content, nay think it Safety, to be devoured by Lions." (Locke 1689/2004, 328 (Chapter 93)); Locke vertieft diesen Punkt später mit der Überlegung, dass der Einzelne im Naturzustand bessere Aussichten hätte, sein Recht gegen hunderttausend Angreifer zu verteidigen, als gegen einen absoluten Herrscher, der über die gebündelte Macht von hunderttausend Soldaten verfüge; siehe: Locke 1689/2004, 360 (Chapter 137)

27 Im positiven Recht entspricht der Ausschlussthese die überkommene Lehre vom respondeat superior, an deren Geltung Deutschland fatalerweise länger festhielt als andere Länder. Nach dem Ersten Weltkrieg hatte Deutschland der Bestrafung von Kriegsverbrechern unter der Bedingung zugestimmt, dass die Prozesse vor einheimischen und nicht vor ausländischen oder internationalen Gerichten geführt werden. Die Artikel 228-230 des Versailler Vertrags wurden entsprechend ausgelegt. Bei den in Leipzig durchgeführten Prozessen ließ das Gericht jedoch wenig Bereitschaft erkennen, angemes-

sene Strafen zu verhängen. Siehe: Hankel 2001. Besondere internationale Aufmerksamkeit fand der Fall von Kapitän Neumann, der mit seinem U-Boot auf Befehl seiner Vorgesetzten das britische Lazarettschiff Dover Castle versenkt hatte. Das Leipziger Gericht kam zu dem Schluss, dass „alle zivilisierten Nationen das Prinzip anerkennen, dass Untergebene vor Verfolgung gefeit sind, wenn sie auf Befehl hin handeln." (zitiert nach: Finch 1921, 440 [meine Übersetzung]) Dass alle zivilisierten Nationen so dachten, stimmte natürlich damals schon nicht mehr.

28 „It has been contended in some quarters that a combatant's acts, no matter how heinous, outrageous, and abominable, do not possess a criminal character if they are committed under orders from superior officers. But this argument carried out to its logical conclusions would lead to ineptitude and absurdity; the successive shifting in responsibility would exculpate every one until we reached the ultimate cause – in the case of Germany let us say, for example, the Kaiser. (…) The safety and stability of a nation or of a family of nations are incompatible with such an exaggerated and preposterous notion of vicarious responsibility." (Finch 1921, 442)

29 Wright 1941, 743.

30 So die plausible Auffassung der alliierten Juristen. Pars pro toto: „Upon such a theory it would have been impossible to punish anyone for the crimes of this war. All the perpetrators charged with offenses might have made the same defense, and the arch criminal, Hitler, by committing suicide, made it impossible to inflict punishment upon this earth." (Finch 1947, 21)

31 „The unqualified acceptance of the principles that a subordinate is not responsible for what he does under orders of his superiors will make it practically impossible to enforce proper penalties for violations of the laws of war designed to humanize, if such be possible, that grim recourse." (Finch, 1921, 445) Denn als die mittelbaren Täter müssen in typischen Fällen die Regierungen gelten, die – nach traditioneller Völkerrechtsauffassung – keiner ausländischen oder internationalen Jurisdiktion unterworfen sein können und daher auch nicht kriminell verantwortlich zu machen sind. Dies war, was die traditionelle Völkerrechtslehre als so unerhört an Art. 227 des Versailler Vertrags empfand, in dem das deutsche Staatsoberhaupt, Kaiser Wilhelm II namentlich und persönlich als Kriegsverbrecher angesprochen und vor ein internationales Gericht zitiert wird. Siehe: „Es war damals, 1919, keine schwierige Aufgabe, diesen Art. 227 sowohl nach bisherigem europäischen Völkerrecht wie auch in strafrechtlicher Hinsicht zu kritisieren und zu widerlegen. Eine internationale Gerichtsbarkeit eines Staates über einen anderen anerkannten Staat oder über das anerkannte Staatshaupt eines anderen souveränen Staates kannte das europäische Völkerrecht nicht. Par in parem non habet jurisdictionem. (…) Völkerrechtliches Delikt bedeutete also keineswegs ein Verbrechen im kriminellen Sinne nach Art des innerstaatlichen Strafrechts. Der Krieg wurde in aller Schärfe als eine Beziehung von Staat zu Staat, nicht von Individuen oder Gruppen aufgefasst." (Schmitt 1959/1997, 236-237) Abweichend urteilt der Nürnberger Gerichtshof unter Berufung auf Art. 227: „Dass das Völkerrecht Einzelpersonen so gut wie Staaten Verbindlichkeiten auferlegt, ist längst anerkannt. (…) Jener Grund-

satz des Völkerrechts, der unter gewissen Umständen dem Repräsentanten eines Staates Schutz gewährt, kann nicht auf Taten Anwendung finden, die durch das Völkerrecht als verbrecherisch gebrandmarkt werden." (Internationaler Militärgerichtshof 1947, Bd. 1, 249)

32 Sartre 1943/1982, 697. Siehe auch: Sartre 1946/1981, 16.

33 NE 1110 a 5.

34 Es gilt allerdings: „Zu einigen Dingen soll man sich vielleicht überhaupt nicht zwingen lassen, sondern eher sterben und das Schlimmste erdulden." (NE 1110 a 25)

35 Pars pro toto (zum Folgenden Müller 1987, 192-193): 1944 verurteilte der Autor des führenden Kommentars zum NS-Militärstrafrecht, der Militärrichter und spätere Rektor der Universität Marburg, Prof. Erich Schwinge, den siebzehnjährigen Soldaten Anton Reschny zum Tode, weil dieser bei der Räumung einsturzgefährdeter Häuser einen geringfügigen Diebstahl begangen hatte. Richter Schwinge legte dies als ‚Plünderung im Felde' aus. „Die Verurteilung schien dem zuständigen Gerichtsherrn, dem Befehlshaber des Ersatzheeres, Reichsführer SS Heinrich Himmler, allerdings doch zu hart. Er wandelt die Strafe in 15 Jahre Zuchthaus um, Anton Reschny überlebte." (Müller 1987, 192) Er verklagte in den Achtzigerjahren Schwinge wegen Rechtsbeugung und versuchten Mordes (hierzu: Der Spiegel 1986, Heft 45, 306). Die Staatsanwaltschaft Marburg hielt Schwinges Schuldspruch indes für ‚vertretbar' und erhob keine Anklage. Das OLG Frankfurt wies Reschnys Klageerzwingungsverfahren mit der Begründung zurück, Schwinge habe sich bei dem Urteil auf seinen eigenen Kommentar gestützt und daher das Recht nicht gebeugt. Schwinge ist Autor der in der rechtsradikalen Szene populären „Bilanz der Kriegsgeneration".

36 Rückerl 1979, 81.

37 Buchheim 1964/1982, 292-293. In einem Urteil des Schwurgerichts Stuttgart vom 19. September 1952 heißt es allerdings, dass Befehlsverweigerungen von Angehörigen der Gestapo und der SS mit scharfen Strafen geahndet wurden, „und zwar entweder mit der Todesstrafe oder mit langjährigen Freiheitsentziehungen. Für Angehörige des SS- und Polizeidienstes war ein besonderes KZ in Danzig-Matzkau eingerichtet. Es war bei der Gestapo in Stuttgart, unter anderem auch bei den Angeklagten, bekannt, dass die Behandlung der Leute in diesem Lager menschunwürdig und noch schlimmer war, als in den anderen KZ-Lagern." (Ks 35/50, Lfd. Nr. 615 a; http://www1.jur.uva.nl/junsv/Excerpts/615inhalt.htm, (Stand: 10.05.2011)) Es ist daher nicht auszuschließen, dass tatsächlich für manche Funktionsträger ‚Befehlsnotstand' gegeben war oder dass sie zumindest in dem Glauben gehalten wurden, dies sei so. Zur Vervollständigung: Der Prozess wurde gegen fünf Männer geführt, die in unterschiedlichen Rollen an der Deportation der Stuttgarter Juden beteiligt waren. Alle Angeklagten wurden von der Anklage der Beihilfe zur erschwerten Freiheitsberaubung im Amt (u.a.) entlastet. Dieses Urteil hatte in der Revision der Staatsanwaltschaft nicht Bestand. Siehe: StR 563/51, Lfd. Nr. 615 b (http://www1.jur.uva.nl/junsv/Excerpts/615inhalt.htm, (Stand: 10.05.2011))

38 Siehe: Browning 1992/2002, 88, 208. Zur Gruppenpsychologie des Massenmords: Welzer 2005, ferner: Kaiser 2002; Paul 2002.

39 Siehe zum Folgenden: Werle & Wandres 1995.

40 Werle & Wandres 1995, 35.

41 Werle & Wandres 1995, 36.

42 Zum Folgenden: Werle & Wandres 1995, 30-40.

43 Siehe: Wessels & Beulke 1970/2004, 178 ff.

44 Werle & Wandres 1995, 32.

45 Krey 2002, 13.

46 loc cit.

47 Gross 2010, 37.

48 Der wegen Mordes verurteilte Klehr, ein gelernter Tischler, tat in der Sanitätsstation von Auschwitz Dienst und gefiel sich in der Rolle des Arztes. Zu dessen unfassbaren Verbrechen: Langbein 1965, 709-761.

49 Dies war der Fall beim leitenden SS-Apotheker in Auschwitz, Dr. Capesius. Er gab zu Protokoll: „Ich habe in Auschwitz keinem Menschen etwas zuleide getan. Ich war in Auschwitz zu allen Menschen freundlich, höflich und hilfsbereit, wo ich dies nur tun konnte. (…) Ich bin in Auschwitz nicht schuldig geworden; ich bitte Sie, mich freizusprechen." (Langbein 1965, 687) Im Urteil heißt es: „(…) Allerdings ist erwiesen, dass er bewirkt hat, dass sich Menschen selbst in die Reihen derer gestellt haben, die für den Tod bestimmt waren. Ihm kann auch nicht geglaubt werden, dass er alles getan hat, um von Auschwitz wegzukommen. Schließlich hat er sich nicht gescheut, sich am Vermögen der Ermordeten zu bereichern." (Langbein 1965, 892) Dr. Capesius wurde zu neun Jahren Haft wegen Beihilfe zum gemeinschaftlichen Mord und anderen Delikten verurteilt.

50 Arendt 1966/1989, 120-121.

51 „Es war ihm nicht zu widerlegen, dass er, um jeden Verdacht einer Freundschaft zu Juden auszuschließen, der ihm als Gestapobeamter zu einer erheblichen Gefährdung hätte werden können, sich gegen seine innere Einstellung grob und unfreundlich gezeigt hat, wenn andere Gestapo-Beamte zugegen waren." (Schwurgericht Stuttgart (Ks 35/50), Sitzungen am 17., 18. und 19. September 1952)

52 Die Anklage lautete daher nicht auf Beihilfe zum Mord, sondern Beihilfe zur erschwerten Freiheitsberaubung im Amt (nach §§ 341, 239 Abs. 1 und 2, 49, 73 StGB).

53 In dem Fall war von dem Schwurgericht Stuttgart bereits am 18. Mai 1951 ein Urteil gesprochen worden, das jedoch am 29. Januar 1952 vom 1. Strafsenat des Bundesgerichtshofes (1 StR 563/51) auf Antrag der Staatsanwaltschaft aufgehoben und an das Schwurgericht zurückverwiesen worden war. Im ersten Urteil hatte sich das Schwurgericht auf den – dem BGH zufolge unhaltbaren – Standpunkt gestellt, die Angeklagten seien sich der Widerrechtlichkeit der Deportationen bis 1945 nicht bewusst gewesen.

3 Kooperation, um Schlimmeres zu verhindern

1 Weber 1919/1983, 175-176, 177.

2 Siehe zum Thema der ‚schmutzigen Hände': Walzer 1973, Betzler 2005, Boshammer 2008.

3 Zum Folgenden: Basius 1999/2000.

4 „One cannot give consent to or implement the commission of murder because by so doing he hopes eventually to be able to rid society of the chief murderer. The first is a crime of imminent actuality while the second is but a future hope." (zitiert nach: Levinson 1973, 264)

5 Strecker o. J., 94-95.

6 Naumann 1968/2005, 259, siehe auch: Werle & Wandres 1995, 183.

7 Siehe hierzu auch: Mitscherlich & Mielke 1995, 236-321.

8 Friedrich 1984/1994, 196.

9 Freimüller 2004, 49. Zum Fall Leu siehe auch: Klee 1986/2004, 209-211.

10 Friedländer 1967, 76. Offenbar war Gersteins Entschluss schon vor der Ermordung seiner Schwägerin gereift. Die Beweggründe sind nicht ganz eindeutig – wie der ganze Charakter des Mannes opak ist.

11 loc. cit.

12 Friedländer 1967, 194.

13 Friedländer 1967, 195, 196.

14 Eine abweichende Definition des Unterschiedsprinzips benutzt: Jackson 1987, 94-95.

15 „Jim finds himself in the central square of a small South American town. Tied up against the wall are a row of twenty Indians, most terrified, a few defiant, in front of them several armed men in uniform. A heavy man in a sweat-stained khaki shirt turns out to be the captain in charge and, after a good deal of questioning Jim which establishes that he got there by accident while on a botanical expedition, explains that the Indians are a random group of the inhabitants who, after recent acts of protest against the government, are just about to be killed to remind other possible protestors of the advantages of not protesting. However, since Jim is an honoured visitor from another country, the captain is happy to offer him a guest's privilege of killing one of the Indians himself. If Jim accepts, then as a special mark of the occasion, the other Indians will be let off. Of course, if Jim refuses, then there is no special occasion, and Pedro will do what he was about to do when Jim arrived, and kill them all." (Williams 1973, 98)

16 „George, who has just taken his Ph.D. in chemistry, finds it extremely difficult to get a job. He is not very robust in health, which cuts down the number of jobs he might be able to do satisfactorily. His wife has to go out to work to keep them, which itself causes a great deal of strain, since they have small children and there are severe problems about looking after them. The results of all this, especially on the children, are damaging. An older chemist, who knows about this situation, said that he can get George a decently paid job in a certain laboratory, which pursues research into chemical and biological warfare. George says that he cannot accept this, since he is opposed to chemical and biological warfare. The older man replies that he is not too keen on it himself, come to that, but after all George's refusal is not

going to make the job or the laboratory go away; what is more, he happens to know that if George refuses the job, it will certainly go to a contemporary of George's who is not inhibited by any such scruples and is likely if appointed to push along the research with greater zeal than George would. Indeed, it is not merely concern for George and his family, but (to speak frankly and in confidence) some alarm about this other man's excess of zeal, which has led the older man to offer to use his influence to get George the job." (Williams 1973, 97-98)

17 Williams 1973, 103.

18 Kamm 1999, 179.

19 Kamm 1999, 174. Siehe auch: Kamm 2005.

20 Siehe: Levinson 1973, 260-264.

21 Zitiert nach: Levinson 1973, 262.

22 loc. cit.

23 loc. cit.

24 Levinson 1973, 262.

25 Siehe auch: Taylor 1950, 109-115.

4 Moralische Verantwortung für politische Kumulationsübel

1 Auch Parfits Harmless-Torturer-Szenario lässt sich als ein Kumulationsübel verstehen, zumindest dann, wenn man sich vorstellt, die Folter sei durch die Akteure nicht beabsichtigt, sondern resultiere aus für sich genommen unschädlichen und erlaubten Handlungen: „In the Bad Old Days, each torturer inflicted severe pain on one victim. Things now have changed. Each of the thousand torturers presses a button, thereby turning the switch once on each of the thousand instruments. The victims suffer the same severe pain. But none of the torturers makes any victim's pain perceptibly worse." (Parfit 1984, 80)

2 Nach Julian Nida-Rümelin tragen diejenigen, die (vor 1933) der NSDAP die Stimme gaben, „zumindest eine gewisse Mitverantwortung für die Realisierung des Programms der NSDAP in der Zeit der NS-Diktatur". Demnach kann eine Person auch dann mitverantwortlich sein, wenn ihr Handeln nicht kausal war (kausal in dem Sinne, dass es zu dem Erfolg auch ohne ihren Beitrag gekommen wäre). Siehe: Nida-Rümelin 2005, 104.

3 An dem Angriff auf Dresden nahmen rund achttausend Besatzungsmitglieder teil. „By hypothesis, no bomber makes an individual difference and no bomber has control over the total outcome. Even if one (and probably many) of the flyers or planners failed to participate, the firestorm would still have happened. Therefore, there is no basis for holding an individual bomber accountable, nor any morally significant object of accountability. (…) Since all the bombers are symmetrically placed, none is accountable for the wrong. Individual accountability has fled the scene of collectively induced suffering." (Kutz 2000, 122)

4 Kutz 2000, 125-126.

5 Feinberg 1968, 686.

6 loc. cit.

7 Bratman 1993, 103 ff.

8 Zum Folgenden: Baxter 2005, 377-383.

9 „This is not a subjective relativism. There is not a truth for me as opposed to a truth for you. There is objective reality. It is just that reality is multifaceted." (Baxter 2005, 380)

10 Diejenigen, die in einem schwächeren Sinne von der Gewalt Abstand nähmen, sind nach Feinberg stellvertretend verantwortlich aufgrund ihrer starken „(and hardly avoidable) solidarity with the majority." (Feinberg 1968, 686)

11 „Collective responsibility, therefore, might be ascribed to all those whites who were not outcasts, taking respectability and material comfort as evidence that a given person did not qualify for the exemption." (loc. cit.)

12 May 1992, 15-35.

13 Für das Folgende: May 1992, 46-54.

14 May 1992, 45-46.

15 May 1992, 47.

16 May 1992, 48.

17 May 1992, 49.

18 Einerseits lässt sich das Nichtwählen als Unterlassen, als Geschehenlassen eines Übels beschreiben; andererseits wäre es aber unter Umständen nicht abwegig, den Erfolg einer Partei mit dem Misserfolg der Gegner bei der Mobilisierung der Nichtwähler zu erklären. In einer solchen Erklärung fungiert das Nichtwählen als ‚proximate cause'. „To paraphrase something Edmund Burke once said: All that is necessary for evil to triumph in the world is for good people to do nothing." (May 1992, 105)

19 Feinberg 1968, 687.

20 loc. cit.

21 Held 1970, 476.

22 May 1990, 275.

23 Zu diesem Sprachgebrauch: Copp 1991, 75.

24 Christoper Kutz hat daher zu Recht empfohlen, die Problematik von Kumulationsübeln nicht dadurch anzugehen, dass man einen Begriff von genuiner kollektiver Verantwortung etabliert: „The trick lies (...) not in modifying the fundamental bearer of accountability, but in expanding the scope of individual accountability by including an assessment of what an individual does with others." (Kutz 2000, 7)

Teil E: Wiedergutmachende Gerechtigkeit

1 „(...) the sentiment of justice appears to me to be, the animal desire to repel or retaliate a hurt or damage to oneself, or those with whom one sympathizes, widened as to include all persons, by the human capacity of enlarged sympathy, and the human conception of intelligent self-interest. From the latter elements, the feeling derives its morality; from the former, its peculiar impressiveness, and energy of self-assertion." (Mill 1861/1969, 250)

2 Mill 1861/1969, 250-251.

3 So verlautbarte der amerikanische Kongressabgeordnete Henry Hyde: „The notion of collective guilt for what people did [200-plus] years ago, that this generation should pay a debt for that generation, is an idea whose time has gone. I never owned a slave. I never oppressed anybody. I don't know why I should have to pay for someone who did [own slaves] generations before I was born." (zitiert nach: Fullinwider 2000) Ähnlich argumentierte verschiedentlich der australische Premierminister John Howard. Siehe: Thompson 2004, 101.

4 Die oftmals beschriebene, weitgehend bruch- und konsequenzenlose Fortsetzung unzähliger Nazi-Karrieren in der Bundesrepublik gehört zu den quälenden Kapiteln unserer Geschichte.

5 Eine autobiographisch-literarische Verarbeitung der Entnazifizierung bietet: Salomon 1951.

6 Doman 1946, 86.

7 Jaspers 1946, 51.

1 Grundintuition und politische Verantwortung

8 Siehe: Coleman 1994.

9 Jaspers 1946, 56.

10 Siehe hierzu Rawls 1999/2002, 124-126.

11 Rawls schreibt dies nicht explizit, aber mir scheint dies aus dem Gesamtzusammenhang seiner Äußerungen klar zu folgen. Siehe hierzu: Schefczyk 2007.

12 Miller 2004, 262.

13 Siehe hierzu: Frankfurt 1969.

14 Siehe hierzu auch Teil D Unterkapitel 4.3.

15 Miller 2004, 254.

16 Miller 2004, 253.

17 Herbert 1998, 46.

18 Ein philosophischer Anarchist, der dies bestreiten würde, ist Robert Paul Wolff, da er den staatlichen Autoritätsanspruch als solchen für unvereinbar hält mit der moralischen Autonomiezumutung. Siehe: Wolff 1971/1999. Zur Begründung politischer Autorität allgemein: Rinderle 2005.

19 Die Wirkung von Goebbels' berüchtigter Rede vom 18. Februar 1943 im Berliner Sportpalast schildert ein Biograph in folgender Weise: „Schon während seiner Ausführungen war er [Goebbels, MS] mit stürmischen Applaus bedacht worden. Als er zum Schluss kam und die Versammelten fragte, ob sie mit dem Führer an den endgültigen totalen Sieg der deutschen Waffen glaubten, als er sie fragte: ‚Wollt ihr den totalen Krieg? Wollt ihr ihn, wenn nötig, totaler und radikaler, als wir ihn uns heute überhaupt vorstellen können?', geriet der Sportpalast außer Rand und Band. Als der Propagandaminister dann erschöpft, aber konzentriert, mit inbrünstiger Stimme das bekannte ‚Nun, Volk, steh auf und Sturm, brich los', den Tobenden zurief, ging alles ‚in einem Tohuwabohu von rasender Stimmung' unter. Szenen exzessivster Massenhysterie spielten sich ab, wie sie der Sportpalast selbst in der ‚Kampfzeit' nicht erlebt hatte. Noch 20 Minuten blieb der Großdeutsche Rundfunk auf Sendung, um auch die Zuhörer emphatisch

zu stimmen." (Reuth 1990/1995, 520) Hätte es sich nicht um ein von der Parteiorganisation bestelltes Aufgebot, sondern eine statistisch repräsentative Auswahl der Bevölkerung gehandelt, so hätte eine Autorisierung des totalen Kriegs durch Akklamation vorgelegen.

20 Locke 1689/2004, 331 (Chapter 96).

21 „If citizens accept the obligation to honour treaties, and the sacrifices that this may entail, then why shouldn't they also accept the obligation to make reparation for past violations of treaties or, for that matter, for other historical injustices committed by officials of their state?" (Thompson 2002, xii)

22 „The basic idea is that in some cases a presently existing collective is one and the same moral agent as the collective who committed the original injustice, and that a collective's duty can ‚tickle down' to its members without impugning their character at all." (Ridge 2003, 47)

23 So die Analyse von Hans Kelsen (1945, 518-519): „For the legitimate Government of Germany had ceased to exist. The unconditional surrender of the last legitimate Government of Germany may be interpreted as a transfer of Germany's sovereignty to the victorious powers signatories to the surrender treaty."

24 Nicht anzuwenden – um diesen Punkt klar zu machen – wäre das Gleichgesinntheitsmodell, wenn die Bevölkerung eines Landes die Verbrechen eines anderen Staates als Ausdruck eines geteilten Hasses (gegen die Opfer) und einer geteilten Religion begrüßen würde. Das Modell setzt eine geteilte Kultur voraus, wobei der Kulturbegriff hier relativ eng auszulegen ist.

25 Locke 1689/2004, 346 (Chapter 117).

26 Siehe hierzu: Parfit 1973.

2 Opfer und Betroffene

1 Siehe zu den polnischen Forderungen: Hartmann 1991.

2 Robinson 2001, 83 ff.

3 Robinson 2001, 9.

4 Boxill 1972.

5 Stuart Eizenstat, der Architekt des Abkommens über die Entschädigung der NS-Opfer von Zwangsarbeit und Enteignung, berichtet folgende Episode vom Tag der feierlichen Unterzeichnung der Vereinbarung in Berlin: „Das Ereignis, das einen ganz besonderen Tag krönte, war im Schloss Bellevue die öffentliche Entschuldigung Raus vor laufender Kamera. Im Namen des deutschen Volkes ‚bitte er um Vergebung' für das, was Arbeitssklaven und Zwangsarbeitern angetan worden war. Sogar die Sammelklagenanwälte waren bewegt. Roman Kent, der Holocaust-Überlebende von der Claims Conference, war von Raus Emotionalität so überwältigt, dass er spontan aufsprang, zum Mikrophon des Bundespräsidenten eilte und hineinrief: ‚Das war es, was wir hören wollten!'" (Eizenstat 2003, 329)

6 Diesen Punkt hat Michael Ridge besonders klar herausgearbeitet: „Plausibly a restorative duty should involve an apology and a more tangible benefit. This more tangible benefit should include whatever personal gains the perpetrator acquired through her injustice. After all, a person's keeping the

fruits of her injustice suggests that she has not fully come to terms with the wrongness of her action." (Ridge 2003, 41)

7 Nach Posner und Vermeule ist eine Reparation „justified on backward-looking grounds of corrective justice, rather than forward-looking grounds such as the deterrence of future wrongdoing." (Posner & Vermeule 2003, 691) Beide Aspekte, vergangenheits- und zukunftsbezogene, werden bei der Rechtfertigung von Reparationen häufig amalgamiert. In der philosophischen Diskussion um Sklaverei-Reparationen, die in den Vereinigten Staaten seit fast vier Jahrzehnten mit unterschiedlicher Intensität geführt wird, herrscht bei den Befürwortern die Erwartung vor, dass Reparationen die soziale Situation der afroamerikanischen Bevölkerung auf Dauer verbessern würden. Diese Erwartung kann für die Begründung von Reparationen relevant sein, ohne dass man daraus schließen müsste, die geforderten Transfers folgten eigentlich aus Erwägungen distributiver Gerechtigkeit. Entscheidend für Reparationen ist, dass der Vergangenheitsbezug in der Begründung des Programms den Ausschlag gibt. Daneben dürfen ergänzend durchaus auch gegenwarts- und zukunftsbezogene Betrachtungen geltend gemacht werden.

8 Siehe: Posner & Vermeule 2003, 696-697.

9 Einzelheiten sind dem § 11 des Gesetzes über die Errichtung der Stiftung „Erinnerung, Verantwortung und Zukunft" zu entnehmen.

3 Unechte Reparationskonzeption

10 Die J-Kurve wird in der Entwicklungsökonomie benutzt, um zu veranschaulichen, dass Transformationen in der Regel zunächst Verschlechterungen bringen, bevor ein steiler Wachstumspfad erreicht wird.

11 So ist behauptet worden, die im Black Manifesto von James Foreman 1969 erhobene Forderung nach Sklaverei-Reparationen sei, genau genommen, eine verkleidete Forderung nach distributiver Gerechtigkeit. Siehe hierzu: Bedau 1972, 22-23.

12 Eine an Rawls anknüpfende Begründung von Black Reparations findet sich bei: McGary 1978; siehe auch: McGary 1974.

13 Rawls 1971/1979, 479.

14 Rawls 1971/1979, 205.

15 Siehe etwa: Gerson 2011.

16 Siehe zu diesem Punkt auch Schabers (2010, 105-121) Ausführungen zu den Ansprüchen der Selbstachtung.

17 Rawls 1971/1979, 434.

4 Echte Reparationskonzeptionen

1 Nach Robert Nozicks geläufiger Definition liegt volle Kompensation vor, wenn der Geschädigte mit ihr nicht schlechter gestellt ist, als wenn es zu keiner Verfehlung und – folglich – zu keiner Kompensation gekommen wäre. Wenn der Geschädigte vor der Schädigung indifferent gewesen wäre zwischen *X* (der Ersatzleistung) und *Y* (dem, wofür Ersatz geleistet wird), dann gilt *X* als volle Kompensation für *Y*. Siehe: Nozick 1974/1999, 57.

2 „The emphasis upon restoring the preexisting state obviously flies in the face of ideals of redistributive justice. There, the whole point is to alter those antecedent distributions that compensatory justice is at such pains to recreate. The two notions seem unalterably at odds. Compensation strives to preserve what redistribution strives to change. Redistribution alters what compensation seeks to preserve." (Goodin 1991, 143-144)

3 Nach unablässigen, aber vergeblichen juristischen Einsprüchen bestätigte der US Supreme Court 1980 den Anspruch der Sioux auf eine im Jahre 1877 zugesprochene, aber vorenthaltene Entschädigung über rund 17 Millionen US-Dollar (die zum Gegenwartswert einschließlich Zinsen rund 106 Millionen US-Dollar ergaben), (siehe: http://laws.findlaw.com/us/448/371.html).

4 „Suppose John steals a car from Tom, and Tom is unaware that John stole the car. In this case Tom can make no demands on John because he doesn't know John stole his car. Let us suppose that Tom inherits an automobile dealership and then discovers that John stole his car. Tom can now demand that John returns his car. Although he now owns hundreds of new cars and John only has in possession the car he stole from Tom." (McGary 1978, 254) Eine ähnliche intuitive Grundlage stützt das „politisch-moralische Argument" für Sklaverei-Reparationen bei Thomas McCarthy: „Die hinter der Idee der Reparationen stehende moralische Intuition ist einfach zu verstehen. Wenn jemand einem anderen unrechtmäßig Schaden zugefügt hat, kommt dem Täter pro tanto die moralische Pflicht zu, den Schaden, den das Opfer erlitten hat, soweit wie möglich wiedergutzumachen." (McCarthy 2004, 849)

5 McGary 1978, 254.

6 Mill 1848/1965, 249.

7 Brennan & Buchanan 1985/2000, 108-124. Siehe auch: Buchanan 1975, 59-60.

8 Mill erklärt in „Utilitarianism" Sicherheit zum wichtigsten aller Interessen. „(…) security no human being can possibly do without; in it we depend for all our immunity from evil, and for the whole value of all and every good, beyond the passing moment; since nothing but the gratification of the instant could be of any worth to us, if we could be deprived of everything the next instant by whoever was momentarily stronger than ourselves." (Mill 1861/1969, 251)

9 Nozick 1974/1999, 151.

10 „A distribution is just if it arises from another just distribution by legitimate means. The legitimate means of moving from one distribution to another are specified by the principle of justice in transfer. The legitimate ‚moves' are specified by the principle of justice in acquisition. Whatever arises from a just situation by just steps is itself just. The means of change specified by the principle of justice in transfer preserve justice. As correct rules of inference are truth-preserving, and any conclusion deduced via repeated application of such rules from only true premisses is itself true, so the means of transition from one situation to another specified by the principle of justice in transfer are justice-preserving, and any situation actually arising from repeated transitions in accordance with the principle from a just situation itself just." (Nozick 1974/1999, 151)

11 Nozick 1974/1999, 151-152.

12 Siehe zu diesem Punkt: Davis 1976, 839-840.

13 Nozick 1974/1999, 149.

14 „If, however, these principles [the principles of acquisition and of transfer, MS] are violated, the principle of rectification comes into play. Perhaps it is best to view some patterned principles of distributive justice as rough rules of thumb meant to approximate the general results of applying the principle of rectification of injustice. For example, lacking much historical information, and assuming (1) that victims of injustice generally do worse than they otherwise would and (2) that those from the least well-off group in the society have the most serious injustice who are owed compensation by those who benefited from the injustices (assumed to be those better off, though sometimes the perpetrators will be others in the worst-off group), then a rough rule of thumb for rectifying injustices might seem to be the following: organize society so as to maximize the position of whatever group ends up leads well-off in the society.“ (Nozick 1974/1999, 230-231) Während er zu diesem Schluss eher tentativ gelangt, äußert er sehr deutlich seine Ablehnung, wenn es um die Nutzung seiner Theorie für Zwecke der Umverteilungskritik geht. Solange das Prinzip korrektiver Gerechtigkeit unterbestimmt ist und die notwendigen historischen Informationen nicht vorliegen, kann seine Theorie nicht verwendet werden, um gegebene Umverteilungsarrangements zu kritisieren, so Nozick. Denn es besteht die Möglichkeit, dass genau die bestehenden Arrangements geeignet sind, die Auswirkungen von historischem Unrecht zu korrigieren. Mir scheint diese Konzession äußerst bemerkenswert zu sein. Nozicks HET kommt keineswegs – wie es der geläufigen Lesart entspricht – zu dem Ergebnis, dass der Minimalstaat gerechtigkeitstheoretisch alternativlos ist. Die Berücksichtigung der Dimension historischen Unrechts veranlasst ihn vielmehr dazu, zuzugestehen, dass wahrscheinlich mehr als ein minimaler Staat geboten ist. Siehe: Nozick 1974/1999, 230-231.

15 McCarthy 2004, 851-854.

16 McCarthy 2004, 853.

17 Von der Frage, ob eine solche Pflicht auch lange nach Ende des Unrechts besteht, möchte ich hier noch absehen.

18 McCarthy 2004, 851 (FN).

19 Die Grundidee des Zufallsegalitarismus geht auf Herbert Spiegelberg zurück: Spiegelberg 1944; aufgegriffen wurde sie von John Rawls, siehe: Rawls 1971/1979; wichtige spätere Beiträge stammen von: Cohen 1989, Arneson 2000; zur deutschsprachigen Diskussion: Hinsch 2002, Krebs 2003, Gosepath 2003.

20 Rakowski 1991, 79.

21 Anderson 1999/2000, 130.

22 Krebs 2002, 124 ff.

5 Die temporale Dimension der Rechte auf Wiedergutmachung

1 Von der normativen Kraft des Unrechts möchte ich sprechen, wenn aus dem Unrecht Pflichten korrektiver Gerechtigkeit folgen.

2 „It is widely believed that some rights are capable of ‚fading' in their moral importance by virtue of the passage of time and by the sheer persistence of what was originally a wrongful infringement. In the law of property, we recognize doctrines of prescription and adverse possession. (...) The familiarity of these doctrines no doubt contributes to the widespread belief that, after several generations have passed, certain wrongs are simply not worth correcting." (Waldron 1992, 15)

3 Ein FAZ-Artikel Michael Stürmers von 1985 ist symptomatisch für die forcierten Versuche, bestimmte Aspekte der Verantwortung für das nationalsozialistische Unrecht zu historisieren, ohne dabei Wiedergutmachungspflichten in Frage zu stellen – allerdings auch ohne deren Fortbestand explizit für richtig zu erklären. Auf Dauer – so Stürmer – sei nicht beides zu haben: „die guten Deutschen im Bündnis und die bösen Deutschen als Maßstab moralischer Verworfenheit. Das würde nicht nur die Bundesrepublik innerlich zerreißen"; es untergrabe auch die unausgesprochene Grundlage des Bündnisses, „dass die Vergangenheit vergangen sei und es darauf ankomme, die Zukunft gemeinsam in Freiheit zu gestalten." Deutschland, schrieb Stürmer, „hat gegen die von Hitler ruinierte Nationalgeschichte 40 Jahre verantwortungsvoller Politik und demokratischer Kultur in die Waagschale zu werfen. Zählt das für nichts? Sind die Deutschen eine ökonomisch erstrangige, eine militärisch zweitrangige und moralisch drittrangige Nation?" (Stürmer 1985/1988, 30) Siehe hierzu auch: Habermas 1986/1987.

4 „Presumably, he thought that the passage of time had rendered these earlier injustices less salient, less demanding of an act of contrition." (Thompson 2002, 70)

5 Siehe hierzu: Roberts 2003.

6 Lyons 1977; Hill 2002, 412.

7 Diese Sichtweise gilt für gruppenbezogene Anwendungen der konservativen Anrechtstheorie allgemein: Wenn die heutigen Herero in einem relevanten Sinne als Gruppe identisch sind mit den Herero, die 1904 im damaligen Deutsch-Südwestafrika Opfer eines Völkermordes wurden, so haben sie Anspruch auf Wiedergutmachung. Sind die Deutschen von heute in einem relevanten Sinne als Gruppe identisch mit den Deutschen, die den Völkermord begingen, so fallen ihnen entsprechende Pflichten zu.

8 Die reine Zeitpräferenz ist eine angeborene Tendenz, die in zahllosen Organismen nachgewiesen wurde. Sie ist nützlich für Wesen, die in unsicheren Umwelten leben und nicht in der Lage sind, Erwartungsnutzen zu kalkulieren. Bei Menschen führt die reine Zeitpräferenz jedoch zu einer doppelten Diskontierung: „And surely that is too much", wie Nozick anmerkt. Siehe: Nozick 1993, 15.

9 Eine scharfsinnige Diskussion dieser Voraussetzung findet sich bei: Parfit 1984, 149-184.

10 Nach dem internationalen Krankheitsklassifikationssystem der WHO ICD-10 zeichnen sich posttraumatische Belastungsstörungen unter anderem durch Folgendes aus: „A. Die Betroffenen sind einem kurz- oder langanhaltenden Ereignis oder Geschehen von außergewöhnlicher Bedrohung oder mit katastrophalem Ausmaß ausgesetzt, das nahezu bei jedem tiefgreifende Verzweiflung auslösen würde. B. Anhaltende Erinnerungen oder das Wiedererleben der Belastung durch aufdringliche Nachhallerinnerungen (Flashbacks), lebendige Erinnerungen, sich wiederholende Träume oder durch innere Bedrängnis in Situationen, die der Belastung ähneln oder mit ihr in Zusammenhang stehen." (Schöpf 1996, 257)
11 Pfohlmann 2006, 27.
12 Siehe zum Folgenden auch: Schefczyk 2004.
13 Posner & Vermeule 2003, 696.
14 Waldron 1992, 7.
15 Goodin 2000.
16 Waldron 1992, 13.
17 Waldron 1992, 12.
18 „Quite apart from particular frauds and expropriations, things were not marvelous in the nineteenth century. Many people lacked access to any significant resources, and many people had much more than what one might regard as a fair shar. Why take all that as the baseline for our present reconstruction?" (Waldron 1992, 14)
19 Waldron 1992, 18.
20 Waldron 1992, 19.
21 Waldron versucht diesen Schluss etwas abzumildern, indem er zugesteht, dass Land für viele indigene Gemeinschaften eine kultisch-religiöse Bedeutung hat, die auch nach mehr als hundert Jahren nicht verloren ist: „In this regard, claims that land of religious significance should be returned to its original owners may have an edge over claims for the return of lands whose significance for them is mainly material or economic." (Waldron 1992, 19-20) Bei diesem Zugeständnis operiert Waldron jedoch – wenn überhaupt – mit einem anderen Begriff von Autonomie. Wie ein solcher Begriff kollektiver Autonomie auszubuchstabieren wäre, bleibt offen.
22 Beckett 1953/1970, 7.
23 Dass zwischen Urteil und Unrecht mehr als hundert Jahre vergangen sind, ist dabei nicht der wesentliche Punkt. Bereits für die Opfer gilt, dass sie spätestens nach wenigen Dekaden neue „pivotal points" bilden und ihr Anrecht auf Restitution verwirken.
24 Waldron 1992, 19.
25 Die Idee der folgenden Argumentation entnehme ich: Sher 1981, 11-13.
26 Frankel Paul 1991, 119.
27 loc. cit.
28 „Keith Richburg [...] wrote after three years of covering Africa for the Washington Post. Africa is nightmarish, he concluded bluntly – a land of cruelty, disease, dictatorship, and death. As a black American, he condemns the slave trade that kidnapped his ancestors four centuries ago and shipped him west in chains. But he also knows that slavery made his American life

possible. He is pained whenever he sees yet another scene of modern Africa in misery. ‚But most of all', he writes, ‚I think: Thank G-d my ancestor got out, because, now, I am not one of them." (Jacoby 2003)

29 Sher 1979/1997.

30 „If the personal counterpart relation were tied to no single determinate respect of similarity, then there would be no single determinate answer to the question of whether any given person is better off in any alternative world, and so also no single determinate answer to the question of whether any particular person deserves compensation." (Sher 1979/1997, 33); siehe: Lewis 1971.

31 Sher 1979/1997, 33.

32 „(…) the embittered victim of an unjust prison sentence will be identical to a happier unimprisoned person in the relevant alternative world if an only if the two persons are transtemporally identical to a single prebranching person; and so too, mutatis mutandis, for persons who have been rendered dull-witted by poisoning, paraplegic by assault, etc. In no case will the required identification be ruled out by the dissimilarity of the alternative persons to be identified; for the branching criterion can tolerate any amount of post-branching dissimilarity as long as it is the result of diverging paths of development from a single pre-branching person." (Sher 1979/1997, 34-35)

33 Kershnar 1999, siehe auch: Kershnar 1999 b, Kershnar 1997.

34 Sher 2005.

35 Morris 1984.

36 Zum Vergleich von Kompensationsansprüchen und Schuldscheinen: Thomson 1971/1986.

37 „Refusal to make recompense is an additional injustice. It compounds the harm and causes further suffering." (Thompson 2002, 81)

38 Unter Zugrundelegung eines Zinses von 6 % veranschlagt James Marketti die für die Sklaverei bis 1983 geschuldete Reparationssumme auf mindestens 53 Billionen (sic) US-Dollar. Siehe: Marketti 1990. Zum Problem der Diskontierung: Cowen 1997.

39 Die moralische Intuition ist im beschriebenen Fall jedoch nicht völlig frei von Ambivalenz, weil das Opfer aufgrund der Wiedergutmachungspflicht von dem Unrecht in gewisser Weise profitiert. Waldron hat eine analoge Beobachtung mit Blick auf Reparationen für indigene Gemeinschaften gemacht: Stellte es nicht eine ungerechtfertigte Privilegierung dar, wenn wir diese für das erlittene Unrecht schadlos halten würden, während unzählige andere, die in der einen oder anderen Form durch Unrecht Verluste hinnehmen mussten, leer ausgehen? Diese Überlegung übersieht indes, dass es bei der materiellen Wiedergutmachung nicht um die Wiederherstellung eines gerechten Verteilungsmusters geht, sondern um die Bestätigung der moralischen Ordnung. Waldrons Gedanke ähnelt daher der Behauptung, es sei ungerecht, einen Dieb zu bestrafen, wenn so viele andere weiterhin ihr Unwesen trieben. Natürlich kann man der Meinung sein, es sollte mehr getan werden, um die Nachkommen von Opfern zu ihrem Recht kommen zu lassen oder Diebe zu bestrafen. Aber das ändert nichts daran, dass es gerecht ist, diesen bestimmten Dieb zu bestrafen. Entsprechend kann man

sagen: Wenn die Kompensation von Opfern historischen Unrechts moralisch begründet werden kann, wird sie nicht dadurch ungerecht, dass nicht alle Opfer von Unrecht entschädigt werden (können).

40 Siehe zum Folgenden auch: Schefczyk 2004 b.

41 Boxill spricht von den ‚products of labor'; es scheint sinnvoller, davon auszugehen, dass nicht der Geldwert des Arbeitsproduktes, sondern der Arbeitslohn geschuldet wird.

42 Boxill 1972, 120.

43 Horowitz 2002, 9 ff.

44 „The inheritance argument does not say that African Americans have a claim for reparation based on the enslavement of their ancestors. It says they have a claim to collect the compensation that was owed to their ancestors but was never paid. With this point clearly understood, it seems to be an elegant and streamlined argument for the conclusion that African Americans have claims against the government based on the enslavement of their ancestors." (Boxill 2003, 69)

45 Siehe hierzu: Cowen 1997.

46 In diesem Sinne wird zuweilen an den Vorschlag eines republikanischen Mitglieds im Repräsentantenhaus, Thaddeus Stevens, erinnert, der 1867 den Entwurf einer Slave Reparation Bill vor den Kongress brachte, die „a homestead of forty acres of land, (with $100 to build a dwelling)" (Stevens 1867/2011) vorsah. Der Vorstoß scheiterte ebenso wie andere Initiativen nach 1865. Stattdessen behielten gesetzgeberische Bestrebungen die Oberhand, die auf einen dauerhaften Ausschluss der Afroamerikaner von maßgeblichen Positionen und die Fortsetzung der Ausbeutung ihrer Arbeitskraft abzielten. Die formale Beendigung der Sklaverei führte im Süden der Staaten phasenweise sogar zu einer Verschlechterung der Situation der Afroamerikaner, weil sie in Formen der Schuldknechtschaft gezwungen wurden, in denen sie nicht mehr durch jenes Interesse geschützt wurden, das Sklavenhalter typischerweise an der Erhaltung ihres ‚Eigentums' haben (hierzu: Fogel & Engerman 1974/1989, 258 ff.). Die amerikanische Geschichte zwischen 1865 und den 1950ern ist geprägt von der Segregation und dem Ausschluss der Schwarzen von der etablierten amerikanischen Gesellschaft. Wenn Gegner von Black Reparations die Meinung vertreten, das Unrecht der Sklaverei sei zu lange verstrichen, um noch sinnvoll Wiedergutmachung fordern zu können, so setzen sie implizit oder (seltener) explizit das formale Ende der Sklaverei mit dem Beginn einer vollen Integration in den politischen Körper gleich.

47 Wheeler 1997.

48 Lyons 1977, 253.

49 Lyons 1977, 263.

50 Lyons 1977, 264.

51 „After the European dispossession of the Indians, waves of impoverished immigrants arrived on these shores in little better shape than castaways from a shipwreck. Most of the occupants of America today have had little, if anything, to do with dispossessions of Native Americans." (Lyons 1977, 268)

52 Boxill 2003, 70.
53 Boxill 2003, 72.
54 Fishkin 1991, 91.
55 Ridge 2003, 42.
56 NE 1099 b 32.
57 Ridge 2003, 42.
58 Ridge 2003, 46-47.
59 Vollständig lautet seine These, dass „(a1) tote Menschen entweder nicht existieren oder (a2), so sie doch existieren, dass keine Verbindung zwischen ihnen und gegenwärtig lebenden Personen besteht." (Meyer 2005, 80).
60 Meyer 2005, 80.
61 Meyer 2005, 91 ff.
62 Meyer 2005, 77.
63 Meyer 2005, 99.
64 Partridge 1981, 260.
65 Meyer 2005, 93.
66 Meyer 2005, 93-94.
67 In diesem Sinne argumentiert, aufbauend auf Yourgrau (1987, 2000), Niall Connolly: „They [the dead, MS] remain available, as it were, to be talked about, thought about, loved and hated by the living. The dead count as examples of non-existent objects." (Connolly 2011 83)
68 Anwander (2008, 221-227) ist daher nur konsequent, wenn er spezifische, auf den verstorbenen Promissar bezogene Gründe für die Einhaltung eines Versprechens durch den Promittenten bestreitet.
69 Meyer 2005, 79.
70 Hierzu: Yourgrau 2000.
71 Weitere Beispiele: Feldman 2000, 101-103. Feldman argumentiert folgendermaßen: Wenn der Personenstatus das Menschensein wesentlich charakterisiert, so müssen alle menschlichen Lebensphasen durch den Personenbegriff abgedeckt werden. Menschliche Organismen haben aber nicht in allen Lebensphasen mentale Zustände, Selbstbewusstsein oder Rationalität. Daher können diese Merkmale keine notwendigen Bedingungen des Personseins bilden. Doch wenn eine Person als Fötus ohne Selbstbewusstsein und mentale Zustände existieren kann, so fragt Feldman, warum sollte sie dann nicht als Leiche existieren (Feldman 2000, 105). Olson (auf den sich Feldman hier bezieht) beschränkt den Personenstatus auf den lebenden menschlichen Organismus. Carter (1999; s.a. Carter 1984) argumentiert aber überzeugend, dass Olsons Argument analog auch auf den toten Körper anzuwenden ist. Jay Rosenberg hält dagegen solche Manöver für abwegig: Die Leiche sei keine Person. Ihre Existenz beginnt im Moment des Todes der Person, also in dem Moment, in dem die Existenz der Person endet. „For, after all, following the death of some person, we do have a corpse on our hands. This corpse is not a person. It also did not exist prior to the person's death. So it must have come into existence at the point of that person's death." (Rosenberg zit. nach Carter 1984, 412). Ähnlich sieht David DeGrazia (2005, 54-56) die Angelegenheit.
72 Williamson 2002, 233 ff.

73 Ben Bradley (2010) resümiert in „Eternalism and Death's Badness": „I conclude that there is no good reason to deny that a person's death harms her at times after she dies (...)" (13); in „The Worst Time to Die" (2008) begründet er die Auffassung, dass – ceteris paribus – ein früher Tod schlimmer sei als ein später.

74 Meyer 2005, 95-99.

75 Im Anschluss an George Pitcher hat Joel Feinberg (der die Vorstellung, dass Tote in ihren Rechten verletzt und geschädigt werden könnten, bejaht) das Problem der rückwirkenden Verursachung mit dem Vorschlag zu umgehen versucht, dass Post-mortem-Schädigungen die Vollendung eines bereits ante mortem sich anbahnenden Schadens darstellen. Wenn eine Person Projekte verfolgt, die ihre eigene Lebensspanne überdauern, dann wird sie von dem posthumen Erfolg oder Misserfolg der Projekte bereits zu Lebzeiten betroffen. Eine posthume Schädigung ist nicht als isoliertes Ereignis zu sehen, sondern als Scheitern eines Projektes, das bereits zu Lebzeiten begonnen hat. Die Schädigung bestimmt den Status dieses Projekts insgesamt und ipso facto auch denjenigen, den es zu Lebzeiten hatte. Dies ist – mutatis mutandis – die Pointe in dem makabren Witz von dem Mann, der aus dem achtzigsten Stock fällt und auf der Höhe des zwanzigsten zufrieden feststellt, dass bisher alles gut gegangen sei. Siehe: Feinberg 1984, 91. Der Ansatz von Pitcher und Feinberg dient offiziell der Rechtfertigung des Gedankens posthumer Schädigung. Tatsächlich läuft er aber darauf hinaus, dass nur Ante-mortem-Personen geschädigt werden können – wenn auch durch Post-mortem-Ereignisse. Siehe: Callahan 1987, 345-346.

76 Nagel 1970/1992, 5.

77 „If knowledge is not a necessary condition of harm before one's death why should it be necessary afterward? Suppose that after my death, an enemy cleverly forges documents to ‚prove' very convincingly that I was a philanderer, an adulterer, and a plagiarist, and communicates this ‚information' to the general public that includes my widow, children, and former colleagues and friends. Can there be any doubt that I have been harmed by such libel?" (Feinberg 1984, 87)

78 „Im Weiteren argumentiere ich, dass Tote nicht geschädigt werden können, obgleich es nichterfahrenen Schaden gibt." (Meyer 2005, 84)

79 Meyer 2005, 90.

80 Meyer 2005, 85.

81 Es ist insofern konsequent, wenn Partridge argumentiert, man müsse entweder akzeptieren, dass Tote geschädigt werden können, oder die Idee des „unaffecting harm" fallen lassen: „I am inclined to believe that Feinberg has succeeded so well in binding the cases of the unaffected living and the dead that no logical wedge can be inserted such that the former can be said to be ‚harmed' and the latter cannot. One is obliged, therefore, either to affirm with Feinberg that both can be harmed or to state that both cannot be harmed. On the basis of my previous arguments (and some that are yet to come), I must reluctantly accept the conclusion that both the dead and unaffected ‚victims' of libel (and other wrongs) are not harmed." (Partridge 1981, 251)

82 Vgl.: Silverstein (2000, 116): „EV [the Epicurean View, MS] could plausibly be dismissed fairly quickly if we could claim that something can be good or evil for a person, A, even if it can make no difference, positive or negative, to A's experience – that is, if we could reject what I called the „Values Connect with Feelings" view, or VCF. (...) For if „A-relative" goods and evils need have no possible connection with A's experience, then there would seem to be no obstacles (or at least no obstacles other than the ‚merely technical' obstacles involved in making sense of posthumous reference and predication (...)) to the claim that such goods and evils may entirely postdate A."

83 Hurka 2011, 97-118; siehe auch: Hurka 1993.

84 Epikur o.J., 101.

85 Silverstein 2000, 124.

86 Silverstein 2000, 125.

87 Dieser Grundgedanke findet sich bereits in dem wegweisenden Beitrag Nagels: „If this is correct, there is a simple account of what is wrong with breaking a deathbed promise. It is an injury to the dead man. For certain purposes it is possible to regard time as just another type of distance." (Nagel 1970/1992, 8)

88 „Four-dimensionalists, on the other hand, say that there are past or future objects (or both); and in saying this, they mean to put such things ontologically on a par with present objects. According to the four-dimensionalist, non-present objects are like spatially distant objects; they exist, just not here, where we are." (Rea 2003, 246).

89 Silverstein 2000, 129-130; Silverstein 2010, 285-288.

90 „In short, it is the ‚four-dimensional' ability to understand life in durational terms, to view one's life as a temporal whole and to make evaluative comparisons between it and alternative possible life-wholes, which ultimately accounts for the fact that statements of the form ‚A's death is an evil for A' are commonly regarded as not merely intelligible, but true." (Silverstein 1980, 424)

91 Siehe zu dieser Unterscheidung Searle (1995/1997; 2010).

92 Partridge 1981, 261.

93 Bedau 1972. Siehe auch: McGary 2003.

94 Boxill 1972, 120.

95 Cowan 1972.

96 Siehe auch: Newton 1973.

97 Shiner 1973.

98 Nickel 1971.

99 Nickel 1974.

100 Gruppenbezogene Lösungen sind aber in bestimmten Fällen mit eigenen moralischen Problemen verbunden. Alan Goldman hat dies bezüglich Quotenregelungen bei der Vergabe von Studien- und Arbeitsplätzen dargelegt. Quoten verkleinern die Menge der konkurrierenden Individuen. Im Wettbewerb stehen nun nur noch die Mitglieder der ehemals benachteiligten Gruppe. In diesem Wettbewerb werden diejenigen Individuen die besten Aussichten haben, die am geringsten oder gar nicht durch vergangene

Diskriminierung geschädigt wurden. Für diese Individuen gilt dann mit hoher Wahrscheinlichkeit, dass der Zusammenhang zwischen Gruppenzugehörigkeit und Unrechtserfahrung, der die Bevorzugung rechtfertigt, für sie nicht besteht. Dadurch erlitten sowohl die Nichtmitglieder der Gruppe als auch die tatsächlich diskriminierten Mitglieder eine ungerechtfertigte Benachteiligung. Würde man diesen Effekt ausschließen wollen, so müsste man Reparationen letztlich auf der Basis einer Überprüfung zuteilen, ob ein Individuum geschädigt wurde. Siehe: Goldman 1975. Eine Replik auf Goldman findet sich bei: Boxill 1978.

101 Bayles 1973.

102 Taylor 1973.

103 Nunn 1974.

104 Im Gegensatz zu Robert Andelson sehe ich keinen Grund, die Menge der Vorteile, die Kompensationspflichten unschuldiger Dritter begründen können, auf ‚competetive advantages' zu beschränken. Siehe hierzu: Andelson 1978, 176 ff.

105 Viele der heute lebenden Afroamerikaner stammen beispielsweise nicht von US-Sklaven ab, da ihre Vorfahren nach der Abschaffung der Sklaverei aus der Karibik einwanderten.

106 Siehe etwa folgende Kritik an Taylor: „Thus he defends the anomaly of reparations being paid to persons not the victims of injustice by persons who were not guilty of injustice, evidently on the basis that the latter are part of a mystical organism called ‚society', and the former of a mystical organism called ‚the Black race', to which society is under obligation because of past discrimination." (Andelson 1978, 174)

107 Hill 2002.

108 Hill ist dagegen überzeugt, dass Afroamerikaner auf individualistischer Grundlage Entschädigungen für Sklaverei verlangen könnten, weil sie Anrecht haben auf den vorenthaltenen Lohn der Arbeit ihrer Vorfahren. Allerdings möchte sie in diesem Fall nicht von Reparationen sprechen: Hill 2002, 411.

109 Hierzu ausführlich: Kymlicka 1989, 135-161.

110 Taylor 1997.

Bibliographie

Adorno, Theodor W., 1951/1979, „Freudian Theory and the Pattern of Fascist Propaganda“, in: *Soziologische Schriften I*, Frankfurt a. M.: suhrkamp, pp. 408-433

Adorno, Theodor W., 1959/1975, „Was bedeutet: Aufarbeitung der Vergangenheit?“, in: Erziehung zur Mündigkeit, Frankfurt a. M.: suhrkamp, pp. 10-28

Adorno, Theodor W., 1966/1975, „Erziehung nach Auschwitz“, in: *Erziehung zur Mündigkeit*, Frankfurt a. M.: suhrkamp, pp. 88-104

Adorno, Theodor W., 1970/2003, *Negative Dialektik*, Frankfurt a. M.: suhrkamp

Agamben, Girorgio, 2003, *Was von Auschwitz bleibt. Das Archiv und der Zeuge*, Frankfurt a. M.: suhrkamp

Alexy, Robert, 1992/2002, *Begriff und Geltung des Rechts*, Freiburg/München: Alber Verlag

Aly, Götz, 2005, *Hitlers Volksstaat. Raub, Rassenkrieg und nationaler Sozialismus*, Frankfurt a. M.: Fischer

Aly, Götz, 2005 b, „Wie die Nazis ihr Volk kauften“, in: Zeit Nr. 15, 06.04.05, pp. 45-46

Amar, Akhil Reed, 2005, *America's Constitution. A Biography*, New York: Random House

Andelson, Robert, 1978, „Black Reparations. A Study in Gray“, in: *The Personalist* 59, pp. 173-183

Anderson, Elizabeth, 1999/2000, „Warum eigentlich Gleichheit?“, in: Angelika Krebs (ed), *Gleichheit oder Gerechtigkeit. Texte der neuen Egalitarismuskritik*, Frankfurt a. M.: suhrkamp, pp. 117-171

Anwander, Norbert, 2008, *Versprechen und Verpflichten*, Paderborn: mentis

Apel, Karl-Otto, 1988, „Zurück zur Normalität? Oder könnten wir aus der nationalen Katastrophe etwas Besonderes gelernt haben? Das Problem des (welt-)geschichtlichen Übergangs zur postkonventionellen Moral in spezifisch deutscher Sicht“, in: Forum für Philosophie Bad Homburg (ed): *Zerstörung des moralischen Selbstbewusstseins: Chance oder Gefährdung? Praktische Philosophie in Deutschland nach dem Nationalsozialismus*, Frankfurt a. M.: suhrkamp, pp. 91-142

Arendt, Hannah, 1951, *Origins of Totalitarianism*, New York: Harcourt Brace

Arendt, Hannah, 1963/2004, *Eichmann in Jerusalem. Ein Bericht von der Banalität des Bösen*, München: Piper

Arendt, Hannah, 1964/1989, „Was heißt persönliche Verantwortung unter einer Diktatur?“, in: *Nach Auschwitz. Essays & Kommentare 1*, Berlin: Edition Tiamat, pp. 81-97

Arendt, Hannah, 1966/1989, „Der Auschwitz-Prozess“, in: *Nach Auschwitz. Essays & Kommentare 1*, Berlin: Edition Tiamat, pp. 99-136

Aristoteles, *Politik*, übersetzt und herausgegeben von Olof Gigon, München 1973: dtv klassik

Aristoteles, *Nikomachische Ethik*, übersetzt und herausgegeben von Olof Gigon, München 1972: dtv klassik

Arneson, Richard, 2000, „Luck Egalitarianism and Prioritarianism", in: *Ethics* 110, pp. 339-349

Aschenberg, Reinhold, 2003, *Ent-Subjektivierung des Menschen: Lager und Shoa in philosophischer Reflexion*, Würzburg: Königshausen & Neumann

Austin, John, 1832/2000, *The Province of Jurisprudence Determined*, Amherst/New York: Prometheus Books (Great Minds Series)

Ayer, Alfred Jules, 1936/1981, *Sprache, Wahrheit und Logik*, Stuttgart: Reclam

Babić, Jovan, 2001, „War Crimes: Moral, Legal, or Simply Political?", in: Aleksandar Jokić (ed): *War Crimes and Collective Wrongdoing. A Reader*, Oxford: Blackwell, pp. 57-71

Baier, Kurt, 1972/1991, „Guilt and Responsibility", in: Larry May & Stacey Hoffman (eds): *Collective Responsibility. Five Decades of Debate in Theoretical an Applied Ethics*, Savage/Maryland: Rowman & Littlefield, pp. 197-218

Basius, Rainer A., 1999/2000, „Der Wilhelmstraßen-Prozess gegen das Auswärtige Amt und andere Ministerien", in: Gerd Ueberschär (ed): *Der Nationalsozialismus vor Gericht. Die alliierten Prozesse gegen Kriegsverbrecher und Soldaten 1943-1952*, Frankfurt a. M.: Fischer, pp. 187-198

Bassiouni, M. Cherif, 1996, „Searching for Peace and Achieving Justice: The Need for Accountability", in: *Law and Contemporary Problems* 59 (4), pp. 9-28

Bates, Stanley, 1971, „The Responsibility of ‚Random Collections'", in: *Ethics* 81, pp. 343-349

Bayertz, Kurt, 1995, „Eine kurze Geschichte der Herkunft der Verantwortung", in: ders. (ed): *Verantwortung. Prinzip oder Problem?* Darmstadt: Wissenschaftliche Buchgesellschaft, pp. 4-71

Baxter, Donald 2005, „Altruism, Grief, and Identity", in: *Philosophy and Phenomenological Research* LXX (2), pp. 371-383

Bayles, Michael, 1973, „Reparations to Wronged Groups", in: *Analysis* 33.6, pp. 182-184

Beccaria, Cesare, 1764/1872, *An Essay on Crimes and Punishment, With a Commentary by M. de Voltaire*. A New Edition Corrected. Albany: W.C. Little & Co.

Beckett, Samuel, 1953/1970, *Watt*, Frankfurt a. M.: suhrkamp

Bedau, Hugo, 1972, „Compensatory Justice and the Black Manifesto", in: *The Monist* 56, pp. 20-42

Beitz, Charles, 2000, „Rawls' Law of Peoples", in: *Ethics* 110, pp. 669-696

Beitz, Charles, 2003, „What Human Rights Mean", in: *Daedalus* 132 (1), pp. 36-46

Betzler, Monika, 2005, „Justified Wrongdoing and Dirty Hands", in: *Internationale Zeitschrift für Philosophie* 1/2005, pp. 5-18

Birnbacher, Dieter, 1988, *Verantwortung für zukünftige Generationen*, Stuttgart: Reclam

Birnbacher, Dieter, 1995, „Grenzen der Verantwortung“, in: Kurt Bayertz (ed): *Verantwortung. Prinzip oder Problem?* Darmstadt: Wissenschaftliche Buchgesellschaft, pp. 143-183
Birnbacher, Dieter, 1995 b, *Tun und Unterlassen*, Stuttgart: Reclam
Bittker, Boris, 1973/2003, *The Case for Black Reparations*, Boston: Beacon Press
Bleisch, Barbara, 2010, *Pflichten auf Distanz. Weltarmut und individuelle Verantwortung*, Berlin/New York: De Gruyter (Ideen & Argumente)
Böhler, Dietrich & Michael Stitzel u.a. (eds), 2000, *Zukunftsverantwortung in der Marktwirtschaft*, Münster/Hamburg/London
Böhlke-Itzen, Janntje, 2004, *Kolonialschuld und Entschädigung. Der deutsche Völkermord an den Herero 1904-1907*, Frankfurt a. M.: Brandes & Apsel (Perspektiven Südliches Afrika 2)
Boshammer, Susanne, 2008, „Von schmutzigen Händen und reinen Gewissen. Konflikte und Dilemmata der Ethik“, in: Johann Ach et al. (eds): *Grundkurs Ethik 1*, Paderborn: mentis, pp. 143-161.
Boxill, Bernard, 1972, „The Morality of Reparations“, in: *Social Theory and Practice* 2, pp. 113-123
Boxill, Bernard, 1978, „The Morality of Preferential Hiring“, in: *Philosophy & Public Affairs* 7 (3), pp. 246-268
Boxill, Bernard, 2003, „A Lockean Argument for Black Reparations“, in: *Journal of Ethics* 7, pp. 63-91
Bradley, Ben, 2008, „The Worst Time to Die“, in: *Ethics* 118 (2), pp. 291-314
Bradley, Ben, 2010, „Eternalism and Death's Badness“, in: Campbell, O'Rourke and Silverstein (eds), *Time and Identity*, Boston: MIT Press, pp. 271-281
Bratman, Michael, 1993, „Shared Intention“, *Ethics* 104, pp. 97-113
Brennan, Geoffrey & James Buchanan, 1985/2000, *The Reason of Rules. Constitutional Political Economy*, Indianapolis: Liberty Fund
Broszat, Martin, 1963/2004, „Einleitung“, in: Rudolf Höß, *Kommandant in Auschwitz. Autobiographische Aufzeichnungen des Rudolf Höß*, herausgegeben von Martin Broszat, München: dtv, pp. 7-30
Browning, Christopher R., 1992/2002, *Ganz normale Männer. Das Reserve-Polizeibattaillon 101 und die ‚Endlösung' in Polen*, Hamburg: Rowohlt
Browning, Christopher, 1996/1998, „Daniel Goldhagens willige Vollstrecker“, in: *Der Weg zur ‚Endlösung'*, Hamburg: rororo, pp. 173-195
Bryson, Bill, 1994, *Made in America*, London: Black Swan
Buchanan, Allan, 2000, „Rules for a Vanished Westphalian World“, in: *Ethics* 110, pp. 697-721
Buchanan, James, 1975, *The Limits of Liberty. Between Anarchy and Leviathan*, Chicago: University of Chicago Press
Buchheim, Hans, 1964/1982, *Anatomie des SS-Staates. Band 1. Die SS – das Herrschaftsinstrument. Befehl und Gehorsam*, München: dtv 110

Callahan, Joan, 1987, „Harming the Dead“, in: *Ethics* 97, pp. 341-352
Carter, W. R., 1984, „Death and Bodily Transfiguration“, in: *Mind* 93 (371), pp. 412-418
Carter, W. R., 1999, „Will I Be a Dead Person?“, in: *Philosophy & Phenomenological Research* 59 (1), pp. 167-171

Cassese, Antonio, 2003, *International Criminal Law*, Oxford: Oxford University Press

Clarkson, Thomas, 1785, *An Essay on the Slavery and Commerce of the Human Species, particularily the African.* Translated from a Latin Dissertation, which was honoured with the First Prize in the University of Cambridge, London: J. Philipps

Cohen, Gerald, 1989, „On the Currency of Egalitarian Justice", in: *Ethics* 99, pp. 906-944

Coleman, Jules, 1992, *Risks and Wrongs*, Oxford: Oxford University Press

Coleman, Jules, 1994, „Corrective Justice and Property Rights", in: *Social Philosophy & Practice* 10, pp. 124-138

Coleman, Jules, 1994 b, „Tort liability and the limits of corrective justice", in: Jules Coleman & Allen Buchanan (eds), *In harm's way. Essays in honor of Joel Feinberg*, Cambridge: Cambridge University Press, pp. 139-158

Coleman, Jules & Brian Leiter, 1996, „Legal Positivism", in: Dennis Patterson (ed): *A Companion to Philosophy of Law & Legal Philosophy*, London: Blackwell, pp. 241-260

Connolly, Niall, 2011, „How the Dead Live", in: *Philosophia* 39, pp. 83-103

Cook, John W., 1999, *Morality and Cultural Differences*, Oxford: Oxford University Press

Cooper, David E., 1968/1991, „Collective Responsibility", in: Larry May & Stacey Hoffman (eds): *Collective Responsibility. Five Decades of Debate in Theoretical and Applied Ethics*, Savage/Maryland: Rowman & Littlefield, pp. 35-46

Cooper, David E., 2001, „Collective Responsibility, ‚Moral Luck', and Reconciliation", in: Aleksandar Jokić (ed): *War Crimes and Collective Wrongdoing*, Oxford: Blackwell, pp. 205-215

Copp, David, 1980, „Hobbes on Artificial Persons", in: *Philosophical Review* 89, pp. 579-606

Copp, David, 1991, „Responsibility for Collective Inaction", in: *Journal of Social Philosophy* XXII (2), pp. 71-80

Corlett, J. Angelo, 2001, „Reparations to Native Americans?", in: Aleksandar Jokić (ed): *War Crimes and Collective Wrongdoing*, Oxford: Blackwell, pp. 236-269

Corlett, J. Angelo, 2001 b, „The Problem of Collective Responsibility, in: ders.: *Responsibility and Punishment*, Dordrecht: Kluwer, pp. 88-100

Cowan, J. L., 1972, „Inverse Discrimination", in: *Analysis* 33.1, pp. 10-12

Cowen, Tyler, 1997, „Discounting and Restitution", in: *Philosophy & Public Affairs* 26 (2), pp. 168-185

Davis, Lawrence, 1976, „Comments on Nozick's Entitlement Theory", in: *Journal of Philosophy* 73, pp. 836-844

DeGrazia, David, 2005, *Human Identity and Bioethics*, Cambridge: Cambridge University Press

Detterbeck, Steffen/Kay Windthorst/Hans-Dieter Sproll, 2000, *Staatshaftungsrecht*, München: C.H. Beck

Diamond, Jared, 1997/1999, *Guns, Germs, and Steel. The Fates of Human Societies*, New York & London: Norton

Doman, Nicholas, 1946, „Political Consequences of the Nuremberg Trial", in: *Annals of the American Academy of Political and Social Science* vol. 246, pp. 81-90

Downie, R. S., 1969/1991, „Collective Responsibility", in: Larry May & Stacey Hoffman (eds): *Collective Responsibility. Five Decades of Debate in Theoretical and Applied Ethics*, Savage/Maryland: Rowman & Littlefield, pp. 47-51

Ducasse, C. J., 1926, „On the Nature and the Observability of the Causal Relation", in: *Journal of Philosophy* 23, pp. 57-68

Düwell, Marcus/Christoph Hübenthal/Micha Werner (eds), 2002 *Handbuch Ethik*, Stuttgart & Weimar: Verlag Metzler

Ebbinghaus, Julius, 1946, *Zu Deutschlands Schicksalswende. Sechs Reden nebst einem Brief über die Schuldfrage an einen Amerikaner*, Frankfurt a. M.: Klostermann

Edmundson, William, 1999, „Introduction", in: William Edmundson (ed): *The Duty to Obey the Law*, Lanham: Rowman & Littlefield, pp. 1-15

Eizenstat, Stuart, 2003, *Unvollkommene Gerechtigkeit. Der Streit um die Entschädigung der Opfer von Zwangsarbeit und Enteignung*, München: Bertelsmann Verlag

Elster, Jon, 2004, *Closing the Books. Transitional Justice in Historical Perspective*, Cambridge: Cambridge University Press

Epikur, o.J., *Von der Überwindung der Furcht*, übersetzt und mit einer Einführung versehen von Olof Gigon, München 1983: dtv

Eriksen, Thomas Hylland, 1995/2001, *Small Places, Large Issues. An Introduction to Social and Cultural Anthropology*, London: Pluto

Eshleman Andrew, 2004, „Moral Responsibility", The Stanford Encyclopedia of Philosophy (Fall 2004 Edition), Edward N. Zalta (ed), URL = <http://plato.stanford.edu/archives/fall2004/entries/moral-responsibility/>. (Stand: 10.05.2011)

Evans, Gareth, 2008, *The Responsibility to Protect. Ending Mass Atrocity Crimes Once and For All*, Washington: Brookings Institution Press

Falk, Richard, 2001, „Accountability for War Crimes and the Legacy of Nuremberg", in: Aleksandar Jokić (ed): *War Crimes and Collective Wrongdoing. A Reader*, Oxford: Blackwell, pp. 113-136

Feinberg, Joel, 1968, „Collective Responsibility, in: *Journal of Philosophy* 65, pp. 674-688

Feinberg, Joel, 1970/1985, „Handlung und Verantwortung", in: Georg Meggle (ed): *Analytische Handlungstheorie, Band I. Handlungsbeschreibungen*, Frankfurt a.M.: suhrkamp, pp. 186-224

Feinberg, Joel, 1970/1991, „Collective Responsibility", in: Larry May & Stacey Hoffman (eds): *Collective Responsibility. Five Decades of Debate in Theoretical an Applied Ethics*, Savage/Maryland: Rowman & Littlefield, pp. 53-76

Feinberg, Joel, 1984, *Harm to Others. The Moral Limits of the Criminal Law*, Oxford: Oxford University Press

Feldman, Fred, 2000, „The Termination Thesis", in: *Midwest Studies in Philosophy* XXIV, pp. 98-115
Finch, George, 1921, „Superior Orders and War Crimes", in: *The American Journal of International Law* 15, pp. 440-445
Finch, George, 1947, „The Nuremberg Trial and International Law", in: *The American Journal of International Law* 41, pp. 20-37
Fischer, John Martin, 2006, *My Way. Essays on Moral Responsibility*, Oxford: Oxford University Press
Fischer, John Martin & Robert Ennis, 1986, „Causation and Liability", in: *Philosophy & Public Affairs* 15, pp. 33-40
Fischer, John Martin & Mark Ravizza, 1998, *Responsibility and Control. A Theory of Moral Responsibility*, Cambridge: Cambridge University Press
Fishkin, James S., 1991, „Justice between Generations: Compensation, Identity, and Group Membership", in: John W. Chapman (ed): *Compensatory Justice*, New York & London: New York University Press, pp. 85-96
Fishkin, James & Peter Laslett, 1992, *Justice Between Age Groups and Generations*, New Haven & London: Yale University Press, pp. 1-23
Fogel, Robert W., 1989/1994, *Without Consent or Contract. The Rise and Fall of American Slavery.* New York: Norton
Fogel, Robert W. & Stanley L. Engerman, 1974/1989, *Time on the Cross. The Economics of American Negro Slavery*, New York: Norton
Frankel Paul, Ellen, 1991, „Set-Asides, Reparations, and Compensatory Justice", in: John Chapman (ed): *Compensatory Justice*, New York & London: New York University Press, pp. 97-139
Frankfurt, Harry, 1969, „Alternate Possibilities and Moral Responsibility", in: *Journal of Philosophy* 66 (23), pp. 829-839
Frei, Norbert, 1996, „Ein Volk von ‚Endlösern'?", in: Julius Schoeps (ed): *Ein Volk von Mördern? Die Dokumentation zur Goldhagen-Kontroverse um die Rolle der Deutschen im Holocaust*, Hamburg: Hoffmann & Campe, pp. 93-98
Frei, Norbert, 1999/2003, *Vergangenheitspolitik. Die Anfänge der Bundesrepublik und die NS-Vergangenheit*, München: dtv
Freimüller, Tobias, 2004, „Mediziner: Operation Volkskörper", in: Norbert Frei (ed): *Hitlers Eliten nach 1945*, München: dtv, pp. 13-65
French, Peter A., 1979, „The Corporation as a Moral Person", in: *American Philosophical Quarterly* 16, pp. 207-215
French, Peter A., 2001, „Unchosen Evil and Moral Responsibility", in: Aleksandar Jokić (ed): *War Crimes and Collective Wrongdoing. A Reader*, Oxford: Blackwell, pp. 29-47
Fricker, Miranda, 2010, „The Relativism of Blame and Williams' Relativism of Distance", *Proceedings of the Aristotelian Society Supp. Vol. LXXXIV* (2010), 151-177
Friedländer, Saul, 1967, *Kurt Gerstein oder die Zwiespältigkeit des Guten*, Gütersloh: Bertelsmann Sachbuch Verlag
Friedrich, Jörg, 1984/1994, *Die kalte Amnestie. NS-Täter in der Bundesrepublik*, München/Zürich: Piper

Fullinwider, Robert, 2000, „The Case for Reparations“, *Philosophy & Public Policy Quarterly* 20, pp. 1-8

Garnsey, Peter, 1996, *Ideas of Slavery from Aristotle to Augustine*, Cambridge: Cambridge University Press

Gauthier, David, 1987, *Morals by Agreement*, Oxford: Clarendon Press

Gaus, Gerald, 1991, „Does Compensation Restore Equality?“, in: John Chapman (ed): *Compensatory Justice*, New York & London, pp. 45-81

Gerson, Samuel, 2011, „Wenn der Dritte tot ist: Erinnerung, Trauer und Zeugenschaft nach dem Holocaust“, in: *Psyche. Zeitschrift für Psychoanalyse und ihre Anwendungen* 65 (3), pp. 193-217

Gifford, Anthony, 2003, „The British government on reparations – a response“, in: *Jamaica Observer*, January 13th, p. 5

Gilbert, Gustave M., 1947/2004, *Nürnberger Tagebuch. Gespräche der Angeklagten mit dem Gerichtspsychologen*, Frankfurt a. M.: Fischer

Gilbert, Margaret, 1987/1996, „Modelling Collective Belief“, in: *Living Together. Rationality, Sociality, and Obligation*, Lanham et al.: Rowman & Littlefield, pp. 195-213

Gilbert, Margaret, 1989, *On Social Facts*, Princeton: Princeton University Press

Gilbert, Margaret, 1990/1996, „Walking Together: A Paradigmatic Social Phenomenon“, in: *Living Together. Rationality, Sociality, and Obligation*, Lanham et al.: Rowman & Littlefield, pp. 177-194

Gilbert, Margaret, 1993/1996, „Group Membership and Political Obligation“, in: *Living Together. Rationality, Sociality, and Obligation*, Lanham et al.: Rowman & Littlefield, pp. 361-374

Gilbert, Margaret, 1999, „Collective Remorse“, in: *Sociality and Responsibility. New Essays in Plural Subject Theory*, Lanham et. al.: Rowman & Littlefield, pp. 123-140

Gilbert, Margaret, 1999 b, „Obligation and Joint Commitment“, in: *Sociality and Responsibility. New Essays in Plural Subject Theory*, Lanham et. al.: Rowman & Littlefield, pp. 50-70

Gilbert, Margaret, 2001, „Collective Preferences, Obligations, and Rational Choice“, in: *Economics & Philosophy* 17, pp. 109-119

Gilbert, Margaret, 2002, „Collective Guilt and Collective Guilt Feelings“, in: *Journal of Ethics* 6, pp. 115-143

Glover, Jonathan, 1999/2001, *Humanity. A Moral History of the Twentieth Century*, London: Random House

Goldhagen, Daniel Jonah, 1996, *Hitlers willige Vollstrecker. Ganz gewöhnliche Deutsche und der Holocaust*, München: Goldmann

Goldman, Alan, 1975, „Reparations to Individuals or Groups?“, in: *Analysis* 35.5, pp. 168-170

Goodin, Robert, 1986, „Responsibilities“, in: *Philosophical Quarterly* 36, pp. 50-56

Goodin, Robert, 1991, „Compensation and Redistribution“, in: John Chapman (ed): *Compensatory Justice*, New York & London: New York University Press, pp. 143-177

Goodin, Robert, 2000, „Waitangi Tales", in: *Australasian Journal of Philosophy* 78, pp. 309-333

Gosepath, Stefan, 2003, „Verteidigung egalitärer Gleichheit", *Deutsche Zeitschrift für Philosophie* 51, pp. 275-297

Grass, Günter, 2006, *Beim Häuten der Zwiebel*, München: dtv

Green, Leslie, 1996/1999, „Who Believes in Political Obligation?", in: William Edmundson (ed): *The Duty to Obey the Law*, Lanham: Rowman & Littlefield, pp. 301-317

Greenawalt, Kent, 1987/1999, „Legitimate Authority and the Duty to Obey",in: William Edmundson (ed): *The Duty to Obey the Law*, Lanham: Rowman & Littlefield, pp. 177-191

Griffin, James, 2008, *On Human Rights*, Oxford: Oxford University Press

Griffin, James, 2010, „Human Rights and the Autonomy of International Law", in: Samantha Besson & John Tasioulas (eds): *The Philosophy of International Law*, Oxford: Oxford University Press, pp. 339-355

Gross, Raphael, 2010, *Anständig geblieben. Nationalsozialistische Moral*, Frankfurt a. M.: Fischer

Güntner, Joachim, 2005, „Waren die Deutschen willige Profiteure? Götz Alys Buch über ‚Hitlers Volksstaat' provoziert", in: NZZ Nr. 70 vom 24.03.05, p. 35

Habermas, Jürgen, 1953/1987, „Martin Heidegger. Zur Veröffentlichung von Vorlesungen aus dem Jahre 1935", in: *Philosophisch-politische Profile*, Frankfurt a. M.: suhrkamp, pp. 65-72

Habermas, Jürgen, 1986/1987, „Apologetische Tendenzen", in: *Eine Art Schadensabwicklung. Kleine Politische Schriften VI*, Frankfurt a. M.: suhrkamp, pp. 120-136

Habermas, Jürgen, 1986/1988, „Vom öffentlichen Gebrauch der Historie. Das offizielle Selbstverständnis der Bundesrepublik bricht auf", in: o.N.: *Der Historikerstreit. Die Dokumentation der Kontroverse um die Einzigartigkeit der nationalsozialistischen Judenvernichtung*, München/Zürich: Piper, pp. 243-255

Habermas, Jürgen, 1992, *Faktizität und Geltung*, Frankfurt a. M.: suhrkamp

Hampton, Jean, 1998, *Political Philosophy*, Boulder/Colorado: Westview Press

Hankel, Gerd, 2001, „Deutsche Kriegsverbrechen des Weltkriegs 1914-1918 vor deutschen Gerichten", in: Wolfram Wette & Gerd Überschär (eds): *Kriegsverbrechen im 20. Jahrhundert*, Darmstadt: Wissenschaftliche Buchgesellschaft, pp. 85-98

Hare, Richard M., 1963, *Freedom and Reason*, Oxford: Oxford University Press

Hart, Herbert L. A., 1955, „Are There Any Natural Rights?", in: *Philosophical Review* 64 (2), pp. 175-191

Hart, Herbert L. A., 1958/1971, „Der Positivismus und die Trennung von Recht und Moral", in: Norbert Hoerster (ed): *Recht und Moral*, Göttingen: Vandenhoeck & Ruprecht, pp. 14-57

Hart, H.L.A. & Tony Honoré, 1959/1985, *Causation in the Law*. Second Edition, Oxford: Oxford University Press

Hart, Herbert L. A., 1961/1997, *The Concept of Law. Second Edition*, Oxford: Oxford University Press

Hart, Herbert L. A., 1968, *Punishment and Responsibility. Essays in the Philosophy of Law*, Oxford: Clarendon Press

Hartmann, Horst, 1991, „Noch ist Polen nicht verloren", in: *Gewerkschaftliche Monatshefte* 10, pp. 643-651

Hegel, Georg W. F., 1806/1970, *Phänomenologie des Geistes*, in: Werke in 20 Bänden, herausgegeben von Eva Moldenhauer und Karl Markus Michel, Bd. 3, Frankfurt a. M.: suhrkamp

Hegel, Georg W. F., 1830/1970, *Enzyklopädie der philosophischen Wissenschaften III*, in: Werke in 20 Bänden, herausgegeben von Eva Moldenhauer und Karl Markus Michel, Bd. 10, Frankfurt a. M.: suhrkamp

Hegel, Georg W. F., 1831/1970, *Grundlinien der Philosophie des Rechts oder Naturrecht und Staatswissenschaft im Grundriss*, in: Werke in 20 Bänden, herausgegeben von Eva Moldenhauer und Karl Markus Michel, Bd. 7, Frankfurt a. M.: suhrkamp

Hegel, Georg W. F., 1840/1970, *Vorlesungen über die Geschichte der Philosophie*, in: Werke in 20 Bänden, herausgegeben von Eva Moldenhauer und Karl Markus Michel, Bd. 12, Frankfurt a. M.: suhrkamp

Heidbrink, Ludger, 2003, *Kritik der Verantwortung. Zu den Grenzen verantwortlichen Handelns in komplexen Kontexten*, Weilerswist: Velbrück.

Held, Virginia, 1970, „ Can a Random Collection of Individuals be Morally Responsible?", in: *Journal of Philosophy* 67, pp. 471-481

Held, Virginia, 2002, „Group Responsibility for Ethnic Conflict", in: *Journal of Ethics* 6, pp. 157-178

Henrich, Dieter, 1987, „Im Erinnern zu denken. Eine Vorlesung vierzig Jahre nach Kriegsende", in: *Konzepte*, Frankfurt a. M.: suhrkamp, pp. 79-96

Henrich, Dieter, 1987 b, „Die deutsche Philosophie nach zwei Weltkriegen", in: *Konzepte*, Frankfurt a. M.: suhrkamp, pp. 44-65

Herbert, Ulrich, 1996/2001, *Best. Biographische Studien über Radikalismus, Weltanschauung und Vernunft 1903-1989*, Bonn: Verlag Dietz

Herbert, Ulrich, 1998, „Vernichtungspolitik. Neue Antworten und Fragen zur Geschichte des ‚Holocaust'", in: Ulrich Herbert (ed): *Nationalsozialistische Vernichtungspolitik 1939-1945. Neue Forschungen und Kontroversen*, Frankfurt a. M.: Fischer, pp. 9-66

Herdegen, Matthias, 2000/2004, *Völkerrecht*, München: Verlag C. H. Beck

Herodot, *Neun Bücher zur Geschichte*, Wiesbaden 2004: Marix Verlag

Heydecker, Joe J. & Johannes Leeb, 1958/2003, *Der Nürnberger Prozess. Mit einem Vorwort von Eugen Kogon und Robert M. W. Kempner*, Köln: Kiepenheuer

Hiddleston, Eric, 2005, „Causal Powers", in: *British Journal of Philosophy of Science* 56, pp. 23-59

Hilberg, Raul, 1961/1999, *Die Vernichtung der europäischen Juden*, Frankfurt a. M.: Fischer

Hilberg, Raul, 1992/2003, *Täter, Opfer, Zuschauer. Die Vernichtung der Juden 1933-1945*, Frankfurt a. M.: Fischer

Hill, Renée, 2002, „Compensatory Justice: Over Time and Between Groups“, in: *Journal of Political Philosophy* 10 (4), pp. 393-415

Hillgruber, Andreas, 1985, *Zweierlei Untergang*, Berlin: Siedler Verlag

Hinsch, Winfried, 2002, *Gerechtfertigte Ungleichheiten. Grundsätze sozialer Gerechtigkeit*, Berlin: de Gruyter

Hobbes, Thomas, 1651/1991, *The Citizen. Philosophical Rudiments Concerning Government and Society*, in: *Man and Citizen*. Edited with an Introduction by Bernard Gert. Translated from Latin by Wood, Scott-Craig, Gert and Thomas Hobbes himself, Indianapolis/Cambridge: Hackett

Hobbes, Thomas, 1651/1981, *Leviathan or The Matter, Forme, & Power of a Common-Wealth Ecclesiasticall and Civill*, edited with an Introduction by C. B. Macpherson, London: Penguin Classics

Hobbes, Thomas, 1658/1991, *On Man*, in: *Man and Citizen*. Edited with an Introduction by Bernard Gert, Indianapolis/Cambridge: Hackett

Hochschild, Adam, 1998, *King Leopold's Ghost. A Story of Greed, Terror, and Heroism in Colonial Africa*, Boston/New York: Mariner Books

Hoerster, Norbert, 1989, *Verteidigung des Rechtspositivismus*, Frankfurt a. M.: Metzner

Höffe, Otfried, 1993, *Moral als Preis der Moderne. Ein Versuch über Wissenschaft, Technik und Umwelt*, Frankfurt a. M.: suhrkamp

Holzhey, Helmut, 1984, „Die Transformation neukantianischer Theoreme in die Reine Rechtslehre Kelsens“, in: *Archiv für Rechts- und Sozialphilosophie.* Beiheft 20: Hermeneutik und Strukturtheorie des Rechts, Stuttgart: Steiner, pp. 99-110

Holzhey, Helmut, 1986, „Kelsens Rechts- und Staatslehre in ihrem Verhältnis zum Neukantianismus“, in: Stanley Paulson & R. Walter (eds): *Untersuchungen zur Reinen Rechtslehre. Ergebnisse eines Wiener Rechtstheoretischen Seminars 1985/86*, Wien: Manz (Schriftenreihe des Hans Kelsen Instituts 11), pp. 167-192

Honegger, Claudia (ed): 1978, *Die Hexen der Neuzeit. Studien zur Sozialgeschichte eines kulturellen Deutungsmusters*, Frankfurt a. M.: suhrkamp

Honoré, Tony, 1988/1999, „Responsibility and Luck. The Moral Basis of Strict Liability“, in: *Responsibility and Fault*, Oxford & Portland: Hart, pp. 14-40

Honoré, Tony, 1995/2002, „Necessary and Sufficient Conditions in Tort Law“, in: *Responsibility and Fault*, Oxford & Portland: Hart Publishing, pp. 94-120

Honoré, Antony, 2005, „Causation in the Law“, in: *The Stanford Encyclopedia of Philosophy* (Winter 2005 Edition), Edward N. Zalta (ed), URL = <http://plato.stanford.edu/archives/win2005/entries/causation-law/>. (Stand: 15.11.05)

Horowitz, David, 2002, *Uncivil Wars. The Controversy over Reparations for Slavery*, San Francisco: Encounter Books

Höß, Rudolf , 1963/2004, *Kommandant in Auschwitz. Autobiographische Aufzeichnungen des Rudolf Höß*, herausgegeben von Martin Broszat, München: dtv

Hunt, Lynn, 2007, *Inventing Human Rights. A History*, New York: Norton

Hurka, Thomas, 1993, *Perfectionism*, New York/Oxford: Oxford University Press

Hurka, Thomas, 2011, *The Best Things in Life. A Guide to What Really Matters*, New York/Oxford: Oxford University Press

Internationaler Militärgerichtshof Nürnberg, 1947, Der Prozess gegen die Hauptkriegsverbrecher vor dem internationalen Militärgerichtshof. Nürnberg 14. November 1945 – 1. Oktober 1946, zweiundzwanzig Bände, genehmigte Sonderausgabe o.J., Frechen: Komet

Iorio, Marco, 1998, *Echte Gründe, echte Vernunft. Über Handlungen, ihre Erklärung und Begründung*, Dresden: Dresden University Press

Jackson, Frank, 1987, „Group Morality“, in: Philip Pettit et al. (eds): Metaphysics and Morality. Essays in Honour of J. J. C. Smart, Oxford: Basil Blackwell, pp. 91-110

Jacobs, Jonathan, 2001, *Choosing Character: Responsibility for Virtue and Vice*, Ithaca: Cornell University Press

Jacoby, Jeff, 2003, „The Reparation Calculation“, in: URL = <http://jewishworldreview.com/jeff/jacoby020601.asp> (Stand: 10. Juni 2003)

Jaspers, Karl, 1946, *Die Schuldfrage*, Heidelberg: Lambert Schneider

Jaspers, Karl, 1947/1983, *Von der Wahrheit. Philosophische Logik. Erster Band*, München & Zürich: Piper

Jaspers, Karl, 1949/1983, *Vom Ursprung und Ziel der Geschichte*, München & Zürich: Piper

Jaspers, Karl, 1953/o.J., „Philosophische Autobiographie“, in: *Mitverantwortlich. Ein philosophisch politisches Lesebuch*, Gütersloh: Bertelsmann Club, 15-101

Johnson, Eric A., 2000/2001, *Der nationalsozialistische Terror. Gestapo, Juden und gewöhnliche Deutsche*, Berlin: Siedler Verlag

Jonas, Hans, 1979/1984, *Das Prinzip Verantwortung. Versuch einer Ethik für die technologische Zivilisation*, Frankfurt a.M.: suhrkamp

Jones, David H., 1999, *Moral Responsibility in the Holocaust. A Study in the Ethics of Character*, Lanham et al.: Rowman & Littlefield

Joyce, Richard, 1999, „Apologizing“, in: Public Affairs Quarterly, 13, pp. 159-173

Kagan, Shelly, 1986, „Causation, Liability, and Internalism“, Philosophy & Public Affairs 15, pp. 41-59

Kaiser, Wolf (ed), 2002, *Täter im Vernichtungskrieg. Der Überfall auf die Sowjetunion und der Völkermord an den Juden*, Berlin & München: Propyläen

Kamm, Frances M., 1999, „Responsibility and Collaboration“, in: Philosophy & Public Affairs 28 (3), pp. 169-204

Kamm, Frances M., 2005, „Harming some to Save Others from the Nazis“, in: Eve Garrard & Geoffrey Scarre (eds): Moral Philosophy and the Holocaust, Aldershot: Ashgate, pp. 155-168

Kämper, Heidrun, 2007, *Opfer – Täter – Nichttäter. Ein Wörterbuch zum Schulddiskurs 1945 – 1955.* Berlin: De Gruyter

Kant, Immanuel, 1783/1977, „Beantwortung der Frage: Was ist Aufklärung?“, in: Werkausgabe Band XI, herausgegeben von Wilhelm Weischedel, Frankfurt a. M.: suhrkamp, pp. 51-61.

Kant, Immanuel, 1784/1977, „Idee zu einer allgemeinen Geschichte in weltbürgerlicher Absicht", in: Werkausgabe Band XI, herausgegeben von Wilhelm Weischedel, Frankfurt a. M.: suhrkamp, pp.31-50

Kant, Immanuel, 1785/1977, *Grundlegung zur Metaphysik der Sitten*, in: Werkausgabe Band VII, herausgegeben von Wilhelm Weischedel, Frankfurt a. M.: suhrkamp, pp. 7-102

Kant, Immanuel, 1788/1977, *Kritik der praktischen Vernunft*, in: Werkausgabe Band VII, herausgegeben von Wilhelm Weischedel, Frankfurt a. M.: suhrkamp, pp. 103-302

Kant, Immanuel, 1790/1977, *Kritik der Urteilskraft*, Werkausgabe Band X, herausgegeben von Wilhelm Weischedel, Frankfurt a. M.: suhrkamp

Kant, Immanuel, 1793/1977, *Die Religion innerhalb der Grenzen der bloßen Vernunft*, in: Werkausgabe Band VIII, herausgegeben von Wilhelm Weischedel, Frankfurt a. M.: suhrkamp, pp. 645-879

Kant, Immanuel, 1795/1977, „Zum ewigen Frieden. Ein philosophischer Entwurf", in: Werkausgabe Band XI, herausgegeben von Wilhelm Weischedel, Frankfurt a. M.: suhrkamp, pp. 191-251

Kant, Immanuel, 1797/1977, *Metaphysische Anfangsgründe der Tugendlehre*, in: Werkausgabe Band VIII, herausgegeben von Wilhelm Weischedel, Frankfurt a. M.: suhrkamp, pp. 501-634

Kant, Immanuel, 1797/1998, *Metaphysische Anfangsgründe der Rechtslehre*, herausgegeben und eingeleitet von Bernd Ludwig, Hamburg: Meiner

Kant, Immanuel, 1798/1977, „Erneuerte Frage: Ob das menschliche Geschlecht im beständigen Fortschreiten zum Besseren sei?", in: Von den Träumen der Vernunft. Kleine Schriften zur Kunst, Philosophie, Geschichte und Politik, Wiesbaden: Fourier Verlag, pp. 507-527

Kant, Immanuel, 1803/1977, *Über Pädagogik*. Von D. Friedrich Theodor Rink herausgegebene Vorlesungen (W.S. 1776/77, S.S. 1780, W.S. 1783/84, 1786/87), in: Werkausgabe Band XII, herausgegeben von Wilhelm Weischedel, Frankfurt a. M.: suhrkamp, pp. 693-761.

Kaufmann, Franz-Xaver, 1992, *Der Ruf nach Verantwortung. Risiko und Ethik in einer unüberschaubaren Welt*, Freiburg/Basel/Wien

Kelsen, Hans, 1934/2008, *Reine Rechtslehre. Einleitung in die rechtswissenschaftliche Problematik*. Herausgegeben und eingeleitet von Matthias Jestaedt, Tübingen: Mohr Siebeck

Kelsen, Hans, 1945, „The Legal Status of Germany According to the Declaration of Berlin", in: American Journal of International Law 39, pp. 518-526

Kenner, Lionel, 1967, „On Blaming", in: Mind 76, pp. 238-249

Kershaw, Ian, 1999, „Der Generationenwechsel und die ‚Goldhagen-Debatte'", in: Der NS-Staat. Geschichtsinterpretationen und Kontroversen im Überblick, Hamburg: rororo, pp. 376-391

Kershnar, Stephen, 1997, „Strong Affirmative Action Programs at State Educational Institutions Cannot Be Justified Via Compensatory Justice", in: Public Affairs Quarterly 11 (4), pp. 345-363

Kershnar, Stephan, 1999, „Are the Descendants of Slaves Owed Compensation for Slavery?", in: Journal of Applied Philosophy 16, pp. 95-101

Kershnar, Stephen, 1999 b, „Uncertain Damages to Racial Minorities and Strong Affirmative Action", in: Public Affairs Quarterly 13 (1), pp. 83-98

Kersting, Wolfgang, 2002, *Kritik der Gleichheit. Über die Grenzen der Gerechtigkeit und der Moral*, Weilerswist, Velbrück Wissenschaft

Kettenacker, Lothar, 1999, „Die Behandlung der Kriegsverbrecher als angloamerikanisches Rechtsproblem", in: Gerd Ueberschär (ed): Der Nationalsozialismus vor Gericht. Die alliierten Prozesse gegen Kriegsverbrecher und Soldaten 1943-1952, Frankfurt a. M.: Fischer, pp. 17-31

Keynes, John Maynard, 1919/2004, „The Economic Consequences of the Peace", in: The End of Laissez-Faire. The Economic Consequences of the Peace, Amherst/New York: Prometheus Books (Great Minds Series), pp. 48-298

Kirzner, Israel, 1992, *The Meaning of the Market Process. Essays in the Development of Modern Austrian Economics*, London & New York: Routledge

Klamp, Gerhard, 1946, „Rezension zu Karl Jaspers: Die Schuldfrage", in: Zeitschrift für philosophische Forschung 1, pp. 439-442

Klee, Ernst, 1986/2004, *Was sie taten – Was sie wurden. Ärzte, Juristen und andere Beteiligte am Kranken- oder Judenmord*, Frankfurt a. M.: Fischer

Knobe, Joshua, 2011, „Is Morality Relative? Depends on your Personality. Philosophers Who Think Everyday Morality is Objective Should Examine This Evidence, Says Joshua Knobe", in: *The Philosopher's Magazine* 52, 66-71

Kohler, Georg, 2003, „Kagan vs. Kant. Konturen der neuen Welt(un)ordnung", in: Georg Kohler & Urs Marti (eds): Konturen der neuen Welt(un)ordnung, Berlin: de Gruyter, pp. 11-61

Kohler, Georg, 2005, „Hobbes und das 21. Jahrhundert. Zum Problem des Politischen Realismus", in: *Studia Philosophica. Jahrbuch der Schweizerischen Philosophischen Gesellschaft* (Globale Gerechtigkeit und Weltordnung) 64, pp. 159-178

Kolers, Avery, 2000, „The Lockean Efficiency Argument and Aboriginal Land Rights", in: *Austalasian Journal of Philosophy* 78, pp. 391-404

Komarow, Gary, 1980, „Individual Responsibility under International Law: The Nuremberg Principles in Domestic Legal Systems", in: *The International and Comparative Law Quarterly* 29, pp. 21-37

Konzelmann, Anita Ziv, 2007, „Collective Guilt Feeling Revisited", in: *Dialectica* 61 (3):467–493.

Krebs, Angelika, 2002, *Arbeit und Liebe. Die philosophischen Grundlagen sozialer Gerechtigkeit*, Frankfurt a. M.: suhrkamp

Krebs, Angelika, 2003, „Warum Gerechtigkeit nicht als Gleichheit zu begreifen ist", in: Deutsche Zeitschrift für Philosophie 51, pp. 235-251

Krey, Volker, 2001/2004, *Deutsches Strafrecht. Allgemeiner Teil. Band 1: Grundlagen, Tatbestandsmäßigkeit, Rechtswidrigkeit, Schuld*, Stuttgart: Kohlhammer

Krey, Volker, 2002, *Deutsches Strafrecht. Allgemeiner Teil, Band 2: Täterschaft und Teilnahme, Unterlassungsdelikte, Versuch und Rücktritt, Fährlässigkeitsdelikte*, Stuttgart: Kohlhammer

Kroeschell, Karl, 1992, *Rechtsgeschichte Deutschlands im 20. Jahrhundert*, Göttingen: Vandenhoek & Ruprecht

Kuenzle, Dominique & Michael Schefczyk, 2009, *John Stuart Mill zur Einführung*, Hamburg: Junius

Kutz, Christopher, 2000, *Complicity. Ethics and Law for a Collective Age*, Cambridge: Cambridge University Press

Kutz, Christopher, 2004, „Justice in Reparations: The Cost of Memory and the Value of Talk", in: Philosophy & Public Affairs 32 (3), pp. 277-312

Kymlicka, Will, 1989, *Liberalism, Community and Culture*, Oxford: Clarendon

Ladenson, Robert, 1980, „In Defense of a Hobbesian Conception of Law", in: *Philosophy & Public Affairs* 9, pp. 134-159

Langbein, Hermann, 1965, *Der Auschwitz-Prozess. Eine Dokumentation*, 2 Bände, Frankfurt a. M: Europäische Verlagsanstalt

Lasok, D., 1962, „The Eichmann Trial", in: *The International and Comparative Law Quarterly* 11, pp. 355-374

Leist, Anton, 1990, „Deutsche Geschichte und historische Verantwortung", in: *Babylon. Beiträge zur jüdischen Geschichte 7*, pp. 41-60

Leist, Anton, 1997, „Scham und deutsches Nationalbewusstsein", in: P. Koller & K. Puhl (eds): *Current Issues in Political Philosophy: Justice in Society and World Order*, Vienna: Hölder-Pichler-Tempsky, pp. 369-376

Lemkin, Raphael, 1947, „Genocide as a Crime under International Law", in: *The American Journal of International Law* 41, pp. 145-151

Lenk, Hans & Matthias Maring (Hrsg.), 1992, *Wirtschaft und Ethik*, Stuttgart: Reclam

Lenk, Hans & Matthias Maring, 2001, „Verantwortung", in: Ritter, Joachim (ed): *Historisches Wörterbuch der Philosophie*, Bd. 11. Basel/Stuttgart: Schwabe, Sp. 566-575

Levenbook Baum, Barbara, 1984, „Harming Someone after His Death", in: *Ethics* 94 (3), pp. 407-419

Levinson, Sanford, 1973, „Responsibility for Crimes of War", in: *Philosophy & Public Affairs* 2 (3), pp. 244-273

Levy, Neil, 2002, „The Apology Paradox and the Non-Identity Problem", in: *Philosophical Quarterly* 52, pp. 358-368.

Lewis, David, 1971, „Counterparts of Persons and Their Bodies", in: *Journal of Philosophy* 68 (7), pp. 203-211

Lewis, David, 1973, „Causation", in: *Journal of Philosophy* 70, pp. 556-567

Lewis, H. D., 1948/1991, „Collective Responsibility", in: Larry May & Stacey Hoffman (eds): *Collective Responsibility. Five Decades of Debate in Theoretical and Applied Ethics*, Savage/Maryland: Rowman & Littlefield, pp. 17-33

Locke, John, 1689/2004, *The Second Treatise of Government. An Essay Concerning the True Original, Extent, and End of Civil Government*, in: John Locke, *Two Treatise of Government*, edited with an Introduction by Peter Laslett, Cambridge: Cambridge University Press

Locke, John, 1689/2004 b, *An Essay Concerning Human Understanding*, ed. by Roger Woolhouse, London: Penguin

Lomasky, Loren E., 1987, *Persons, Rights, and the Moral Community*, Oxford: Oxford University Press

Löw-Beer, Martin, 1990, „Die Verpflichtungen der unschuldigen Nachgeborenen. Zu Anton Leists Verantwortung“, in: *Babylon. Beiträge zur jüdischen Geschichte 7*, pp. 61-69

Lübbe, Hermann, 1963, *Politische Philosophie in Deutschland. Studien zu ihrer Geschichte*, Basel/Stuttgart: Benno Schwabe

Lübbe, Hermann, 1979, „Verdrängung: Über ein Verhältnis zum deutschen Vergangenheitsverhältnis, in: *Der Monat* (2), pp. 55-65

Lübbe, Hermann, 1983, „Der Nationalsozialismus im deutschen Nachkriegsbewusstsein“, in: *Historische Zeitschrift* 236, pp. 579-599

Lübbe, Hermann, 2001, *‚Ich entschuldige mich.' Das neue politische Bußritual*, Berlin: Siedler

Lübbe, Weyma (ed): 1994, *Kausalität und Zurechnung. Über Verantwortung in komplexen kulturellen Prozessen*, Berlin/New York

Lübbe, Weyma, 1997, *Verantwortung in komplexen kulturellen Prozessen*, Freiburg/München: Verlag Karl Alber

Lüderssen, Klaus, 1992, *Der Staat geht unter – das Unrecht bleibt? Regierungskriminalität in der ehemaligen DDR*, Frankfurt a. M.: suhrkamp

Lyons, David, 1977, „The New Indian Claims and Original Rights to Land“, in: *Social Theory and Practice* 4(3), pp. 249-272

Mackie, John Leslie, 1974, *The Cement of the Universe. A Study of Causation*, Oxford: Clarendon Press

Macpherson, C. B., 1962/1990, *The Political Theory of Possessive Individualism. Hobbes to Locke*, Oxford: Oxford University Press

Manow, Philip, 2008, *Im Schatten des Königs. Die politische Anatomie demokratischer Repräsentation*, Frankfurt a. M.: suhrkamp

Margalit, Avishai, 2002, *The Ethics of Memory*, Cambridge/Mass.: Harvard University Press

Maring, Matthias, 2001, *Kollektive und korporative Verantwortung. Begriffs- und Fallstudien aus Wirtschaft, Technik und Alltag*, Münster/Hamburg/London.

Marketti, James, 1990, „Estimated Present Value of Income Diverted Through Slavery“, in: Richard F. America (ed): *The Wealth of Races: The Present Value of Benefits from Past Injustices*, New York: Greenwood Press, pp. 107-123

Marquard, Odo, 1981, „Abschied vom Prinzipiellen“, in: *Abschied vom Prinzipiellen*, Stuttgart: Reclam, pp. 4-22.

Maunz, Theodor & Reinhold Zippelius, 1985, *Deutsches Staatsrecht. Ein Studienbuch*, 26. Auflage, München: C.H. Beck

Mauss, Marcel, 1950/1990, *Die Gabe. Form und Funktion des Austauschs in archaischen Gesellschaften*, Frankfurt a. M.: suhrkamp

May, Larry, 1990, „Collective Inaction and Shared Responsibility“, in: Noûs 24, pp. 269-278

May, Larry, 1991, „Metaphysical Guilt and Moral Taint“, in: Larry May & Stacey Hoffman (eds): *Collective Responsibility. Five Decades of Debate in Theoretical and Applied Philosophy*, Savage/Maryland: Rowman & Littlefield, pp. 239-254

May, Larry, 1992, *Sharing Responsibility*, Chicago: University of Chicago Press

May, Larry, 2005, *Crimes Against Humanity. A Normative Account*, Cambridge: Cambridge University Press

McCarthy, Thomas, 2004, „Vergangenheitsbewältigung in den USA. Zur Moral und Politik der Reparationen für Sklaverei", in: *Deutsche Zeitschrift für Philosophie* 52 (6), pp. 847-867

McGary, Howard, 1974, „Reparations and Inverse Discrimination", in: *Dialogue* 17 (1), pp. 8-10

McGary, Howard, 1978, „Justice and Reparations", in: *The Philosophical Forum* 9, pp. 250-263

McGary, Howard, 2003, „Achieving Democratic Equality: Forgiveness, Reconciliation, and Reparations", in: *Journal of Ethics* 7, pp. 93-113

Mellema, Gregory F., 1997, *Collective Responsibility*, Amsterdam/Atlanta: Value Inquiry Book Series (Vol. 50)

Meyer, Lukas, 2005, *Historische Gerechtigkeit*, Berlin/New York: De Gruyter (Ideen & Argumente)

Milgrom, Paul & John Roberts, 1992, *Economics, Organization and Management*, Englewood Cliffs/NJ: Prentice-Hall International

Mill, John Stuart, 1846/1973, *A System of Logic Ratiocinative and Inductive. Being a Connected View of the Principles of Evidence and the Methods of Scientific Investigation*, in: *Collected Works of John Stuart Mill*, Vol. VII & VIII, ed. by J. M. Robson, Toronto: University of Toronto Press

Mill, John Stuart, 1848/1965, *Principles of Political Economy. With Some of Their Applications to Social Philosophy*, in: *Collected Works of John Stuart Mill*, Vol. II & III, ed. by J. M. Robson, Toronto: University of Toronto Press

Mill, John Stuart, 1859/1998, *On Liberty and Other Essays*, Oxford: Oxford University Press

Mill, John Stuart, 1861/1969, *Utilitarianism*, in: *Collected Works of John Stuart Mill*, Vol. X, ed. by J. M. Robson, Toronto: University of Toronto Press, pp. 203-259

Miller, David, 1995, *On Nationality*, Oxford: Oxford University Press

Miller, David, 2001, „Distributing Responsibilities", in: *Journal of Political Philosophy* 9, pp. 453-471

Miller, David, 2004, „Holding Nations Responsible", in: *Ethics* 114, pp. 240-268

Mitscherlich, Alexander & Fred Mielke (eds), 1995, *Medizin ohne Menschlichkeit. Dokumente des Nürnberger Ärzteprozesses*, Frankfurt a. M.: Fischer

Morris, Christopher W., 1984, „Existential Limits to the Rectification of Past Wrongs", in: *American Philosophical Quarterly* 21 (2), pp. 175-182

Müller, Ingo,1987, *Furchtbare Juristen. Die unbewältigte Vergangenheit unserer Justiz*, München: Kindler

Nagel, Thomas, 1970/1992, „Death", in: *Mortal Questions*, Cambridge: Cambridge University Press, pp. 1-10

Nagel, Thomas, 1976/1979, „Moral Luck", in: *Mortal Questions*, Cambridge: Cambridge University Press, pp. 24-38

Naumann, Bernd, 1968/2005, *Auschwitz. Bericht über die Strafsache Mulka u.a. vor dem Schwurgericht Frankfurt*, Berlin: Philo

Neumann, Franz, 1944/1984, *Behemoth. Struktur und Praxis des Nationalsozialismus 1933-1944*, Frankfurt a. M.: Fischer

Newton, Lisa, 1973, „Reverse Discrimination as Unjustified", in: *Ethics* 83 (4), pp. 308-312.

Nickel James, 1971, „Discrimination and Morally Relevant Characteristics", in: *Analysis* 32.4, pp. 113-114

Nickel, James, 1974, „Should Reparations be to Individuals or Groups", in: *Analysis* 34.5, pp. 154-160

Nickel, James, 2006, *Making Sense of Human Rights*, Cambridge: Blackwell

Nida-Rümelin, Julian, 1993, *Kritik des Konsequentialismus*, München: Oldenbourg

Nida-Rümelin, Julian, 2001, *Strukturelle Rationalität. Ein philosophischer Essay über praktische Vernunft*, Stuttgart: Reclam

Nida-Rümelin, Julian, 2002, *Ethische Essays*, Frankfurt a. M.: suhrkamp

Nida-Rümelin, Julian, 2005, *Über die Freiheit*, Stuttgart: Reclam

Nida-Rümelin, Julian, 2011, *Verantwortung*, Stuttgart: Reclam

Nozick, Robert, 1974/1999, *Anarchy, State, and Utopia*, Oxford UK/Cambridge USA: Blackwell

Nozick, Robert, 1981, *Philosophical Explanations*, Cambridge/Mass.: Harvard University Press

Nozick, Robert, 1993, *The Nature of Rationality*, Princeton: Princeton University Press

Nunn, William, 1974, „Reverse Discrimination", in: *Analysis* 34.5, pp. 151-154

Ohlin, Jens David, 2009, „Attempt, Consiracy, and Incitement to Commit Genocide", *Cornell Law Faculty Publications*. Paper 24, http://scholarship.law.cornell.edu/facpub/24

Olson, Eric T., 1997, „Was I Ever a Fetus?", in: *Philosophy & Phenomenological Research* 57 (1), pp. 95-110

Parfit, Derek, 1973, „Later Selves and Moral Principles", in: Alan Montefiore (ed): *Philosophy and Personal Relations. An Anglo-French Study*, London: Routledge & Kegan Paul, pp. 137-168

Parfit, Derek, 1984, *Reasons and Persons*, Oxford: Oxford University Press

Parfit, Derek, 1986, „Comments", in: *Ethics* 96, pp. 832-872

Partridge, Ernest, 1981, „Posthumous Interests and Posthumous Respect", in: *Ethics* 91 (2), pp. 243-264

Paul, Gerhard (ed), 2002, *Die Täter der Shoa. Fanatische Nationalsozialisten oder ganz normale Deutsche?*, Göttingen: Wallstein Verlag

Paulson, Stanley, 1975, „Classical Legal Positivism at Nuremberg", in: *Philosophy & Public Affairs* 2, pp. 132-158

Peppers, Donald, 1974, „War Crimes and Induction: A Case for Nonconscientious Objection", in: *Philosophy & Public Affairs* 3 (2), pp. 129-166

Perret, Roy, 2000, „Indigenous Language Rights and Political Theory: The Case of Te Reo Maori", in: *Australasian Journal of Philosophy* 78 (3), pp. 405-417.

Peters, Anne, 2009, „Humanity as the *A* and *Ω* of Sovereignty", in: *European Journal of International Law* 20 (3), pp. 513-544.

Pfohlmann, Oliver, 2006, „Mit leichtem Gepäck. Zum Tod des österreichischen Schriftstellers Fred Wander", in: *NZZ* 160, 13. Juli, p. 27

Pogge, Thomas, 2001, „Rawls on International Justice", in: *Philosophical Quarterly* 51, pp. 246-253

Pogge, Thomas, 2002, *World Poverty and Human Rights*, Cambridge: Polity Press

Pogge, Thomas, 2004, „Historical Wrongs. The Two Other Domains", in: Lukas H. Meyer (ed): *Justice in Time. Responding to Historical Injustice*, Baden-Baden: Nomos, pp. 117-134

Posner, Eric & Adrian Vermeule, 2003, „Reparations for Slavery and Other Historcal Injustices", in: *Columbia Law Review* 103 (3), pp. 689-747

Posthast, Ulrich, 1987, *Die Unzulänglichkeit der Freiheitsbeweise. Zu einigen Lehrstücken aus der neueren Geschichte von Philosophie und Recht*, Frankfurt a. M.: suhrkamp

Radbruch, Gustav, 1946/2003, „Gesetzliches Unrecht und übergesetzliches Recht", in: *Rechtsphilosophie*, Heidelberg: C. F. Müller, pp. 211-219

Rakowski, Eric, 1991, *Equal Justice*, Oxford: Oxford University Press

Rawls, John, 1971/1979, *Eine Theorie der Gerechtigkeit*, Frankfurt a. M.: suhrkamp

Rawls, John, 1993/1998, *Politischer Liberalismus*, Frankfurt a. M.: suhrkamp

Rawls, John, 1999/2002, *Das Recht der Völker*, Berlin: de Gruyter

Raz, Joseph, 1974/1998, „Kelsen's Theory of the Basic Norm", in: Stanley Paulson & B. Litschewski Paulson (eds): *Normativity and Norms. Criticial Perspectives on Kelsian Themes*, Oxford: Clarendon Press, pp. 47-68

Raz, Joseph, 1984/2001, „The Obligation to Obey: Revision and Tradition", in: *Ethics in the Public Domain. Essays in the Morality of Law and Politics (revised second edition)*, pp. 341-354

Raz, Joseph, 1986, *The Morality of Freedom*, Oxford: Clarendon Press

Raz, Joseph, 2010, „Human Rights Without Foundations", in: Samantha Besson & John Tasioulas (eds): *The Philosophy of International Law*, Oxford: Oxford University Press, pp. 321-337

Rea, Michael C., 2003, „Four-Dimensionalism", in: Michael Loux and Dean Zimmerman (eds): *The Oxford Handbook for Metaphysics*, Oxford: Oxford University Press, 2003, pp. 246-280

Rensmann, Lars, 2004, „Collective Guilt, National Identity, and Political Processes in Contemporary Germany", in: Nyla R. Branscombe & Bertjan Doosje (eds): *Collective Guilt. International Perspectives*, Cambridge: Cambridge University Press (Studies in Emotion and Social Interaction), pp. 169-190

Reuth, Ralf Georg, 1990/1995, *Goebbels. Eine Biographie*, München: Serie Piper

Ridge, Michael, 2003, „Giving the Dead Their Due", in: *Ethics 114*, pp. 38-59

Rinderle, Peter, 2005, *Der Zweifel des Anarchisten. Für eine neue Theorie von politischer Verpflichtung und staatlicher Legitimität*, Frankfurt a. M.: Klostermann (Philosophische Abhandlungen Bd. 91)

Ritter, Joachim, 1956/1977, „Hegel und die Französische Revolution", in: *Metaphysik und Politik. Studien zu Aristoteles und Hegel*, Frankfurt a. M.: suhrkamp, pp. 183-255

Roberts, Rodney C., 2001, „Why Have the Injustices Perpetrated against Blacks in America Not Been Rectified?“, in: *Journal of Social Philosophy* XXXII, pp. 357-373

Roberts, Rodney, 2003, „The Morality of a Moral Statute of Limitations on Injustice“, in: *Journal of Ethics* 7, pp. 115-138

Robinson, Randall, 2001, *The Debt. What America Owes to Blacks*, New York: Plume

Röckrath, Luidger, 2004, *Kausalität, Wahrscheinlichkeit und Haftung. Rechtliche und ökonomische Analyse*, München: C.H. Beck

Rohatyn, Dennis, 1979, „Black Reparations: A Black and White Issue?“, in: *The Personalist* 60, pp. 433-437

Ropohl, Günter, 1996, *Ethik und Technikbewertung*, Frankfurt a.M

Rosas, Allan, 1995/2000, „Globaler Konstitutionalismus, Menschenrechte und staatliche Souveränität. Die Meilensteine von 1945 und 1948“, in: Hauke Brunkhorst & Matthias Kettner (eds): *Globalisierung und Demokratie. Wirtschaft, Recht, Medien*, Frankfurt: suhrkamp, pp. 151-176

Rosenbaum, Ron, 1998, *Explaining Hitler. The Search for the Origin of his Evil*, New York: Random House

Ross, W. D., 1930, *The Right and the Good*, Oxford: Clarendon Press

Rothenpieler, Friedrich Wilhelm, 1982, *Der Gedanke einer Kollektivschuld in juristischer Sicht*, Berlin: Duncker & Humblot

Rückerl, Adalbert, 1979, *Die Strafverfolgung von NS-Verbrechen 1945-1978*, Heidelberg & Karlsruhe: c.f. müller

Rutherford, Malcom, 1994, *Institutions in Economics. The Old and the New Institutionalism*, Cambridge: Cambridge University Press

Salomon, Ernst von, 1951, *Der Fragebogen*, Stuttgart/Zürich/Salzburg: Europäischer Buchclub

Sartorius, Rolf, 1981/1999, „Political Authority and Political Obligation“,in: William Edmundson (ed): *The Duty to Obey the Law*, Lanham: Rowman & Littlefield, pp. 143-157

Sartre, Jean-Paul, 1943/1982, *Das Sein und das Nichts. Versuch einer phänomenologischen Ontologie*, Hamburg: Rowohlt

Sartre, Jean-Paul, 1946/1981, „Ist der Existentialismus ein Humanismus?“, in: *Drei Essays*, Frankfurt a. M. et al.: Ullstein

Schabas, William A., 2000/2003, *Genozid im Völkerrecht*, Hamburg: Hamburger Edition

Schabas, William, 2001/2004, *An Introduction to the International Criminal Court*, second edition, Cambridge: Cambridge University Press

Schaber, Peter, 2010, *Instrumentalisierung und Würde*, Paderborn: mentis

Schefczyk, Michael, 2004, „Let Bygones be Bygones? On the Temporal Bounds of Reparative Justice“, in: Roland Bluhm & Christian Nimtz (eds): *Ausgewählte Beiträge zu den Sektionen der GAP.5, 5. Internationaler Kongress der Gesellschaft für Analytische Philosophie, Bielefeld, 22.-26. September 2003*, Paderborn: mentis, 617-623

Schefczyk, Michael, 2004 b, „Wiedergutmachung historischen Unrechts als Bedingung des Bonum Commune“, in: Bonvin/Kohler/Sitter-Liver (eds):

Bonum Commune/Bien commun. Ein kritisches Plädoyer, Fribourg: Academic Press Fribourg, 403-441

Schefczyk, Michael, 2005², *Umverteilung als Legitimationsproblem*, Freiburg/München: Alber

Schefczyk, Michael, 2007, „Rawls und die Verantwortung von Nationen", in: *Rechtsphilosophische Hefte* XII, 7-31

Schefczyk, Michael, 2008, „Untangling historical injustice and historical ill", in: *Intergenerational Justice Review* 8 (4), 4-8

Schefczyk, Michael, 2011, „Glück in der britischen Philosophie des achtzehnten und neunzehnten Jahrhunderts", in: Dieter Thomä/Christoph Henning/Olivia Mitscherlich-Schönherr (eds): *Glück. Ein interdisziplinäres Handbuch*, Stuttgart/Weimar: Metzler, pp. 163-172

Scheid, Don E., 1983, „Kant's Retributivism", in: *Ethics 93*, pp. 262-282

Schlink, Bernhard, 1988/2002, „Recht – Schuld – Zukunft", in: *Vergangenheitsschuld und gegenwärtiges Recht*, pp. 10-37

Schlothfeldt, Stephan, 2009, *Individuelle oder gemeinsame Verpflichtung? Das Problem der Zuständigkeit bei der Behebung gravierender Übel*, Paderborn: mentis

Schmid, Hans Bernhard, 2011, *Moralische Integrität: Kritik eines Konstrukts*, Frankfurt a. M.: suhrkamp

Schmitt, Carl, 1959/1997, *Der Nomos der Erde im Völkerrecht des Jus Publicum Europaeum*, Berlin: Duncker & Humblot

Schöpf, Josef, 1996, *Psychiatrie für die Praxis. Mit ICD-10-Diagnostik*, Berlin/Heidelberg: Springer Verlag

Searle, John R., 1995/1997, *Die Konstruktion der gesellschaftlichen Wirklichkeit. Zur Ontologie sozialer Tatsachen*, Hamburg: Rowohlt

Searle, John R., 2010, *Making the Social World. The Structure of Human Civilization*, Oxford: Oxford University Press

Seebaß, Gottfried, 1993, „Kollektive Verantwortung", in: Allgemeine Gesellschaft für Philosophie in Deutschland (ed), *Neue Realitäten, Herausforderung der Philosophie*, Sektionsbeiträge I, Berlin, pp. 17-24

Seebaß, Gottfried, 1994, „Moralische Verantwortung in der wissenschaftlich-technischen Welt", in: *Zeitschrift für philosophische Forschung* 48, pp. 232-246

Sher, George, 1979/1997, „Compensation and Transworld Personal Identity", in: *Approximate Justice. Studies in Non-Ideal Theory*, Lanham et al.: Rowman & Littlefield, pp. 29-43

Sher, George, 1981, „Ancient Wrongs and Modern Rights", in: *Philosophy & Public Affairs* 10 (1), pp. 3-17

Sher, George, 2005, „Transgenerational Compensation", in: *Philosophy & Public Affairs* 33 (2), pp. 181-200

Shiner, Roger, 1973, „Individuals, Groups and Inverse Discrimination", in: *Analysis* 33.6, pp. 185-187

Shockley, Kenneth, 2004, „The Conundrum of Collective Commitment", in: *Social Theory & Practice* 30 (4), pp. 335-357

Sidgwick, Henry, 1891/2005, *The Elements of Politics*, New York: Cosimo Classics

Silverstein, Harry S., 1980, „The Evil of Death", in: *Journal of Philosophy* 77, pp. 401-424

Silverstein, Harry S., 2000, „The Evil of Death Revisited", in: *Midwest Studies in Philosophy* 24, pp. 116-134

Silverstein, Harry S. 2010, „The Time of the Evil of Death", in: Campbell, O'Rourke and Silverstein (eds), *Time and Identity*, Boston: MIT Press, pp. 283-295

Simmons, John A., 1979, „The Principle of Fair Play", in: *Philosophy & Public Affairs* 8 (4), pp. 307-337

Simmons, John A., 1989/1999, „Locke's State of Nature", in: Christopher Morris (ed): *The Social Contract Theorists. Critical Essays on Hobbes, Locke, and Rousseau*, Lanham et. al.: Rowman & Littlefield, pp. 97-120

Simmons, John A., 1992, *The Lockean Theory of Rights*, Princeton/NJ: Princeton University Press

Simmons, John A.,1993, *On the Edge of Anarchy*, Princeton/NJ: Princeton University Press

Simmons, John A., 1995/2001, „Historical Rights and Fair Shares", in: *Justification and Legitimacy. Essays on Rights and Obligations*, Cambridge: Cambridge University Press, pp. 22-248

Simmons, John A., 1998/2001, „‚Denisons' and ‚Aliens'", in: *Justification and Legitimacy. Essays on Rights and Obligations*, Cambridge: Cambridge University Press, pp. 158-178

Simmons, John A., 1998/2001 b, „Human Rights and World Citizenship: The Universality of Human Rights in Kant and Locke", in: *Justification and Legitimacy. Essays on Rights and Obligations*, Cambridge: Cambridge University Press, pp. 179-196

Simmons, John A., 2001, „Fair Play and Political Obligation: Twenty Years Later", in: *Justification and Legitimacy. Essays on Rights and Obligations*, Cambridge: Cambridge University Press, pp. 27-42

Singer, Peter, 1972, „Famine, Affluence and Morality", in: *Philosophy & Public Affairs* 1, pp. 229-243

Smith, Nicholas (1991): „Aristotle's Theory of Natural Slavery", in: David Keyt & Fred D. Miller (eds) *A Companion to Aristotle's Politics*, Oxford: Blackwell, pp. 142-155

Spiegelberg, Herbert, 1944, „A Defense of Human Equality", in: *The Philosophical Review* 53, pp. 101-124

Stevens, Thaddeus, 1867/2011, „Quoted speaking to the U.S. House of Representatives On Section 4 of H.R. 29. The 1867 Slave Reparation Bill", in: URL = < http://www.directblackaction.com/rep_bills/stevens_hr29.txt>. (Stand: 10.07.2011)

Stevenson, C. L., 1937/1974, „Die emotive Bedeutung ethischer Ausdrücke", in: Günther Grewendorf und Georg Meggle (eds): *Seminar: Sprache und Ethik. Zur Entwicklung der Metaethik*, Frankfurt a. M.: suhrkamp, pp. 116-139

Strauss, Leo, 1953/1989, *Naturrecht und Geschichte*, Frankfurt a. M.: suhrkamp

Straus, Scott, 2006, *The Order of Genocide. Race, Power, and War in Rwanda*, Ithace/NY: Cornell University Press

Strawson, Peter, 1963/1993, „Freedom and Resentment", in: John Martin Fischer & Mark Ravizza (eds): *Perspectives on Moral Responsibility*, Ithaca & London: Cornell University Press, pp. 45-66

Strecker, Reinhard-M., o. J., *Dr. Hans Globke. Aktenauszüge, Dokumente*, Hamburg: Rütten & Loening Verlag

Stürmer, Michael, 1985/1988, „Nach dreißig Jahren Staub und Moder. Die Kunst des Friedenschließens", in: *Deutsche Fragen oder die Suche nach der Staatsräson*, München: Piper, pp. 29-31

Sugden, Robert, 2000, „Team Preferences", in: *Economics and Philosophy* 16, pp. 175-204

Sverdlik, Steven, 1987, „Collective Responsibility", in: *Philosophical Studies* 51, pp. 61-76

Taylor, Charles, 1997, „Irreducibly Social Goods", in: *Philosophical Arguments*, Cambridge/Mass.: Harvard University Press, pp. 127-145

Taylor, Paul, 1973, „Reverse Discrimination and Compensatory Justice", in: *Analysis* 33.6, pp. 177-182

Taylor, Telford, 1950, *Die Nürnberger Prozesse. Kriegsverbrechen und Völkerrecht*, Zürich: Europa Verlag

Taylor, Telford, 1970/1971, *Nürnberg und Vietnam. Eine amerikanische Tragödie*, München et al.: Praeger

Taylor, Telford, 1992/1994, *Die Nürnberger Prozesse. Hintergründe, Analysen und Erkenntnisse aus heutiger Sicht*, München: Heyne

Theunissen, Michael, 1970, *Hegels Lehre vom absoluten Geist als theologisch-politischer Traktat*, Berlin: Walter de Gruyter

Thomas, Hugh, 1997, *The Slave Trade. The History of the Atlantic Slave Trade 1440-1870*, London: Papermac

Thompson, Janna, 1990, „Land Rights and Aboriginal Sovereignty", in: *Australasian Journal of Philosophy* 68, pp. 313-329

Thompson, Janna, 2000, „The Apology Paradox", *Philosophical Quarterly* 50, pp. 470-475

Thompson, Janna, 2002, *Taking Responsibility for the Past. Reparation and Historical Justice*, Cambridge: Polity Press

Thompson, Janna, 2004, „Collective Responsibility for Historical Injustices", in: Lukas H. Meyer (ed): *Justice in Time. Responding to Historical Injustice*, Baden-Baden: Nomos, pp. 101-115

Thomson, Judith Jarvis, 1971/1986, „Preferential Hiring", in: *Rights, Restitution, and Risk*, Cambridge: Harvard University Press, 135-153

Thomson, Judith Jarvis, 1977/1986, „Some Ruminations on Rights", in: *Rights, Restitutions and Risks*, Cambridge/Mass.: Harvard University Press, pp. 49-65

Thomson, Judith Jarvis, 1984, „Remarks on Causation and Liability", in: *Philosophy & Public Affairs* 13, pp. 101-133

Tooze, Adam, 2005, „Einfach verkalkuliert", in: TAZ vom 12.03.05, p. vii

Tooze, Adam, 2005 b, „Doch falsch gerechnet – weil falsch gedacht", in: TAZ vom 16.03.05, p. 16

Trevor-Roper, H. R., 1967/1978, *The European Witch-Craze of the 16th and 17th Centuries*, Harmondsworth: Penguin

Tugendhat, Ernst, 1984, „Drei Vorlesungen über Probleme der Ethik“, in: *Drei Vorlesungen über Probleme der Ethik*, Stuttgart: Reclam, pp. 57-131

Tugendhat, Ernst, 1984 b, „Retraktationen“, in: *Drei Vorlesungen über Probleme der Ethik*, Stuttgart: Reclam, pp. 132-176

Tugendhat, Ernst, 1989/1992, „Zum Begriff und zur Begründung von Moral“, in: *Philosophische Aufsätze*, Frankfurt a. M.: suhrkamp, pp. 315-333

Tugendhat, Ernst, 1993, *Vorlesungen über Ethik*, Frankfurt a. M.: suhrkamp

Tully, James, 1994, „Aboriginal Property and Western Theory: Recovering a Middle Ground“, in: *Social Philosophy & Policy* 10, pp. 153-180

Ullrich, Volker, 1996, „Hitlers willige Mordgesellen“, in: Julius Schoeps (ed): *Ein Volk von Mördern? Die Dokumentation zur Goldhagen-Kontroverse um die Rolle der Deutschen im Holocaust*, Hamburg: Hoffmann & Campe, pp. 89-92

Ullrich, Volker, 2005, „Hitlers zufriedene Räuber“, in: ZEIT Nr. 11 vom 10.03.05, pp. 49-50

Unger, Peter, 1996, *Living High and Letting Die: Our Illusion of Innocence*, Oxford: Oxford University Press

Voltaire, 1769/1901, „Torture“, in: *The Works of Voltaire, A Contemporary Version* Vol. VII, A Critique and Biography by John Morley, notes by Tobias Smollett, trans. William F. Fleming. New York: E.R. DuMont, 1901, pp. 115-119.

Wallace, Jay, 1994, *Responsibility and the Moral Sentiments*, Cambridge/Mass.: Harvard University Press

Waldron, Jeremy, 1988, *The Right to Private Property*, Oxford: Clarendon Press

Waldron, Jeremy, 1992, „Superseding Historic Injustice“, in: *Ethics* 103, pp. 4-28

Walzer, Michael, 1973, „The Problem of Dirty Hands“, in: *Philosophy & Public Affairs* 2 (2), pp. 160-180.

Walzer, Michael, 1977/2000, *Just and Unjust Wars. A Moral Argument with Historical Illustrations*, New York: Basic Books

Wasserstrom, Richard, 1971, „The Relevance of Nuremberg“, in: *Philosophy & Public Affairs* 1 (1), pp. 22-46

Wasserstrom, Richard, 1980/1991, „Conduct and Responsibility in War“, in: Larry May & Stacey Hoffman (eds): *Collective Responsibility. Five Decades of Debate in Theoretical and Applied Ethics*, Savage/Maryland: Rowman & Littlefield, pp. 179-195

Weber, Max, 1896/1973, „Die sozialen Gründe des Untergangs der antiken Kultur“, in: *Soziologische Analysen*, Stuttgart: Kröner, pp. 1-26

Weber, Max, 1919/1983, „Der Beruf zur Politik“, in: *Soziologische Analysen, Politik*, herausgegeben und erläutert von Johannes Winkelmann, 5., überarbeitete Auflage, Stuttgart: Alfred Kröner, pp. 167-185

Weber, Max, 1922/1985, *Wirtschaft und Gesellschaft*, fünfte rev. Auflage, besorgt von Johannes Winkelmann, Tübingen: Mohr/Siebeck

Weingart, Peter/Jürgen Kroll/Kurt Bayertz,1992, *Rasse, Blut und Gene. Geschichte der Eugenik und Rassenhygiene in Deutschland*, Frankfurt a. M.: suhrkamp

Weiß, Hermann (ed), 1998/2002, *Biographisches Lexikon zum Dritten Reich*, Frankfurt a. M.: Fischer

Welles, C. Bradford, 1962/1979, „Die Hellenistische Welt", in: Golo Mann & Alfred Heuß (eds): *Weltgeschichte. Eine Universalgeschichte*, Dritter Band (Griechenland. Die hellenistische Welt), Gütersloh: Prisma, pp. 401-571

Welzer, Harald, 2005, *Täter. Wie aus ganz normalen Menschen Massenmörder werden*, Frankfurt a. M.: Fischer

Werle, Gerhard & Thomas Wandres, 1995, *Auschwitz vor Gericht. Völkermord und bundesdeutsche Strafjustiz*, München: Verlag C.H. Beck

Wessels, Johannes & Werner Beulke, 1970/2004, *Strafrecht. Allgemeiner Teil: Die Straftat und ihr Aufbau*, 34., neu bearbeitete Auflage, Heidelberg: C.F. Müller

Westermann, Harm Peter, 1958/1988, *Grundbegriffe des BGB. Eine Einführung an Hand von Fällen*, 12., völlig überarbeitete und erweiterte Auflage, Stuttgart et al.: Verlag Kohlhammer

Wheeler, Samuel, 1997, „Reparations Reconstructed", in: *American Philosophical Quarterly* 34 (3), pp. 301-318

Wildt, Michael, 2002/2003, *Generation des Unbedingten. Das Führungskorps des Reichssicherheitshauptamtes*, Hamburg: Hamburger Edition

Wildt, Michael, 2005, „Vertrautes Ressentiment", in: ZEIT Nr. 19 vom 04.05.05, p. 56

Wilkins, Burleigh, 2001, „Whose Trials? Whose Reconciliation?", in: Aleksandar Jokić (ed): *War Crimes and Collective Wrongdoing. A Reader*, Oxford: Blackwell, pp. 85-96

Williams, Bernard, 1973, „A critique of utilitarianism", in: J.J.C. Smart & Bernard Williams: *Utilitarianism For & Against*, Cambridge: Cambridge University Press, pp. 75-150

Williams, Bernard, 1985/1993, *Ethics and the Limits of Philosophy*, London: Fontana Press

Williams, Bernard, 1987/1995, „Voluntary acts and responsible agents", in: ders.: *Making sense of humanity and other philosophical papers*, Cambridge: Cambridge University Press, pp. 22-34

Williams, Bernard, 1993/2000, *Scham, Schuld und Notwendigkeit. Eine Wiederbelebung antiker Begriff der Moral*, Berlin: Akademie Verlag

Williamson, Timothy, 2002, „Necessary Existents", in: *Philosophy* 51 (Supp.), pp. 233-251

Winch, Peter, 1964, „Understanding a Primitive Society", in: *American Philosophical Quarterly* 1 (4), pp. 307-324

Wolff, Robert Paul, 1971/1976, *In Defense of Anarchism*, New York et al.: Harper Torchbooks

Wolff, Robert Paul, 1971/1999, „The Conflict between Authority and Autonomy", in: William A. Edmundson (ed): *The Duty to Obey the Law*, Lanham et al.: Rowman & Littlefield, pp. 63-74

Wolters, Gereon, 2004, *Vertuschung, Anklage, Rechtfertigung. Impromtus zum Rückblick der deutschen Philosophie auf das ‚Dritte Reich'*, Bonn: University Press (Bonner philosophische Vorträge und Studien 23)

Worthington, Ian, 1999, „„How „Great" was Alexander?'", in: *Ancient History Bulletin* 13 (2), pp. 39-55

Wright, Quincy, 1941, „International Affairs: International Law and the Totalitarian States", in: *The American Political Science Review* 35, pp. 738-743

Wright, Quincy, 1946, „The Nuremberg Trial", in: *Annals of the American Academy of Political and Social Science* 246, pp. 72-80

Wright, Quincy, 1948, „Legal Positivism and the Nuremberg Judgment", in: *American Journal of International Law* 42, pp. 405-414

Yourgrau, Palle, 1987, „The Dead", in: *The Journal of Philosophy* 84 (2), pp. 84-101

Yourgrau, Palle, 2000, „Can the Dead Really Be Buried?", in: *Midwest Studies in Philosophy* XXIV, pp. 46-68

Zangwill, Nick, 2003, „Perpetrator Motivation: Some Reflections on the Browning/Goldhagen Debate", in: Eve Garrard & Geoffrey Scarre (eds): *Moral Philosophy and the Holocaust*, Aldershot: Ashgate, pp. 89-102

Zimmerer, Jürgen & Joachim Zeller (ed): 2003, *Völkermord in Deutsch-Südwestafrika. Der Kolonialkrieg (1904-1908) in Namibia und seine Folgen*, Berlin: Ch. Links Verlag

Zimmerman, Michael, 1985, „Sharing Responsibility", in: *American Philosophical Quarterly* 22, pp. 115-122

Personenverzeichnis

Sachverzeichnis

O

P

www.ingramcontent.com/pod-product-compliance
Lightning Source LLC
LaVergne TN
LVHW010554300926
849162LV00002B/325